"Gracias a la vida" narra las memorias de Lillian Díaz Sol, una mujer salvadoreña nacida en la década de los años 30's, en el seno de una familia conservadora, católica y estricta. Conoceremos la lucha que realizó a lo largo de su vida por mejorar su país, su genuino interés por sus compatriotas, especialmente las mujeres.

La autora hace una reflexión sobre lo rápido que pasa la vida y todas las historias vividas, la mayoría de estas divertidas e increíbles.

Lillian Díaz Sol nos cuenta la historia de El Salvador, tal y como ella la vivió, desde su perspectiva, abriendo su corazón y revelando detalles y anécdotas de la historia política y social del país, que hasta hoy eran desconocidos por muchos. Narra el giro que dio su vida en los años de la guerra civil salvadoreña, la pérdida de muchos amigos y conocidos; especialmente su punto de vista desde como sufrió y vivió este capítulo imborrable del país.

Aprovecha esta oportunidad de revelar la verdad sobre algunas leyendas urbanas y rumores sobre su vida, esclareciendo los hechos y narrando los acontecimientos como realmente sucedieron.

Finalmente, Lillian Díaz Sol se despide en vida, diciendo el último adiós a sus amigos y amigas, alumnos y alumnas, conocidos y al público en general. Agradecida de la vida e inmortalizando sus memorias.

Lillian Díaz Sol, desde 1975 dirige Pigmalion. La primera Escuela de Etiqueta, Protocolo e Imagen Personal en El Salvador.

Ha sido productora y anfitriona del programa de televisión *"La Mujer, la Belleza y la Moda"* (1962-63) *"Telescopio Informativo" en* canal 8 afiliado a la ABC, el primer programa en español de una televisora afiliada en New Orleans (1974-75), *"Mujer 2000"* (1978-81) *y "Lillian,"* el primer talk show de El Salvador (1988-89).

Su trabajo en el Servicio Exterior fue realizado en Estados Unidos, siendo Cónsul General para 14 Estados con sede en New Orleans de 1970 hasta 1974. En la República de Panamá como Consejera Comercial y Cultural y luego como Encargada de Negocios ai, en el período de 2006 a 2010.

Su carrera dentro de la política salvadoreña ha sido como dirigente política del PCN, Diputada a la Asamblea Legislativa de El Salvador, miembro de la dirección del PD y Secretaria Nacional de Asuntos Femeninos del Partido Salvadoreño Progresista.

Visite www.lilliandiazsol.com

Lillian Díaz Sol

GRACIAS a la VIDA

IAJ PRESS
SANTA FE, NEW MEXICO, USA

Published by
IAJ Press
1201 Madrid Road
Santa Fe, New Mexico 87505USA

Tapa y diseño grafico: Carolina Jaime
Corrector de estilo: Edwin González
Foto en tapa: Benjamín Jaime

Copyright © 2013 by Lillian Díaz Sol - San Salvador, El Salvador CA
ISBN: 978-0-9834950-3-1

Este libro no podrá ser reproducido ni total
ni parcialmente, sin el previo permiso
escrito del autor.
Todos los derechos reservados.

1ra edición - Papel

Imprenta: Lulu.com – www.lulu.com
Disponible en versión electrónica (PDF) –Tapa dura
www.lilliandiazsol.com
www.lulu.com

Dedicatoria

Dedico este trabajo, que me tomó 10 años realizarlo, a mi familia, a mi hija Jamina, a mis amigos y amigas, a mis alumnas y alumnos; pero también quiero agradecer a quienes me incitaron a que lo escribiera yo: que no lo fuese a contar a alguien más, para que este alguien lo contase, sino que fuese yo con mis palabras y mi manera propia y particular de contar las cosas y los hechos, que lo hiciese. Espero haber cumplido con lo que me pidieron hacer, Pedro Gómez de Valenzuela y su esposa Carmen Iglesias Soto, mis amigos de la Embajada de España, en los principios de los años 2000, ¡un beso a donde quiera que se encuentren en el mundo! ¡Misión Cumplida!

Contenido

	Nota introductoria	i
I	Los primeros años	1
II	El divorcio	8
III	A la casa de mi tía Margoth	11
IV	Pero la Hacienda "El Espíritu Santo"	22
V	Mi primer amor	29
VI	El Colegio del Sagrado Corazón	31
VII	A Washington D.C.	36
VIII	Un ruso en mi vida	42
IX	Camille Bullock	47
X	Un novio francés	53
XI	Dos hadas madrinas	55
XII	El concurso de Miss Washington	65
XIII	Mi boda	68
XIV	Nace Jamina	76
XV	La Hecht Co.	81
XVI	Vacaciones en El Salvador	91
XVII	La Hecht Company II	93
XVIII	Shock por la muerte de un Presidente	99
XIX	La muerte de un gran líder	106
XX	Carlos, mi gay favorito	111
XXI	Hernando Cristancho	122
XXII	Despedida en Washington	135
XXIII	Cónsul General en New Orleans	140
XXIV	Un error por lástima…	201
XXV	Lillian, la pérdida de New Orleans	209
XXVI	Pigmalion, mi legado a la mujer salvadoreña	210
XXVIII	La Guerra Civil. (Antes que el Gobierno aceptara que vivíamos en una guerra)	227
XXVIII	La verdadera guerra	259
	▪ Vacaciones en Washington	300
	▪ Mi huida a San Francisco, California	303
	▪ Nuevamente vacaciones en Washington	315

	Tom	317
	Mi regreso a New Orleans	330
	El intruso y la justicia	345
	Mi otro regreso… ¡Para siempre!	359
	Incursionando en política	361
	Celebro mi medio paquete	364
	¡Pérdida rotunda de todo!	365
	Integro el Consejo Ejecutivo del PCN	368
	¡A la fiesta de los charros en Tapachula!...	374
	El Consejo Ejecutivo aprueba mi diputación	381
	En plena campaña electoral	387
	El día de las elecciones, el más corrupto de todos los días	390
	Me mudo a Jardines de Guadalupe	392
	La firma de los Acuerdos de Paz	413
XXIX	La diputación	424
XXX	El Eje Democrático	456
XXXI	Mujeres Activas Salvadoreñas – MAS	462
XXXII	El PD	468
XXXIII	¡El viaje a la isla más bella que han visto mis ojos!	479
XXXIV	De repente sufro una trombosis	487
XXXV	Movimiento Liberal Barrios – MOLIBAR	493
XXXVI	Solidaridad Orden y Libertad – SOL	495
XXXVII	El apoyo a los demócratas	497
XXXVIII	Tony corre para presidente por ARENA	499
XXXIX	El regreso al Servicio Exterior	502
XL	El reencuentro con César	538
XLI	La ausencia de un verdadero amigo	545
XLII	Adelita… mi amiga de toda la vida	549
XLIII	¡Me operan de las cuerdas vocales!	557
VLIV	Últimas reflexiones	561

Nota introductoria

Sí, es raro que una persona que se menciona en un libro sea seleccionado para escribir el prólogo o introducción de ese libro. Y es aún más inusual, tal vez sin precedentes, que la pequeña organización sin fines de lucro de esa persona sea la que publique el libro. Sin embargo, así es y estamos orgullosos de publicar lo que espero será una contribución accesible y fascinante: un libro de referencia para la historia reciente de El Salvador y la autobiografía de una de las salvadoreñas más interesantes en ese momento y lugar.

"Gracias a la Vida" es un raro entrelazamiento de dos historias principales: instantáneas de los momentos especialmente difíciles y violentos para el pueblo de El Salvador en las décadas de 1970 a los 90 y la historia personal de Lillian Díaz Sol. Después de todo, ¿cuántas mujeres de clase acomodada en Latinoamérica salían de sus casas solas a los 17 años para mudarse a un país donde ni hablaban el idioma? En Estados Unidos conoce a fascinantes personalidades que le sirven como mentores culturales e intelectuales. Lillian se convierte en una diseñadora de interiores/decoradora, en una de las principales tiendas por departamento de Washington. En el camino fue finalista del Miss

América, se casa y tiene una hija. Entonces su marido se va a Europa y desaparece. De repente, una madre soltera y, además, divorciada, Lillian sigue trabajando en la tienda por departamentos cuando recibe una llamada del presidente de El Salvador. Él quiere que ella vaya a Nueva Orleans para servir como cónsul general de El Salvador en esa ciudad legendaria, uno de los centros comerciales del golfo en turismo y comercio. Por supuesto que irá, y ¿por qué no? Lillian tiene ahora 31 años, y ya vive la angustia que sufrirá toda la vida: su fascinación con la política.

Un salto en el calendario a El Salvador en la década de 1970. El nivel de violencia aparentemente aleatoria en toda la nación tenía que generar un nivel extraño de psicosis social y cultural. Sí, hay otros ejemplos de violencia similar no anticipados en Colombia, o durante el tiempo paralelo de los generales en Chile y Argentina y el genocidio en la región de Petén de Guatemala. ¿La situación en El Salvador era igualmente mala? Ciertamente lo fue para algunos individuos y grupos - la policía local, sacerdotes, monjas y laicos trabajadores religiosos, conductores de autobuses, estudiantes, pequeños empresarios y trabajadores de nivel medio del gobierno.

Me parece un gesto inútil tratar de medir con precisión obsesiva los grados de violencia o desintegración social que se dieron en esos años. Basta decir que hoy, cuarenta años después, no hay salvadoreño cuya familia no fuese tocado por esos años de secuestros, asesinatos, atentados y desapariciones. Curiosamente, una vez que la guerra civil se estableció como tal en 1980, las zonas geográficas de combate y otros actos de violencia se ubicaron en escenarios más demarcados. En el verano de 1984, cuando llegué por primera vez a El Salvador, ya había un sentido razonable de dónde se podía ir con una probabilidad aceptable de encontrar a las personas que se quería encontrar, ya fuesen gubernamentales o las tropas combatientes del FMLN. En medio de la declarada guerra civil, era incluso posible llegar en auto hacia el este o hacia el oeste por la Carretera Pan Am o detenerse en un semáforo en San Salvador sin excesivo riesgo de robo o asalto al coche.

A mediados de esta década estresante, de los años 70, Lillian regresó a El Salvador para participar activamente en el "Año Internacional de la Mujer." Para probar su punto, comienza su propio negocio, Pigmalion, que ofrece clases para preparar a las jóvenes a enfrentar las expectativas sociales y de gestión en el mundo profesional. Eso pudo parecer contradictorio: que las mujeres jóvenes fuesen entrenadas básicamente en modales y comportamiento social durante el "Año Internacional de la Mujer". No lo comprendían así ni Lillian, ni sus estudiantes o las empresas como TACA Airlines que matriculó a sus empleados en sus clases. Educación, estilo y elegancia que generan confianza, un atributo fundamental de cualquier persona que desea mejorar su futuro.

Lillian se lanzó como candidata a la asamblea nacional y ganó para convertirse en diputada en el período de 1991-94. Fue como diputada que por primera vez entró en contacto directo y personal con los individuos que habían sido líderes en el FMLN durante la guerra y ahora representaban su propio partido en la asamblea. Así que allí estuvo Lillian Díaz Sol, tratando con el mayor Roberto "Chele" D'Aubuisson del partido de derecha ARENA, por un lado, mientras que establecía una estrecha amistad con Ana Guadalupe Martínez, un alto comandante del FMLN. No me sorprende eso, ni estoy sorprendido de que ella continuara enseñando en Pigmalion, incluso mientras fue seleccionada como representante de El Salvador en el VII Congreso Mundial Sobre Derecho de Familia.

La década de 1990 y la primera década del nuevo milenio fueron un poco diferentes. Se celebraron elecciones relativamente pacíficas aun cuando el partido ARENA controlaba la presidencia y el FMLN, en colación, tenía los votos en la Asamblea. Pero la nube de la violencia aún se cernía sobre el país. De repente, había literalmente miles de hombres y mujeres jóvenes que habían sido entrenados para manejar armas por ambas partes en la guerra civil, que quedaron desempleados y hambrientos. Y se les unieron los jóvenes salvadoreños que se habían criado en los Estados Unidos, pero se habían introducido en bandas de delincuentes y fueron deportados de regreso a su patria, y que también quedaron desempleados y hambrientos.

La mezcla fue volátil: un gran número de personas en la adolescencia o de veinte y treinta años sin empleo y ni siquiera la promesa distante de puestos de trabajo. Las tasas de robo, asalto y asesinato estallaron. Mientras que la clase media y los ricos podían permitirse el lujo de algunos elementos de seguridad —altos muros, puertas cerradas con llave, ventanas enrejadas— los propietarios de pequeñas empresas y los salvadoreños pobres fueron una vez más aterrorizados, sobre todo en los barrios marginales de las grandes ciudades. Se escuchaban las historias de los secuestros: ("Tenemos a tu hijo. Y queremos $ 2.000 por mes durante los próximos tres meses.") O historias de bajo nivel de extorsión: (Llaman a la puerta. "¿Qué estás preparando para la cena de esta noche?" "Bueno, frijoles y dos alas de un pollo viejo." "Bien. Prepara tres platos más porque vamos a volver.")

Lillian siguió adelante durante la década de 1990 y al principio de los años 2000, sobre todo con las clases de Pigmalion y actividades de las ONG —especialmente aquellas centradas en la mujer, el agua y las cuestiones ecológicas. Como siempre, hubo debates políticos y conversaciones analíticas, una tradición antigua y grande en El Salvador.

Una nueva oportunidad de servir a su nación se produjo a finales de 2005 cuando fue designada como agregado económico de El Salvador en la embajada del país en Panamá. Por supuesto que iría. Después de todo, Lillian había estado viviendo en El Salvador desde hace más de 10 años. Como su amiga Celina dijo: "Solo podes aguantar vivir en El Salvador hasta 10 años seguidos, después necesitas tener un descanso e ir a vivir a otro país, porque te ahoga."

Panamá fue un descanso bienvenido. Ciertamente no unas vacaciones, sino un cambio muy necesario en la rutina y el medio ambiente, junto con el trabajo de importancia. Cuando mi esposa Dorothy y yo le hicimos una visita cuatro o cinco meses después de su llegada a la ciudad de Panamá, Lillian todavía estaba asombrada por la ausencia de guardias armados y enormes puertas cerradas en las casas en el centro de la ciudad. El trabajo en Panamá fue demandante y a menudo difícil. Lillian regresó a San Salvador en marzo de 2010 y se retiró del Ministerio de Relaciones Exteriores.

En este punto, 2010, se podría esperar el final de la historia. Después de todo, cualquiera que se acerque a los 70 años de edad y la jubilación de su último nombramiento como diplomático merece algo de tiempo para relajarse. Pero esperar eso es no conocer a Lillian Díaz Sol. Ella regresó a San Salvador y reabrió Pigmalion. En 2013, accedió a unirse a la dirección de otro nuevo partido político, el Partido Salvadoreño Progresista. Una nueva elección presidencial se acerca en 2014 y Lillian no podía simplemente sentarse a verla pasar. Oh no, eso no va a suceder, y quién sabe, tal vez habrá otra autobiografía —una memoria— otro libro en unos pocos años.

Tom Johnson
Santa Fe, Nuevo México, EE.UU.
Abril 2013

> "El trece de mayo
> La virgen María
> bajó de los cielos
> a Coba de Iría
> Ave, Ave,
> Ave María..."

Por esos tiempos…
La Virgen María se estaba apareciendo a los tres pastorcitos en Portugal, pero en El Salvador, todavía no se conocía nada de las apariciones. De otra manera, casi estoy segura que mi nombre hubiese sido FÁTIMA…

¡FÁTIMA DIAZ SOL!

Capítulo I

Los Primeros Años

Ese día nací, el trece de mayo, a las nueve y media de la mañana, en el año 1938 y, naturalmente, que no escogí ni a mis padres ni el lugar de mi nacimiento, Centro América en El Salvador, en la ciudad capital de San Salvador. Nací en la Policlínica Salvadoreña, que quedaba en ese entonces, contiguo a la mansión del Sr. Benjamín Bloom y al frente del pasaje Guirola #2. La Segunda Guerra Mundial se seguía desarrollando en Europa y en el Lejano Oriente.

Dicen que era un día bonito, con sol y todos los árboles estaban floreando, a pesar de que ya en mayo comenzaba el invierno o la estación lluviosa y la producción de las frutas más sabrosas. Mi mamá cuenta que fue un parto tremendo para ella, porque siendo yo, el primer bebé, el doctor que la asistió, debió haberle practicado la episiotomía, y no lo hizo, por lo que se vio obligada a sufrir mucho.

Nací de una pareja de jóvenes. Mi papá tenía 28 años, huérfano de padre y madre, por lo que pasaba la mayor parte de su tiempo patinando en el Campo de Marte, situado a dos cuadras de su casa, en la Quinta Calle poniente. También era un buen jugador de tenis, del que fue campeón; pero sobre todo practicaba el ping-pong del que fue campeón también, muchas veces.

Cuando sus hermanas María, Adela y Margarita vieron que el "cipote" se estaba divagando mucho y no estudiaba para su futuro, "lo metieron" a la Escuela Militar Capitán General Gerardo Barrios, donde le enseñaron muchas virtudes y, fue compañero de promoción de los coroneles Osorio y Bolaños, entre otros.

Capítulo I

Se graduó de Sub-Teniente, francamente no sé cómo, porque su personalidad no era nada prepotente o que pudiese arreglar todo por el músculo, como la gente con mentalidad guerrera. ¡Nunca lo vi con pistola! Mi papá era un hombre de estatura normal, delgado, con ojos verdes (él decía que eran color de caca de lora). Como los SOL, era muy, muy guapo. Le apodaban "Hudson" y le decían familiarmente "El Teniente Seductor".

Cuando salió graduado de la Escuela Militar, inmediatamente pasó a formar parte de la Plana Mayor del Presidente de la época, el General Maximiliano Hernández Martínez, el cual he sabido, ¡le tuvo un afecto especial!

Recuerdo, vagamente que íbamos, con mi mamá a visitarlo a Casa Presidencial, y si hay algo que tengo en mi mente, son los venaditos y también los conejos que siempre andaban por los jardines del centro de la Casa.

Para el golpe de estado del domingo 2 de abril de 1944, (domingo de Ramos en la liturgia católica) mi papá se encontraba en Casa Presidencial y no había acompañado al General al Puerto de la Libertad.

Cuando el General Martínez regresó a San Salvador, después de todas las peripecias que hizo para llegar hasta el edificio de la Policía Nacional, ya el Coronel jefe de la Plana Mayor Presidencial, había enviado a mi papá a la Guardia Nacional, con un mensaje urgente, al ver que las comunicaciones se habían cortado, suponiendo que algo había sucedido. Él debía investigar qué había pasado y tenía que reportarlo inmediatamente.

Pero mi papá nunca investigó, ni reportó nada, se fue primero donde sus hermanas, a ver como se encontraban, ya que los aviones golpistas habían estado volando toda la tarde y, luego se fue a nuestra casa, también para ver como estábamos nosotras.

Naturalmente que estábamos bien, algo exaltadas, sobre todo yo al ver las proezas que hacían los aviones, porque ya tenía 6 años, María Elena (mi hermana) solamente tenía 4. La que no se encontraba en casa era mi mamá, que había ido a visitar a los amigos Chacón, con nuestra vecina Adela Gutiérrez.

Daba la casualidad que esa casa se encontraba frente a la radio Revolucionaria YSR, la cual quedaba donde está ahora el Drive-In Don Pedro en la Alameda Roosevelt, que se la habían tomado los golpistas, y cuyo propietario era Beto Cevallos.

Cuando mi papá llegó por mi mamá andaba, naturalmente, vestido con uniforme militar, por lo que fue visto inmediatamente por los revolucionarios y seguido hasta nuestra casa. Parece que no le dispararon porque en ese momento una vecina anciana se atravesó y le mandó a decir a mi papá que no saliera porque lo esperaban afuera. También mi papá tuvo la visita de un familiar del General Martínez, pero no logró convencerlo de que se entregara. Hasta que llegó mi tío Luz Calderón quien fue donde el coronel Merino, director de la Policía, contándole toda la verdad. El Coronel Merino, fue donde el General Martínez y le relató lo que había sucedido, a lo cual el general respondió: "Ya lo sabía, el Teniente Díaz Sol no es traidor, él es un tímido"

A los días, el General había controlado el golpe y, comenzaron los juicios, donde incluso a Carlos y Toñito Gavidia les aplicaron "el paredón", supuestamente porque el General no podía perdonar la traición, y ellos, que eran casi como sus hijos, lo habían traicionado. Cuenta la historia que cuando le preguntaron por qué mandaba a fusilar a todos esos amigos, en cuenta al hijo de casa, el General contestó: "No los mato yo, la ley es la ley y debe cumplirse".

Mi papá contaba que el General Martínez, como le decían, daba una clase de política en todos los cuarteles, una vez a la semana, y les decía siempre, a todos los oficiales que: "si había algo que no les gustaba que se lo dijeran, pero que, por favor, nunca lo fueran a traicionar", eso se los recalcaba una y otra vez.

Bueno, pues, como mi papá ya no se presentó a Casa Presidencial, y con todos los acontecimientos que se suscitaron, a mi papá también le tocaba el paredón, pero en esa ocasión el General Martínez dijo: " el Teniente Díaz Sol puede ser tímido, pero no es traidor". Él sabía

Capítulo I

que mi papá no había cumplido la orden del superior, no por hacer un mal, sino porque mi papá se fue a vernos primero a nosotras, que éramos tres mujeres, y sus tres hermanas. De esa manera mi papá se salvó... porque el General Martínez conocía también a mi papá y sabía plenamente que éste nunca lo iba a traicionar. Corría el año 1944.

El teniente Díaz Sol siguió acompañando en todo momento al General, lo cual lo mantenía en zozobra pensando en cualquier altercado, pero ni modo, ¡hoy tenía que demostrar que era valiente! Cuando el General renunció, y se fue del país, después de que un policía matara a Chepe Wright; cuando llegó la noche, él mismo fue a ver cerca de la casa mortuoria, y al ver que casi todo El Salvador estaba en el velorio, sopesó que si se quedaba iba a morir mucha gente, entonces optó por retirarse y fue así que renunció. Tomó posesión el General José Ignacio Menéndez; entonces mi papá pidió la baja y ahí terminó su "brillante carrera militar". Y se fue a manejar sus propiedades.

Parte de la hacienda "EL ESPIRITU SANTO" que llamaban Hacienda Nueva, la había heredado de su padre Julio Díaz Barrios, único sobrino directo del Capitán General Gerardo Barrios y de su madre Josefa Sol Barrios, sobrina nieta del Capitán General, y el lindero comenzaba en el río Lagartero. La otra parte, donde estaba el casco y donde estaban las casas antiguas pertenecía a su hermano José Miguel Díaz Sol.

También la finca que quedaba en las lomas de Candelaria, hoy cordillera del Bálsamo, que lindaba con la finca San Patricio, de mi tía María y la finca Manderley de mi tío Julio y la finca San Nicolás de los Daglio.

Ahora bien, mi mamá: Lillian Sevilla Calderón, era también huérfana de padre a los 10 años, fue la única hija después de 4 varones, Víctor, Miguel Ángel, José y Carlos. Era una niña muy consentida por su padre Miguel Sevilla Alvarado y de su madre Sara Calderón González. Mi mamá era y ha sido siempre una niña caprichosa y acostumbrada a que le den toda clase de gusto, preciosa y simpatiquísima. Siempre fue la mejor bailarina de la fiesta. Ella tenía 17 años, cuando su mamá, mi abuela Sara murió. Quedando ella sola con sus cuatro hermanos varones. Mi mamá dice que su mamá antes de morir le dijo: "Manuel es bueno y es de buena familia, lo que no me gusta es que es ¡militar!". Fue novia de mi papá por cuatro años... Quebraban... y volvían. Hasta que se casaron, cuando mi mamá cumplió 22 años.

Recuerdo que hasta los 7 años, de mi vida con mis papás, vivimos súper, cómodamente, en casa grande que compraron después de haber vivido mis dos primeros años en la finca de las Lomas de Candelaria.

Cuando me dio sarampión, tenía dos años, corría el año 40, y se me complicó a los oídos... total que, después de muchos alaridos por días y de muchas juntas con los mejores doctores de la época, especialistas en oídos, como eran el Dr. Víctor Noubleau y el Dr. Ernesto Silva, casado con Sarita Sol, prima de mi papá; dispusieron que me iban a abrir atrás del oído derecho, para ver qué encontraban, porque no estaban seguros qué podía ser. En esos tiempos la penicilina todavía no había llegado a El Salvador, o mejor dicho no se había descubierto del todo.

Me operaron, y encontró el Dr. Noubleau que tenía mastoiditis y que si hubiesen esperado una hora más, me pudo dar meningitis, y entonces me hubiese quedado, probablemente vegetal o... ¡me hubiese muerto de una sola vez!

Me raparon la cabeza, me la vendaban ¡con unas vendas tan largas! que me vestían de varón y jugaba con triciclos. Unos sobrinos de mi mamá, los Díaz Nuila, hijos de mi tía Marina Sevilla de Díaz Nuila, Mario y Napoleón, me decían "Juanito", y así fue como me llamaban en esa época de cabeza rapada, vendas, overoles y triciclos... También, por ahí nació mi hermana María Elena, y entonces nos vinimos de la finca de las Lomas de Candelaria a San Salvador.

Nos mudamos a la casa grande del Pasaje Martínez, con los jardines en el centro, enredaderas de porcelana blanca y morada y, la tradición de los conejos de Casa Presidencial llegó a la casa nuestra también, lástima que no teníamos venaditos, aunque en la finca, sí los teníamos.

Capítulo I

Luego, cuando tenía como 5 ó 6 años, sufrí una alteración del bazo, se me inflamó y mis papás tuvieron que llevarme donde un especialista, y el elegido fue el famoso doctor Arturo Romero, y ya, a mi corta edad reconocía que el Dr. Romero era muy guapo, y muy buen doctor, pues me curó de mi dolencia del bazo.

Con el tiempo el Dr. Romero fue candidato a la presidencia de la República, los colores de su partido liberal eran el blanco y el rojo, y todas las mujeres de El Salvador eran fanáticas del Dr. Romero. Tenía una gran sensibilidad social, y como médico responsable veía muchas necesidades en el pueblo que otros no veían. Al final lo tildaron de comunista y después de una revuelta tuvo que exilarse en la República de Costa Rica, donde se llegó a desempeñar como uno de los mejores médicos, teniendo el ambiente propicio para darle rienda suelta a sus ideales.

Viviendo ahí en la casa del Pasaje Martínez, nació mi otra hermana Sara Elizabeth, recuerdo que le prepararon una "nursery" lindísima, contiguo al gran dormitorio de mis papás, luego estaba el baño de ellos, el dormitorio de María Elena y mío, con muebles hechos especiales de madera de melón, y, al final había un dormitorio para huéspedes, como Berta Dueñas, cuando venía de Cojutepeque de visita a nuestra casa.

Al pedir la baja, mi papá, que ya era algo traumado por ser huérfano, pareciera como que se traumó más de lo que ya era. La disciplina se echó a perder, le sobraban los amigos y naturalmente le ayudaron, muy contentos, a despilfarrar su capital, con viajes a México, a donde se los llevaba a parrandear literalmente todos los días, por algún tiempo.

Mientras vivimos todos en familia: mi papá, mi mamá, mis dos hermanas y yo, hubo dos fiestas de maravilla, de esas, como las que aparecen en las películas de la mafia. El bautizo de mi hermana Sara, fue ¡maravilloso! Duró muchísimas horas, hasta la madrugada, su madrina fue nada menos que Araceli Castaneda Castro, la hija del Presidente de ese entonces, Gral. Salvador Castaneda Castro y su padrino fue el famoso Doctor Ranulfo Castro, hombre importante de la época. Los invitados fluían por decenas.

¡Mi primera Comunión también fue apoteósica! Para entonces, mi hermana María Elena y yo ya íbamos al colegio, uno bien *fufurufo* de niñas y niños "bien", era el de las señoritas Padilla, Chabelita y Mercedes; se llamaba Colegio Nuestra Señora de Guadalupe.

Entre mis compañeros y compañeras de colegio recuerdo a: Wally Martínez, Boby Daglio, Matilde Novoa, Adela Novoa, los Regalado Dueñas, Ernesto y Tomás; Roberto y Miguelito Dueñas Herrera, los Chinchía, Roberto mi compañero de grado, los Ávila, a Julio Enrique le hacía y le pintaba a colores los mapas, a los Santa María, los Barba, los Rovira, Mauricio Borgonovo, Rosita Grané, Lidia Corticelli, Mirella Daglio, las niñas Caminos, entre ellas Evelyn, los Poma, etc. etc.

A los 7 años hice mi Primera Comunión, solamente éramos 3 niñas y como 6 ó 7 varones, uno de ellos era Jimmy Munguía. Fue en la antigua iglesia de San José, que se incendió, y que era una iglesia católica, realmente bella.

Y así como dije anteriormente, mi Primera Comunión fue realmente dolorosa, gloriosa y gozosa. Fue de todo el día hasta en la noche, con muchísimos invitados.

Naturalmente que no faltaron los famosos "tamalitos" confeccionados por mi tía Adelita, quien nos regalaba, a todos sus sobrinos y sobrinas para nuestra "Primera Comunión", los tamalitos de sal y de azúcar.

Capítulo II

El divorcio

Hubo en mi hogar bastante violencia familiar, sobre todo de mi papá hacia mi mamá. Solamente fuimos 3 hijas: María Elena que había nacido 2 años después que yo en 1940, y luego Sarita que nació 6 años después, en 1944.

Naturalmente que tanta fiesta, tanto despilfarro trajo más violencia en mi hogar. Pleitos entre mis papás, y la paliza de mi papá a mi mamá, con la consiguiente reconciliación y el perdón de mi mamá, para después todo lo que había quebrado, se volvía a reponer: grandes lunas de espejo, relojes, vajillas, vestidos bellos de mi mamá, etc.

Una prueba del nivel de violencia que había en mi casa fue cuando mi papá encontró un pedazo de cebolla en el arroz (mi mamá siempre le vivía recordando a la cocinera no usar jamás cebolla en la comida, porque mi papá la odiaba) él agarró el mantel con todo lo que había en la mesa y frente a invitados lo tiró al jardín.

Cuando finalizó la segunda guerra mundial recuerdo que salió esta canción y mi papá me la enseñó:

**¡Hirohito está llorando porque ya cayó el Japón,
pon, pon, cayó el Japón,
pin, pin, cayó Berlín !**

Desde mis seis años (1944) las vacaciones de fin de año, las pasaba con mi tía Adela (Dela), quien era soltera, y mi tío Julio, su hermano, que todavía no se había casado con Bertita, íbamos los tres, con los perros de mi tía, a la finca Manderley, para las cortas de café. Me sentía tan feliz y contenta cambiando de ambiente, con un gran frío y oyendo el

El Divorcio

rugir de los pinos, además viendo esa vista tan bella con solamente unos cuantos cientos de luces, allá abajo en San Salvador.

Mi tía Adelita cocinaba de maravilla, pero todavía a esa corta edad, no me gustaban las berenjenas y, hacía mil trucos para no comérmelas y dárselas a los perros, sin que ella se diera cuenta. Ahora, sí me gustan, pero no son mis favoritas.

Bueno pues, lo que tenía que pasar pasó... mis papás ¡SE DIVORCIARON!

Quiero también decir, que mi mamá tenía un carácter un poco complicado, como buena Cáncer era muy cambiante su estado de ánimo y no se llevaba muy bien con Escorpión que era mi papá... Además mi papá estaba pasando por una época complicada... profesionalmente... con la salida del General Martínez... ¡Y quién sabe qué más en su mente!

Recuerdo que era un día de invierno, agosto, tuvimos que salir corriendo de nuestra casa, mi mamá, mis dos hermanas y yo. Nos fuimos a vivir a la casa de Adela Gutiérrez. La casa nuestra quedó abierta, con todo adentro, menos nosotras y las empleadas y empleados. Pero todavía la gente era honrada, en los años después del derrocamiento del General Martínez, y no se metieron a robar. Cuando regrésanos a los días, todo estaba en su lugar.

Cuando mis papás se divorciaron, mi papá se marchó a San Francisco, California y se quedó casi cinco años, regresando cuando el Coronel Osorio llegó a la Presidencia de la República; como había sido su compañero de "tanda" entonces mi papá fue nombrado jefe de migración en el Aeropuerto de Ilopango.

Mi mamá se quedó viviendo con sus tres hijas. Terminé el colegio y, para las vacaciones de fin de año, fuimos, con mi mamá, a ver cuándo nos íbamos a la finca Manderley con mis tíos, como lo habíamos hecho los años anteriores. Cuando llegamos a las casas de mis tías en la 5ª. Calle Poniente, nos percatamos que mi tío Julio se había casado con Bertita Villacorta y ya nosotras dos con mi tía Adela ya no podíamos ir, como antes. Pero sucedió que en ese momento entraba mi otra tía, mi

Capítulo II

tía Margoth, que era casada con el ingeniero Mario Pacheco Araujo, ellos no tenían hijos y vivían solos.

Mi tía Margoth inmediatamente me invitó a pasar mis vacaciones de tres meses a su casa, tenía yo 8 años, y me quedé 9 años con ellos, pasando vacaciones… corría el año 1946.

Capítulo III

A LA CASA DE MI TÍA MARGOTH

Llegué, pues, un día de Noviembre del año 46, a la casa de la 3ª Calle Poniente donde vivía mi tía Margoth y mi tío Mario Pacheco. Era una casa pequeña, con todo, hasta con planta alta, donde mi tío Mario tenía sus mesas de dibujo, y también una que otra caja de dinamita metidas en el closet, ya que él abría pozos, para llevar el agua, a toda la República.

En la planta baja estaban la sala, el comedor, una sala de estar, el patio, los dormitorios, el de ellos y el mío, separados por un baño, además de otro traspatio, la cocina, la lavandería, y los cuartos de las empleadas con su respectivo baño. Habían 3 trabajadoras de casa: Angelita, la cocinera, que pertenecía a la Tercera Orden de Santo Domingo de Guzmán; con ella fue con la única que me permitieron, mis tíos, ir a ver la Bajada del Salvador del Mundo, el 5 de agosto de 1948, en la propia esquina que formaba la Iglesia del Rosario y el cine Libertad.

Luego estaba, Rosa, la lavandera que planchaba también, y la de adentro, que era Orbelina, que siempre me impactó cuando un día me contó que cuando tenía a sus hijos, ella misma se asistía y les cortaba el cordón umbilical. Ella era originaria de San Estaban Catarina, en el Departamento de San Vicente. La Orbelina fue verdaderamente como una nana para mí.

Como yo era solita, y para entonces era muy religiosa y jugaba de simular todos los ritos que miraba en la iglesia. Y las empleadas me seguían el juego. Me ponía una bata: encima de la bata una toalla sobre los hombros, y había fabricado una custodia, donde aparentemente había una hostia, y la Angelita iba tocando la campana que mi tía usaba en la mesa donde comíamos, para llamar a las empleadas, y luego nos seguían las otras dos muchachas

CAPÍTULO III

tapadas de la cabeza. Y así recorríamos toda la casa, simulando una procesión.

También los días domingos, me subía a las gradas del segundo piso y en el tramo del descanso, yo interpretaba el mismo sermón que el padre Iriarte, había dicho en la misa de la mañana, a la que habíamos asistido con mi tía, en la Basílica del Sagrado Corazón.

Los primeros días me sentía como "pollo comprado", me gustaba el factor de que solamente era yo. No había nadie más excepto mis tíos, y yo venía de un hogar desintegrado donde peleábamos con mis hermanas, especialmente con María Elena, porque con Sarita nunca peleábamos, ¡estaba más chiquita!

Mis tíos trataban que me sintiera bien, e inmediatamente me hicieron un programa así: los días sábados llegaba a almorzar y a pasar toda la tarde conmigo, mi prima Martita Díaz Sol, hija de mi tío Pepe y Paulita; su hermano Pepito llegaba los jueves a almorzar y a pasar toda la tarde; y mi primo Mario Amaya Díaz llegaba los domingos. Así fui conociendo a mis primos, los cuales no había visto por algún tiempo y no los recordaba.

El resto del horario en casa de mis tíos, durante las vacaciones era: desayuno a las 7.30 a. m., teníamos que estar los tres en la mesa, se iba mi tío a trabajar, y mi tía y yo salíamos como a las 9.30 am. Siempre que mi tía Margoth me anunciaba que íbamos a salir de paseo, yo como niña chiquita le preguntaba, ¿a dónde vamos a ir tía?, y ella me contestaba: a donde nos apunte la nariz. Y yo todavía le seguía preguntando, ¿Y adónde es eso, tía?

Nos íbamos caminando por la 3ª calle poniente hasta llegar a la Prensa Gráfica, allí generalmente mi tía saludaba y platicaba unos minutos con Pepe Dutriz; luego subíamos una cuadra hacia el Campo de Marte a la 5ª calle, y ahí estaban las casas de mis tías. Íbamos a ver a mi tía Adelita, la soltera que vivía con su hermana mi tía María, que era viuda, y naturalmente mis primos los Amaya Díaz, y ahí mismo tenía mi tío Julio su Bufete de Abogado, con entrada propia al lado de la calle.

En esas horas de 10 a.m. a 12 m. Mis tías charlaban yo platicaba como niña de ocho años que era, con mis primos los hijos de mi tía María (los chicles Amaya) muchas veces yo llevaba vestidos con grandes lazas que se amarraban atrás y mis primos especialmente, Nino (Manuel Amaya) se deleitaba en estar desamarrándolas, cada vez que me las amarraban, hasta que al final optábamos por no amarrarlas, hasta que ya salíamos, que era al mediodía. Regresando a la casa a las 12.30 p.m. justamente para el almuerzo, siendo un paseo de caminar media hora de ida y media hora de regreso.

A la 1:00 p.m. llegaba mi tío Mario y nos sentábamos los tres a la mesa. Yo tenía mi puesto directamente frente al tío y mi tía Margoth a mi izquierda o sea entre mi tío Mario y yo. La comida que se servía en esa casa era comida gourmet. Unos platos que a mis ocho años nunca los había comido. Sin embargo sí les tengo que agradecer a ellos que me enseñaron a comer de TODO y cuando digo TODO es TODO: sesos, lengua, hígado, riñones, panza, patas, pasteles de cebolla, etc.

Un jueves que estábamos almorzando, mi tía Margoth, Pepito y yo (mi tío Mario se había ido a la finca) ese día nos sirvieron, como entrada, un pastel. Mi tía nos preguntó, que si queríamos, era una pregunta alevosa, pues ella sí sabía de qué sabor era el pastel, ¡yo me atreví a decirle que me sirviera una porción grandotota! creyendo que era un pastel de manzana y así me lo sirvió ella, lo mismo que a Pepito; cuál fue nuestra desagradable sorpresa que el pastel era de ¡cebollas! Y allí comenzó mi calvario. Las reglas de la mesa eran que no podía dejar nada de comida en los platos, en otras palabras, me tenía que comer TODO, y ahí me tienen: ¡un bocado de pastel de cebollas y diez tragos de agua...!

También tuve problemas comiendo hígado, un domingo en la tarde que íbamos al mar, no salíamos de la casa para irnos, porque a mí todavía me faltaba comerme la porción de hígado que me habían servido, y así pasó el tiempo, hasta que terminé mi comida,

Capítulo III

casi a las tres de la tarde hemos salido para el mar. Excuso decir que ahora me fascina comer hígado, sobre todo encebollado.

Un día de esos de vacaciones, me llevó mi tía Margoth, al Colegio Guadalupano, ella era la presidenta de las exalumnas del Colegio. Mi tía, antes de casarse con el tío Mario, había considerado la intención de unirse al convento de las madres Guadalupanas. Así es que cada vez que mi tía llegaba al colegio, era una fiesta para ellas. Cuando me presentaba con las diferentes madres, me decía: "esta es madre Teresa, ella va a ser tu maestra, el año entrante, cuando te matricule en el cuarto grado", quiero decir que madre Teresa era estricta en todo el sentido de la palabra.

Más allá me presentaba a madre Zaida, ella era la encargada de las mayores en secundaria y era una monja encantadora. Yo daba gracias a Dios que no me había tocado la madre Refugio que era puro ácido, y todas las monjas me decían cuando me veían "son cuentas del mismo rosario", o sea que mi tía y yo nos parecíamos, aunque yo no tenía los grandes ojos color turquesa que tenía mi tía, pero ellas seguían insistiendo en que éramos "cuentas del mismo rosario".

Así iban pasando los días hasta que llegamos a enero del año 1947 y me matricularon en el Colegio Guadalupano, en el cuarto grado con madre Teresa. Éramos veintiséis alumnas entre ellas recuerdo a: Dinorah Pellegero, Leyla Júbis, Marta Sánchez, Miriam Gavidia, Celina Gutiérrez, Lupita Contreras, María Elena Renderos y Victoria Hasbún. Por esos años llegaron a matricularse las niñas Safie, Yuyu, y su hermana.

Me encantaba ese colegio porque las madres eran sumamente creativas, la mayoría eran mexicanas, sino todas, en esa época. Me enseñaron hacer crochet, macramé, tricot, repujado en metal, en papel vegetal, o papel pergamino, frivolité, dibujar con pintura negra en vidrio y rellenarlo con papel de chocolate, etc. Cuando venía el día de la madre el 10 de mayo, yo había tenido que elaborar dos regalos, uno para mi mamá y otro para mi tía. Allí descubrí que tenía disposición para la pintura, porque me encantaban los colores, y pintar.

Fue así que entré a un concurso de pintura, que lo estaba auspiciando el almacén Femina, un almacén para señoras que estaba muy de moda en esa época. No gané, pero competí, y comencé a divertirme pintando al óleo, hasta que salí de bachiller en Comercio, y aún después.

El quinto grado era más difícil que el cuarto, pero lo pasé bien y luego llegué al sexto, que era como repasar toda la primaria. Lo importante de haber terminado la primaria, era que me había ganado el derecho de pasar los tres meses de vacaciones en la hacienda "El Espíritu Santo".

Por otro lado, en la casa de mis tíos, ya habíamos decidido que yo ya no solamente iba a pasar tres meses de vacaciones, sino que mi estadía iba a ser más permanente, y mandamos a traer a la casa de mi mamá, mi verdadera cama, y la mesa de noche (las de madera de melón).

Quiero decir que la caridad, la compasión, la gratitud, la rectitud, la sencillez, la sinceridad, la lealtad, la limpieza, la organización, el orden, la puntualidad, la responsabilidad, y la honestidad, eran virtudes que se practicaban todos los días, en la casa de mis tíos, ellos las enseñaban con el ejemplo diario, así como la planificación de todo, el respeto a la propiedad ajena, etc.

Mi tía Margoth me enseñó: "cada cosa debe de estar en un lugar y cada lugar debe tener solamente UNA cosa." "de la cama al baño." "para mentir y comer pescado, se necesita mucho cuidado." "Te conozco pepita antes de que seas melón", definitivamente, yo considero que ellos, mis tíos, forjaron mi carácter y mi personalidad.

Yo era una niña tímida, muy tímida, el divorcio de mis papás me había devastado, y sobre todo la pérdida o desintegración de nuestro hogar fue terrible para mí, ya que yo me daba perfectamente cuenta de todo lo que había pasado, ya podía analizar, y siendo uno de los primeros divorcios en la ciudad de San Salvador, yo francamente me sentía como que tenía una enfermedad contagiosa, y que la gente me señalaba a mí, o hablaba de mí. Creo que llegue a oír cuando me presentaban mis tíos a sus amistades algo como "pobrecita la Lillita, ella es la hija de Manuel, se acaban de divorciar los papás".

Sin embargo, yo me sentía contenta en el nuevo hogar, aunque mis tíos eran sumamente disciplinados, y correctos, pudiera decir que mi tía Margoth, era hasta sumamente dura conmigo. Mis tíos solamente cuidaban de mí, dándome un hogar y la alimentación.
El colegio hasta el sexto grado, mis regalos de navidad, ¡en cuenta un muñeco tipo bebé precioso! que en esa época venían de Alemania, me fueron dados por mi mamá. Luego cuando entré a la secundaria, mis tíos pagaron mis cinco años de estudios en el Colegio del Sagrado Corazón.

Como dije anteriormente al finalizar mi primaria me había ganado el derecho en la familia de ir a la hacienda, pero no a las otras fincas o haciendas donde íbamos durante la Semana Santa, agosto, o para las cortas de café. Íbamos a San Jerónimo, en el Cerro El Tigre, en el Departamento de Usulután, eran cafetales lindísimos, con una vista espectacular y con una agua tan helada... que me bañaba en San Salvador el día que partíamos para allá, y me bañaba en San Salvador cuando regresaba, bañándome dos días solamente con esa agua que era puro hielo, con solo tres guacaladas, los ocho días que permanecíamos en la finca.

También íbamos a la Costa, La Hacienda de los Pacheco, llamada San José, cerca del Cantón El Tránsito, en el Departamento de San Miguel, era conocido en aquella época como "El rastro de la República", porque no había día de Dios que no mataran o machetearan a alguien, pero realmente lo hacían "picadillo". ¡Ya en ese tiempo El Salvador era un país violento! Para ir a esa hacienda, teníamos que tomar el tren, nos teníamos que levantar a las 5 de la mañana y luego estar antes de las 7 de la mañana para tomar el tren a Oriente; pero a mí me fascinaba hacer ese trayecto por tren, creo que desde entonces ¡yo amo los trenes! Nos íbamos en "Primera", donde toda la gente *fufurufa* se reunía para ir conversando, comprando en las diferentes estaciones donde la gente se subía o se bajaba. Bueno, total que llegábamos a la estación de Batres como a las 5 de la tarde y ya nos estaban esperando los caballos y la carreta para trasladarnos a la casa de la Hacienda, y llegando solo cenábamos y a la cama, ¡de cansados que estábamos por el trayecto!

En esa hacienda había platanares y pozos artesanos, pero, como era la costa, había un calor ¡horroroso! Pero a mí me encantaba ir porque mi tío Mario me regalaba una caja entera de tiros, y yo vivía bajándome las iguanas y los garrobos de todos los cocoteros, así descubrí que para que la iguana cayera del cocotero, tenía que darle el balazo en la propia cabeza, para que cayera al suelo, de otra manera si les daba en otra parte del cuerpo las iguanas salían corriendo. Esa carne se mandaba para los perros de la finca San Jerónimo.

Luego estaba "La Favorita" una linda finca cerca de Tonacatepeque, donde se hacían fiestas de familia que duraban todo el día y las invitaciones se hacían por familias, y había diversiones para todos los miembros de ella. Para divertir a los invitados hacíamos desde carreras de cintas hasta tiro al blanco, donde yo me llevaba premios, así como también más de alguna vez me tocó el gran trabajo de trinchar los lechones enteros del buffet, para todos los invitados, cocinados por la famosa Doña María Jacobo.

Como mi tío Mario era ingeniero, mecánico electricista, graduado en la Universidad de México D. F., de manera que las familias de ingenieros, amigas de mis tíos, tenían sólo hijos varones, yo era la única niña que jugaba: con Toñito de los Perla, con Atilito de los García Prieto, con Carlitos de los Barba, también estaban los Ungo, Ricardo y Mauricio, y otras veces el Conejo Salguero.

Generalmente, salíamos todas las familias a cenar, en los mejores y pocos restaurantes de la época. También pasábamos vacaciones en el lago de Coatepeque: los Perla, los Ungo, y una vez llevamos al Conejo Salguero, cuyo papá acababa de morir. Allí en el Lago de Coatepeque pasamos mil y una aventuras. En cuenta una vez que mi prima Marta nos acompañó, nos fuimos ella, Toñito y yo, en una lancha de aluminio, que era lo más nuevo en navegación por lo que se consideraba, que no podía dar vuelta. Toñito la piloteaba, nos llevó al centro del lago, apagó los motores y se tiró a nadar, Marta y yo nos tuvimos que tirar en medio del Lago de Coatepeque. Pero lo más difícil fue subirse a la lancha, después, mientras Toñito arrancaba los motores, ¡y nosotras sentíamos que nos dejaba el resto de nuestras vidas en medio del lago!

También los Perla hacían riquísimas cenas en su casa de la colonia San Juan de los Planes de Renderos. Allí los señores cenaban en el comedor adentro de la casa, y a nosotros los niños, nos ponían una mesa especial en el jardín, abajo del Amate, donde nos servían la misma comida que a los grandes. Cuando llegaba el momento de servir la crema digestiva después de la cena, siempre nos enviaban con la empleada, crema de menta a los dos. La tomé tanto cuando era pequeña, que hoy de grande es la única que no tomo, creo que a Toñito le pasó lo mismo.

A la hora de la crema digestiva, se contaban los chistes, por lo que desde el jardín nosotros sólo oíamos las carcajadas de los adultos, con los chistes que contaban, entonces Toñito me decía: "No te preocupes Lillita, me voy a ir por la puerta de atrás, al dormitorio de mis papás y voy a sacar el libro de los chistes, lo que hacía mientras lo decía, al rato ya venía con el librito de chistes, y nosotros gozábamos cuando él los leía. Me recuerdo de este chiste: "en un pueblo había una mujer tan flaca, tan flaca, tan flaca, tan flaca, pero tan flaca, que se comió una aceituna y la gente murmuraba".

En las vacaciones se le ocurrió, tanto a Lolita de Perla, como a mi tía Margoth, que los cipotes tenían que trabajar para ya ir viendo como era esa actividad tan importante para la vida. Así que a Toñito le consiguieron empleo en un banco, y a mí en la oficina de mi tío Mario, en el tiempo que la secretaria Nena Barba, se ausentaba de ella, que eran entre las doce del mediodía y las tres de la tarde, y de las 6 pm en adelante. Mi trabajo era contestar el teléfono, dar quedans, recibir correspondencia, etc. Todos los días unos minutos antes de las tres de la tarde sonaba el teléfono, y yo ya sabía que era Toñito el que me llamaba para contarme las novedades, y a veces el último chiste de moda.

Muchas veces los Perla llamaban por teléfono, para avisar que llegaban a visitarnos, y a la hora que sonaba el timbre, y decían por ahí viene Toñito, salía yo como un cohete, a esconder mis muñecas, porque todas me las descuartizaba. ¡Toñito era un *l'enfant terrible*! Hoy día es un gran padre de familia, un excelente hijo y un súper abuelo. Recuerdo que mi primer pago de mi primer trabajo fue por cheque, y pase toda la noche pensando cómo el banco sabía cuánto dinero tenían mis tíos, y poder hacer más cheques de diversas cantidades. Todo eso era una incógnita para mí. Después de cambiar mi cheque en el banco, me dieron cuarenta colones y me dirigí directamente a México Lindo, una joyería propiedad de la familia Valiente, y me compré un par de argollas de plata.

Parte de mi trabajo era, naturalmente contestar el teléfono, en las horas que la secretaria de mi tío Mario, se ausentaba, o en la noche, cuando mis tíos salían y yo me tenía que quedar en casa, dizque estudiando. Una noche llamó un ingeniero amigo de mi tío, y yo tomé el mensaje, cuando regresaron, inmediatamente le di el mensaje: "Le llamó el Sr. Neceares y dice que si por favor le devuelve la llamada. Mi tío contesta: "yo no conozco a ninguna persona que se llame Neceares… y después de quebrarnos, todos la cabeza, descubrimos que quien había llamado era el Ing. René Suarez. ¡Ya se pueden imaginar!

Mi tío Mario Pacheco era el ingeniero que le hacía los trabajos de ingeniería, y electricidad a la familia De Sola, le trabajó mucho al doctor Orlando De Sola, y a su esposa Nena, así fue como yo conocí en la finca Navarra a los niños De Sola.

En la casa de mis tíos tuve, o mejor dicho fui expuesta a la música clásica, Tchaikovski, Mozart, Bach, Beethoven, etc., mi tío Mario siempre me pedía que le pusiera música clásica cuando leía. Y yo tenía el truco de mirar primero lo que él iba a leer, y de acuerdo a eso escogía al músico. Cuando yo creía que era muy complicado lo que iba a leer, o en lo que debía concentrarse, yo le escogía a Mozart, cuando creía que era algo más comprensible, le escogía a Chopin, y así sucesivamente.

CAPÍTULO III

Naturalmente que mi músico predilecto era y es Tchaikovski, sobre todo la Obertura 1812. Y así fui conociendo los diferentes instrumentos musicales, entre ellos los que más me encantan son: el violín, el piano, la batería, la guitarra, y la trompeta, no toco ninguno, pero me encantan todos. Y en música, me fascina toda, excepto la Tex-Mex, la que considero bayunca con el perdón de los que les gusta.

También gracias a mis tíos, que aunque era una niña pequeña, siempre me llevaron a ver las óperas y las zarzuelas que llegaban a El Salvador. Cuando en mi adolescencia, ya interna en el Sagrado Corazón, me llevaban a ver las películas los domingos en la noche del cine Apolo, de Gina Lollobrigida, de Sofía Loren, que eran en blanco y negro, pero yo el día lunes se las iba a contar a mis compañeras de colegio, A TODO COLOR.

Creo que a mis tíos les hubiese encantado que yo hubiese sido varón, porque cuando íbamos a la finca San Jerónimo, mi tío me enseñaba muchas cosas, que en aquella época solo eran cosas de varón, pero como yo era la única que estaba a su lado, él me ponía con el barómetro a que midiera la tormenta que ya venía, y cuando estaba construyendo el tanque de agua, pedido a Bélgica, para captar el agua llovida, y hacer el beneficio donde se procesaba el café, entonces me enseñaba las tuercas, todas las piezas que formaban la maquinaria que había en la finca. Lo mismo en la Favorita cuando tuvo que perforar el famoso pozo de más de cien metros de profundidad, que hasta tuvo que mandar a traer la perforadora a Estados Unidos, para abrirlo, mi tío Mario tenía la paciencia de explicarme todo el sistema.

En casa de mis tíos se discutían los acontecimientos, tanto políticos como económicos, y sobre todo los de gran sensibilidad social. Mi tía Margoth era de las damas del Sagrado Corazón, por lo tanto todos los días jueves llegábamos a la Iglesia de San José a repartir comida a todos los pobres, desde las once de la mañana. Allí estaba la Lillita con un cucharón, poniéndole a cada señor y a cada señora, que llegaban con su pocillo, la comida del día. Yo siento que todos estos hechos me hicieron sentir gran solidaridad con los pobres.

También muchas veces actuaba como niña que era, recuerdo que Angelita Gutiérrez, hermana de Joaquín, nos invitó a un almuerzo en su finca, cerca de San Salvador, y mis tíos me llevaron a mí…. Todos los señores y señoras estaban en un largo cocktail… y ya eran las 4 de la tarde y todavía no habían servido el almuerzo, entonces vino Angelita y preguntó si alguien quería almorzar ya, y de por allá,… lejos… se oyó una voz de niña que dijo. "Yooooooooooooo", bueno, ¡todo el mundo se echó a reír! Porque francamente, se oyó chistoso en ese ambiente de gente grande, con sus tragos… la voz de la niña que no había comido, ¡me imagino que debía estar hambrienta!

Capítulo IV

Pero la Hacienda "El Espíritu Santo", era otra cosa...

Mi tío Pepe y Paulita siempre salían para la hacienda el 3 de noviembre, un día después de la conmemoración del día de los difuntos. Íbamos a enflorar a los abuelos, y por supuesto ya teníamos todo listo para irnos a la hacienda: los sombreros, los blue jeans con remaches, el adorno de la época, y las botas. Salíamos a las cinco de la mañana después de levantarnos, a las 3:30 de la mañana en la Wyllis de doble transmisión de mi tío Mario, con mi tía Margoth, mi prima Marta, y yo. En la camioneta de mi tío Pepe, iban él, Paulita, Pepito, y los tres hermanos Hirlemann: Arnoldo, Roberto, Ernesto, así como Don Lito Cuéllar, el profesor scout, que los cuidaba a ellos, y quien llegaba al día siguiente. Era realmente una aventura, la considerábamos como ir al África.

La primera parada la hacíamos en el PUENTE DE ORO, a las siete de la mañana, donde desayunábamos con sándwiches y termos con leche, y esencia de café, que nos llevaban para comer en el camino. La segunda parada la hacíamos en las minas del Potosí, allí llegábamos como a las once de la mañana, ya los caballos nos estaban esperando, pero descansábamos media hora tomándonos unas gaseosas, mientras mis tíos platicaban con los señores Huguet, que eran los dueños del lugar como almacén, donde nos reuníamos con los *campistos* y el mandador de la hacienda, y luego nos subíamos a los caballos hasta llegar a Sesori alrededor del mediodía.

En Sesori, la tercera parada, llegábamos a la casa de los papás de Paulita, Don Chendo, y Doña Josefina Argueta, ellos eran algo así como los caciques del pueblo, ocupaban un gran portal donde tenían además de su casa, la farmacia, la tienda, el almacén, y la funeraria. Al llegar nos tenían un súper almuerzo con sopa de gallina india, gallina asada, arroz, y ensaladas deliciosas; comíamos primero todos los cipotes, y luego almorzaban los mayores. A las tres y media o cuatro de la tarde, salíamos rumbo a la hacienda, la cuarta y última parada. Mi caballo se llamaba "tipitín", era el mismo donde mi primo Pepito había aprendido a montar.

Pasamos "La Hacienda Nueva" que había sido de mi papá, y el río Lagartero, y comenzábamos a correr a caballo, para ver quien llegaba primero al portón de la hacienda. Naturalmente que Pepito llegaba primero. Durante el camino, él, y los niños Hirlemann venían fumando los cigarrillos que se habían "robado" de la tienda de doña Josefina, en Sesori, ¡y que nadie se había dado cuenta!

Al llegar a la casa, la cual estaba situada en el tope de una pequeña ladera, ya todas las sirvientas, que habían salido de San Salvador ocho días antes, con todos los comestibles y los regalos para los colonos, nos tenían la casa limpia, las camas tendidas con sus respectivos mosquiteros y bacinicas. La mesa servida, en fin todo listo para vivir por tres meses en esas lejanías.

La Nena, quien era la "hija de casa" de mis tíos (Pepe y Paulita) era la que se había venido con las demás sirvientas, desde San Salvador, con todas las provisiones, ocho días antes, y era la que dormía en una de las camas de Gerardo Barrios, que había en la hacienda, y quien contaba, que durante la noche LE JALABAN LAS PATAS. ¿Quién?... No sabemos. ¡Pero ella siempre andaba metiéndonos miedo, con que todas las noches la asustaban!

Todos los que fuimos a la hacienda "El Espíritu Santo" tenemos los recuerdos más hermosos que cipotes puedan tener... ¡ÉRAMOS INMENSAMENTE FELICES!

Era como vivir en un cómodo y lindo hotel en la jungla. Además... que la hacienda era lindísima, ríos caudalosos, limpios y bellos, pozas exuberantes, montañas vírgenes, los venados que llegaban a tomar agua frente a la casa, las miles de palomas arroceras sobre

Capítulo IV

los arrozales, los cercos de piedras que contaban la historia de las grandes batallas que se dieron, precisamente en esos campos, en tiempos de Gerardo Barrios. El Cerro de Cabañas, donde abajo, en sus laderas están enterrados mis bisabuelos, que murieron de Cólera Morbus.

Nos levantábamos a las siete de la mañana, para todos estar sentados a la mesa a las siete y media. El menú era a la carta, cada cual pedía sus huevos como quería, avena, pan cakes, o waffles, té, café, o chocolate, frijoles en bala o fritos, plátanos de toda clase, etc.

Luego de desayunar los varones salían a pescar o nadar, Martita y yo las únicas niñas bordábamos, o nos ponían a arreglar y limpiar la increíble biblioteca que había en la hacienda, heredada de Gerardo Barrios. Por lo tanto, era de rigor leer, por lo menos, dos horas diarias.

Una vez, después de una limpieza me quedé con un libro soberbio por la manera en que estaba escrito, sabía que era un libro prohibido para que una niña de doce años y medio lo pudiera leer; sospechando eso, lo escondía debajo de mis sábanas, aun así lo leí entero, se llamaba, "LOS BORGIA, HISTORIA DE UNA FAMILIA", también leí, "ISABEL, LA HIJA DE LAS CIRCUNSTANCIAS". Pero las novelas, que todos los años que llegaba a la hacienda, me leía de rigor, se llamaban: "EL REY DE LOS ANDES" y "EL CAPITAN DE CASTILLA". Mi prima Marta leía, todos los años, "María" de Jorge Isaac.

Mi tío Pepe nos mandó a construir un ranchito o casita igual a la de los colonos, solo bajábamos dos gradas de la casona, por la parte de atrás, y estaba nuestra casita para jugar. Teníamos una cocinita de leña. Para la inauguración hicimos chilate con nuégados, ayudando todos a hacer los nuégados de masa, Arnoldo, el Chele, Roberto, la Tancho y la Lucía, cipotas de la hacienda, y la Nena, la hija de casa de mis tíos. Cuando los metimos en el aceite hirviendo, no se cocieron bien, por lo visto, y a todos los que comimos nuégados nos dio diarrea. Lo divertido del caso fue, que todos hacíamos cola para usar el inodoro en el baño, y hubo unos que tuvieron que irse al monte porque ya no podían seguir aguantando. Quiero aclarar que el baño era exactamente igual que los de San Salvador, no era fosa séptica.

Mi primo Pepe, los campistos, los tres Hilermann, y Don Lito, salían a cazar palomas llegando así al almuerzo donde comíamos desde palomas hasta cerdo, pasando por ternera y pescados frescos. Luego mis tíos hacían una pequeña siesta; nosotros todas las cipotas y cipotes, contábamos chistes o leíamos. Mi tío Pepe a veces me regalaba una botella de vino, y yo hacía sangría... Y CÓMO LA DISFRUTÁBAMOS.

Una vez a la semana, en la mañana, nos tocaba escribir una carta a nuestra familia. En mi caso yo le escribía a mi tía Margoth, los Hirlemann a sus papás. En las tardes, los días lunes esperábamos el correo que llegaba a caballo, exactamente igual que la Wells Fargo, en el oeste de Los Estados Unidos. Mi tía Margoth me enviaba de regreso mi carta con todas las faltas de ortografía corregidas y tenía que hacer planas enteras de esas palabras para no volver a cometer los mismos errores.

Todas las tardes a las 3:30 nos dirigíamos al río Lagartero, a nadar, pasando un tiempo de película. A unos quince minutos caminando llegábamos al río. Paulita ocasionalmente nos acompañaba, los Hirlemann y Pepe sacaron allí los baches de natación para los boy scouts, ya que don Lito Cuéllar era jefe Scout.

Pasábamos divertidos y haciendo bromas, como por ejemplo, Pepe mi primo, se hundía en el agua, y pasaba horas que no se veía, y se regaba la bola que se había ahogado. Paulita se ponía nerviosa hasta llegar al llanto, y entonces Pepe ¡aparecía!

Disfrutábamos viendo a los chuchitos de agua (castores), visualizando que no nos fueran a salir los lagartos. En una emergencia que tuvimos, mi prima Marta, Arnoldo, y yo, no habiendo baños, y mucho menos papel higiénico, hicimos nuestras necesidades en una pequeña ladera, nos acurrucamos, y cuando llegó el momento preciso de asearnos, sin saberlo nos

Capítulo IV

limpiamos con hojas de chichicaste, a tal punto que todos desesperados por el ardor y picazón terminamos en el agua.

La llegada a la casona de las vendedoras de Estanzuelas, con sus enormes canastas llenas de todo lo que se puede imaginar y vender, yo les compraba chiclets Adam's, aunque las pobres siempre tenían que pasar por todos los sustos y bromas que les hacía mi tío Pepe, ¡botando las grandes canastas y todo lo que llevaban en ellas!

Lo más bello de la hacienda, en los tres meses de vacaciones, eran las fogatas tipo scout, que los colonos llamaban "diviertas", que hacíamos de ocho a doce de la noche, ¡éramos francamente geniales! Llegaba gente hasta de la frontera con Honduras, para divertirse de la comedia tan picaresca, natural, linda y bien hecha, que hacíamos, mis dos primos, los Hirlemann, Don Lito, y yo, nos volvíamos unos artistas increíbles, dignos del OSCAR. Solo en ese momento mis tíos nos permitían decir malas palabras. Naturalmente nosotros abusábamos, éramos unas ametralladoras diciendo *malas palabras*, y a los colonos les fascinaba oír de sus patronos semejantes groserías, yo era la que menos malas palabras decía, porque si regresaba a San Salvador, diciendo malas palabras, ¡me mandaban de regreso toda la vida!

En la hacienda había una tradición que me traumaba, el 8 de diciembre de todos los años, día de la Purísima, cada colono hacía una fogata para, según ellos, alumbrar a la Santísima Virgen; así es que por todos los cerros y laderas, la oscuridad de la noche se convertía en día por la luminosidad de las fogatas, ¡era francamente un espectáculo inolvidable!

Dos o tres veces a la semana nos encantaba ir a ordeñar una cabra que acababa de tener cabritos; entonces nos íbamos caminando Martita, Arnoldo, el Chele, y yo, nos acompañaba también toda la comparsa de niños de la hacienda, la Tancho, la Lucia, etc. Hasta la casa del colono que nos permitía ordeñarla, lo cual hacíamos todos, pero no bebíamos la leche, se la dejábamos a la señora y niños del colono.

Un día, por los primeros días de diciembre, llego el dichoso correo a caballo, a todos nos llegaba carta. Por supuesto que yo recibía la que le había mandado a mi tía Margoth, ya corregida, y todos estábamos alrededor de la mesa del comedor leyéndolas en voz alta, la mía traía una tragedia: mi tía me anunciaba que me había matriculado en el nuevo sistema de educación que se llamaba "Plan Básico" de tres años, y luego dos de bachillerato. Yo no iba a seguir la tradición de todas las niñas de la época que estudiaban para oficinistas, o el ménagère, del colegio Bethania, de cómo ser una buena ama de casa, ¡OH NO! Yo fui de la primera generación de mujeres que iban a estudiar como los varones lo hacían, esa era la ¡GRAN TRAGEDIA!, y comenzamos todos a llorar, eso era ¡espantoso!, y no podíamos hacer nada porque la decisión ya estaba tomada: ¡POBRECITA LA LILLITA! ¡Hoy sí se fregó!

Mi tío Mario Pacheco molestaba a mi tío Pepe, porque mientras todo el mundo hacía una planilla semanal de sus fincas, mi tío Pepe hacía una anual, lo cual no entendía mucho la generalidad de dueños de tierras de la época. Mi tío Pepe hacía un trato con sus colonos, ellos trabajaban sus tareas de la hacienda y al final de la cosecha ellos tenían derecho a cierta cantidad de granos que dividían entre todos los colonos, (tipo los incas del Perú). De manera que los colonos tenían casa, vacas, caballos, puercos, gallinas, y sus frijoles, arroz y maíz, sembrado por ellos.

Mi tío Mario decía que la hacienda "El Espíritu Santo" era la primera hacienda socialista en El Salvador. La verdad que para nosotros nunca hubo otra hacienda igual. ¿En dónde llegaban los venados a la casa y nadie los mataba? ¿Dónde en El Salvador había una montaña de siete caballerías y otra de tres donde no había penetrado el ser humano? ¿En qué otra propiedad habían ríos caudalosos, con agua cristalina, lagartos y chuchos de agua?

Cada año que llegábamos a la hacienda por tres meses, mi tío Pepe nos regalaba un cerdito bebé; por todo el año nos lo engordaban en la hacienda, y cuando llegábamos al año siguiente lo vendíamos y ya teníamos nuestro propio cash, o sea que era toda una aventura ir a la hacienda El Espíritu Santo, y todos y

Capítulo IV

todas adorábamos ir. Para las navidades nos regalaban la famosa pluma Parker de la época. También recuerdo que a mi primo Pepe, cuando cumplió quince años le regalaron su primer rifle, y fue todo un acontecimiento. Al regresar a San Salvador después de tres meses en la jungla de la Hacienda, generalmente regresábamos bien "bayuncos", hasta ver un carro nos daba risa.

Al año siguiente cumplía trece años, y me empecé a sentir mal, por lo que me llevaron a un doctor, y después de un minucioso examen fui diagnosticada de tener alterado el nervio simpático, por lo que tuve que ponerme en tratamiento por un largo tiempo.

El tratamiento consistía en inyectarme una ampolleta de cinco centímetros de una medicina tan horrorosa que se llamaba Cacodilato de Sodio lo cual me hacía pegar unos alaridos tan grandes cuando mi tía Margoth me inyectaba. Cuando me acababa la caja de veinticuatro ampolletas, tenía que ir nuevamente al doctor, y yo dejaba a todas las muchachas del servicio rezando y prendiendo velas para que el doctor no me fuera a recetar otras veinticuatro. Cuando regresaba, regresaba llorando porque el doctor me había recetado otras veinticuatro, y así pasaron muchos meses, hasta que un día mi tío Mario le dijo a mi tía Margoth ¡Ya no más!, pobrecita la Lillita, que ya no sufra más.

Los que saben lo dolorosas que son estas inyecciones, al leer estas líneas me van a compadecer. Hoy todavía guardo en mis muslos los *camotes* que me hicieron los cristales que venían en las ampolletas. Al mes de estármelas poniendo me vino el periodo por primera vez, ¡después de un dolor de vientre horroroso! Naturalmente yo ya sabía todo lo relacionado a la menstruación, y no me agarró de sorpresa, sino el dolor fue lo que me sorprendió; creo que a todas las niñas más o menos nos ha pasado lo mismo, aún años después, como ahora que estoy escribiendo esto...

Capítulo V

MI PRIMER AMOR

Allí también en la hacienda "El Espíritu Santo" tuve mi primer amor... Cuando nos detuvimos para tomar el desayuno en el Puente de Oro, cuando fuimos la primera vez a la hacienda, allí fui presentada por mis primos Martita y Pepito, a los niños Hirlemann, Arnoldo el mayor, Roberto el segundo, y Ernesto (el Chele) el tercero. Arnoldo era un año mayor que yo, Roberto de la misma edad que la mía, y El Chele un año menor.

Acostumbrada a jugar con varones, porque los hijos de los amigos de mis tíos eran varones, mis primos en su mayoría lo eran también a excepción de Martita, sin embargo, con Arnoldo la cosa fue diferente. No era el más guapo, el Chele era el más chulo, Arnoldo era humilde, sencillo, suave, inteligente, aunque nunca se destacó como profesional, aparentemente era el más desvalido, Tauro como yo, con alma bohemia, romántico, en una palabra flemático, francamente me provocaba ternura, y como ganas de protegerlo y ayudarlo.

Regresando a San Salvador de la hacienda, las pocas oportunidades en que nos veíamos era en los turnos de los colegios, coincidíamos en el Teatro Nacional, viendo una que otra película, o en el cine Apolo, así pasamos el año cincuenta y uno y dos.

En el año cincuenta y tres, por el mes de abril, un día inesperadamente mi tía Margoth me entregó una carta ya abierta y leída por todas mis tías y primos, y que equivocadamente la habían llevado a la casa #9 que era de mis tías y no a la #13 que era la de nosotros. El sobre tenía lo colores mejicanos, diciéndome, "aquí te escribieron". Cuando leo el remitente, casi me desmayo, era nada menos que de Arnoldo. Me retiré a mi

Capítulo V

dormitorio leyéndola yo sola, y repasando cada palabrita que no delatara mis sentimientos y los de él. Me sentí muy feliz de saber que se acordaba de mí estando en México. Era una carta sencilla, cariñosa, informativa, dejándome saber que sus papás los habían enviado a estudiar a un colegio militar en el D.F., y luego pasaban al Tecnológico de Nuevo León, México, a él y a su hermano Roberto.

Mis compañeras de colegio sabían que a mí me gustaba Arnoldo, de manera que cuando yo recibí la carta, al día siguiente le conté a mi compañera y amiga Marta Sánchez que si Arnoldo me podía escribir a su dirección, pues en mi casa todo mundo había leído mi carta, y eso no me gustaba. Inmediatamente le escribí a Arnoldo contándole lo sucedido, y mandándole la nueva dirección de mi amiga Marta, para que me escribiera... Por dos años y medio esperaba ansiosa las cartas que mi amiga me llevaba, y que me entregaba con mucho sigilo. Todo el idilio con Arnoldo fue por carta.... Amor de lejos es de....

En enero de mil novecientos cincuenta y seis, mis tíos me enviaron a Washington D. C. a estudiar inglés y Artes Aplicadas, graduándome en Decoración de Interiores. Pese a todo, Arnoldo y yo nos continuamos escribiendo. Hasta que conocí a un francés que se llamaba Joel Le Pelch, quien era compañero mío en la Escuela Nacional de Arte. Allí terminó el gran idilio entre Arnoldo y yo.

Capítulo VI

El Colegio del Sagrado Corazón

Mi tía Margoth ya había decidido que yo iba a cambiar de colegio del Guadalupano al Sagrado Corazón, porque éste tenía mejor disciplina y, aparentemente yo necesitaba esa disciplina.

Recuerdo que terminé mi plan básico donde tuve grandes maestras como la niña Rosita Aguilar y la niña Martita de Quezada; también fui compañera (de aula de la novicia en ese tiempo) Juana Vanegas, hoy madame Vanegas, quien fue Directora del Colegio.

Cuando comenzaba mi cuarto año mi tía Margoth dispuso que debería ser internada, siendo huésped del dormitorio de los "Santos Ángeles", que estaba al cuidado de madame Jansen (oriunda de Bélgica) quien me tenía mucho afecto, a pesar que era muy estricta, ¡y todo el mundo le tenía pánico!

Mi "celda" era la primera, entrando por la puerta de atrás donde había un gran piano, y un pasillo hacia los baños, muchas alumnas de música recibían sus clases en ese piano, como Rinita y Clarita Samayoa. Ya adentro, mi celda quedaba pegada a la de Marina Argüello, de San Miguel; por la celda de ella, en la división con la mía, pasaba un caño, en donde Marina se subía para platicar conmigo estando yo acostada muy confortablemente.

Una vez cayó una tormenta que traía sapos y culebras, era la primera que caía de la estación lluviosa, después de pasar seis meses sin una gota de lluvia, era un día de mayo como a las doce de la noche, todas dormíamos profundamente, hasta que se empezaron a oír ruidos, entonces madame Jansen encendió las luces del dormitorio, y lo que pasaba era que todo el dormitorio

Capítulo VI

de los Santos Ángeles se había inundado, teníamos alrededor de, por lo menos, un pie de agua; del patio se había metido al corredor y de allí al dormitorio. Parecía una "noche en Venecia", el dormitorio era un desorden con la gran algarabía de todas las niñas, y el enojo de Madame Mayet, de Madame Marie Paul, y Madame Jansen.

Cuando el día aclaró la investigación de por qué se había inundado el colegio no se hizo esperar... Alguien o algunas habían tapado las cañerías con semillas de mango y piedras, y al llover... Pues allí estaba el resultado. Fuimos todas llamadas y formadas, cuando Madame Mayet, nos llamó la atención, pero nadie dijo quién era la "infanta terrible" y todas las internas tuvimos que pagar la travesura al quitarnos los paseos de fin de semana por un mes, y nunca más pude ver otra inundación en los Santos Ángeles y en ningún otro lado del colegio.

Mucho antes ya le habían hecho una "pequeña broma" a Madame Jansen quien tenía su amplia celda (más grande que la de las internas) en la esquina izquierda de la entrada principal del dormitorio, donde había una BACINICA, allí le pusieron unas cuantas Alka Seltzers, así es que cuando ella se vio en la necesidad de usarla a media noche, se pueden imaginar, primero el ruido, después el susto, y luego el grito que pegó y más después los castigos. Esas eran las grandes y terribles travesuras que hacíamos las niñas de los años cincuenta.

Esto que voy a contar es 100% cierto, y las que lo presenciaron dirán que también es ¡100% cierto! En la noche, a las siete, sonaba la campana que anunciaba formarnos para entrar al comedor y cenar de 7 a 7:30 p.m. Luego de 7:30 a 8 p.m. mientras todas las novicias y monjas cenaban, nosotras, las internas de secundaria jugábamos en el patio del Sagrado Corazón, a las 8 p.m. nos sonaba otra campana para ir a la capilla a rezar la oración de la noche, y luego las internas que tenían que estudiar, se dirigían al estudio que cuidaba Madame Chenivese, y las que tenían sueño, se dirigían a sus respectivos dormitorios.

Esa noche era de un día del mes de agosto que no recuerdo, pero sí era una noche, probablemente en la tercera semana de agosto, de mil novecientos cincuenta y cinco después de las fiestas agostinas, nos encontrábamos, las internas en el patio donde estaba la fuente del Sagrado Corazón, y que como siempre nos cuidaban dos de las monjas más ancianas, la Mamá Luchita y Madame (la otra viejita que cuidaba el recreo) había un grupo de niñas que estaban jugando, como siempre, al básquetbol (yo no era una de ellas porque nunca jugaba, hacía otras travesuras) cuando de repente escuchamos un grito de Elizabeth Morán, en el momento en que ella encestaba la pelota, tuvo que ver hacia el cielo, cuando vio cinco reflectores que salían del firmamento como estrellas grandes, con una luz intensa que permitían ver la sombra del volcán de San Salvador.

Cuando todas horrorizadas nos encontramos observando los cinco reflectores nunca antes vistos, empezamos a ver que los reflectores sin hacer ningún ruido se abalanzaban hacia nosotras y bailaban por todo el firmamento haciendo caso omiso a las leyes de la gravedad. Que de acuerdo a la velocidad con que se movían así también cambiaban de color, del amarillo, al rojo, y al naranja, de repente los 5 reflectores se fueron al espacio ¡hasta que desaparecieron...!

Gritábamos, tanto que las monjas horrorizadas tocaron la campana, y quiero contarles que nunca en la vida habíamos rezado con tanta devoción como esa noche. Se oían decires como; "señales en el cielo, desgracias en la tierra." Estábamos tan impresionadas con lo que vimos que todas dormimos con la pijama y la bata y hasta las chinelas puestas, porque sabíamos que algo más venía después de eso, no sabíamos qué, si era terremoto, el fin del mundo, ¡porque era algo tan tremendo nunca visto que esperábamos lo peor!

Años después cuando vi una película llamada "Encuentros cercanos del tercer tipo" me di cuenta que en realidad, todas las internas esa noche, habíamos tenido "UN ENCUENTRO CERCANO DEL TERCER TIPO", pues hay una parte en esa película que es exactamente lo que nosotras vimos esa noche.

Capítulo VI

La única materia con la que tuve problemas fue la ARITMÉTICA, sobre todo el sumar, restar, multiplicar y dividir quebrados y decimales, por lo que mis tíos me pusieron a un profesor que llegaba a enseñarme aritmética... el profesor Bellegary, ¡pero al final realmente me siguió enseñando álgebra!

Antes de graduarme, en el año 1954, dejé la materia de Álgebra, por lo que mi tía me castigó, dejándome interna en el Colegio, los tres meses de vacaciones, sin haber salido, ni para el día de Navidad, ni para el día de Año Nuevo. Aunque Lolita de Perla le rogaba a mi tía Margoth que por lo menos esos días me sacara del internado, pero mi tía se negó rotundamente. ¡Lolita de Perla siempre fue mi Hada Protectora, siempre! Al regresar a El Salvador tuve el gusto de volver a verla, y seguir, ya yo de adulta, con la gran amistad que nos une, lo mismo que con mi tío Mario, y ahí fue donde descubrimos que los 3 somos Tauro.

Allí también se encontraba castigada mi gran amiga, Rina Samayoa, quien por ser novia del Cuchito Solano, tuvo que soportar muchos castigos que su mamá le impuso, en cuenta pasar vacaciones enteras sin salir, ya que ella no quería ni que viera, mucho menos hablara con el Cuchito, a quien la mamá odiaba. Pero aún interna él se las arreglaba para mandarle pelotas y cartas de amor, y Rinita le tejía ropita de bebé para los hijitos que ya él tenía con una niña italiana preciosa y que uno de ellos era Alejandro. El amor del Cuche Solano con Rinita Samayoa fue totalmente platónico.

Mi promoción, fue la última que salió del edificio antiguo del Colegio del Sagrado Corazón, donde hoy todavía se encuentra el Hotel Ritz. Nunca he ido al nuevo Colegio.

En el mes de Noviembre de 2005, la Sinfónica Nacional de El Salvador, bajo su director el Dr. German Cáceres, un pariente muy querido, le ofreció un Concierto a la Asociación de Ex alumnas del Colegio del Sagrado Corazón en el teatro Presidente, Sonia Mendoza de Figueroa, otra pariente, me invitó y, a mí me fascinó la idea de volver a ver a mi compañera de clase, Madame

Vanegas, además de ver a muchas compañeras que no había visto en muchísimos años.

Recuerdo que estábamos en el lobby del teatro, saludando a todas las compañeras que iban llegando, de repente vi que llegó alguien conocida que me dijo: Hola, Lillian... y yo le contesté con gran sonrisa como si supiese quien era, pero la verdad es que no tenía ni idea de quién era... yo seguía a la expectativa de ver cuando llegaba Madame Vanegas...., mi amiga desconocida estaba a la par mía, de repente, me volteo y le digo: ¿a qué hora va a llegar Madame Vanegas? Ella riéndose me dice: no estás bromeando, ¿verdad, Lillian? Yo soy Madame Vanegas... Yo le contesté: NO... solo estaba bromeando, como vas a creer que no te conocía... ¡Pero eso nunca me había pasado! ¡Qué pena tan grande! Nos dimos nuestros E-mails y quedamos de seguir en contacto... ¿Cómo les parece?

Capítulo VII

A WASHINGTON D. C.

Habiéndome graduado de bachiller en comercio del colegio del Sagrado Corazón, cinco largos años desde la llorada en la hacienda, en enero de 1956, (Quiero hacer una aclaración: como era el primer grupo de niñas formado en este nuevo sistema de educación, en mi certificado se lee "SECRETARIO COMERCIAL, porque no sabían cómo ponerle, o no sé qué pasó... pero sí habíamos hecho los 3 años de Plan Básico y los dos años de comercio, igual a los 5 años de bachillerato, lo que significaba un bachillerato en comercio, que así se llamó después) mi tía Margoth y mi tío Mario dispusieron mandarme a estudiar Artes Aplicadas y Decoración de Interiores a Estados Unidos. Ya que ellos tenían un gran amigo de la familia, el ingeniero y arquitecto Henry Retter, con quien ellos habían planificado que viniera a trabajar a El Salvador, ya graduada.

Mis tíos, en un viaje anterior a los Estados Unidos, habían escogido un colegio en San Luis Missouri, pero luego las monjas del Sagrado Corazón abrieron una residencia para señoritas que iban a estudiar a Washington D.C. la Capital de la Unión Americana, y como mi prima Marta ya se encontraba allí, lo más lógico era que la Lillita siguiera el mismo camino.

Uno de los últimos días de Enero de 1956, tuve que subirme por primera vez en un avión, lo cual era toda una odisea, naturalmente que tenía que ser un avión de TACA, porque mi papá tenía unas tres acciones en TACA, ésta solamente tenía aviones de motor, y te daban *chiclet's* para que no te zumbaran los oídos. En ese entonces TACA solo volaba a Nueva Orleáns y a Centroamérica, por lo tanto, mi primer puerto de entrada a los Estados Unidos fue New Orleans, e iba acompañada de unas señoras familiares de mi tío Mario, en cuenta, su tía Doña Josefina de Rochac.

New Orleáns era el lugar donde yo tenía que comprar mi ropa de invierno, y en los pocos días que estuve allí, por primera vez probé lo que era la variedad del mercado o consumismo en los Estados Unidos.

Un día de esos, caminando en Canal St., entré a un almacén de especialidades, Godchaus, comprándome mi primer abrigo de invierno, el cual por ser muy joven y no saber mucho, me dejé llevar por el gusto de la vendedora, era de *cashmere*, color *camel*, de un estilo que no me quedaba, de un color que no me daba con mi pigmentación y sumamente costoso.

Días después, abordé yo sola un avión a Washington D. C. Después de algunas horas de vuelo en un avión de cuatro motores de la Eastern, llegué al National Airport, donde naturalmente me esperaban, Madame Sol, mi prima Marta y Tula Molina. Nos dirigimos a la residencia la cual estaba situada en una de las mejores direcciones de Washington: 3233 Ellicott St. North West, uno de nuestros vecinos era nada menos que el Decano del Cuerpo Diplomático de Washington, Guillermo Sevilla Sacasa, casado con Lilian, la hija del General Somoza (Tacho Somoza Viejo).

Además de las monjas de la residencia, vivía mi prima Martha, Tula Molina, Flora Rodríguez, Adela Novoa que fue mi compañera de cuarto, Merceditas Novoa, además de dos sobrinas del general Somoza, Diana y su hermana Ileana Lacayo Debayle, la hija del coronel Roger Bermúdez, comandante de la ciudad De León, en Nicaragua, y también Ivonne, la nicaragüense compañera de habitación de Merceditas Novoa, naturalmente que cuando mataron al General Somoza Viejo, toda la familia llegó a Washington a la casa del Embajador Sevilla Sacasa y se congregó en la Capilla de nuestra Residencia.

La Residencia era bellísima, en los jardines de atrás había árboles de cerezas, las cuales disfrutábamos sin pena. En el primer piso estaba la Capilla, una sala inmensa para que nosotras pudiéramos recibir a nuestras amistades, el comedor, la cocina, pantry, y algunos dormitorios para las monjas. En el segundo piso se encontraban todos los dormitorios de nosotras las huéspedes, y baños. Yo lo compartía con Adela Novoa y mi prima Marta con Flora y Tula, dependiendo del tamaño de la habitación.

Lo único malo, al principio era que todas las cartas que nos llegaban eran abiertas, y leídas por las monjas, ¡lo que detestábamos!, hasta que un día durante la confesión, todas nos quejamos con nuestro capellán. Desde entonces nunca volvieron abrir la correspondencia, ya las encontrábamos puestas en cada uno de nuestros escritorios.

Teníamos que aprender inglés. Pero para ir al colegio católico donde nos habían matriculado, para aprenderlo, teníamos que abordar tres buses y un tranvía, con hora y media de viaje, en Notre Dame High School, cerca de la Universidad Católica. Yo asistí pocas veces, probablemente cuatro semanas, porque inmediatamente comprendí que era imposible aprender inglés cuando la clase, era el último ciclo de las seniors, en Shakespeare, o sea que no era un curso para aprender el inglés, sino un curso de gramática inglesa, bastante avanzado.

A la semana de haberme matriculado, le escribí a mi tía diciéndole que si yo seguía en ese High School no iba a poder aprender inglés, para matricularme en septiembre en la escuela Nacional de Arte, por lo que inmediatamente me matriculé en un curso especializado en la American University donde sí, los cursos eran para todos los diplomáticos, militares, estudiantes, y otros, que necesitaban aprender rápido el idioma, por sus cargos, naturalmente, con la aprobación de mi tía Margoth, quien ya me había enviado una carta para hacer el cambio de escuela.

Yo era la única joven de la residencia que asistía a una Universidad donde iban hombres y mujeres, a quien le mandaban directamente el dinero, y yo disponía de él, hacía mis pagos, pagaba la residencia, apartaba lo del transporte, compraba libros, útiles, ropa, medicinas; sin embargo a mis demás compañeras se lo enviaban a las monjas, y ellas tenían que pedírselo, aunque fuera para comprar uvas. Esa práctica que tuve de manejar mi propio dinero fue lo que me permitió ser una buena administradora de mi presupuesto. Aunque Doña Elenita de Castro, esposa del Embajador de El Salvador, quedó comprometida, con mi tía a ayudarme si lo necesitara, cosa que nunca pasó, ¡Gracias a Dios!

La mayoría de mis compañeras de residencia, nos sentíamos un poco liberadas, porque ya habíamos salido del colegio, ya éramos señoritas graduadas, el que las monjas nos leyeran las cartas, y tuviésemos un régimen estricto de comidas, de las levantadas y de las misas diarias, y oración de la noche, y cuando llegaba la Semana Santa, se agregaba el Vía Crucis, nos parecía más como si fuésemos novicias, y la casa un cuartel; que una residencia para señoritas. Al escribirle a mi tía quejándome del régimen en que vivía, muy clara y rápidamente me mando a decir que "YO NO ERA TURISTA", y que siguiera adelante, llevando el régimen de la residencia.

Un día casi de primavera, Merceditas Novoa y yo, dispusimos no asistir al Vía Crucis, así que le pedimos permiso a Madame Sol para ir al supermercado a comprar uvas, respondiendo ella, que fuésemos, pero que regresáramos lo más pronto posible, para no faltar al Vía Crucis. Pero eso era, precisamente, por lo que queríamos salir de la residencia. Caminando cuadra y media donde estaba el supermercado, compramos las uvas, y salimos a sentarnos a una banca, en un parque cercano sobre la Avenida Nebraska, allí platicamos viendo el reloj, esperamos hasta que pasó la hora del Vía Crucis, cuando ya eran las seis de la tarde emprendimos el camino de regreso a la residencia.

Cuando entramos a la cochera, vimos a Madame Sol que nos esperaba en la puerta de la residencia. Al acercarnos furiosamente metió sus dedos entre el brazalete del reloj diciéndonos: "¡mis muchachitas!, ¿es esta la hora de venir?", inmediatamente el brazalete elástico del reloj, se reventó y voló en mil pedazos, aumentando en ella la furia diciéndonos que durante un mes no íbamos a tener paseos de fin de semana y daba la casualidad que precisamente ese fin de semana íbamos a ir al parque de diversiones llamado: GLEN ECHO donde por primera vez nos

Capítulo VII

íbamos a subir a la famosa y esperada por años Montaña Rusa, ¡de la que habíamos escuchado hablar tanto!

El 9 de abril de 1956 ingresé al curso de inglés intensivo de la American University, las monjas no contentas porque yo iba a estudiar a un lugar donde habían hombres y mujeres, lo que les parecía muy Avan Garde, por lo que no se tomaron ni siquiera la molestia de indicarme las rutas de buses hacia la universidad, mucho menos de matricularme. Así que me tocó a mí sola ir averiguando donde bajarme, y donde abordar el otro bus hasta llegar a la universidad.

Creo que allí tuve a la mejor profesora que he tenido en mi vida MISS COOK, quien era Teniente en el Ejército de los Estados Unidos. Ella se situaba fuera de la puerta del salón de clases, y en perfecto español nos saludaba diciéndonos "BUENOS DIAS" y el nombre de cada quien. A los dos meses, un día igualmente nos recibió fuera de la puerta, lo único diferente fue que no volvió hablar en español, dijo "GOOD MORNING", y nos llamaba por nuestro nombre, pero jamás nos volvió hablar una sola palabra en español. Lo que prueba la disciplina maravillosa de abstenerse de hablar español, estando consciente de que lo hablaba perfectamente.

Pasé estudiando el inglés intensivo toda la primavera y parte del verano hasta que me gradué el 27 de julio de 1956. En esta Universidad tuve la suerte de conocer personas de casi todas partes del mundo. Cada viernes por la tarde teníamos la hora cultural y le tocaba un viernes a cada país, hasta que un día le tocó a El Salvador; daba la casualidad que en mi curso de inglés había otro salvadoreño, Ricardo González, que después fue dueño de publicidad Rumbo. En otro curso había un señor y un joven más, conseguí un vestido típico de *volcaneña*, bailamos el Carbonero, Ricardo habló de El Salvador, y de esa manera rápidamente dimos a conocer a nuestro pulgarcito en 1956, en Washington D. C.

Los días viernes después de la hora cultural, anunciaban en el Auditórium todos los eventos que se realizarían durante el fin de semana, desde circos, obras de teatro, la película más taquillera, los juegos de baseball, las regatas en el río Potomac, las más novedosas colecciones de artes que habían llegado a las diferentes galerías de arte que existen en Washington, así como las horas de apertura y cierre de los museos, incluyendo el Smithonian Institute, la visita a todos los monumentos Lincoln, Washington, y Jefferson Memorial, a las Cataratas Great Falls, en Virginia, así como también todos los famosos que iban a visitar a Washington ese fin de semana.

Los eventos que realizaba el Ejercito de los Estados Unidos en sus diferentes armas. En esos espectáculos, conocí los submarinos, había uno que navegaba en el río Potomac; en uno de esos fines de semana tuve la oportunidad de ver las asombrosas piruetas que hacían con sus aviones, el equipo de aviación más famoso del mundo: LOS ÁNGELES AZULES en el Bowling Field. Yo era la que llevaba a la residencia donde vivía las noticias sobre todo lo que iba a acontecer durante el fin de semana en Washington D. C. Y de esa manera planificábamos a donde asistir a los diferentes eventos. También asistí al juego de las estrellas (Baseball) en ese juego el Presidente Eisenhower hizo el saque de honor.

Para mí asistir a la American University, considero que me marcó para toda la vida: su Campus, lo funcional de su infraestructura, sus maestros, la gente que allí conocí, de Colombia, Venezuela, Brasil, Paraguay y de Ecuador a César Enrique Espinosa, con S; que siempre me decía: Espinosa con S, y me contaba que su papá era el Rector de la Universidad de Guayaquil; el conocimiento que obtuve era como que me hubiesen abierto una pantalla para conocer el mundo de entonces, viniendo de un país subdesarrollado y de una familia sumamente conservadora, me encontré ¡CON UN MUNDO MARAVILLOSO!

Capítulo VIII

Un ruso en mi vida

Al terminar mi curso de inglés en Julio, iba acorde con los planes que mi tía Margoth había hecho para mí, de manera que me dirigí a The National Art School in Washington D. C., ubicada en la Massachusetts Avenue y Q St. North West, allí me inscribí en el Diplomado de Artes Aplicadas. Como era verano, todo el mes de Agosto lo pasé pintando acuarelas con la clase del maestro Mikola Shranchenko quien nos sacaba a pintar al aire libre, a la fuente del Dupont Circle, a los Leones de la entrada de Georgetown, y un día a la semana hacíamos visitas a las diferentes galerías de arte con sus respectivas explicaciones de nuestro maestro sobre las obras de arte.

Mister Shranchenko, es mi verdadero personaje inolvidable, era un hombre de unos sesenta años, no muy alto, más gordo que flaco, unos ojos azul verdoso, grandes y profundos, con su bigote al estilo ruso, espeso, probablemente yo le llegué a tener tanto cariño, porque lo miraba parecido a mi tío Julio y a mí papá, o sea que era Díaz Sol, por el color de la piel, por el color de los ojos, por su contextura física, él parecía un Díaz Sol, pero lo más gracioso de este cuento es que el cariño era mutuo.

Él me quería muchísimo, nunca voy a saber si cuando me vio y seguí asistiendo a sus clases, si él deseó que yo me casara con su hijo Eugene, quien estudiaba en la Universidad Católica, y quien se disputaba el primer lugar de la clase con el salvadoreño Antonio Ellminger. Porque Mr. Shranchenko me quería como si fuese su hija, aún después de dejar la escuela, cuando me casé y tuve a mi hija, la relación con la familia Shranchenko, continuó.

Otros salvadoreños que estudiaban en la Universidad Católica eran Lorenzo López Duke, Mauricio Lara, Luis Alas, Rodolfo

Walsh, Víctor González, Lalito Safie, Mauricio Hernández, y Afif Hándal, de los que yo recuerdo.

Mister Shranchenko, era ortodoxo-ruso, pero por esos años no existían iglesias ortodoxas-rusas, en Washington, así es que él asistía a la misma iglesia donde yo asistía, donde me casé, y donde bauticé a mi hija e iba al colegio, que era la Catedral de San Mateo. Allí lo vi comulgando muchas veces. Mister Shranchenko se hacía llamar un ruso blanco. Él era un personaje famoso en Washington, no solamente por su pintura, sino porque él había ayudado a miles de judíos en los campos de concentración de la segunda guerra mundial.

Siempre que yo le preguntaba ¿Y en la URSS de donde viene usted? Primero, para él sólo había Rusia, la Rusia Imperial. Una vez me dijo que era checheno, y otra de Georgia. Hoy que desapareció la U.R.S.S. y se han independizado las Repúblicas, yo más creía que Mister Shranchenko, era de Georgia. Pero en realidad era de Ucrania. Algunas obras de arte de él, se exhiben en el Vaticano y en la Galería del Congreso de los Estados Unidos.

Una vez al año la Comunidad Judía en Washington D.C., hacía un té en honor a Mister Shranchenko, donde toda su colección de acuarelas, sobre los Campos de Concentración, era exhibida, a la cual yo era invitada, y tuve el honor de apreciar su estilo impresionista, donde no solamente dejaba ver el sufrimiento de los judíos en los campos de concentración, sino también los tonos que usaba en sus pinturas, donde los azules en todas sus tonalidades, combinados con grises y negros eran sumamente dramáticos. Se podían ver los esqueléticos cuerpos, hasta las púas de los alambres de los campos de concentración. Su impresionismo le hacía trasladarse a uno, a los campos de concentración alemanes.

Mister Shranchenko hacía en su casa dos fiestas al año; una en el verano a fines de agosto, y la otra a fines de diciembre, toda la comunidad de rusos blancos era invitada, la única que no era rusa, era yo. María su esposa, era la típica rusa, regordeta, bajita y *chapuda*, pasaba cocinando una semana antes del evento, donde

Capítulo VIII

encontrábamos desde caviares negros, anaranjados y grises, el famoso ponche verde que hacía, y toda la variedad de deliciosa comida rusa, con mucho pescado y vodka!

La casa de Mister Shranchenko quedaba en la Calle R NW, era de una de esas casas estilo victoriano, con escalera de hierro, para llegar a la puerta, ya adentro era un palacio ruso con grandes cortinajes dorados y rojos, con sus paredes tapizadas con retratos pintados de María, y otros personajes rusos. En una fiesta de diciembre me tocó sentarme en una de las mesas de cuatro personas, que ellos arreglaban, donde lo típico ruso era, poner una botella de vodka al centro de la mesa con sus cuatro vasitos parecidos a los vasitos de tequila, uno para cada uno de los invitados. La manera rusa de tomar el vodka, es llenar las copitas de los cuatro, y cuando éstas están llenas los cuatro invitados de cada mesa dicen: ¡NAJ, NAJ, DAROVIA!, empinándoselas y bebiéndolas al mismo tiempo, y haciéndolo nuevamente hasta terminar la botella. Cuando me casé, mi esposo también era invitado, siendo los dos los únicos que no éramos rusos.

Los rusos toman el vodka helado, y Mister Shranchenko, me dio una receta para el vodka, yo la paso al costo: se abre la botella de vodka nueva, sin helar, y se le introducen unas cáscaras de mandarina, se cierra la botella y se pone en la refrigeradora a helar, y se toma algunos días después, y... ¡QUÉ VODKA!, lógicamente tiene que ser vodka hecho de la papa, ¡NO de la caña de azúcar!

Cuando entré la primera vez al estudio de Mister Shranchenko en la Escuela de Arte, me impresionó que él tuviese un tic nervioso parecido al Parkinson, que no permitía que sus manos estuvieran sin temblar, el cual había adquirido, cuando en la Segunda Guerra mundial, al estar ayudando a los judíos él fue apresado, días antes que se llevará a cabo la liberación de Europa. Lo increíble de su tic era que cuando él agarraba un pedazo de charcoal, y tenía un lienzo frente él, sus manos no le temblaban, parecían unas manos normales.

Una mañana como a las nueve, entré a la escuela y me dirigí al estudio de arte, a la derecha de la entrada principal, y cuál fue mi sorpresa que habían puesto biombos que cerraban el salón, yo sin saber entré, y horrorizada pegué un grito, al ver por primera vez en mi vida a una mujer desnuda en público, quien era una modelo negra, algo gorda, que era una de las dos modelos que acostumbraba a posar para esa clase de dibujo, y que estaban pintando todos mis compañeros, éstos al conocer el porqué de mi grito se echaron a reír, mientras Mister Shranchenko me consolaba y me hacía ver que era lo más natural del mundo, y decía que debía dibujarla.

Por el año 1960 se casó Eugene, el único hijo de Mister Shranchenko, con una muchacha rusa, cuya familia había emigrado al Brasil, y ni ella hablaba inglés, ni él hablaba portugués, pero compartían por lo menos seis lenguas eslavas. El matrimonio se llevó a cabo en Baltimore, Maryland, en una iglesia ortodoxa-rusa lindísima, como dije anteriormente, en Washington no existían iglesias ortodoxas-rusas. Después de la ceremonia que fue algo espectacular, pasamos a un club privado para celebrar el matrimonio al estilo ruso.

Allí me llevé otra sorpresa al ir conociendo la cultura rusa, del tiempo de los zares, que se había perdido en Rusia y que estos inmigrantes rusos la seguían cultivando en los Estados Unidos. Lo que más me llamó la atención fue el respeto que les tienen a los mayores. Se habían casado dos jóvenes hermosos e inteligentes, pero toda la fiesta, era para agradar a los mayores, y éstos bailaban música rusa tipo tango. En un momento, a la novia, quien era una gran cantante, los jóvenes, le empezaron a pedir que cantara, y ella, según la tradición, tuvo que ir a pedirles permiso a sus padres y a sus suegros para cantar.

Mister Shranchenko, toda la vida me quiso pintar a mí, junto a mi hija Jamina, pero por dejadez mía, lo cual hoy lamento tremendamente, y es una de las pocas cosas de las que me arrepiento, nunca aparentemente tuve el tiempo para que me pintara. Me pongo a pensar hoy lo que para mí, hubiese sido tener una pintura de él. También me ofreció en vida regalarme una pintura de él, y por lo visto nunca tuve el tiempo de irla a traer.

Capítulo VIII

¡QUÉ BÁRBARA! ¡Probablemente es uno de los errores de juventud que nunca podré perdonarme!

Con Mr. Shranchenko organizábamos visitas a los diferentes museos y galerías de arte, de las cuales hay muchas y muy famosas en Washington.

Una vez fuimos a la famosa Phillips Gallery, (tiene Velásquez's, Van Gohg's y Renoir's) que daba frente a nuestra Escuela de Arte, sobre la Q St. porque íbamos a filmar un documental, y nosotros los alumnos y alumnas de Mr. Shranchenko éramos protagonistas en el film.

Capítulo IX

Camille Bullock

En el estudio de Mister Shranchenko, de la National Art School, conocí a una señora quien fue mi compañera de clase de pintura llamada Camille Bullock, con quien nos identificábamos mucho, porque ella aunque no hablaba español su origen era italiano-francesa, y compartíamos lo latino de nuestra cultura. Muchas veces al ver mi lunch, que era hecho por las monjas de la Residencia, lo que comprendía un pan de caja con mantequilla, pollo y untado, un guineo desecho, ¡era horroroso! Ella al ver semejante *horrorosidad*, me llevó algunas veces un sándwich, y luego me invitó a almorzar a su casa, la cual quedaba a una cuadra de la Escuela de Artes, entrando siempre por el lado de atrás de la casa, por los famosos halleys (callejones).

Con el tiempo la conocí mejor, al ver su casa, su perro, sus sirvientes, su enfermera, y su vivero, me di cuenta que era una señora de la sociedad de Washington, amante de las artes. Mrs. Bullock tenía unos cuarenta y cinco años, de estatura normal, ojos grandes oscuros, cabello largo, liso, negro, que recogía en un moño arriba del cuello. Cuando se lo soltaba para dormir casi le llegaba a la cintura. Era una mujer seria y se veía una mujer sufrida. Su esposo el Sr. Bullock, fue el dueño de la cadena de almacenes Bullock's famosos en el área de California. Era viuda y católica. Le atraía mucho la época del Renacimiento.

En enero de 1957, ella después de conocerme en la escuela, me invitó a vivir en su casa, donde me alojó en el dormitorio de su hija Zoe, quien ya se había casado, no vivía en esa casa, y Peggy, su otra hija, estudiaba en México arquitectura; por lo tanto ella vivía sola con su enfermera, y su perro. Yo para ella iba a ser una compañera, con quien íbamos a realizar muchas aventuras.

Capítulo IX

Escribí a mi tía Margoth sobre esta señora, y no sé ni cómo me dio permiso para que me fuera a vivir a la casa de Mrs. Bullock. De manera que, por fin, deje la residencia, y comencé a vivir en otra de las direcciones más prestigiosas de Washington, 2024 Hillyer Place N.W. Es una callecita pequeña entre la Connecticut Ave. y la Mass. Ave. La casa de Mrs. Bullock era como vivir en un museo, todo en esa casa eran piezas de museo, en la parte de atrás estaba el invernadero que era por donde generalmente entrábamos a la casa cuando veníamos de la escuela de arte. Los vecinos eran gentes muy importantes y a veces hasta necesarios en el Gabinete de los diferentes Presidentes... Uno era el que le escribió los discursos al Presidente Ike Eisenhower y otro, al Presidente Kennedy.

La Mrs. Bullock, era como un personaje sacado de las películas de Fellini, ella me introdujo al mundo del arte en Washington D. C. Asistíamos a todas las fiestas de Gala, como las que ofrecen la National Gallery of Art., Arts Club of Washington, Museo de Arte Corcoran, Phillips Gallery, etc.

Una noche que fuimos invitadas a una fiesta de Gala en la Galería Corcoran, que de por sí tiene unas gradas anchas y bajas de mármol blanco, las cuales son sumamente peligrosas, sucedió que, cuando veníamos saliendo y bajando, di un tras pié y rodé dos gradas hacia abajo, corriendo todos a auxiliarme. Cuando llegamos a la casa Mrs. Bullock, insistió en que tomara un baño caliente, en una tina de acero inoxidable que daba masajes para que me pasara el dolor del cuerpo. De esa manera al día siguiente no sufrí de dolor alguno.

A Mrs. Bullock le encantaba ir a las subastas, pero íbamos antes de la subasta a escoger lo que ella quería, y generalmente ella le pagaba a uno de los negros, para que éste apostara por ella el propio día de la subasta, y nosotras solo recibíamos una llamada de Charlie, donde nos comunicaba cuales piezas había obtenido. Eso de las subastas me abrió un mundo nuevo, ya que para entonces yo nunca había visto una subasta en El Salvador. Desde entonces me encantaron las subastas de esa clase.

Recuerdo que un día mi tía Margoth me envió una carta con un gran amigo de la familia que era el ingeniero Eduardo Lahud, y fue a visitarme a casa de Mrs. Bullock. Ella me sugirió ofrecerle un té caliente a Eduardo, recuerdo que fue un súper escándalo, cuando llevando la bandeja con las tazas de té, llené el *pichelito* con la leche equivocada, cuando ellos le pusieron la leche al té (tipo inglés), el té se cortó, y Mrs. Bullock le dijo a Eduardo que no se lo tomara, porque yo había puesto la leche errada. Todo lo cual era nuevo para mí, porque ni me imaginaba que existían cartones de leche agria, cuando abrí la refrigeradora tome el primer cartón que decía: ¡MILK! Lo agrio no lo vi. Eduardo conoció a Mrs. Bullock vio la casa, vio mi recamara, y regresó contento a contarles a mis tíos, como vivía, como era tratada, y todo lo que estaba aprendiendo.

Al vivir con esta señora tan conocida socialmente en la élite de Washington D.C., sobre todo en el campo de las artes, y siendo ella personalmente tan artística, era de esperarse que yo iba aprender muchas cosas de ella. También fue una de las personas que me marcó, naturalmente, con todo lo relacionado con las buenas maneras, la etiqueta, el protocolo, la belleza, y fue ella quien precisamente, me inscribió en la mejor escuela de modelos de esa época, llamada John Robert Powers School, donde fui por un año, dos veces a la semana. La escuela y la agencia de modelos John Robert Powers quedaban sobre la Connecticut, abajo del Dupont Cicle.

En casa de Mrs. Bullock estuve once meses (1957), ella se iba a Italia, y yo no me quería quedar sola en su casa, y mi tía Margoth entonces me ordenó que buscará la Residencia de Mujeres Cristianas, son lugares buenos y famosos, que hay para hombres, y para mujeres, en edificios separados, en todas las ciudades grandes de los Estados Unidos, Y.W.C.A., Y.M.C.A. La busqué, hice mi aplicación, y fui aceptada gracias a Dios, porque no era fácil ser aceptada.

Aprendí tanto, en esa nueva clase de vida. Por primera vez, yo estaba sola, era dueña de mis propias acciones. Mi espacio constaba de: una habitación con muebles, cama, escritorio, sillas,

Capítulo IX

un closet, un lavamanos, y un teléfono, con su respectiva puerta, uno tenía su propia llave. Los baños eran compartidos, yo vivía en el sexto piso, y tenía mi casilla de correos, en el primer piso, frente a los elevadores, en la conserjería, donde siempre había dos señoras, que nos atendían a todas, las veinticuatro horas al día.

Contiguo al edificio de los dormitorios, estaba la cafetería, en la esquina de la New York Av., sobre la 17 St. NW, y a la derecha estaban las instalaciones, de la cocina, sala, comedor, donde todas las huéspedes podíamos atender a todos nuestros invitados, simultáneamente, y sin que interfirieran unas con las otras.

En esta residencia me encontraba, cuando pasé unos de los mejores Días de Acción de Gracias que he tenido en mi vida. La directora de la residencia convocó a todas las huéspedes y ofreció un te-party, en las instalaciones de la sala, donde todas, a la vez que disfrutábamos del party, también ayudábamos a adornar el árbol de Navidad y el resto de las instalaciones.

Cuando terminamos toda esa parte de la sala y comedor había quedado lindísimamente adornado, y muchas de las jóvenes que tocaban el piano, nos deleitaban con los villancicos, de manera que todo el entorno de esa noche fue algo ¡esplendoroso! Teniendo esos lindos recuerdos en lo más profundo de mi corazón. Durante mi estadía en la "Y" fui seleccionada en la Navidad de 1957, para representar a la Virgen María, en la pastorela que se llevaba a cabo cada Navidad.

También, cuando vivía en la "Y" hubo una convención de mujeres profesionales, y ahí tuve la oportunidad de conocer a una Señorita peruana, de descendencia china, llamada María Victoria PHUM Li, nos hicimos amigas, en los pocos días que ella estuvo en Washington. Mantuvimos la amistad por correspondencia, supo que me había casado y antes de los dos años, me comunicó que si le podía ayudar con su hermana, quien había sido diagnosticada con una enfermedad maligna. Yo ya estaba casada, ya había nacido Jamina, y mi hermana María Elena, vivía con nosotros, en el apartamento de Rosselyn y yo era una completa ama de casa.

Un día llegó ella con su hermana Rosita, y la acompañé al John Hopkins Hospital en Baltimore. Tomamos el M-TRAK y nos fuimos. Ella ya tenía una cita con los mejores oncólogos del Hospital. En lo que yo le ayudaba, además de mi compañía, era en traducir todo, ya que ellas no hablaban inglés. Bueno, pues llegó el momento en que María Victoria se quedó con Rosita en el Hospital, y yo me iba y venía en el tren de las 8 de la mañana, que iba para New York, pero que pasa por Baltimore, y a las 6 de la tarde tomaba el otro tren AMTRAK para Washington. Me sentía encantaba haciendo eso, a pesar de todo el sufrimiento que veía en el hospital, y sobre todo el sufrimiento de mi amiga. Cuando estábamos las tres no podíamos hablar de la enfermedad de su hermana, porque ella ignoraba todo. La familia no quería que ella supiera lo que tenía, aunque en Perú ya le habían diagnosticado cáncer y la habían desahuciado, pero la familia quería ver si había existido alguna equivocación o… algo. ¡Lo más impresionante es que la enferma estaba gorda y "chapuda" y mi amiga era un esqueleto y con una cara de amargura y tristeza tremenda!

Así pasaron 3 semanas, yo transportándome todos los días, tomaba el tren de la mañana y regresaba a mi casa en la noche… hasta que le dieron de alta, a Rosita, después de decirle a su hermana que no había ya tratamiento para ella, que estaba totalmente invadida de cáncer… y yo le tenía que traducir todo eso frente de Rosita, y hacer como que no era nada. Mi amiga me pidió que le preguntara a los doctores que si la podían llevar a Lourdes, en Francia, y uno de los doctores me dijo: Si ella quiere, la puede llevar a pasear, pero no va a cambiar nada… luego, me dijo, que le preguntara cuanto más o menos le quedaba de vida… y el Dr. me respondió: "Solo Dios sabe la respuesta, pero nosotros creemos que ella no durará más de 6 meses."

Luego nos fuimos por 3 Días a New York, todo lo que hacíamos era un "hacer creer" porque su hermana Rosita, nunca supo lo que tenía, reíamos, comprábamos, comíamos, visitábamos los shows de Radio City y teníamos que hacer como que no pasaba nada, ahí nos ganamos 2 OSCARES de buena actuación. Yo sentía una gran angustia… tener que hacer la cara contenta con mi amiga, cuando en realidad había una gran tragedia: LA

CAPÍTULO IX

MUERTE DE SU HERMANA. A propósito, fueron ellas, mis dos amigas chinas peruanas, las que me enseñaron, en ese viaje, a comer con los palillos chinos... desde entonces, gracias a ellas, siempre que como comida oriental, uso los palillos chinos, como debe ser, y naturalmente las recuerdo a ellas.

Regresamos las tres a Washington, ellas dos a Perú... a los seis meses exactos, me escribió mi amiga, ¡para decirme que su hermana Rosita había fallecido!
Fue precisamente de la "Y" que yo salí para casarme. Envíe a la directora, quien me tenía un afecto súper especial, una cartita anunciando mi felicidad de haber compartido las instalaciones de la Residencia, y a la vez la tristeza de dejarla, pero era por razones de mi boda. Ella me contestó la cartita, diciéndome que no habían tenido mejor huésped que yo, y que se sentían orgullosas de mí.

Allí también encontré a una de mis mejores amigas, que incluso fue mi madrina de boda, Irene Goicoechea, una tica muy linda, que vivía en el 609, pegado a mi estudio que era el 610 y que generalmente teníamos nuestras grandes tertulias en la noche, porque ella trabajaba en la O.E.A., y yo estudiaba en la Escuela de Artes. Pero lo más chistoso de la relación con ella, era que Irene había sido amiga de mi mamá en Costa Rica, cuando mi mamá visitaba, en ese país, a Virginia Prestinnari y a la hermana de Irene.

En los años noventa, visité Washington y decidí ir a ver a Mrs. Bullock, la encontré, y era una mujer feliz al verme nuevamente, platicamos largo y tendido, ella quería saber todo de mí, y por último me regaló una pintura arreglada por ella con un marco bello: La Anunciación a María, la que guardo en mi dormitorio en San Salvador, en un lugar muy especial.

Capítulo X

Un novio francés

Cuando llegó el mes de septiembre de 1956, comencé con mi diplomado de Diseño y Decoración, en la National Art School, allí encontré a Mrs. Bullock. También se inscribió un joven francés, guapo y alto, delgado, pelo negro, ojos cafés, piel más clara que oscura, con una nariz respingada muy bonita llamado Joel Le Pelch, quien con toda su familia, sus padres, él y su hermano, más tres lindas hermanas, habían emigrado de Francia a Quebec, Canadá.

Joel tenía una tía casada, y eran los propietarios de uno de los salones de belleza más famosos de la Connecticut Avenue N. W. Como todo emigrante trabajaba en el salón de su tía después de haberse graduado de un curso de Hairdressing, y luego estaba en la escuela de arte, diseño y decoración, pues era su ambición ser un gran decorador. Joel era muy artístico y pintaba tremendamente bien, especialmente la acuarela.

Joel tenía una buena voz, lo mismo sus hermanas, a quienes conocí cuando llegaron a Washington de vacaciones. También le gustaba tocar la guitarra, era católico, muy educado, y fue uno de mis primeros amigos, con quien al poco tiempo nos hicimos novios. De manera que quebré por carta con Arnoldo, quien se encontraba en México en el Tecnológico de Monterrey, mi primer amor de lejos y a pura carta.

Con Joel, como éramos compañeros de escuela nos veíamos todos los días. Para el *Thanksgiving* (día de Acción de Gracias), en la residencia de Ellicott Street tuvimos una reunión donde invitamos a todos los amigos salvadoreños, y entre todos arreglamos el árbol de navidad, fue una reunión muy bonita. Pese a que Joel era mi novio, no fue invitado porque la fiesta era solo de latinos, pero me regaló el primer vestido negro de terciopelo que tuve en mi vida, estilo imperio, sin mangas, y a esta reunión asistieron todos nuestros amigos de la Universidad Católica, habiendo entre ellos más de algún admirador, todas me molestaban más con Víctor González.

Un día del mes de octubre de 1956, Joel me invitó a su casa, la cual compartía con otros dos estudiantes americanos, Pete Day y Michael Coleman. A Michael le acababa de mandar su mamá una caja de galletas brownies, él gentilmente compartió con todos nosotros sus galletas. Ese día fue la primera vez que conocí y hable con Michael. Él estudiaba Servicio Diplomático en la famosa Universidad de Georgetown.

Joel era un muchacho encantador, por su sangre latina era muy, muy, muy celoso. En enero de 1958, era el tiempo del Auto Show en Washington D.C., y fui electa "Miss SIMCA" y después en la escuela de modelos J.R.P., me dieron un formulario para que me inscribiera en el concurso de Miss Washington, para elegir a Miss América (United States). Joel me apoyó incondicionalmente en todo el concurso, la verdad es que también sus dos compañeros Pete y Michael. También me acompañaban a todas las presentaciones ¡y eran mis más fervientes fans!

Antes, cuando habíamos asistido a la Philips Gallery, casi frente a nuestra escuela de arte, después de una filmación que nos hicieron donde estábamos varios de la escuela, vino el director y me entregó una tarjeta con su nombre y teléfono y me suplicó le llamara porque me dijo "tú puedes hacer cine, tienes cara de cine". Pero yo todavía no lo he llamado, o sea que nunca le llamé.

¿Otro error?

¡Sorpresa! Hace poco en mi facebook me pide que quiere ser mi amigo Joel Le Pelch, sí, ese mismo, ¡pero no he podido entablar una conversación con él!

¡Finalmente sí pude y podemos comunicarnos por este medio tan increíble!

Capítulo XI

Dos Hadas Madrinas

Otro día que visité la casa de Mike, Joel y Pete, conocí a la tía de Michael, Catherine, a quien yo inmediatamente le caí súper, súper bien, ella era una mujer soltera, trabajaba para el gobierno de los Estados Unidos, era lo que se llama una "career woman". Ella inmediatamente puso a mi disposición su apartamento número 603, de la Boston House, en la 1727 Massachusetts Ave. N. W. y me invitó a un té-party, que daba en honor de una pareja amigos de ella. Él era un antropólogo, George, casado con una filipina, Hilda, y que en ese momento se encontraba residiendo en Irak, porque estaban trabajando en el descubrimiento de los Jardines Colgantes de Babilonia.

Inmediatamente yo le respondí, que lamentaba no poder asistir porque las monjas de la residencia no me iban a dar permiso. Kay, como le decíamos cariñosamente a Catherine, no tardó en ofrecerse para ir hasta la residencia, y pedir permiso por mí. Lo cual hizo, y con tan buena suerte, que las monjas al verla a ella, no dudaron en darme el permiso, y para mí fue un gran gusto y honor, asistir a ésta primera reunión, de la que algún día iba a ser mi tía política, y he llegado a pensar, por la relación que se desarrolló, entre ella y yo, que Kay tuvo que haber sido algo mío, en vidas pasadas, si es que existen otras vidas. ¡Yo la he considerado mi verdadera madre!

En el te-party que ofreció Kay, a George y a su esposa Hilda, sus dos niñas pequeñas, Cristina y Any, estábamos otros invitados, dos señoritas filipinas, Michael, Joel, yo y otra señora más o menos de la edad de Kay, llamada Marie Boggan. Como yo era la única extraña en el grupo, además de mi cultura latina, no comprendía bien, cuáles eran las relaciones en ese grupo de gente. Pues George, era un Irlandés alto, gordo, pelirrojo, que no

Capítulo XI

lograba asociar, como esposo de una mujer, delgadita, bajita, morena, con características orientales bien marcadas, además veía a dos jóvenes mujeres también filipinas, y dos niñas, con características orientales, que llamaban a George Papá, luego a Marie, que yo no entendía, si ella era la esposa de George o ¿Qué?.... Más bien creo que mi problema estaba en entender, los matrimonios interraciales.

Marie Boggan, también trabajaba para el Gobierno de los Estados Unidos de Norteamérica, y también era una career woman. Tenía una historia muy triste, había nacido en el Sur, en el Estado de Alabama, y aparentemente, sus papás, habían puesto en un orfanato a todos sus hijos, y tanto las hermanas como los hermanos, habían sido dados en adopción a diferentes personas. Ella a través de su vida había tratado de ponerse en contacto con el resto de sus hermanos, y solo había logrado encontrarse con, probablemente, dos hermanos.

Marie vivía, en un edificio de apartamentos lindísimos, en el Water Gate, y allí era vecina de George y su familia, además de las dos hermanas filipinas, Charito y Rose, amigas de la esposa de George quienes todos vivían en el mismo complejo de apartamentos.

Yo considero a estas dos mujeres, a Kay y a Marie, "mis dos hadas madrinas", porque tuve la suerte de encontrarlas, en un país extraño, y que sin conocerme, me ofrecieron todo su cariño, y me guiaron en un mundo totalmente desconocido para mí.

Kay y Marie se conocieron en Washington, cuando probablemente tenían unos dieciocho años, lo único que tenían en común es que ambas provenían del Sur, hablaban con acento sureño, trabajaban para el gobierno de los Estados Unidos, y eran career women.

Ambas eran totalmente diferentes, Kay, era del signo de Capricornio, nacida un 18 de enero, y como tal era amante de la naturaleza, había tenido una infancia TERRIBLE, su madre había sido una mujer devastadora para ella, la hacía comer para engordarla, y logró hacerla obesa. Ese fue precisamente el gran problema de su vida, el tratar de mantener una figura estética. Ella a través de los años, engordaba y volvía a rebajar, probó todos los tratamientos habidos y por haber para adelgazar. Y toda su vida fue una batalla para adelgazar y mantenerse delgada. Como irlandesa era de carácter fuerte, pero a la vez, era jovial, le gustaban las cosas buenas de la vida. Por el tiempo que la conocí, visitaba a un siquiatra, porque tenía varios traumas, su trauma más grande, era el ODIO que su madre le tenía. Como ella era la primera hija, el papá y ella se llevaban de maravilla.

Cuando llegué la primera vez a su apartamento, observe que todo en él, era blanco, todo absolutamente, todo, desde platos, hasta sábanas, y muebles. En ese tiempo ella tenía un gran amigo llamado Dick McCormick, casi llegué a creer que se hubiesen podido llegar a casar, yo creo que a Kay le gustaba mucho, pero siempre el destino le hizo una mala jugada, y en un viaje que Dick hizo a Jamaica, donde tenía intereses económicos, le dio un infarto en el lobby del hotel donde se hospedaba, y murió.

Kay era una compradora compulsiva, compraba docenas de las mismas cosas. Le encantaba la joyería, la buena música, sobre todo la de los años cuarenta, y cincuentas, y la música clásica. Le gustaba la moda, y le encantaba ir a los musicales, y a las buenas películas. Pero nunca había salido de los Estados Unidos, aunque conocía toda la parte Norte, Sur, y Este de su país. También le gustaba la buena comida, aunque ella siempre pasaba a dieta. Sin embargo tomaba cursos de comida gourmet, y le encantaban los buenos vinos, toda clase de bebidas. ¡Kay era Comelona! y muchas veces la vi bastante flaca, probablemente una talla ocho.

Como buena irlandesa era católica, pero no era fanática en cuestiones de religión, muchas veces platicábamos sobre la reencarnación y ella aparentemente le gustaba la idea de poder regresar aunque fuera en otra forma, o necesitaba pensar que no todo se acababa así no más. Siento que Kay era más normal, de acuerdo a su educación, a su herencia paternal, a pesar de que fue criada en el Sur, pues nació en la ciudad de Meridian, Estado de Mississippi, donde tuvo sirvientes negros, y su padre fue dueño de

Capítulo XI

tierras agrícolas, y donde también tuvo trabajadores negros. Pero Kay nunca tuvo un gesto discriminativo para los negros en Washington, por lo menos durante el tiempo en que yo la conocí.

Ella contaba que en Meridian, Miss. Había un gran rótulo a la salida del pueblo, cuando ella era una niña, que decía: "NEGRO, NO TE VAYAMOS A ENCONTRAR AQUÍ, DESPUÉS QUE EL SOL SE PONGA, PORQUE SERÁS HOMBRE MUERTO". Y decía Kay que muchos negros murieron asesinados por blancos, porque éstos tenían carta blanca para hacerlo. También contaba que cuando ella venía caminando con su papá, en la acera y venía un negro en dirección opuesta, el negro tenía la obligación de bajarse a la cuneta, para dejarlos pasar por ser blancos.

Kay era una belleza irlandesa, pelo negro, ojos azules, piel oliva, por lo tanto no es de extrañar que fuese reina de belleza. Kay Coleman, ganó el título de "Miss Sumter County" y llegó a la Feria Mundial de ese año representando a su Condado.

El otro trauma de Kay fue en el aspecto profesional, ya que ella siempre, por ley debió haber sido la "jefa" de la oficina donde trabajaba, pero por razones de género, siempre le ponían a un hombre, o jefe arriba de ella. Kay obtenía el espacio, el tamaño del escritorio, secretaria, pero no el cargo de jefa. Y esa fue, precisamente, otra batalla que ella tuvo que librar a través de su vida profesional. Lástima grande que ella nació en una época en que la mujer no había logrado los derechos que hoy las mujeres con mucha dificultad, estamos obteniendo.

Marie, había nacido en Alabama un nueve de octubre, y definitivamente hacia honor a su signo, Libra. Ella era la que probaba los nuevos restaurantes en Washington. Sabía todo exactamente de éstos, desde la atención hasta quienes eran sus clientes más notables. Marie era una verdadera gourmet, cocinaba delicioso, y era más dada a tener amistades del alto rango de Inteligencia. Marie pudo haber sido una gran periodista, ella sabía todo, y de fuentes fidedignas. También a ella le encantaba la música, en especial la canción "Ojos Españoles".

Asistíamos con Marie frecuentemente al teatro y a los musicales. Ella era más alta que baja, delgada, pelo negro, ojos azules, piel blanca, pero también con un chispazo en los ojos, de descendencia irlandesa, y se había criado en un orfanato, con monjas católicas, por lo tanto era católica, aunque definitivamente no la profesaba. Ella creía que la vida terminaba con la muerte y que no había otra vida. Siempre decía que ésta era la única vida que teníamos y que la aprovecháramos.

Marie ha sido la mujer más práctica que yo he conocido en mi vida. Kay era más complicada. Cuando Kay compró una casa en la calle A SE # 604, Se echó encima la gran responsabilidad de tenerla en Washington, en SE, tenía una perra french poodle llamada Jolie, llegaba una empleada para el aseo de la casa, más muebles, que muchos eran antigüedades había que darle mantenimiento al jardín en las cuatro estaciones, o sea era muy complicado.

En cambio Marie vivía en un edificio de apartamentos, el cual constaba de sala-dormitorio, comedor, cocina, closet grande, y baño con tina, no tenía mascotas de ninguna clase, su apartamento fue decorado por una experta, y solo tenía lo esencial en accesorios decorativos. Tenía características, que no la tienen la mayoría de los americanos, que cuando ella invitaba a su casa, y atendía a sus invitados, no le gustaba y se oponía totalmente a que sus invitados le ayudaran a ni siquiera recoger los platos, mucho menos a lavarlos.

Con el protocolo, Marie era muy exigente; tenía uno que estar tocando exactamente la puerta de su casa a las seis de la tarde: ni un minuto más, ni un minuto menos. Muchas veces si llegábamos más temprano, esperábamos en el lobby, hasta que fuesen dos minutos antes de las seis para tomar el elevador, subir, caminar hacia el apartamento, y tocar la puerta, a las 6 en punto.

Marie solamente daba una hora, para tomar aperitivos, y solamente ofrecía semillas, en esa hora platicábamos y ella estaba chequeando el horno de su cocina, tres minutos antes de la hora nos sentaba a la mesa, y empezábamos a servirnos y a comer. Todo se hacía con la mayor nitidez, el mejor protocolo, y naturalmente el vino apropiado. Los postres de Marie eran sencillos, pero deliciosos. Nos levantábamos de la mesa, volvíamos a la sala, nos ofrecía cremas digestivas, y a las ocho y media en punto nos despedía. Ella siempre entretenía a sus invitados los días domingos, y lunes todos teníamos que trabajar. También Marie, siempre tuvo el cuidado de llamarnos por teléfono, cuando tomábamos un taxi, y nos llevaba de su casa a la nuestra. Sus relaciones eran de alto calibre, hombres de la C.I.A., del F.B.I. eran sus más cercanos amigos, a los cuales atendía para sus cumpleaños, donde éramos invitados a departir. Uno de ellos fue George, quien tenía una cabeza algo grande, pelona, y usaba lentes.

Yo siempre me referí a él como "el cabezón". Nunca supe a qué país él "atendía", supongo que era algún país detrás de la Cortina de Hierro. Cuando falló la invasión de Bahía de Cochinos, a causa de la tergiversada información que la CIA le pasó al Presidente Kennedy. Era natural que él tomara una decisión errada, y no apoyara la invasión con soporte aéreo, como la Operación "Pluto" lo exigía, y como los Estados Unidos estaban comprometidos.

George, fue uno de los funcionarios de la CIA que fue despedido por el Presidente Kennedy, en relación a éste, hasta cierto punto, bochornoso incidente, pero que, el Presidente Kennedy habiendo llegado al poder solamente unas 6 semanas antes de la operación Pluto, siendo del otro partido, el DEMÓCRATA y por lo visto ya la CIA estaba siendo infiltrada. Lo grande y admirable del Presidente Kennedy, fue que él asumió la responsabilidad del fracaso de la Operación Pluto. Pocos presidentes asumen esa responsabilidad. Años después, el mismo Fidel Castro alababa la responsabilidad del Presidente Kennedy, de esa tan bochornosa operación.

Para un cumpleaños de George, que naturalmente Marie se lo estaba celebrando, y el mismo grupo de gente estábamos invitados, cuando llegamos a las seis de la tarde, Marie nos anunció que George probablemente no iba a estar presente, o iba a llegar tarde porque "el hombre" (el Presidente Johnson) le había llamado a la Casa Blanca a una emergencia que aparentemente se había suscitado. Quiero decir que después de la muerte del Presidente Kennedy, y la llegada del Presidente Johnson, George fue llamado nuevamente a la CIA.

Ese día y parte de la noche, después de haber estado trabajando en la Casa Blanca, por largas horas, George finalmente llegó a su cumpleaños a las siete y media de la noche. Y allí le comentó únicamente a Marie, que estaba totalmente "impactado y enojado" porque se había dado cuenta que todos los informes que él había enviado de la CIA, a la Casa Blanca, habían sido alterados. ¡Se puede uno imaginar eso!

George, (el cabezón) había contraído nupcias con Charito, la amiga filipina de Marie, y no tuvieron hijos, y con los años se divorciaron, y con el tiempo murió George, a principios de los años ochenta.

Marie era lo que se llama una mujer práctica. Se jubiló con un buen grado en el servicio civil de los Estados Unidos, (grado trece) después de haber trabajado toda su vida para la Agencia de Comunicaciones, y lo hizo cuando todavía podía disfrutar su jubilación. Viajó varias veces a Europa. Durante su vida se comunicaba con un sobrino, quien vivía en el Estado de Luisiana, en Baton Rouge, le heredó a él todos sus bienes, con la condición de que él la acogiera en sus últimos días, y la enterrara.

La última vez que la vi, fue cuando la visité con Jamina, en uno de esos asilos bellísimos que hay en los Estados Unidos, donde ella tenía su apartamento, el cual había sido decorado de diferente manera que sus otros apartamentos. Bajamos a almorzar al comedor social de la Casa de Adultos Mayores, me presentó algunos de sus nuevos amigos y amigas, que había encontrado allí, disfrutamos de una comida excelente. Ella siempre le dio importancia a la comida, pero no engordó, tenía un cuerpo adecuado a su altura.

Capítulo XI

Lo mejor de todo fue que ella estaba contenta, y como siempre aceptaba su destino con facilidad y conformidad. De allí pasó a Baton Rouge con su sobrino, todavía nos escribimos de San Salvador, y un día ya no recibí cartas de ella, llamé por teléfono, y fui informada que había fallecido. Corría el año noventa y ocho...

Quiero decir, que siempre me han hecho falta mis dos hadas madrinas...

Con cada suceso nuevo que ocurre en el mundo... ya sea natural o hecho por el humano, siempre pienso ¿CÓMO lo hubiesen visto ellas? Lástima que se perdieron de esto...

Siempre decían ellas algo sobre tal cosa... Recuerdo yo que...

Cómo hubiesen gozado al saber esto... Digo...

Siempre las tengo en mi mente y en mi corazón...

En los años setentas...siete u ocho, Kay llega de visita a El Salvador. ¡Le encanta! Llega como turista con Carlos Jiménez, mi compañero de trabajo en la Hecht Co. y su pareja, John; ya ellos habían estado por Rusia, juntos en un tour. Luego ella, regresa a El Salvador, y llega a mi apartamento que quedaba frente a la Embajada Americana, en la 25 Calle Poniente, llega con su french poodle, negra, Jolie, pero creo yo, ¡tan siquiera sin imaginarme! Que ella ya comenzaba a padecer de alzheimer, y tuvimos unos disgustos tremendos, yo no entendía por qué ella actuaba de esa manera. Fue a alquilar una casa, y la veía manejando su camioneta blanca, por todas partes de San Salvador. Tenía una empleada y vivía en la Colonia Miramonte. Y un día, se pone la situación muy fea en El Salvador, y la misma Embajada Norteamericana le dice que es mejor que se regrese a los USA y ella, en un arrebato muy propio de ella, vende todo, a unos precios que yo creo que muchas de sus amigas (y mías también) tomaron una gran ventaja y se marchó.

Llegó a la Florida, Jamina la ayudó a conseguirle un Home de esos para las personas de la Tercera Edad, según me contó Jamina, ¡era un hotel de lujo de 5 estrellas!

Pero un día, llamaron a Jamina, que la situación con ella era bastante insoportable, ya que dejaba la cocina prendida, y salía y había que irla a buscar... Jamina, aconsejada por amigos, le hizo una cita con un Dr. el cual diagnosticó un alzheimer, y se la llevó a vivir con ella a Gainesville, pero con el tiempo, Jamina tuvo quebrantos de salud relacionados con el trato que le daba Kay, y decidió visitarme en San salvador, con ella.

¡Mi impresión fue terrible! Ella realmente no me conocía. Cuando vio una de mis pinturas, se dirige a mí, y me dice: ¡Ah! Ella es Lillian Díaz Sol, ¿tú la conoces?...WOW ¡ya se pueden imaginar! Yo le dije: ¡Claro, que sí la conozco!

Jamina, me confesó que ella estaba sintiéndose mal y me comprobó con un *rash* que le había salido en todo el cuerpo, era algo nervioso, y me pedía, por favor, tener a Kay, en mi casa y ponerle 2 empleadas para que la atendieran. Inmediatamente le dije que sí, ¡y fue así como se quedó conmigo hasta su muerte!

Un sábado, día de la madre, en El Salvador, mis primos Amaya Díaz me invitaron a cenar a su casa, dejé a Kay con las 2 empleadas. Regresando como a las 12 media noche. Me fui a acostar, las empleadas y Kay aparentemente ya estaban dormidas.

En la madrugada me despertaron diciéndome que Kay estaba con una temperatura bastante alta, yo llamé a mi hermana Sara para que me indicara qué hacer, nunca había experimentado un caso similar. Ella me dijo que le diera aspirinas y que le pusiera compresas heladas. Cuando se hizo de mañana, llamé a su médico, él no llegó a verla. Esperando toda la mañana, llamé a otro geriatra, el cual llegó en la tarde, le mandó a hacer una radiografía porque se había quebrado el fémur... y las dos empleadas no me habían dicho absolutamente nada, ¡hasta que se descubrió que ella se había caído subiendo una de las 2 únicas gradas que hay en toda la casa!

Capítulo XI

La llevé a la radiografía y de ahí mismo a la operación donde le pusieron una prótesis... luego al día siguiente me la llevé a la casa, le llegaban hacer su terapia, pero con el carácter irlandés que tenía, era testadura y no quería hacer los ejercicios, era algo muy difícil, ya que el alzheimer lo tenía más avanzado. Era un pleito de varias horas para que se tomara una pastilla importante para su corazón, pero siempre la escupía.

Desde que la llevé a casa, ya no se quiso levantar. Tampoco quería hacer los ejercicios, aunque siempre llegaba la terapista y los trataba de hacer. Hasta que un sábado, cuando yo me encontraba dando mis clases, como a las 11 de la mañana, me llamaron las empleadas que la cuidaban que la "Niña Kay" se había puesto mal, llegué corriendo y la vi que estaba toda morada, mis alumnas me ayudaron a llamar a una ambulancia y una de ella que era doctora me dijo que le llevara al hospital donde ella y su hermana trabajaban, llamó a su hermana y ya la estaban esperando cuando llegamos al hospital... ahí me dejaron afuera, no me dejaron entrar a donde la estaban atendiendo... Afuera estaba rezando por ella, hasta que llegó una doctora y me dio la noticia que se había tratado de hacer todo, pero que ya no había respondido... Al principio no entendía... no lo quería aceptar... ¡Quiero decir qué para mí fue terrible! Kay era como mi verdadera mamá... y ahí estaba yo sola con ella... ¡y ella muerta! Bueno...

Tuve que hacer las diligencias de rigor, a la Funeraria la Auxiliadora, ya a las 5 de la tarde la estábamos velando... llegaron muchas amigas y alumnas, después de leer la esquela que salió en el periódico. Lo peor para mí fue tener que darle esa noticia a Jamina; sin embargo, ¡ella no llegó al funeral! La enterramos, en el puesto de la familia de mi mamá en el Panteón de los Ilustres, y de vez en cuando, cuando he estado en El Salvador, he llegado a que limpien la tumba y ponerle flores.

Me hace falta mucho... aunque sea para platicar o... pelear un poco... vivir...

Capítulo XII

EL CONCURSO DE MISS WASHINGTON

Guardé el formulario de inscripción que me habían dado en la escuela de modelos John Robert Powers, para el concurso de Miss Washington, por algunos meses. Una noche leyendo un libro, encontré el formulario, que estaba como señal de hasta donde había llegado con la lectura del libro. Me llamó la atención al leer los requisitos, y dije: "¿Por qué no?" lo llené y lo llevé a mi escuela de modelos. A los pocos días recibí la noticia de que había sido aceptada como concursante.

Este es un concurso muy diferente a todos los que he visto. Quien lo patrocinaba era la Metro-Goldwyng-Mayer, porque éste les servía de asidero para obtener nuevas caras, nuevos talentos, y de por si nuevas estrellas de cine. En el año 1955 había concursado, representando a Washington D. C., aunque era de Falls Church, Va. Quien llegó a ser una de las actrices americanas mejores y más aplaudidas Shirley McLaine.

Este era en realidad un concurso de talentos, muchas de las participantes que concursaron conmigo, tenían habilidades como tocar el piano, el violín, bailar *tap*, etc. Mi talento en esa oportunidad fue cantar, una canción en español, llamada "Dos Cruces", para lo que tuve que recibir clases de canto, acompañándome un piano, y preparándome en cuanto a la pasarela, para las diferentes presentaciones. Participamos setenta y dos señoritas en el concurso, de las cuales fuimos escogidas veintisiete; de éstas fuimos escogidas nueve, y de allí salió Miss Washington.

Yo desconocía que mi participación como candidata había causado revuelo en los conductores de la radio WWDC, porque se habían encontrado con mi solicitud, y yo no era ciudadana

Capítulo XII

americana. He sido la primera no ciudadana que ha participado. Por lo que llegué a tener una cobertura en la prensa local asombrosa, a tal punto que salió un artículo bastante grande en el Washington Post, en donde salían dos fotografías mías, una con traje típico, y la otra con traje de baño blanco, pues siendo verano estaba bastante bronceada. El Artículo decía: "Señorita Tosses Sombrero Into Ring".

En El Salvador, apareció en La Prensa Gráfica, el mismo artículo, con el título: "Salvadoreña Rehúsa ser Miss América", el que había sido enviado, por la prensa, vía fax desde Washington D.C., y explicando que por primera vez en dieciséis años de la historia del concurso existía la posibilidad que una no ciudadana americana fuese la ganadora. Y habían escogido solamente la fotografía donde aparecía en traje de baño blanco.

En la casa de mis tíos se recibían los dos matutinos. Durante el desayuno, El Diario de Hoy se lo ponían a mi tío Mario, y La Prensa Gráfica se la ponían a mi tía Margoth. Como yo no estaba allí no sé cuál fue el gran escándalo, pero me han contado que fue un escándalo romano. A tal punto que yo sin saber nada en Washington, de repente recibo un telegrama, firmado por mi tía Margoth, diciéndome que empacara y me regresara inmediatamente, dándome a entender que hasta allí llegaban nuestras relaciones familiares. Me han contado que Lolita de Perla intercedió por mí, y trató de calmar a mi tía. Pero nada ni nadie pudieron hacer nada.

Estando en la "Y", una hora después recibo un telegrama de mi mamá urgente, diciéndome que no me preocupara, que continuara en Washington, y que ella me iba a mandar para mis estudios. Yo me encontraba en pleno concurso, todavía me faltaba la última eliminación, y era tanto el revuelo que había causado mi candidatura, y la publicidad en los periódicos, que había recibido invitación de diferentes instituciones, como la House of Representatives de Washington D.C., quienes ofrecieron un tea-reception en mi honor, el día viernes 23 de agosto de 1957, a las 7 de la noche.

También todas las escuelas de ingenieros, y las escuelas militares del área de Washington, nos invitaban a fiestas, y a tea parties, con lo cual tuve la oportunidad de conocer a jóvenes destacados en sus diferentes profesiones. La experiencia de haber participado en el concurso de Miss Washington, fue para mí muy importante, en el sentido de que me dio mucha seguridad en mí misma, pues yo era una muchacha tímida, y el tener que presentarme en público, ante miles de personas me fue reafirmando mi seguridad y carácter. Por lo que yo siempre he aconsejado a las jóvenes, prepararse primero, como yo lo hice, y luego participar en cuanto concurso se pueda.

De la eliminación de setenta y dos concursantes, para veintisiete finalistas, se llevó a cabo en uno de los clubes más importantes de Washington D.C., que es: The National Press Club, con una cena de gala, mientras nosotras éramos presentadas; la segunda eliminación se llevó a cabo en el Auditórium al Este de D.C., y allí me tocó cantar; La tercera eliminación se realizó, en el Teatro Lowe's Palace en la calle "F", que era un Teatro al estilo Luis XIV, y que desgraciadamente con el tiempo fue demolido, y ahora no existe. No gané... ¡claro está! Yo no era ni siquiera ciudadana... ¡Pero esa participación fue de gran ayuda para mí! ¡Toda una experiencia!

Capítulo XIII

Mi boda

A pesar que mi mamá me había confortado con su ofrecimiento, adentro en mi corazón, sabía que yo le había desobedecido, a mi tía Margoth, también sabía, el poder que tenía ella a través de mi papá, quien era muy amigo del entonces Presidente de la República el Coronel José María Lemus. Sabía también que si ellos, mi tía y mi papá, se lo proponían me podía ir a buscar a Washington, y llevarme de regreso a El Salvador, por lo tanto yo sufrí de delirio de persecución por muchos meses.

Una vez nos encontrábamos Joel, Pete, y Michael, en la casa de ellos, discutiendo mi situación, y qué se podía hacer, hasta que el más callado que era Michael, me dijo que no me preocupara que él me apoyaba para que me dieran la ciudadanía, así mi familia no podía regresarme a El Salvador. De esa conversación entablamos los dos una relación más amigable, aunque yo creo que allá adentro, yo ya le gustaba a Michael, pero él por ser más tímido que yo, y porque era novia de su amigo Joel nunca me había dicho nada.

Michael, era hijo de una hermana de Kay, llamada Mary Coleman, una belleza sureña, muy irlandesa, pelo rojo, ojos azules, y piel color durazno. En una visita que ella había hecho al Estado de Tennessee, donde se había hospedado con unas amigas, en la misma cuadra de ellas vivía otra familia Coleman, de descendencia alemana, y por una carta dirigida a Mary Coleman, de Mississippi, la cual fue llevada equivocadamente a la casa de Mary Coleman de Tennessee, quien tenía un hermano llamado James Coleman; y así fue como los papás de Michael se conocieron, y posteriormente se casaron.

Los Coleman tuvieron primero a una hija llamada Stefany, y luego tuvieron a Michael. Jim como le decíamos al papá de Michael, era un ingeniero industrial, cuando Michael tenía alrededor de siete años, fueron trasladados, por la compañía con quien Jim trabajaba, la Industrial Rayon, al puerto de Alejandría, Egipto. Allí Michael, fue inscrito en el más famoso colegio del Medio Oriente, llamado, Victoria College, donde solamente habían veinticinco estudiantes. Siendo Michael el único americano, los demás eran los príncipes herederos de todas las coronas del Medio Oriente. Entre ellos estaban el príncipe Hussein de Jordania, y los dos hermanos, Príncipes de Siria o Irak, quienes fueron colgados y asesinados en los años 60. Años después supe que la Reina Sofía de España también asistió al Victoria Collage, de Alexandria, Egipto.

Michael, hablaba y escribía muy bien el árabe, y también adoraba la cultura árabe, la comida, conocía de varios trucos que los árabes hacen para no sentir calor en el verano. Cuando regresó de Egipto, Michael tenía dieciséis años, y fue inscrito en un colegio Jesuita de Ohio. Allí se ganó los guantes de oro, en los concursos de boxeo, de la High School Jesuita, también experimentó con la guitarra eléctrica, que luego cambió por la guitarra española, ya que verdaderamente su encanto por la música flamenca, y por el Jazz fue impactante.

Michael era bastante tímido, a su mamá, le decía madre, pero a su papá le decía Jim. Siempre he creído que hubo algo entre ellos, que nunca supe antes, pero nunca he podido averiguar qué fue lo que sucedió.

Michael era profundo en lo que es Lógica, Filosofía, Teología, y Metafísica, su filósofo favorito era Platón. Hacía experimentos de levitación. Era de los que se oponían a la guerra de Vietnam, y a toda clase de acción violenta. Era pacifista, y estudiaba en Georgetown University, Servicio Diplomático. Tenía muchos primos sacerdotes, y muchas primas monjas. Y también por esta época lo visitaba mucho el hermano Hillary, que era de la comunidad de los hermanos Benedictinos, que hacen el vino, y que se anuncian, en la revista Playboy, para reclutar jóvenes que quieran ser Hermanos. Yo creo que el hermano Hillary, estaba

Capítulo XIII

tratando de reclutar a Michael, para su organización, pero en esa coyuntura aparecí yo.

Por esos tiempos y en una franca oposición a la guerra de Vietnam, Pete Day, decidió establecerse en California, en el mes de Julio de 1957 se fue, pero dejó en Washington, a su novia Marshall, quien era modelo, y quien era directora de la escuela de modelos Patricia Stevens de la New York Ave N.W. Gracias a ese contacto pude entrar a enseñar a esa escuela de modelos, maquillaje y pose visual.

En septiembre, Marshall se fue a California, donde Pete la esperaba. Ella iba embarazada, y ya tenía dos varones pequeños, los cuales también se fueron con ella. Michael, desde que se fue Pete, había estado acompañando a Marshall todo el tiempo, hasta que ella decidió marcharse, y cuando ella se fue yo noté tremendamente la tristeza y la nostalgia de Michael, pero no sabía por qué. No le di importancia porque básicamente Michael, era callado, tímido, no hablaba mucho, se dedicaba más a leer, pensar y a meditar. Como a mediados del mes de septiembre, me invitó a ir a la Mezquita de la calle 16 N.W. Fue allí donde nos empezamos a enamorar y por lo tanto yo tenía que terminar mi relación con Joel, ¡lo cual fue totalmente dramático!

Después de todo Joel era muy posesivo, y Michael era más suave, más condescendiente, y yo lo podía, hasta cierto punto, manejar. Si hay algo que me encantó de Michael fue su alma bohemia, las noches de vino, guitarra flamenca y clásica. El idilio fue durante el otoño de 1957. Siendo Michael Virgo, y yo Tauro nos llevábamos de maravilla.

Nos encantaba ir a todos los parques, y lugares llenos de árboles, porque durante el otoño, Washington D.C. que es una ciudad que está situada en el Rocky Creek Park, es algo espectacular estar y sentirse entre esa variedad de colores otoñales, donde puede ver uno árboles de un amarillo intenso, otros color vino tinto, otros anaranjados como el sol, y se siente como si estuvieras en un lugar donde se confunde la realidad con la fantasía; donde todos los árboles parecen de papel de china, y es una impresión que pareciera irreal, pues uno está acostumbrado a ver todos los árboles de diferentes verdes, pero no de todos los colores maravillosos con los que se pinta la naturaleza en otoño.

En noviembre de ese mismo año Michael y yo decidimos casarnos el próximo verano, y en enero de 1958, fuimos a visitar a sus papás, en Covington, West Virginia, donde Jim administraba una fábrica de rayón y nylon, para anunciarle nuestro compromiso y que habíamos decidido casarnos en julio del próximo año. Los papás lo aceptaron, nada más que pensaban que estábamos muy jóvenes; ¡pero a Kay la idea le fascinó!

Por ese tiempo seguía estudiando, pero para la Navidad entré a trabajar a un almacén muy exclusivo que quedaba sobre la calle "F", entre la catorce y la trece llamado Jelleff's, allí me encontré vendiendo una de las cosas que más me fascina, que es la perfumería. La compradora que era la jefa del departamento de perfumería era Ms. Baker, quien me tenía mucho aprecio, y vivía en la Boston House, el mismo edificio de apartamentos de Kay. Siendo ese mi primer trabajo, en la navidad de 1957, en los Estados Unidos.

Como la relación con mis tíos estaba totalmente cortada, entonces me dirigía por carta, a mi mamá, contándole todas mis experiencias y aventuras. En una de esas cartas le anunciaba mi próximo enlace matrimonial, y le rogaba que estuviera presente para mi boda en julio de 1958.

Presenté a la "Y" mi carta diciendo que ya no iba a residir más allí, hasta fines de julio, y empezamos a buscar con Michael un apartamento, y encontramos uno pequeño, lujoso, y en una buena dirección, en la Columbia Road, y Connecticut, a pocas cuadras de la embajada de El Salvador, y a cuatro edificios del hotel Washington Hilton, donde le hicieron el atentado al Presidente Reagan.

Empecé con los preparativos de la boda, comenzando por comprar un vestido de novia a la moda de la época, la cual había sido impuesta por la esposa del Presidente Eisenhower, Mamie, y lo más distintivo era su largo, que no pasará del ojo del pie. Eugenia Dueñas de Gutiérrez, a quien cariñosamente llamábamos Chita,

Capítulo XIII

pariente de mi mamá, me envió un cheque de regalo, para comprar mi ajuar de novia.

Kay había arreglado que en el Hotel Mayflower, de Connecticut Av. N.W., uno de los hoteles más históricos y rimbombantes de D.C., fuera la recepción, pero Mrs. Bullock, ya me había ofrecido su residencia para la recepción, por lo que yo preferí, que fuese allí, en una casa privada de una amiga tan querida, y donde yo había vivido, y no en un hotel. Kay brincó de cólera, pero ya estaba todo arreglado, pues Mrs. Bullock desde Italia al recibir mi invitación a la boda, puso a mi disposición su casa.

La boda se llevó a cabo después de tener las respectivas charlas prematrimoniales, y ya el hermano Hillary, había advertido a Michael, que no fuésemos a tener hijos muy rápido porque estábamos muy jóvenes. La cena (del ensayo) que ofrece la familia del novio, la noche antes de la boda, fue en el hotel Mayflower, donde toda la familia Coleman, Jones, Boggan, y mi mamá, quien ya había llegado de El Salvador se congregó.

La ceremonia fue oficiada por Father Christopher, y tuvo lugar en la Catedral de San Mateo, a las diez de la mañana, el diecinueve de julio de 1958. Mi madrina fue Irene Goicochea. Un día soleado y caluroso de verano. Como mi papá no había asistido a la boda, entonces tuve que escoger a alguien que me entregara. Escogí sin pensarlo mucho, al Coronel Edward Jones, quien era casado con Nina, tía de Michael, hermana de Kay y Mary.

El Coronel Jones, estaba asignado en Fort Eustes, Carolina del Sur, y da la casualidad que en esos días antes de la boda, había estallado un problema a nivel mundial, y tenía que estar en alerta en el fuerte, para dar la orden de salida a miles de buques de guerra, pues el Presidente de Egipto decidió cerrar el Canal de Suez, Francia pidió ayuda a Israel y atacó a Egipto y los USA estaban listos para proceder también. Entonces el Coronel Jones fue transportado de Fort Eustes, a Washington D.C., llegó al hotel se cambió el uniforme militar, se vistió de smoking, me entregó a Michael antes de la misa, en la Catedral, e "ipso facto", fue trasportado en helicóptero, nuevamente a Fort Eustes. Porque debido a la emergencia sus órdenes eran: "¡llegar a Washington, entregar a la novia, y regresar inmediatamente!"

La recepción se llevó a cabo en la residencia de Mrs. Bullock, en Hillyer Place, donde llegó la esposa del embajador en Washington, Doña Elenita de Castro, todos mis compañeros salvadoreños que residían en Washington, Memo Dada, Atilio Vieytez, Mercy Lara, Johnny Maldonado, Marie Boggan, las familias Coleman, y Jones y todas mis amigas de "Y" y de la Escuela de Arte. La recepción fue al mediodía, un cóctel, y luego un almuerzo. Mi esposo y yo nos fuimos a las cinco de la tarde, pero la fiesta continuó hasta más noche.

Michael y yo, nos fuimos a nuestro nuevo apartamento, a cambiarnos, y a descansar, porque por la noche llevamos a mi mamá a ver un show, y a cenar en The Lotus, un restaurant con un show internacional, porque el avión de Eastern salía de Washington D.C. a la una de la madrugada, y llegaba a Miami alrededor de las cinco de la mañana, donde era recibida por el cónsul de El Salvador Antonio Cabrales, y su esposa Lucita, ambos amigos de mi mamá, para abordar el avión que de Miami salía hacia San Salvador.

Después nosotros tuvimos nuestra luna de miel, fuimos al Estado de West Virginia, en la ciudad de Covington, donde se encuentra el famoso hotel de cinco estrellas Greenbrier, en el que pasamos ocho días. Este hotel tiene la comida, y el ambiente sureño, sin perder el gusto internacional. Con su famoso show jamaiquino: los meseros, todos negros, van bailando con las charolas, antes de servir la comida, y el show es ver quien baja más, el palo, sostenido por unas negras lindas, sin botar la charola con comidas, bajando el palo al estilo Calipso, tan de moda en esos tiempos!

En septiembre de ese año mi papá llegó en una visita oficial, que lo llevaba a todas las fronteras de Estados Unidos, para aprender el manejo de todas las operaciones migratorias, sobre todo a lo referente a lo que estaba en boga en ese momento, que era la persecución de los "comunistas". Como rezago de la doctrina McCarthy, donde muchos funcionarios gubernamentales y hasta artistas de Hollywood, fueron tildados de comunistas.

Capítulo XIII

Mi papá me llevaba una sorpresa, que era una carta de mi tía Margoth, con una medallita, para el primer hijo que yo tuviera, de esa manera las asperezas que habían ocurrido entre mi tía y yo quedaban saldadas.

Por esos días comencé con mareos, y nauseas, y fui a ver una doctora, llamada Jackelyn Jackson, quien después de algunos exámenes, me llamó por teléfono, un día que estaba mi papá en casa, confirmándome que estaba embarazada. Para mí fue una sorpresa, porque siempre tuve, un pequeño trauma de que a lo mejor no iba a poder tener hijos, puesto que en mi familia Díaz Sol, tenía tíos y tías, que no podían tener hijos. ¡Por lo que le di gracias a Dios!

Inmediatamente, llamé a Mike, para darle la buena noticia. El cual la recibió con toda la naturalidad del mundo, sin mayor exaltación, pues era un hombre muy poco expresivo. La noticia de que íbamos a ser padres, nos movió a Virginia, del otro lado del Key Bridge, donde hoy es una bellísima Cristal City, en la montaña. Ya no queríamos vivir en Washington, especialmente yo, que quería ser ama de casa. Entonces nos mudamos a un apartamento más familiar, grande, amplio y alrededor lleno de árboles.

Además, en Washington, no admitían en las casas de apartamentos, ni niños, ni perros, así es que no nos quedó otro camino que irnos a Virginia, donde las residencias de apartamentos son más familiares. Para la mudanza, mis amigos salvadoreños, nos ofrecieron su ayuda, tanto Memo Dada, Atilio Vieytez, y Johnny Maldonado, así como los amigos de Mike. Eso se acostumbra mucho en los Estados Unidos, que unos ayuden a otros a mudarse. Al final de la mudanza, compartíamos todos, ¡la pizza y la cerveza de rigor!

A fines de diciembre la doctora Jackson me mandó a recorrer todo el hospital para conocer sus instalaciones, y así yo pudiera escoger la habitación que me gustara más. Es de aclarar que en Estados Unidos uno escoge el médico que lo atiende, y éste lo envía al hospital donde él puede ejercer, por lo que así hicimos. Yo solo había visto hospitales americanos en las películas, pero en la realidad son otros. Habían cuartos individuales, dúplex, y hasta para cuatro personas.

Así es que impresionada, cuando regresé a la casa, llegué pidiéndole a Mike que quería un cuarto privado; eso es natural en mi personalidad, porque soy una persona excesivamente privada; así es que Michael, que era igual que yo me dijo que no me preocupara, pues iba a tener mi cuarto privado.

Mi papá contento que por primera vez iba a ser abuelo, antes de regresar a El Salvador, pasó a visitarnos, después de por tres meses recorrer todas las fronteras y aeropuertos de los Estados Unidos, no sin antes comprarle la cuna, el kirikú, y la bañera, a su nieta.

Durante el mes de febrero del 59, una vez caminando con Mike en la montaña con más de 7 meses de embarazo después de una gran nevada, me caí, con tan buena suerte que no pasó nada. Durante el tiempo de casada continué trabajando como modelo en la agencia Stevens. Según la ginecóloga me había dicho que el 15 de abril estaba programado mi parto. Y el catorce de abril yo tenía el compromiso de modelar la cara para unos maquillajes. Mi suegra Mary, había llegado una semana antes de Cleveland, Ohio, para ayudarme con el bebé.

El catorce de abril, había pasado modelando la cara, todo el día, y como a las cuatro de la tarde comencé a sentir movimientos fuertes en la panza, y todos decían que se me había bajado, entonces terminamos la sesión, y Mary llamó a Mike diciéndole que yo estaba teniendo contracciones. Luego le llamaron a la doctora Jackson, quien me sugirió que me fuera a casa, y que cuando las contracciones fueran más frecuentes, que entonces me llevaran al hospital. Llegando a casa Mary, me dio un té y tostadas. Llegó Mike apresurado, y esperamos hasta que fueran alrededor de las once, cuando fui trasladada al George Washington Medical Hospital, que quedaba al solo cruzar el puente Key. ¡Entonces iba a dar a luz a mi hija Jamina!

Capítulo XIV

Nace Jamina

Al bajarme del carro me sentaron en una silla de ruedas, para llevarme al registro, al ver que mis contracciones era más frecuentes, Mike firmó toda la documentación, porque aunque tenía veinte años, aún no era mayor de edad; para mientras a mí me llevaban al cuarto de labor. Allí empezó mi suplicio, a las doce le avisaron a la doctora, y llegó a hacerme un tacto, aseverando que faltaba mucho, y que luego ya cuando fuera hora la volvieran a llamar.

Durante ese tiempo, como ese hospital pertenece a una universidad, los jóvenes que estudian medicina son los que atienden a las pacientes, un practicante me preguntó qué había comido, y siempre me hicieron un lavado. Después llegó otro estudiante al que yo le pedía llorando que me pusiera una inyección para que no me doliera, y cuando él escuchó mi acento, me preguntó entre una y otra contracción que de donde era, yo le respondí que era de El Salvador: "¡Ah! ¡Simón Bolívar, ahí nació Simón Bolívar!; me decía él, pensando que me podía ayudar con el dolor, ¡Sí¡, ¡Sí¡, ¡Sí¡ le decía casi llorando; ¡Cómo me iba a poner a darle una clase de historia en ese momento!

Después me llevaron a otra sala donde lo único que podía ver en una pared era un reloj blanco, con números negros, que señalaba que era la una y media de la mañana, mientras oía que las enfermeras cerraban y abrían puertas, y decían: busy, busy night, y se oía el ruido de bandejas metálicas, de acero inoxidable. Dicen que siempre una mujer que va a ser madre, tiene muchos temores, uno de ellos es que le cambien el bebe cuando nazca; ¡yo tenía ese temor!

De repente empecé a pujar inconscientemente, en el momento que entró una enfermera que al escuchar mi pujido, corrió gritando que llamaran a la doctora Jackson, que yo estaba a punto de dar a luz. Me llevaron a la sala de partos, porque la niña ya venía. Fue un parto normal, no tuve ninguna complicación, y perfectamente escuché cuando la doctora dijo ¡es una baby girl! La bebé nació a las dos y media de la mañana.

Luego fui llevada al cuarto de recuperación, donde estuve hasta las siete de la mañana, cuando fui subida a mi habitación, inmediatamente las enfermeras me pedían que orinara, pero no podía hacer pipí, hasta que me sentenciaron las enfermeras, y me dijeron: si no orina ya, le vamos a poner una sonda, me fui a mi baño abrí las llaves del lavamanos, y empecé a pedirle al Sagrado Corazón, cuando sentí que venía bajando, el pipí e inmediatamente toqué el timbre, para que llegaran las enfermeras, y atestiguaran que en realidad estaba haciendo pipí, y que no me pusieran la sonda.

Por problemas en la cosida de la episiotomía, me tuve que quedar ocho días en el hospital, por la no cicatrización de la herida, me ponían un ventilador adentro de la sábana. A los ocho días sintiéndome mejor me dieron el alta y me llevaron a mi casa en Virginia.

En abril de 1959 todavía estábamos en lo mejor de la guerra fría, por lo tanto cada cierto tiempo, se hacían en Washington D.C. simulacros de ataque nuclear. Estando hospitalizada me tocó en esos días un simulacro, por lo que tuve que sufrir todo lo que se haría en un estado de emergencia en el hospital. Me sacaron de la habitación metida en la cama, con la rapidez de un rayo, pero era la bocina sonando la que más me ponía nerviosa y desesperada. Pasó el simulacro y fui llevada nuevamente a mi habitación, con mi hija.

En la cultura latina uno siempre piensa que el primer hijo va a ser varón, pero en ese tiempo no existía la "ultra", por lo que no sabíamos si iba a ser niño o niña, de todas maneras aceptábamos lo que fuese, ya que no podíamos mandarla de regreso; ya

Capítulo XIV

habíamos tomado con Mike un curso de cómo cuidar al bebé, y mensualmente me mandaban una revista de lo que estaba pasando en mi panza.

En 1959, estaba muy de moda el sistema del doctor Spock, que era dejar que el bebé hiciera lo que quisiera; y nosotros habíamos escogido este sistema, por lo tanto cuando nació la bebé no fue enviada a la "nursery", sino que estuvo en mi habitación; después de todo al llegar a la casa iba a estar conmigo. También decidí darle de mamar, por lo que le di pecho durante tres meses.

Yo hubiese querido darle más de mamar, pero hubo tres razones que no me lo permitieron, primero porque el pediatra cometió el error de darle fórmula, al mismo tiempo que el pecho, entonces ella empezó a desear más la fórmula que mi leche. Después sentía un gran dolor porque mis senos estaban repletos, de leche y me dolía a morir, y como la niña mamaba cuando le daba la gana, entonces yo pasaba echando leche todo el tiempo, lo que era inaguantable, y tercero el viaje a El Salvador.

Entre los nombres que teníamos para niñas estaban: Valeria, que era el nombre preferido de Kay, también le encantaba Michell, pero a mí me encantó JAMINA, que es un nombre árabe que quiere decir Paloma, creo que a Michael, le gustó porque no dijo nada. El día del bautizo fue el 31 de mayo, y fue bautizada en la catedral de San Mateo. Tuvo tres madrinas, mi mamá, Kay y Marie. El problema fue cuando el padre no admitía el nombre Jamina porque no era un nombre cristiano, y como ya estábamos en la ceremonia, se me encendió el foco del "tío Barbas", e inmediatamente le dije al padre Jamina María para que su nombre fuera cristiano.

Mi mamá le había enviado de El Salvador, un vestido de batista blanca, todo bordado en celeste, como los que se usan para los bautizos en El Salvador, llamado faldón. Después de la ceremonia tuvimos una recepción en el apartamento de Virginia, donde fueron invitados todos mis amigos y amigas salvadoreños, mi hermana María Elena, que había llegado desde el primero de mayo a estudiar inglés en los Estados Unidos, los amigos de Michael, y mi querido Mister Schranchenko.

También a los tres meses habíamos recibido una invitación de parte mi tío Julio Díaz Sol, para ir a festejar las fiestas agostinas en El Salvador. Además de que todos en la familia querían conocer a la niña. A fines de junio recibimos los pasajes que mi papá nos mandaba para hacer efectiva la invitación que mi tío Julio y Bertita nos habían hecho. Como siempre volamos de Washington a New Orleáns, y de New Orleáns a El Salvador, naturalmente en TACA. En esos días TACA no volaba todavía a Miami.

Llegamos a fines de julio, antes de las fiestas agostinas, y nos hospedamos en la nueva y linda casa que mi tío Julio había construido sobre la calle Gabriela Mistral. Mi tío Julio, y Bertita que no tenían hijos, se hicieron literalmente locos con Jamina, ella era objeto de todas las caricias, atenciones, y ternura que bebé pueda tener.

Tan pronto llegamos mi tía Margoth, nos visitó en la casa de mi tío Julio, e inventamos inmediatamente, que le debíamos abrir los hoyitos de las orejas a Jamina, y caminamos hasta la Policlínica Salvadoreña, donde sus amigas, las monjas se los abrieron. Jamina pegó unos cuantos alaridos, y ya tenía aretes, que naturalmente le regaló mi tía Margoth.

Estando en El Salvador, dispusimos confirmarla, acto que fue realizado por Monseñor Luis Chávez y González, en la Catedral Metropolitana de San Salvador. Mi tío Julio y Bertita, fueron los padrinos de confirma.

Cuando vinieron las fiestas agostinas fuimos invitados, el 4 de agosto, día de los militares, a la gran fiesta en el Casino Militar, y con todos nuestros amigos que estudiaban en Washington, y que habían venido a pasar vacaciones, en cuenta Memo Dada y Humberto Costa, cuyo papá era miembro de la Junta Revolucionaria de Gobierno; nos dirigimos hacia el Casino Militar en el centro.

Capítulo XIV

Yo, naturalmente para esa fiesta traía un vestido que era el "último grito" en Washington. A finales de los cincuenta la moda fue impuesta por la esposa del Presidente Eisenhower, Mamie, y los vestidos de gala no arrastraban como en los años cuarenta, sino que se usaban hasta el tobillo, y mi vestido era de organza blanca pintado en colochos dorados, strapless, y se usaba con guantes blancos llamados mitones, hasta la axila. Más de etiqueta, ¡no se puede! Sandalias y carterita de gala en dorado.
Salimos todos en grupo de la casa de mi tío Julio, y felices de que íbamos a compartir juntos una noche de gala en El Salvador. Cuando llegamos al Casino, estaba un capitán a la entrada, quien decidía si dejaba o no dejaba entrar, y todos mis amigos entraron, menos Michael y yo, porque el capitán dijo que en la invitación decía vestido de gala, y como mi vestido no arrastraba la cola, según él no era de gala. ¡Qué ignorancia! Moraleja: No hay que usar el último grito de la moda en El Salvador, principalmente ¡si te invitan los militares!

Inmediatamente dimos la vuelta, y regresamos a casa de mi tío Julio quien cayó con ataque, cuando nos vio y preguntó ¿qué pasaba, por qué habíamos regresado tan pronto? Michael, no sabía por qué, porque no entendía el idioma, y cuando le conté se puso a reír, y mi tío Julio inmediatamente me contestó, ¿Y por qué no les dijiste quien eras, y de quién eras hija? entonces yo le respondí, ¿valerme de quien era hija para poder entrar? ¡Nunca!

Durante todo el tiempo que estuvimos en El Salvador, fuimos agasajados, con pupusas, chilate, y *atoladas* en la finca Manderlay de mi tío Julio. A Michael le encantó el país, su gente, pero sobre todo la manera de vivir, tan apacible, y no tan ruidosa y agitada como en Washington D.C. Nos regresamos a fines de agosto, tanto Bertita, como mi tío Julio sufrieron mucho la ausencia de Jamina, ellos se habían ilusionado demasiado con ella. Me pidieron que les dejara a Jamina, ¡pero NO! ¡Cómo la íbamos a dejar! la llevamos con nosotros, y continuamos nuestra vida en Virginia.

Capítulo XV

LA HECHT CO.

Yo me aburría en casa, a tal punto que quería buscar trabajo. Michael, siempre me decía, "búsquese un trabajo que le guste, uno siempre tiene que trabajar en lo que le gusta", y así hice. Me fui a buscar trabajo de decoradora, en el estudio de decoración de la Hecht Co. Es uno de los almacenes de cadenas más grandes de los Estados Unidos, ubicado en la esquina de la calle "F", y la 7 St. N.W.

Todo el tiempo de soltera, y aún casada, pero cuando no trabajaba, me había convertido en una guía turística ad honorem, porque todo salvadoreño amigo o amiga que llegaban a Washington, les tenía que dar el tour de rigor: La Casa Blanca, que muchas veces, era Kay quien me conseguía pases especiales, a través de los diferentes senadores, o con sus amigas que trabajaban en la Casa Blanca, y con esos pases conoces más y diferentes lugares en la famosa Casa.

Al Washington Memorial, subíamos hasta arriba a ver el Río Potomac desde lo alto, y toda la ciudad, que tiene una vista lindísima. El Jefferson Memorial, sobre todo en el tiempo de los cherry blossoms, que es espectacular caminar sobre esa alfombra llena de flores y que solo dura de 4 a 5 días. Y por último el Lincoln Memorial, que por ser tan grande, con la piscina de reflexión, donde se refleja todo el Washington Memorial... Y que tiene una historia que contar, durante la revolución de la Protesta, que tomó lugar en los USA, durante los años 60s.

A mis amigos nuevos que iban llegando a Washington, los llevaba hacer su papeleo de migración, pues yo me conocía a todos los funcionarios y me sabía de memoria los procedimientos. Una vez los funcionarios de migración llegaron a decirme: Lilly, ¿por qué

Capítulo XV

no traes tu cama y te quedas *de un solo* acá? Porque a veces iba todos los días seguidos... ¡A mí me encantaba hacerlo! Yo creo que ahí se reflejaba el espíritu de servicio que tenía y que me lo reconoció el Presidente Sánchez Hernández., cuando me nombró Cónsul General de el Salvador en New Orleáns, años después... como que allí en Washington tuve mi entrenamiento...

Así mismo, íbamos a los museos, porque los turistas salvadoreños querían conocer todo lo mejor de Washington... y no hay lugar mejor para conocer tanta variedad de cosas como en esa ciudad. Yo, sin saber, ya tenía mi itinerario para llevar a tanto salvadoreño a diferentes lugares... visitábamos donde se hace el papel moneda, ¡eso los dejaba estupefactos! Sobre todo cuando miraban la cantidad tan inmensa de dólares en el proceso de imprimirse...

Otro lugar, bellísimo, era llevarlos a la Tumba del Soldado Desconocido, en Arlington, sobre todo en el cambio de Guardia... recuerdo cuando cambiaron la vieja por esta nueva ceremonia que está ahora... ¡Que es bellísima! Yo realmente gozaba todo esto, era la persona ideal para hacer este tipo de trabajo. Llevé salvadoreños, en primavera, para ver los lindos jardines y las preciosas flores, con el gran calor y humedad del verano, en otoño, que era panorámica la visita, y en el horroroso invierno con la nieve hasta la cabeza.

Yo gozaba mucho cuando los llevaba a la FBI, ahí tenía un truco... después de ver mucho, sobre todo las estadísticas, que son crueles: en este minuto que está pasando, ha habido tantos robos, tantos asesinatos, tantas violaciones... etc., se llega a un momento en que uno de los agentes demuestra su destreza de tiro al blanco, se encierra él, en una cabina con vidrios aislados, y aparece la silueta, a la cual dispara muchas veces, o sea le descarga el arma, y todos pegan en el corazón, luego sale diciendo: ¿alguna pregunta?... Como ya me sabía el truco le decía: yo tengo una... ¿Sí? —Me decía— ¿Me puede regalar el papel de la silueta donde están marcados los hoyos de los disparos?... Ni modo, entre toda la gente, el agente de la FBI me lo tenía que dar, ya se lo había pedido... Y mi amigo o amiga se lo llevaba para El Salvador, de recuerdo... Qué romántico... ¿verdad?

Otro paseo que les gustaba a los turistas salvadoreños era ir a MOUNT VERNON, la finca de George Washington, en Virginia, ahí se podía ver cómo vivían los negros en tiempos de la esclavitud, y todo lo relacionado con la época.

Creo que todos esos turistas a quienes me tocó llevar a conocer y visitar los diferentes lugares de Washington, Virginia y Maryland, se llevaron una buena impresión de todos los lugares que conocieron, a mí me fascinaba la idea de ir con ellos a mostrarles todo... Y como lo hacía a menudo, era una experta en la materia y todo ad-honorem!

Un día, llegué al Estudio de Decoración, hice el examen, y ese era mi tercer trabajo en Washington D.C. El director del Estudio se llamaba Robert Hammond. Mister Hammond era un hombre *all american boy*, rubio, ojos azules, alto, delgado, varonil, quien de joyería sólo usaba su reloj, con una voz como el detective de las serie de televisión Dragnet. Era serio, respetuoso, correcto, había salido de una buena escuela de diseño de New York, había nacido en el centro de los Estados Unidos y venía de familia campesina. Había hecho su servicio militar en el ejército. Fue allí precisamente donde él había tenido su primer contacto sexual con otro hombre. Con el tiempo yo llegué a ser una buena amiga de él y de su compañero, y esa fue la primera vez en mi vida que conocí sobre la existencia de la homosexualidad.

Y así fue como, una vez preguntándole como él había preferido tener relaciones sexuales con un hombre, Mr. Hammond, me contó cómo había sido reclutado, y que apenas él tenía quince años, y estando una vez en el comedor, su jefe superior le había mandado a traer unos papeles a los dormitorios, y allí él también se dio cuenta de la cantidad de soldados que estaban teniendo relaciones unos con otros. Y así fue como él me contó que había conocido la homosexualidad.

Su pareja en ese momento era un hombre, de la misma edad que él nada más que éste era guapo, pelo negro, ojos azules, tez rosada, alto, delgado, y trabajaba para el Departamento de la Navy. En esos tiempos los hombre gay, no habían salido del closet, y estaba totalmente prohibido, que un funcionario gubernamental fuese gay.

CAPÍTULO XV

Por lo tanto su relación era mantenida en secreto a pesar de que vivían juntos, en un apartamento, en uno de los mejores sitios de Georgetown.

Era la política de Hecht Co. que un jefe no podía salir con su subalterno ni siquiera para irlo a dejar a su casa. De manera que cuando la Hecht Co. inauguró su almacén en Seven Corners, Virginia, Mister Hammnond, tuvo que pedir permiso a la Presidencia, para que yo pudiera asistir con él a la inauguración.

Cuando veníamos de regreso, como era tiempo de verano, el sol se pone a las nueve de la noche. Viniendo de la inauguración en la carretera de regreso, de este a oeste, el sol nos daba de frente, entonces aparentemente le pegamos al automóvil que iba adelante, y aparentemente la señora que conducía con sus hijos habían salido golpeados, y cuando llegó la policía se llevaron al pobre Mr. Hammond, al precinto más cercano, que era uno conocido por tener muchos negros, y él estaba petrificado porque lo habían metido preso, y no quería pasar la noche allí, porque temía que lo violaran. Yo tuve que abordar un taxi, y llamar a su pareja para que le contrataran un abogado, y lo sacara lo más rápido posible de allí.

Al día siguiente lunes, ya había salido de la cárcel, y la misma Hecht Co. Había puesto sus abogados para que lo defendieran. Habiendo descubierto el truco, que usaba la supuesta víctima, que salía a esas horas a la carretera, bajaba la velocidad, sólo para que la chocaran, y vivía del dinero que los seguros le pagaban.

Esta experiencia en el Estudio de Decoración fue muy bonita, sobre todo porque conocí a una señora Decoradora, Ann; ella era la mejor vendedora del Studio de Decoración, pero nunca había pasado por una Escuela de Decoración, y a mí me faltaba la experiencia de ella, pero tenía la enseñanza, así es que conclusión: lo mejor es tener tanto la escuela como la práctica, ¡eso te hace una buena profesional! ¡Solo con una no basta!

Llegó el mes de septiembre y con él los últimos días de calor, las hojas de los árboles empezaban a cambiar, en la infinidad de amarillos, ocres, verdes, anaranjados, que la naturaleza pinta. María Elena mi hermana, estaba en la High School. Llegó el invierno e íbamos "disque" a patinar al hotel Marriott, que quedaba al atravesar la calle desde mi apartamento. Mi hermana María Elena, aprendió bien a patinar, y patinando conoció a su primer esposo, Jaime Posada Peláez, de Medellín, Colombia. Yo no he sido muy deportiva, le he tenido miedo a los deportes, en los cuales uno se puede lastimar, por lo tanto nunca aprendí a patinar.

Teníamos una vecina griega, que hacía unos platos de comida riquísimos; allí aprendí a comer todo tipo de olivas estofadas, con diferentes rellenos, de quesos, de anchoas, de pescado, etc. A mis amigos y amigas les hacía gracia, el que les exigiera quitarse los zapatos, antes de entrar al apartamento, porque todas las alfombras eran blancas, y los muebles negros, esa fue la época en que mi paleta de colores era de la familia cálida. También fue la época más bohemia que he tenido, Michael cambió de guitarra eléctrica, a guitarra española. Todas las mañanas y todas las noches Mike, repasaba la famosa melodía "Greensleeves", compuesta para Ana Bolena, en tiempos de Enrique VIII.

A las nueve de la noche todos los días comenzaban las reuniones en mi casa, especialmente viernes y sábado. Llegaban Filiberto Alfaro, quien en ese tiempo era un gran guitarrista, Víctor López Guerra, alias la Picuda; Los hermanos Valle, René y Lito; nunca faltaba Johnny Maldonado, dos amigos gringos de Mike; Joel, de vez en cuando; algunas veces llegaban amigas, como la venezolana que después de casó con Johnny Maldonado; Irene Goicoechea, algunas veces Mercy Lara. Jamina no podía faltar, eran las dos de la mañana, y ella andaba gateando en medio de toda la gente. Cuando uno se descuidaba alcanzaba las boquitas, y tomaba una u otra copita de vino. Porque según el doctor Spock, ella se debería acostar cuando quisiera, y debería hacer lo que quisiese... ¿se dan cuenta?

Las reuniones consistían en hablar temas controversiales, desde la reencarnación, Platón, Alejandro Magno, hasta la guerra de Vietnam; tomar vino, comer, y tocar guitarra. También salíamos

Capítulo XV

a los conciertos que se realizaban en Washington. Una noche la Universidad de George Washington, anunció el concierto en guitarra española que iba a dar Carlos Montoya. Y más volando que caminando llegamos al teatro de la Universidad. Era increíble que sin tener micrófonos, mucho menos parlantes, solamente él y su guitarra, las melodías flamencas que tocaba Montoya, se escuchaban de maravilla.

De las más bellas que tocó esa noche, fue una famosa llamada: "Semana Santa en Sevilla". Donde con solo una guitarra española, él hacia el sonido de tambores, de trompetas, y francamente te sentías como que ibas en una procesión católica en Sevilla. Nuestra amistad con Carlos Montoya se desarrolló tanto que llegó a tocar a la casa, siendo uno de los honores más grandes, ya que Carlos Montoya fue uno de los grandes guitarristas de España, y del mundo.

Con el tiempo, pensamos poner más que un restaurante, un lugar donde se pudiese tener lo mismo que teníamos en casa: guitarra y vino; nada más que para todo público, y para ello visitábamos diferentes clubes donde se escuchaba música, y existía el mismo ambiente bohemio que en casa. Así, pasamos muchos meses, hasta que encontramos un lugar llamado LIDO, de una italiana de nombre Julie, que tenía un parecido asombroso a Ana Magnani, actriz italiana, famosa y también estaba Anna la mesera. Se encontraba situado a la par del famoso Show Boat, donde tocaba el gran Jazzista y guitarrista Charlie Byrd.

Llegamos a ser tan buenos amigos, y llegábamos tanto al Show Boat, que cada vez que Charlie me miraba entrar, estando tocando cualquier melodía, empezaba a tocar "El Capitán de Castilla". Hicimos un trato con la italiana Julie, y comenzamos nuestra aventura, con un restaurante, donde solo se servía como plato principal pollo en tres idiomas, arroz con pollo, en español; pollo a la cazatory, en italiano; coq au vin, en francés. Las leyes te permitían servir licor pero con comida.

Según las nuevas leyes en Washington, ya no daban permiso de poner un rotulo del tamaño del que tenía el Lido, entonces nosotros lo que hicimos para no quitar el rotulo, fue cambiarle las

letras, del Lido hicimos LODI, y así comenzamos nuestra primera aventura en el negocio del entretenimiento. Ubicado en la Columbia Road, y la calle 18. Era una de las zonas peligrosas, en cuanto a delincuencia, porque tenían que pasar por allí muchos portorriqueños y negros; por lo que la policía cuidaba mucho la zona, con perros adiestrados profesionalmente.
En la esquina de la Columbia Road y 18, había una cafetería, en donde los que trabajan de cocineros, eran ex convictos, donde generalmente iba a desayunar a las cinco de la tarde, para salir de trabajar a las dos o tres de la mañana.

Exactamente el 31 de diciembre de 1958, y 1 de enero de 1959, había abandonado Batista la presidencia de Cuba, partiendo hacia España, y muchos de sus colaboradores, llegaron a Washington, y allí conocí a la esposa del ministro de Relaciones Exteriores, y algunos de sus colaboradores. Para la Inauguración del LODI, la señora esposa del ex canciller, me prestó un vestido de española tan divino, que fue la novedad del evento.

Unos meses antes de abrir el Lodi, mi mamá vino a ver a Jamina, su primera nieta. Con esta nueva aventura no podíamos tener un bebé en la casa, por lo que cuando mi mamá regresó a El Salvador llevó a Jamina con ella por algunos meses, y nosotros nos movimos nuevamente a Washington D.C. en el otoño, Noviembre de 1960.

La inauguración del LODI fue un espectáculo maravilloso, lo inauguramos en enero de 1961, fue la peor época para hacerlo, porque hubo una nevada tan espantosa, que fue tan difícil mantener la clientela durante una semana, por el frío que hacía. Pero el show era maravilloso, había guitarra flamenca, guitarra clásica, y había un trío, que eran los hermanos René y Lito Valle, con Filiberto Alfaro, y también cantaba Joel en francés. Cuando llegaron las hermanas de Joel, de vacaciones, quienes tenían unas voces muy buenas, y cantaban armoniosamente, hicieron también un show con el grupo.

Según las leyes de Washington D. C. No puede haber un lugar donde vendan licor, a cien metros de una iglesia, ni a cien metros

Capítulo XV

de una escuela; también todos los días se tenía que cerrar a las dos de la mañana, excepto el sábado; la ley decía que los domingos no se podía vender licor, por lo tanto el sábado, vendíamos hasta las doce de la noche. Un minuto más tarde no podías. Entonces pasaban los policías viendo y haciendo que la ley se cumpliera. Dos policías con un perro cada uno, y generalmente a los perros les dábamos leche, y los policías se sentaban con nosotros a platicar.

Un día ya con las puertas cerradas, como buenos latinos, pero los cantantes, los tocadores de guitarra, y los dueños, junto con Julie y Anna, estábamos comiendo y bebiendo; en el momento que llegaron los policías con los perros, y todos escondimos las botellas bajo la mesa, y cuando los perros pasaban, sólo se oía clic, clic, clic, donde las botellas de cervezas caían. Y los policías se reían.

En un viaje que hicimos a New York, sin ningún propósito en especial, iba un amigo de Mike, Mike y yo, al llegar compramos el diario para saber qué eventos había por la noche. Y encontramos que en un restaurante cubano llamado Liborio, tocaba esa noche un gran guitarrista flamenco, llamado **Paco Amaya**, hermano de la única y grandiosa bailarina flamenca **Carmen Amaya**. Inmediatamente nos fuimos al restaurante para poderlo escuchar. Observamos que en todos los dedos de sus manos tenía unos cayos muy grandes por la cantidad de años que tenía tocando flamenco.

Aunque él no tocaba el flamenco de Montoya, sino que tocaba PURO Flamenco. Pero la verdad es que quedamos completamente satisfechos, con la calidad de música que habíamos escuchado esa noche. De la cual se desarrolló una gran amistad con la familia Amaya, naturalmente que Mike y yo fascinados con este personaje, fuimos invitados a la casa de ellos.

El apartamento quedaba en la avenida Las Américas, de Nueva York, donde vivían exactamente como gitanos, en un salón grande, sin ningún tipo de división, en donde ese salón, era sala, cocina, comedor y dormitorio, lo único que era por separado era el baño.

Allí por primera vez tome el vino en bota. Después de pasar algunos días en New York, los invitamos para que fueran a Washington.

Llegaron a Washington y se establecieron, y quiero confesar que todo lo taurino y flamenco me trauma, entonces, comencé a querer ser algo, que hubiese querido ser, que es aprender a bailar flamenco, y por algunos días fui a recibir clases con la familia Amaya, pero la verdad era muy difícil, y yo probablemente no tenía la agilidad para bailar, y esa fue mi única incursión en el flamenco; aunque si volviese a nacer, definitivamente quisiera ser una virtuosa del flamenco. Porque siento el **duende** en lo más profundo de mi corazón y de mi alma.

Mi mamá, como les conté anteriormente, que había estado visitándonos por unos meses, al ver en la clase de negocios en que nos estábamos involucrando, pensó que era mejor llevarse a Jamina a El Salvador por unos meses, mientras nos establecíamos bien; yo acepté y Mike también.

A Mike le encantaba el río Potomac, tanto así que manteníamos un yate para 6 personas, en uno de los Clubs de yates, y muchas veces nos íbamos a ver las puestas del sol, sobre todo en verano, otras veces hasta sirvió de casa para algunos amigos salvadoreños, cuando éstos no tenían donde vivir. A mí me gustaba ese deporte un poco, no mucho, así es que no me volvía loca por ir a las playas del río Potomac.

Mike tenía muchos amigos regados en todo el mundo, y un día decidieron todos reunirse en un lugar de Europa, y escogieron el puerto de Ámsterdam, decidieron hacerlo en la primavera de 1961. Aunque a mí me invitaron, yo realmente no tengo ese espíritu tan aventurero, por tanto hice un trato con Mike, que él se fuera con sus amigos, yo me iba para El Salvador, y nos reuníamos en diciembre de 1961, en Washington.

De Washington salieron Joel y Mike, de California salió Pete; de Argelia, en África salió Little Joe; y de Hungría salió George; todos llegaron a Ámsterdam. Joel regresó a los tres meses a Washington. Meses después me contó que los había dejado a todos en Roma, y

CAPÍTULO XV

que habían salido todos como extras en la película Cleopatra que estaban filmando en ese tiempo, con Richard Burton y Elizabeth Taylor. Yo volé para El Salvador en marzo de 1961, al llegar iba embarazada, pero no lo sabía, y como a los quince días de haber llegado sufrí un aborto, no tuve mayores complicaciones, me restablecí; y seguí recibiendo algunas cartas de Michael en El Salvador.

En algunas me invitaba a llegar a España... nada menos que a Granada... Aunque después vivía en la bella isla de Ibiza, pero nunca me atreví a atravesar el "charco" para vivir en España...

Capítulo XVI

Vacaciones en El Salvador

En diciembre de 1961, no me podía regresar a Washington, porque estaba esperando que Mike llegara primero, y así poder tomar el avión de regreso. Pasó el tiempo, y nunca me podía regresar porque no recibí más correspondencia de Mike. En enero de 1962 hice un viaje a New York, y de allí pasé a Washington para saber qué era lo que pasaba, enterándome por Joel que la última vez que había oído de Mike, había sido en Roma, y ya no había sabido de él.

Me regresé y empecé a trabajar en El Salvador, trabajé con publicidad Díaz, e hicimos el primer programa en la televisión para la mujer salvadoreña que lo patrocinaba Max Factor, se llamaba "La Mujer, la Belleza, y la Moda", en canal cuatro. Ese programa fue un verdadero éxito en El Salvador. Allí tuve el gusto de trabajar con Víctor Steiner, quien era el representante en El Salvador de Max Factor y quien daba los temas que quería que tocáramos. Nos reuníamos una vez por semana, para tratar los temas de la programación, de esta manera surgió una bonita amistad con el empresario Steiner y, quien se casó con María Alicia Morataya, hermana de Benedicto, quienes fueron mis compañeros en el colegio de las señoritas Padilla.

Estando siempre en El Salvador, y viviendo en la casa que mi papá me había regalado en la 25 Calle, a principios de julio de 1962, trabajando para la United States Exhibition, como demostradora de la casa modelo para campesinos en una feria que se llevó a cabo en el predio donde luego construyeron la Embajada Americana, sobre la 25 Avenida Norte, frente a la Fuente Luminosa, conocí a un joven llamado Antonio Rengifo, con quien mantuve una relación afectiva por varios años.

CAPÍTULO XVI

Estando en San Salvador, me reencontré con los hermanos Lito y René Valle, ellos eran los dueños del Cine Fausto, siempre de bohemios, como los había conocido en Washington. Habían traído al famoso Trío Los Ases, para unas actuaciones en el Teatro Fausto. Los artistas se hospedaban en el entonces Hotel Sheraton, y una tarde que estábamos reunidos, todos con ellos, a la orilla de la también famosa piscina, el cantante que había remplazado a Marco Antonio Muñiz, quien acababa de abandonar el grupo, Daniel Cabrera, me compuso la canción "SALVADOREÑA", estrenándola la noche de la presentación de ellos en el Cine Fausto.

¡Fue un gran acontecimiento! ¡Y yo encantada de la vida de semejante honor! El disco con la grabación me lo entregaron esa misma noche, y lo traté de conservar, a pesar de todos los traslados que he tenido en mi vida.

Pero en 1998, se lo presté a mi amiga Armida de Loucel, para que me lo pasaran de 45 a un casete, pues no lo podía escuchar, por falta de aparato apropiado, pero nunca me lo devolvió... ¡así pasaron los días hasta que lo dio por perdido! Así es que ni modo...

En la primavera de 1963 me regresé a los Estados Unidos acompañada de Antonio quien iba a estudiar su carrera de administración de empresas, primero paramos en New Orleáns, luego Antonio, fue a estudiar Inglés en la Universidad de Hattiesburg, Mississippi, allí estuvimos todo el verano. A fines de agosto, me fui a Washington en Amtrak, mi transporte favorito, ¡porque los trenes me fascinan! Llegué donde Kay y después de algunos días de estar con ella, en su casa de la Calle A South East, renté un apartamento, y me dirigí a la Hecht Company.

Capítulo XVII

LA HECHT COMPANY II

Llegando a Washington, de San Salvador, New Orleans y Mississippi, me fui a las oficinas del cuarto piso, donde estaba un jefe de jefes, llamado Mr. Jean Gazabat, el director del departamento de display de la Hecht Co., para decirle que quería trabajar en su departamento de display, o sea el arte de exhibir la mercadería, y lo único que él me preguntó fue: "Lily ¿ y crees tú, qué te va a gustar andar de pantalones con tu cajita de herramientas?", y yo le contesté: ¡por supuesto!, ¡ni lo dude!, he inmediatamente empecé a trabajar en el departamento de display.

Empecé desde abajo, trabajando en la Shop, que quedaba en la esquina, entre la calle 6 y la "E". La Shop constaba de un sótano, donde se guardaban todas las utilerías. Luego en el primer piso se encontraba Mr. Roger que era el pintor, quien realizaba todos los rótulos donde se escriben los mensajes en las vitrinas, y cómo no se puede hacer un display sin mensaje, él hacía miles de rótulos con los mensajes apropiados, y al tema de acuerdo a la temporada.

En el segundo piso estaban miles de maniquíes, de niños, niñas, mujeres y hombres, cada uno con su respectivo nombre. En el tercer piso cajas de flores, de todas formas, tamaños y colores. En el cuarto piso quedaban nuestras oficinas y una pared llena de cajas de listones, desde el más delgadito hasta el más ancho, y de todos los colores habidos, y por haber. También estaba el taller, donde había unas mesas enormes que servían para fabricar todos los accesorios decorativos. Y luego un quinto piso al que nunca subí.

El director de la Shop, era un señor italiano, llamado Mr. Florimbio. Al verlo parecía un gánster, vestido siempre de traje negro, camisa blanca, sombrero de fieltro negro, con su característico puro, quien estaba abajo de Mr. Gazabat, y arriba de éste, estaba Mr. Lester quien era uno de los Vicepresidentes de la compañía. De Mr. Florimbio, para abajo, venía el jefe del personal de display, que era Sam Walker, luego veníamos todos: el alemán, Claudio, el mexicano-americano, llamado Norberto Bustos; Susan, una inglesa; Eva, otra inglesa; Arthur, que su esposa era secretaria de la Casa Blanca; Joe, que era un antiguo marinero; un viejito, Mr. Roger; que se encargaba de la moda de los hombres, Bo, y yo. Luego vinieron otros como Carlos, Silvia, y los hijos de Vice-Presidentes y ejecutivos quienes pedían trabajar conmigo.

La otra sección de departamento de display era el de Fashion, y el jefe era Gene Barth. Él era de nacionalidad húngara. Y tenía sus oficinas dentro del almacén. La primera vez que llegué a la Shop, fue en el mes de octubre, y Gene Barth estaba fabricando unos marcos antiguos, con los colores navideños, para las decoraciones de navidad.

En la Shop aprendí tanto... a fabricar tantas cosas de decoración, que estaba fascinada aprendiendo y que ni me imaginaba hacerlas; desde abajo aprendí, y me inicié, en buena época, porque se estaban haciendo las decoraciones para las navidades. Con el que más salía a trabajar las vitrinas de modas, era con Joe Wood, él era bajo, delgadito, usaba el pelo corto, y más bien parecía lagartijita. Cuando me lo presentaron en la Shop, me dijo: "Joe Wood y soy gay".

Así era Joe de directo, no quería malos entendidos, y desde el principio el te decía lo que era. Joe tenía una sensibilidad, y una combinación de colores maravillosa. Fue uno de mis mejores maestros en decoración, pues aprendí mucho trabajando junto a él. Las combinaciones azul con verde, y fucsia con anaranjado, eran sus predilectas, porque además eran las nuevas combinaciones de colores que habían salido para los años sesenta. Pocos meses después, en enero de 1964, me dieron el cargo de ser la jefa de todo el tercer piso, que era el Fashion Floor, donde había alrededor de veinticinco boutiques, y el mejor restaurante de todo el almacén. Estaba la mejor boutique de zapatos, la mejor boutique de lencería, y las mejores boutiques de la mejor ropa de marca estaban también en el tercer piso.

Todo el departamento de display entraba a trabajar a las nueve de la mañana, nos dirigíamos a la Shop, donde encontrábamos en una pared, y en un folder clip, por escrito, el trabajo que deberíamos realizar durante ese día. Entonces nosotros teníamos que tener una mente rápida y sin andar haciendo sketches, debíamos tener las decoraciones en la mente, y realizarlas con todo lo que teníamos en la shop, desde la utilería hasta las flores, maniquíes, listones, no digamos la mercadería que íbamos a mostrar.

Solo trabajábamos de nueve a diez de la mañana, y a las diez de la mañana, todos empezando por Mr. Florimbio nos íbamos a desayunar al restaurante de lujo del tercer piso del que salíamos a las once de la mañana, listos para seguir trabajando, de once a doce del mediodía. Éramos el único departamento que salía a almorzar de doce a una. El día de pago salíamos a almorzar de doce a dos de la tarde en un restaurante afuera, trabajando de dos a tres. A las tres hacíamos el receso de la tarde, nuevamente en el restaurant del tercer piso, y por último salíamos de trabajar a las cinco de la tarde. Esta era más o menos la rutina normal.

Hasta que los jefes de Mr. Florimbio le jalaron el aire a él, pues veían que ellos, salían, de tomar café antes que nosotros y nosotros todavía nos quedábamos platicando, y habíamos llegado antes que ellos. Mr. Florimbio nos preguntó si verdaderamente necesitábamos desayunar a las 9 de la mañana, a lo que todos en coro respondimos que sí, entonces él nos dio permiso que saliéramos del almacén a la calle y en el restaurant de la esquina, allí era el punto de reunión, para los dos coffee breaks, el de la mañana y el de la tarde.

Por ese tiempo viví en un edificio nuevo y lindo, de seis pisos, de la calle 16 N.W. Mi apartamento estaba en el sexto piso, y unos amigos que eran hermanos y colombianos vivían en el segundo piso. Un día regresando de trabajar encontré un gran alboroto en el edificio, porque se habían metido los ladrones a algunos

Capítulo XVII

apartamentos. Cuando yo entré al mío inmediatamente encontré que me habían robado un reloj de mesa que mi papá me había regalado, unas joyas, y en cuenta un juego de aderezo de Rosa de Francia, las cuales yo había mandado a hacer en El Salvador, y por lo tanto eran especiales, y no eran muy comunes, llamamos a la policía, y efectivamente ésta llegó, e inmediatamente nos dimos cuenta que ni la puerta había sido violentada y ellos me mostraron una manera fácil de entrar y abrir una puerta ¿Cómo? Agarraron una tarjeta de crédito la metieron por la chapa, hicieron presión y la chapa se abrió. Ellos me dijeron que para los ladrones no hay puerta segura.

Todavía vivía en ese mismo edificio de apartamentos, cuando llegué, un día de trabajar y decidí salcochar un pollo, agarre un perol, eché agua y metí el pollo. Esperando que se cocinará me desesperé, y baje donde mis amigos colombianos a devolverles unas revistas que me habían prestado. Al llegar la plática se puso tan buena, que me olvide que el pollo se estaba cocinando arriba. De repente oímos que los bomberos venían, y el gran escándalo, de los bomberos subiendo mangueras, y en eso les digo a mis amigos que voy a subir al sexto piso, y cuando llego, voy viendo la gran *humazón* negra. Todo el pasillo estaba negro. Cuando llegué a mi cocina, pollo ya no había, era un pedazo de hueso como hierro, cocido, y el mal olor penetrante que se sentía era el pedazo de plástico de la agarradera de la hoya. Los bomberos nunca se dieron cuenta de por dónde venía el incendio. De ese apartamento me pasé al de la Columbia Road N.W.

Tomaba mi tranvía que pasaba frente a la puerta del almacén, en la calle "F", y era el que llegaba hasta Mount Pleasant y el mismo me dejaba exactamente enfrente de mi casa, que quedaba cerca del apartamento donde vivimos con Mike, a media cuadra del Washington Hilton.

Yo tenía una vida amena, con todo a la boca, no tenía necesidad de conducir un auto, por la accesibilidad al tranvía, que era realmente una bendición, además en esa época en Washington, era muy caro pues las ocho horas de parqueo costaban diez o más dólares, por eso nunca tuve la necesidad de manejar, y si necesitaba salir a otro Estado, u otros lugares lejos del D.C. tenía a mis amigos. Aunque un amigo muy querido del Departamento de Servicios Especiales del Army, fue el que realmente me enseñó a manejar, antes de casarme, cuando vivía en la Y.

A principios de 1964, además de que era jefa del Fashion Floor, me habían promovido en título y en salario, era la asistente del coordinador de modas para todo el almacén, que era el húngaro llamado Eugene Barth, y con él aprendí todo lo relacionado a la moda, al buen vestir, y a la coordinación de accesorios. Naturalmente que me subieron el salario, pero era un poco más glamoroso el trabajo, tenía una oficina adentro en el segundo piso de todo el almacén, con llave, y éramos invitados a muchos eventos del jet set, como por ejemplo cuando Linda, la hija del presidente Johnson, realizó un almuerzo de caridad en Georgetown, y fuimos invitados Gene, Mr. Florimbio y yo. Recordándome que no pude tomarme la crema de espárragos porque Mr. Florimbio se había apropiado de todos los cubiertos de mi lado derecho. En ese momento me di cuenta de lo terrible que era, no conocer las reglas de etiqueta en la mesa.

Otra vez fuimos invitados a la exhibición de joyas muy prestigiosas y exuberantes de una firma argentina, y donde me dijeron el piropo más galante que he escuchado en mi vida, todos los que lo escucharon se quedaron perplejos de lo que un argentino me dijo, era algo como: ¡Que mi belleza iba a opacar el brillo de las joyas que estaban en exhibición! Y que no era justo... Mis compañeros casi se desmayan al oír el piropo, mis jefes se quedaron con la boca abierta, pues jamás habían oído algo similar, y admirados de lo que es nuestra cultura latina. Por ese tiempo también tenía una asistente llamada Silvia Hernández, quien era la hermana de Carlos, esposo mexicano, de Mary, la americana, gerente de la escuela de manejo cuya oficina estaba en el primer piso y por donde teníamos que pasar todos para dirigirnos a la Shop.

Durante las vacaciones de verano, junio, julio, y agosto, todos los hijos e hijas de los altos ejecutivos de la Hecht Co no querían trabajar con nadie sólo con "Lily"; así es que yo tenía al hijo mayor de Mr. Gazabat, e hijos e hijas del presidente y de los vicepresidentes de la empresa, con quienes pasábamos muy contentos y a la vez, para ellos, era una disciplina, el aprender a trabajar durante el verano. Copiando a los grandes ejecutivos de la Hecht Co. Cuando Jamina creció, ella también trabajaba, durante las vacaciones de verano. Le ayudó tanto a desenvolverse con los clientes, después de que ella también era tímida... ahora, es una gran vendedora, y hace su vida vendiendo propiedades en Orlando, a pesar de que tiene también un Máster en Negocios Internacionales. Luego, se movió a Boston, donde ella siempre había querido vivir, así es que en este momento está involucrada en real estate en Boston.

Capítulo XVIII

Shock por la muerte de un Presidente

El viernes 22 de noviembre de 1963, estábamos por terminar con las decoraciones de navidad, y me encontraba en mi tercer piso, en el sector de ropa deportiva fina; y yo nunca me subía en las plataformas altas que están en medio de los mostradores, donde siempre hay una decoración muy atractiva. Nunca antes me había subido a una de esas plataformas, y tampoco nunca me había subido a una escalera. Pero resultó que ese día lo hice, y estaba colocando las decoraciones de navidad, cuando oí que desde el pasillo principal unas mujeres algo alborotadas, hablaban y yo escuché desde arriba decir: "THE PRESIDENT IS SHOPPING".

No era difícil creer que cualquier alto funcionario de Washington pudiese estar comprando en la Hecht Company, de manera que yo me bajé rápidamente, creyendo que yo podía ver al presidente comprando en el almacén. Cuando finalmente bajé, encontré que "THE PRESIDENT HAS BEEN SHOT". Era la una y media de la tarde, y yo personalmente, así como Marie y Kay éramos unas grandes admiradoras, del Presidente, de Jackie y toda la familia Kennedy. Recuerdo que a esa hora, que es cuando generalmente el almacén está más lleno, se quedó en un minuto totalmente desocupado; sólo estábamos los trabajadores, el público se había esfumado. Y la pregunta que la mayoría de la gente se hacía era si, ¿había sido un negro el que le había disparado?

El almacén se paralizó. Guardé mi caja de herramientas, mis decoraciones las lleve a la Shop, y me quedé platicando con Mary, que era la gerente de las clases de manejo, cuñada de Silvia, mi asistente. Estando con ella nos llegó la noticia a las tres y dos minutos, que el presidente estaba muerto y que lo habían matado. Todo el mundo lloraba. Definitivamente el presidente Kennedy

Capítulo XVIII

ya tenía horas de estar muerto; lo que pasaba era que las autoridades no podían dar esta terrible noticia hasta que la bolsa de valores se cerrara, a las tres de la tarde.

Hasta ese momento no se me había muerto nadie de mi familia, pero yo lloraba por el Presidente Kennedy como si fuera mi hija. Y siempre he dicho que nunca he llorado tanto como cuando murió Kennedy. Cuando me han preguntado que porqué pariente he llorado más, siempre he dicho que por el Presidente Kennedy, porque yo no paraba de llorar. Inmediatamente tuvimos una reunión en la Shop, y procedimos en el acto, a desocupar las dos vitrinas de las esquina, entre la calle "F" y la 7 para a empezar a vestirla de luto, enmarcamos la foto del Presidente Kennedy en un marco dorado, y colgamos el marco con unos hilos de plástico invisible, y Mr. Roger elaboró un bellísimo cartel con un epitafio para el presidente Kennedy. Y Todo el cortinaje de las vitrinas era negro. Esa vitrina la hicimos Gene, Sam, Joe, y yo.

A las cinco de la tarde salía de trabajar, y estaba esperando que se acercara el tranvía, para abordarlo, cuando veo que viene un amigo mexicano, Iván Martínez, que trabajaba en la O.E.A. y que era el novio de Mercy Lara; venía en su carrito convertible, con todo su equipo fotográfico, y me dijo: Lillian ven, súbete, vamos a la Casa Blanca, a esperar que llegue el cadáver"; efectivamente me subí y llegamos al portón que da al lado sur de la Casa Blanca, a la par de las Old Executives Offices, (hoy ese mismo edificio se llama Eisenhower Building) ya estaba toda la prensa habida y por haber en ese sitio. Era increíble la organización que había, hasta un tráiler con bebidas calientes, doughnuts, sándwiches, para todos los que nos encontrábamos allí.

A las nueve y media de la noche, anunciaron que en ese momento llegaba Lyndon Johnson, quien ya había sido juramentado a bordo del Air Force One, como nuevo presidente de los Estados Unidos de América. Johnson llegó a la Casa Blanca, y antes de salir para su casa en la sección de Spring Valley, escribió sus primeras cartas como Presidente de los Estados Unidos, una para Carolina, y otra a John-John. Esas cartas aún no han sido abiertas,John-John ya murió, solamente Carolina está viva, ella va a ser la única que tal vez sepa la verdad acerca de la muerte de su padre.

Esa noche sólo hubo una fiesta que no fue suspendida, y se realizó en el Walter Reed Hospital; fue la única fiesta que no se suspendió, y que no fue escrita en los anales para la historia. Solo nos dimos cuenta los que vivíamos cerca de allí, los *chambrosos* de la época, y los que vivimos este acontecimiento.

Como era noviembre, hacía un frío de los once mil diablos, hasta que a las cuatro y veinte de la madrugada del sábado, después de casi doce horas de estar allí, nos alertaron que ya venía la ambulancia con el cadáver del Presidente Kennedy. El frío y la oscuridad antes del amanecer junto con la tragedia que todos habíamos sufrido horas antes, nos estremecía. Desde lejos, mirábamos, las luces tenues de los aposentos donde vivía la familia presidencial. Además había en la puerta bajo el portón norte, colgados, los crespones negros, en símbolo de luto.

De repente vimos las luces rojas que se apagaban y se encendían de los carros de policías sobre la Pensylvania Ave. La ambulancia gris de la Navy, además de seis carros negros que le seguían, en el portón de North West. El Presidente regresaba a casa, pero ya sin sirenas, no pitos de policías, y no órdenes militares. Eso sí todos los hombres que se habían acumulado alrededor de la enrejada se quitaban los sombreros y los niños se quitaban las gorras, y las mujeres apretaban la verja de hierro con las manos, y lágrimas caían en la cara de viejos, como jóvenes; tanto blancos, como negros.

A los pocos minutos el portón se abrió y entró una ambulancia, que decía: "U. S. Navy, y un número que era el 94-49196," y abajo decía "Para uso oficial solamente". A los pocos segundos Jackie, baja de la ambulancia gris militar, con el mismo vestido rosado con el que la habíamos visto en Dallas, nada más que sin su acostumbrado estilo de sombrero, y con la falda y las medias llenas de sangre. También la acompañaba Robert Kennedy y muchos otros funcionarios. Esa noche llegué a mi casa a las seis de la mañana.

Capítulo XVIII

El sábado tuvieron el cadáver tendido en la Casa Blanca. Dormí unas cuantas horas, y cuando desperté llamé a mis amigos salvadoreños, Antonio Rengifo, Joe Zacapa y Milo Rodríguez, para ver si podíamos reunirnos todos e ir al Capitolio, donde iba estar expuesto el cadáver, para que todos los norteamericanos le rindieran sus últimos honores y respetos. Ellos dijeron que sí, y nos encontramos a las seis de la tarde al final de la larguísima cola.

Como hacía frío, y sabíamos que teníamos que aguantar toda la noche, yo llevaba un gorro de lana rosado, más medias y calcetines, pantalones, suéter, un abrigo, una bufanda, y zapatos confortables, para estar parada, en la larga fila. Así pasamos caminando, caminando, y la policía nos ponía a hacer miles de zigzags, hasta que finalmente a las seis de la mañana, entramos y subimos las gradas del Capitolio, hasta la rotonda, estaban desplegadas, todas las coronas, y todos los arreglos florales que, en representación de cada país del mundo, habían enviado. Y desde allí se empezó a sentir el olor a ciprés.

Toda esa cantidad de gente que por horas habíamos esperado, iba con mucha solemnidad, respeto, y veneración, llorando por su Presidente. Para entonces, ya todo el mundo estaba de duelo por el líder de la libertad, de la razón, de la paciencia, de la juventud, y de la promesa. Esos días no hubo guerra fría, pocos enemigos y no habían neutrales. Cuando finalmente entramos a la Rotonda nos encontramos con un espectáculo increíble e indescriptible.

Junto al olor a ciprés que ya se sentía, también se sentía el olor de los sirios encendidos, que tienen el olor especial de la cera, y junto al olor de los sirios quemándose había unos cuantos pintores famosos que estaban con sus caballetes, tratando de pintar ese único y conmovedor espectáculo. Por lo tanto, el olor a las pinturas de aceite, se mezclaba junto con los otros olores, y pasaron muchos años, hasta que yo dejé de percibir ese olor tan extraño, que me traía el recuerdo de ese drama fatal. Eso era con relación al olfato.

Haciéndole valla al féretro estaba un representante de cada una de las unidades de las Fuerzas Armadas y Defensas de los Estados

Unidos. Y no había uno de ellos, que no tuviera lágrimas en su cara. Además de los rostros demacrados de llanto de todas las personas que veíamos. Eso era en cuanto a la vista. Y en cuanto al oído, había un silencio sepulcral.

Sólo entramos y dimos la vuelta al féretro que estaba cubierto por la bandera de los Estados Unidos, y salimos por la puerta este del Capitolio. Ese mismo día solo fuimos a almorzar, a bañarnos, a vestirnos, y ya estábamos todos nosotros, otra vez para ser testigos de cómo se hace la historia. Nos encontramos entre la muchedumbre que se alojó en todos los alrededores de los jardines del Capitolio.

Vimos bajar de las gradas del Capitolio, en primer lugar a Jackie con sus dos hijos de la mano, Robert Kennedy y las hermanas; Peter Lawford; además el presidente Johnson con su esposa Lady Bird. Abajo los esperaba el féretro del Presidente Kennedy. De repente un americano que estaba cerca de nosotros, con su radio encendido, y muchos tenían sus radios con ellos, oímos todos, cuando el locutor decía que Lee Harvey Oswald, había sido asesinado. Esa noticia terminó de dejarnos estupefactos. O sea que el público conoció antes la noticia que la misma Jackie, que venía bajando las gradas del Capitolio en ese momento.

Millones de americanos, vieron en vivo por televisión, a Oswald, siendo atacado por un hombre. Y después se supo que ese hombre era un tal Jack Ruby. A la una y siete minutos Lee Harvey Oswald fue declarado muerto. E inmediatamente Jack Ruby fue arrestado, y acusado de matar a Oswald.

Se escuchó que toda la gente concentrada allí emitió un sonido de repugnancia, y de incredulidad. Así es que de allí nos fuimos nuevamente para la casa, platicando sin casi creer lo que estábamos siendo testigos. El lunes en la mañana, fue trasladado el cadáver hacia la Catedral de San Mateo, para una misa de cuerpo presente. Después de la misa a la salida de la Catedral, tuvo lugar la inolvidable fotografía que le tomaron a John-John, en posición de saludo militar cuando pasó el cadáver de su padre cubierto por la bandera de los Estados Unidos. Ya antes había ido Jackie a visitar

Capítulo XVIII

el cementerio, donde sería enterrado su esposo, para realizar los últimos arreglos.

Para entonces habían llegado de todo el mundo, bajo un cielo claro y azul, todos los presidentes, primeros ministros, reyes, y reinas, príncipes, y princesas, emperadores, todo lo que es el poder y el "grandeur", extranjero y doméstico, estaban listos para darle los últimos honores, a este Presidente tan joven, y tan querido. Y así se fue formando el cortejo fúnebre, las academias, los cadetes, clérigos y militares. También venía el caballo negro, sin jinete, con las botas al revés, y la espada de plata, encapuchada, que era la manera tradicional de sentir la ausencia de un líder.

Después venía Jacqueline Kennedy, que ahora se había convertido en el orgullo de la nación. Se desprendió de la mano de Robert Kennedy, subió la cabeza, subió los hombros, con valor y firmeza; se miraba en color negro, tremendamente linda. Tras de ella venía el Presidente Johnson y su esposa. Adentro de la catedral estaba toda clase de gente, desde el Presidente Eisenhower, Harry Truman, John Glenn, Richard Nixon, Nelson Rockefeller, Billy Graham, Martín Luther King y el enemigo de éste, George Wallace, etc., etc.

El tenor Luigi Vena, cantó el Ave María en latín. El niño John-John, empezaba a sentirse aburrido. Luego el Cardenal Phillip Hannan, (el mismo que años después oficiaría la Misa del 6 de Agosto en las celebraciones del Salvador del Mundo en New Orleans) empezó su epitafio con uno de los pasajes favoritos de Kennedy, del Eclesiastés, «*Hay un tiempo para cada cosa; tiempo para nacer, tiempo para morir; tiempo para amar, tiempo para odiar; tiempo de guerra, tiempo de paz...*» De allí salimos para el cementerio de Arlington. Pasamos por el Lincoln Memorial, sobre el Memorial Bridge y luego bajo las grandes puertas de hierro de Arlington.

Desde el sur del cielo aparecieron cincuenta jets. Mientras en tierra, hubo un saludo de veintiún cañonazos, al momento que la bandera que cubría el féretro, fue doblada con la solemnidad del caso, y pasaba de mano en mano, hasta que llegó a las manos de la viuda. Eran las tres y media de la tarde del cuarto día de la muerte de un PRESIDENTE INOLVIDABLE.

Como a mí todavía no se me había muerto nadie, yo consideraba que lo más cercano a mí que se me había muerto era el Presidente Kennedy. Así, sucesivamente fuimos viendo el traslado de Jackie Kennedy a la ciudad de New York. Kay, Marie y yo vimos con gran tristeza el traslado, y así poco a poco fuimos pasando el luto del asesinado Presidente John F. Kennedy.

Continué trabajando, como lo estaba en la Hecht Company. Pese a la tragedia a los días me di cuenta que aunque el mundo se había paralizado unos segundos, nadie, ni el Presidente de los Estados Unidos, del país más poderoso de la tierra, nadie es indispensable. Y esa fue una de las mayores lecciones que tuve que aprender en mi vida.

Capítulo XIX

La muerte de un gran líder

En la convención demócrata de 1964 a Robert Kennedy le dieron la ovación más grande que un político ha recibido todavía, de dieciocho minutos de aplausos y vivas. Cuatro años después, cuando estaba corriendo para presidente en junio de 1968, un inmigrante árabe llamado Sirhan Sirhan le dio un tiro en la cabeza, viendo todos los televidentes en ese momento la muerte increíble de otro Kennedy, que definitivamente hubiese sido el que hubiese terminado la labor que dejó el primer Kennedy asesinado.

Esa noche de junio me había quedado sola en el den, viendo la presentación de Bobby Kennedy, ya tarde como a las once de la noche, hora de Washington, cuando de repente voy viendo en la pantalla de televisión, que Robert Kennedy, venía saliendo de la cocina del hotel en los Ángeles, para dar su discurso, pues había ganado todas las primarias, cuando de repente de la nada, es decir de la muchedumbre presente, Sirhan levantó la mano, le apuntó a la cabeza y tiró.

Pude ver cuando el cuerpo de Kennedy cayó en el suelo, los asistentes de Kennedy lo rodearon, y Ethel su esposa, gritaba que se apartaran, gritando: "denle aire, denle aire". Robert Kennedy después de la muerte de su hermano, ya no creía ni en los hombres del servicio secreto, ni en la CIA, o FBI, o nada; en todo este tiempo desde mil novecientos sesenta y tres hasta el sesenta y ocho, especialmente, cuando decidió lanzarse para candidato a la presidencia, lo cuidaban sus mejores amigos, no permitían que nadie más lo cuidara y siempre andaba una valla de ellos a su alrededor; esa era su Súper Seguridad, y fue precisamente uno de ellos, Roosevelt Grier, jugador de football americano, quien le agarró la mano a Sirhan, al instante que le disparó. Aunque hubo evidencias de que había un segundo disparador, pero no se le siguió la pista.

De manera que en esta ocasión, uno de sus mejores amigos que era negro y jugador de football americano, le agarró la mano in fraganti a Sirhan, pero éste ya había disparado. Y así pues otra vez el pueblo americano, y todos los que vimos todas estas tragedias que pasaron en los años sesenta, así como la muerte de Martín Luther King, volvimos nuevamente a sufrir, a vivir, y ver hacer la historia, de todo lo que ocurrió en esa gran Revolución de la Protesta que tomó lugar en los Estados Unidos de Norteamérica en los años sesentas.

Conmocionada por los eventos recién vividos escribí los siguientes párrafos luego de la muerte de Robert Kennedy:

Recuerdo que atravesaba la ciudad, en taxi, de Capitol Hill a Arlington, Va., mi residencia en aquella época, una tarde de invierno del mes de diciembre. El taxista contento y excitado por la manera en que las elecciones presidenciales del 60, habían terminado (triunfado J. F. K.), me comentaba sobre la inauguración Presidencial que iba a tomar lugar el próximo mes de Enero de 1961. Se sentía que este hombre del pueblo, estaba contento de ver que John F. Kennedy había triunfado: me habló de la manera serena y apuesta del próximo Presidente, de lo preciosa que era Jackie, de lo agradable que iba a ser para los Estados Unidos tener un presidente de la categoría de un Kennedy, y después de hablar de todo esto, recuerdo que se volteó hacia mí y me dijo: "Pero el que verdaderamente es el cerebro de la familia es el hermano que le sigue, Bobby, ese también llegará a ser Presidente algún día". Esta fue la primera vez que se me presentó en mi mente la idea de que Bobby Kennedy podía llegar a ser Presidente algún día.

Años antes, se había hecho conocer en Juicios del Senador McCarthy y, luego, cuando era miembro del Comité de Investigaciones del Senado, acusando a Jimmy Hoffa, el Presidente del Sindicato de Camioneros, por haber usado los fondos de la Unión para su uso personal. Luego vino el triunfo de

── Capítulo XIX ──

Robert Kennedy, el de poder encarcelar a Hoffa. Fue por ese tiempo que el hermano quedó Presidente y éste, conociendo la validez de la inteligencia de Bobby, quiso tenerlo cerca, muy cerca...

Pensó en darle, tal vez, algo como una Subsecretaría de Estado, en el Ramo de Relaciones con América Latina, o la Subsecretaría de Defensa... pero el padre Joseph P. Kennedy, pensó que eso iba ser mucho para el hombre que tuviera el cargo entre el Presidente y su hermano; fue cuando decidió por nombrar, al cerebro de la Familia: FISCAL GENERAL.

Esa imagen que tomó en esos años fue la que mucha gente se formó de él, la de un hombre duro y sin sentimientos, la de un Acusador. Pero en realidad el Bobby de verdad, era un hombre joven, bueno e inteligente, que habiendo nacido en una posición elevada, llena de abundancia y, habiendo tenido una educación envidiable por miles, se compadeció, del necesitado, del hambriento, del desnudo, del que no tenía representación alguna en la sociedad y el gobierno, y llegó a ser el REPRESENTATE DE LA GENTE SIN REPRESENTACIÓN.

Fue así como Robert F. Kennedy, después del asesinato del hermano Presidente, en Dallas, en noviembre de 1963, llegó a ser LIDER en éste país americano. Porque llegó a sentir al pueblo necesitado, y el pueblo necesitado llegó a sentir en él, SU LIDER. Recuerdo que en la Convención demócrata en Atlantic City, en el 64, al pararse ante la convención para anunciar que había decidido correr para Senador del Estado de Nueva York, la gente impresionada por un magnetismo extraordinario, le dio a Robert Kennedy, la ovación más grande que yo he visto dar a un hombre, 18 minutos de aplausos y gritos, ¡para el que algún día debía morir por el Pueblo!

Después corrió para Senador, y el Estado de New York lo eligió casi por unanimidad, y ahí, desde el Senado, trataba de poder lograr una manera, de encontrar un camino de cómo salvar a ése País, y así lograr sus más grandes ideales.

Este año se le presentó la oportunidad de poder lograr tal vez

esos ideales, al poder ser electo Presidente de los Estados Unidos, por el periodo: 1969-73, tal y como aquel taxista, años anteriores, lo había casi predicho; y tal vez de esa manera se podía continuar en la labor ya empezada por el hermano asesinado, labor que quedó interrumpida desde aquel 22 de Noviembre.
Sin necesitar los dolores, los trabajos, las incomprensiones, las malas interpretaciones y falsas acusaciones se lanzó a la campaña ¡que hasta la vida le costó! Las personas amigas que influyeron en que él, un hombre de muchos millones, con magnífica posición, con una esposa maravillosa como Ethel y sus diez hijos, se lanzara a una campaña dolorosa y definitiva, se encuentran ahora, con gran remordimiento, perdidos y desesperados... porque el LIDER ¡ha muerto! El acto cometido contra Robert F. Kennedy ha sido un acto sin nombre, que lo único que nos demuestra es la degradación moral de la sociedad americana.

¡Un hombre bueno, de sentimientos humanos, que amaba la vida y la vivió intensamente! Un esposo y padre modelo, un patrón considerado y justo, un católico cumplidor y liberal, un hombre de gobierno responsable por el interés de su País, un amigo fiel y caritativo, en resumen... ¡un ser humano como debe ser! Por eso es que el Eulogio del único hermano viviente, el otro Kennedy, al hermano muerto y asesinado, cuando yacía en la Catedral de San Patricio, antes de ser conducido por el tren que lo llevaría a Washington, y luego al Cementerio de Arlington, Edward Kennedy, dijo:

"Yo no quiero santificar y glorificar a mi hermano más de lo que fue en vida; ahora que ya está muerto, quiero que se le recuerde como un hombre bueno y honesto, que vio sufrir y quiso consolar, que vio la guerra y quiso pararla".

Robert Kennedy dijo: "Hay quienes miran el pasado y preguntan por qué tuvo que ser así, yo miro el futuro, como puede ser y me pregunto ¿Por qué No?"

Washington D.C. junio de 1968.

En mayo de 2012 acaba de salir un reportaje en la tv CNN, que

Capítulo XIX

una testigo del terrible hecho donde mataron a Robert Kennedy, ha escrito un libro sobre el suceso donde cuenta que había otro hombre involucrado en el asesinato. Yo lo estaba viendo por medio de mi tv desde Washington, pero sí recuerdo que dijeran que había otro, pero con la gran confusión ya no se dijo nada al respecto. ¡Pero con el tiempo todo sale a luz!

CAPITULO XX

CARLOS, MI GAY FAVORITO...

Llegó el año 1964, y con él la primavera, decoramos la Hecht Co. de una manera increíble, como siempre lo hacíamos para Easter, y también para Navidad; eran los dos únicos tiempos que el departamento de display trabajaba cuarenta horas de corrido, sin descansar. Esa es la manera de trabajar de los norteamericanos... ¡Hasta terminar con la misión o el trabajo! Jamás lo he visto en ningún país de América Latina.

Al principio del verano de 1965 llegó un muchacho costarricense a pedir trabajo en el departamento de display, y Mr. Florimbio se había dado a la tarea de mandarme a toda la gente nueva que llegaba a pedir trabajo para que evaluara si estaban capacitados o no. Así es que a este joven también me lo mandó Mr. Florimbio; y definitivamente al final de día le di buenas referencias de él, por lo que Mr. Florimbio me lo asignó como asistente. Desde entonces trabajamos juntos, además de Silvia, también Carlos Jiménez, la nueva adquisición.

Carlos es Tauro igual que yo; el nació el doce y yo el trece de mayo, así es que nos llevábamos de maravilla, tuvimos una relación, a pesar de que él era gay que traspasó nuestra relación de trabajo, la extendimos hasta nuestras propias familias. De manera que así como yo iba a los grandes *Balls* del Estado de Washington, con John, la pareja de Carlos, ya que él era el asistente administrativo de la Senadora del Estado de Washington, Carlos y John también iban a las fiestas y reuniones de Kay y Marie.

También, muchas veces íbamos al mar: John y su hija, Carlos, Jamina y yo. Una vez fuimos a Chesapeake Bay y, la hija de John que en esa época debió tener como ocho años, convulsionó, porque se le había olvidado tomar la píldora que tenía que tomar

Capitulo XX

todos los días, ya que padecía de epilepsia. Con el asombro de Jamina, más que mío, pues nunca habíamos visto esa clase de enfermedad.

Un día apareció Carlos pidiéndome permiso para ir almorzar con su tío que había llegado de Costa Rica, y quería sacarlo de compras, y almorzar con él. Ese día precisamente teníamos que cambiar las vitrinas principales, que eran las dos de la esquina, más una a cada lado igual a cuatro.

Pero generalmente el día que cambiábamos esas vitrinas, eran de los días más ajetreados, aun así, yo le di permiso de las once a las doce, más su hora de lunch, a la una; y le di otra hora, de dos a tres, con la condición que llegara a las tres, para darnos la última mano de tres a cinco. Ese fue el arreglo que yo hice con él. Todo el día habíamos pasado matándonos Sam, Silvia, Gene, Bo, y yo. Como a las cuatro decidí ir al Merchandise Room, que ya era mi oficina, a traer un accesorio; y cuando entro ¿qué es lo que veo? A Carlos sentado en la silla atrás de la puerta, leyendo su libro favorito de aquel entonces que se llamaba: HAWAI.

Me he de haber exaltado con él y le dije algo como: ¡*Púchica* Carlos, yo matándome y usted sentado leyendo un libro! Él se me quedó viendo, y de un golpe cerró el libro, al mismo tiempo que decía: ¡AY QUE MUJER!, se fue de la oficina, y corrió al cuarto piso, aparentemente a hablar mal de mí, y al mismo tiempo poniéndole la queja a Mr. Gazabat, quien inmediatamente lo mandó a trabajar con Klaus, un alemán bastante serio, por no decir repugnante quien era el jefe del sexto piso, donde habían alfombras, mantelería, además de todos los accesorios de mesa y baño.

Después Mr. Gazabat me contó, que cuando Carlos se fue a quejar con él, conociendo nuestra amistad, él le había dicho a Carlos: ¿Estás seguro que ya no quieres trabajar con Lily?; y Carlos le contestó: ¡que ya nunca quería ver a esa mujer! Pero Mr. Gazabat me seguía contando que Carlos iba cambiar de opinión muy pronto.

Efectivamente antes de los ocho días al entrar a mi oficina, y ¿qué es lo que veo encima de mi escritorio? un ramo de flores con una tarjeta, que decía: ¡PERDÓNEME!, CARLOS. Esa ha sido una de mis mayores satisfacciones, por la humildad con que Carlos me pidió perdón. Esa tarde tenía yo una reunión donde Marie Boggan y Kay también era invitada, por lo tanto tuve que llevar las flores, teniéndoles que contar a mis hadas madrinas lo que me había pasado con Carlos, quienes gozaron con el hecho.

Al día siguiente Carlos llegó a mi oficina, yo le agradecí por las flores y le dije, que así como había tenido que ir donde Mr. Gazabat a pedir traslado, le dije que fuera donde éste de nuevo, a pedir su regreso conmigo. De manera que subió al cuarto piso, y vean lo que Mr. Gazabat le dijo: "Te estaba esperando, yo ya sabía que ibas a regresar a pedirme que querías volver a trabajar con Lily, yo sabía que ustedes se llevan tan bien, que no se pueden separar" Y así continuamos trabajando juntos por varios años.

En esa época tuvimos muchas reuniones, cenas, fuimos a muchos musicales. En unas vacaciones se fueron Kay, John y Carlos a Rusia de paseo. En otra ocasión fueron a México, hasta que al final se jubiló John, y juntamente con Carlos decidieron irse a vivir a Costa Rica.

En el año 2005, el 8 de enero, Carlos me escribió por internet lo siguiente:

¡Queridísima Lillian! Fue tan, pero tan placentero el oir tu voz después de tanto tiempo de ausencia. Ya ves como los amigos que de verdad se quieren siempre se llegan a encontrar aunque los años pasen soplando como el viento. De cierta manera siempre has estado en mi corazón. Las veces que te he recordado siempre me han traido un buen pensamiento y una sonrisa de amor hacia vos. De forma indirecta siempre he tenido noticias tuyas, tus progresos sociales, televisivos y políticos. Estoy orgulloso de ti, de tu belleza física e intelectual. Espero que no pase mucho tiempo para podernos ver y así hablar largo y tendido... reir...comer... chismosear y bebernos una buena botella de vino.

Mi vida ha sido extraordinaria también, saturada de eventos misteriosos,

Capítulo XX

exitantes. Dolorosos a ratos, pero en la mayoría de los casos, de eventos deslumbrantes, de coloridos infinitos y de sabidurías perpetuas. En mayo pasado me jubilé, luego de un largo tiempo de trabajar como profesor de literatura latino e iberoamericana de la Escuela de Artes de Carolina del Norte (parte de un sistema de 16 universidades estatales). Estoy disfrutando de lo lindo junto a Bill, mi amigo y compañero de 17 años y una persona magnífica. Hemos estado viajando mucho por los siete continentes. En junio estuvimos en la India y en Nepal, lugares que nos motivaron sobremanera.

Aunque más viejo, casi 63 en mayo, sigo siendo alegre, bailarin y viendo a la vida desde un ángulo muy positivo y comprensible (el budismo ha tocado las puertas de mi corazón) Ahora, además de los viajes, le dedico el tiempo a leer muchísimo, a escribir (tengo un libro que no se ha publicado) y hacer ejercicios: bicicleta, caminatas y a esquiar. Iremos a Vancouver, BC el tres de febrero por dos semanas para esquiar por esos lados.

Me enterneció la muerte de Kay de la que me enteré casi seis meses después. Con Verne sigo la amistad y cada vez que voy a Washington, paro por su casa (siempre un desastre de desarreglo) para conversar con ella y con Tim y tomarnos un par de copas de champaña. De vez en cuando sale tu nombre a relucir. A Costa Rica voy tres veces por año, especialmente a visitar a mi mamá que tiene 91 años, y que estuvo aquí para las Navidades y a mi hermana que vive con ella.

La vida es buena, fantástica, diría yo, especialmente porque tuve la oportunidad de contactarme con vos y de oir a Jamina María.

Todo mi amor y sigamos en contacto.
Carlos

Con otros gays, con quienes mantenía buena relación era con Jim Rush, y su compañero Gene Barth; ésta pareja vivía en Virginia, en una casa de más de doscientos años. Ellos hacían una vez al año una reunión tradicional, en esa casa, donde invitaban a *la cream de la cream*, de esa comunidad. Jim hacía toda la comida salada de la cena, y los postres, los hacía Gene. Las decoraciones las hacían ambos, porque los dos tenían un gusto exquisito. La mesa la decoraban fuera de este mundo, la comida y el vino eran excelentes.

Los asistentes a esas cenas eran parejas de señores casados, todos pertenecientes al club exclusivo de cazadores de la ciudad, socios de la American Riffle Asociation (ARA), Antonio y yo. No invitaban a otros gays, solamente ellos dos como pareja. Yo era la única de la Hecht Company que era invitada por ellos, y me hacía acompañar por Antonio, a quien antes le había hecho un buen lavado de cerebro para que aceptara a mis amigos.

Gracias a Dios nunca he discriminado a nadie, y han sido muy raras las personas que no me han caído bien, y que si no me han caído bien no ha sido ni por su color, ni por sus preferencias, ni ideologías, sino por sus malas crianzas, mala educación, o malas maneras. Tanto Gene, como Jim, a mí me súper querían, me regalaban infinidad de cosas, algunas de las cuales aún conservo. Vestidos antiguos, joyería, etc.

Cuando la Hecht Company, abría sucursales, ya sea en Maryland o Virginia, yo era la primera de la lista. Así fue como ayudé a abrir los almacenes en Tyson's Corners, Seven Corners, Montgomery Mall, etc., porque Mr. Gazabat sabía que yo era una buena trabajadora, era rápida, y tenía buen gusto.

Una vez estaba en la Hecht Co. de la Calle 7 y F N.W. y había hecho un display en el corredor principal del tercer piso, que yo creía que me había quedado precioso. Cuando Mr. Gazabat, con los altos ejecutivos pasaban hacia el restaurante, se detuvieron a ver la decoración, al momento llegué yo, y le pregunté que si le gustaba, yo sabía que era uno de los mejores displays que había hecho, y él me dijo: ¡Lily te doy un nueve!, y yo le respondí por qué no un diez, porque yo creí que me había ganado el diez... y él me respondió: ¡Es que si yo te digo que te doy un diez, hasta allí vas a llegar, no te vas a esmerar en continuar siendo mejor! Y efectivamente, yo creo que a la gente, nunca hay que decirle que lo que hace es lo mejor que ha hecho, porque de esa manera se le coarta el deseo de seguir mejorando. Y desde entonces yo he tratado de aplicar la misma fórmula que Mr. Gazabat me enseñó en esa oportunidad.

Capítulo XX

Para explicar los rangos quiero decir que Sam Walker, era el supervisor de la Shop, arriba de Sam estaba Mr. Florimbio, arriba de Mr. Florimbio estaba Mr. Gazabat, arriba de Mr. Gazabat estaba Mr. Lester, quien era uno de los tres Vicepresidentes. Y arriba, de Mr. Lester estaba el presidente Mr. Selonik. Debajo de Sam estábamos los jefes de piso, y los jefes de piso teníamos nuestros asistentes, en mi caso yo tenía tres en el invierno, y seis en el verano.

Sam era lo que se llama un gay maravilloso, en lo personal a mí me súper respetaba, y me súper quería, y me tenía muchas consideraciones. Sobre todo Sam tenía una retentiva que yo nunca había visto en nadie. Era increíblemente detallista. El salía de vacaciones un mes, y cuando regresaba, en los coffea breaks nos contaba los lugares donde había estado, cuando describía la comida tu sentías el sabor de la comida en tu boca; cuando describía la música, era algo increíble; las decoraciones, se fijaba en todo, era detallista. Toda la vida he tratado de imitarlo y nunca he podido. Era un gran trabajador, un buen decorador, y yo sé que se debe de acordar de mí, como yo me acuerdo de él.

Una vez estábamos limpiando la Shop (era obligación de todos limpiarla), para saber lo que había en existencia, Sam se subió a la mesa, y todos querían que yo bailara; al segundo dijo: ¡No, no, Lillian es una Lady, ella NO baila! Era algo así como mi protector. Una vez al año que yo llegaba tarde, y le decía a Sam que había llegado tarde porque me había levantado con el periodo; pero con solo decirle eso, él era tan considerado conmigo, que ya no había ningún problema.

En el verano de 1965, llegué de vacaciones a San Salvador, y decidí llevarme a Jamina de regreso a Washington; y al regresar me moví al apartamento de Columbia Road, cerca del hotel Washington Hilton; me costó encontrar apartamento, porque en la mayoría de apartamentos de Washington D. C. no admitían ni niños, ni perros, menos mal que en ese edificio solo vivían ancianos, pero cuando se dieron cuenta que Jamina era bien educadita, decidieron aceptarla. Así es que Jamina era la única niña que vivía en esos edificios. A Jamina la inscribí en un colegio

Católico que pertenecía a la parroquia de la Catedral de San Mateo, donde nos habíamos casado Michael y yo.

El conserje del edificio, que era un negro caribeño alto, alto, flaco, flaco, en sus 60.s era el que se encargaba de que Jamina llegara del colegio al apartamento, bajándose del tranvía, porque ella tomaba el tranvía frente al edificio donde vivíamos. Y el conserje siempre esperaba afuera del edificio a Jamina y le decía Bambina... Y veía que se bajara del tranvía, se atravesara la calle, y llegara al portón del edificio. Ya dentro ella tomaba el elevador, y con la llave que yo siempre le ponía amarrada a su cuello abría la puerta del apartamento.

Jamina sacaba buenas notas. Los padres de familia teníamos reuniones de colegio de vez en cuando, a las cuales yo asistía, pero no siempre por el trabajo, para ver los adelantos de Jamina y hablar con las profesoras.

Los empleados de la Hecht Company teníamos sobre las compras un veinte por ciento de descuento. En cada cambio de estación Jamina tenía su guardarropa nuevo. Me iba al departamento de niños, y le escogía la ropa a usar. Me acostumbre a escogerle a ella la ropa, así como escogía la de los maniquíes. Aunque, a veces, de mala gana se la ponía.

Una primavera, Marie y Kay, nos invitaron a comer a Sacks, en Bethesda, Maryland. La intención de Kay era regalarle el abrigo de primavera a Jamina. Durante todo el invierno Jamina había tenido un abrigo color azul marino. Antes de ir a almorzar la pasamos por el departamento de niñas de la edad de ella. Habían abrigos rosaditos, celestitos, beiges, pero ella le puso el ojo a un abrigo azul marino, y todas le decíamos que por qué no escogía otro color, si todo el invierno había andado con abrigo azul marino; pero ella como buena Aries quienes son bastante testarudos, seguía escogiendo el azul marino; entonces decidimos ir almorzar para ver si ella cambiaba de opinión. Almorzamos y vimos un desfile de modas en el restaurante, y de allí regresamos a comprar el abrigo. El cual tuvo que ser, ¿adivinen? El azul marino que ella quería. Ahí le salía lo de ARIES...

CAPITULO XX

Para las vacaciones de verano siempre se iba para El Salvador, porque así no perdía sus raíces, por lo menos las de su madre. Aprendía a hablar español, visitaba a sus familiares, abuela, tías, primos, el dentista y doctor que la chequeaba; entonces la llevaba al aeropuerto de Dulles Internacional, le ponía un rótulo con su nombre, a dónde iba, y quién la iba a recibir en El Salvador. El avión era un jet que viajaba directamente para Guatemala, y en Guatemala, abordaba otro avión a El Salvador, donde mi mamá y mi hermana Sara la estaban esperando. Entre agosto y septiembre, yo la iba a recoger nuevamente a El Salvador o al Aeropuerto de Washington.

Una vez que la fuimos a despedir al aeropuerto de Dulles, tuve la oportunidad de entrar a la torre de control del aeropuerto, y observar cómo trabajan los controladores con los aviones que tienen que bajar a tierra. Me quedé totalmente de cemento cuando observé que los controladores mientras están platicando de una variedad de cosas, nada que ver con la aviación, simultáneamente están dirigiendo a los pilotos que intentan aterrizar los aviones. De esa experiencia tan terrible para mí, cada vez que me subo a un avión y sobre todo cuando vamos a aterrizar, pienso en qué le estará contando el controlador al compañero que tiene a la par suya... ¡lo que siempre me ha llenado de pánico! Considero que los controladores ya por su experiencia hacen esas cosas pero la verdad que en ese momento me traumó.

Cuando vivíamos en la Columbia Road y Connecticut y Jamina asistía a la escuela primaria, después que Jamina entraba a casa, a las tres y media, lo primero que hacía era encender la televisión, comía algo, y se quedaba dormida muchas veces, cuando yo llegaba entre cinco y media y seis, de trabajar. Cenábamos las dos juntas, y como a tv estaba encendida, veíamos un programa llamado *Combate*, hasta que una vez me di cuenta que estábamos comiendo demasiado rápido, y era porque estábamos llevando el ritmo de esa serie de Vietnam. Ya jamás volvimos a comer con la tv y Combate puesto.

Otro día recién llegada Jamina de El Salvador, la voy viendo que estaba comiendo de la misma manera que come mi mamá, que se sirven la comida y luego la van apartando, y solo se van comiendo un poquito y dejan todo en el plato. Reprendiéndola le digo "¡Caramba, usted sólo va a aprender malas mañas a El Salvador!, ¡Está comiendo como la abuela!, "Mañana, la invitan a comer a la Casa Blanca, ¿qué van a decir?, ¿que su mami no le enseñó a comer?". Y ella me respondió seriamente: "No mami, mañana no me han invitado a comer a la Casa Blanca". Ella realmente no comprendía cómo hablamos nosotros en español, decimos una cosa, y ella lo daba ya por hecho. Aunque Jamina cuando estaba pequeña, en una ocasión fue llevada por Kay a la Casa Blanca, a rodar los huevos de Pascua.

En la visita que hice a El Salvador para llevarme a Jamina, porque ya estaba grandecita, siendo más fácil para mí, porque ya podía manejarse sola, ya que es muy difícil para una madre que trabaja tiempo completo, cuidar a una niña, en los USA. Esa vez mi permiso de vacaciones era de dos semanas pagadas, pero yo me tomé tres semanas, así es que de regreso a Washington y a la Hecht Co., por haberme tomado una semana extra, sin avisar, era motivo de despido mandatorio.

Cuando llegué a la Hecht Co. Mr. Florimbio, quien me tenía mucho aprecio, no quería ser él quien me despidiera, por lo que mando a uno de mis compañeros, que se llamaba Klaus, el alemán, a que me diera la *pink slip*, pues nadie tenía el valor de dármela. Subí a recursos humanos para que me dieran "mi despedida", y cuando venía para abajo, escuché que me estaban llamando por el P A System, que se oía en todo el edificio: Ms Sol, Ms Sol, telephone... era Mr. Gazabat, que me estaba llamando para inmediatamente ubicarme en una nueva tienda que estábamos abriendo en Montgomery Mall. Mis jefes sabían lo que yo significaba para ellos, que era una gran trabajadora, que me gustaba mi trabajo, y sencillamente me dieron otra oportunidad en otro lugar más "chic" y con *upper class*, de clientela. Allí fui coordinadora de modas y asistente del director de display.

El Montgomery County, es el condado más rico de todo los Estados Unidos, más que Beverly Hills, que Sausalito, y que la 5ª Ave. en New York. La administración del Condado no tiene

Capítulo XX

donde gastar tanto dinero que le llega de los impuestos, por lo tanto mantiene calles, jardines y toda la infraestructura de una manera impecable y que otros condados desearían tener las obras que hacen con los impuestos de ellos.

En este nuevo trabajo el director de display era un ex combatiente de la guerra de Corea, casado con una coreana, y tenía dos hijos, era gordito, blanquito, ojos azules, medio pelón, llamado Bob; nos llevábamos súper bien con él, tanto que un día me dio una receta riquísima de huevos para comer en el desayuno. Los huevos se batían con sal, pimienta y leche, se le ponían dos diferentes clases de queso, al final medio se freían, se ponían en un molde, se le agregaba otra clase de queso, se metían al horno por dos o tres minutos, donde se derretían, se sacaban, y se comían unos huevos ¡deliciosos!; a él aparentemente le gustaba cocinar y me daba sus recetas favoritas.

Un día, trabajando en Montgomery Mall, llegó un artista negro quien presentó una exhibición llamada: LOS GARABATOS DE KENNEDY.

El Sr. Ralph M. Tate, quien tenía una amiga que trabajaba en la CASA BLANCA, y cuando habían mítines y reuniones y estaba el Presidente Kennedy presente, él se ponía hacer garabatos, resultó que esos garabatos, los de la exhibición, eran nada menos y nada más que de la crisis de los misiles de Cuba. Los botaron al cesto de la basura y esta amiga del Sr. Ralph Tate, los recogió y de alguna manera se los mostró y de ahí le vino la idea al artista de hacer de los garabatos, unos en madera y la mayoría en metal, ¡unas esculturas diferentes y espectaculares!

Yo me hice amiga del artista, y como era fanática de Kennedy, hablé con el Sr. Tate de poder llevar la exhibición a El Salvador, y posiblemente llevar algún Kennedy, hijo o sobrino del Presidente. Escribí una carta, que todavía conservo, al entonces, Agregado Cultural de El Salvador en Washington, el Sr. Saravia, ofreciéndole la exhibición para llevarla a nuestro país, ¡pero hasta la fecha estoy esperando la respuesta! El Sr Tate me regaló una colección, copias en negro y blanco de los garabatos, los cuales he mandado a enmarcar y regalado a algunos amigos que pienso le tienen estimación al Presidente Kennedy.

Por otro lado una de mis asistentes Silvia, la mexicana, que trabajaba conmigo en Downtown, se casó con uno de nuestros compañeros que se llamaba Bo. También Carlos Jiménez se cambió de trabajo y yo me fui para New Orleáns.

Capítulo XXI

Hernando Cristancho

Antonio había llegado a Washington en el otoño de 1963, procedente de Hattiesburg, Mississippi, tratando de ser admitido en algunas de las universidades de Washington D. C. Pero no había podido conseguir entrar a ninguna. Por lo que a veces les conseguía a él y a dos de sus amigos salvadoreños trabajos de estación.

A fines del verano de 1966, Antonio me comunicó que finalmente le habían aceptado en la Universidad de Little Rock, Arkansas, ya que en Washington D. C. No había tenido suerte en ser admitido en ninguna de las universidades. Ya se encontraba allá su compañero Joe Zacapa, y también fue a compartir otra vez apartamento con él. Desde el año 65 habían, ellos dos, compartido un apartamento muy bonito, con un colombiano llamado Hernando Cristancho, a quien conocí, teniendo él, en ese momento, una novia colombiana. Muchas veces salíamos o nos reuníamos todos para pasar un buen tiempo.

 Cuando Antonio se fue para Arkansas, me dejo supuestamente recomendada con Hernando, por cualquier cosa que necesitara o me pasara. Mi relación con Antonio ya tenía cinco años desde que le había conocido en la Feria estadounidense en San Salvador. Esa relación fue muy voluptuosa, a pesar de que Antonio es Libra y tiene como regente a Venus igual que mi signo Taurus, y teníamos muchas cosas en común, pero tal vez por su inmadurez (él era varios años menor), teníamos muchos malos ratos e inestabilidades, y de parte de él varias infidelidades; de manera que para 1966, y con la separación física de ambos, la relación pudiésemos decir estaba terminada. Solamente quedaba el recuerdo de los buenos momentos, tal vez, más que nada, una gran amistad que nos une hasta la fecha. Porque así como conozco muchas confidencias de su vida, y de la gente alrededor de él, también él conoce de mi vida, las confidencias de las personas de mi familia.

En la reunión de despedida de Antonio le expresé a Hernando mi deseo de comprar una cámara Polaroid, de las que sacan las fotos al instante. Mi sorpresa fue grande al día siguiente, de la partida de Antonio, él me llamó a mi apartamento y me llevó una cámara Polaroid, que le compré inmediatamente, pues era la que andaba buscando, y desde ese momento, el momento que él había estado esperando, quizá por mucho tiempo, no nos volvimos a separar. Él inmediatamente rompió y no volvió a salir con su novia de Barranquilla. Siendo una cosa verdaderamente maravillosa lo que me sucedió con él. Había una inmensa diferencia entre Antonio y la clase de vida que había llevado con él, que con Hernando.

En la primera cita que tuvimos fuimos al cine, uno que quedaba cerca de mi casa, pero yo me sentía como que andaba caminando en las nubes, una sensación que jamás la volví a sentir. Hernando es Virgo, y francamente esa es mi alma gemela con Tauro. Compartíamos juntos, todo.

El día sábado limpiábamos el apartamento Jamina y yo hasta las once y media de la mañana, haciendo también la lavada en la lavadora, de la ropa de la semana; luego nos bañábamos, nos vestíamos lindas, y Hernando pasaba por nosotras para irnos a almorzar y hacer lo que más nos gustaba, que era ir a comer a los diferentes restaurantes: la lasagna más rica del mundo que he comido y que no he vuelto a comer igual en la Taberna Romana de la calle 14 N.W. También nos fascinaba la comida de las islas del Pacífico Sur, de Tailandia, la comida húngara, china, hindú, árabe, siempre creo que los mejores Restaurantes están en Washington, uno encuentra comida de la región del mundo que quiere.

Hernando había nacido en la región de Cundinamarca, cerca de Venezuela, en la ciudad de Bucaramanga, Colombia. Su papá Don Segundo Cristancho había hecho su capital siendo distribuidor de carros y repuestos de la General Motors, y tenía una serie de

Capítulo XXI

almacenes de repuestos en toda Colombia. Eran seis hermanos y hermanas, Hernando era el quinto y después de él había una niña María Cristina, que era la consentida de todos.

Hernando siempre fue, no sé por qué, un niño rebelde. Entre las reglas de su casa había una: que todos debían estar a las seis en punto de la tarde, para sentarse a la mesa a las seis y media. Hernando siempre llegaba tarde, de manera que el papá ya lo estaba esperando en la puerta con el cincho en la mano para castigarlo. Yo creo que don Segundo castigó mucho a Hernando a su manera, porque él era un niño bastante travieso y tenía una mente muy rápida. Su otra hermana y hermanos mayores eran normales, buenos y hasta ingenuos; dos ya casados y con niños.

La mamá de Hernando era fuera de serie en Colombia: ella era una morena guapa. Hernando y la hermanita pequeña se parecían a ella. La Señora, era una mujer de negocios, quizás mejor que Don Segundo, y trabajaba en la empresa de repuestos a la par de su esposo. Cuando salía embarazada trabajaba hasta que iba a dar a luz; cuando nacía el bebé inmediatamente se lo pasaba a su hermana quien vivía en la misma mansión dirigiéndose nuevamente a su trabajo, quedando su hermana, la tía, al cuidado del nuevo bebé, los demás niños y la mansión entera.

Don Segundo era blanco con ojos azules, muy estricto, criado a la antigua. La primera hija, y el segundo hijo eran como él blancos y ojos azules, los otros dos hijos, Octavio y Emilio, con Hernando y María Cristina, eran morenos, ojos oscuros, como la mamá.

La Residencia de los Cristancho en Bucaramanga parecía un hotel, yo siempre me perdía, entrábamos por una calle y salíamos por otra. Tenía una capilla pequeña, pero linda, dedicada a la Santísima Virgen María y una piscina en el jardín, que no era olímpica, pero casi así de grande.

Durante el año 1967, los papás de Hernando visitaron Washington, primero llegó la mamá y meses después llegó el papá. Así fue como los conocí a ellos. Con el papá hicimos juntos un viaje a New York, como invitados de la General Motors. Visitando allí por primera vez una fábrica de automóviles; y nada que ver como me la había imaginado, quedando totalmente impresionada de la industria automotriz.

También asistimos a una exhibición de autos del futuro de la G.M. Todavía no he visto autos como los que vi allí. Ese viaje a New York fue algo nuevo para mí, pues siempre mis intereses en New York eran de otra índole, ya sea artístico, por compras, por moda, etc. Pero esta vez era puramente automovilístico, y con todas las atenciones que la G.M. le brindaba a la familia Cristancho: edecán, automóvil G.M. último modelo, hotel, comidas, etc.

Hernando se graduó de dos carreras a la vez: Administración de Empresas y Contaduría Pública. Para su graduación llegó su mamá y fue cuando la conocí. Luego, para la navidad de 1968 fui invitada por sus papás para conocer Bucaramanga; fue un viaje mucho, muy divertido y a veces hasta peligroso.

Era el tiempo en que secuestraban los aviones, llevándolos especialmente a Cuba. Salimos de Washington D.C., un día viernes. Quince minutos antes de salir de mi casa para el aeropuerto, con las maletas en el hall de mi apartamento esperando a que Hernando pasara por mí, sonó mi teléfono; mi susto y admiración fue grande: ¿quién estaba del otro lado de la línea? Antonio de San Salvador, comunicándome que fuera a recoger un pasaje a las oficinas de la Pan Am, para que llegara a San Salvador y que allí nos casaríamos... y entre la admiración y el viaje ¡qué momento más difícil! Yo a un paso de salir para Colombia con Hernando y su hermano. Y por otro lado Antonio ofreciéndome el pasaje para San Salvador y matrimonio. ¿Qué les parece?

Naturalmente para ese entonces, lo que ya le había comunicado a Antonio antes de salir para Arkansas, de que allí mismo terminaba todo lo que había habido entre los dos, era una realidad. Ya no tenía ningún interés en él ni en su ofrecimiento. Yo realmente amaba a Hernando, y me encontraba totalmente en un éxtasis en esos tiempos, por su trato para conmigo y Jamina, en todos los sentidos. Hernando, también era menor que yo unos seis o siete años pero era increíblemente maduro para su edad, además que sus maneras y sentimientos eran especiales.

Con él medí la diferencia cultural del hombre machista centroamericano y mexicano y el hombre sudamericano que por su educación y cultura, como en el caso de Hernando, ya no son machistas y tratan a las mujeres con respeto y buenas maneras. Yo me sentía y creía que el amor era una cosa esplendorosa, como la película con William Holden y Jennifer Jones.

Al momento llegó Hernando a recogerme para dirigirnos al National Aeropuerto, de Washington a Miami y luego a Bogotá y de allí a Bucaramanga. Ese era nuestro itinerario original, pero, al llegar a Miami tanto nosotros tres como alrededor de cincuenta personas más, que habían llegado de diferentes lugares de U.S.A. no teníamos asientos, pues nos habían vendido pasajes en un vuelo que NO existía. La tecnología moderna de faxes, internet y celulares, no existía; nos encontrábamos realmente en un estado de desesperación. Hernando que tenía unas acciones en la Pan Am se fue a hablar con unas gentes de la empresa, mientras Emilio y yo nos quedamos guardando el equipaje; yo con mis cinco maletas y las dos de Hernando, y Emilio sus dos maletas y un equipo de música que llevaba.

De repente anunciaron un vuelo de Pan Am, de Miami a Panamá; allí se volvía Braniff y seguía para Cali hasta Chile. Estábamos todos los dejados, que éramos un grupo grande, cuando pasó lo que tenía que pasar: dijo el representante de la línea aérea que sólo disponían de tres asientos más, y que iban a llamar a las personas asignadas: Llamaron a los dos Cristancho y a mí. Recuerdo haber escuchado miles de gritos con llanto de toda la gente que se quedaba sin saber cuándo podía salir y llegar a su destino, para pasar la navidad y año nuevo con sus familias. Fue verdaderamente doloroso dejar a toda esa gente en Miami.

Al llegar a Panamá, el avión se volvió Braniff; entraron otras aeromozas con otros uniformes cambiando todo en el avión y nosotros adentro viendo la transformación que se llevaba a cabo.

Salimos de Panamá rumbo a Cali; yo me oponía a ir tan lejos, pero Hernando que todo arreglaba, no sé cómo, me decía: "no importa ya estando en Colombia la cosa cambia". Al llegar a Cali nos sorprendió la dejada, quien sabe dónde, de todas nuestras maletas. La línea aérea nos pagó un buen hotel en Cali porque yo no quería moverme de allí hasta que el próximo vuelo llegara el día siguiente a la misma hora, con nuestras maletas. También nos dieron cincuenta dólares a cada uno para comprar ropa en Cali, ya que es caliente y nosotros habíamos salido de Washington casi nevando y con ropa de invierno.

Al día siguiente salimos de compras por todas las lindas boutiques de Cali. No sólo me gaste mis cincuenta dólares, sino que Hernando me cedió sus cincuenta. Los Cristancho tenían un distribuidor en Cali y nos atendió a cuerpo de rey. En la noche fuimos al aeropuerto y nuestras maletas todavía no estaban. El día 22 de diciembre nos llevaron a visitar los diferentes lugares turísticos de Cali, una ciudad bastante parecida a San Salvador. Por lo que seguimos turisteando y pasándola bien, hasta que esa noche fuimos al aeropuerto y con alegría recibimos nuestras maletas, que no se habían ido a Chile, sino que se habían quedado en Miami.

Esa misma noche Hernando averiguo que llegaba a las dos de la mañana un avión grande de Avianca que venía de la isla de San Andrés e iba a Bogotá; entonces lo adecuado era que tomáramos ese avión para irnos acercando a Bucaramanga. A esas horas de la noche regresamos al hotel a traer lo que teníamos, especialmente las joyas y papeles importantes que habíamos depositado en la caja de seguridad que se encontraba en la oficina administrativa del hotel. A las dos de la mañana estando oscuro y lluvioso, y yo rogándole a Hernando que no nos subiéramos a ese avión, nos subimos Hernando, su hermano Emilio y yo únicamente, más cuatro sobrecargos, y nos dirigimos, se supone, que a Bogotá.

Era impresionante aquel enorme avión con tres pasajeros y cuatro sobrecargos. La música que se oía en los parlantes era *La Pollera Colorá*. Hernando le había caído bien a uno de los sobrecargos, y él se deshacía en atenciones con nosotros. De repente llegó y nos

Capítulo XXI

avisó que por la bruma habían cerrado el aeropuerto de Bogotá y que íbamos a aterrizar en Medellín. Yo estaba contenta con el cambio porque mi hermana María Elena estaba casada con Jaime Posada Peláez, colombiano de Medellín y tal vez la podía llamar del aeropuerto y darle unos regalos que le llevaba. Desgraciadamente, regresa el sobrecargo, amigo, a decirnos, que también estaba cerrado el aeropuerto de Medellín, que por lo tanto como el avión ya casi no tenía gasolina, porque había volado todo el día y noche, que por fuerza teníamos que ir a aterrizar a Barranquilla. Yo me puse tremendamente nerviosa, porque por la ventana, todo lo que veía era un tremendo turrón y nosotros atravesándolo.

Ni siquiera había avisado a mi mamá en San Salvador que andaba por aquellos lados, solamente Kay, Marie y Jamina, sabían de mi viaje a Colombia. Como la imaginación que tengo es grande, a la hora que nos anunció el sobrecargo, que estaba sumamente nublado y que íbamos a ser uso del piloto automático para aterrizar, porque ya no teníamos gasolina, y nos veíamos forzados a aterrizar allí inmediatamente yo me imagine cayendo en las mandíbulas de un cocodrilo del río Magdalena. Gracias a Dios los pilotos de Avianca son sumamente expertos y aterrizamos sin novedad, solamente que la bruma casi cubría el avión en la pista.

El amigo sobrecargo ya conocía nuestra tragedia con las maletas, y la estadía en Cali, por lo tanto él ya le había comunicado al piloto, quien nos mandó a informar que al llegar a Barranquilla, salía un avión para Bucaramanga y que ya se había comunicado por radio con el piloto para que el avión no saliera y nos esperara ya que éramos tres pasajeros.

Efectivamente al bajarnos del avión a la pista, por la escalera, inmediatamente nos bajaron las maletas mientras el otro avión pequeño nos estaba esperando a punto de despegar, con las hélices encendidas con un estruendoso ruido y un fuerte viento; y como pudimos nos subieron al avión sin escalera. Este era un avión tipo bus que usan en Colombia para atravesar de montaña en montaña. Allí los colombianos llevan desde gallinas y cerdos hasta frutas, flores y verduras, esta es la manera más segura y rápida que tienen los colombianos de transportarse. Cuando el avión finalmente decidió arrancar y tomar pista para levantarse; no pudo el piloto hizo dos intentos más y nada, de manera que nos bajaron a todos y después de algún tiempo abordamos un segundo avión. Ya se podrán imaginar... a mí que no me gustan los aviones, estaba totalmente devastada y solo por amor podía aguantar semejante hazaña

Esperamos por un tiempo hasta que apareció el otro avión, lo abordamos y... por fin llegamos a Bucaramanga tres días después de lo previsto, por horas casi llegamos el día 24 de diciembre. Pasamos las vacaciones increíblemente felices. El 24 pasamos envolviendo regalos, y también obsequiándolos ya que es parte del placer, luego de ir a la iglesia tuvimos la gran cena de media noche.

Entre navidad y año nuevo Hernando y yo volamos a Medellín para visitar a mi hermana María Elena, a su esposo Jaime y demás familia. Fue una visita placentera pero sobre todo conocer a Jaipope (Jaime Posada Pelaéz) el suegro de María Elena, que era un hombre tan simpático que desde que entramos a su casa, donde habíamos sido invitados a cenar, nos empezamos a reír hasta que a mí, la mandíbula me dolía de tanto reírme, hasta por lo menos seis horas más tarde; luego Jaipope nos invitó a salir a conocer la ciudad de noche, y donde vi una de las calles principales de Medellín toda iluminada con foquitos blancos para las celebraciones de fin de año. Eso fue lo que más valió la pena de todo el viaje. ¡Luego ver a mis sobrinos fue bellísimo! A María Elena le llevaba una maleta de regalos de toda clase y ella estaba contenta de verme por aquellos lugares.

El año nuevo lo celebramos con la fiesta de gala que ofrecían en el club de Bucaramanga; para la que tanto Hernando como yo nos habíamos preparado desde Washington, con nuestros bellísimos trajes. Hernando era consciente de la moda, tenía un excelente gusto, tanto con su ropa, con la cual era muy exigente, así como con la mía. Él era loco por esas camisitas italianas tejidas y pegadas al cuerpo; tenía de todos colores, era sumamente exigente con los

Capítulo XXI

sacos, casi siempre tenían que ser ajustados a su cuerpo, tipo europeo.

Físicamente Hernando tenía un parecido a Elvis Presley, solamente que era un poquito corto de piernas. También tenía una debilidad por las cosas buenas de la vida, y como meta quería, al cumplir treinta años, ser más rico que su papá.

El día 6 de enero Don Segundo Cristancho cumplía años, pero él tenía una forma muy peculiar de celebrarlo, siempre lo había hecho así. Con anterioridad se compraba los puros, las galletas y el aguardiente; y ese día, él y sus hijos salían a los asilos de ancianos hombres para festejarlos, con lo que más les gustaba y no podían tener a diario. Estos asilos generalmente son manejados y administrados por monjas y son unos verdaderos ejemplos de limpieza y mantenimiento. A mí me encantó la idea, porque siempre he creído que las monjitas son las únicas y verdaderas personas que pueden hacer este trabajo de solidaridad con el prójimo. Ese seis de enero lo pasamos muy contentos y haciendo algo diferente y que no es rutinario, pero que le deja a uno el corazón complacido.

El día siete de enero salimos todos para las playas de Santa Marta, menos los papás, ellos se quedaban viendo sus negocios, pero la tía- mamá, y todos los hijos hasta los casados con sus hijos que vivían en California salimos en avión para Barranquilla, Cartagena y luego a Santa Marta. Cuando llegamos a Cartagena aprovechamos dos horas de espera para visitar la ciudad lo que nos ocasionó llegar tarde al aeropuerto, el avión ya había salido y después fuimos notificados que ese avión había sido secuestrado y llevado a Cuba... ¡se imaginan!

Entretanto nosotros abordamos otro avión y nos fuimos a Santa Marta, donde pasamos rico, deleitándonos con esas playas en el océano Atlántico ¡Tan bellas! Realmente Santa Marta es el Miami de Colombia, con sus edificios de apartamentos a la orillas de la playa, su centro de diversiones, el trencito que pasa por toda la costa; nos dimos una buena bronceada, la comida a base de mariscos, ¡deliciosa!; pasando unos días inolvidables en ese lugar tan bello de Colombia. Cinco días después abordamos otro avión para Miami y luego a Washington, ya se nos habían acabado nuestras vacaciones.

Al regresar de nuestro viaje Marie nos hizo una cena en familia para que les contara todos los pormenores de la gran hazaña del viaje a Colombia. Todos se morían de la risa de todas las peripecias que pasamos en nuestro viaje. Así comenzamos el año sesenta y nueve hasta que llegó el verano y por lo tanto en el mes de junio Jamina se preparó para su viaje a El Salvador, y con la misma rutina la llevamos al aeropuerto de Dulles.

El catorce de julio de 1969, el radio reloj que nos despertaba a Jamina y a mí todas las mañanas, me despertó con una noticia que del asombro desperté más rápido: estaban anunciando que El Salvador y Honduras estaban en guerra; yo no lo quería creer, pero era cierto. Tenía mis vacaciones planeadas para visitar San Salvador por tres semanas, y al mismo tiempo, volar con Jamina de regreso a Washington.

Dio la casualidad que cuando tomé mi avión de Washington a Miami, en agosto, también abordaron conmigo, todos los delegados de la OEA disque a una comisión de delegados latinoamericanos que enviaban a El Salvador, para aclarar la acusación de invasión contra Honduras. Hernando me acompañó hasta Miami, y cuando llegamos a Miami el avión que íbamos a abordar de Pan Am, dio la casualidad que estaban en huelga, por lo que tuve que viajar por TACA; como el avión era más pequeño, nos sentamos todos juntos, a mí me tocó sentarme junto a uno de los delegados, que era de Guatemala y platicando tuvimos una pequeña discusión sobre por qué la OEA estaba declarando a El Salvador invasor.

La discusión con el delegado era el por qué nos consideraban invasores, y yo le decía que la OEA era un Organismo de los Estados Unidos para controlar América Latina, que ellos la patrocinaban y financiaban, por lo tanto no podían ser imparciales en el conflicto Salvadoreño, ya que estaba una compañía norteamericana sumamente poderosa llamada United Fruit Company, envuelta en el conflicto.

Al llegar al aeropuerto de Ilopango, Chachi Guerrero, Ministro de Relaciones Exteriores, estaba esperando a los delegados de la OEA Algunos meses atrás cuando comenzaron las demostraciones de salvadoreños que venían repatriados de Honduras, contando todas las injusticias de que habían sido objeto en Honduras, el Chachi había llegado a la OEA, y me había visto a mí con los grandes cárteles apoyando a nuestros compatriotas, de manera que cuando me vio en el aeropuerto, casi creyó que yo era parte de la delegación.

Antonio Rengifo, ya vivía en San Salvador, por lo que al saber que estaba de visita por unos días, me invitó a comer al restaurante de Chela's Holman, *Le Mar*; casualmente en ese momento el Chachi había llevado a todos los delegados de la OEA a cenar al mismo lugar, por tanto nos volvimos a ver y nos saludamos. Luego ellos se fueron y nos dijeron adiós. Nosotros terminamos de cenar, y a la salida nos dijeron, que en la esquina había un night club, Antonio me preguntó que si quería ir, respondiéndole que sí. Cuál fue la gran sorpresa de que allí estaban todos los delegados, nuevamente y al vernos nos invitaron a sentarnos con ellos, entonces me dijo, el Sr. Palmieri, uno de los señores acompañantes, que iban a ofrecer un cóctel y que les diera mi dirección para mandarme un telegrama de invitación. Efectivamente a los días recibí un telegrama para un cóctel a las seis de la tarde.

En ese cóctel que le daban a la delegación de la O E A, estaba nada menos que el Presidente de la República, el General Fidel Sánchez Hernández, quien al verme, me abrazó y se puso muy contento de que yo estuviera allí, me preguntó por mi papá, mi mamá, y mis hermanas, y qué era lo que yo estaba haciendo, contándole que vivía en Washington y que últimamente se había puesto muy peligroso en cuanto a la delincuencia. Él me contó que había vivido en Washington, tanto que la casa donde había vivido él y su familia la rentaban, y así la casa se había ido pagando sola, por lo que con el tiempo, ya eran dueños de una propiedad en Washington D. C.

Después de platicar algunos minutos, sobre la situación de inseguridad de Washington por aquel entonces, él me dijo: "Lilita, tú tienes un gran espíritu de servicio, así es que yo creo que le vas a servir al país en el Servicio Exterior". Me pidió mi teléfono donde trabajaba, y me dijo que eventualmente iba a saber de él. Yo definitivamente no creí, ¡y me olvidé del asunto! Regresé a Washington con Jamina, después de haber pasado mis vacaciones en El Salvador.

El día que mataron a Martín Luther King, un día de abril del año 68, Hernando había volado a New York; francamente a Hernando le fascinaban los aviones y los viajes, por nada se inventaba un viaje, y si era por avión ¡mejor! Esa noche, una cantidad enorme de negros incendiaron la calle 7 N.W. en protesta por el asesinato de su líder. Ya había estado sufriendo de mucha violencia e inseguridad en Washington pero esta vez fue algo tremendo y las autoridades tuvieron que declarar toque de queda. Llamaron a James Brown, un cantante negro famoso, el Godfather del Soul Music quien gozaba de la admiración de toda la juventud negra de la época y el que definitivamente tenía gran poder sobre ellos. De manera que pasaba él sobre una tanqueta blanca, antimotines, hablando por parlantes y suplicando a toda la gente que tuviera calma, que no salieran, que se estuvieran en sus casas, etc.

Yo estaba asustadísima en mi apartamiento, no fuimos a trabajar y Jamina no fue a la escuela. El daño de la calle 7 N.W. fue tremendo, quebraron vitrinas y saquearon todos los comercios que estaban a ambos lados de la calle; hubo pérdidas cuantiosas y la mercadería, en cuenta lindos y grandes televisores a colores, los vendían por nada.

Cuando Hernando me llamó de New York ya había visto y oído los noticieros de lo que estaba pasando en Washington; pues apenas había salido esa mañana, y se lamentaba no haber estado esa noche allí para tomar ventajas de las ventas por centavos que se llevaron a cabo.

Capítulo XXI

En otra oportunidad íbamos caminando de mi casa a la de Hernando con Jamina, cuando, por el Dupont Circle, nos tomó de sorpresa una manifestación de gente negra, todos caminaban muy rápido porque los venía siguiendo la policía; de repente ¿qué creen...? Yo ya estaba de la mano de Coretta Scott King, la esposa del asesinado Dr. King. ¿Cómo? No lo sé; pero Jamina iba por otro lado con Hernando, ya que del tumulto nos habíamos separado... al momento hubo gases lacrimógenos, pero ya a nosotros no nos afectó mucho porque íbamos algo lejos.

Seguí trabajando en Montgomery Mall, y un día del mes de octubre oí que me llamaban en el P. A. System, que decía: Ms Sol, Ms Sol, telephone. Me dirigí al teléfono más cercano que había, llamé a la operadora... Y fue tan grande el susto cuando me dijeron que tenía una llamada de El Salvador; creyendo que alguien de mi familia había muerto. Pero el susto, se volvió *sustazo* cuando me dijeron que era el General Sánchez Hernández, Presidente de El Salvador, quien me dijo: "Lillita te vas para New Orleáns", y le dije *¿De qué?*: "Te vas de Cónsul General", y yo todavía ingenuamente le pregunté: "¿General, y no se puede a Miami?", y me Dijo: "No, Miami no se puede".

Capítulo XXII

Despedida de Washington

Hoy, me sorprendo enormemente de cómo con esa única llamada por teléfono yo procedí a planificar mis próximos tres meses de la siguiente manera: primero le comuniqué a Kay y Marie mi traslado a New Orleáns; segundo, escribí una carta de renuncia a mi querida Hecht Co.; tercero, escribí otra carta avisando la desocupación de mi apartamento para el treinta de noviembre. Me sorprendo de lo tremendamente confiada que siempre fui, y sigo siendo; yo creo en la gente, ¡he aprendido pero muy poco! Ese es uno de mis defectos: ¡ser confiada! Gracias a Dios, estaba tratando con una persona responsable y seria como el General Sánchez Hernández, si no...

Como soy sumamente organizada pensé que tomando ventaja de las vacaciones del Día de Acción de Gracias, podíamos hacer un viaje por tierra de Washington a New Orleáns llevando toda mi casa; investigar sobre el colegio donde podía estudiar Jamina, quien entraba a la secundaria; y buscar un posible apartamento para vivir.

Un miércoles antes del Día de Acción de Gracias salimos para New Orleáns por tierra Hernando, Jamina y yo. Al llegar depositamos en una bodega toda la casa que venía en cajas, luego nos decidimos a ver apartamentos; más o menos tenía idea de donde me gustaría vivir, dirigiéndonos inmediatamente a la avenida Saint Charles.

Es increíble como las ciudad de New Orleáns por sus raíces españolas y francesas tiene los mismos problemas sociales de nuestros países latinoamericanos, a pesar de ser los Estados Unidos, New Orleáns sólo tenía dos clases: la muy rica y la pobre; no había clase media por lo tanto la vivienda, si quería vivir en

CAPÍTULO XXII

una buena dirección, era cara y si el balcón del apartamento daba a la avenida Saint Charles era todavía más cara. De manera que conseguí un apartamento moderno, nuevo y en un sector elegante de la avenida San Charles donde en medio de la avenida pasa el famoso tranvía, con balcón viendo siempre a la famosa Avenida.

Procedí a hacer las diligencias pertinentes a la renta de dicho apartamento comenzando en el mes de enero del año setenta. Luego, ya teniendo una dirección, nos dirigimos a buscar una escuela católica cercana a la casa, y efectivamente encontramos un High School precioso llamado Nuestra Señora del Buen Consejo, donde iban niñas católicas de clase media y media alta. En New Orleáns encontré que por haber sido colonia francesa, hay un tratado entre el gobierno de Louisiana y Francia donde es compulsiva la ley, en el sentido que, todos los niños de Louisiana deben aprender francés por lo tanto Jamina tuvo que aprender una tercera lengua cuando la matriculé en el colegio del Buen Consejo.

Después nos dimos un pequeño tour en el centro de la ciudad, visitando el río Mississippi y comiendo en los mejores restaurantes de la ciudad. El sábado tomamos nuevamente el vehículo para regresar a Washington. La primera parte del traslado ya estaba realizado, hoy procedí a la segunda parte que era, trasladarme a la casa de Kay por unos días y luego nos dirigimos con Hernando a tomar unas vacaciones a California a visitar a sus hermanos en Los Ángeles, conocer San Francisco y Las Vegas.

Jamina había sido invitada por su tía Kay a un viaje a California, unos meses antes, en el verano, el que había disfrutado de una manera maravillosa por todos los lugares que conocieron en el viaje y las compras que hicieron sobre todo la joyería de plata que adquirieron por lo que hoy que se aproximaban las vacaciones de navidad y año nuevo Jamina se quedaba con Kay hasta que yo tomara posesión de mi cargo, aparentemente en el mes de febrero del año setenta.

En la tercera semana de diciembre del sesenta y nueve dejé de vivir en la ciudad de Washington D.C. y nos fuimos primeramente a LA donde estuvimos hospedados con Octavio uno de los hermanos de Hernando, también había llegado Emilio, el otro hermano. Gozamos muchísimo al visitar tantos lugares que gracias a Dios Hernando ya conocía, y él se encargaba de enseñarme los lugares más hermosos e interesantes de California. Fuimos varias veces a Disneylandia, fuimos a ver los jardines de la cervecería Bush, con sus caballos de raza. En otra ocasión nos fuimos a San Francisco por tres días en donde comí los camarones más ricos de mi vida; al regresar de San Francisco nos fuimos a Las Vegas; me gustó conocer una ciudad tan diferente a las demás ciudades y que está abierta las veinticuatro horas al día, y hay luz las veinticuatro horas al día. Allí tuvimos la oportunidad de ver dos shows espectaculares: uno, la despedida de The Supreems como grupo, con la exótica Diane Rose; y el segundo show, con el espectacular Elvis Presley. También no dejó de darme risa la avenida donde están todas las capillas, donde la gente corre a casarse de cualquier manera y en cualquier momento.

También fuimos a Beverly Hills a la calle RODEO donde los artistas de Hollywood compran sus debilidades, y nosotros también compramos las nuestras, a la par del artista inglés Michael Caine. Terminada nuestra linda estadía en California volamos a New Orleáns ya que tenía que trasladar mi menaje de casa al apartamento de la avenida San Charles.

Pasamos toda la última semana del mes de enero decorando el apartamento y dejé todo lo relacionado con mi nuevo destino, dirección, teléfono, escuela de Jamina, etc. bien organizado, solo esperando mí regreso.

Salimos para El Salvador, Hernando y yo, el primer día de febrero. Después de una semana en S.S. visitando lugares, restaurants y a la familia, Hernando se fue para Colombia, ya graduado a empezar su vida profesional y yo a esperar ser juramentada cono Cónsul General de El Salvador en New Orleáns y aparentemente para ser juramentada pronto. Sin embargo al llegar a El Salvador, encontré que debía tener ciertos

Capítulo XXII

documentos, que nadie me dijo que los llevara para ser juramentada. Por lo tanto tuve que llamar a los administradores de mi apartamento y les autorice para que me enviaran mi cédula por correo, la que se encontraba en una caja que estaba en el primer compartimento del gavetero.

Pasaron los días y no me llegaba mi documento, por lo tanto volví a llamar a los administradores, quienes me dijeron que hacia quince días me lo habían enviado. Inmediatamente me puse a investigar, encontrando que la empleada de la casa había encontrado el sobre, lo había abierto, se había robado la foto, y la cédula había desaparecido. Ya se había restringido el otorgamiento de cédulas antes de las elecciones; pudiendo yo, con un poquito de suerte, llamado cuello, obtener mi cédula para llevar a cabo las diligencias del nombramiento.

Pero había otro problema, que después el Ministro Guerrero me explicó: por más que le enviaban comunicados al cónsul que yo iba a remplazar en New Orleáns, el señor Miguel Méndez Chacón, no les hacía caso; lo llamaban a El Salvador para ofrecerle otro cargo y luego nombrarme a mí, como lo establece el protocolo, pero el señor Chacón al rehusar llegar a la Cancillería, le dio al Ministro Guerrero la potestad de nombrarme a mí antes, y luego trasladarlo de cónsul a él a Washington.

Pero yo ignoraba toda esta situación así que, una vez que fui preguntada si ya me habían nombrado, yo contesté que no, y que yo tenía que pagar mi apartamento desde enero. Esto llegó a oídos del Señor Presidente e inmediatamente me llamó a la casa de mi hermana Sara y me pregunto: "Quiero saber si El Chachi, ¿ya te juramentó?" A lo que yo le contesté que ¡no! Antes de una hora, Chachi me estaba llamando a la Cancillería para ser juramentada. Era el mes de abril, miércoles Santo, a las once y media de la mañana del año de mil novecientos setenta. Sin embargo yo llegué, muy emocionada, con mi traje de negocios y el señor canciller ya se encontraba en ropas deportivas para salir a vacaciones de Semana Santa rumbo a las playas del golfo de Fonseca.

El acuerdo de mi nombramiento fue el doscientos siete, del día treinta y uno de marzo de mil novecientos setenta. Acusando recibo del mismo el siete de abril de mil novecientos setenta, saliendo para New Orleáns unos días antes y tomando posesión de mí cargo en New Orleans, el día 15 de abril de 1970.

Capítulo XXIII

Cónsul General en New Orleans

Llegué a New Orleáns y me sentía como en mi casa: de hecho ya tenía mi casa; a los pocos días ya estaba mi hija Jamina conmigo, y empezamos la rutina. Teníamos una empleada salvadoreña, Elvira Hernández, quien además de hacer los servicios nos servía de compañía más a Jamina que a mí. Me presenté al Consulado el día quince de abril, tal como decía el acuerdo, donde tuve la oportunidad de conocer al personal y las instalaciones. El Sr. Garzona era el vicecónsul; la Señorita María Teresa Cuéllar Ortiz, llegó a ser la asistente del vicecónsul, hacía el trabajo de recepción de los documentos que llegaban y, la señora Chela Cucalón de Sessions, quien llegó a ser mi secretaria.

Todos se portaron muy amablemente conmigo, aunque con el señor Chacón tuve pequeños problemas en la entrega de las cuentas del banco y la Caja Chica, tardándose varios meses en la entrega total del Consulado. Las instalaciones se encontraban en el décimo piso del edificio Trade Mart. Al salir de los elevadores se cruzaba a la izquierda, del lado sur, y estaba el consulado de El Salvador; enfrente, al otro lado del pasillo se encontraba el Consulado de Venezuela. Al lado izquierdo, pero al norte de los elevadores, se encontraba el Consulado de Honduras.

Yo ignoraba que todo el Cuerpo Consular y de hecho, los funcionarios municipales estaban a la expectativa de mi reacción al encontrarme con el cónsul de Honduras o viceversa. Algún tiempo después, entrando él y saliendo yo, del mismo elevador, nos encontramos y fuimos presentados por John Alice, quien tenía su oficina de negocios en ese mismo piso; creo que a ambos nos agarró de sorpresa, pero él definitivamente fue muy galante, y hasta me regaló un libro que acababa de escribir, con dedicatoria y todo... era el doctor Jaime Ramírez.

Luego, a las tres semanas, hubo una reunión del Cuerpo Consular, en el treinta y tres piso, donde se encuentra el Plimsoll Club. Cuando llegué, ya habían muchos miembros del Cuerpo Consular reunidos, incluso el Cónsul de Honduras ya estaba sentado; cuando aparecí, la exaltación creció en el grupo, era la primera vez que nos íbamos a encontrar en público, así es que la tensión se incrementaba al tiempo que yo entraba. Cuál fue la sorpresa cuando el Dr. Ramírez se paró, me extendió su mano, yo lo saludé muy amablemente y él me cedió su silla, para que me sentara, ante la expectativa de todos los presentes, ¡que no salían del asombro de tanta cortesía y amabilidad!

Supe, por medio de colegas que habían presenciado el comportamiento, tanto del doctor Ramírez como del señor Méndez Chacón, lo que había sucedido... resulta que, antes del conflicto entre El Salvador y Honduras, ellos eran uña y mugre: salían juntos, comían juntos, parrandeaban juntos, etc. Cuando vino el conflicto, estos dos hermanos se dieron de puñetazos, se tiraron sillas, nunca más se volvieron a hablar y fue un escándalo romano en el Cuerpo Consular de New Orleans.

Dio la casualidad que el cuatro de mayo de mil novecientos setenta, el nuevo alcalde de la ciudad de New Orleans, tomó posesión de su cargo, el señor Moon Landrieu. Por lo tanto teníamos, ambos, algo en común, que habíamos tomado posesión de nuestros respectivos cargos más o menos por el mismo tiempo. El señor Landrieu tenía la fama de ser pesado, prepotente, déspota, serio, y que no le gustaban mucho los latinos.

Tomé posesión del consulado el quince de abril de mil novecientos setenta y, el jueves veintiocho de mayo, 1 mes y 13 días después, ya llevaba a El Salvador una delegación de dos periodistas de la NBC y diez inversionistas. Los cuales definitivamente ayudaron al país donde y cuando se pudo. Por ejemplo conseguí, como Cónsul, el primer permiso para exportar lagartos de Louisiana a El Salvador. Esa, era una acción muy

Capítulo XXIII

difícil, porque los lagartos de Louisiana están en peligro de extinción. El permiso número tres también se consiguió para El Salvador, siendo éste el último permiso otorgado. El segundo se le concedió al General Somoza de Nicaragua.

Con los lagartos se buscaba abrir una nueva industria en El Salvador, primero la crianza y reproducción de la especie en granjas especiales que, a más de brindar puestos de trabajo para muchos salvadoreños en el campo, también era fuente de divisas ya que los cueros de lagarto se venderían a Francia, Suiza, Italia y otros países, para la fabricación de muchos productos, calificados como de lujo: carteras, zapatos, billeteras etc.

Desgraciadamente, algún tiempo después, tuvimos la visita del terrible huracán FIFÍ y entonces hubo pérdidas de toda clase, de vidas, de propiedades, en cuenta se salieron todos los lagartos de las piscinas donde los tenían en la hacienda de criaderos El Porvenir, en el pacífico usuluteco. Después se vieron algunos bebés lagartos, que los estaban vendiendo como mascotas, en las calles de San Salvador.

Por otro lado, cuando llegué a New Orleans, a pesar que tenía un apartamento muy bonito y cómodo, Jamina estaba estudiando en un buen colegio católico, tenía una empleada de casa que me ayudaba mucho, y realmente me sentía bien; pero, a la vez, me sentía un poco incomoda porque el sur, es bastante conservador, y yo, llegaba... podemos decir del norte, de Washington D.C. y habiéndome desempeñado en algo tan de Avan-Garde, como coordinadora de modas y estar en el negocio de la Moda, o del Glam...vistiendo maniquíes en las vitrinas o escaparates de la Hecht Co. y además, buscando siempre en New York, los accesorios y a veces hasta los trajes para mi uso personal, que no podía encontrar en D.C.

Por supuesto que al principio, tuve la impresión que mi moda era demasiado "Avan-Garde" para New Orleáns pero... con el tiempo lo superé, aunque creo que eso mismo le dio más glam a mi posición de Cónsul General y que parte del éxito en New Orleans fue mi estilo e imagen personal.

La ciudad me pareció una grande y extensa ciudad típica latinoamericana, era bastante sucia, como son todos los puertos, y habían solamente 2 clases, los muy ricos, que eran la verdadera sociedad cerrada de New Orleáns y, los pobres, la mayoría descendientes, o los que habían sido esclavos de los grandes terratenientes que sembraban caña de azúcar y algodón en el territorio de la Louisiana. Casi no había clase media. Era muy caro vivir en el sector "bueno" y en el otro, no se podía vivir... Pero, para mí, tenía un encanto muy especial, el que hubiese pertenecido primero a España, y reconocer tantos detalles en español como la Calle Real y, luego haber sido de Francia, de ahí, la Plaza San Louis, con sus tradiciones y nombres en francés, especialmente en la deliciosa comida gourmet cajún-francesa y las famosas beignets, por último, pues ya formando parte de los 50 estados de la Unión Americana, con su Bourbon Street, Canal Street, el lago Pontchartrain, etc.

Se había asentado en el área de New Orleáns, una buena cantidad de latinos, en su mayoría hondureños, en aquella época alrededor de más de 30.000, así como un buen número de cubanos, mexicanos, nicaragüenses y no más de 200 salvadoreños.

New Orleáns, por ese entonces, ¡estaba considerada una ciudad atrasada! Con la llegada del nuevo Alcalde demócrata Moon Landriu, mejoró enormemente, tanto en el aspecto limpieza, como el turístico, el económico con el puerto, y la política, integrándose más al que hacer de Washington.

Tuve la suerte de tener en New Orleáns, a mis grandes amigos norteamericanos, a quienes había conocido en San Salvador, a través de los Rengifo, ya que Nano asistía al mismo colegio militar que el hijo mayor de Mr. Glen Weems, quien en segundas nupcias había casado con Crist y tenían 2 preciosos hijos, Ángela y Glen, además los 3 hijos de Crist de su primer matrimonio Cristal y 2 varones.

Cuando se dieron cuenta los Weems que estaba en New Orleáns, yo ya estaba totalmente instalada, aunque no dejaron de molestarse por el hecho de no haberles solicitado ayuda cuando llegué; pero ellos me ayudaron mucho a penetrar ese mundo tan raro y difícil de New Orleáns, aún para mí, que gozaba de ser diplomática, pero Mr. Weems, era el distribuidor de la ESSO para todo el sur de los USA, había sido piloto en la Segunda Guerra Mundial, así es que piloteaba su propio hidroavión, y era un excelente hombre de negocios y él ha sido uno de los 2 mejores publirrelacionistas que he conocido en mi vida! Le tenía un inmenso aprecio, lo mismo a Crist; pero Mr. Weems me hacía sentir tan, pero tan bien, tan importante, que era una "delicia" salir con ellos y sus amigos VIP's, o ser invitada a las reuniones en su lindísima mansión al otro lado del Río Mississippi, en medio de una cancha de golf, ¡y donde la cristalería Lalique brillaba más!

Por medio de ellos, comencé a relacionarme con las autoridades del Wild Life and Fisheres Commission, con el Dr. Lyle St. Amant, el Director y verdadero científico que predecía la producción del camarón y la ostra en el territorio de Louisiana, y solamente se equivocaba en un 2%, ¡ya se pueden imaginar qué clase de científico era!

Ellos, el Dr. St. Amant, Allen Ensminger, James Jonen, Kenneth Godshalk y otros científicos, biólogos marinos, nutricionistas, etc. trabajaban en la isla y las autoridades de Louisiana todavía mantienen sus laboratorios en Great Island, la *islota* que se encuentra en el golfo, a unas millas de la costa de Louisiana; ahí también se encuentran cientos de pilas donde hacen crecer los camarones y las ostras. Muchas veces tuve que ir de visita al laboratorio de Great Island, en el hidroavión de Mr. Weems, y quiero expresar, que han sido los vuelos que más he gozado, porque no me ha dado nada de miedo, primero por la clase de piloto que era Mr. Weems, luego sabía que podíamos aterrizar en cualquiera de los muchísimos bayous o canales que hay en Louisiana, ¡me encantaba el aterrizaje en las olas del mar!

Con ellos, fue con quienes preparé la aventura de hacer crecer más los lagartos de Louisiana, en El Salvador; donde hace más calor y por más tiempo, ya que con el frío de por lo menos 5 meses en Louisiana, se retarda el crecimiento de los lagartos, que estaban en periodo de extinción, y haciendo dicho experimento, conseguí los permisos para llevar los lagartos a El Salvador y comenzar una granja con ellos, para exportar los cueros a Europa.

También con los Weem's conocí a un señor muy importante del área del otro lado del río (Mississippi) Charles Garrets, él era el dueño de la compañía de seguros más grande de este tipo, ellos aseguraban grandes obras, empresas industriales, etc. además era dueño de una cadena de Casas mortuorias, llamadas Mothe Funeral Homes, tenía alrededor de 15 funerarias en el área.

Charlie, siempre me decía que, cuando tuviera algún salvadoreño que moría en Louisiana y no tenía para ser arreglado y enviado a El Salvador, que él, su empresa funeraria lo haría con gusto. Fue así como me ayudó con algunos salvadoreños a ser enviados a nuestro país.

De esa manera, en el currículum de la empresa, ponen que han enviado cadáveres hasta a... ¡El Salvador! Además de que se quitan algunos impuestos, ¡ya que se considera una donación!

Un día, recién llegada, me vi en la necesidad de invitar a unos VIP's a almorzar. El consulado quedaba en el 10 piso, y en el 33 se encontraba el Plimsoll Club, al cual se suponía que, todo el Cuerpo Consular, tenía derecho a ser miembro, lo que era altamente cómodo para los cónsules que trabajábamos en el Trade Mart Building, porque no teníamos que salir fuera del edificio, solamente tomar un elevador. Cuando mi secretaria llamó para hacer las reservaciones, le contestaron que AHÍ NO SE ADMITÍAN MUJERES... ¿se dan cuenta? En abril de 1970... ¿En USA?

Mi secretaria me comunicó con el manager del Club y él, me volvió a repetir lo mismo. Inmediatamente me comuniqué con Mr. Weems y le referí lo sucedido, preguntándole que si esa no era una cortesía EXTENDIDA al Cónsul General de un país amigo, ya sea alto, bajo, delgado o gordo, negro o blanco, hombre o mujer. Y él me contestó: "tienes toda la razón, deja ver qué puedo hacer." A los tres días tenía mi carnet de

Capítulo XXIII

miembro del Plimsoll Club #H25, ¡siendo la primera mujer que puso un pie en un lugar estrictamente para hombres! En New Orleans...

Ahora, todas las anécdotas después de eso, es algo cómico... digno de recordar. Los meseros no se acostumbraban a pasarle la cuenta a una dama, y se la pasaban... a mi invitado, para lo cual me veía en la terrible dificultad de pedirle que yo lo iba a firmar (a fin de mes le pasaban a uno la cuenta). A los días de ser miembro, el Club tenía una linda cortesía para mí, y era que, al abandonar el salón del comedor, en la puerta, estaba un mesero con una cajita y unos cuantos postres en ella, para que yo me los llevara para mi oficina. Ya se habían dado cuenta muy bien, de mi debilidad por los postres, ¡especialmente esos franceses! Así las cosas, quiero decirles, que al poco tiempo ya hacíamos hasta desfiles de moda... ¿Qué les parece? Todo eso sucedía en el famoso Plimsoll Club, en 1970, año de su liberación...

Había otro Club de hombres que se llamaba International House o Casa Internacional, naturalmente a ESE nunca pude entrar como miembro... por ser mujer, y tampoco nunca pelee por ello, porque no me interesaba, pues quedaba lejos del consulado. ¡La comodidad ante todo!

Parece mentira, y casi no lo creía, que toda la gente me preguntaba que "si mi esposo era el Cónsul General," así es que, por mucho tiempo pasé dando explicaciones a la gente sureña que no, que era yo, la Cónsul General. Francamente no me había puesto a pensar, viviendo por tantos años en Washington, que los norteamericanos estaban totalmente atrasados en cuestiones de género, especialmente en el Sur de los Estados Unidos, donde, es otra cosa totalmente, comparando la región de donde yo procedía.

Al ir conociendo, por medio de visitas protocolarias, a los demás colegas del Cuerpo Consular, conocí al Cónsul Ofilio Lacayo, de Nicaragua, un hombre muy especial, educado y conocedor de todo; inmediatamente me ofreció mandarme a imprimir toda mi papelería a Nicaragua, donde parece que él tenía una imprenta... y al poco tiempo se presentó con un guardarropa completo de papelería exquisitamente impresa, para mí, ¡qué regalo!

Para el 12 de Junio de 1970, el Cónsul Honorario de la república de Upper Volta, el Cónsul John W. Ormond ya me había entrevistado en su programa de TV llamado: AQUÍ Y AHORA, en el canal 8, donde había expresado a la teleaudiencia lo que sucedía en El Salvador, con una buena descripción del país, y lo contenta que me encontraba en New Orleans. Mr. Ormond me invitaba por lo menos 3 veces al año a su programa de televisión, y porque yo era tan activa en el área siempre teníamos algo nuevo de qué platicar o qué enseñar a la sociedad de New Orleans.

Para julio 22, salió el primer Boletín del Consulado General, donde saludaba a los compatriotas y me ponía a las órdenes.

Luego, convocamos a tener las sesiones del Club Salvadoreño en las instalaciones de la Representación Consular. El Centro Interamericano de la Universidad de Loyola me invitó a la graduación donde había graduantes de Argentina, Guatemala, Nicaragua, Panamá, Paraguay, Perú y El Salvador.

Un día de junio falleció en New Orleans, la esposa del Sr. Canciller de Nicaragua, Doña Sarita Mora de Guerrero, enviando las condolencias acompañadas de un bello arreglo floral. Recibiendo luego, una carta del Sr. Cónsul Lacayo, ¡muy sentida!

Celebré, por primera vez, el 15 de Septiembre, de 1970, para todos los salvadoreños en Louisiana, fue un gran acontecimiento, con cocktail y bocadillos deliciosos, además de un salvadoreño que actuaba como Cantinflas, también un discurso por mi parte, corto pero bien centro americanista, unionista, ¡por supuesto!

En octubre de ese año, también fui invitada, con mi hija Jamina, a ver como prueban los motores de los transbordadores que van al espacio. Es algo verdaderamente increíble, cómo estando a unas cuantas millas de distancia, se puede ver la lluvia antes, el fuego que sale de los motores y luego algo que nadie esperaba... un terremoto, por lo menos grado 5, una señora alcanzó a decir: "¡Hoy sí, El Señor se va a enojar!"

Aparecía mucho en el periódico TIMES PICAYUNE y en muchas revistas, y siempre Mr. Simmons de la Mason Blanche, la famosa tienda por departamentos de New Orleans, me enviaba los recortes que salían, como una linda cortesía.

En noviembre del año 70, La Universidad de Louisiana en New Orleans me invitó a discutir INCENTIVOS Y OPORTUNIDA-DES EN EL SALVADOR PARA EMPRESAS NORTEAMERI-CANAS, era el profesor Richard Stillman y su clase de graduados en economía, que me hacían el honor de escucharme.

En el mes de noviembre, también, participamos en la SUBASTA de WYES TV Tuvimos la osadía de rifar un viaje a El Salvador, vía TACA, con todo pagado por 5 días y 4 noches, pero tenía un gancho enorme... Incluía una visita con el Sr. Presidente de la República, General Fidel Sánchez Hernández, pagando más, el Dr. Thomas Melius, famoso del área, con su esposa Bess, quienes comenzaron la subasta con $6.50 como primera oferta y al final pagaron $875.00. Era realmente un paquete puesto por Taca, El Hotel Intercontinental, el Instituto Salvadoreño de Turismo, todo coordinado por el Consulado quien había donado la Visita ¡Al Sr. Presidente de la República! Estaban tan fascinados de su viaje, que me escribieron desde San Salvador una carta agradeciéndome todo, porque realmente los habían atendido a cuerpo de rey, quedando totalmente fascinados y obteniendo una inmensa propaganda para nuestro país.

En diciembre de 1970, ya habíamos planeado con Hernando tomarnos un crucero por el Caribe. Él me había dejado que yo escogiera la línea y cómo quería el tour. Como yo soy la "seguridad ante todo", no escogí la línea Italiana, sino la Sueca, porque ellos tenían mayor experiencia, de miles de años desde los vikingos, etc. Volé de New Orleans a Miami, allí me reuní con Hernando y nos trasladamos luego a la dirección de donde salía el crucero.

La salida de puerto es bien emotiva y un show completo. Pero quiero advertirles que ese es el momento que los ladrones que ya están en el barco aprovechan para entrar a tu camarote y, con la gran experiencia que tienen te roban lo que ellos quieren. Es una buena estrategia, porque como todavía no has desempacado no puedes estar seguro de que lo que te robaron estaba ahí, pudiste haberlo dejado en tierra. Así es que a Hernando le robaron un encendedor de oro y una pluma de oro, y a mí un anillo de esmeraldas.

Conocimos Haití, era lindo en el paisaje, pero allí vimos por primera vez niñas de 12 años prostitutas, ¿se dan cuenta? Eso me dejó completamente mal y nunca se me ha olvidado las caras de las niñas... fuimos a Puerto Rico, a las islas Vírgenes, pasamos al lado de Cuba... fuimos a Jamaica y a Antigua. Es un lindo paseo de descanso y para subir peso, pues pasas comiendo todo el santo día; hay cines, piscinas, tiro al blanco, y el último día cuando uno se disfraza, ¡y el show que es espectacular! Regresamos los dos a New Orleans y a los días Hernando tomó el vuelo para Bucaramanga, Colombia.

Hubo la visita de Joe Di Rosa y su esposa, Presidente del Consejo Municipal de New Orleáns, John Alisse y su esposa, prominentes empresarios y los periodistas Jim Kemp y John Laundry de ABC afiliada en New Orleáns, quienes sacaron una serie de reportajes sobre El Salvador, en costumbres, vida política, obras del gobierno, actividades de la empresa privada, educación, salud, vivienda, y otros... con una propaganda tremenda para el país, declarando a El Salvador: PAÍS DE PAZ.

En este viaje a El Salvador, tuve una de las satisfacciones, ¡de esas inolvidables! Cuando andaba con el equipo del gobierno y los dos periodistas de la ABC, haciendo todas las tomas de los diferentes lugares para la transmisión por T.V. en New Orleans, fuimos a mi lugar preferido de El Salvador, que es el Hotel de montaña en el Cerro Verde, recuerdo que estaba heladito y, en los jardines había toda cantidad de cartuchos blancos, ¡se miraban tan bellos! Además de hortensias en los colores morados... Había rótulos que decían "prohibido cortar las flores"... Y a mí se me hacía agua la boca de ver tanto cartucho blanco... Me sentía tan emocionada que le comenté al señor Pino, de Casa Presidencial que nos acompañaba, que qué bellas eran esas flores, y que de todas las flores eran mis favoritas! (Cuando me casé quise mucho llevar cartuchos en mi ramo de flores, pero en verano no había por ninguna parte en Washington)...

Continuamos con el trabajo y como a las 6 y media de la tarde regresamos al hotel a tomar los vehículos para regresar a San Salvador, ¿y cuál fue mi gran sorpresa? ¡Que el vehículo estaba completamente lleno de cartuchos blancos! Y los señores del hotel, los jardineros y el personal de seguridad que andaba con nosotros, muy orgullosos me decían que como era mi flor favorita, ¡me habían llenado la camioneta de cartuchos! Bueno, era una emoción tan, pero tan grande, que aún ahora, escribiendo esto, la he vuelto a sentir... me sentí una reina, una diosa, una no sé qué... sobre todo fue la sorpresa: es muy difícil que alguien me sorprenda, ¡sobre todo de esa manera! ¡Ha sido una de las emociones más lindas de mi vida! Omito decir que, los americanos que nos acompañaban, ¡se quedaron con la boca abierta! y no paraban de comentar el detalle tan bello que habían tenido los señores del hotel en el Cerro Verde.

El 18 de noviembre de 1970, fui Invitada de Honor a la IV Feria Internacional, llevada a cabo en San Salvador, recibiendo diploma de honor de manos de su Presidente Alex Dutriz y de Nicolás Nasser.

En diciembre... de ese mismo año, fui reconocida por el Club Salvadoreño, como Presidenta Honoraria, diciendo el Presidente del Club "Reconocemos que la presencia de la Señorita Lillian Díaz Sol como Presidenta Honoraria de la Junta Directiva del Club Salvadoreño, representa uno de los máximos valores con los que cuenta ésta agrupación." Mauricio Bonilla.

Teniendo, en mi jurisdicción como Cónsul General, a 14 estados de la Unión Americana, siendo Louisiana la sede; luego Mississippi, Arkansas, Kansas, Missouri, Tennessee, Ohio, Illinois, Iowa, Wisconsin, Minnesota, Dakota del Sur, Dakota del Norte y Nebraska. Los salvadoreños de la ciudad de Chicago, del estado de Illinois, también me solicitaban que les enviara boletines, periódicos y revistas, enviándome ellos, los agradecimientos más fervientes por toda la atención que les prestábamos, por ese tiempo. Además a todos los consulados honorarios en esa jurisdicción.

Se había hecho ya una costumbre de los diferentes High Schools del área, de llegar de visita al Consulado, lo cual hacían con previa cita, y les encantaba que les platicara como era El Salvador y como era mi trabajo en el Consulado. Desde el East Jefferson High School de Louisiana, hasta los colegios de Mississippi.

La Universidad de Loyola en New Orleans, el 1 de abril del 71, me invitó a discutir EL SALVADOR, en su clase de Ciencia Política. En esa oportunidad me pasó algo que a continuación les platico... después que el profesor me presentó a la clase en pleno, la primera pregunta que un alumno me hizo, creyendo que como era mujer y católica, me iba a destrozar: más no sabían que, en esa materia, había tenido un buen conocimiento de causa, porque mi tío, el Ing. Mario Pacheco y su hermano el Dr. Roberto Pacheco eran miembros fundadores —y uno de ellos hasta Presidente—, de la primera Asociación Demográfica, en El Salvador; ese tema, era tema de mesa, en mi casa, salía mucho en conversaciones durante las comidas. La pregunta fue: ¿Siendo El Salvador tan pequeño e inmensamente poblado, por qué no se tenía un plan de control de población? Que si la Iglesia católica se oponía.

Mi respuesta fue: "¡Por supuesto! La Iglesia Católica y todas las iglesias cristianas se oponen en El Salvador, ¡así como en toda América Latina!" Ellos se asustaron, ¡porque nunca se imaginaron que iba ser tan categórica! Dándole una magnífica charla sobre el tema, a toda la clase.

Capítulo XXIII

En el año 1970, tuvo El Salvador, su último censo, creo yo confiable, y en ese entonces ya las proyecciones para el año 2000, eran de 10 millones de habitantes. En el año1980, no se llevó a cabo ningún censo por el conflicto interno. En los años 1990 y 2000 se hicieron unos censos mal hechos; además de que, como siempre, las cifras son manipuladas por los gobiernos. Lo mismo ha pasado en el 2010.

En mayo del 71, donamos a la Biblioteca de la Ciudad de New Orleans y de las diferentes universidades, un lote de libros de autores salvadoreños pero especialmente teníamos el libro titulado: NUESTRO DIFERENDO CON HONDURAS. Fue cubierto por los periódicos y la TV. El Gobierno salvadoreño de la época, nunca trató este conflicto, como GUERRA, si no como DIFERENDO; después de todo, somos hermanos centroamericanos.

En el mes de junio del mismo año, me tocó hablar sobre EL SALVADOR en la Universidad de Southern Mississippi. A todo el Cuerpo Consular le fascinaba ir a Mississippi porque su gente es tan amable y son magníficos anfitriones. Siempre los festines que preparaban eran de película y la comida sureña, ¡es realmente deliciosa! ¡Hummmm! ¡No servían nada de licor! ¿Por qué? Porque en su mayoría, los habitantes de la región y el Gobernador eran de la denominación bautista.

Tenía también, otros buenos amigos, muy amigos de los Weems, era un político muy famoso del área, Marshall Brown y su esposa Ellen. Él era el director del partido demócrata de Louisiana, aunque realmente era para todo el sur de los Estados Unidos, también, era muy, muy poderoso. Marshall era un hombre bastante tosco; no era elegante ni cuidadoso de sus maneras, era un político de altos vuelos; sin embargo, casó con una dama de la alta sociedad de Rhode Island. Cuando sucedió la boda, la noticia cubrió, por varios meses, la anécdota, de cómo una mujer tan fina y educada, del este de los Estados Unidos, podía contraer nupcias con un hombre sureño tan ordinario, digámosle. Siempre ese hecho, fue una incógnita para la sociedad de New Orleans, eran católicos y tenían 4 hijas: dos propias y dos adoptadas. Ellen, con el tiempo y el poder político de Marshall, llegó a tener una posición muy importante, siendo la Directora del Board de Educación de Louisiana.

En noviembre de 1972, para la realización de la V Feria Internacional de El Salvador, se me ocurrió invitar al Gobernador John Bell Williams, del Estado de Mississippi, un Estado importante en mi jurisdicción. Cuando él recibió la invitación no me contestó inmediatamente, sino a los días. Estando todavía en mi casa, eran como las 7 de la mañana, me llamó su secretario de Relaciones Internacionales, para decirme que el Gobernador iba a anunciar, ese día a las 11 de la mañana, al pueblo de Mississippi, su viaje a la Feria Internacional de El Salvador, y él quería que yo estuviese presente durante el anuncio; además, me decía que había un evento y un almuerzo.

A preguntarle iba, que cómo hacía para llegar a tiempo, si por tierra son de 3 a 4 horas, pero no llegué a preguntarle; él se anticipó a mi pregunta y me dice: "el gobernador está enviando su jet privado, para transportarla, ¿qué me dice?..." Inmediatamente le dije que sí, entonces, prosiguió diciendo, a las 9 de la mañana estará el avión esperándola en el aeropuerto civil y lo reconocerá porque tiene en la parte de atrás la bandera REBELDE. (Es la bandera roja atravesada por una X azul y con 14 estrellas dentro) *"The South shall rise again!"*

Inmediatamente le hablé a mi amiga Marla, para ver si ella podía acompañarme. Me contestó que sí, después de preguntarle a su esposo, quien era de Mississippi, y a las ocho y media ya estábamos en el aeropuerto, ¿pero cómo hacíamos? Casi todos los aviones privados tenían la bandera REBELDE, de repente el piloto vio que dos latinas estaban un poco confundidas... y me preguntó si yo era Lillian, y le dije que sí, ¡y ahí vamos para arriba y away! Yo que le tengo pánico a los aviones. ¡Pero ese ha sido el mejor vuelo que he tenido en mi vida! Hasta terminé de pintarme las uñas allá arriba, e iba corrigiendo un discurso que tenía que ir a dar durante el evento. Por Dios Santo... ¡Qué amor por EL SALVADOR!

El Club Salvadoreño de residentes en el área de New Orleáns, me homenajeó con una Placa, en diciembre del 71 en el Hotel Holiday

Inn, donde hubo una celebración de Navidad. La Placa es algo muy querido y representativa de una gente salvadoreña buena, trabajadora, honrada y la guardo, todavía, en mi oficina de San Salvador, ¡como muestra de un tiempo terriblemente lindo!

También el Gobernador de Louisiana John McKeithen, después de una interesante disertación sobre la participación de la mujer salvadoreña en la vida nacional, me nombró CORONEL, de la ORDEN del GOBERNADOR. Recuerdo haber dicho algo como: que El Salvador, teniendo un territorio pequeño en dimensión y de pocos —mejor dicho—, nada de recursos naturales, poseía una de las mejores riquezas del mundo... sus recursos humanos... SU GENTE, ¡grandemente trabajadora!

El Club de Mujeres Profesionales y de Negocios de New Orleans, sostuvo un evento del 17 al 23 de Octubre de 1971, y en la clausura del mismo, me invitaron a disertar sobre "EL ROL DE LAS MUJERES EN EL SALVADOR" el reconocimiento de los medios de comunicación fue increíble, llamó mucho la atención, sobre todo cuando expresé:

"Las mujeres salvadoreñas no son elementos pasivos en nuestra sociedad, pero han tomado un rol activo y eficiente, no solamente en el hogar, pero en la oficina, industria, educación, comercio, política, servicios sociales, artes y otras."

Luego agregué: *"que la mujer salvadoreña, sin menos preciar y abandonar su trabajo en casa o, su feminidad, trabaja hombro con hombro con su esposo o compañero de vida, para ayudar a incrementar su estándar de vida". Le atribuí "LA FUERZA, LA VOLUNTAD Y LA DETERNINACIÓN de El Salvador, a la mujer salvadoreña" y seguí diciendo que "mi país ha hecho un progreso espectacular en el desarrollo industrial, reforma política y pronto la reforma agraria, y que la mujer salvadoreña había sido un factor importante en este desarrollo."*

Finalmente dije que el *"negocio más importante del mundo, había sido hecho por una mujer, ISABEL LA CATÓLICA, Reina de España, cuando ella empeñó sus joyas para darle el dinero a Cristóbal Colón, para descubrir el Nuevo Mundo."*

Ahora, les dejo a Ustedes Mujeres de Negocios de New Orleans, precisar, si esta transacción de negocios, llevada a cabo por ISABEL, fue lucrativa o NO.

El día 15 de septiembre del año 1971, en City Park, celebramos el 150 Aniversario de la Independencia de Centro América. Habiendo decretado, a mi iniciativa, el Alcalde Moon Landriu, LA SEMANA CENTROAMERICANA, la que fue secundada por los demás Cónsules Generales.

Como evento popular tuvimos toda la semana, un Encuentro Futbolístico, se disputaron la COPA 150 Aniversario de la Independencia de Centroamérica, donada por el Cuerpo Consular, habiendo quedado como finalistas: el equipo de Costa Rica y el equipo de Honduras. Al final ganó el equipo de Honduras, pidiéndole a mis compañeros ser yo, la que entregara la Copa a la oncena hondureña. A dos años del Conflicto con Honduras, el abrazo y el beso de la Cónsul General salvadoreña, al Capitán del equipo hondureño, ¡fue un escándalo romano! en todos los periódicos deportivos latinos de New Orleans, ¡pues nunca se imaginaron que la salvadoreña pudiese tener ese detalle con el equipo hondureño!

Fui el vehículo, para llevar un donativo de ropa y juguetes a El Salvador, donados a la Sub-secretaría de Salud, estando el Dr. Oswaldo Ramírez como titular, pues éste ministerio estaba haciendo una campaña contra la mendicidad infantil, al cual queríamos contribuir desde New Orleans. También hicimos la entrega de un donativo en dólares a la Sociedad Protectora del Centro de Educación Especial. Recuerdo que ahí me conmoví mucho al ver a los niños y niñas con discapacidad; eso me haría, después, ¡ofrecerles un evento especial para ellos!

Una de las invitaciones más bonitas e interesantes que recuerdo, fue mi visita al Buque Escuela Juan Sebastián El Cano; ahí es donde se entrenan los futuros marinos españoles, navegando por los 7 mares por 6 meses, y llevando a 123 personas entre oficiales y alumnos. Siendo este barco el más antiguo del mundo, ¡pero verdaderamente es una joya! ¡Qué maderas!

Capítulo XXIII

La esposa del Alcalde Moon Landriu, Verna, me enviaba notas de GRACIAS, por los regalos que les vivía enviando, en esta ocasión, era un queso especial que había llevado de El Salvador, a su vez obsequiado por Joaquín Palomo; pero cuando digo queso, ¡era una marqueta de 100 libras de queso! Naturalmente a la familia Landriu se le envió una buena porción.

Una de las bondades que tenía al ser soltera, era, ser invitada a las cenas que la Ciudad de New Orleans, ofrecía a los grandes dignatarios que la visitaban, y a los que el Sr. Alcalde, como parte del protocolo debía entretener, ¡de acuerdo a la categoría del visitante!

Casi siempre, el visitante no llevaba esposa, entonces yo, como Lillian Díaz Sol, y de paso Cónsul General de El Salvador, hacía las veces de esposa del visitante, en el arreglo protocolario de la mesa. ¿Pero ya se dieron cuenta del truco? El truco era que, Verna la esposa del Alcalde, se sentaba a la derecha del visitante sin esposa, y yo que hacía de esposa del visitante, me sentaba a la derecha del Alcalde, y así podíamos estar platicando...

Recuerdo la vez que llegó el Ministro de Economía de España, (1972) Honorable Enrique Fontana Codina, y recibí la invitación a una Cena de Gran Gala en el Primsoll Club. Me tocó estar, igual que siempre, sentada a la derecha del Sr. Alcalde... y realmente la cena era un espectáculo... tardamos unas 5 horas... (Este servicio era *á la russe*, se puso de moda, cuando el famoso francés, experto en comida francesa, Urban Dobois, popularizó este servicio, allá por los 1860s, después de haber visitado Rusia, y observar el estilo de comer. Hoy en estos tiempos, se llama servicio francés) Los grandiosos platos eran presentados a todos los que estábamos en la mesa, que éramos 25, de una manera increíble... con estatuas de hielo y todos, tanto los chefs como los meseros, se unían a la presentación como una procesión, dando una vuelta completa a toda la mesa, levantando las bandejas decoradas como nunca... Eso quería decir que, las autoridades de la Ciudad, querían quedar súper bien con el Ministro de Economía y Finanzas de España. Cuando ya teníamos como 3 horas de estar en el ejercicio de comer todos los deliciosos manjares... le dije a

Moon: "Alcalde, no cree que después de este *course*, ¿bien podemos ir a visitar el French Quater y regresar perfectamente a tiempo para el próximo? Y él me contesta: "Lillian, ¿tú quieres decir Spanish Quater, verdad?"... (Para quedar bien con los españoles).

Bernardo Parlange, Cónsul General de México, me contó cuando me conoció, que su primera visita protocolaria había sido la mía, porque cuando vio mi apellido DIAZ SOL se acordó de una buena amiga salvadoreña de apellido DÍAZ SOL también, y quería saber de ella y si la conocía, resultando ser mi tía Margoth... Desde entonces mantuvimos una relación de cariño y respeto. Aunque él estaba viudo cuando llegó a New Orleans, y no dejó jamás de piropearme... y a pesar de que era inmensamente simpático, nunca se me ocurrió pensar nada amoroso con él, ¡sencillamente no era mi tipo de hombre! Luego, cuando regresó a Chiapas, ya que él, era el cacique de esa región, había sido gobernador, etc. etc. nos volvimos a ver, habiendo sido invitada muchas veces por él y Gerardo Sol quien se encontraba de Cónsul en Tapachula. Parlange se había casado con una guatemalteca, con quien había tenido una malísima experiencia, ¡pues hasta la finca "La Chinita" le había quitado la guatemalteca!

Para diciembre del 71, hice una donación de galletas salvadoreñas, al hospital de niños de New Orleáns. Las galletas fueron el encanto de los niños, ¿y a qué niño no le gustan las galletas?

Los arreglos florales no faltaban en mi casa... Recuerdo quizá el más, más bello... el que me envió Roberto Andino de PALIC. Pan American Life Insurance Co. en el año 1971.

Hoy van a saber una historia interesante... que casi nadie la sabe... ¡eso sí! ¡Hay que poner atención!

Una mañana, de agosto del 71, al llegar a mi oficina, encuentro un sobre con una tarjeta blanca con azul, de la FAS (Fuerza Aérea Salvadoreña) la tarjeta tenía un nombre:

Capítulo XXIII

PAUL M. AUBIN
Aviation Business Services
P.O. BOX 2045
Hollywood- Fla. 33022
Telephone (305) 3366
Mis instrucciones eran rescatar las partes de avión Mustang P51.

Lo inmensamente interesante de este trabajo que tenía, y esa era la parte que yo verdaderamente adoraba, que no había día que fuese igual a otro, ¡QUE VIVA LA DIFERENCIA!

¡Imagínense Ustedes! Recuerdo que vacilé un poco; ¿por dónde comenzar?

Hice unas llamadas, a ciertos amigos influyentes en New Orleans quienes a su vez me aconsejaron hablar, a una oficina del Pentágono, donde tuve que hacer uso de alguna clase de lenguaje para poder obtener que levantasen el embargo de material bélico para El Salvador, como secuela del diferendo con Honduras. Luego procedí a confirmar al gobierno de El Salvador, que ya habían levantado el embargo sobre material bélico, en cuenta, partes de aviones, etc. para poder proceder a la segunda etapa.

Creo que los representantes consulares y diplomáticos están para eso, precisamente, para mantener excelentes relaciones con los diferentes funcionarios del gobierno ante el cual están acreditados, ¿no es así? Para poder hacer uso de esos contactos cuando la ocasión lo amerite, como era esta.

Llamé al teléfono que me habían facilitado en la tarjeta, y me encontré con un señor cubano; que conste, me costó mucho encontrarlo, ya que no estaba en su casa, se encontraba fuera de la Florida, en la ciudad de Chicago. Hasta después que su esposa se comunicó con él, me devolvió la llamada, quedando que él llegaría a New Orleáns dentro de 2 días.

Efectivamente, el Sr. cubano, se presentó en mi oficina a los 2 días muy de mañana, era relativamente joven, estatura normal, algo gordito, estaba un poco nervioso. Me mostró, sacándolas de un sobre de manila, que a su vez se encontraba en un portafolio, las diferentes cartas, con facturas canceladas que, durante muchos meses había enviado al Ministro de Defensa, en ese entonces, era el General Fidel Torres, de las cuales nunca había recibido contestación. Ahí precisamente él, manifestaba que tenía que pagar el bodegaje de la "mercadería" que se encontraba guardada en una de esas bodegas cerca del aeropuerto de Miami. Ya habían pasado más de 24 meses y no le habían enviado ni un centavo; y él había conseguido que una señora portorriqueña le prestara el dinero para seguir guardando la "mercadería" por otros 6 meses, pero había llegado el momento en que la señora necesitaba su dinero y no había otra cosa que hacer más que subastar la famosa "mercadería".

Dándose en San Salvador, la situación en ese preciso momento, que el partido en el poder —el PCN—, ya estaba escogiendo al próximo candidato a Presidencia de la República, y a raíz del pleito que tuvieron tanto el General Medrano como el General Torres, que se llamó "el pleito de los Generales" donde Medrano acusaba a Torres de la desaparición de cientos de miles de dólares, ¿y éste no sabía dónde estaban? Sé, perfectamente bien que, este grave incidente, pesó mucho para que el General Fidel Sánchez Hernández, les quitara su apoyo a los generales, y se decidiera más por el Coronel Arturo Armando Molina, como próximo candidato a la Presidencia, quien había sido cuidadoso, en devolver hasta el último centavito, cuando regresaba de las diferentes comisiones.

Bueno, pues de alguna manera, se acordaron en el Ministerio de Defensa que, se había efectuado la compra de partes de aviones Mustang y que estaban detenidas en alguna parte de los USA a causa del embargo, y que había que encontrarlas para tener la prueba de que se había gastado ese dinero en armamento (partes de aviones Mustang) y que no se lo había robado Torres como afirmaba Medrano.

A los 2 días estaba en mi oficina, muy tempranito, el coronel de aviación, Godofredo Regalado, él acababa de regresar de comprar armamento atrás de la Cortina de Hierro en Checoslovaquia, y lo habían enviado a New Orleans, con el dinero suficiente, para hacer los pagos respectivos, y poderse llevar las partes para los demás aviones averiados en la guerra.

La heroína de la Fuerza Aérea era, naturalmente, la Cónsul General en New Orleans, que les había confirmado la quitada del embargo bélico desde el diferendo con Honduras y les había conseguido, después del pago correspondiente, las partes de aviones Mustang.

Recuerdo que las veces que tuve que llegar a la Fuerza Aérea, con mis amigos "gringos" de New Orleáns, para solicitar permisos para aterrizar en aviones privados etc. me hacían un recibimiento de película, siempre los norteamericanos y algunos salvadoreños se quedaban sorprendidos de la atención y clase de recibimiento que me manifestaban; bueno, hasta desayunos especialmente increíbles, nos ofrecían a todos. A los americanos les fascinaba esta clase de trato, ya que ellos no están acostumbrados a eso, aunque los sureños son muy esplendorosos con sus atenciones, ¡nunca! como en la FAS.

En otras ocasiones, como por ejemplo, para las Celebraciones del Día del Salvador del Mundo, en New Orleáns, que duraban 8 días... la FAS me donaba con gasolina de ida, dos aviones que llegaban, uno con gente, pintores, bailarines, artesanos, músicos y el otro, con toda la carga, como las maletas de los participantes, cuadros, artesanías, trajes de bailarines, instrumentos, cajas de cerveza Pílsener, semitas y galletas Lido, velas La Favorita, etc.

En New Orleáns, un donante que era el Presidente de la aviación civil y presidente de la Steel Co. Jerry Glazer, me donaba el parqueo de los 2 mosquitos, como les llamábamos a los 2 aviones, en el aeropuerto Internacional Moinsant y la gasolina de regreso a El Salvador.

Quiero en este momento hacer una reflexión de este incidente de las partes de aviones Mustang, porque este es el "modus operandi" del Gobierno, probablemente de muchos gobiernos a nivel latinoamericano ¡y quién sabe si no de todos! Es... el gran desorden en el aspecto contable; ya se sabe que es para el beneficio de unos, la doble contabilidad, etc. etc. pero ese atraso en pagar deudas, esa NO contestación a las notas y a los cobros... ¡Es algo terriblemente inexplicable! ¡Y condenable!

Menos mal que, en este caso, se solucionó la situación, aunque por ese desorden, los Generales en cuestión, perdieron la oportunidad de ser candidatos y hasta Presidente de la República, ¡aunque yo creo que muy bien merecido!

Siempre nos manteníamos en contacto con los medios de comunicación escrita en El Salvador, porque necesitábamos de su ayuda en muchas ocasiones... como por ejemplo, cuando salía una ley que podía poner en riesgo a los visitantes salvadoreños, quienes eran muchos los que visitaban la Clínica y Hospital Ochner; y para tratar de evitar algunos problemas, enviaba comunicados que alertaban a los pasajeros a no llevar medicinas sin receta médica, porque se las decomisaban y era un problema extra para el Consulado, tratar de rescatarlas para devolvérselas a los pacientes salvadoreños.

Otro ejemplo podía ser la carne, dependiendo de la situación, así el Departamento de Salud por medio de Aduanas, le pone cuarentena a algún producto, en este caso pudiese ser la carne, y no permitían ni tamales con carne, otras veces podía ser frutas, etc. Pero eso sí: los salvadoreños estaban bien avisados de todo, si viajaban a New Orleáns, por medio de su Consulado General.

Nos ideamos un sistema, para saber quiénes llegaban a New Orleans, especialmente a la Clínica Ochner, para saludarles y ponernos a las órdenes como Consulado, ya que se daban toda clase de incidentes que ameritaban servicios, como defunciones, avión-ambulancia, chequeos médicos etc., así es que cada salvadoreño o salvadoreña que llegaba, ya sea al hospital o a la clínica, recibía una tarjeta de saludo de la Cónsul, como del personal, poniéndonos a la orden, con teléfonos, dirección, etc. Ese gesto les encantaba mucho a todos los salvadoreños y salvadoreñas.

Capítulo XXIII

Para las celebraciones del 6 de Agosto de 1971, después de una invitación que le envié al Sr. Alcalde Moon Landriu en el idioma inglés, me contestó que con gusto, tanto él como su esposa la Sra. Landriu iban a tener el honor de acompañarme tanto a la Santa Misa en la Catedral de San Louis, como a la Procesión del Salvador del Mundo, alrededor del Jackson Square.

Uno de los grandes proyectos del Alcalde Landriu era darle más vida a todo el French Quater, ya remodelado, como un Mall inmenso! Su sueño era que todos lo usáramos, especialmente las representaciones consulares, ofreciendo toda clase de entreteni-miento para los millones de turistas que llegan constantemente y... realmente lo logró, y yo fui la primera que le ayudó a hacerlo, de ahí tal vez, el gran aprecio y hasta cariño que me tenía, aunque a veces, me lo expresaba de una manera poco protocolaria; y según Alberto Fowler, quien era Director de Relaciones Internacionales de la Ciudad de New Orleans, y cuya oficina estaba a la par de la del Alcalde, Verna, la esposa del Alcalde, había dicho que, a la única mujer que le tenía miedo, en New Orleans, era a Lillian.

Decidí efectuar un evento realmente grandioso, para el 6 de agosto de 1971.

Tomé el avión de TACA y me fui a San Salvador (quiero decir acá que siempre pagué el coste del pasaje que todos los cónsules de Centroamérica pagaban, o sea, el 50% de descuento. Porque el señor Presidente me había recomendado nunca tomar un pasaje de gratis, porque si lo hacía no podía reclamar a TACA asuntos como por ejemplo, no tener ningún salvadoreño trabajando con ellos, etc.) con el respectivo permiso de Cancillería, para organizar todo el evento de El Salvador del Mundo, ya con el OK del Sr, Alcalde, teníamos que preparar algo nunca visto en New Orleáns.

Con tan buena suerte, que me contacté con el Centro de Información de Casa Presidencial y de ahí recibí toda la ayuda, de Cartagena, de Eva Cruz y toda la gente que laboraba en esa "OFICINA" ¡qué increíble! Trabajamos con una rapidez y una eficiencia pocas veces vista, en 7 días teníamos contratados al Grupo Los Genios, para que tocaran jazz y toda esa música preciosa que ellos solían tocar con muchachos egresados del Centro de Artes; el Cuadro de Danzas Folklórica dirigido por Luis Ángel Cañas, el pintor Miguel Ángel Polanco, los artesanos, etc.

Luego visité al Sr. Arzobispo Luis Chávez y González quien muy amablemente me mandó a pintar un estandarte precioso con la figura de el Salvador del Mundo, quien era desconocido por la gente de New Orleáns y nos donó esa Obra de Arte.

Visitamos al Ministerio de Educación, el Instituto de Turismo, con su director el Sr. Ricardo Machón, la Compañía de Café, la Cervecería la Constancia, donde Bobby Murray nos donó, tanto cerveza Pílsener como Suprema, Roberto Molina, de panadería Lido nos donó toda la semita que quisiera y cajas de galletas Lido, la Dulcería Delicias, todos los dulces, Almacenes Europa, tela para las banderas. etc. A la FAS, para que donaran los dos aviones y la gasolina de ida.

Qué tiempos más bellos en El Salvador, donde todo el mundo, como un solo equipo, ayudaba a un solo objetivo…
PROMOVER A EL SALVADOR.

De vuelta a New Orleáns, para hacer los preparativos finales… se llegó el día tan esperado, que siendo menos de 200 salvadoreños residentes en New Orleáns, hicimos más bulla con el evento cultural que los más de 30,000 hondureños que vivían en ese tiempo en el área.

La Catedral de San Louis adornada con gladiolos rojos, el Padre salvadoreño Gabriel González iba a oficiar la Santa Misa, pero cuando el famoso Cardenal Philip Hannan se dio cuenta, de la magnitud del evento, él se había aprendido la Misa en español porque quería ser él, el que oficiara la Misa; pues ni modo, qué más grande honor que fuese el Sr. Cardenal Hannan quien lo hiciera. La Catedral de Saint Louis tocando sus campanas a tiempo de arrebato. Los fuegos artificiales del pirotécnico Antonio Beltrán, llevados de Cojutepeque en el avión mustang,

Capítulo XXIII

y para lo que había pedido un permiso especialísimo, para tirarlos (eran de vara) desde la ribera del río Mississippi, aunque yo quería desde el French Quater, pero el seguro no me lo permitía y si hubiese pasado algo, todavía hoy día, estuviese pagando la deuda de haber incendiado un patrimonio histórico como es el French Quater.

Luciendo todos los y las asistentes sus trajes típicos y regionales, bueno, era una fiesta típica latina, adornada con gallardetes azul y blanco en todas las calles que rodeaban el Jackson Square, las señoras salvadoreñas con sus ventas de cerveza Pílsener y Suprema, semita, pupusas, yuca con chicharrón, con la orquesta de los Genios, tocando su música, las bailarinas con sus trajes típicos, bueno era algo espectacular... los hondureños besaban a los salvadoreños (ahí no había ningún resentimiento en ese momento) diciendo que nunca habían tenido algo igual en todos los años que habían vivido ahí... era de locura, y todo era completamente gratis... Para todos los que se encontraban en la Plaza, alrededor de 25,000 personas. El Alcalde Moon Landrieu y Verna su esposa, acompañándonos en la procesión junto al Cardenal Hannan y el Cuerpo Consular en pleno; los edificios del tiempo de la colonia española, situados alrededor del Jackson Square luciendo sus mejores galas con las banderas tiradas en los balcones... bueno... era realmente algo nunca, nunca visto en New Orleáns; el Alcalde fascinado, y toda la ciudad y sus funcionarios eran mis cómplices para que esta parte de la ciudad luciera ¡el mejor espectáculo que haya tenido!

Naturalmente, al año siguiente la presión para que se repitiera la misma hazaña, volvió a surgir, y volvimos manos a la obra... otro viaje a San Salvador, otra visita a las empresas que nos donaban, en esta ocasión, visitamos La Favorita, quien nos donó las velas para la procesión, ya a las 6 de la tarde se miraba la procesión hermosísima con toda la gente llevando sus velas encendidas.

Por otro lado, en San Salvador, todo el mundo quería cooperar, la propaganda era tan grande que todos padecíamos de un fanatismo o tal vez era alegría por lo que se estaba realizando en New

Orleáns, porque mirábamos que todo ese esfuerzo se estaba concretando en más conocimiento sobre nuestro país, mas turismo, mas comercio etc. etc.

En esta segunda etapa llevamos a la FIEBRE AMARILLA, con Willy Maldonado a la cabeza, y el Grupo Las Mascarillas de Adelina de Gumero. Llevamos una cantidad de diferentes artesanías, en cuenta las puertas de madera talladas a mano, y siempre conté con el apoyo incondicional de la FAS y sus dos mosquitos, ¡los mustangs!

En esta segunda versión, se había corrido tanto la voz, que llegaban muchos salvadoreños desde El Salvador, a ver el espectáculo de 8 días, en New Orleans, uno de ellos fue Neto Sol Meza, y al ver todo lo que se desarrollaba y como se hacía, me preguntó cómo financiaba todo esto? Yo le contesté que con la venta, del día 6 de Agosto, de lo que las empresas salvadoreñas me donaban y de la fiesta que se hacia el día 5, obtenía el dinero para pagar el hotel y la comida (3 tiempos) a las casi 30 personas que llevaba; sin contar los 4 pilotos que tenían sus viáticos. Se estremeció tanto, por mi valor y espíritu de servicio que emocionado me dijo: el otro año, Nosotros (la Coca Cola y la Constancia) ¡te lo vamos a financiar todo! ¡Qué felicidad! ya no tener que pasar por todo lo que tenía que hacer para que yo sola, no me ayudaba nadie del Consulado (ellos seguían con su quehacer diario).

Solamente tenía una amiga mexicana, que me ayudaba incondicionalmente, y su esposo, un americano blanco sureño, detective del área de New Orleáns y su compañero, un detective negro llamado O.J. Recuerdo que me ayudaban tanto, que una noche que estábamos trabajando mucho porque al día siguiente comenzaba la semana cultural, que O.J. me dijo: "Lillian, ¡me estás haciendo trabajar como negro!" Además tenía que andar pidiendo donaciones desde el estacionamiento de los 2 aviones, la gasolina, etc. etc.

En el año 1972, hicimos la presentación de las artesanías en la CASA INTERNACIONAL (a la que nunca pude pertenecer como miembro por ser mujer) con su respectivo cocktail, ahí le

Capítulo XXIII

hicimos entrega de una puerta de madera tallada a mano al Alcalde Moon Landriu y a su esposa. Con el tiempo Verna me contó que, no la habían usado como puerta si no que a Moon se le había ocurrido hacerla respaldo de su cama, pues era tan bellamente tallada a mano, ¡que era una obra de arte!

En el gran Baile de Gala que hicimos en el Auditórium, el Alcalde Moon Landriu me hizo entrega de una placa en nombre de la Ciudad de New Orleans. Mis conspiradores, como siempre, Alberto Fowler y su secretaria Hilda, ¡quienes me adoraban! habían también, sugerido al Alcalde, que a todo el elenco que llegaba desde El Salvador, les diéramos certificados y medallas de participación a la Semana Cultural de El Salvador en New Orleans. Muchos de estos salvadoreños y salvadoreñas que fueron a New Orleans en estas circunstancias, ¡se deben acordar de todas estas hazañas!

Como siempre, los días lunes, ¡eran días de SORPRESA! Y los días SÁBADOS eran días de MUERTOS, por 10 sábados casi consecutivos, tuve un salvadoreño muerto. El primero fue el padre de Gloria Salguero Gross, y así hubo todos los sábados, ya cuando sonaba el teléfono de mi casa, Jamina, me preguntaba: "¿otro muerto mami?"

Bueno pues, un día lunes, del mes de Marzo, recibo una llamada de mi amigo Charlie Matamoros, Jefe de Protocolo y Órdenes de la Cancillería, diciéndome que la hija de una amiga mutua, la tenían en la cárcel, y que si por favor averiguaba qué pasaba y que si podía ayudar, ¡pues adelante!

Efectivamente, con las magníficas relaciones que tenía, inmediatamente averigüé que a esta jovencita, que estudiaba en el colegio de niñas Santa Escolástica, del otro lado del lago Ponchartrain, estaba presa en el Central Lockup de New Orleans, por un robo efectuado al almacén de cadena, Holmes, situado en la calle Canal. Por todos los medios hice gestiones y las autoridades correspondientes me dieron a Carmencita, a quien tuve en mi casa por lo menos 8 días.

Lo que había pasado era muy extraño, pues teniendo una tarjeta de crédito con suficiente crédito y alrededor de $300 en cash, la habían apresado con una shopping bag llena de artículos que había ido metiendo en la bolsa y habiendo salido a la calle, la seguridad del almacén Holmes, la había apresado. Me imagino que había sido una de esas historias en que el grupo de amigas, para escalar posiciones en la asociación o sorority, te dan algo que debes hacer, y probablemente a ella le dijeron que tenía que robar tanto, en un almacén de New Orleans, y eso fue lo que ella hizo.

Hubo un juicio, y para ello, tuve que conseguirle un buen abogado, porque los robos en los almacenes eran tantos, que los dueños de estos negocios, ya habían solicitado a la Alcaldía, pasar una nueva ley, más fuerte, contra los infractores, de manera que lo que tuve que hacer es hablar con las monjas del colegio, para decirles que Carmencita estaría por unos días en mi casa, y que luego la llevaría para hacer los exámenes finales y así ella, se pudiese graduar en el mes de junio.

Las monjas del colegio nunca se dieron cuenta de nada, ella fue a su juicio, se graduó, que era lo más importante y eso sí, su mamá tuvo que pagar alguna suma al abogado, pero todo se resolvió favorablemente. Fue una gran pena para su mamá, que nunca terminó de darme las gracias... Carmencita se casó y llegó a ser la esposa de un salvadoreño de importancia.

En diferentes ocasiones y eventos tuve el gusto de conocer a algunos famosos: al hermano del Presidente Echeverría de México, a los artistas: Susan Hayword, a Isabela Vega, a Jorge Luke, a Al Hirt, a Crist Owens, Ronal Kole y su piano, con el cuarteto de Jazz más famoso de New Orleáns.

Siempre tuve la intención de presentar a Crist Owens en El Salvador; a la gente se le hubiese caído la baba, como dicen, si hubiesen visto su show, era una mujer texana, con un cuerpo escultural, ya tenía sus años, pero no parecía para nada; era incansable como bailaba y la manera tan linda como entretenía a los turistas en la Calle Bourbon, fui amiga de ella, de las que

Capítulo XXIII

podía subir a su casa. Y cuando me veía en su show, siempre me reconocía y decía cosas lindas de El Salvador.

Muy, muy recién llegada tuve el gran gusto de conocer a un cubano americano llamado Silvio Fernández, que tenía la mejor Agencia de Publicidad en todo el estado de Louisiana, y el mejor publirrelacionista que he conocido después de Mr. Glen Weems, era casado con una hondureña y no hablaba nada de español, (sus papás eran cubanos pero Silvio y Lee habían nacidos en Louisiana). Pero Silvio toda la vida, me tuvo uno de los mejores aprecios que he conocido.

Su hermano Lee Fernández, era el político; corrió para Alcalde de New Orleans, tenía carisma, no se parecía a Silvio en lo físico, era dueño de un laboratorio clínico, aunque yo era más amiga de Silvio, quien luego se divorció y se casó con una francesa de New Orleans, Diane, que era católica y más señora que la otra, ¡me gustaba más! Silvio era tan humano, tan bueno, con muchas tragedias en su vida, me ayudó muchísimo a mi éxito en New Orleans, yo para él era su ESTRELLA, todos estábamos jóvenes relativamente, y paseábamos mucho, fiestas, cenas, conciertos, jazz, French Quater, Crist Owens, Al Hirt, el Gobernador, el Alcalde, teníamos un circulo de famosos, con el que nos divertíamos mucho y yo le debo mucho a Silvio, ¡porque siempre fue SUPER conmigo!

Silvio tenía mucho poder y carisma en todo el área, era sumamente conocido y él sabía QUIÉN ERA QUIÉN también. Conocía todo el saber cómo, de las relaciones públicas, era muy fascinante salir con él y el grupo. Te reconocían públicamente delante de los demás invitados, hacían brindis en tu honor, bueno... Él me presentó a un abogado muy renombrado, que llegó a ser Fiscal General de New Orleans, el famoso Jim Garrison, quien estuvo muy involucrado en averiguar quiénes habían asesinado al Presidente Kennedy, y por esa razón, sufrió, sufrió mucho, tal vez no que lo mataran, pero lo dañaron mucho en lo moral y personal. Fuimos muy buenos amigos, me dio a leer muchos documentos sobre el caso, incluso su último libro, antes de imprimirlo... escribió varios libros y, también escribieron mucho sobre él, hasta hicieron una película sobre su vida, donde Kevin Costner hace de Jim Garrison. Murió en los años 90s, lo vi unos meses antes de morir...

También.... a través de Silvio conocí a mi amigo Jerry... quien me colaboraba mucho permitiendo el parqueo gratis de los aviones que llegaban de El Salvador para las celebraciones del 6 de Agosto, en el aeropuerto Moisant, además me obsequiaba la gasolina de regreso. Jerry Glazer, era el presidente del Club de aviación, además de ser presidente de la Compañía más grande de *Steel* en el sur de los Estados Unidos.

Conseguí, en 1973 enviar a unos periodistas del TIME-PICAYUNE a El Salvador, volaron por TACA, y escribieron una serie de artículos fabulosos en el único periódico en inglés de New Orleans.

También, siempre agradecí a Don Alfonso Salazar, jefe de Relaciones Públicas de Casa Presidencial, que tan amablemente me enviara siempre los recortes de periódico donde aparecían todas las noticias del Consulado de El Salvador en New Orleans.

Fui la primera funcionaria que extendió un pasaporte salvadoreño sin el famoso: "se prohíbe viajar a Cuba, la URSS, Checoslovaquia, Polonia, Hungría, Vietnam, China, Alemania Oriental, Yugoslavia" etc., etc. Resulta que una salvadoreña casada con un alemán, que vivía en Chicago, me escribió una petición muy sentida en la que me expresaba que iban a visitar la familia alemana de su esposo y que se habían quedado viviendo en Berlín Oriental; y que en su pasaporte tenía un sello que indicaba no poder viajar a ese lugar, y ¿qué podía hacer? bueno pues, llamé al Presidente y le relaté la historia, él inmediatamente me autorizó a extenderle un nuevo pasaporte y no estampar el sello para que la salvadoreña pudiese viajar a Berlín Oriental, diciéndome: "Los norteamericanos pueden viajar a todos esos lugares, ¿por qué no nosotros?" Es como dice la filosofía del pendejo: "las verdades irrefutables del presente, son las pendejadas del mañana."

Capítulo XXIII

También en octubre del 1972 fui Madrina del libro del Colega Cónsul General de Venezuela en New Orleans, Francisco Quijada, titulado "SIEMPRE EL DESTINO".

El Consulado de Venezuela se encontraba en el mismo pasillo frente del consulado de El Salvador, y manteníamos una buena relación, tanto social como profesional. También el Vice-cónsul Rafael Raúl Perdomo, fue padrino, yo cariñosamente le llamaba Sr. Perdomo; él me tenía un cariño especial, siempre educado y listo para asistirme en lo que se me pudiese ofrecer. Estaba Grace, Grace Crespo, la recepcionista, ella era una joven, muy educada, respetuosa, amable y varias veces nos invitaba a su casa a comer arepas y comida típica venezolana. Tengo un recuerdo muy grato y de agradecimiento con Grace, sé que vive en Chicago en los USA.

El Sr. Quijada ya no se diga; él era periodista, nacido en la inigualable Isla Margarita, adoraba a su isla y a su tierra. Había escrito antes: "Mientras Cuba Agoniza" cuando fue Encargado de Negocios de la Embajada de su país, en esa otra bella isla, llamada así tanto por Cristóbal Colón, como por el Papa Juan Pablo II; escribió luego "Tío Manuel" sobre su isla Margarita, y escribió Sr. Gobernador, una sátira política sobre gobiernos latinoamericanos.

Por medio del Sr. Quijada, conocí a unos amigos panameños, Don César, Doña Berta y Marisol Lombana y Jr.; muchas veces nos reunimos en su casa y nos brindaban toda clase de atenciones. Otras veces el Sr. Quijada los invitaba a diferentes clases de eventos en el consulado.

En 2006, con mucha felicidad los volví a ver en Panamá, cuando estuve trabajando en la embajada de El Salvador, en esa bella ciudad de Panamá, solamente a Doña Berta y a Marisol, porque Don César había ya fallecido.

En abril 5 de 1973 nos dirigimos a Baton Rouge, la capital del estado de Louisiana, en visita oficial a la Primera Dama Elaine Edwards; nos recibió en la Mansión del Gobernador, me acompañaba Gladys de Sánchez Aguillón, esposa del Ministro de Economía Sánchez Aguillón, quien había llegado de visita y la Sra. Moseley quien acompañaba a Sra. de Aguillón. Fue una visita encantadora, y luego Elaine, nos envió las fotografías tomadas durante esos importantes momentos...

Elaine, era la tristemente famosa esposa del Gobernador Edwin Edwards, muy bien parecido, ¡pudiésemos decir guapísimo! Era terriblemente mujeriego, solo con niñas de 15 años, y tenía tremenda fama en New Orleans, a donde escapaba para hacer de las suyas. Una vez decidió ser actor, y hay una película, MANDINGO, donde él y su hija mayor, actúan, todo esto siendo Gobernador. También corrió para un segundo periodo y, naturalmente ganó. Al final se ganó la cárcel por unos cuantos años.

Por esos tiempos Louisiana, según la revista TIMES, era el estado más corrupto de la Unión Americana, no sé si ahora, todavía es, ¡o si algún otro Estado se ha llevado semejante honor!

Desde que había visitado la institución de los niños, con alguna clase de discapacidad, en San Salvador, que me hicieron llorar de tristeza, pensé que les podíamos ayudar con algo de dinero y dispusimos hacer un evento grande en New Orleans, invitamos a varios artistas, entre ellos Olga Guillot, Pérez Prado, etc. y el que nos contestó rápido fue Pérez Prado, por lo que comenzamos hacer la larga y tediosa negociación con él, de presentarse la noche del 3 de febrero de 1973. Marla, mi amiga mexicana y su esposo, el detective, que siempre me ayudaba, nos pusimos manos a la obra, ¡era un evento grandioso! Todo esto tomó lugar desde octubre, firmamos contrato, hicimos los tickets, las invitaciones, renta del auditórium, etc.

Pero... ¡Hubo una desgracia terrible! El 23 de diciembre de 1972, hubo un terremoto en Nicaragua, y todo, absolutamente todo lo que se hacía en New Orleans era para los damnificados del terremoto de Managua, puesto que Nicaragua tenía una colonia bastante grande establecida en esa ciudad. Total que cuando llegó el 3 de Febrero, ya la gente había gastado en Nicaragua, y seguía ayudando a la causa de Nicaragua; para los

CAPÍTULO XXIII

niños discapacitados de El Salvador, no había tanta gente, como hubiésemos deseado.

Fue una noche esplendorosa, todo fue bello, la música y las bailarinas, así como Pérez Prado estuvieron soberbios, pero nos hicieron falta alrededor de $18,000 dólares, lo cual nos dividimos, entre el cónsul de Venezuela, el Sr. Quijada, Marla mi amiga mexicana, y yo; sacamos un préstamo en el Banco y luego tuvimos que pagarlo, ellos fueron solidarios conmigo por pura amistad, ¡de esas buenas! Esa experiencia fue dura, pero a la vez hicimos una de las mejores presentaciones en New Orleans; hubo un gran trabajo, una gran pérdida... y los pobres niños de El Salvador, no obtuvieron nada, pero... ni modo, ¿qué le vamos hacer? Los otros amigos, se portaron maravillosamente bien... no cobrándonos todo por el auditórium, etc. Si el que nos debería haber ayudado era Dámaso Pérez Prado, pero él no nos rebajó nada y es más... me quedó debiendo una guitarra... así se murió... debiéndome la guitarra... qué terrible, ¿verdad?

Antes de la presentación de Pérez Prado, su famosa orquesta y las Dolly Sisters, en el mes de Enero, cuando ya estábamos viendo la cosa un poco difícil, se me ocurrió, hablar con Mr. Weems y preguntarle donde quedaban las oficinas de "CARLO MARCELO", para ir a visitarle y pedirle que me ayudara a llenar el evento de gala de El Salvador. Definitivamente necesitaba un "PADRINO", y quien mejor que el "PADRINO" más famoso de USA.

Carlo Marcelo, era un MAFIOSO en pocas palabras. Él era el rey del tomate, ese era su negocio lícito. Aparentemente no tenía ni residencia, ni ciudadanía de los Estados Unidos de Norte América, y de eso se agarraban las autoridades para estarlo sacando del país a cada rato, cuando le descubrían alguna fechoría. Mantenía 10 abogados perennemente y a su disposición y siempre que cometía alguna clase de *"marufiada"*, le caía la autoridad y lo deportaban. Su verdadero negocio era el juego; y eso, era ilícito en esos tiempos.

Ya había llegado a El Salvador una vez, deportado, y lo habían "atendido" nada menos que en la Guardia Nacional, el mero, mero Chato Casanova, lo había atendido como rey. Así es que entendía yo, como que había un pequeño favor que pagar, y podía tomar ventaja de eso, pidiéndole colaboración para el evento de Pérez Prado.

Le pedí al esposo de mi amiga Marla, quien era detective, que me hiciera el favor de acompañarme, era una misión un poco arriesgada. Cuando estábamos abajo del edificio, listos para tomar el auto, se había estacionado, del otro lado de la línea del tren; la cita era a las 4 p.m. y ese tren termina de pasar a las 6:00 de la tarde por lo menos. Total es que subí a la embajada de Venezuela para ver si alguien me podía acompañar, y efectivamente el Sr. Quijada, le ordenó al Sr. Gustavo Gaén, que lo hiciera. Cuando llegué a su oficina y le dije que iba a acompañarme a ver al hombre más poderoso de Louisiana, me dijo: ¿¡CARLOS MARCELO!? Y le contesté "¿Cómo sabes? Yo creí que me ibas a decir al gobernador, etc.", ¡no! Él directamente me dijo Carlos Marcelo.

Tuvimos una de las anécdotas más increíbles...

Llegamos a la Airline Ave en taxi, porque todos los autos estaban del otro lado de la línea del tren, y es imposible hacer algo... tomamos a la derecha donde estaba el motel, y al fondo, Marcelo tenía sus oficinas. Por todo el trayecto desde que entramos al motel, estaban muchos hombres, jóvenes y mayores, muy bien vestidos casualmente, con esas camisitas tejidas, italianas, de diferentes colores. Al llegar a la oficina, nos hicieron pasar donde había una sala pequeña de espera, y en una especie de cajón de vidrio estaba una mujer, que era quien le hacía pasar a uno. Esta mujer era, definitivamente lesbiana, ¡también se miraba fuerte y amiga de nadie!

Esperamos como 4 minutos y luego me hizo pasar... el Sr. Gaén se quedó esperándome en la ante sala.

Al pasar a su oficina, lo saludé, Marcelo era gordito, ojos azules, bajo, no sé, me dio la impresión que era algún pariente mío,

Capítulo XXIII

Sol, de apariencia seductoramente mansa, su extraña mirada, triste, reflejaba un resplandor casi místico. Ya él sabía que era salvadoreña, y me refirió las anécdotas de la Guardia Nacional, del Chato Casanova, que lo habían tratado de maravilla, que tenía muy buenos recuerdos de El Salvador... Y de repente me preguntó. Que qué quería... Le dije que necesitaba ayuda para vender mis boletos de entrada al evento para ayudar a los niños discapacitados de El Salvador. Y me dijo: "Dame todos los que traes en tu bolsa", desgraciadamente solo andaba 15 boletos. Y prosiguió diciéndome:" Yo te pude haber financiado todo el evento, lo que pasa es que el FBI, que ya te vio entrar acá, porque ellos están apostados en el tren descarrilado que hay en la línea del tren frente al desvío para entrar al motel, y van a creer que has venido a verme, porque le estoy pidiendo asilo, a tu país. Porque ya me están levantando, otra vez, el asunto de que no tengo ni residencia... Y a ti no te conviene eso...".

Quiero expresar aquí, que, yo que había llegado a pedir ayuda... me sentí que quería ayudarle a este señor, sentí una nostalgia, un deseo de poder ayudarle, me conmovió realmente, casi vi lágrimas en sus ojos. Hacía alrededor de 4 semanas que había visto la película "El Padrino I" y quizá eso influyó para que terminara teniéndole lástima y realmente unos deseos enormes de ayudarle. Tenía toda esa historia, muy fresca en mi pensamiento.

Luego me dice, que me llevarán el dinero de las 15 entradas al Consulado y, que serán para regalárselas a la "familia". "Me dicen, me dijo, que viniste en taxi, te voy a mandar a dejar en mi limosina, ¿quieres?" Ya le conté el incidente de parquear el auto del otro lado de la línea del tren, eso le pasa a casi todo el mundo, cuando no conoce lo largo que es ese tren de New Orleans, me contestó.

Cuando subimos a la limosina negra, el Sr. Gaén y yo, tocamos un botón y nos salió un bar, con licor y vasos etc. tocamos otro botón, eran puros muy finos... Bueno... fue una experiencia única, que tanto el Sr. Gaén, como yo, la disfrutamos y creo que nunca la olvidaremos.

Carlo Marcelo, tenía un hermano, JOE MARCELO. Él, cosa extraña, no tenía ningún problema con la justicia, aparentemente todo estaba en orden con sus negocios, a pesar que tenía varios clubs… uno al que solíamos ir, era "L'enfant´s", con una gran amiga de JOE y de los Weems, Shirley Rhodes. Generalmente él se encontraba en las noches ahí, y tenía el detalle único de regalarnos una cajota de repostería francesa en miniatura; cada vez que íbamos a tomar algo y a pasar el tiempo a Lenfant´s, nos complacía con esa cortesía.

Después de pasar por el amargo trago del evento de Pérez Prado, varios amigos, para ayudarme, me alentaron a que presentáramos un evento, el 7 de Abril de 1973 llamado LAS VEGAS PARTY, que es como hacer un Casino, por una noche, y mis amigos del Hotel Monteleón, uno de los mejores hoteles del French Quater, me ofrecieron el hotel, otros artistas me donaron sus actuaciones, como Tony Page, en fin, sacamos algo de dinero para abonar a la deuda, y tuvimos un tiempo maravilloso!

Quiero hacer notar, que en esos tiempos en New Orleans, todo se podía hacer, nada era prohibido, prostitución, drogas de toda clase, etc. excepto el juego… era prohibido jugar… así es que Una Noche en las Vegas ¡era un acontecimiento! Hoy sí ya hay muchos Casinos y todo es normal, en ese sentido. Lo que pone de manifiesto aquella frase que dice: "Las cosas irrefutables del presente son las pendejadas de mañana"

El Consulado General a mi cargo, se mantenía constantemente con visitas de salvadoreños, muchos de ellos prominentes, que me visitaban, ya sea porque me conocían o porque no me conocían y al ver todo lo que solía salir en los periódicos de El Salvador, sobre el trabajo que se desempeñaba en esa Sede, pues les llamaba la atención conocerme. Recuerdo a Don Lito Meza Ayau, un señor muy gentil, educado e inteligente, y también a Roberto Murray, el papá de Bobby, él nos dio un poquito "de batería". Hicimos un evento muy bonito con él, le dimos la Llave de la Ciudad de New Orleans y lo nombramos Ciudadano Honorario, invitamos a Joe Buendía y George Mac-

Capítulo XXIII

Hugh de TACA, cuando todavía se encontraba el taller de mantenimiento de aviones en New Orleans; a la esposa del Presidente Molina, Doña María Elena, que se encontraba en la ciudad, lo mismo Quique Cañas y Julita su esposa, a José Mata del Banco Whitney, a Tony Paladino, un radio aficionado muy conocido, a Luis Gutiérrez de la Maison Blanche, al Dr. Ernesto Arrieta Peralta, que también se encontraba en la ciudad sureña, a Ralston Prince quien era productor de películas, al Cardenal Mario Casariego, a funcionarios de la Ciudad de N.O, como Alberto Fawler, etc.

Recuerdo que al final, el Sr. Murray me envió un "Joy" de Jean Patou, en agradecimiento, ¡pero sí nos dio bastante que hacer!

También llegaban de visita, personajes americanos del área de Louisiana, como cuando estaba planificando la llegada del segundo contingente de El Salvador, para las celebraciones del Salvador del Mundo, planificar la llegada de los 2 aviones, el parqueo sin pagar un centavo, la gasolina de regreso de gratis, la pasada por aduana de todo un avión con cerveza Pílsener, cerveza Suprema, semita y galletas Lido, todas las artesanías habidas y por haber, los instrumentos de la FIEBRE AMARILLA, del grupo de Willie Maldonado, los trajes de las bailarinas, las pinturas del pintor invitado; más otro avión con por lo menos 30 personas; así es que un día tuve la agradable visita del Director Regional de Aduanas del Sur de los Estados Unidos, un general, héroe de la Segunda Guerra Mundial, el General Raymond F. Hufft, muy amable; pero lo que más me gustó de él, es que me dejó con un consejo que siempre he tratado de seguir, y cuando lo hago… siempre me va bien. Me dijo: "Cuando quieras algo, NUNCA hables con los apóstoles, SIEMPRE habla con Jesucristo". Así es que la próxima vez, habla conmigo ¡y todo estará arreglado! Ya se pueden imaginar ¡cómo me quedé yo de fascinada!

Por medio de Hernando Cristancho y otros colombianos, me había dado cuenta que en Colombia, había una institución en el ramo de educación y la banca privada, que prestaba dinero a los estudiantes que deseaban estudiar una carrera, y tal vez sus padres no podían financiarla. Me informé bien cómo era el asunto e inmediatamente por medio, siempre, del teléfono oficial, me comuniqué con el Sr. Presidente, y le conté sobre esta institución, y que sería algo muy bueno que su gobierno, que le estaba dando tanto énfasis a la educación, pues el 33% del Presupuesto Nacional iba para la Cartera de Educación, lo pudiese tomar en cuenta, que lo igualara y hasta lo superara, para que todos los salvadoreños y salvadoreñas que quisieran estudiar una carrera, lo pudiesen hacer.

Al poco tiempo, me enteré que lo instituyeron en El Salvador, con el nombre de EDUCRÉDITO. Espero que se hayan beneficiado muchos jóvenes salvadoreños y salvadoreñas, para obtener una buena educación, que es la herramienta principal para tener éxito en la vida. También esto viene a comprobar que, cuando hay voluntad política, las cosas se hacen ¡YA!

New Orleans, era la Casa Matriz de la United Fruit Co. y esa, era la razón por la cual había tanto hondureño en la ciudad y área metropolitana. A este puerto, llegaban todos los barcos de la Compañía, a dejar para su distribución por todo los USA, los famosos "chiquita banana" y luego "chiquita brands".

Tuve también la oportunidad de conocer a dos señoras que eran hermanas entre sí, y primas hermanas del General Fidel Sánchez Hernández, quienes, después del diferendo de 100 horas, que habíamos tenido con Honduras, se habían tenido que refugiar en New Orleans, sus maridos quienes eran capitanes de los barcos bananeros, las habían tenido que, prácticamente sacar de Honduras, porque, aunque ellos eran europeos, sus esposas eran salvadoreñas, y no podían permanecer más en territorio hondureño.

Fueron ellas las que, estando en una situación bastante incómoda y una de ellas estaba peor, porque estaba en estado de divorcio, me echaron todo el rollo de cómo y porqué había sido la situación que se dio con los salvadoreños en Honduras y que, al final, se desarrolló en lo que publicitariamente y, los medios de comunicación internacional, le pusieron "la guerra del football".

Capítulo XXIII

Mentira, no había tal guerra del football; según lo que decían era que:

Cuando la United Fruit Co. llegó a Honduras, allá a fines del siglo XIX. Ya por los años 1910 no encontraron hondureños suficientes para sembrar y cuidar las bananeras, por lo tanto llamaron gente de otros países limítrofes. Tenían que estar ahí los salvadoreños: eran excelentes campesinos, trabajadores y aguantadores, tomándose todos los riesgos, hasta de la terrible "barba amarilla" (muchos murieron por la picadura de esta temible serpiente). ¡Así pasaron trabajando para la compañía por 60 años! A los sesenta años les tocaba por ley, la jubilación, les tenía que pagar la compañía la jubilación a muchísimos salvadoreños.

Aparentemente hubo un arreglo entre la Compañía bananera y el Presidente hondureño de ese entonces, Manuel López Arellano, en no pagarles ninguna jubilación a los trabajadores salvadoreños; y repartirse el dinero entre ellos, ya que eran bastantes millones. El ahorro de la bananera era sustancioso, y el General López Arellano llenaba sus bolsillos y los de algunos más. Parecía que todo estaba bien. Pero el Presidente debía hacer su trabajo, el cual consistía en hacerles la vida imposible a los salvadoreños en Honduras, para que regresaran a El Salvador; y en esa misión, se les fue la mano a las huestes contratadas, como la famosa "Mancha Brava" y mataron a miles y miles de salvadoreños y salvadoreñas, muchos amarrados de pies y manos, los tiraban a los ríos, a las mujeres les cercenaban los pechos y las dejaban morir. Francamente, hicieron, en pocos días, una matanza horrible de salvadoreños, a quienes tenían muy bien ubicados en los diferentes pueblos y regiones, por ser los mejores, zapateros, los mejores hojalateros, los mejores carpinteros, los mejores panaderos, etc.

Dándose esta situación, comenzaron los grandes contingentes de salvadoreños a cruzar la frontera (el plan estaba saliendo bien, los salvadoreños estaban regresando al país de donde habían salido muchos años antes) toda esta gente comenzó a llegar a San Salvador, los capitalinos empezaron a ver toda esta gente en harapos, sucia y hambrienta, diciendo que los perseguían en Honduras; los medios de comunicación comenzaron a reportar la tragedia, el Cuerpo Diplomático comenzó, junto con las asociaciones humanitarias, a ayudar a toda esta gente.

La indignación fue creciendo en la población salvadoreña, el gobierno hacía lo suyo en la parte internacional, con la OEA, la Iglesia con el Vaticano, etc. Comenzó la gente a pedir por la radio, la prensa y la T.V. alguna clase de acción, ¡pedían castigo al culpable de esta horrenda masacre! Pero el Presidente, el General Sánchez Hernández, un gran unionista, un gran centroamericano, que siempre que apareció en la T.V. en todo su mandato, nunca faltó detrás de él, la pintura del Capitán General Gerardo Barrios, que había luchado toda su vida por la unión centroamericana, que sabía las consecuencias de un altercado con un país del Mercado Común Centroamericano, que sabía las demás consecuencia, las sanciones de la OEA, etc., esperó... esperó... esperó, hasta que un día, le enviaron un paquete a Casa Presidencial. Era una caja de regalo, con chonga y todo, y cuál es la sorpresa que cuando la abrieron... ¡encontraron unos bloomers de mujer!

Al abrirlo, él exclamó: "Hoy sí, llegó la hora de atacar a Honduras!". Lo terrible es que nosotros los salvadoreños, carecíamos de pertrechos, aviones, bombas, etc. Entonces el Presidente hizo algo improcedente y audaz, mandó un pelotón que quebró el candado donde los USA mantenían su armamento, y lo sacaron todo, y con esas armas atacamos a Honduras... eso, ¡parece que al fin lo perdonaron los USA!... el pueblo salvadoreño con su fuerza armada, ¡atacó a esas fuerzas oscuras hondureñas que habían matado a tanto salvadoreño!

Atacaron con lo que pudieron, hasta con los aviones fumigadores de veneno de las algodoneras, e inmediatamente la OEA, nos declaró: INVASORES. Las sanciones no se hicieron esperar, y estuvimos algún tiempo en una posición bastante dura, internacionalmente, sobre todo que la acción terminó con el Mercado Común Centroamericano, que tanto esfuerzo había costado a todos los centroamericanos. Las pérdidas de los

Capítulo XXIII

empresarios salvadoreños en Honduras fueron de miles de millones.

Es interesante, también, conocer que tan solo tres años antes, el 15 de mayo de 1966, en la Hacienda Majastran, la cual rentaba, ya que ningún salvadoreño podía ser dueño de tierras en Honduras, habían matado al General Hernández Martínez; aparentemente, su chofer le apuñaló, pero no hubo una investigación como debió haber, porque nadie la solicitó o nadie quiso pedirla o sencillamente no quisieron hacerla; pero el General Martínez era un líder entre los salvadoreños que vivían en Honduras, y muerto el líder era más fácil el genocidio planeado para aniquilar a los salvadoreños.

Pero volviendo a las 2 señoras, primas del General Sánchez Hernández, ahí fue donde vi plasmada a cabalidad, la venganza de la United Fruit Co. con los ciudadanos salvadoreños, fueran quienes fueran. La United Fruit Co. hizo que los 2 capitanes de barcos de la empresa, casados con las 2 salvadoreñas les pidieran el divorcio; una de ellas, se lo concedió, la fue a tirar a New Orleans con sus hijos y no hubo más problemas. A ese capitán la United Fruit Co. le dio un barco nuevo y lo mantenía trabajando cerca de Honduras. La otra señora, casada con el otro capitán europeo, pero que no se quisieron divorciar, lo pasaron a un barco más viejo y, lo mantenían lo más lejos, allá por el lejano oriente, China y Japón, donde no podía ver a su familia. Era como un castigo. ¡Qué increíble! ¡Era una cuestión tan real e inaudita, a la vez!

Hay miles de historias sobre el diferendo o conflicto con Honduras; unos, hasta han llegado a decir que fue un asunto "de faldas" entre el Presidente Rivera de El Salvador, y el Presidente López Arellano de Honduras, y heredado al General Sánchez Hernández. Uds. pueden juzgar, este otro, que les he planteado, y saquen sus propias conclusiones. Lo único que he querido hacer es traducirles lo que yo viví, en New Orleans, representando a El Salvador, y donde vivían más de 30.000 hondureños, donde me sentía que estaba en un campo hostil... pero donde todo el mundo decía, que el gobierno, me había enviado ahí, para precisamente, mejorar las relaciones con los hondureños y luego, con Honduras.

Y hablando de relaciones, siempre las mantuve, con todos los funcionarios tanto de la Ciudad de New Orleans como de los funcionarios federales, Mr. Troy Adams de Migración, siempre me rogaba que me hiciera ciudadana norteamericana, y el Jefe de Aduanas, así como del Sheriff de la Parroquia respectiva. Hubo una vez que recuerdo, me tocó sacar de la cárcel al hermano de un amigo mío.

Un lunes me habla Carlos B., mi amigo, diciéndome que su hermanito pequeño se había ido a New Orleans, el sábado en el avión de TACA, y que no habían sabido nada de él, que si por favor le ayudaba, y le avisara que sucedía.

Inmediatamente hablé a TACA, de ahí, a Migración. Efectivamente había llegado, solamente que en el trayecto, se había fumado un cigarrillo de marihuana adentro del avión, y llevaba con él, otros 4 cigarrillos... Por lo tanto, al desembarcar la migración le había sellado todas las hojas de su pasaporte: DRUGS! DRUGS! DRUGS!... y lo habían enviado a la cárcel al otro lado del río Mississippi.

Tenía tan buenas relaciones con migración que, me lo hubiesen podido dar inmediatamente para enviarlo de regreso a El Salvador, al día siguiente, pero quería ver qué pasaba. Nos fuimos a saludarlo con el Vicecónsul, lo encontré con la pijama rayada gris, de rigor, y le pregunté sobre el por qué había hecho semejante locura y me contestó: "Si yo traía los 5 cigarrillos permitidos por la ley" ¿ah, sí? Me dije, hoy lo voy a dejar metido aquí por 8 días, tal vez así aprende. Le hablé por teléfono a su hermano Carlos, y le dije que no se preocupara, que lo había encontrado y llegaría de regreso a El Salvador, el próximo sábado en el avión de TACA.

Lo más chistoso es que me acordé del "cipote," el viernes a las 4 de la tarde. Ya casi todas las oficinas públicas estaban cerradas, pero le hablé a Joe Di Rosa, mi gran amigo, para esos casos difíciles... luego de algunos minutos, me llamó el jefe de

Capítulo XXIII

migración para dármelo al día siguiente sábado, me contestó que inmediatamente iba a dar la orden.

Ese vuelo de TACA a El Salvador, salía de New Orleans, en ese tiempo, a las 7am, el pasajero tenía que estar en el aeropuerto a las 5am y, yo tenía que estar en la cárcel, mínimo a las 3am, para hacer todas las diligencias. Menos mal que llegué a tiempo haciéndome acompañar por el Vicecónsul y, efectivamente fueron a despertar a las personas que tenían que firmar su salida. Le entregaron frente a mí sus pertenencias, la cadena de oro, el reloj, menos los 4 cigarrillos de marihuana, ¡naturalmente!

Pero en la cárcel, ya cuando habíamos hecho todas las diligencias, estaban con la creencia que yo era la delegada de migración y el Vicecónsul era el Cónsul General. Cuando ya estábamos en la puerta para salir, me preguntaron que si yo era de migración, ahí me percaté que debió haber estado el representante de migración,... pero no estaba. Me entregaron al cipote, y ya en la calle cerca del auto, les dije: (al Vice y al *cipote*) ¡corramos que ésta es una misión imposible!

El *cipote* había llegado al aeropuerto, hacía 8 días exactos, de ahí a la cárcel y de la cárcel al aeropuerto nuevamente, ese había sido su gran visita a New Orleans, ¡era un tour maravilloso! En una tienda libre del aeropuerto le compró a su mamá un perfume, lo pusimos en el avión y a las 3 horas ya estaba libre en El Salvador.

Cuando me avisaban las parientes de mi mamá (las Gotay, Bertha y Cocola) así como Eva Córdova, Maruca Álvarez de Stahl, etc. que llegaban... las llegaba a buscar al aeropuerto, pero yo estaba en la oficina del Jefe de migración, y él me hacía que lo acompañara para ver a todos los pasajeros pasar, sin que ellos lo puedan ver a uno, ¡ese era un privilegio! Les tenía sus reservaciones en el Hotel St. Charles o el Fairmont. Luego salíamos a los diferentes restaurants, todos los días, ya que la comida gourmet de New Orleans es de las más famosas! Y a ellas les fascinaba. También salíamos de compras a las tiendas de Especialidades: Gus Mayer's, Gouchaux's, Kreeger's., etc.

Cuando llegaba Joaquín Palomo y toda la familia, es cuando más gusto me daba saliendo a comer, porque tanto Joaquín como yo, ¡adoramos los postres! Lo primero que veíamos cuando nos estregaban los "menús", eran los postres, de ahí dependía lo que ordenábamos como plato principal. A veces hasta 2 y 3 postres ordenábamos cada uno; éramos tan felices en estos tiempos, uno de los restaurants favoritos de Joaquín era el Comander's Palace sobre la Ave. St. Charles. Siempre me quedó la costumbre de los postres, ver primero que hay en el menú y luego dependiendo, así ordeno el plato principal.

Cuando recién llegué al consulado, comencé a conocer a los pocos salvadoreños que vivían en la ciudad, en realidad eran alrededor de 200. Una tarde conocí a los hermanos Peñate, Jorge el mayor, luego venía Héctor y el más pequeño, Jaime. Estos jóvenes, hacía unos cuantos años, eran unos niños que iban a una escuela, cerca de donde vivían en San Marcos, uno de los municipios de San Salvador.

Un día andaba un avión de la FAS por los cielos, de repente se accidenta y cae precisamente en casa de los Peñate, donde los niños habían llegado de la escuela, habían almorzado y dos de ellos, estaban durmiendo. Jorge el mayor estaba en la casa vecina. A los dos niños que estaban durmiendo, les alcanzaron las llamas y, fueron rescatados pero tenían quemaduras de primer grado. El piloto se salvó, pero después supe que había muerto en el diferendo con Honduras. El papá de los niños quemados, era ordenanza en Casa Presidencial, así es que después de tenerlos por nos días en el hospital Rosales de San Salvador, los niños ya estaban en estado casi de descomposición, y le rogó al Presidente Rivera, que si le podía salvar a sus hijos, solamente así, dieron la orden para llevarlos al exterior. TACA no se hizo cargo de llevarlos, porque ya estaban muy mal y despedían mal olor y, así fue como en un avión de la FAS, fueron trasladados a un hospital de New Orleans, para personas terriblemente quemadas.

Después de varios años, de tratamiento, tanto físico como psicológico, Héctor, perdió la pierna y la mano derecha, ya usaba prótesis y tenía la mitad de la cara, del lado derecho,

Capítulo XXIII

bastante restaurada. Jaime tenía una "pierna de palo"; ellos eran los que estaban dormidos cuando sucedió el accidente, Jorge, como estaba en la casa vecina, no sufrió ningún daño visible, aunque él acompañó a sus hermanitos en la larga estadía en New Orleans.

Estaba bastante sorprendida al verlos, porque en realidad la terapia recibida había tenido frutos increíbles, ellos no tenían, en absoluto, ninguna clase de complejo. Eran bellamente normales, y nunca se sentían víctimas o acomplejados. Ya habían terminado de cursar su primaria y la secundaria y estaban listos para la universidad. Los tres jóvenes estaban muy comprometidos con la comunidad salvadoreña, trabajaban en diferentes programas, pero trabajaban para mantenerse y pagarse los estudios... a mí eso, me pareció una gran injusticia. Ver a Jorgito y a Héctor vendiendo en un almacén para pagarse su vivienda y comida y la de su hermano, cuando ellos deberían de estar estudiando. Bueno, pues, como a mí no me gustan las injusticias, pensé que tal vez podía ayudar en algo...

Llamé directamente al Sr. Presidente General Sánchez Hernández, por el famoso "OFICIAL" de la época, y le manifesté lo que había visto y le comenté que me parecía una injusticia, porque esos jóvenes estaban discapacitados por un error de un piloto de la FAS y que tal vez se les podía ayudar con becas para sus estudios... Bueno, ¡pues me contestó que tenía razón! y al mes ya tenía el dinero de 2 becas para los hermanos Peñate.

Se graduaron con honores, en la LSU de New Orleans, Jaime se graduó de Administrador de Empresas, fue Gerente General de la Compañía de Seguros Metropolitan-Life, y Héctor se graduó de economista. Cuando me invitó a su graduación, le volví a llamar al Presidente (en estos tiempos, todavía se podía llamar al Presidente de la República y él te atendía) y, le conté que ya tenía El Salvador un economista a su disposición y lo enviaron a trabajar al Banco Centroamericano con sede en Honduras.

A Jorgito, le ayudamos de diferente manera. TACA volaba con bandera salvadoreña, pero todo el mundo en New Orleans, creía que TACA era mexicana, nicaragüense ¡o quién sabe qué!... menos, ¡salvadoreña! ¿Por qué? Porque no tenía a nadie de El Salvador, trabajando en nada para TACA, no había ni un solo afiche de El Salvador en sus oficinas, tanto en las del aeropuerto como en las de la ciudad, todos eran de otros países, realmente era risible, y yo se lo vivía echando en cara a Mr. MacHugh de TACA. Un día me retaron, y me dijeron que cuando tuviera a alguien que se los enviara y ellos lo iban a considerar.

Ese día llegó rápido. Jorgito me llegó a visitar para a ver si le podía ayudar con otra clase de trabajo al que tenía de vendedor y... me acordé de TACA, lo mandé con una nota, en papel personal, a los señores de TACA, a Mr. Mac-Hugh, e inmediatamente le dieron trabajo, en el counter de carga, ¡ahí comenzó su carrera! Luego un día, había una pequeña recesión en Louisiana y hubo despidos... despidos en TACA, y el último que había llegado era Jorge, así es que fue el primero en ser despedido. Esa, ¡era una gran injusticia!...

Vuelvo a llamar a los Señores de TACA, a Mr. Mac-Hugh, y le digo que tengo una nota para los periódicos de El Salvador, en que hago constar que "el único salvadoreño que trabajaba para TACA en New Orleans... había sido despedido". Inmediatamente le volvieron a dar el trabajo. Jorge tomó lecciones de vuelo, ya trabajando en el aeropuerto Moisant, y llegó a ser buen piloto de TACA, de los aviones 321 enormes y más modernos, tomando un entrenamiento en Argentina. Se casó con una bonita joven, sobrecargo y tuvo sus hijitos. Lo mismo pasó con Jaime y con Héctor, se casaron con americanas y siguieron con sus vidas...

Cuando llegaban los famosos "MARDI GRAS DE NEW ORLEANS", generalmente durante el mes de febrero, todavía era invierno y hacía frío o llovía, siempre nos hacía llegar a todo el Cuerpo Consular, una invitación el Alcalde Moon Landriu, para asistir a Gallier Hall y desde ahí ver pasar las carrozas, en esos tiempos de carnavales.
Para los Carnavales de 1973, MARTES 6 de Marzo, invité a mi hija Jamina, pero no quiso ir, así es que me fui sola, estaba

lloviznando y tenía puestos, unos confortables mocasines de tacón, color azul, un blue jean y cubriéndome por el frío, llevaba un abrigo de mink de verdad (todavía se podía) color champán. Cuando llegué al Salón donde estaban todos reunidos, ya el Alcalde estaba hablando... entonces me quedé parada afuera del Salón, sin entrar para no interrumpir, pero al voltear la cabeza, el Alcalde me vio... y cortando su discurso, me dice: Lillian, ¿por qué viniste tarde? Entra, entra... bueno, para qué pasó eso, me llevó a la par suya, caminando hasta el balcón, para que tomando champán... recibiera todos los regalos que le ofrecían los participantes que iban en las carrozas. La costumbre es que deben parar en este balcón de la Alcaldía, para saludar al Alcalde e invitados, hay como una pequeña ceremonia, dan el regalo y luego prosiguen hasta Canal St. y luego el French Quater.

Pero como siempre hay gente envidiosa, a la par mía estaba la que era Cónsul de Nicaragua, Tula de Lacayo, no eran familia del Cónsul General Ofilio Lacayo, ella comenzó a fastidiar al Alcalde, diciéndole que porqué a ella no le daba nada y todo me lo daba a mí, hasta que el Alcalde le contestó que ese era su gusto y la calló. Parece que Moon cuando quería ser drástico, ¡lo era!

Los carnavales realmente se han democratizado tanto que comienzan después de las navidades... son tantos los clubs que participan que, ya no hay más días para ellos. Naturalmente que a medida que se acerca al verdadero MARTES DE CARNAVAL, son mejores los clubs, los más antiguos, con gente económicamente más fuerte, más distinguidos, "la crème de la crème" de la sociedad cerrada y conservadora de New Orleans. El domingo antes del Martes de Carnaval, es el día del club BACO, ese es el club de los "nuevos ricos" y generalmente eligen a un artista de cine famoso, para que sea el REY BACO. El club del Martes de Carnaval, ese es el del Club famoso de los Diseñadores, que es el más antiguo y más *fufurufo* de New Orleans.

Ellos, después del día después del martes de Carnaval, o sea jueves, se reúnen todos, y desde ese día escogen tanto al REY como a la PRINCESA del próximo Carnaval, casi siempre es una hija de uno de los miembros del Club. Eligen también el "tema" que llevará el próximo carnaval, eligen al MAYORDOMO de la Cofradía. Y desde ese momento comienzan a diseñar los trajes y las carrozas, etc. etc. para el próximo año.

Naturalmente todo esto es llevado en completo secreto, tipo "TOP SECRET" Siendo está actividad, una de las entradas económicas más grandes de New Orleans, o sea la cantidad de gente que se involucra en llevar a cabo la elaboración completa de los carnavales, es la mayor fuente de trabajo que tiene la ciudad de New Orleans, más que el mismo Puerto.

La comunidad GAY se enorgullecía de invitarme y de que siempre asistiera... a sus CARNAVALES; era uno de los pocos clubs, donde tú puedes participar del show y de la fiesta, entre más *fufurufos*, menos puedes participar, te invitan... tienes que ir de traje FORMAL o sea largo, pero no puedes participar, solamente puedes VER desde las graderías... ¿cómo te parece?

Uno de los temas que más me impresionó, de los gays, fue el de "LOS 7 PECADOS CAPITALES" ¡era algo realmente espectacular! El sitio era el Infierno, el Mayordomo era El DIABLO, y cada uno de los pecados era representado por un gay, ahí estaban: La PEREZA, la AVARICIA, la LUJURIA, la SOBER-BIA, la IRA, la GULA, y la ENVIDIA ¡con unos trajes espectacula-res! de gran lujo, creatividad y colorido, la ganadora, o sea la REINA fue... la LUJURIA, naturalmente... ¡y era un camionero! ¡Espectacular! ¿Se dan cuenta?

Un día caminando por Canal St. como a las 6 de la tarde....qué susto más grande!... el Alcalde también venía atrás y cuando me vio, ¡corrió y me dio un gran beso! ¡Toda su staff se quedó perpleja! Así era el Alcalde Moon Landriu de espontáneo, pero definitivamente no con toda la gente.

Siempre, entraba al Fairmont Hotel por una calle, me atravesaba el hotel y salía por la otra calle, en esta oportunidad, en el mes de Noviembre de 1972, había hecho lo mismo y había ido al baño, venía subiendo las escaleras para el lobby del hotel y el Alcalde y todo su séquito, venía bajando las otras escaleras, para también llegar al lobby, total que nos encontramos en el lobby, con toda esta gente y cuando el Alcalde se da cuenta que soy yo, me alza en peso y me abraza... luego se apena porque sabe que ha cometido un error de protocolo, tú no puedes subir en peso, en público, a un Cónsul General de un país ¿Verdad? Después de la pena, y que medio oí a alguien decir, que no podía hacer eso, me pidió perdón o me dio sus excusas y se acabó el cuento. Lo que quiero expresar es que el Alcalde, que era tan serio, tan propio, cuando estaba cerca, él era otro, tal vez el verdadero Moon Landriu.

Otra vez, después de un evento, él se encargó de regresarme a mi casa, en su limosina, con sus secret service men subió al apartamento, saludo a Jamina, etc. y luego se despidió. Definitivamente él mostró mucho afecto y simpatía por mí, por lo que le agradezco infinito.

En uno de los bailes de gala que organizamos para el 6 de agosto, el segundo para ser más exacta, él asistió, como siempre; Verna también, y después de haber recibido la placa, que, según me contó Alberto y Hilda (Director y Asistente de Relaciones Internacionales de la Ciudad), no se la dan a cualquiera, fuimos a bailar... cuando, comienza a preguntarme que qué me parecía a mí, que le diera mi punto de vista, si debiera aceptar la propuesta que le había hecho el candidato a la Presidencia George MacGovern, de acompañarle como Vicepresidente de los Estados Unidos, ya que el candidato que él llevaba, el Senador Tom Eggleton, lo habían tenido que vetar por haber asistido al siquiatra, algunas veces; y era un súper escándalo en los USA. O sea Moon estaba interesado en mi opinión... Al final él no aceptó la oferta, pero fue tomado en cuenta para ese tan alto cargo, me imagino que esto no lo sabe mucha gente, porque nunca tuvo publicidad.

Antes de dejar el cargo de Cónsul General en New Orleans, él me regaló un dije con la Llave de la Ciudad, con mi nombre impreso en el lado de atrás. Yo lo puse con otros dijes en una pulsera. Ya vivía en San Salvador y llegué de visita en el año 1984, por 15 días a New Orleans, un día antes de regresar a S.S.

una amiga, Rebeca Lacayo, me invita a ir al mall de Clearview; y me voy sin cartera y sin nada, solo con lo que tenía puesto, porque ella solo iba a recoger un traje. En lo que estamos esperando... ¡veo unas sandalias divinas! Y yo tenía tarjeta de crédito en ese almacén Gouchaux´s, pero, ¿cómo probaba que yo era Lillian Díaz Sol?... Tal era la desesperación, que inmediatamente me veo la pulsera y veo que ahí tengo el dije con la Llave de la ciudad de New Orleans y dice mi nombre... ¿y van a creer? Con solo eso, me aceptaron, firmé mi cuenta, sin tarjeta... y ¿la identificación? El dije que el Alcalde Moon Landriu me había regalado. *How about that?*

Y así puedo seguir con las anécdotas del Alcalde... Mary, una de sus 7 hijos, es ahora una de las 9 mujeres senadoras en el Senado de los Estados Unidos de Norte América, en Washington, ella es demócrata. Y otro de sus hijos, Mitch, trabaja en Baton Rouge y está por llegar a ser Gobernador cualquier día de estos, pues siempre está corriendo para un puesto de elección popular. En este momento, Mitch es Alcalde de la ciudad de New Orleans, igual que su papá.

Considero que, el hecho más terrible con que el tuve que lidiar, como Cónsul General de El Salvador, fue el que a continuación les relataré:

Un día me visita un capitán de un barco con bandera salvadoreña, el Capitán Prieto. Fue cuando me di cuenta que El Salvador, finalmente tenía un barco, incluso, llamado El Salvador; y él me invitaba a que fuese la MADRINA, ya que lo bautizarían en unos días, antes de zarpar para El Salvador. Naturalmente, después de conocer los pormenores: que la marina mercante de El Salvador le había otorgado los papeles necesarios, y estaban detrás, como dueños accionistas, un grupo de hombres de negocios muy conocidos de El Salvador.

Un día de otoño de 1971, visité el barco, se inauguró con la botella de champán correspondiente, que pude quebrar muy bien, pero... bueno, zarpó el barco al día siguiente, con la tripulación correspondiente, había solo españoles, igual que el capitán Prieto; aunque el resto de la tripulación eran

Capítulo XXIII

salvadoreños. Así pasamos como un año, recibiendo y atendiendo al Capitán Prieto en nuestras oficinas del Consulado.

En el mes de septiembre del año 72, recibo la visita del Capitán Prieto, pero esta vez era que necesitaba la presencia del Cónsul General de El Salvador a bordo del barco, porque había, lo que se llama: MOTÍN A BORDO.

Salí, con él, del Consulado casi como a las tres de la tarde. Recuerdo que hasta iba sonriendo, mi característica natural, hasta que llegamos a donde se encontraba el barco, después de pasar kilómetros y kilómetros de muelles. La subida al barco, siempre incómoda y luego, llegamos a un lugar que era como el comedor de los oficiales, ahí permanecí por más de 12 horas, haciendo y decidiendo lo siguiente:

El problema era bastante grave, dos salvadoreños, que eran primos entre sí, habían, aparentemente, sublevado y aterrorizando al resto de la tripulación; el barco no podía zarpar del puerto de New Orleans con la carga que llevaba a El Salvador, y la única autoridad reconocida era el Cónsul General, él o ella son lo que deben ordenar qué hacer y cómo hacerlo.

Esa era la razón de mi presencia a bordo del barco. Comenzamos por sentarnos y uno a uno fueron pasando los miembros de la tripulación, a quienes entrevisté, siempre preguntándoles al final de la entrevista, quien o quienes creían ellos que eran los instigadores de todo el problema.

Como a las 11 de la noche, me tocó oír a los dos mencionados por todos, que eran los revoltosos. Democráticamente había que escucharlos a ellos también. El peor de los dos, era un muchacho en sus treinta años; era delgado, ni bajo ni alto, estatura regular, llegó con un sombrero de vaquero color negro, pero realmente tenía unos ojos verdes muy lindos; era realmente un muchacho guapo. ¡Lástima! El otro primo de éste, era más alto y normal en cuanto a su apariencia. Les tuve que escuchar y realmente, en algunos puntos, tenían mucha razón, en cuanto a cancelarles el contrato. Ya que le pagaban a la tripulación algo en el barco y, a sus familias en El Salvador el resto del dinero.

En eso estábamos, cuando se dio un incidente en que los dos, se quisieron saltar el barco, para tal vez intentar quedarse en New Orleans, entonces se tuvo que llamar a la policía del puerto, que es la policía más pesada de todas las policías….. ya que tienen que lidiar con gente de esta clase, también pesada… que no son ningunos gatitos tiernos. Al ratito, un policía traía a los dos, casi guindando del brazo.

Entonces ya era hora de mi veredicto, el Cónsul General decide qué hacer. Inmediatamente ordené que se sacara a los dos primos, del barco y, se entregarán a Migración, hubo que llamar a Migración. Hubo que llevarlos a un hotel y de ahí poderlos llevar al aeropuerto, al día siguiente y en un avión de TACA, trasladarlos a El Salvador, en otras palabras sacarlos de New Orleans.

Ahora bien, esa creí yo era la manera, de resolver la tranquilidad del barco, para que prosiguiera su ruta hacia El Salvador, al día siguiente. Ya que estos dos maleantes eran los causantes del motín entre toda la tripulación, porque nadie quería zarpar, si estos dos sujetos iban con ellos en el viaje rumbo al puerto de Acajutla, ya que habían amenazado a la tripulación diciéndoles que los iban a tirar al mar en la noche, y así los iban ir desapareciendo uno a uno, de manera que al final, el barco no iba a tener a nadie, al llegar al puerto.

Además, acordémonos que el barco lleva mercadería, la cual debe estar a cierta fecha, en el puerto debido.

Como todo debió ser resuelto con rapidez… y también ya el factor cansancio, comenzó hacer estragos… era agotador, pues hemos abandonado el barco y llegado a mi casa después de las 3 de la madrugada, habiendo pasado por unas horas sumamente críticas, en donde hasta por mi apellido, fui recriminada por uno de los maleantes. Bueno… pues pensando después, aunque ya demasiado tarde… cometí un grave error, que hasta la fecha me arrepiento, y es el siguiente:

CAPÍTULO XXIII

El muchacho joven de ojos verdes, en ese momento, estaba totalmente infectado de sífilis, tanto era, que ya había estado hospitalizado en Cartagena de Indias, Colombia, por su enfermedad en último estado. Yo debí haber acompañado su pasaporte con una nota dirigida especialmente a las autoridades de migración, para que cuando este muchacho entrara a El Salvador, lo internaran en un hospital, y no lo dejaran libre... porque estoy segura de que ha de haber infectado a muchísimas mujeres...Bueno, esto lo pensé al día siguiente, pero ya era tarde, ellos ya habían partido a El Salvador.

Fue una experiencia terrible, mucho cansancio. En todo el barco la única mujer era yo, los temas que salieron a relucir, en las entrevistas, eran fuertes y dolorosos, la situación era peligrosa, pero al fin, se tomó una decisión adecuada y se resolvió el problema. También el barco *El Salvador* salió al día siguiente, con toda la carga y su tripulación, excepto 2.

A los pocos meses de ese incidente, supe la historia, tanto del barco como del Capitán Prieto. El tal barco, había sido robado por el Capitán Prieto, a no sé quién y lo había llevado a El Salvador; ahí se había hecho pasar por el dueño del barco, y habían caído en el engaño, unos señores conocidos de la sociedad salvadoreña, como accionistas y habían montado la naviera. Pero lo habían descubierto internacionalmente y todo acabó... me imagino que devolvieron el barco a sus dueños legítimos y hasta ahí llegó todo.

Ahora, quiero contarles la anécdota más cómica que me sucedió, cuando fungía como Cónsul General de El Salvador en New Orleáns:

En los años después de nuestro "diferendo con Honduras," nunca pudimos celebrar, juntos, como en años anteriores, las Fiestas Patrias del 15 de septiembre, así es que Honduras y toda su gran colonia, celebraban aparte de los otros 4 países.

Guatemala, con mi gran amigo Nery Valladares, Nicaragua con mi gran amigo Ofilio Lacayo, Costa Rica con otro amigo, un Dr. bastante señor, (Costa Rica tuvo varios Cónsules y también

Honorarios) y El Salvador, siempre poníamos la ofrenda floral en un monumento a Francisco Morazán, que queda a media cuadra de Canal St. y nos acompañaba siempre el Decano del Cuerpo Consular que era el Sr. Francisco Quijada, de Venezuela, otro gran amigo, así como todo el Cuerpo Consular y mucha colonia de nuestros 4 países. Nuestro acto era a las 10 de la mañana, y el de Honduras, en el mismísimo lugar, iba a ser a las 11 de la mañana, ¡Se terminaba uno y seguía el otro!

En ésta ocasión, tampoco me habían invitado los hondureños a participar de su acto, pero yo estaba presente en el lugar, porque se estaba finalizando el nuestro, eran como las 10:50 del 15 de septiembre de 1971. Ya el Consulado General de El Salvador, había hecho el gran escándalo con el evento cultural del 6 de agosto, con una semana llena de presentaciones, de la orquesta y del ballet folclórico, tanto en las diversas universidades, en los programas de televisión, así como en las calles del French Quater y en el lobby del Trade Mart Building. Habíamos llevado 2 aviones con gente y con carga; habíamos montado una linda exhibición de artesanías y otra, con un pintor de lujo, salvadoreño. Bueno, era como que habíamos llegado a New Orleáns a..."vencer o morir"...

Definitivamente los hondureños 32.000, estaban recelosos con los salvadoreños, porque ellos eran más, miles de veces, habían estado ahí por más años y nunca se les había ocurrido hacer nada, ¡como lo que nosotros habíamos hecho! ¡Ellos con todos los barcos de la United Fruit y nada! Entonces, ¡me imagino que han de haber puesto el grito en el cielo!

Y este 15 de septiembre lo iban a celebrar a todo dar....habían llegado unos diputados, llevaban a la Miss Honduras de ese año, tenían una fiesta a todo dar en un hotel, y la famosa radio *catracha* HRN, transmitiendo todo en directo, incluso el acto de las 11 de la mañana en el monumento donde se honra a Don Francisco Morazán.

Bueno pues, ya estábamos nosotros terminando nuestro acto, y a veces uno se queda platicando o saludando a otros colegas, agradeciéndoles la asistencia, y el Decano me estaba

CAPÍTULO XXIII

convenciendo de que me quedara y no me fuera, porque a todos los demás, les habían invitado... menos a mí, y los otros compañeros se sentían mal... por ese hecho. Ese momento era bastante difícil, protocolariamente, el Cónsul hondureño hubiese querido invitarme, pero... se lo impedían... ¡las circunstancias!

Pero fíjense como son las cosas del destino, estando en esta situación, y rodeada de mis 5 colegas, con el Decano, yo veía que el comentarista de la radio RHN estaba diciendo algo y veía cómo venía en mi dirección y se iba acercando más y más, hasta que se para frente a mí diciendo: "y ahora, amables radio escuchas de todo Honduras, desde esta gran ciudad de Nueva Orleáns, les dirigirá unas palabras, nuestra representante de la belleza hondureña. ¡Miss Honduras! ¡Y me pone el micrófono en la boca! Yo asustadísima, le digo... "no soy Miss Honduras, soy la Cónsul General de El Salvador, y con mucho gusto le envío un saludo fraternal muy grande, ¡a todo el pueblo de Honduras!" No sé qué le pasó al comentarista, si lo sacaron o qué... pero nosotros todos, estábamos muertos de la risa... no podíamos creer lo que me estaba pasando a mí, en ese preciso momento. Salí a la carrera del monumento y nos fuimos, algunos ya no se quedaron, pero eso sí, ¡íbamos muertos de risa!

Durante mi estadía en el Consulado General de New Orleans, como dije anteriormente, me visitaba mucha gente, un día llega mi prima Ely Díaz de Taracena con Tere de Zarco, la dueña de la Prensa Libre de Guatemala, y me pide un favor, cual es, que le consiga una motobomba (la que usan los bomberos) porque ellas ayudan, en Guatemala, a la Asociación de Bomberos Municipales, una asociación muy querida por los guatemaltecos, por la gran obra humanitaria que desarrollan.

Manos a la obra, hago la gestión con el Alcalde, me dice que ya van a cambiar las bombas de New Orleans y que me pueden vender, una, por 1 centavo. Que hable con el Gerente de la Ciudad que es su cuñado. Pongo el nombre en la subasta y me venden, por un centavo, como dice la ley, la motobomba. Le aviso a Tere y la mandan a recoger y me envían unas cartas lindísimas de gracias y luego, cada vez que iba a El Salvador, hacía parada en Guatemala, me hacían un recibimiento con la motobomba con toda la sirena a todo dar, a todo volumen y ramos de rosas rojas, cena el 11 de Noviembre del año 72, donde Tere de Zarco, salida en la Prensa Libre y el Gráfico, con Ricardo Robles, Comandante de los Bomberos Municipales, Parlange, mi colega mexicano y otros invitados, y todavía terminaba de llegar a El Salvador vía terrestre, en el Mercedes de la Tere, con chofer y todo. ¡VIVA LA MOTOBOMBA!

Quiero decir, que el hombre más, pero más guapo que he conocido en mi vida, en persona, fue en mi oficina, en la ciudad de New Orleans, ¿cómo? ¿Por qué?... bueno, ahorita les cuento:

Un día X me encontraba muy ocupada en mi escritorio, cuando recibo la llamada de la Srta. recepcionista, quien también atendía a las personas que llegaban al Consulado, diciéndome que se encontraba un Señor, que necesitaba información de El Salvador y preguntaba si podía hablar con la Cónsul General. Yo jamás me he negado a dar información acerca de El Salvador, de ninguna clase, ya sea económica, política, social, cultural, turística, etc.; así es que le contesté que lo hiciera pasar a mi despacho. Bueno, cuando lo veo... casi me desmayo, era un hombre tan, pero tan guapo... pero a la vez tengo algo, aunque reconozco que la persona es guapa, no dejé que ello me turbara; al contrario, creo que me dio más fuerza como para tratarlo más amistosa-indiferente, pero me hice la "difícil" ¡para que no creyera otra cosa!

Bueno pues, pide la información, que supuestamente quería, y conversamos amigablemente, él era peruano y andaba en busca de más contactos con empresas de diferentes países latinos, para establecer en Perú. Ya me había ofrecido su tarjeta de negocios y luego me invita a salir en la noche a cenar. Da la casualidad que yo tenía un compromiso, y me di el lujo de decirle: "que lo sentía mucho, pero que no podía, por tener un acto oficial, pero que en otra ocasión con mucho gusto." El, aparentemente se lamentaba mucho, pero me dijo que cuando

Capítulo XXIII

regresara de nuevo a la ciudad, me invitaría. No sé si alguien más ya lo habría rechazado, ¡yo no creo! ¡Pero a lo mejor eso mismo le gustó!

Pasó el tiempo, y un día, aparece nuevamente, Alberto Granda, y lo hacen pasar a mi despacho, y me vuelve a invitar a cenar y vuelvo a decirle que no podía porque ya tenía un compromiso para un cocktail, que era en casa de Alberto Fowler, el Director de Relaciones Internacionales de la Ciudad de New Orleáns, cuando le mencioné a Alberto Fowler, él me dice que lo conoce, que fueron a la universidad juntos, y que como le gustaría volver a verlo. Bueno, ahí cambia la cosa, así es que llamo a Alberto para decirle, tal y como dice la etiqueta y el protocolo, que si puedo llevar a un amigo al cocktail de la noche, ¡y que le llevo una gran sorpresa! Naturalmente Alberto me dice que sí.

Esa noche Los Fowler le daban un cocktail-cena a nada menos que a otro amigo de Alberto, OSCAR DE LA RENTA, quien es mi diseñador favorito, y tenía muchos trajes de noche, de él, por lo que verdaderamente me moría por ir y conocerle. Me fascina este diseñador, porque su ropa es bella, femenina, rica, suave, etc., es mi diseñador favorito, ¡definitivamente! Sus trajes lo hacen sentir a uno, ¡una Reina!

Cuando llegamos a casa de los Fowler, y cuando le presento a Alberto Fowler mi amigo Alberto Granda... se han dado un abrazoooote tremendo, ¡y los dos Albertos felices de haberse visto otra vez! Yo ya nunca más volví a ver a Alberto Granda, pues después...él se fue a Perú y yo ya terminé mi misión en New Orleáns. Pero hasta la fecha, lo recuerdo como el hombre más, ¡pero más guapo que he conocido en persona!

Llegó la hora de entregar el cargo de Cónsul General en New Orleans, el Presidente Molina me aceptó mi renuncia el 20 de junio de 1973 y dejé el Consulado.

Durante el tiempo que serví al país, como Cónsul General de El Salvador, con sede en la Ciudad de New Orleans, tuve 3 jefes de Canciller: el Primero fue Chachi Guerrero, un político muy ingenioso, era un verdadero lince, lo consideraban UN maestro de la política salvadoreña, tenía un gran carisma, aunque no era nada guapo, con su inconfundible tic nervioso, pero era simpatiquísimo, y lo que se llama, un diplomático. Él tenía una habilidad asombrosa de quedar bien con toda la gente. Mucha gente lo quería mucho. Siendo Canciller, lanzó su candidatura para la Presidencia de la República, lo cual era un pecado mortal, en esos tiempos, por lo que ha sido, y ha quedado en la historia salvadoreña, como el Primer y único Canciller destituido como tal.

El General Fidel Sánchez Hernández, Presidente de la República, se vio en la obligación ingrata de destituirlo, pero la acción de Chachi era contraria a los estatutos del partido oficial PCN. Años más tarde, Chachi siempre de político audaz y siempre con el gran partido de Conciliación Nacional, llegó a ser candidato a la Presidencia; participé en estas elecciones ayudándole en su campaña, y después de unas elecciones un poco difíciles, en tiempos de guerra, le ofrecieron ya directamente a él, la Presidencia, pero no la aceptó por... y luego quedó de Presidente de la República el Ing. José Napoleón Duarte.

Unos pocos años después... En tiempos de la guerra civil de los años 80s, cuando hubo muchos asesinatos, él venía en su automóvil, fue interceptado, le arrebataron un ataché con papeles importantes... y lo mataron. Triste final para un gran político salvadoreño.

El segundo Canciller, al que serví fue al gran Walter Béneke, un hombre serio, inteligente, que hablaba varios idiomas, y que sabía qué se debía hacer en El Salvador para sacarlo adelante: EDUCACIÓN, decía. Antes había sido Ministro de Educación, y esa cartera gastaba el 33% del presupuesto nacional en Educación; hizo la mejor reforma educativa que ha habido en El Salvador, diseñada en su totalidad por el Dr. Luis Escamilla, "el padre verdadero de la reforma", aplaudida por toda América, pero desgraciadamente, nunca se pudo evaluar, y a la vez mejorarla, como la misma reforma educativa lo requería; porque por esos tiempos, se formó ANDES 21 de Junio, una

Capítulo XXIII

organización sindical de los trabajadores de la educación y comenzaban ya a gestarse las condiciones que a los pocos años nos llevarían a una guerra civil. Por lo que no hubo tiempo para evaluarla y hacerle los ajustes necesarios.

Durante la guerra, Walter Béneke iba en su automóvil entrando al garaje de su casa, en la colonia Escalón y ahí, lo acribillaron a balazos. Una pérdida terrible para la sociedad y la intelectualidad salvadoreña.

El tercer Canciller, fue mi compañero de colegio Mauricio Borgonovo Pohl, primo de Arnoldo Hirlemann Pohl, mi primer novio.

Cuando estaba todavía fungiendo como Cónsul General en New Orleans, un día de noviembre, me llamaron a Cancillería y tuvimos una pequeña discusión con el Canciller y el Vicecanciller Castaneda también; pues ellos mantenían, que yo me disparaba directamente a las instituciones para agilizar mis compromisos con la gente, ya sea salvadoreña o americana. Después de todo, yo era la que ponía mi gran cara frente a ellos, yo era la que me comprometía en New Orleans. Naturalmente que, en ese tiempo los informes eran semestrales, y yo los mantenía informados a través de los informes. Pero, ¿cuándo han visto que leen un informe en Cancillería? Total que ellos decían que nunca sabían nada, hasta que lo leían en los medios de comunicación...Quiero contarles que en esos tiempos el procedimiento en Cancillería era el siguiente:

Llegaba al Consulado General: un americano interesado en hacer negocios en El Salvador, por decir algo, yo me comprometía con él, en tenerle toda la información requerida, en inglés (no había nada impreso en inglés) en 10 días, (en los USA todo debe ser rápido) daba mi palabra. Ese mismo día escribía al Sr. ministro, que Mr. XX me había visitado, con el objetivo de tener la información XXX y que por favor nos la enviaran, a la brevedad posible. Al día siguiente se iba a dejar a TACA, para ser llevada en la valija diplomática, a El Salvador.

Llegaba a San Salvador, al departamento de Correo de Cancillería; era distribuida, después era leída por alguien en algún momento, remitida con una nota a donde correspondía, en ese caso al Ministerio de Economía; luego de que a ellos les daba la gana, recopilaban la información, después de varios días la enviaban al ministerio de Relaciones Exteriores, quienes hacían otra nota de envío para el Consulado General de New Orleans, y por medio de otra valija diplomática enviaban la correspondencia requerida; esta burocracia tomaba de 3, 4 ó 5 semanas. Y yo... espera que te aguardo en New Orleans, diciéndole al empresario, ya viene la información, mañana viene la información... ¿cómo quedaba yo? Y lo que es peor... ¿Cómo quedaba El Salvador?

Lo más lógico era comunicarme directamente, que me enviaran la información a vuelta de correo ¡y listo! Después de exponer mis argumentos, Mauricio, mi compañero, el Canciller, accedió a que hiciera lo que tanto les había molestado. De manera que seguí haciendo lo que había estado haciendo, ¡claro! Con la condición de que informara... después de que se me rodaron unas cuantas lágrimas, lo admito, y de aguantar que me dijera que: "era un macho sin dueño". Todo quedó como habíamos estado actuando, al darme la razón, después de ponerse en mis zapatos.

Varias veces iba al lago de Ilopango, aunque no es de mis favoritos, pero Nena y Pete Thomas, mis vecinos, tenían un negocio muy bonito en el lago, y a menudo me invitaban a ir con ellos. Allí veía a Mauricio y siempre me invitaba a dar un rondín con sus hijitos, en la lancha que tenía.

Unas semanas antes de que lo asesinaran había estado con él y sus hijos en el Yacht Club de los Thomas en Ilopango. Fui terriblemente impactada con la noticia de su secuestro, y luego la Niña Sarita, su mamá, haciendo aquella petición tan tremenda! ¡Para que se lo devolvieran el día de la madre! ¡Devolviéndoselo pero ya muerto!

Capítulo XXIII

Bueno, mis tres grandes jefes, tres Cancilleres de lujo, fueron terriblemente asesinados, durante la locura que padecimos en los casi 20 años de guerra civil.

¡La experiencia que obtuve al ser Jefe de Misión fue fascinante! aprendí mucho, así mismo estoy segura que fui la mejor Cónsul General de la época, y lo digo con humildad, ¡pero es cierto! Me dieron una oportunidad y yo realmente le serví con todo lo que pude a mi país. Creo que uno de los grandes honores que he tenido es representar a El Salvador, pero como se debe... y eso me marcó mucho tanto profesionalmente como personalmente. Cuando al fin regresé a El Salvador, quería formar mi propia empresa, no estaba muy convencida que me gustaba el "modus operandi" del SR. GOBIERNO, ¡y toda la *intríngulis* que se da en ese ambiente! El Alcalde Moon Landriu, al conocer de mi traslado y refiriéndose a mi estadía en New Orleans, como Cónsul General, me llamó: la Pérdida de New Orleans! Hubo mucha gente que, después, me encontraba en el avión o en el aeropuerto o en los centros comerciales, y me decían... "¿Ah? ¿Ud. es Lillian Díaz Sol la Pérdida de New Orleans?"

Capítulo XXIV

Un error por lástima...

En enero de 1973, se presentó a mi oficina, en el Consulado General de El Salvador en New Orleans, un salvadoreño-americano; hijo de un conocido, Roberto Meléndez padre, y de mi amiga June Hoquald, la Condesa, que había conocido cuando había llegado a esa ciudad. Naturalmente que era condesa porque estaba casada con un Conde francés. Roberto era un joven educado, suave, bastante bien parecido, ojos intensamente azules, con una linda sonrisa y unos buenos dientes, cabello oscuro, pero con un gran problema... se había peleado con su papá, nada menos que Roberto Meléndez padre; no era la primera vez, y éste lo había enviado a New Orleans, al apartamento que mantenía, y que ahí viera que hacía. Todavía no sé por qué llegó a buscar ayuda al Consulado. Yo creo que ya es el DESTINO...

Comencé por ayudarle en los asuntos legales, pero me imagino que él estaba en un momento crítico y así nos fuimos tratando; él sentía la necesidad de alguien... Además, a pesar de todo, de tener una madre americana; él no tenía ya, ni residencia en los Estados Unidos. Por lo tanto tenía que solucionar su residencia, y en ese aspecto yo sí podía resolverle, porque era residente de los Estados Unidos y el Director General de Migración Mr. Adams lo sabía. A mí realmente me daba lástima, aunque no dejaba de gustarme... ¡todo el empaque!

Me contó toda su vida, y era realmente algo de película. De manera que él había vivido con su abuelo Guillermo Meléndez, el Zar del azúcar en El Salvador y su segunda esposa, la mamá Zaída, después que June, su madre biológica, al nacer, lo fuera a tirar a la casa de su abuelo.

Capítulo XXIV

Zaída, una joven campesina, de una de las propiedades de los Meléndez, muy linda, de ojos verdes, se había casado, con Don Guillermo, en segundas nupcias, en la Catedral de San Patricio de Nueva York, habiendo pasado su luna de miel en el famoso Queen Elizabeth en su ruta hacia Europa. A su regreso, ella había creado prácticamente a Roberto hasta la edad de 7 años.

Cuando el niño cumplió 7 años, lo habían internado en el colegio de niños Saint Paul, al otro lado del lago Ponchatrian, en New Orleans, y cuando ya había cumplido los 15 años, tuvo la visita de su mamá June, a quien no conocía, pues desde que lo fue a dejar a la mansión de don Guillermo, nunca más la volvió a ver hasta... ese fatídico día en que su mamá se quiso acostar con él, cuando lo visitó en el colegio; de ahí venía el terrible odio que le tenía Roberto a su mamá.

Luego, cuando Roberto tenía como 16 años, su papá, Roberto, le había quitado la esposa Zaída, a su abuelo, teniendo Don Guillermo que desheredar a su propio hijo, y heredar a su nieto Roberto Jr. Más o menos cuando Roberto Jr. tenía como 19 años, hubo una gran balacera, en la Colonia Meléndez, cuando se formaron 2 grupos, Roberto padre y su hermano El Kid Meléndez, era un grupo, y el otro hermano Cara Plástica y Roberto Jr. el otro grupo, se agarraron a balazos para pelear la herencia. Ganando los dos primeros, o sea su papá. Y desde ahí venía el enojo de Roberto papá con su hijo. Aunque Roberto papá siempre mostró más amor a sus hijos varones, que a sus hijas mujeres, a quienes nunca les ayudó, en ningún sentido.

Y así, miles de historias, que conocí, muchas muy, muy interesantes e increíbles...

A las 4 semanas ya me estaba proponiendo matrimonio, wow...

Yo me dije, bueno... probemos... puede ser que llegue a ser un buen matrimonio, él parece un muchacho bueno, no tiene ningún vicio, de tomar o parrandear... lo único que fuma mucho... Viene de buena familia, conocida, aunque en algunas cosas, una familia muy cuestionable... sobre todo su padre, digo, en el aspecto moral; la mamá no se podía ni mencionar, ella me llamaba por teléfono, ya que nos habíamos conocido antes de conocer a su hijo, y si Roberto contestaba la llamada, pasaban por lo menos 5 minutos o más, ¡insultándose! Pero... me seguí diciendo, es joven, mucho más joven que yo, pero... ¡tomémonos el chance!... Arreglé todo para el matrimonio, y un buen día de abril de 1973, nos casamos del otro lado del Río Mississippi, donde se casaban todos los extranjeros en New Orleans; Jamina mi hija, fue mi testigo y estaba también Marla y su esposo, Silvio Fernández y su esposa, ¡otros pocos amigos y ya! Fuimos a departir a un restaurant y de ahí, me fui a trabajar al Consulado, en la tarde.

Por el mes de febrero me descubrieron en la Clínica Oschner, mi número clínico permanente es 486274, que tenía problemas con la vesícula, nada menos que una piedra, del porte de una semilla de jocote y que necesitaba operación. En esa oportunidad, preferí operarme en El Salvador, con mi médico, que era el de toda la familia, el maestro de todos los médicos el Dr. Carlitos González Bonilla.

Así es que llegué a San Salvador. A mi hermana Sara la había operado de lo mismo, (esa es la marca del ZORRO de mi familia, todos padecemos de la vesícula, los Díaz-Sol no tenemos vesícula; hasta Jamina no tiene) hacía unos pocos meses y, se le había complicado, así es que esta vez el Dr. González guardó todas las precauciones habidas y por haber. Para la operación me acompañó Roberto, estuve en la Policlínica Salvadoreña y después de unos días, nos regresamos, solo para hacer ya, entrega formal del Consulado.

Por no haber guardado suficiente dieta, fuimos al supermercado y cuando cargaba unas bolsas, se me abrió la herida, que en ese entonces esas operaciones eran grandes y delicadas. Tuve dificultad con hacerme ver por un médico, pues no me habían operado en New Orleans, y nadie se quería hacer cargo, pero siempre encuentra uno a alguien... y lo encontré... me hizo algo con una aguja como de crochet y algunas curaciones, ¡y listo!

Capítulo XXIV

Por el mes de septiembre empecé a sentirme realmente mal, parecía que tenía algo en las amígdalas; creyendo que tenía una infección, comencé a tratarme con mi propia penicilina, (siendo Tauro padezco del oído y de la garganta) cuando pasaba el tiempo y me sentía igual o peor, le solicité a todos mis amigos cónsules más penicilina, y así llegué hasta el mes de octubre, cuando un día ya no aguanté más y me fui a la Oschner. Después de esperar, me tomaron el examen y me mandaron un cultivo, diciéndome que llegara dentro de 4 días, a lo cual les respondí que ya iba a estar muerta... me dolía la cabeza, los dientes, los oídos, la mandíbula, la garganta y los ojos; y realmente eran unos dolores muy, muy fuertes.

Llegué a mi casa, y en la noche, le pedí a Roberto me sirviera una copa de cognac, pues realmente seguía creyendo, en mi ignorancia, que eran las amígdalas. Yo creo que Roberto ya estaba pensando en devolver la mercadería ¡porque le había salido dañada! ¿No creen?

Luego, así como un chispazo, me acordé que en ese mismo edificio vivía un joven doctor colombiano que nos habían presentado hacía unas semanas y se había puesto a las órdenes.

Le dije a Roberto que me lo fuera a traer, porque ya no aguantaba! A los 5 minutos llegaron, Roberto y el doctor colombiano. Me preguntó qué era lo que sentía, le conté tomándome por sorbitos el cognac. Luego me dice el doctor, bueno... Lillian, estoy seguro que no es infección en las amígdalas, lo que tienes es infección en la glándula tiroides... y le pregunté: ¿y eso porqué y de dónde? Yo no sé mucho de glándulas, me dijo, porque estoy haciendo mi especialidad del corazón en el Charity Hospital, pero ve el jueves a la Oschner y verás que no te va a salir ninguna infección en el examen que te hicieron. Le pregunté cuál era la medicina que daban para curarla y si tenía cura, yo nunca había oído de esa enfermedad pero tampoco se atrevió a decirme, ¡pero sí me diagnóstico!

Yo, para ser franca, no le creí, uno a veces es tonto, y a los amigos no les cree, no sé por qué. Todo esto pasó lunes en la noche. El jueves temprano en la mañana, me fui a la Clínica y al pedir mi examen, me salió negativo... como yo no aguantaba el dolor, inmediatamente le dije al enfermero que me dio el examen negativo, que era una infección en la tiroides... Cuando dije eso... inmediatamente me dijo el enfermero, que no me moviera, y que iba a llamar al Dr. Lock que era el especialista en glándulas... esperé a lo sumo como 5 minutos; y de repente veo venir al Dr. Lock con 10 doctores más, todos como que estaban aprendiendo esa especialidad, porque lo primero que me preguntó el Dr. fue como sabía que era eso... yo le conté la historia del Dr. colombiano que vive en mi edificio, luego que dijo que extendiera los brazos hacia delante y efectivamente me temblaban, y él les iba diciendo los síntomas a los jóvenes doctores. Luego me tocó la parte baja de la garganta y efectivamente había una bolita, y todos la tocaron...

Al final me dijo el doctor que tenía todos los síntomas de la infección en la tiroides, pero que como la medicina para curarla, era muy peligrosa debemos estar seguros, me dieron una pastilla radioactiva y me pusieron un ladrillo de metal, creo que de hierro, plomo o estaño; me tomaron una radiografía con ese ladrillo en la garganta, esperé como 1 hora y luego bajó nuevamente el Dr. Lock y me dijo: Sra. Sol, primero quiero felicitar al Dr. colombiano que le diagnosticó la infección en la tiroides; debe ser un magnífico doctor, porque sin las herramientas apropiadas es difícil hacer ese diagnóstico; dígale que cuando guste le damos trabajo en este hospital. Segundo, Ud. tiene efectivamente infección en la tiroides, y el tratamiento es a base de cortisona... Y ya me explicó cómo iba a ser el tratamiento. La cortisona, de por sí te infla; pasé varios meses gorda inflada, pero gracias a Dios, me curé y jamás he vuelto a padecer de esa enfermedad.

Tercero, es que la clínica Oschner, tiene únicamente en sus archivos, entre 1 y 2 pacientes al año, con esta enfermedad, así es que cuando llega uno, aprovechamos para instruir a nuestros practicantes, así es que nos va a dispensar por haber tomado ventaja de Ud. esta vez... no me pasaron jamás la cuenta, todo fue ad honoren.

Capítulo XXIV

Del apartamento donde vivía, en ese entonces, después de vivir unos meses ahí, compramos una town house cerca del lago Pontchatrain, por el lado de Metarie y dispusimos asentarnos en esa región, por el momento.

Jamina estaba terminando su tercer año de high school, teníamos un *par time* en Juanita's Shoes, lo cual ayudó a Jamina mucho a las ventas, pero más que nada, repitiendo lo que mis tíos habían hecho conmigo, la puse a ella a trabajar porque era muy tímida.

Jamina decidió ir a El Salvador hacer su último año de High School, a la Escuela Americana.
Así es que se fue a la casa de mi hermana Sara, teniendo a varios amigos y amigas de compañeros en la Escuela Americana, en cuenta el que iba a ser Presidente de El Salvador unos años después, Paquito Flores.

Cuando estaba viviendo por ese tiempo en Metarie, seguí trabajando con la colonia latina, y formamos un comité auspiciado por la municipalidad y fui electa Presidenta y encargada de la Relaciones Sociales de COFLA.

Cuando nos tocaba ir a ver al Alcalde, claro que nos recibía, pero solo hablaba conmigo en la mesa de sesiones, donde todos estaban escuchando, y él solo me preguntaba: Lillian, ¿qué quieres? Y empezaba a enumerarle todo lo que queríamos, a medida que le iba diciendo, él iba contestando, "concedido, concedido, concedido," se despedía y punto. Naturalmente que me tenían de Presidenta por eso, porque a mí el Alcalde no me negaba nada, todos sabían que conmigo ¡ya la hacían!

También, allá por enero del 74 me solicitaron del canal 8 ABC de New Oreáns, para un programa de Televisión, junto a Julio Guichard, que al final le llamamos Telescopio Informativo; y salió al aire marzo 10 de ese mismo año, el primer programa en español en New Orleans. Me divertí mucho con ese programa, el director Bud y Linda la manager del programa me apreciaban mucho... y un buen día les tuve que decir que me volvía a El Salvador, y me enviaron cartas preciosas lamentando mi partida.

Para entonces, mi matrimonio con Roberto, no estaba dando los resultados esperados, él trabajaba de noche, yo de día, casi no nos veíamos, pero en realidad no era eso, lo cual podía arreglarse sin ningún problema adicional. Más bien era su comportamiento con Jamina, él era muy celoso y no me gustaba el trato para con ella. Tengo muchas anécdotas que pudiese contar. Además creo que yo quería mi independencia, me hacía mucha ilusión el ir a El Salvador a establecer un centro para la mujer. Él no quería saber nada de El Salvador, su papá y familia... Así es que ahí ya había algo. Quiero decir que Roberto era bastante menor que yo, y no teníamos mucho de qué hablar, tampoco teníamos los mismos gustos... Bueno... pensé que era mejor, ¡romper ya! Algo que después de todo no iba a funcionar, y para mañana, ¡ya era tarde!

La noche del cumpleaños de Jamina, un 15 de abril de 1975, que sus amigas le habían celebrado su cumpleaños y me habían invitado, como su mamá, al regresar a casa, él me estaba esperando y tuvimos una discordia, por celos, por no querer que asistiera a la fiesta de mi hija, y en un momento, él me levantó la mano, eso me dio la pauta para pensar que era la hora de levantar el vuelo hacia El Salvador.

Luego, Roberto se fue a trabajar... Cuando regresó a las 8 de la mañana, ya encontró, todas mis pinturas enmarcadas en el suelo, y muchas cosas ya empacadas; hablé con él le dije que me iba para El Salvador, lo traté de convencer que se buscara un apartamento, lo cual hizo, le regalé sábanas, y todo para la cocina, vajilla, etc. además que los dos perros que teníamos eran de él: Henry y Eddy, unos basset-hound de pura raza, que para tenerlos, me pidió permiso, y yo se lo di, porque después de todo, mi arreglo con él era de no tener hijos, lo cual él aceptaba de buena gana. Así es que le dije que sí, pero con tal que fuese él, quien les diera de comer, los sacara y los bañara, lo cual él hacía con mucho esmero, ¡porque quería mucho a los perros!

Pues un buen día, se llevó sus 2 maletas bellas de cuero de lagarto americano que tenía, más otras dos cositas, sus perros y se marchó a su apartamento del otro lado del Río. Antes de regresarme a El Salvador, me llevó a conocer su nuevo

Capítulo XXIV

apartamento, y estaba muy bien. Siempre con su trabajo de Ingeniero en Sistemas y quedamos de amigos, pero nunca nos vimos más. Supe después, que se había casado con alguien de su trabajo y se había trasladado a vivir a Canadá. Después supe que se había divorciado también...

Capiítulo XXV

Lillian, la pérdida de New Orleans...

Así, uno de los primeros días del mes de mayo de 1975, retorné a El Salvador, era el Año Internacional de la Mujer, y había mucho por hacer... especialmente por la mujer salvadoreña... a quien miraba desde lejos, que necesitaba de una ayuda especial... Y yo estaba comprometiéndome a dejar ese legado a miles de mujeres salvadoreñas que han pasado por mi escuela.

De esa manera, abandoné, New Orleans... y me convertí inmediatamente en la PÉRDIDA DE NEW ORLEANS... Tal y como el Alcalde de aquella ciudad sureña Moon Landriu, lo había expresado antes...

Legué a El Salvador cuando el Concurso de Miss Universo se estaba llevando a cabo en nuestro país, y era un gran alboroto... a empezar una nueva etapa en mi vida, que estaba llena de sorpresas y sinsabores, ¡como es la Vida misma!

Y además, con la sorpresa de vivir ¡La guerra civil más horrorosa que me pude haber imaginado!

1. Mi mamá, Lillian Sevilla. 2. Manuel Díaz Sol. 3. A los nueve meses en la finca de las Lomas de Can
4. En los brazos de mi mamá en la finca. 5. Con mi papá en la finca. 6. Recién operada de mastoiditis
7. Ya recuperada en los días de triciclos y overoles cuando mis primos me llamaban "Juanito"

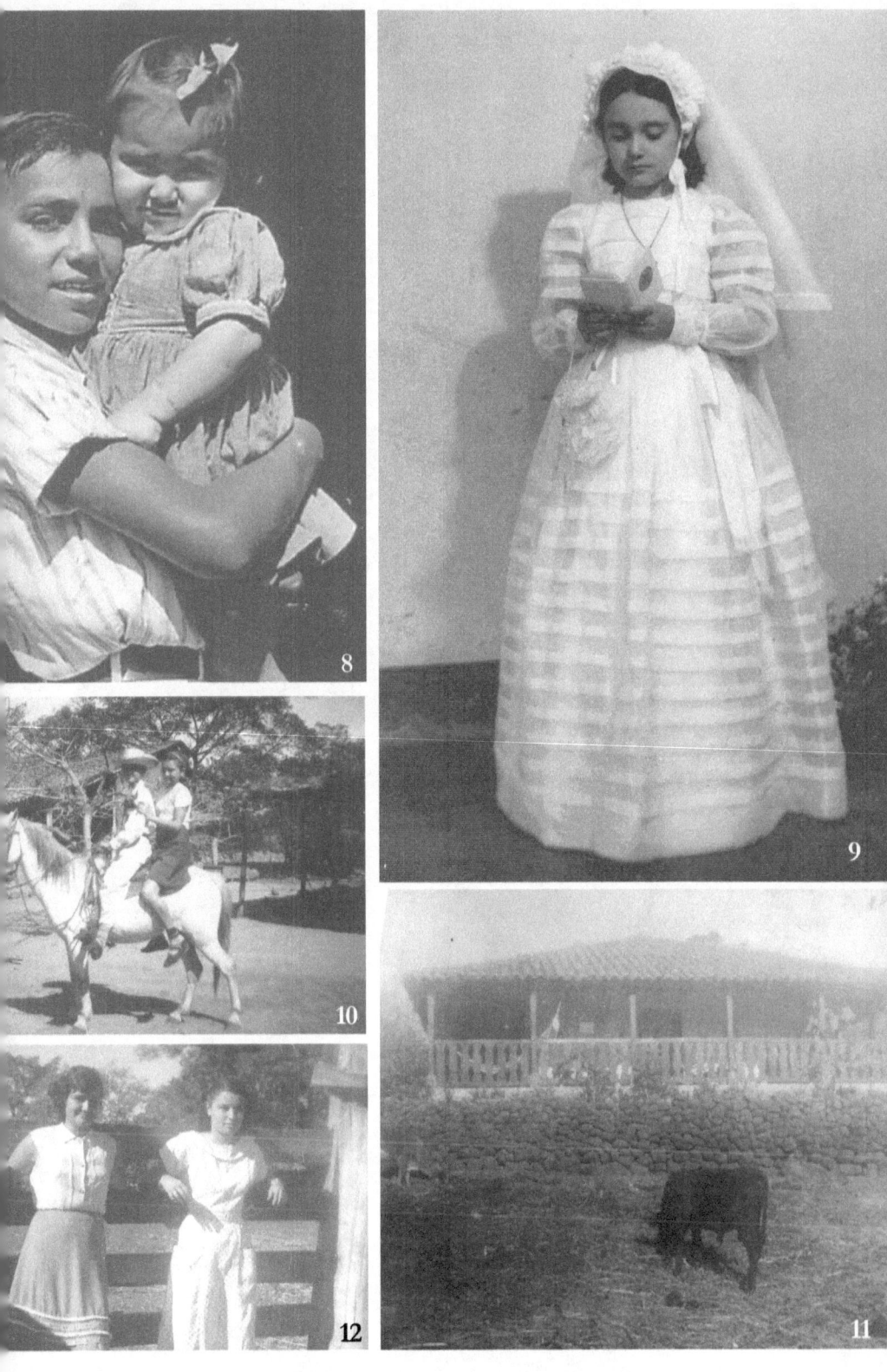

mi primo Neto Amaya Díaz 9. Mi primera comunión a los 7 años 10. Sobre el caballo "Tipitín" con el lemann 11. Una vista parcial de la casa en el casco de la Hacienda "El Espíritu Santo" 12. Mi prima Martita a puerta de golpe del corral.

13. En el Río Lagartero con Arnoldo, Roberto y Ernesto Hirlemann 14. Cuando cumplí 15 años 15. Mi tía Mary 16. Mis compañeras del Colegio Guadalupano 1972: (paradas de izquierda a derecha) Dinora Pelellero, Ma. Renderos, Celina Gutiérrez, Marta Sanchéz, Yolanda Cardona (sentadas) Toyita Hasbún, Lupita Contreras y yo.

17

18

19

l Festival del Cherry Blossom, en el Río Potomac
Merceditas en la Residencia de Ellicott St.
"Hadas Madrinas" Kay y Marie
Residencia de Ellicott St. con todos los
salvadoreños.

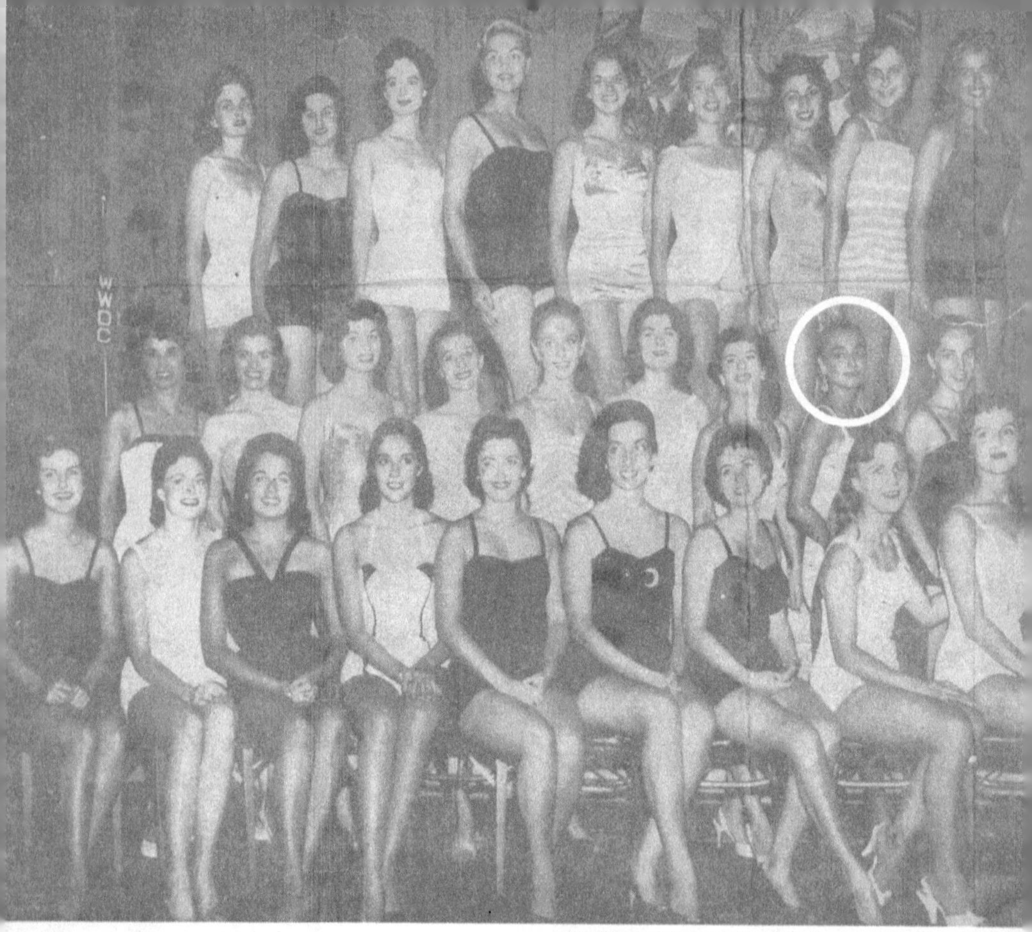

21. Publicación del Washington Daily News sobre "Miss Washington" (segunda fila, segunda de derecha a izquierda)
22. 23. Fotografías para la Revista "Life".

23

22

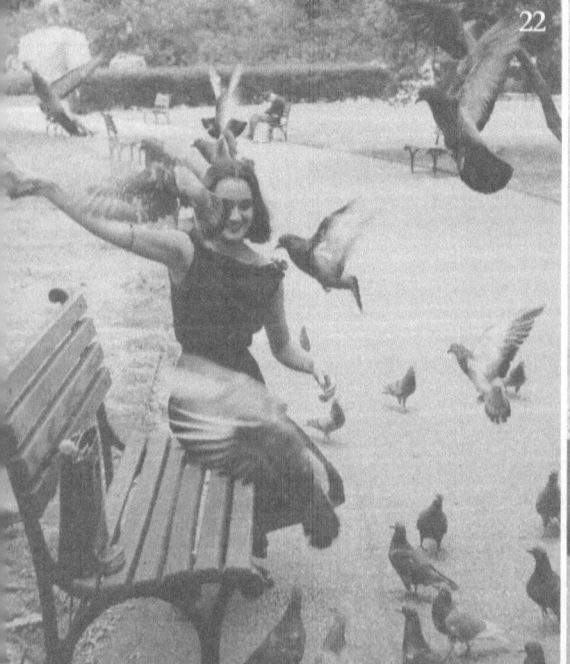

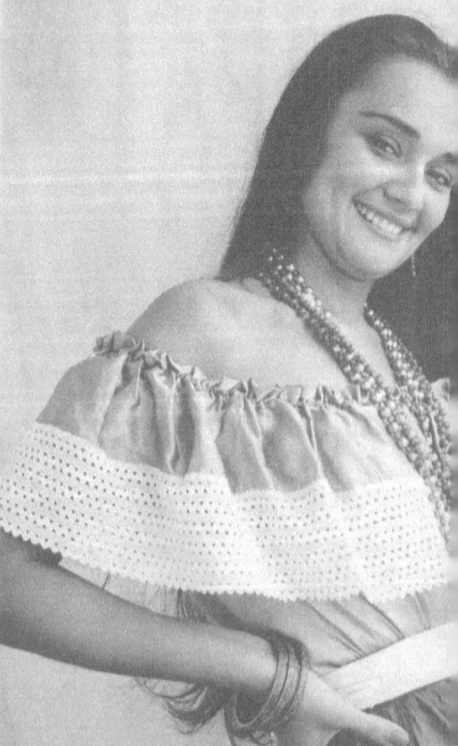

Shramchenko and "Pieta," one of 20 paintings series entitled "The Passion of Christ."

kola Shramchenko, ist and Teacher

Shramchenko, 58, born artist, died yes-
t Holy Cross Hospi-
er Spring, after a
d illness. He lived at
chanan st. nw.
hramchenko w a s
the Ukraine, where
ed art at the Ukrain-
Academy. He was a
of the Nazis from
1945.
after his release, he
Washington and took
a job as a window display artist. Mr. Shramchenko later
taught art to persons inter-
ested in it as a hobby.
His drawing w e r e se-
lected to illustrate a new
abridged edition of the Old
Testament published by Ivan
Oblensky of New York, in
1962.
He is survived by his wife,
Maria, and a son, Eugene,
both of the home.

eptiembre 27 de 1968 el Washington Post publica la
 de la muerte de Mykola Shramchenko, quién había
ni profesor de pintura en la National Art School de
ngton.
ke y mi mamá en Washington.
 mamá con las hermanas chinas peruanas Phum Li,
Victoria y Rosita, visitándonos en Washington.
aliendo del edificio McKinley de la American
rsity donde estudiaba inglés.

a siguiente)
 19 de julio de 1958 en la Saint Mathews Cathedral
je matrimonio con Michael Coleman.
ne Goicoechea, mi madrina de bodas.
n la familia Jones Coleman (de izquierda a derecha)
Eddie y Jefrey Jones, primos de Mike, y Jim Coleman
á de Mike.

31

32

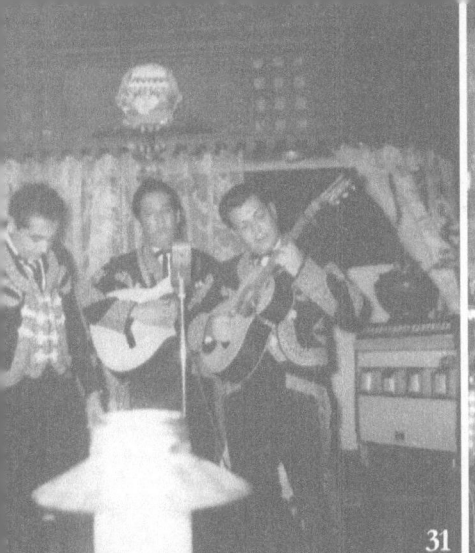

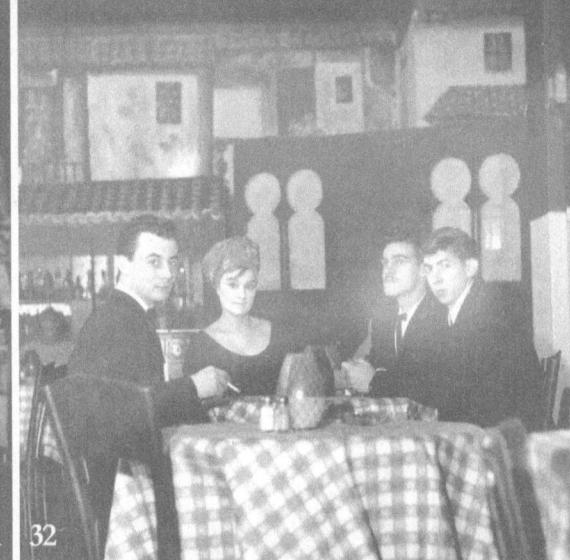

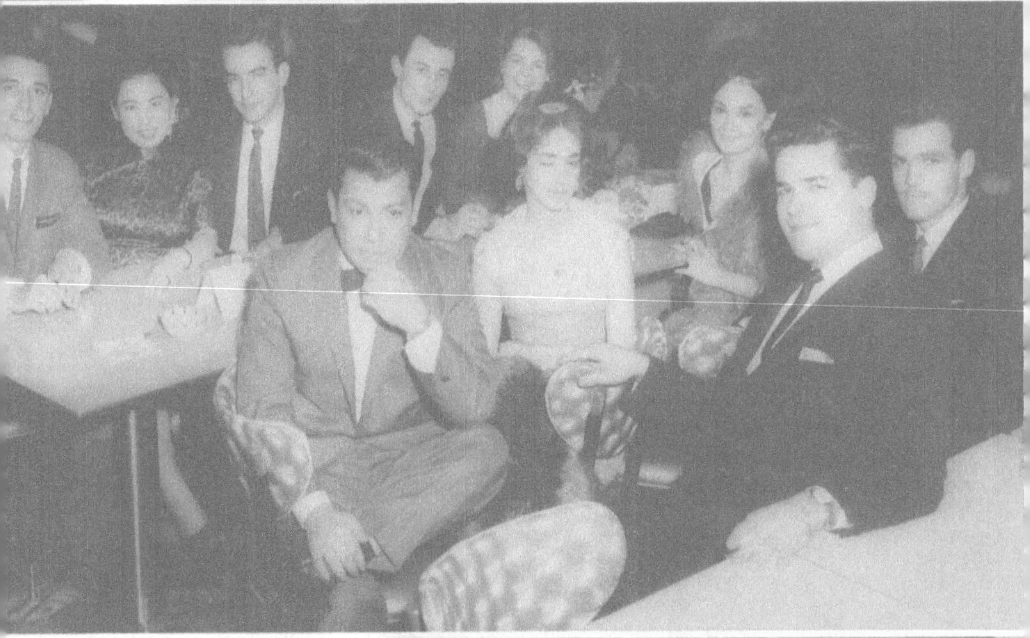

34

.os hermanos René y Lito Valle en
› restaurante "Lodi".

el, Mike, Jim y yo en el restaurante

eunión de amigos entre ellos (fila de
"La Picuda" amigos y Joel con su novia
anzanita". (fila de adelante) Filiberto
y mi hermana María Elena, Un amigo
e, Mike y yo.

l 31 de mayo de 1959 bautizamos a
en la misma catedral donde nos

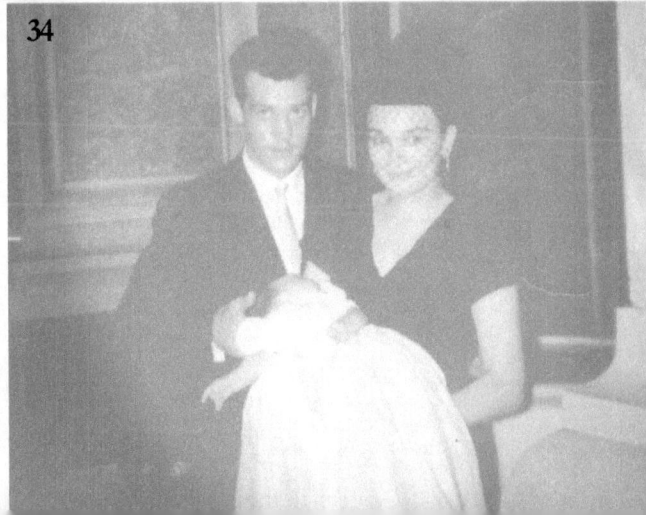

35. Jamina de modelo para un comercial
36. Jamina con un amiguito.
37. Mi mamá y Jamina en El Salvador.
38. Acompañando a Jamina en Baton Rouge, graduándose de Diseño Arquitectónico en la Universidad de Louisiana. 39. Jamina María Coleman de 3 años.

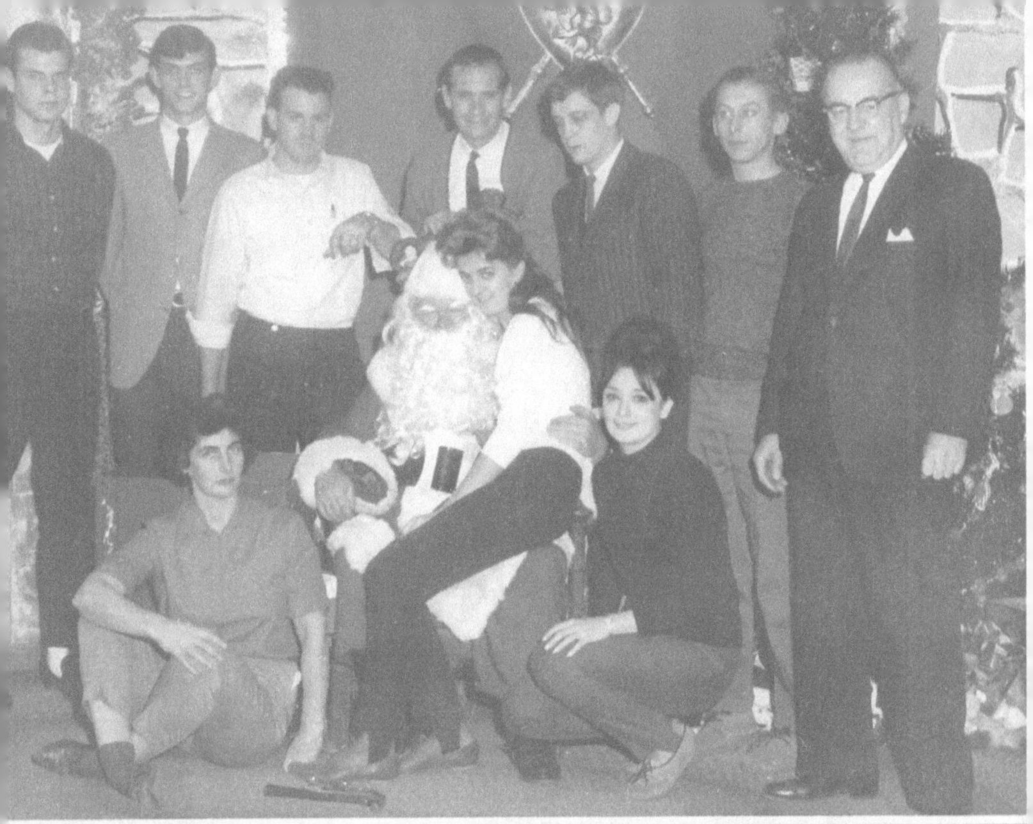

41

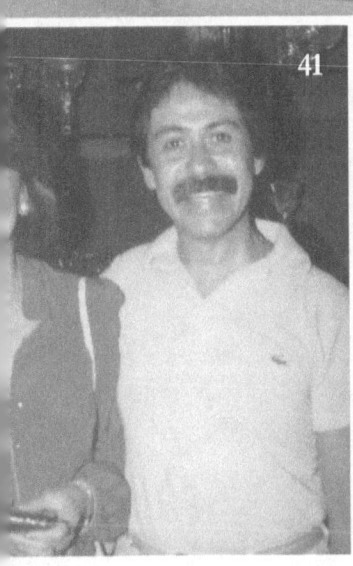

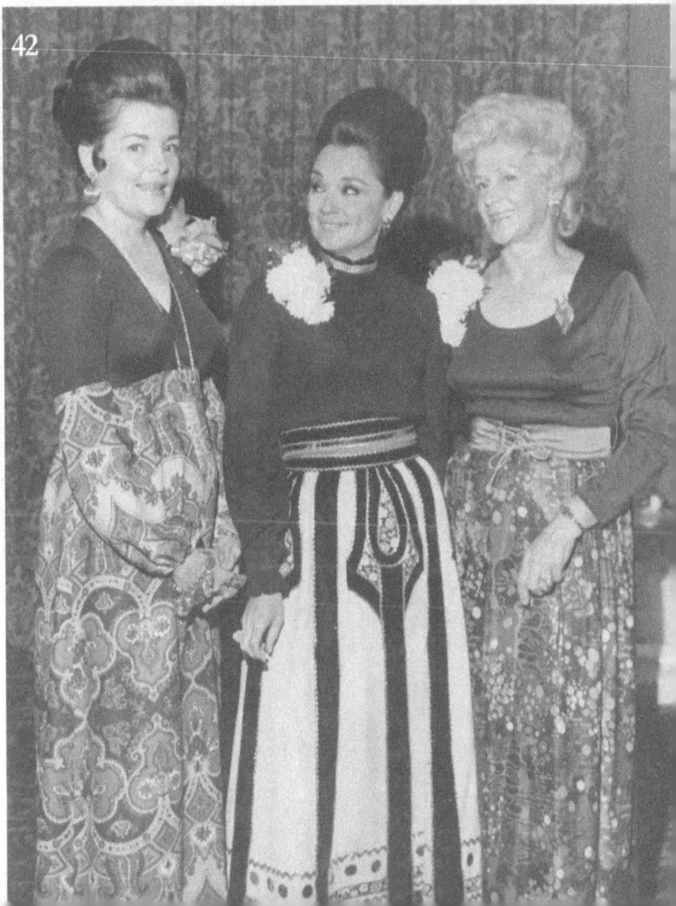

42

Con los compañeros del
rtamento de display de la Hecht
fila atrás de derecha a izquierda) Mr.
r, Joe Wood, Art, Sam, Bo, (fila de
nte) Eva, Susy en los brazos de
Claus y yo.
arlos mi gay favorito.
Glenda Prechac y Jennie LeBlanc,
del Club de mujeres profesionales y
gocios en New Orleans.

43. El Cardenal Hannan en la celebración de las Fiestas Ago[sto] New Orleans acompañados por Joe Di Rossa, Presidente del [Concejo] Municipal de New Orleans y su esosa. 44. Recibiendo placa de r[econoci]miento por parte del Alcalde Moon Landreiu. 45. (Izq a derecha[...] de México, Valladares (Guatemala) Capitán Stevens y C[ónsul de] Nicaragua. 46. De jurado con mi amigo Silvio Fern[ández,] presentadores de radio y televisión.

...DA DE HONOR EN LA IV FERIA.- La señora Lilian Díaz... como invitada de honor. Presencia, don Nicolás E. Nasser, miembro ...l General de El Salvador en la IV Feria Internacional, re-... del Comité Ejecutivo. ...ma del Presidente del Comité Ejecutivo don Alex Dutriz

47. Publicación en el periódico el 18 de noviembre de 1970. Pie de foto: INVITADA DE HONOR EN LA IV FERIA. - La señora Lillian Díaz Sol, Cónsul General de El Salvador en la IV Feria Internacional, recibe diploma del Presidente del Comité Ejecutivo don Alex Dutriz como invitada de honor. Presencia, don Nicolás E. Nasser, miembro del Comité Ejecutivo.
48. En la oficina del Consulado en New Orleans.
49. En "Las Vegas Party" con Tony Page, cantante famoso del French Quarter y amigos de New Orleans.

Capítulo XXVI

Pigmalion... Mi legado a la mujer salvadoreña

En todo este tiempo — 5 años — que había pasado viviendo en New Orleans había tenido, naturalmente, más contacto con El Salvador, y había estado acariciando la idea de poner un Centro para el Desarrollo Integral de la Mujer Salvadoreña, desde que estaba en el consulado. Realmente la mujer salvadoreña me preocupaba mucho. Cuando conocí a Eva Cruz, del Centro de Información de la Presidencia, ella trabajó, luego, en una publicidad, y le pedí que hiciera un estudio de mercado, de una escuela para la superación integral de la mujer.

Al tiempo, ella me dio el diagnóstico, y es que no había una tan sola institución, como lo que quería desarrollar en El Salvador, y tenía muy buenas probabilidades de tener éxito, si abría las puertas de algo parecido.

Así nació Pigmalion:

Aterricé, en un avión de TACA, un día de mayo del año 1975, ¡Año Internacional de la Mujer! Y el Año de la Mujer Salvadoreña; por eso es que la Comisión Nacional Coordinadora de las Actividades del Año Internacional de la Mujer, publicó un anuncio que se llamaba **La Cátedra de la Vida:**

La vida es cátedra constante. Y — a través de los siglos — el ser humano sigue siendo alumno y maestro. En tal destino, la mujer tiene el deber de enseñar a quienes no han tenido oportunidades de aprender. Enseñar a leer, a escribir, a conocer los números, a bordar, a coser, a tareas no regulares.

Enseñar a conocer y resolver los problemas de la comunidad, será siempre una tarea hermosa, noble y grata.

Enseñar, debe ser el propósito de toda mujer en este año de 1975, consagrado a lograr para todos IGUALDAD, DESARROLLO Y PAZ.

Por mi parte, ya había hecho todo para llegar a enseñar algo nuevo, algo necesario en nuestro país, que era desarrollar el auto estima en la mujer, la cual, como en todo país en vías de desarrollo, estaba muy baja y era una de las causas del subdesarrollo y la poca participación de la mujer en lo político, lo económico y lo social. Realmente por aquellos tiempos, todo su quehacer era en el ámbito privado.

La mujer salvadoreña necesitaba que una mujer exitosa, le dijera, ¡TÚ PUEDES! ¡Tú también lo puedes lograr! Pero lo que debes hacer es esto, esto y esto... ¡y verás los resultados rápido!

Y efectivamente así es la historia de Pigmalion, ¡llena de increíbles historias de mujeres a quienes les ha ayudado el curso tremendamente! Y de esa manera, una nueva generación de mujeres empezó a levantarse en El Salvador, resultando, a los pocos años, una gran diferencia en esa otra, más de la mitad de la población del país. La mujer salvadoreña es otra, después de casi 40 años de impartir mi curso. Hoy en día, las universidades están llenas de mujeres que quieren ser profesionales, más mujeres se casan ya profesionales, para no depender del marido, ¡por cualquier cosa!

Más mujeres tienen negocios propios, naturalmente que, siempre, con una población que cada día va más en aumento, siempre habrá también niñas teniendo niños, y la mayoría de los hogares siguen siendo *jefados* por mujeres. Ha aumentado la violencia contra la mujer, nos preocupa la cantidad de feminicidios; hay varias mujeres ejerciendo el poder político y económico, no tantas como desearíamos, siendo esa, una tarea pendiente que hay que resolver, aunque creo que va muy lenta en El Salvador.

Eva Cruz de Romero, tal y como me lo había prometido me ayudó muchísimo para dar a conocer a la sociedad salvadoreña, esta nueva educación para la mujer. ¡Déjenme decirles que cuesta mucho abrir brecha! Yo era joven y con un entusiasmo tremendo,

Capítulo XXVI

gracias a Dios, creí que todo era fácil... aunque viendo para atrás, sí veo algunos desencantos, pero poniendo todo en una balanza tuve más éxitos que fracasos.

Eva, trabajaba en una publicidad y el creativo estrella que tenían, era un argentino y él fue el que me diseñó y, gracias a Eva, me regaló el logo de Pigmalion, después de que Eva le informara de qué se trataba; también me dieron a escoger entre el nombre Pigmalion, que era totalmente desconocido (el personaje) y el de "Mi Bella Dama", una película basada en la novela de Bernard Shaw My Fair Lady, que cuenta la historia de un Pigmalion de su época.

Escogí, naturalmente el nombre clásico, porque me pareció eso... más clásico. Pigmalion es un personaje de la mitología griega, un rey de Chipre, un escultor, cuenta la mitología, que era un hombre entrado en años y no habiendo encontrado su compañera ideal, cuando venía la celebración de la Diosa Afrodita, se dirigía a Atenas al templo de la diosa, y siempre le pedía que le diera esa mujer ideal... habiendo pasado mucho tiempo y habiendo rogado a la diosa por todo ese tiempo, esta vez, le suplicó: Ya que no me has dado a la compañera que siempre he querido, por qué no le das vida a la estatua que hice, de la cual estoy enamorado desde hace tiempo, y que guardo en mi casa, ¡así es como quería que fuese mi mujer! Luego de la petición, cuenta la historia, que se volvió a su isla nativa, y cuando llegó a su casa, su alegría y gozo fue inmenso, al ver que la estatua tenía vida, y la llamó Galatea; tuvo una hija con ella, llamada Pafo, que a la vez fue madre de Cíniras.

Después de buscar por todos lados, encontré una casa apropiada, por la Embajada Americana antigua, y con todos los muebles especiales que traje de los Estados Unidos, la escuela quedó muy linda, muy bien decorada en negro, rosado y plata, con muebles todos cromados, y papel de pared con diseño en rosado y plata.

Donde nació PIGMALION, en esa casa grande, grande de la Colonia Layco, sobre la 23 Calle Poniente, llegó a vivir conmigo por 6 meses, una gran amiga, que quiero mucho, Gini Charlaix.

Por esos días hacíamos comerciales para diferentes empresas y Lito Valle, uno de los hermanos Valle que conocíamos desde Washington, era el empresario y técnico que elaboraba los comerciales. Así es que volví a ver a Lito Valle, ¡después de tanto tiempo! Él y su hermano René habían regresado de Alemania, después de vivir en Washington D.C.

Al poco tiempo vi que, realmente la casa era demasiado grande, la mitad se mantenía desocupada y comencé a buscar otro local, me fui a la vuelta, al edificio de Fabio Relyea Morán, y me alquiló un apartamento en su Edificio San Francisco, no el que yo quería en el centro del edificio, sino uno a un costado sobre la diagonal, así es que, ni modo, ese era el único espacio desocupado que había en el edificio, donde estaba el Pete's Dougnuts, frente a la Embajada Americana; teniendo una seguridad de lujo, con una vista de la fuente luminosa majestuosa, sobre todo como a las 6 de la tarde, siempre me parecía como si estuviésemos viviendo en París, era tan linda la atmósfera, antes del año79, con una vista espectacular del volcán de San Salvador, con una localización perfecta, por ahí pasaban todos los buses, taxis etc. en ese bello redondel, con los edificios alrededor, permaneciendo ahí, hasta el terremoto del 86, que me encontraba en New Orleans, y había dejado la oficina a un gran amigo mío, Chepe Hernández, el ingeniero, y con el terremoto, el tercer piso, donde estábamos, quedó en el primero ¡y sin absolutamente nada! El manual para la mujer que trabaja, que había escrito en el 86 y mandado a imprimir, con el terremoto se perdieron o desaparecieron, ¡casi todos!

Después cuando regresé nuevamente, ni los Thomas (Pete y Nena) ni la Niña Coyita, tía de Fabio, ni yo, teníamos casa, porque creímos que ahí era el mejor lugar del mundo para vivir, más cómodo, más seguro, más lindo… pero no sabíamos lo que pronto vendría que nos iba hacer cambiar todo! El terremoto del 86. Así aprendí otra lección: "que no hay nada para siempre".

Cuando comencé con Pigmalion, tuve una infinidad de entrevistas, sobre todo por los periódicos, con fotos y anuncios… las que primero respondieron fueron las mamás de las jovencitas,

Capítulo XXVI

¡cosa curiosa! Ellas querían para sus hijas todo lo que les había sido negado a ellas, y las mamás fueron mis mejores aliadas, también algunos papás, por qué no decirlo, fueron también cómplices.

Recuerdo que escribí y envié cartas para los bancos y empresas, poniéndome a las órdenes en cuanto a la capacitación de su personal femenino, pues los cursos estaban destinados para la mujer joven que deseaba superarse, pero nunca recibí respuesta de la empresa privada... no le daban la importancia. Tengo la mala pata de adelantarme a los hechos... y en ese momento, ellos tenían todavía una mentalidad muy atrasada, pudiese decir, por no decir otra cosa. Con los años, ellos eran los que me buscaban, ya se habían dado cuenta que había un cambio... Que el mundo estaba pensando otra cosa de lo que ellos pensaban, ¡y era mejor cambiar!

También hubo un cambio en la decoración de sus oficinas, en sus edificios, en su presentación y ahí se dieron cuenta... que el mundo había cambiado, para mejorar, y que ellos estaban totalmente atrasados, y que la imagen y la presentación, así como la cortesía y las buenas maneras eran parte esencial de la convivencia humana, y si querían más ventas, deberían tener más clientes, y esos clientes estaban demandando que se les tratase con respeto, con educación, con cortesía y con una sonrisa, que las relaciones humanas y públicas eran necesarias para el trato dentro de la empresa y para con los clientes y público en general.

Así es que hubo un tiempo, del año 76 al 80 que tuve que impartir 3 cursos diarios, uno en la mañana, otro en la tarde y otro en la noche. Todos eran de jovencitas, en ese tiempo de 16 años en adelante. A medida que fue pasando el tiempo, ya eran de 14 años en adelante y ahora, después de casi 40 años, las niñas vienen de 12 años, ¡claro! La niña de 12 hoy, es la de 16 de aquellos años, ¿nos es así? El efecto Pigmalion estaba dando grandes resultados.

Pronto comencé a entrenar a las Miss El Salvador, ad honorem. Eso sí, quiero contarles que el favor más rápido que me han hecho personalmente, fue en esta ocasión. Ya cuando las señoritas estaban entrenadas y listas para la elección vino Eddie González y tipo dictador, me pidió que les acompañara a la visita que iban a efectuar a ANTEL, a su presidente el entonces Coronel Abdul Gutiérrez. Escogió como a 6 señoritas y nos fuimos a ANTEL.

Ya allá arriba, Eddie le presentó al coronel las 6 señoritas y al terminar la visita, me pidió mi teléfono, el coronel, contestándole que no tenía (ese apartamento de Fabio, no tenía teléfono y en ese tiempo costaba que le pusieran un triste teléfono, a menos que tuviese uno un gran cuello). "Ah no, me dijo, ¿cómo es posible que Ud. Lillian no tenga teléfono? Ya le mando a poner uno." Yo creí que el coronel había dicho eso por salir del paso, pero cuando llegué a PIGMALION, ya habían hecho la inspección y a las 2 horas, ¡ya tenía el teléfono! ¿Cómo la ven desde allí? ¡Ese ha sido el favor más rápido que me han hecho! ¡Gracias General Abdul Gutiérrez!

Quiero mencionar también a una gran amiga quien me ayudó mucho a dar a conocer a PIGMALION y es Dinorah de Fermán, con ella tuvimos una relación muy buena con la Asociación de Secretarias Ejecutivas Salvadoreñas, con Gladys Carballo de Rivas y Maty de Argumedo quienes enseñaron técnicas secretariales en PIGMALION.

Desgraciadamente, cuando la situación se agravó por la guerra, Dinorah y su familia emigraron para California, y luego emigraron más al norte a Calvary, Canadá. De vez en cuando he recibido noticias, y espero saber más de ella, ¡pronto!

También tuve a un amigo, antes que nada, Tauro como yo, Marcial Gudiel, el mejor profesor de danza folklórica de El Salvador, investigador de todo lo nuestro, profesor de la Escuela Nacional de Danza; él también dio clases en Pigmalion, de las cuales tengo muy buenos recuerdos, sobre todo Marcial es correcto en todo.

En Dic. Del 75, Pigmalion invitó a venir a El Salvador, al mejor estilista de New Orleans, John Jay, estuvo en Sears y llegó vía TACA, tuvimos una inmensa propaganda, esos eran realmente otros tiempos... Todo el mundo colaboraba con todo el mundo, había cierta armonía en la gente salvadoreña, ¡eran los años antes de la guerra!

En el año 78, la Liga contra el Cáncer llevó a cabo un desfile de modas espectacular!, vinieron de México dos finalistas del certamen de belleza Miss México, y fui la coreógrafa y la comentarista del desfile, con otra cantidad de publicidad.

Siempre los chicos y chicas de la prensa estaban comentando algo sobre Pigmalion o sobre Lillian, como el *Rincón del Che-Ratón*, las *Rápidas del Ambiente*, de César Temes, *La Otra*, por Gemelas, *Rollin Azmitia* con Gente. Además que hacíamos desfiles de modas en el Restaurant *El Comal* de Gerardo Sol, en el *Hotel Camino Real* y en el *Hotel Sheraton*.

La primera graduación de Pigmalion se llevó a cabo, como casi siempre, en el auditórium de CAESS, y fueron 25 señoritas que se graduaron... fue un verdadero acontecimiento, con la animación de Willy Maldonado, y se les impusieron *corsages* a Eva Cruz, Dinorah Fermán y Sonia Orellana con quien también tuvimos una gran relación profesional.

Por ese mismo tiempo, Boris Eserski me dio la oportunidad, en canal 2 de producir un programa para la mujer, naturalmente, llamado MUJER 2000; el cual escribía y presentaba los días martes, a las 7 de la noche. Planificaba los temas y los tópicos y aseguraba los invitados. Como era algo que nunca se había visto ni oído, este programa rompió barreras tradicionales y culturales al incluir a políticos, como invitados, maestros, artistas, escritores, intelectuales y profesionales de toda índole. Los estudios efectuados indicaban grandes audiencias no solo de mujeres, sino también del sexo masculino. Era una revista, realmente interesante, variada y nunca vista por tv, ¡que era altamente comentada! ¡No ha habido otra como esa! La gente me lo dice a cada momento... hubo imitaciones, pero...

Se me ocurrió dar el Premio MUJER 2000 y efectuábamos un concurso para la mujer salvadoreña que hiciese la obra social más grande o que se destacara en algo de provecho para la sociedad salvadoreña. Teníamos un reglamento. Además un jurado calificador muy respetado.

Dos de los escultores más prometedores Mauricio Jiménez Larios y José Leonidas Ostorga nos diseñaron y esculpieron la estatua que regalábamos a la mujer escogida por un jurado que se elegía democráticamente y ad-hoc. La estatua era una mujer de bronce en oscuro con los brazos levantados y entrelazados arriba de la cabeza, como en señal de triunfo. Hubo dos Mujeres 2000, en 1979 la primera fue, la Doctora Ana Delia Mendoza, de grata recordación, una mujer preparada e integral. La segunda en 1980, fue Doña Gloria Costa de Pérez Núñez, escogida por sus obras sociales a la sociedad de Santa Ana.

La oportunidad que me dio Boris, en el Canal 2, para diseñar y transmitir al aire el programa "MUJER 2000" fue muy positiva, y es algo de lo que siempre le estoy muy agradecida; fue en los años, de 1977 a 1980. Era una revista nueva para el público salvadoreño y aunque era estrictamente para la mujer, había una cantidad increíble de audiencia masculina. La gente solía decirme a mí Mujer 2000, lo cual nunca pretendí, sino al contrario: era dar conocimiento a través del programa, a la mujer salvadoreña, para que llegara al año 2000, al nuevo milenio, más preparada, más adelantada, más sabedora de todos esos pequeños, pero grandes secretos, ¡que le podían traer más éxito en el futuro!

Tratándose en el programa diversidad de temas interesantes y nunca presentados en público. Lo que hay ahora, no se compara en nada a "Mujer 2000", hoy veo los programas más gritones, más vulgares, lo que está poniendo en la cabeza de los jóvenes una cultura bastante distorsionada, nada que ver con nuestra cultura, pero a la vez no les deja nada, no aprenden nada.... ¡Es terrible!

El programa lo diseñé para la mujer salvadoreña, y su propósito era, no solamente enseñar lo que era normal enseñar a la mujer en aquellos tiempos, cocina, maquillaje... ¿Pero por qué no política?

Capítulo XXVI

¿Por qué los invitados no podían ser hombres? ¿Por qué no hablar de temas sociales? ¿Por qué no hacer una crítica constructiva al gobierno, desde el punto de vista femenino?

¡Eso! amigos y amigas en esos años, antes de la guerra... ¡era pecado mortal! Sin embargo en "MUJER 2000" se hacía. Me quedo completamente de cemento, ¡cuando leo los editoriales que transmitíamos en el programa! Bueno, recuerdo también a Fernando Calvo, que no me decía Mujer 2000, él me decía Mujer 5000... ¡y nos reíamos mucho!

Desde el año 76, mi estilista favorito ha sido PINO DI ROMA, él también me hacía lucir como él quería, a la última moda siempre que me luciera bien, naturalmente. Cuando presentaba el programa de tv Mujer 2000, cada martes, también él me arreglaba mi cabello. Por esos tiempos estaba de moda el baile DISCO y nos invitaban a ser jurados en todas las discotecas de la ciudad, que también estaban de moda en esa época, sí que nos divertíamos, ¡y de una manera sana y alegre!

Otra actividad que compartíamos con Pino, era la de jurados para todos los certámenes de belleza en toda la República. Gracias a Dios, nunca nos pasó nada que lamentar, aunque sin saberlo, andábamos por los lugares más extraviados del país, y ya la guerra se nos venía encima, y nosotros sin saber absolutamente nada.

Tanta ex alumna de Pigmalion, que ha llegado a ser tan exitosa, tanto en la radio como en la tv como en el exterior, como en su matrimonio, o en otras profesiones: diplomáticas, militares, economistas, funcionarias de Tanques de Pensamiento, abogadas; aparecían en los periódicos, y creo que no hay felicidad más grande que ver a las que fueron tus alumnas llegar tan alto y ser tan felices; eso sí que verdaderamente te hace a ti, sentirte feliz y contenta y con la seguridad de que has venido hacer algo importante a esta Tierra, y no solo a pasar sin sentido y quejándote de todo.

A fines del año 77 le compré a mi papá la casa de la Colonia Escalón; me la vendió barata, por no regalármela, como había hecho con la de la 25 calle, y yo la remodelé. En la remodelación solo podía pagar cierta cantidad de dinero, y le pregunté al ingeniero Salazar, que iba a hacer el trabajo, cuanto iba a salir por todo. Él me dio una cantidad y una lista de remodelaciones, y yo solamente podía disponer de la cantidad que él me dijo.

La remodelación me costaba más que la casa. Acostumbrada a los USA, que lo pactado es lo pactado, yo creí que así sería en El Salvador, pero al final salió con otro precio... más alto, la verdad es que yo no tenía más dinero que el pactado con él; por lo tanto no le pude pagar el resto. Y me hizo quedar mal, lo admito, pero también siento que no era mi culpa. Eso rompió las relaciones que tenía con él, su esposa e hijos y lamento mucho que esto haya sucedido pero así es la vida! Por eso había pedido un presupuesto, para asegurarme que iba poder pagar la remodelación y que no pasara lo que pasó, que era lo que a mí no me gusta.
Solamente viví en ella 2 años, pues cuando la situación se puso bien mal, en el 80, la vendí, mal vendida porque el que la compró me estafó. Era abogado y militar, ¿se dan cuenta? Hizo él la venta a su modo, yo la firmé y...

Muchas alumnas aparecían en desfiles de moda, anuncios de productos para el cabello o maquillaje, y todo eso era propaganda para Pigmalion.

Tuve muchos amigos... por esos tiempos, unos buenos amigos; yo generalmente me he llevado mejor con hombres que con mujeres... muchos — me contaron otras personas —, que se habían enamorado de mí, pero yo jamás les paraba bolas, sino que los trataba como cheros que éramos. Uno de ellos fue David Lazo, lo conocí en 1978 cuando lo nombraron fiscal específico, junto a otro fiscal, porque me asignaron 2 fiscales porque el pleito era contra otro militar con ínfulas presidenciales, de apellido alemán, que tiene muy mala imagen, en mi caso contra el coronel que me quiso robar la casa de la 25 calle.

Tuvimos una gran amistad, conocí a sus 2 hermanas y mamá de San Miguel, su hermana Estela que vive en Houston, y su otra hermana Mima que tiene dos hijos. David conocía a toda mi

Capítulo XXVI

familia, mamá, hermanas, cuñados, etc. Me visitaba, generalmente, 1 vez a la semana, y cuando sucedía algo terrible! Como era abogado, aunque decía que se apenaba que lo llamaran abogado por lo de *abogánster*, ¿verdad? Así es que decía que era agricultor, porque tenía una finca en Santiago Texacuangos y producía un poco de café.

Era Opus Dei, muy correcto, muy educado, bastante estricto, siendo tremendamente capaz e inteligente nunca lo quisieron en el gobierno, aunque tenía amigos y compañeros poderosos, pero tenía un gran defecto, **no era corrupto!** Es la única persona que he visto que se sabía de memoria la Constitución de la República y sus reformas, no hablábamos si no la teníamos enfrente, porque siempre teníamos que consultarla. Conocía lo bueno y caro de las cosas, y le gustaban mucho las antigüedades; eso sí era bastante tacaño, en los casi treinta años que lo conocí, solamente me invitó, una vez, a tomar sopa de gallina en Los Planes de Renderos y lo único que me regaló, en toda su vida, fue un platito de cerámica con un pajarito azul, que todavía conservo, por ser una antigüedad.

Eso sí, salíamos algunas veces, como decíamos, hacer obras de caridad, a ayudar a alguien que necesitaba alguien que le ayudara a tramitar algo en las oficinas del gobierno. Así fue como fuimos, la última vez, a tramitarle a su amiga una solicitud, en la Fiscalía nos vieron juntos y unas semanas después, cuando un sábado a medio día que había llegado a su finca a sacar los sacos de café para ser entregados al recibidero, y parece que luego se iba a Santa Tecla a departir con sus amigos abogados, de manera que iba muy bien vestido con su Rolex, anillos, etc. y al salir de la casa de la finca, salió de su pick up para cerrar la puerta de golpe, al subirse nuevamente, ya le habían robado su pistola, una linda 357 magnum y con ella lo mataron, pareció ser el mismo guardián de la finca.

No le robaron nada más que la pistola linda y cara que tenía, y los 2 chifles quedaron en el pick up. Al día siguiente domingo, como a la 7 de la mañana, yo estoy dormida cuando suena mi teléfono y es alguien de la Fiscalía que andaba viendo si se comunicaba con alguien que conocía algún familiar, para informar lo que había acontecido y que llegaran a recoger el cadáver que se encontraba en la morgue, porque a las 11 de la mañana lo iban a tirar a la fosa con los cadáveres desconocidos.

Traté inmediatamente de ponerme en contacto con su familia en San Miguel, pero al ver que ni por radio, ni por nada podía contactarlos, y el tiempo se me estaba terminando, tuve que hablar a Houston con Estela y comunicarle la tragedia. Las hermanas lo querían mucho, así es que fue una pena terrible, ella se comunicó con su familia y a tiempo llegaron a recoger el cadáver y fue trasladado a San Miguel donde lo sepultaron. Yo, ¡lamentablemente no pude asistir! Fue un gran golpe, ¡ver cómo pueden matar a un gran amigo y acá no pasó nada!

Habiendo sido David, fiscal, sus amigos fiscales no movieron un dedo para hacer justicia en este caso; y pensar que David era una persona que peleaba por la Justicia... así es la vida... Luego oí comentarios que nadie quería testificar contra el hombre asesino... bueno, así ha andado la justicia en El Salvador desde que tengo uso de razón. Esto sucedió el 12 de diciembre de 1999.

Una anécdota para contar fue la elección de Miss El Salvador, en abril de 1978, cuando Iris Ivette Mazorra quedó de Miss El Salvador.

Primero hay que partir, de que casi todo en la vida, ya está arreglado, el que crea que eso va acontecer así por obra de magia, anda muy perdido. El jurado éramos 7 personas, el Embajador de Brasil, Renato Denis, el gerente del hotel Sheraton Peter Dumas, Julia Marta Canessa, el Coronel Jorge Rivera, Mauricio Cohen, el Ing. Walter Groman y Lillian Díaz Sol. Todos estos concursos, tanto en la China como en la Cochinchina, ya están arreglados; ya Eddie González se había comprometido con Iris Ivette que ella iba a ser la Miss El Salvador; pero no contaba con la aprobación de todos los miembros del jurado, especialmente las mujeres. Iris tenía una cara linda y unos ojos bellos, pero con eso, no iba jamás a quedar entre las finalistas en el concurso Miss Universo, jamás... sin embargo había otra señorita, que representaba a San

Capítulo XXVI

Vicente, que aunque no era espectacularmente linda, tenía más cualidades para ser Miss que Iris Ivette.

Era más alta, tenía las piernas más estilizadas y hablaba mejor, era bonita y tenía clase. Cuando llega la votación primera, Iris Ivette no queda, si no la otra señorita que no recuerdo su nombre, Eddie se sorprende y enojado hace que hagamos una segunda elección porque dice que ha habido un empate, mentira! no había tal empate, y después de convencer a uno de los jurados, él anunció que Iris Ivette había ganado, lo cual era una gran mentira; todos los que no votamos por ella, sino por la otra, que éramos la mayoría, nos disgustamos mucho, y siempre que nos veíamos, en cualquier otro lugar, con los que no habíamos votado por Iris, cantábamos: "algo tenemos en común"...

Para el cierre del concurso "Gracias a Dios es Viernes" de baile Disco, Pigmalion trajo de New Orleans, a los maestros de baile Danny y Darlene, además de las 8 parejas de finalistas. ¡Fue un show espectacular! La anécdota que tengo de esta pareja, ¡es algo que a nosotros ni se nos ocurre! los trajimos por TACA, los hospedamos en el Hotel Sheraton y tenían una habitación que daba al volcán. Ellos pasaban horas viendo el volcán porque jamás habían visto, en sus vidas, un volcán... Y le tomaban fotos y le tomaban fotos... era como una adoración, siendo originarios de Texas, con esas extensiones planas, ¡jamás habían visto un volcán!

Así pasamos, no solo impartiendo cursos, sino haciendo seminarios e impartiendo charlas educativas para potenciar a la mujer. Hubo un enorme y primer seminario! largo! pudiésemos decir, era de todo el día, sábado 27 de junio de 1981, de 8 de la mañana a 8 de la noche, en lo mejor de la guerra civil salvadoreña. Los tiquetes eran blancos y letras en purpura. Decían:

Exclusivo para ti, ¡Mujer que te gusta ser Mujer! Lillian Díaz Sol te invita a un día fabuloso en el Hotel Camino Real.

Cerrábamos con un Desfile de Modas donde podían invitar al esposo o al novio. ¡Ese evento fue realmente espectacular! Nunca visto en el país. ¡Nos elogiaron y se oyeron buenos comentarios por todas partes!

Eran muchísimos los eventos que hacíamos. También por el año 81, salió mi primer libro, fue diseñado pequeñito, para que la mujer lo pudiese llevar en la cartera o bolsa, ¡y lo pudiese consultar con facilidad.

Para la portada del libro, un gran amigo de la Embajada Norteamericana, que era, en tiempos de la guerra, encargado de algo, Howard Lane, segunda generación sueca, me solicitó que él me quería tomar las fotos, y efectivamente, tenía una paciencia, porque me tomó miles de fotos con diferentes trajes, pero más o menos en la misma pose, sentada en un escritorio y hablando por teléfono. Él tenía la fotografía por hobby y francamente le encantaba. Al final no sabía cuál de todas escoger, y ya no estaba él para que me ayudara, con su ojo profesional.

Casó con una salvadoreña, a quien enseñó todo y la mandó a pulir, tipo "efecto Pigmalion", y se la llevó para los States. Espero que donde estén, en alguna parte del planeta, estén contentos y realizados.
A la hora de imprimir el librito, en ese preciso momento, no había papel para imprimir; era 1981, se había escaseado todo en cuenta el papel bueno, así es que por comer ansias... no me quedó otro recurso que imprimirlo en papel de periódico, que era el único que venía. Pero salió y más que venderlo circuló bastante, lo regalé mucho, y se perdió otro tanto con el terremoto.

De 1975 a 1985, recuerdo que fueron unos diez años, dedicados completamente a PIGMALION, con muchas clases de los cursos, con seminarios y charlas, además concursos de belleza, concursos de baile disco, desfiles de modas, programa de tv, premiaciones, graduaciones a las que siempre me acompañaban los presentadores que estaban de moda en la tv: Johnny Maldonado, mi queridísimo Alfonso Lacayo, Rafael Martínez y otros. Cenas y coktails donde estaba constantemente recibiendo diplomas, certificados o estatuillas; también hacíamos viajes de compras a New Orleans, 5 días, 4 noches, en un buen hotel de Canal Street,

Capítulo XXVI

desayuno incluido, un almuerzo en el French Quater, una cena en el Lago Pontchatrain, una limpieza de cara o maquillaje o masaje etc. en la Clínica de Belleza de Lulu Buras, transporte al aeropuerto e impuestos y viaje en avión de TACA incluidos... ¿saben cuánto? ¡1,000 colones! ¡WOW!

Mis vecinos en el Edificio San Francisco, eran: La niña Coyita Morán Guirola, con la que no tenía mucha relación; era bastante mayorcita ya, vivía solita con su empleada de confianza en el apartamento que daba frente al costado sur de la embajada norteamericana; le encantaba vivir en esa zona, aunque ella tenía su casa divina en San Benito. Los Thomas, Pete, Nena y sus dos hijitas Fraces y Alice, que vivían en el apartamento de en medio del edificio y yo que vivía en el otro costado de la diagonal. Éramos los únicos que vivíamos en todo el edificio, pues habían 3 apartamentos en cada piso y eran 4 pisos, pero los otros apartamentos eran oficinas, solamente en el tercer piso vivíamos todos nosotros.

Las niñas Thomas, estaban pequeñas en febrero de 1976, cuando me moví, así es que las vi crecer, y ellas eran muy pegadas conmigo. Muchas veces vimos una que otra novela en la noche, así como de cuando aprobaron la nueva constitución, los debates y al Chele D'Aubuisson hacer sus denuncias. Una que otra vez comía con ellas en el apartamento. Además, cuando fueron creciendo, muchos secretos personales de las niñas, que no querían que sus papás se dieran cuenta y yo sí los sabía.

Una vez, Alice me cuenta que creía estar embarazada, y no sabía qué hacer, pues si su papá se daba cuenta nos mataba a todas, hasta a mí por saber y no decir nada. Ellas se sentían con gran confianza para contarme sus intimidades a mí y no a su mamá y peor al papá, ya que él tenía un carácter muy fuerte y las maltrataba cuando tomaba. A veces eran problemas de notas en el colegio, a veces eran los novios. Gracias a Dios, se fueron a los USA, allá se casaron ambas, tienen sus hijitos y viven su vida bien y en familia. ¡Muchas veces me han hecho falta! Pues teníamos, en ese edificio, una alta amistad. Sobre todo viviendo un periodo de guerra, como que nos unía más, vivimos temblores y hasta un terremoto en el 83. Todo eso que nos asustaba, nos acercaba más, ¡y realmente vivimos unos días y noches de angustia terribles!

Bueno... con tan mala suerte que, cuando decido regresar a mi país... sin saberlo, ¡ni casi nadie! Ya se estaba gestando una guerra terrible para los salvadoreños y salvadoreñas. Ya se estaban dando los hechos que nos iban arrojando, sin saberlo, a ello. Lo más increíble era que aparentemente todo iba bien....en mi círculo donde me movía. ¡Claro está! En los círculos de más abajo, ¡la cosa era obvia e insuperable! Los tambores de guerra se estaban ya sacando y una época de locura, ¡se acercaba a la sociedad salvadoreña!

Como, desgraciadamente, ese mismo año que regresé 1975, ya estaban en marcha las hostilidades de antes de lo que se conoce oficialmente de la guerra, como dije anteriormente. Ya se veía venir la locura de una guerra civil, que desafortunadamente nadie la ha podido contar en su total realidad... Ha quedado un terrible miedo a hablar, nadie habla de eso... ¡es tabúuuu! Pero fue peor de lo que la gente, incluso, los mismos salvadoreños, se han imaginado, ¡no han podido dimensionar lo terrible de esta guerra!

Hubo dos hechos horribles que me asustaron a mí, personalmente. Un día que no recuerdo la fecha exacta, pero estaba dando clases en la noche, a un grupo de alumnas, han de haber sido unos minutos antes de terminar la clase a las 8 de la noche, como a las 7 y media, y se fue la luz de un modo feo, como *pispileando* primero, ¡y luego se apagó y se sintió un bombazo horroroso! Después supimos que en una casa de la 29 calle poniente, había sido el bombazo, pero solamente se supo eso. Recuerdo que las alumnas se pusieron muy nerviosas, ya que nunca se había oído esa intensidad de ruido. Había sido en la misma zona de la Embajada, así es que estábamos cerca.

Meses después, como a las tres de la madrugada, pasaron rociando de balazos la Embajada Norteamericana de manera brutal. Jamás había oído ese ruido de los balazos que al no poder penetrar la pared de concreto de la Embajada, hacían un zumbido raro. Luego vino la Embajada y me imagino que se alistó para lo

Capítulo XXVI

que venía, poniendo sacos de arena en las terrazas altas y abajo construyó unas *maceteras* grandotas de concreto prácticamente en las aceras de las calles alrededor de todo el edificio, que era de una manzana.

Estos dos incidentes ya anunciaban que algo estaba por llegar... ¡Y que era horrible!

No sé por qué, pero en tiempos terribles, en tiempos revueltos, tiempos revolucionarios, tiempos de guerra, cuando se está más expuesto a tragedias, cuando estás más vulnerable a que te pase cualquier cosa, es cuando tal vez, los sentimientos de amar se acrecientan más. Quieres a todo el mundo, porque hoy los puedes ver, ¡y mañana puede que estén muertos! Hay como una zozobra que nadie quiere admitir, y probablemente ese mismo miedo disfrazado, ¡hace que la gente se una y se quiera más!

Ese era, precisamente, el ambiente que se vivía en los años finales de los setentas y los ochentas hasta los Acuerdos de Paz, ¡algo así como unos 18 años de zozobra!

Capitulo XXVII

La Guerra Civil
(Antes que el Gobierno aceptara que vivíamos una guerra civil)

Estando todavía de Cónsul General en New Orleans, el día 11 de febrero de 1971, en San Salvador, secuestraron a Neto Regalado, los plagiarios dijeron ser miembros de "El Grupo". Pidieron 1 millón de dólares como rescate y fue asesinado el 19 de ese mismo mes. Habiendo capturado a los miembros de "El Grupo" y dejándolos encarcelados, cuando el General Sánchez Hernández traspasó el poder al Coronel Armando Molina.

Durante el periodo del Coronel Molina, fueron a juicio, sacados de la cárcel y unos salieron fuera del país.

El 20 de febrero de 1972, cuando yo todavía me encontraba en New Orleans, se realizaron elecciones presidenciales, los candidatos eran: Coronel Arturo Armando Molina por el PCN, Ing. Napoleón Duarte por la UNO, General Alberto Medrano por el FUDI y Dr. Antonio Rodríguez Porth por el PPS. Al no haber ganador absoluto, la Asamblea Legislativa elige entre los 2 candidatos de mayor apoyo popular, Molina y Duarte, eligiendo a Molina, como Presidente.

Esta facultad se la daba la Constitución de la República de 1962 a la Asamblea Legislativa, de conformidad al artículo 47, literal 5° que decía: «*Elegir por votación nominal y pública al Presidente y al Vice-Presidente de la República, cuando ningún ciudadano haya obtenido mayoría absoluta de votos de conformidad con el escrutinio practicado, elección que deberá practicar entre los dos ciudadanos que para cada uno de esos cargos hayan obtenido mayor número de sufragios*».

Capitulo XXVII

Ese mismo día de la Toma de Posesión del Coronel Molina, yo volaba hacia San Salvador en un avión de TACA, los pilotos me dejaron usar el PI system del avión para anunciar a los pasajeros que en ese mismo instante el Coronel Molina estaba siendo juramentado como Presidente Constitucional de El Salvador. Algunos días después el Presidente Molina me recibió en una audiencia y recuerdo que al despedirme le dije: "Coronel Molina, la gente de El Salvador es tan buena, y espera tanto de Ud. que merece toda su atención, todos sus desvelos, toda su energía, ¡y que Dios le ayude!".

Después del asesinato de dos guardias nacionales, en las afueras del hospital Bloom; y días después, un intento de golpe de estado encabezado por el Coronel Benjamín Mejía, fue contenido por el General Sánchez Hernández, aunque él se encontraba detenido en el cuartel *El Zapote*, pero por una coordinación absolutamente increíble con su hermano el Coronel Vicente Sánchez Hernández que se encontraba en la Aviación, se dieron unos cuantos bombazos, incluso en el cuartel *El Zapote*, que era donde el Presidente se encontraba secuestrado por los rebeldes; y el General Sánchez fue liberado. Habiéndose sofocado el golpe, que en realidad no era para el General, pero sí para el Coronel Molina que tomaba posesión en pocas semanas. El coronel Molina iba en viaje hacia Taiwán, cuando desde Los Ángeles, California, tuvo que regresar al país. ¡Habiendo muerto en este episodio más de 100 personas!

Cuando regresé a El Salvador, todavía estaba gobernando el Presidente Molina. Ya se daban muchos hechos de violencia, y el ejército creyendo estar haciendo lo correcto, lo que otros gobiernos habían hecho, lo que se daba en otros países, estaban usando la fuerza para repudiar a los estudiantes, sindicatos y gente humilde, ¡que pedía alguna clase de cambio! No podemos negar que había injusticia, ¡sobre todo en el campo! Lo que pasa es que no nos dábamos cuenta por estar inmiscuidos en otras actividades y porque los medios de comunicación no nos decían la realidad de los hechos.

Regreso a El Salvador, en el mes de mayo de 1975, el día 10 fue asesinado el poeta Roque Dalton. El 30 de junio secuestran a Don Chico De Sola, liberándolo el 7 de julio. Antes habían asesinado al Dr. Raymundo Pineda Secretario de la Presidencia. Bombardeaban embajadas, pero la ola de secuestros que se desencadenó y los muchos hechos de violencia, ¡fue terrible!

En 1975, se llevó a cabo en San Salvador el Concurso Miss Universo, y fue realmente un éxito rotundo y mucha propaganda global para El Salvador. Tenía apenas unos días de haber ingresado al territorio nacional.

Hubo un hecho el 30 de julio de 1975 en la 25 Ave. Norte, por las instalaciones del Seguro Social, con 7 estudiantes muertos y más de 20 heridos y golpeados por el ejército, conmemorando hoy, todavía, esa fecha que marcó en el calendario el comienzo de algo... ¡oscuro y terrible!

Rodolfo Dutriz fue lesionado de bala en la entrada de su casa, luego, días después, secuestraron a Don Benjamín Sol Millet; y el día 26 es asesinado en la noche, el diputado Rafael Aguiñada.

Se frustra el secuestro del industrial Óscar Saca, resultando herido de bala. Hubo estudiantes muertos al dispersar manifestaciones, como la de Santa Ana. Todo esto solo en el mes de julio del 75. Recuerdo que yo decía, ¡qué mala suerte regresar al país en estos momentos!

En marzo del 76 se llevaron a cabo elecciones de alcaldes y diputados, pero solo participó el PCN. ¡Seguían los hechos de violencia! ¡Tanto de un lado como del otro!

Se suponía que el Presidente Molina todavía podía equilibrar las fuerzas que se avecinaban. Pero la realidad era otra; durante el periodo antes de las lecciones del 77, ya estaba todo más revuelto, la represión era muy fuerte y la cantidad de muertos se acrecentaba. Ya había una fuerte corriente de muerte de sacerdotes y profesionales conocidos, como el padre Rutilio Grande, al presbítero Mario Bernal Londoño, en Apopa; el 27 de enero secuestran a Roberto Poma, quien era el presidente del ISTU, aunque su cadáver fue abandonado el 25 de febrero luego de que la familia pagara el rescate. Asesinan a los párrocos de Tecoluca y San Marcos Lempa.

No había mayor problema en el medio en que me desarrollaba, no nos dábamos cuenta de todo lo que estaba sucediendo entre los salvadoreños de más escasos niveles económicos... después nos han contado, que muchos eran perseguidos por sus ideas, torturados y hasta asesinados.

A medida que fueron terminando los años setentas, se sentía ya un ambiente un poco raro, pero se seguía adelante, el salvadoreño tiene esa capacidad de aguante, ¡como ningún otro ser humano que yo conozca!

Yo sentía que vivíamos una vida bastante aceptable! Aunque como dije, no sabíamos lo que estaba pasando un poco más allá.

Recuerdo que, siempre con el objetivo de ayudar, ayudar tal vez a poner las circunstancias en su verdadera dimensión, unos; otros, a ayudar a pensar a los más jóvenes; algunos a proponer nuevas ideas; otros, a tal vez poder llevarlas a cabo, siempre mantenía reuniones privadas en mi casa. El nombre clave siempre fue "la dulcería". Por teléfono, para hacer las citas, mi querido Sr. Pino, fue el que le puso ese nombre a mi casa, para llevar a cabo las reuniones. Entonces nos vemos en "la dulcería" decía al final de la llamada telefónica, para convocar a los participantes.

Hacíamos uso del sigilo y de claves, ya que la gente con quienes nos reuníamos era de mucho poder. Y como había gente militar envuelta, se hacía uso de toda esa clase de herramientas de inteligencia. Siempre fue mi misión buscar líderes, supuestamente para salvar al país... ¡pero qué difícil tarea esa!

Nuestro mentor fue el General Sánchez Hernández, él era un gran centroamericanista, nos vivía repitiendo que deberíamos hacer todo lo posible, no importa qué, lo importante era unir a Centroamérica, ¡porque para El Salvador era vital! También nos reuníamos para analizar la realidad nacional e internacional. ¡Pero jamás para conspirar! Aunque en ese tiempo era fácil que creyesen que estábamos conspirando, porque aunque había libertad de reunión, era el calibre de la gente lo que te podía hacer dudar. Además a un ex Presidente siempre lo vigilan, por si las dudas (sobre todo al General Sánchez Hernández, pues parece que siempre hubo algo, no sé qué, del coronel Molina contra él)... Porque en la historia, ya ha habido más de uno, que ha conspirado y botado el régimen del momento, pero en este caso, el General había nombrado de candidato al coronel Molina, por lo tanto era imposible que hubiese nada contra él.

Hubo un tiempo en que parecía se podía dar la situación, de por lo menos, unir a El Salvador y Guatemala, y luego los demás países por inercia se irían uniendo. Eso fue en los años 76-77. Y fue cuando en El Salvador se pudo haber elegido a un militar candidato a Presidente, que tuviese ciertas características y además fuese del mismo sentir con respecto a unir a Centro América; y en Guatemala había otro militar presidenciable, que en ese momento desempeñaba el cargo de Embajador de Guatemala en nuestro país, el Coronel Maldonado.

Yo le conocía y fui enviada solamente para platicar con él y *tantearlo* como decimos nosotros. Concerté la cita, fui a visitar al personaje, pero luego, luego, me di cuenta que no era el indicado. Me pareció demasiado pavorreal, y esa cualidad era precisamente la que no debía tener, y regresé con la mala noticia que no era la persona indicada y, les comenté por qué: era demasiado yoyo. Porque si hay una virtud que debe tener el conductor de gentes, es el ser HUMILDE.

Hay un mal que carcome hasta a las personas más sensatas y buenas, y es la adulación; los Presidentes, deben tener los pies en la tierra y no dejarse nunca tentar por los miles de aduladores que se encuentran arrastrándose en Palacio. Imagínense ustedes, todos los días por 5 años, miles de aduladores diciéndole cada día, ¡qué magnifico estuvo! o qué buen mozo, qué delgado, qué guapo, qué esbelto, qué bien habló ayer, ¡la gente lo adora! ¡Qué inteligente! ¡Ud. es un genio! ¡No hay en el mundo otro como Ud.!.... Si no

Capitulo XXVII

tiene bien equilibradas sus coordinadas, acaba por creérselo, y de ahí le sale la petulancia, ¡la arrogancia y al final la soberbia!

En relación a todo esto que discutíamos, una vez nos contó el General Sánchez Hernández que, cuando le estaba poniendo la Banda Presidencial al Coronel Molina, en la ceremonia del Traspaso del Mando le dijo: "Permítame darle un consejo Coronel, porque yo ya estuve donde Ud. estará desde este momento, no le haga caso a los *chambrosos* y a los aduladores, porque ese es el peor mal que puede tener un Presidente".

Con el tiempo supe por otra persona, que el coronel Molina había dicho, que el General Sánchez Hernández lo había prevenido de los *chambrosos* y de los aduladores y que él no había puesto mayor mérito en esas palabras, y se había creído tanto de los *chambrosos* como de los aduladores, causándole muchos problemas.

En todas partes hay aduladores, pero en nuestro país abundan por miles, tal vez por la situación económica, ¡y conseguir un hueso! Pero la adulación es un acto que yo, personalmente, ¡detesto! El que una persona se tenga que bajar tanto... y todo el tiempo, que sea tan mentiroso diciendo lo que él sabe que no es verdad, solo para agradar al poderoso, es algo en quien definitivamente no se debe confiar. Sin embargo hay hombres y mujeres que les encanta que los adulen, y los vivos toman ventaja de ellos, porque les conocen esa debilidad.

Nos contó, el General Sánchez Hernández, que había tomado posesión del cargo de Presidente el 1 de junio, y como 5 meses después, en noviembre, le invitaron a ir a departir a la casa de una familia muy prominente de San Miguel. Era un cocktail y luego el almuerzo. Cuando todavía estaban en el cocktail, el anfitrión, que se había quedado solo con él, le hizo una propuesta bastante indecorosa o deshonesta. Él no dijo nada, pero parece que se *encachimbó*, se terminó su trago, y le avisó al jefe de su seguridad que se regresaban inmediatamente a San Salvador; y sin decir nada... se fue. Ni al almuerzo se quedó.

Nos dijo que cuando llegó a Casa Presidencial, pidió hablar con su secretario privado que era el Dr. Quique Mayorga Rivas; le contó lo sucedido, pero a la vez le dijo: "Quiero saber qué tan poderoso es el Presidente de El Salvador" y le dio instrucciones para que hicieran ciertas acciones contra la persona que le había faltado el respeto, de acuerdo a su conciencia. Dice que a las 48 horas ya estaba el Señor de San Miguel, pidiendo cacao y pidiendo perdón, ¡por lo que había hecho! Solo imagínense... le desconectaron todos los teléfonos, los de casa, oficina, fincas, recibideros, etc. no podía tener comunicación con nadie; le desconectaron el agua y la energía eléctrica, tanto residenciales como en todas las oficinas; pero como era tiempo de la corta de café, le pararon todos los camiones cargados de café y los vehículos tanto de trabajo como particulares, en las carreteras y calles de la ciudad; bueno, era algo para volverse loco, así el Señor pronto llegó a pedir perdón donde el Dr. Mayorga, porque el General nunca lo recibió.

Inmediatamente recapacitó, nos dijo el General, y dijo: "Dios mío: ¡qué poderoso, verdaderamente es el Presidente de El Salvador!" Y nos contaba que le dio miedo, solamente de pensar, en ese inmenso poder en manos de cualquier persona inescrupulosa, ¡tonta o prepotente!

El General Sánchez Hernández, en su escritorio tenía un rotulito enmarcado bien bonito que decía:

¡Oh, Señor! ¡Señor! Mándame pena y dolor, mándame males añejos, pero tratar con pendejos, ¡no me los mandes Señor! Había otro que decía: *"¿Trae Ud. la Solución o es parte del Problema?"*

Mis primos, los Díaz Nuila, eran muy amigos del General Sánchez Hernández, estuvieron en España y Francia donde se visitaban a menudo, y las familias eran muy amigas. Cuando el General ganó la Presidencia, mis dos primos tanto Mario como Napoleón, no fueron tomados en cuenta para ningún puesto. Hasta que a Mario como médico, algún jefe lo puso en un puesto normal en la Dirección de Sanidad. Una vez que llegué de vacaciones, visitamos el diario *El Mundo* con mi mamá, y nos encontramos a

Capítulo XXVII

Napoleón, al platicar me di cuenta que tenía un gran resentimiento, porque el "Tapón Sánchez," como le decían al General, "no le había dado ¡NADA!" Yo me quedé con la impresión del resentimiento de Napoleón; y pocos días después en un coktail en el hotel Sheraton, saludé al General y él siempre me preguntaba por toda mi parentela, y me acordé de Napoleón y le conté lo que decía.

Mucho tiempo después, el General nos contaba, que allá en el inconsciente sabía que había algo por lo que no le había querido ofrecer ninguna plaza a Napoleón; pero cuando yo se lo había recordado, lo llamó y le dijo que yo le había dicho que él estaba resentido y que qué quería. Napoleón ni corto ni perezoso le dijo que quería ser gerente del INSAFI, muy bien le dijo el General, pero quédate aquí sentado, desde su escritorio llamó al Presidente del INSAFI y le dijo: "*que le estaba recomendando para gerente al Lic. Napoleón Díaz Nuila, que eso no quería decir que él iba hacer lo que quisiera, si llega hacer algo que no es correcto, le dijo, desde ya le estoy diciendo que lo despida, no porque yo se lo he recomendado va hacer lo que él quiera.*" Bueno, pasaron unos meses y... el mismo General, nos contó que tuvo que despedir, no solamente a Napoleón, sino a no sé cuántos funcionarios más... porque había podrido la institución.

Llegaron las elecciones, en el 77, quedando el General Romero de Presidente de la República, y dos años después, el golpe de estado contra él y se acabó todo el proyecto de unir a Centroamérica, pues nadie quería esa papa caliente. Ya fue imposible pensar en algo como lo que este grupo había pensado, unir por medio de dos presidentes militares, a El Salvador y a Guatemala, quienes deberían tener ambos, las características necesarias y estar de acuerdo, y al ver que los Estados más poderosos y con más población se unían, política y económicamente, Honduras y Nicaragua se nos podían unir, pasando el tiempo. Con Costa Rica, siempre pensamos que sería más difícil, pero que al final, se podría lograr.

Otro tema que tocábamos mucho, probablemente cada vez que nos reuníamos, era el de poner en la Presidencia a un civil; ya el

General Sánchez Hernández, cuando era Presidente Constitucional, había hecho un súper trabajo en todos los cuarteles, con el gremio militar, para que aceptaran a un civil. Y lo había logrado cuando le propusieron al Dr. Reynaldo Galindo Pohl, allá arriba en Los Planes de Renderos, en Santa Teresita, la Presidencia de la República en una bandeja de plata.

No habría elecciones porque todos los partidos políticos y todos los gremios, incluyendo el militar, estaban de acuerdo. Y lástima grande que el Dr. Galindo Pohl dijo que no aceptaba. Cuando yo pregunté: ¿por qué? ¿Por qué dijo que NO? Me respondieron que él había dicho, ¡que no tenía voluntad para ser Presidente de El Salvador! Casi olvido decir que en la mañana, de ese mismo día, habían secuestrado a Neto Regalado, pudiese ser que ese hecho influyera en la decisión del Dr. Galindo Pohl. Nunca, nadie, ni la prensa, ni persona alguna, le preguntaron por qué realmente había desistido de ser Presidente, cuando se la habían entregado total y absolutamente! Pienso, que tal vez hubiese sido otro, nuestro destino... ¡tal vez hasta nos hubiésemos ahorrado la guerra!

Pero la persona a quien el general Sánchez encomendara hacer el primer acercamiento para ofrecerle la presidencia, me ha contado, que el doctor Galindo Pohl le respondió: "Ya Platón ha dejado sentado que ningún filósofo puede llegar a ser presidente; por lo tanto, yo pienso que si hiciese todos los cambios estructurales que necesita El Salvador, me hubiesen dado un golpe de Estado en menos de seis meses; y realmente no me habría gustado ser un ex presidente de una República Banana."

Siempre trabajando en PIGMALION, pero siempre tenía tiempo para las cosas del espíritu. PIGMALION me proveía de lo material, pero estas charlas, estos análisis y estas reuniones, y que me mantenía perfectamente bien informada, me daban el alimento del alma! Viéndolo bien, teníamos alma de patriotas, andábamos buscando cómo mejorar a nuestro querido país; era como que teníamos la obligación de hacerlo, y tratábamos pero... se estaba ya forjando algo incontrolable, que era el conflicto armado.

Capitulo XXVII

Así es que esta doble vida: la belleza, el maquillaje, el glam, la moda, la pasarela, por un lado; y el sentimiento de servir a mi patria, el político, ¡por otro! El de ayudar al desvalido, el ser la voz de los sin voz, el querer que El Salvador fuese el mejor país de Centroamérica, ¡en todo! Eso estaba tan arraigado en mí, el creer que El Salvador tenía un gran futuro. El gozo más grande era ver que nuestro país era el mejor en café, en camarones, en caña de azúcar, en el algodón, en la industria, en el comercio, que éramos el País de la Sonrisa, que competíamos con las otras Parcelas de Centroamérica y éramos los mejores, en carreteras, en puentes, en aeropuerto; que teníamos un IRA (el Instituto Regulador de Abastecimientos), que nos regulaba la producción de los granos básicos, que nos aseguraba además la alimentación de la población, que todo el que quería sembrar granos, sabía que ya tenía asegurado el comprador de su producción que era el IRA; que se tenía al IVU que aseguraba tu techo.

Que teníamos una buena y barata energía eléctrica gracias a las tres presas hidroeléctricas; y así puedo seguir hablando de cómo era El Salvador en esos tiempos; sin embargo se tenía que mejorar todo lo establecido para darle respuesta a la ciudadanía, que desgraciadamente nunca se formuló, ni se aprobó, ni se hizo cumplir una política seria de población, y ese sí ha sido un error y sigue siendo, porque nadie habla seriamente de esto y, que el problema #1 que tenemos, es el obsceno crecimiento de la población: sencillamente nunca podremos dar respuesta a tantos millones de salvadoreños y en 20,000 kilómetros cuadrados, ¡imposible! Cualquier problema que tengamos, búsquenle el verdadero origen y siempre encontrarán que es la sobrepoblación: así es, ¡la sobrepoblación!

Y es más, una sobrepoblación ignorante, sin educación, enferma, sin valores y agresiva, ¿qué podemos esperar? Está bien tener 10 millones de habitantes todos educados con doctorado si es posible, sanos, que hablen por lo menos 2 lenguas, que tengan un ingreso de por lo menos 40 mil dólares al año, ahí sí no te diría nada. Pero desgraciadamente, ¡nuestra realidad no es esa! No somos Singapur ni Taiwán, aunque pudiésemos serlo si quisiéramos, pero... ¿lo queremos de verdad? Porque lo tuviésemos que querer por lo menos la mayoría... Y otra cosa, ¿nos pudiésemos poner todos de acuerdo en este tema tan controversial?

Este grupo, estaba lleno de un gran amor por El Salvador, pero un amor verdadero, de ninguna manera era falso, como muchos que conozco ahora; así era Chepe también, lleno de patriotismo y con muchos deseos de ayudar al país, después de haber llegado de Alemania. ¡Orlando también quiso mucho a El Salvador en esos tiempos! Y nos ayudaba con sus análisis y opiniones. Porque era como que ya presentíamos que podía pasar algo, y estábamos en la mejor disposición de hacer todo, porque no pasara.

Pero pasó y fue tan desgarrador ver a tu país, que iba muriendo todos los días un poquito. Otro era el Dr. Mario Saravia Loucel, uno de los mejores geopolíticos del mundo, era tan interesante escucharlo; la geografía del mundo la tenía en la mano, conocía prácticamente todos los lugares de la Tierra. Él escribía con el seudónimo de Marconi, y decía. "NO HAY SOLUCIONES... SOLAMENTE FUERZAS EN MARCHA". También estaba mi amigo el Coronel, Licenciado e Ingeniero Roberto Molina, a quien le tengo afecto, respeto y admiración. Más tarde se nos unió Carlos Hirlemann, un hombre que amó mucho su país. Creo que somos pocos los verdaderos nacionalistas; muchos se hacen llamar así, pero no creo que, ni siquiera sepan qué es eso.

El día 20 de febrero del 77 se realizaron las elecciones presidenciales:

La izquierda presentó a los candidatos: Coronel Claramount y al civil Dr. Antonio Morales Erlich; y el PCN presentó para la candidatura al General Carlos Humberto Romero y al Dr. Julio Astacio de vicepresidente. Sin contar con que los salvadoreños no aguantamos al mismo partido por más de 3 periodos, ya el cuarto es totalmente impopular. Cuando no se recuerda la historia, es más probable cometer los mismos errores de antes, ¡y así fue en este momento! Aunque teníamos de ejemplo los 14 años del General Martínez, los 10 años del PRUD y ahora ya teníamos 15 años con el PCN, sin percatarse que el pueblo rehúsa a seguir con

Capitulo XXVII

la misma gente. Casi a la fuerza, se puede decir, se impuso la candidatura del General Romero.

Después de las elecciones y el 28 de febrero de 1977, la UNO ocupó la Plaza Libertad en protesta por el fraude electoral, que colocó al General Romero en la Presidencia de la República. La Plaza fue desalojada, después de una matanza en el parque Libertad, donde según cuentan, amanecieron lavando con las mangueras de los bomberos todo el parque ensangrentado... diciendo unos que había ganado Claramount y el Consejo Central de Elecciones, ¡dando por ganador al General Romero!

Decretan Estado de Sitio debido a las terribles circunstancias políticas y de desquiciamiento del orden constitucional, ¡a que habíamos llegado!

Incendiaban buses, asesinaban a más sacerdotes, inspeccionaban casas de supuestos líderes insurgentes, atacaban los edificios de los periódicos, y el gobierno renuncia a la ayuda militar de los USA, como protesta por condicionar la ayuda al respeto a los derechos humanos.

El 19 de abril del 77 secuestran a Mauricio Borgonovo, su cadáver fue encontrado el 10 de mayo, el día de la madre se lo entregaron a la Niña Sarita, su mamá, que tanto había rogado que lo entregaran vivo; después de llamados por parte de la ONU y el Papa Pablo VI, etc.

Y en un comunicado pagado de la UGB pide al gobierno no acceder a las demandas de las FPL y amenaza a los jesuitas y a otros religiosos, se supone, comunistas del BPR con ejecutarlos en represalia "ojo por ojo, diente por diente".

Asesinan al presbítero Alfonso Navarro y un menor en la iglesia de la colonia Miramonte. Además otros curas por portar armas sin permiso, el sacerdote José Gonzalo López Hernández e Isabel López Rivera.

¡Algo increíble! El presiente Anastasio Somoza denuncia que la muerte de Mauricio Borgonovo fue ordenada desde Cuba a través de una clave enviada por Radio Habana.

El EGP secuestra en Guatemala, al Coronel Eduardo Casanova; es liberado después. Matan en un enfrentamiento en San Miguel a 8 guardias nacionales. Estalla bomba en el local del PCN en Santa Ana. Y también en Santa Ana matan al Dr. René Alfonso Guzmán Alvergue del Consejo Central de Elecciones.

El 1 de julio toma Posesión la administración del General Carlos Humberto Romero. El padre Pedro Arrupe, Superior General de la Compañía de Jesús, pide protección para los padres jesuitas, por amenazas de la UGB. También asesinan al ex presidente de la República Coronel Osmín Aguirre; las FPL se hacen cargo. Estalla una bomba en la Capitanía de Acajutla. Secuestran al Dr. Carlos Emilio Álvarez. Ya en septiembre del 77 secuestran a Nena Chiurato, ¡nunca apareció! Asesinan al Dr. Carlitos Alfaro Castillo, Rector de la Universidad de El Salvador.

Las emisoras tanto de radio como de tv se las tomaban y o dejaban comunicados importantes de los grupos insurgentes. Asesinan a Don Raúl Molina Cañas de la panadería Lido. El BPR se toma el Misterio de Trabajo y toman de rehenes al Coronel Roberto Escobar García, Dr. René Iván Castro y al Dr. Roberto Ortíz Ávalos. Estalla Bomba en FESINCONSTRANS. La Asamblea Legislativa aprueba la Ley de defensa y garantía del orden público. Monseñor Romero excomulga al padre Antonio Pineda Quinteros, por decir que el comunismo era impulsado en la Iglesia.

Secuestran al industrial Víctor Safie y es liberado el 5 de enero 78; y en las bodegas de Yolanda Desiré es detonada una bomba. En febrero, matan al Coronel José René Chacón. Estallan bomba en la Embajada de Nicaragua y el embajador Escobar Fornes, estuvo a punto de morir. El economista boliviano de la ONU, Dr. Gustavo Luna, escapó de sus secuestradores.

Capitulo XXVII

En marzo del 78 el día 12, se celebran elecciones de diputados y alcaldes. Y todo estuvo en completo orden. ¿Cómo íbamos a votar? No sé, ¡pero todo el mundo con patriotismo iba a votar! Luego se vino una avalancha de incendios en fábricas y negocios, así mismo se descubrió una cantidad inmensa de armas en depósitos que pertenecían a grupos izquierdistas.

Monseñor Romero dijo que todo lo que había pasado era provocado por ORDEN y los soldados, y que toda la gente que había sido desplazada de Tecoluca, La Esperanza y El Rodeo y que las brigadas médicas habían auxiliado, habían sido asesinados, degollando y torturando a 11 campesinos matados por ellos.

Así mismo el Consejo Episcopal de El Salvador condenó los actos provocados por FECCAS, UTC y BPR, por lo cual surgieron serios problemas en la cúpula de la Iglesia.

Siguen los secuestros: El día 6 de abril del 78, secuestran al Ing., Gustavo Cartagena, presidente de CEPA, Pagándose rescate a las Fuerzas Revolucionarias Armadas del Pueblo. Fue liberado el miércoles 12 del mismo mes. El BPR ocupó por espacio de 8 días las embajadas de Costa Rica, Venezuela, Panamá y Catedral Metropolitana. Y el FAPU se tomó la Iglesia El Rosario. El BPR también se tomó la sede de la Cruz Roja, tratando de tomar el Ministerio de Salud, interviniendo la fuerza Pública.

El día 14 de mayo secuestran a Luis Méndez Novoa y a Neto Sol Meza, por quienes pidieron 4 millones de dólares, fueron liberados el 11 y 21 de junio. Después del secuestro Neto Sol ya no fue el mismo.

Las FARN secuestran, al presidente de INSINCA, Fujio Matsumoto, el 17 de mayo. Pedían la liberación de 14 detenidos por una huelga en la Azucarera, pedían la derogación de la ley del Orden Público y amnistía para los presos políticos. Matsumoto fue encontrado muerto meses después del plagio.

Estalla bomba en la embajada de Argentina. El ERP secuestra al industrial Adolfo McEntee en Santa Ana, y fue liberado después el 3 de julio a cambio de 1 millón 150 mil colones, recuperando 730 mil colones, en una captura posterior.

Secuestran al hijo del Dr. Cuéllar Ortiz, Álvaro Edgardo Cuéllar Martínez, el día 18 de junio, liberándolo el 23 del mismo mes. Pero el 24 estalla una potente bomba en la embajada de Guatemala. En el mes de agosto, el ERP secuestra al caficultor Armando Monedero y a cambio piden 100 mil colones para ayuda a los familiares de los desaparecidos. Las FARN secuestran al gerente de la empresa sueca McEricsson, Kjell Björk y lo liberan el día 24.

Asesinan al Dr. Rubén Alfonso Rodríguez, (Chele Juayúa) ex presidente de la Asamblea Legislativa. ¡Las FPL se hacen cargo! Hubo un escándalo romano, hasta las sirenas sonaron, recuerdo que por el radio del auto, escuchamos que al que habían asesinado era al Chele Juayúa. También asesinan al Decano de Economía de la Universidad de El Salvador Dr. Carlos Alberto Rodríguez.

El 4 de octubre fue exhumado el cadáver del japonés Matsumoto, asesinado por las FARN, enterrado en las faldas del cerro San Jacinto. El 11 secuestran al industrial Julio Alberto Astorga, no aparece responsable.

El profesor Manuel Enrique Rivera Vignolo murió junto a su madre, antes de morir identificó a miembros de las FPL, reconociendo a esa organización por sus muertes.

Ya para en noviembre del 78, las FPL asesinan a Roberto Saade Hananía, era presidente de la empresa de nylon. El Dr. Ricardo Ávila Moreira resulto herido al ser ametrallado su automóvil. La Fuerza Armada denunció un plan terrorista de las FPL para sabotear las cosechas de café, algodón y caña de azúcar.

Colocan cargas de dinamita en la central Roma, para dejar a oscuras la Feria Internacional. Secuestran al gerente de la tv educativa Lic. Jorge Rosales, liberándolo ese mismo día. Las FARN secuestran al gerente de Philips de El Salvador, Señor Fritz Schiutema, pidiendo 1 millón de dólares, la publicación de un comunicado en 32 países del mundo y se transmitieran en castellano, desde Holanda, pasajes del manifiesto de las FARN, fue liberado el 30 de diciembre de 1978. Aparecen 3 cadáveres totalmente mutilados y desperdigados en el Playón. Muere el sacerdote Rafael Barrera Motto en un enfrentamiento junto a Valentín Martínez y Rafael Santos Ortiz. El 30 de Noviembre secuestran a Ian Massie y Michael Chatterton gerentes del banco de Londres y América del Sur, adjudicándolo las FARN.

En el mes de diciembre del 78 secuestran a otro ciudadano japonés Takakazu Suzuki, quien era ejecutivo de INSINCA. Abandonando el país todos los demás japoneses de cualquier otra firma. La FARN secuestra a Ernesto Liebes, Cónsul General de Israel en El Salvador. En San Antonio Abad muere el sacerdote Ortiz Luna y 4 personas que lo acompañaban. El ERP coloca bombas en la Guardia Nacional y en la Policía Nacional muriendo 16 agentes. Se frustra el secuestro del Coronel Eduardo Iraheta subsecretario de Defensa. Las FPL asesinan al jefe de personal de ADOC, Sr. Carlos Borromeo Mata. Jaime Apolonio Baires muere en el Hospital Rosales, después de ser capturado y torturado... Siguieron los paros, la toma de empresas, los cortes de la energía eléctrica, los bombazos en las cajas telefónicas... era casi invivible la situación...

Las FARN, en un comunicado dan hasta las 6 de la tarde para pagar un rescate si no serían asesinadas 4 personas: Chatterton, Cameron, Susuki y Liebes.

Por supuesto los cables y las torres de electricidad se cortaban y derribaban a cada rato y la población entera sufría sin electricidad. El día 21 de marzo fue encontrado el cadáver de Ernesto Liebes, quien había sido secuestrado por la FARN. Las FPL asesinan al mayor Fernando Moreira Rodríguez, enlace de ORDEN. El día 31 es liberado el japonés Susuki, cerca del estadio Flor Blanca. El FAPU se toma la Catedral para velar a los muertos de un enfrentamiento; también es atacada la casa del gerente general de ADOC el Sr. Humberto Villalta Merino, quien abandonó el país hacia Costa Rica.

El BPR se toma las embajadas de Costa Rica y Francia, exigiendo la libertad de Facundo Guardado y otras 5 personas más, capturados por la Guardia Nacional. Siguen las manifestaciones, los cierres de calles y de templos. Facundo Guardado niega pertenecer al BPR y no se puede pasar por el centro de la capital por alrededor de 10 manzanas, no hubo circulación de buses, todo el centro paralizado, como había sucedido en otras muchas ocasiones.

Queda en libertad Facundo Guardado. Quemaban muchos buses y sus dueños dijeron que las pérdidas ascendían a 1 millón de colones. Ocupan la embajada de Venezuela, el BPR, permaneciendo la embajada de Francia siempre en poder de ellos. El 17 de mayo hace un llamado el Presidente de la República, General Carlos Humberto Romero, después de que Monseñor Romero pidiera el fin de la violencia y que el gobierno no tenía apoyo popular. El Presidente Romero llama al diálogo con los sectores sociales y políticos para fortalecer la democracia contra las fuerzas anárquicas.

Pero también aparece otro grupo, el Frente Político Anticomunista FPA, que llama a los padres de familia para que protejan a sus hijos y no fuesen utilizados por los comunistas y otro comunicado de la Asociación Patriótica Libertad o Esclavitud criticando a Monseñor Romero. Se fugan el embajador de Venezuela, el agregado militar y varios empleados quienes eran rehenes del BPR, en la embajada de Venezuela. Habiendo 14 muertos, al día siguiente, en una manifestación hacia la embajada de Venezuela, chocando con los cuerpos de seguridad.

Es asesinado el Ministro de Educación Dr. Carlos Herrera Rebollo, a las FPL se les atribuye el hecho, el 23 de mayo de 1979. Ese mismo día se produce una emboscada al presidente de ANDA, coronel Julio César Gómez. Y la Asamblea Legislativa implanta el Estado de Sitio. El día 29 de mayo en medio de una balacera secuestran a Armando Miguel, resultando una niña herida y quedando paralítica. Miguel fue liberado el 1 de julio. Luego el día 30, es asesinado el señor Hugo Wey, embajador de Suiza, cuando lo

Capítulo XXVII

secuestraban. Todo este mes hubo asesinato de numerosos maestros.

Durante el mes de julio del 79, sucede que salen muchos asilados hacia Panamá primero, y luego a Cuba. Asesinan al diputado Profesor Carlos Nolasco, en San Miguel, se hace cargo las FPL. En Santa Ana secuestran a Carlos Nieto Álvarez, se hace cargo el ERP, siendo liberado el 7 de septiembre. El día 22 asesinan al padre Rafael Palacios Campos en Santa Tecla; había recibido amenazas de UGB. También caían avionetas con armas tanto para los sandinistas como para la guerrilla salvadoreña.

En el mes de julio finalmente liberan a los ingleses Ian Cameron Massie y Michael Stanislaus Chatterton, cuyo plagio se lo atribuyó la RN, pagando 5 millones de libras esterlinas, según diario británico. La CEL fue bombardeada, así como casa del Ing. Isael Espinoza y en la casa del Ing. Benjamín Valiente altos funcionarios de CEL, haciéndose cargo el ERP. La UDN pide públicamente, que se investigue la muerte del Lic. José María Montenegro, quien apareció en El Playón, Opico. Muere el teniente Mariano Munguía Payés después de ser encontrado herido en el Boulevard Venezuela.

ANDES declara paro y 18,000 maestros dejaron de trabajar, y miles de niños no asistieron a las escuelas. El Presidente Romero aseguró que las próximas elecciones serían libres cueste lo que cueste.

Para en el mes de agosto del 79, el día 4 asesinan en San Vicente, al padre Alirio Macías Rodríguez y varios incendios en la capital dejan cuantiosas pérdidas. Como las manifestaciones eran diariamente, siempre había una de algún grupo y eso significaba, ¡daños a la propiedad privada de toda clase!

El empresario Jaime Conde fue secuestrado, liberándolo el 26 de agosto. Fueron asesinados por las FPL el comerciante Valentín Contreras de Santa Ana, el profesor Isidro Sánchez en San Miguel por la ERP. El día 16 asesinan a 7 en un taller frente al Parque Infantil, donde se encontraba una imprenta clandestina y material subversivo. Uno de los muertos: Valle Rosales se había graduado de la Universidad Patricio Lumumba de Moscú. Murieron ametrallados en San Vicente varios comandantes de los barrios, se hayan cadáveres tirados en las carreteras y se toman varias iglesias.

En septiembre del 79 asaltan la "Hacienda Talcualuya" del ISTA. Estallan 5 huelgas en diversas fábricas como: SARTI, TISA, CIRCA, FUCASA, etc. El día 7 es asesinado en Apopa por las FPL el hermano del presidente Romero, el profesor Javier Romero; en Santa Tecla asesinan a otro profesor llamado Miguel Ángel Flores. El estudiante de la UCA José Mauricio Flores y dos personas más fueron encontrados en un microbús tiroteado. El día 13 el caficultor Jaime Batres fue secuestrado en Santa Ana, liberándolo después tras pagar un rescate.

Unos 215 guatemaltecos, hondureños y costarricenses unidos a unos 500 miembros del BPR se reportó que se hallaban en la UES participando en una nueva estrategia contra el régimen del general Romero. Secuestran en la Zona Franca al señor Denys McDonlad y a Fausto Buchelli, norteamericanos de la empresa APLAR. Siempre con la toma de iglesias, fábricas, empresas y la muerte de subversivos, militares y policías.

Aunque le habían trabajado muy bien la imagen de "líder" al General Romero, para su elección, su gobierno fue muy, muy difícil; aunque con buenas intenciones, pero ya era insostenible y para el 15 de Octubre le habían preparado unos 4 golpes de Estado... Habiendo sofocado 3, y creyendo que ya no habían más... Se fue a descansar a la Residencia Presidencial, pues había tenido un día muy agitado tratando de deshacer todos los golpes y, por ahí le llegó el último e inesperado *coup de'tat*.

El Presidente Romero comentó que a él la vida lo había predestinado para los golpes de Estado, y continuaba: "el día que entré a la Escuela Militar hubo un golpe de estado, cuando estaba de Ministro de Defensa hubo otro golpe de Estado, y a mí me dieron varios golpes de Estado".

Capitulo XXVII

Estaba viviendo en mi casa de la colonia Escalón, en esta fecha del golpe, creyendo que era un golpe más; unos amigos y amigas que se encontraban conmigo, celebraron con champagne, yo sentía mi corazón algo triste, ¿no sé por qué? y ese año, prometí que iba ser el último año que iba a decorar el árbol de navidad, durante las celebraciones navideñas... y así lo he hecho desde entonces... ¡nunca jamás! Creo que allá dentro de mi corazón, presentía que los tiempos lindos ya no iban a existir, y que una nueva y oscura época se avecinaba.

Tomó posesión una nueva Junta Revolucionaria de gobierno provisional de civiles y militares, la cual estaba compuesta del Coronel Adolfo Majano y el Coronel Jaime Abdul Gutiérrez, los civiles eran Román Mayorga Quiroz, rector de la Universidad Centroamericana "José Simeón Cañas", de la Compañía de Jesús; Mario Antonio Andino Gómez, ex vicepresidente de la Cámara de Comercio e Industria de El Salvador (CCIES), y Guillermo Manuel Ungo, del Movimiento Nacional Revolucionario (MNR). Quienes establecieron un toque de queda y estado de sitio.

Los golpistas fueron enfáticos en deshacer el partido PCN, partido que llevaba casi 18 años en el poder y una institución que se había ganado el odio de mucha gente, y la confianza y seguridad, para otra parte de la población, que era ORDEN. Pero como siempre, fuerzas oscuras no permitieron que el PCN desapareciera, ¡en esta ocasión! Este momento es aprovechado por el ERP y las LP28 para llamar a un alzamiento, se toman la Ciudad de Mejicanos y se producen desórdenes callejeros en todo el territorio nacional, y Monseñor Romero hace un llamado a la nación para mantener la cordura. Se siguen suscitando hechos como el entierro de cadáveres sepultados en la Iglesia El Rosario, dinamitan las instalaciones de los principales periódicos como La Prensa Gráfica y El Diario de Hoy. El ERP secuestra al empresario Jaime Gill Argüello.

El 1 noviembre del 79, fue liberado Don Luis Escalante Arce, no sabiendo cuánto la familia había pagado de rescate, haciéndose cargo las FPL. El Ministro de Agricultura Ing. Enrique Álvarez Córdova dijo que estaba dispuesto a que se cumpliera la Proclama de la Fuerza Armada en cuanto a La Reforma Agraria. Los voceros de la Casa Presidencial desmintieron la posibilidad de un contra golpe para derrocar a la junta. 6 miembros de una familia fueron asesinados por las FPL en Cinquera, Cabañas. Se lee La Proclama de La Fuerza Armada en todos los medios de comunicación y el día 28 de noviembre 12 hombres armados secuestró al Embajador de Sudáfrica Archibald Gardner Dunn. Este fue un secuestro y asesinato de lo peor y tremendamente injusto, hasta la fecha Archi no sabe dónde están los restos de su papá; casado con Ana María la hija de mi buena amiga Tulita, se quedó en este país y nunca ha podido saber absolutamente nada de su padre. ¡Una historia muy triste!

En diciembre del 79 secuestran por segunda vez a Adolfo McEntee, se lo atribuyeron a las FPL. Las FPL le exigen para liberar al Embajador de Sudáfrica que el Gobierno publique dos mensajes en los periódicos, canales de televisión y todas las emisoras, así como en cadena de Radio Nacional en 3 horarios distintos y días determinados planteándole al Gobierno de Sudáfrica la publicación de los mismos mensajes en todos los periódicos de esa nación y en el idioma inglés, así como publicar en los periódicos, radio y televisión de 102 países del mundo los mensajes de solidaridad con los países de África, Sudáfrica y América Latina, al final destacan el lema: "Año de Inicio de la concentración del esfuerzo por la construcción marxista-leninista del proletariado".

El día 7 de diciembre la Junta Revolucionaria de Gobierno emitió el decreto 43 por medio del cual se prohíbe a los terratenientes tener más de 100 hectáreas de tierra en uno o más inmuebles rústicos en conjunto en el país. La transferencia de su dominio, grabación hipotecas o usufructos mientras no entre en vigencia la ley de la reforma agraria. El día 8, los preparativos para un contragolpe con el fin de deponer a la Junta Revolucionaria de Gobierno, que se proyecta concretar en los próximos días denunciaron miembros del Foro Popular.

El día 10 de diciembre numerosas mujeres que participaron en la manifestación de **"la cruzada pro paz y trabajo"** fueron

CAPITULO XXVII

atacadas por numerosos fanáticos izquierdistas. En Sonsonate fue acribillado a tiros Don Federico Aguilar Meardi, por sujetos no identificados. Las FPL asesinaron a tiros al Señor Francisco Vides Cevallos, hermano del Coronel Mauricio Vides Cevallos. Santiago López Guardado murió en Las Vueltas, Chalatenango, asesinado por las FPL, acusado de pertenecer a ORDEN. El Ministro Álvarez Córdova declara que solamente a dos mil propietarios afecta el Decreto 43, de la Junta Revolucionaria de Gobierno, que son propietarios de inmuebles que cubren una extensión de 800 mil manzanas, casi la mitad de la tierra cultivable en el país. Se toman haciendas matan a los administradores y a los jefes de Policía.

La situación en el campo se vuelve explosiva, se ve venir un inminente colapso de la economía nacional y la virtual paralización de las actividades agrícolas. Además los izquierdistas amenazan a los trabajadores y dueños de tierras para que no levanten las cosechas. ¡No hay duda que hay un completo caos! Se tomaban los locales como Telediario, los mataderos municipales, la casa del Arzobispado, la Iglesia de Zacatecoluca y los mercados. Mataron a todos los policías que se encontraban en la sede de la Policía de la colonia El Palmar en Santa Ana. Los obispos de derecha alertaban a los campesinos a no dejarse convencer por los izquierdistas que solo querían su muerte y a defenderse en grupos de 10 o 20 o 100 personas, y eso, por la penetración de armas a El Salvador, para darlas a los campesinos, denunció Monseñor Aparicio de San Vicente.

Entramos a enero de 1980, ¡sin saber todo lo que se nos venía encima! La Fuerza Armada rechazando las demandas de los miembros del Gabinete de gobierno, como la destitución de Mario Andino y que todo el Mando pasara a manos de la Junta y que no hubiesen más desalojamiento de fábricas, negocios etc. por parte de los cuerpos de seguridad. El Dr. Guillermo Ungo, miembro de Junta Revolucionaria de Gobierno se solidariza con el planteamiento de los demás miembros del gabinete. Renuncian el Ministro de Educación Salvador Samayoa, el subsecretario Roberto Barahona, el subsecretario de Juventud y Deportes Antonio Martínez Uribe; Los ministros Álvarez Córdova y

Gabriel Gallegos Valdés generando una crisis más, en la Junta de Gobierno. El día 3, presentaron su renuncia el Dr. Guillermo Ungo y Román Mayorga; también los ministros de Hacienda Ernesto Arbizú Mata; de Justicia Dr. Luis Nelson Segovia; del Interior Dr. Carlos Enrique Castro Garay; de economía Manuel Enrique Hinds y más tarde la renuncia de Mario Andino, quedando solamente dos coroneles en la Junta.

El Coronel Francisco Guerra y Guerra fue agredido resultando ileso, a solo 1 semana de haber renunciado de subsecretario del Interior. La Democracia Cristiana plantea que para integrar la nueva Junta de Gobierno y el gabinete debe haber una plataforma que la Fuerza Armada debe aceptar y publicar. Sin embargo Chico Lima aseveró que no debía aceptarse a la Democracia Cristiana en la Junta. En la Universidad de El Salvador, Salvador Samayoa anuncia su incorporación a las FPL. El día 9 de enero el Coronel Majano anuncia que debido a concordancia del planteamiento del partido Demócrata Cristiano con la Proclama de la Fuerza Armada del 15 de octubre anterior, ha hecho que surja el punto de contacto y entendimiento para culminar con la reintegración de 3 miembros civiles, como miembros de la Junta Revolucionaria de Gobierno. Se incorporaron: Héctor Dada Hirezi, Dr. Antonio Morales Erlich y al independiente Dr. Ramón Ávalos Navarrete. Esto forma la Segunda Junta de Gobierno, después del Golpe de Estado del 15 de octubre del 79.

La nacionalización de la Banca y el comercio exterior del algodón, productos del mar, el café y el azúcar y la implementación acelerada de la reforma agraria, son los principales cambios profundos dados a conocer por la Fuerza Armada en Casa Presidencial. Muchas personas, mujeres y niños abandonan sus casas en los cantones de Chalatenango. Así como muchos guardias y agentes de seguridad son asesinados en diferentes lugares del país. El coronel Jaime Abdul Gutiérrez miembro de la Junta, definió la "oligarquía" como aquellas personas que durante tiempo determinado han sido las que han usufructuado desmedidamente del trabajo y la capacidad de la inmensa mayoría de salvadoreños, capitalizando fortunas que han sido acumuladas en el exterior.

Capitulo XXVII

Más de 25,000 trabajadores se han quedado sin empleo en la cosecha, de zafra e industrialización de la caña de azúcar; por la intransigencia del BPR. El MNR se pronuncia en contra del respaldo al PDC y forman la Unidad de las Fuerzas Democráticas Populares. También en este mismo mes las agrupaciones de izquierda firman un pacto de unión en la UES, El Comité Coordinador de la Unidad Revolucionaria fue creado por BPR, FAPU, UDN, LP-28, diciendo que "este pueblo está dispuesto a combatir hasta las últimas consecuencias", este paso hace temblar al Imperio Americano y a la oligarquía criolla. Los embajadores de Panamá y Costa Rica, se hallan cautivos de las LP-28 ocupando sus respectivas embajadas, pidiendo liberación de algunos de sus compañeros. 120 mil toneladas de caña quemaron los insurgentes, informó Eduardo Tobar, gerente de ventas de la Cooperativa Azucarera.

Cerraron 20 empresas sus instalaciones, quedando sin trabajo unas 8,200 personas como resultado de las acciones violentas de los últimos meses informó la ASI. Morales Erlich dijo. "No hay peligro de una guerra civil si el pueblo salvadoreño responde al proceso de los cambios necesarios que nos hemos propuesto". "Además la extrema derecha y la izquierda se hallan empatadas y que el ejército solo, no puede gobernar y necesariamente tiene que buscar el camino que hemos tomado en este proceso de cambios pacíficos, sin recurrir a la violencia."

Se hizo llamado a las FPL para que respetaran la vida del embajador de Sudáfrica Gardner Dunn y Jaime Battle, informó el Dr. Csendey de la ONU. Gran impacto causó en todo el país la denuncia del mayor Roberto D'Aubuisson con relación a la información de las agrupaciones izquierdistas. Hasta este momento no sabíamos qué era lo que realmente estaba pasando en nuestro país, El Chele D'Aubuisson nos abrió los ojos a todos, esa noche por televisión. D'Aubuisson miembro del Frente Amplio Nacional FAN, que luchaba por la no implantación del comunismo en nuestro país. Siguieron las ocupaciones de templos. Explosiones de bombas, tomas de carreteras, atacaron cuarteles en Santa Ana y en San Miguel, disturbios con muertos y heridos en el centro de la capital. La Universidad se encontraba tomada, por lo que fue retirado el cerco militar que impedía el paso de entrada o salida. Queman otras tres mil manzanas de caña de azúcar en la zona norte, quemadas por el BPR. También ametrallan la embajada de Nicaragua, dinamitan la residencia de Sidney Mazzini, embajador de ES ante la OEA.

La segunda Junta de Gobierno con la Democracia Cristiana, fue criticada por la incapacidad en controlar los asesinatos políticos y la represión. Monseñor Romero instó a los demócratas a abandonar el gobierno, luego de una serie de asesinatos de cooperativistas, líderes sindicales y políticos, renuncian algunos funcionarios de esta Segunda Junta, incluso el miembro de la Junta Héctor Dada Hirezi, quien fue sustituido por el Ingeniero José Napoleón Duarte.

El mes de febrero de 1980, fue igualmente más violento: asesinaban y asesinaban... En la iglesia El Rosario, al tratar de desocuparla hubo muchos muertos. La embajada de España fue ocupada y tuvieron de rehén al embajador Sánchez Meza y a un consejero. Varios militantes de la guerrilla se marcharon del país tales como: Mario Aguiñada, Norma Guevara, etc. Las FPL liberaron finalmente a Jaime Battle. Ocuparon por tercera vez la embajada de Panamá. Julio Rey Prendes exigió que se castigaran a quienes fueron a desalojar la sede de la Democracia Cristiana. Pusieron bombas tanto en la UCA como la radio YSAX. FENASTRAS incita a una huelga general. El día 22 de febrero es asesinado el nuevo Procurador General de Pobres Dr. Mario Zamora Rivas, se adjudican el asesinato las BPS por "traidor". Desaparecen Juan Chacón secretario general del BPR y Carlos Argueta de las LP-28. Los USA inicia ayuda por medio del Plan de Emergencia con 50 millones de dólares. El día 28 celebran las LP su tercer aniversario, todo el comercio del centro capitalino cerró.

En marzo de 1980, después de remitir a los tribunales a Juan Chacón y otros, decretan su libertad. El ERP ataca el Cuartel General de la Guardia Nacional. Fue decretado el día 6, Estado de Sitio como medida de apoyo a la reforma agraria. Con la ocupación de 50 propiedades por el ejército y la lectura del Decreto 153 de la Junta Revolucionaria de Gobierno se inició una funesta reforma agraria, aparentemente diseñada por un norteamericano del Depto. de Estado llamado Dr. Luigi Einaudi, según decían ciertos documentos.

El día 7 de marzo fue nacionalizada la Banca Privada por la Junta Revolucionaria de Gobierno, y Morales Erlich dijo que se nacionalizaba por la falta de eficiencia en usar los dineros de los ahorrantes en favor del pueblo. El 9, designan al Ing. Duarte para formar parte de la Junta, debido a renuncia de Dada Hirezi. Se exhuma el cadáver de Roberto Castellanos, Secretario de UDN. Había sido secuestrado el 24 de febrero. El 10 fue juramentado el Ing. Duarte como miembro de la Junta Revolucionaria de Gobierno. Se libera a Jaime Hill Argüello, después de más de 4 meses; no se sabe cuánto pagó la familia y tuvieron que publicar tanto en New York como en otros países de Europa unos manifiestos del ERP. Ponen bombas en el MAG, y donde había oficinas en otras 5 ciudades más.

El día 24 de marzo de 1980, como a las 6 y media de la tarde, venía entrando al edificio San Francisco, donde vivía, cuando me abordó Pete y Nena Thomas, mis vecinos y dueños de los negocios de la planta baja "Pete dougnuts" y "El Cisne", informándome llenos de pánico, que dentro de la Capilla del hospital del cáncer, de la colonia Miramonte, había sido asesinado Monseñor Oscar Arnulfo Romero, a la hora de la consagración del pan y el vino, cuando estaba oficiando la Santa Misa. ¡Esto ya era realmente lo peor que nos podía pasar como pueblo!

El asesinato de Monseñor Romero, fue el detonante para el inicio oficial del conflicto armado en El Salvador. Todo lo que pasó anterior a esta fecha, fue la preparación del escenario para el desarrollo del proceso armado.

El ERP detonó 40 cargas explosivas de alto poder en las principales ciudades: San Salvador, Santa Ana, Santa Tecla, Ahuachapán, San Miguel y Usulután.

Pasan la investigación del caso del asesinato de Monseñor Romero al juez Cuarto de lo penal, doctor Atilio Ramírez Amaya, al cual tratan de asesinarlo en su casa.

Ahora bien, los violentos disturbios que estallaron mientras se efectuaban los funerales de Monseñor Romero al detonarse una bomba en la Plaza Gerardo Barrios, frente a Catedral, luego los izquierdistas con ametralladoras dispararon a los edificios frente a la Plaza; con una multitud más o menos calculada en 50,000 personas fue presa de pánico y todos nosotros viéndolo por tv. Los locales de comercio, como siempre, fueron saqueados, vehículos quemados, haciendo que las pérdidas ascendieran a miles de miles de colones. Muriendo 27 personas y más de 200 heridos. ¡Algo completamente espantoso! Lo presencié por tv y al principio creí que se trataba de una película; nunca imaginé que era real, y lo peor de todo era que estaba pasando en mi ciudad capital.

Seguimos con la misma dinámica, más bombas en muchos lugares, en cuenta la colonia Escalón, se frustra secuestro del Coronel Agustín Martínez Varela, seguían matando campesinos cuando se negaban a colaborar con las FPL. Resultó lesionado Alfonso Carbonell, cuando lo quisieron secuestrar. El alcalde Atilio Estrada Machuca alcalde de Soyapango fue asesinado por las FPL. Ese mismo día 14 de abril de 1980 secuestran a mi tío Mario Pacheco Araujo, frente a su residencia. Mi tío había vendido la hacienda San José por X cantidad de dinero al ISTA, ¡y qué casualidad que lo secuestran y le piden exactamente la misma cantidad de dinero que le habían pagado los del ISTA! Murió ametrallado en Suchitoto el técnico de agricultura Dionisio Mayorga Soto. Aparecían cadáveres por todas partes y bombas estallaban por todos lados. El día 27 asesinan al Lic. Walter Béneke, ningún grupo se hizo responsable! También secuestran a Víctor Keilhauer, no sabiendo quienes cometieron el hecho.

En mayo de 1980, aparecieron varios cadáveres, haciéndose responsable de 5 solamente, el "Escuadrón de la Muerte". El día 7 capturaron al mayor Roberto D'Aubuisson, con 8 oficiales más en la

CAPITULO XXVII

finca San Luis, de Santa Tecla. Capitán Menjívar, Saravia, y Vega y los mayores Cruz y Staben, llevándolos al Cuartel San Carlos y quedando detenidos como conspiradores para derrocar a la Junta Revolucionaria de Gobierno. D'Aubuisson había acusado al coronel Majano de tener nexos con la guerrilla. 5 estudiantes aparecieron asesinados después de secuestrarlos en Zacatecoluca. También se tomaron todas las iglesias de San Salvador y hasta la de Antiguo Cuscatlán.

El escuadrón de la muerte envió un comunicado a todos los medios diciendo que debían poner en libertad al mayor D'Aubuisson y sus compañeros, si no serán dinamitados sus lugares en El Salvador, Guatemala y Honduras. El día 14 el Coronel Abdul Gutiérrez es designado por la Fuerza Armada para presidir la Junta Revolucionaria de Gobierno como encargado de la parte administrativa militar, cargo que venía desempeñando el Coronel Majano. Solamente el día 16 de mayo, murieron 15 personas, en San Miguel. Detectaron las autoridades salvadoreñas que por lo menos tres mil mercenarios colombianos, nicaragüenses, ecuatorianos, costarricenses, cubanos, peruanos y panameños y otras nacionalidades se entrenan en Nicaragua, para llegar a El Salvador.

Por estos días se ve que la derecha salvadoreña se organiza y se unen todos los grupos de exterminio en el Ejército Secreto Anticomunista ESA, según proclama que envían a todos los medios de comunicación: la Unión Guerrera Blanca, Escuadrón de la Muerte, Organización para la Liberación del Comunismo, el Frente Anticomunista para la Liberación de Centroamérica, La Mano Blanca, la Legión del Caribe, y la Brigada Anticomunista Salvadoreña, anuncia en su proclama "el inicio de un plan metodológico de operaciones estratégicas y objetivos, para limpiar el honor pisoteado de nuestra patria centroamericana y dar a conocer el exterminio físico de tres cabecillas del Partido Comunista Salvadoreño y otros". El industrial Carlos Guirola es secuestrado en sus oficinas en Santa Tecla. Hay a continuación muchos secuestros seguidos de asesinatos en diferentes partes de la República, tanto es así que el Coronel Majano condena enérgicamente la violencia tanto de izquierda como de derecha. El día 29 es capturado, en la Colonia La Mascota el ex Ministro de educación Salvador Samayoa, miembro de las FPL.

Pasamos a junio de 1980, nuestro país se haya a punto de quedar sometido bajo la Ley del Estado de Emergencia, si los insurgentes no deponen las armas y si se siguen provocando huelgas ilegales encaminadas a fomentar el caos, afirmó el Dr. Ávalos Navarrete de la Junta Revolucionaria de Gobierno (JRG). Inmediatamente después se inició el desarme a nivel nacional, específicamente de los que no tenían permiso para portar armas.

El día 14 Don Víctor Safie murió acribillado a balazos. Un avión panameño con una gran cantidad de armas sandinistas cayó cerca de San Miguel. El sacerdote Francisco Cosme Spesotte vicario episcopal de La Paz, murió acribillado a balazos dentro de la iglesia parroquial de San Juan Nonualco. El 19, José Antonio Morales Carbonell, hijo del Dr. Antonio Morales Erlich miembro de la JRG, fue capturado por cuerpos militares de seguridad, era de las FPL. El día 20, fueron asesinados en las instalaciones de la droguería Mundial sus propietarios Ricardo y Wilfredo Raubush. Los asesinos se identificaron como PRTC.

Por estos tiempos vendo mi casa y me muevo nuevamente al Edificio San Francisco a vivir. Siempre había conservado el apartamento con PIGMALION. Pero la situación se había puesto tan peligrosa que solamente bajaba a PIGMALION cuando tenía que dar clases y luego subía a mi casa donde se suponía que estaría más segura.

Recuerdo que un viernes, había llegado a PIGMALION a recoger mi correspondencia y abajo me estaba esperando Tulita Vásquez mi amiga, porque íbamos a ir a tomar un café; eran como las 5 de la tarde... bajo en el elevador, subo a su carro, y cuando ya vamos caminando veo mi correspondencia y me llama la atención un sobre todo mal escrito, lo abro y... ¡me estaban extorsionando! Que llevara una cantidad de dinero a una dirección y que cuidado le decía a la policía; recordando que me dio tanta cólera, que le dije a Tulita: "vámonos inmediatamente a la Guardia Nacional" y

Capítulo XXVII

ella me hizo caso y al llegar ya hablé con quien tenía que hablar y me dijo, no te preocupes.

A los 6 días me llamó que quería llegar a entregarme algo; efectivamente llegó a mi oficina, y me llevaba no solo la carta que me había escrito el delincuente, sino otra exactamente igual nada más que dirigida a Quina, la mamá del Chele D'Aubuisson; al entregármelas me dijo: Ya no te preocupés, ya no te podrá hacer nada; te las dejo de recuerdo, para que no olvidés. Esos, eran tiempos verdaderamente revueltos, lo cual como dice el dicho, en río revuelto ganancia de pescadores, y siempre hay muchos que se la quieren llevar de listos, los juega vivos, que les llaman, salieron muchísimos delincuentes que extorsionaban a quienes se dejaban.

Julio de 1980. El día 7, hayan labor subversiva en el Externado San José, encontrando en la casa vecina propaganda clandestina del BPR, FPL, FAPU, LP-28 y de UDN. El día 10, continúa el estallido de bombas en San Salvador atacando a CAESS en Ayutuxtepeque. Ese mismo día la Corte Suprema de Justicia ordenó la libertad del Ex ministro de Educación Salvador Samayoa. El día 17 numerosas denuncias sobre desapariciones de sus hijos hacen padres de familia luego de haber pagado tres mil colones por cada hijo a agrupaciones subversivas. El 25, unos mil insurgentes trataron de tomar la presa 5 de noviembre.

Agosto de 1980, el día 14, fue asesinado por las FPL el industrial Eduardo Guirola Shields, secuestrado el 22 de mayo; la familia había cumplido con el trato pagando quince millones de colones por su liberación. El 20, el comerciante Guillermo Canahuati es secuestrado en la carretera a los Planes de Renderos. El 25, imponen estado de emergencia. Todos los empleados y trabajadores de la CEL, CEPA, ANDA y ANTEL han sido incorporados a la Fuerza Armada causando alta al ser declarada la emergencia nacional en nuestro país. El día 28, el sub director de La Prensa Gráfica Rodolfo Dutriz, resultó herido y muerto su motorista al ser atacado en la tercera calle poniente, siendo éste el segundo atentado a Rodolfo.

En septiembre de 1980 fue asesinado el Sr. Castro Battle, administrador de bienes de Fito McEntee en Santa Ana. El día 5, el Coronel Majano plantea la crisis militar y no renuncia. Señaló tener divergencias con el Coronel Abdul Gutiérrez, a raíz de la Orden General de la F.A. El día 16, tres disparos de bazuca impactaron en la parte superior del edificio de la Embajada de los Estados Unidos al ser atacada a medio día. Yo vivía frente a la Embajada y recuerdo el ataque y todo el despliegue de seguridad que hubo desde entonces. El día 18, numerosos grupos de FDR se tomó la sede de la OEA exigiendo la libertad de presos políticos, el levantamiento del estado de sitio y el desalojo de la Universidad Nacional. Explotaron 7 bombas en diferentes negocios de la capital.

Octubre de 1980. El día 6, estalló una bomba en la puerta principal del Arzobispado. Asesinaron al Sacerdote Manuel Antonio Reyes, el día 9, sacándolo de su casa y encontrando el cuerpo en Cuscatancingo. El día 10, el Embajador de Sudáfrica Archibald Gardner Dunn secuestrado por las FPL fue ejecutado según lo dice un comunicado de las FPL. Ese mismo día fue asesinado el Dr. Melvin Rigoberto Orellana, destacado dirigente del PDC. El día 11, extranjeros bajan de las montañas atacando al pueblo salvadoreño, a quemar buses, incendiar fábricas, asaltar empresas, secuestrando y asesinando a cuantos no quieren acuerparlos obligando a cerrar escuelas, llevándose a los jóvenes a la clandestinidad, y esto no lo debemos consentir dijo Monseñor Aparicio y Quintanilla en San Vicente.

El día 14, el Ing. Víctor Francisco Keilhauer Ferrer fue liberado por las FPL que lo habían secuestrado hacía cuatro meses, no sabiendo qué cantidad pagó la familia por el rescate. El 20, encuentran más personas asesinadas en distintos lugares del país, once muertos en la Carretera a Sonsonate, cuatro en Ciudad Delgado, tres en Ilopango y siete en Texistepeque. El 24, acribillan a balazos en su clínica al Dr. José Mauricio Velázquez; también fue asesinado el ex secretario de la Corte Suprema de Justicia el Dr. Pedro Novoa Flores. El 25, dos bombas estallaron en la residencia de los jesuitas en la UCA. El día 29, en un atentado murió el Rector de la Universidad de El Salvador el Ing.

Capitulo XXVII

Félix Antonio Ulloa y su acompañante Francisco Alfredo Cuéllar; ese mismo día la Mediación de la Conferencia Episcopal de El Salvador entre el Gobierno y los grupos opositores fue rechazada por el FDR.

En este mes de octubre de 1980, se anuncia la unificación del FMLN, desde la Habana, Cuba. Se reconoce, entonces, al FMLN internacionalmente abanderando la lucha por la acción armada.
Los dirigentes de todos los grupos guerrilleros, que eran varios, deciden formar el Frente Farabundo Martí, para la Liberación Nacional, después del consejo que les diera Fidel Castro, de que unidos ganarían la guerra, pero separados jamás.

Los actos de guerra que yo cito en estas páginas, no son todos los que sucedieron; probablemente, sean solamente una porción de hechos, de los que puedo recordar o de los que amigos, conocidos o familiares sufrieron durante esta matanza tan terrible que sufrimos los salvadoreños, ¡y de la cual casi nadie ha dicho mucho!

CAPÍTULO XXVIII

LA VERDADERA GUERRA

La verdadera guerra comienza en Octubre de 1980, al unificarse los grupos guerrilleros y constituirse en el **FMLN**. Todo lo que habíamos sufrido antes de esta fecha, era solo una preparación para la sangrienta lucha que se llamó **LA GUERRA CIVIL SALVADOREÑA**.

En **Noviembre de 1980**. El día 2, en la Carretera hacia Apulo encontraron 10 cadáveres de jóvenes no identificados. El día 4, en una emboscada de las FPL mataron a tiros a Manuel de Jesús Rivas Rodríguez, gerente de la Feria Internacional. El día 5, el propietario de Muebles Imperio, Gerardo Castro Linares murió en un atentado. El día 8, 225 personas que se dedicaban a actividades insurgentes se entregaron a las autoridades amparados a la amnistía; rechazaron la mediación ofrecida por CEDES, dijo el comunicado de la DRU suscrita por los dirigentes: Salvador Cayetano Carpio, Joaquín Villalobos y Schafick Hándal.

El día 11, se restringió la importación de bienes suntuarios a causa de la escasez de divisas. El día 15, el dirigente deportivo Carlos Calderón fue secuestrado ese mismo día fue asesinado a balazos el líder sindical de trabajadores de la construcción Felipe Antonio Zaldívar. El día 16, el Coronel Carlos Alfredo Choto, su esposa y dos hijos de once y quince años murieron carbonizados dentro de su casa al ser sometida a un nutrido tiroteo y atacada con bombas incendiarias por extremistas. El 17, 10 cadáveres fueron encontrados en Las Flores, Apopa. El 26, un campamento guerrillero fue desmantelado en Soyapango y un enfrentamiento en la ciudad de Mejicanos, dejando como saldo 47 muertos.

Día 27: secuestran y asesinan a 7 dirigentes de la izquierda desde el local del Socorro Jurídico del Arzobispado, que funcionaba en el Externado San José siendo ellos: Enrique Álvarez Córdoba del FDR; Juan Chacón del BPR; Manuel Franco de la UDN; Humberto Mendoza del MLP; Enrique Barrera del MNR; José María Maravilla y Francisco Barrera quienes aparecieron asesinados posteriormente cuando el Comando Maximiliano Hernández Martínez envió un comunicado diciendo que se responsabilizaban de dicho ajusticiamiento. El día 28, fueron encontrados 6 cadáveres en la calle a Mariona. El 29, cinco cadáveres fueron encontrados en el Cementerio General de Sonsonate y fue secuestrado por desconocidos el Dr. José Peraza Funes, registrador de la propiedad de Santa Tecla.

Diciembre 1980. El día 1, ocho miembros de una sola familia fueron asesinados a balazos en Mejicanos; seis autobuses fueron incendiados y otras siete unidades de transporte urbano fueron destruidas. El día 4, en los nichos de la Catedral Metropolitana fueron sepultados los cadáveres de los dirigentes del FDR que habían sido asesinados el día 27 y a la vez presentaron la nueva dirigencia: Eduardo Calles, Carlos Gómez, Leoncio Pichinte, Juan José Martell, José Napoleón Rodríguez Ruiz, Manuel Quintanilla y Francisco Rebollo. Ese mismo día el juez de turno de la capital reconoció doce cadáveres.

El día 5, los cadáveres de tres monjas y una trabajadora social, todas norteamericanas, aparecieron sepultadas en San Antonio Masahuat. El Arzobispado y funcionarios de la Embajada habían denunciado días antes la desaparición de las religiosas de la Orden Maryknoll: Ita Ford, Imaura Clark, Dorothy Kageel y Jean Donovan. El día 6, se dieron instrucciones para realizar minuciosa investigación en torno al asesinato de las religiosas misioneras, y también, el Sub Secretario de Estado William Bowdler y el Ex Sub Secretario, del mismo ramo, William Rogers, llegaron en misión presidencial para investigar el secuestro y asesinato de las religiosas estadounidenses. El día 7, la Conferencia Episcopal pidió el cese de la violencia y castigo por el asesinato de las religiosas. El día 8, desde Roma el Papa condenó en el Vaticano el asesinato de las religiosas en El Salvador.

El 9, Víctor Manuel Moreno, gerente de la destilería Moderna y

Ex Presidente de INPEP fue secuestrado. El 10, el Ing. Napoleón Duarte dijo desde Tegucigalpa: que el Coronel Adolfo Majano seguía siendo miembro de la JRG, ese mismo día quedaron restablecidas las relaciones diplomáticas entre El Salvador y Honduras ratificando el tratado de paz entre los dos países. El día 12, la misión investigadora estadounidense no encontró evidencias de que el alto mando de las fuerzas de seguridad haya tenido que ver con el asesinato de las religiosas norteamericanas. El día 14, se dio amnistía a todos los grupos de combate y subversión reiterado por el Ing. Napoleón Duarte.

El día 15, los Estados Unidos reaccionaron favorablemente a la nueva estructura del Gobierno Salvadoreño, pero no descongeló la ayuda de 25 millones de dólares retenida desde el asesinato de las cuatro religiosas norteamericanas. El día 17, la Fuerza Armada explicó que el Coronel Adolfo Majano estaba considerado como desertor por encontrarse de alta y desobedecer la orden del Alto Mando; ese mismo día en una emboscada tendida a la Policía Nacional en San Antonio Abad murió el norteamericano Thomas Bracken quién acompañaba a los agentes.

El día 20, el BID concede préstamo de 45.4 millones de dólares a El Salvador para desarrollar el programa de reforma agraria. El día 21, el Papa Juan Pablo II dijo en la Plaza de San Pedro que deploraba la violencia terrorista en El Salvador y que aparentemente los asesinatos se quedaban sin castigo. El 22, fueron juramentados como Presidente y Vicepresidente de la JRG el Ing. José Napoleón Duarte y el Coronel Jaime Abdul Gutiérrez. El día 23, las FPL se acreditan la muerte de Thomas Bracken. El día 30, nueve cadáveres fueron encontrados en diversos lugares: 5 en la carretera Troncal del Norte, 3 por el cine Regis y 1 en la Colonia Santa Lucía.

Enero 1981. El día 7, efectivos del ejército formaron un cerco de unos 15 kilómetros alrededor del cerro de Guazapa en una operación anti-insurgente. Se comentó la misteriosa desaparición del norteamericano Jean J. Sullivan quien había arribado al país el 28 de diciembre. En Zacatecoluca, fue asesinado por sus secuestradores el Sr. Eliseo Maya Argueta de la cooperativa de la finca San Simón. Los USA advirtieron a sus ciudadanos se abstuviesen de viajar a El Salvador. La Conferencia Episcopal de El Salvador hace un llamado y voz de alerta a los fieles católicos sobre el peligro que representa para su fe, así como un llamado a los sacerdotes, religiosas y laicos que han ingresado a la Coordinadora Nacional de la Iglesia Popular.

El día 10, el FMLN lanzó "la ofensiva final": ésta fue la primera acción de guerra del FMLN. En la ofensiva, centenares de rebeldes desataron la violencia en Chalatenango, San Miguel, La Unión, Santa Ana, Zacatecoluca, Mejicanos, Apopa, Cuscatancingo, Ilopango, Soyapango, San Antonio Abad y otros sectores. Resultando centenares de muertos, atravesaron buses, vagones ferroviarios, desaparecimientos y atacaron todas las guarniciones del país. También desertaron de las filas del Ejército el coronel Vladimir Cruz, quien provocó un incendio en la Segunda Brigada, asegurando que él mató al coronel Francisco Valdez. El capitán Francisco Mena Sandoval y el capitán Marcelo Cruz huyeron siendo acusados de traidores. El día 11, la JRG implantó el toque de queda de las 7 de la noche a las 5 de la mañana. El 12, El Presidente Duarte dijo que la Fuerza Armada había controlado el país y que la ofensiva final anunciada por el FMLN había fracasado. El 13, Por lo menos 500 rebeldes murieron en la ofensiva final. Tres periodistas resultaron heridos al estallarles una mina en Aguilares, dos norteamericanos y uno sudafricano.

El día 14, se dio a conocer el desembarco de mercenarios en el Cuco. El 15, fueron asesinados en su clínica el Dr. Rodolfo Semsch y su hijo Ludwing Stanislao Semsch. El cineasta venezolano Nelson Arrieta fue detenido en el país por haber entregado 150 mil dólares a dirigentes comunistas, dijo el Canciller de Venezuela Aristides Calvani. La ayuda militar de los USA que había sido suspendida se reanudó a raíz de la ofensiva final. El embajador Robert White afirmó que "el gobierno de mi país jamás permitirá que El Salvador caiga en manos del comunismo internacional." El saldo de 37 insurgentes y 3 efectivos muertos dejó el choque armado en Tecoluca. El 16, resultó herido por un francotirador el periodista Olivier Rebbot, francés, cubriendo sucesos en Gotera. El día 17, el director General de la Policía de Hacienda coronel Francisco Antonio Morán (Chico Ejote) manifestó que la ofensiva roja había nacido muerta. El 19, murieron 97 militantes guerrilleros, un soldado y seis lesionados el descubrirse campamento de extremistas en el cerro Peñas Blancas, Santa Ana. Otros 24 individuos murieron al atacar la Policía de Aduanas, quedando dispersos por la terminal de buses de la Avenida Peralta. Se publicó que, el Presidente electo Ronald Reagan inyectaría una significativa asistencia militar a El Salvador.

Dos profesoras fueron asesinadas en Santa Ana, Sara Paulina Colindres y Carmen Haydee de Dubón. El 20, se busca al Teniente coronel desertor Bruno Navarrete, al pasarse a las filas insurgentes. El día 21, hubo la "operación limpieza", por la F.A. contra insurgentes acampados en distintos lugares urbanos y rurales, desmantelando campamentos en la periferia capitalina y en Las Vueltas, San Antonio Los Ranchos, Chalchuapa, San Antonio Abad, volcán de San Salvador, Peñas Blancas y otros. El 22, se encontraron a 6 cubanos de los grupos izquierdistas muertos en enfrentamientos. La causa del apagón entre Nejapa y Apopa de debió a actos de sabotaje en las torres de energía eléctrica. En Zacatecoluca fue atacado el hospital Santa Teresa por un grupo de hombres con armas automáticas. El 24, hostigamientos de parte del FMLN en San Vicente, Zacatecoluca, Las Vueltas de Chalatenango, Mejicanos, Cuscatancingo y Cabañas.

El 25, fue ametrallado y destruido un avión costarricense, por un fuga salvadoreño, cuando despegaba, luego de abandonar enorme cantidad de armamento cerca del Puente de Oro. Minutos antes un avión nicaragüense se había estrellado contra un árbol, cerca de la pista de la hacienda La Sabana, ambos participaban de operaciones de descarga de armamento para el FMLN. El piloto tico era Julio Romero Talavera quien dijo obedecer órdenes de los sandinistas. El 26, En San Miguel reconoce el juez a 4 personas asesinadas a tiros y en Santa Ana el juez reconoce 7 cadáveres.

El día 27, fue entregado a la Embajada de México el sacerdote mexicano César Arturo Martínez Sánchez quien fue detenido cuando portaba correspondencia de insurgentes locales, dirigiéndose a Nicaragua y detenido en la frontera El Amatillo. El día 28, en San Miguel fue secuestrado y asesinado el empresario de buses Ernesto Mata Gómez. El 29, Fuentes del Pentágono anunciaron en Washington que los izquierdistas salvadoreños recibían armamento de fabricación estadunidense, soviética y china a través de Cuba y Nicaragua. El 30, fue asesinado por descono-cidos el jefe de servicios del ISSS Federico Carías Delgado. El 31, fue detonada una bomba frente a la Embajada de Nicaragua, causando destrucción del local.

Febrero de 1981. El día 2, nueve muertos fue el saldo de actos de violencia por elementos rebeldes que dieron fuego a una bodega de la ESSO y quemaron 4 buses del transporte colectivo en el Boulevard del Ejército. El día 3, Robert White, embajador de los USA fue removido del cargo por Alexander Haig, Secretario de Estado, debido a sus declaraciones. El personal consular destacado en Nicaragua ha sido llamado al país. También se conoció la renuncia del embajador en ese país Roberto Castellanos para incorporarse a los grupos que combaten la JRG, manifestó nuestro canciller Fidel Chávez Mena. Así mismo Nicaragua ordenó el retiro de todo su personal diplomático acreditado en ES. El 4, una bomba destruyó parte del ministerio de Educación y otra destruyó la entrada del Centro Judicial Isidro Menéndez. Unos 22 rebeldes murieron en el Puente de Oro, cuando trataron de asaltar un tren que venía de Oriente. En Conchagua quemaron la Alcaldía y los juzgados; luego llegó la F.A. atacándolos por sorpresa hubo 40 bajas.

El día 5, El Departamento de Estado anunció que Cuba era la principal fuente de suministro de armamento a los grupos rebeldes de ES a raíz del decomiso de armas en Honduras. El 9, Una bomba fue detonada en la calle Rubén Darío en la Atlacatl, Asociación de Ahorro y Préstamos. El 10, Fueron localizados 16 cadáveres por Apopa, indicaron fuentes judiciales. Vietnam, Etiopía, Libia, Rusia, Checoslovaquia, Hungría y Alemania Oriental son algunos países que suministraban armas a la izquierda salvadoreña, en base a documentos incautados. En Suchitoto, desgarradoras escenas de dolor se dieron para el sepelio de 11personas, de las 18, que resultaron muertas al ser atacado un camión, por rebeldes. El día 11, Se calculó en más de 5 millones de colones, la pérdida de pacas de algodón quemadas por rebeldes que estaban listas para ser embarcadas en Zacatecoluca. El toque de queda lo cambian de 8 de la noche a 5 de la mañana.

El día 13, las FPL asesinaron al agricultor Humberto Villegas frente a su esposa y sus 5 hijos, quienes hincados les pedían a los victima-rios no matarlo. Ocho cadáveres fueron encontrados en Cuidad Delgado, luego de un tiroteo. Un total de 138 trabajadores del MOP han muerto víctimas de la insurgencia. 11 puentes han sido dañados además de deterioros a carreteras y servicios públicos, declaró el Ministro de Obras Públicas. El día 16, la F.A. capturó a José Vigil López y Miriam Mercedes Letona Pérez; el primero implicado en el secuestro de Don Chico De Sola y secuestro de Roberto Poma. Se encontraron 6 cadáveres en Zacatecoluca. Otros seis cadáveres fueron reconocidos por las autoridades judiciales de Sonsonate. Estalla bomba en el Banco Central de Reserva.

El día 17, cateos realizados en Mejicanos, decomisan gran cantidad de armamento. Día 10: extremistas mueren en enfrentamiento en San Sebastián, San Vicente, después de quemar 3 unidades de transporte. El 18, Se quedaron a oscuras 5 cabeceras departamentales y Santiago de María a consecuencia de la voladura de postes de energía eléctrica. El 20, los rebeldes quisieron dinamitar las instalaciones de CAESS, quienes fueron repelidos por los vigilantes pero murieron un insurgente y una señora del mercado Tinetti.

En el lugar de retiros espirituales "Domus Marie" fueron capturados 3 militantes de las FPL y uno del ERP en el cateo que se realizó por la Guardia Nacional, quienes fueron puestos a la orden de un tribunal militar. El coronel Arnoldo Majano fue capturado en la capital; había sido depuesto de la JRG y enviado a Madrid, orden que desobedeció. El día 21, existe una abierta competencia entre las funerarias recogiendo cadáveres en diversas áreas de S.S. a fin de obtener sus respectivas comisiones. En la Bermuda, carretera a Suchitoto, asesinaron a 10 personas más, además de los 7 muertos el lunes y 3 de ese día. Fueron reconocidos en Antiguo Cuscatlán 4 cadáveres a quienes el Escuadrón de la Muerte dejó rótulos. El 22, Diez comercios y las oficinas de ANDA fueron dañadas por una bomba de alto poder. El 23, varios hombres encapuchados prendieron fuego a las instalaciones de la Radio Monumental. La directora de la escuela de Chalchuapa y su hermano fueron asesinados a balazos.

Los Coroneles Adolfo Majano y Ernesto Claramount, fueron señalados como colaboradores de la insurgencia por el nicaragüense Orlando Espinoza. El día 25, 7 personas integrantes de 3 matrimonios fueron abatidos a balazos durante el Toque de Queda, en Tonacatepeque, después de haber sido sacados de sus casas. Eran maestros. Por explosión quedó destrozado el edificio que ocupa la Oficina Local de Empleo, del Ministerio de Trabajo; y dos mujeres muertas, dos hombres y una mujer heridos de gravedad. Un balazo en la cabeza y otro en el tórax presentaba el cadáver del Ing. Mauricio González de 43 años, en San Miguel.

Marzo de 1981. El día 1, una profesora sus dos hijas, un tío y tres desconocidos fueron asesinados en Ahuachapán. El 2, Los cadáveres de 5 hombres entre 18 y 30 años fueron reconocidos en Armenia, todos tenían perforaciones en la cabeza y amputadas las manos. Unos 15 sujetos con pañoletas rojas de las FPL, asaltaron la gasolinera ESSO y después la incendiaron. Rebeldes quemaron un convoy ferroviario, cuando pasaba por el Puente Negro en San Vicente, causando pérdidas por 100 mil colones. El 3, fueron secuestrados el odontólogo Guillermo Hasbún Sermeño con dos personas que lo acompañaban. Diez muertos reconocieron las autoridades judiciales de Santa Ana, durante las últimas 24 horas, 3 encontrados en un basurero y un policía municipal, Jesús Martínez, que era miembro del UDN.

El 5, La JRG giró órdenes de captura para el mayor Roberto D'Aubuisson señalado como responsable de actos de incitación para un Golpe de Estado. A la vez que Alexander Haig, secretario de Estado de USA se pronunció en contra de un Golpe de Estado. Se integra el nuevo Consejo Central de Elecciones así: Ing. Ernesto Rodríguez Rivas, Dr. Guillermo Antonio Guevara Lacayo, y Dr. Jorge Bustamante como Presidente. Dos personas resultaron gravemente heridas al estallar una bomba en la agencia del Banco de Crédito Popular, frente al Banco Central de Reserva.

Siete cadáveres fueron reconocidos por las autoridades judiciales en Ciudad Delgado. En Zacatecoluca fueron hallados asesinados dentro de su auto, los hermanos José Armando y Víctor Peña. El 7, Habitantes de las zonas costeras del departamento de La Paz, y de Tecoluca, San Vicente, abandonaron sus viviendas en vista de las amenazas a muerte, de parte de los rebeldes, si no pagan el "impuesto de guerra", que generalmente asciende a 500 colones por persona.

El día 9, dos jóvenes fueron fusilados al bajarse del autobús en que viajaban y al darse cuenta que eran reservistas, los pusieron contra la pared y los mataron. En Soyapango las autoridades reconocieron a 12 muertos a balazos durante el fin de semana. El 12, se reconocieron un total de 11 muertos por balazos, 5 en San Miguel, 2 en Santa Ana, y 6 guerrilleros y un guardia nacional en un enfrentamiento. El Presidente Reagan propuso elevar la asistencia militar a El Salvador, enviando 66 millones, para el año siguiente, los que sumaría al incremento de 25 millones para este año.

El desmantelamiento del Estado Mayor de las FPL fue confirmado por el jefe de personal de dicha agrupación, Roberto Quiñónez, al ser presentado por la Guardia Nacional. El Presidente Duarte de la JRG dijo: "Nuestro objetivo es llevar al país a la Democracia; lo que estamos dispuestos a negociar son los objetivos, no las personas". El 13, se presentó en la Policía de Hacienda (PH) armamento de alto poder destructivo decomisado al ERP. El Presidente Bustamante del CCE, declaró que en los primeros meses de 1982 se estará convocando a elecciones y que el partido comunista podría participar. Al menos 15 personas resultaron muertas, luego de nutridas balaceras en diferentes puntos de la capital. El 15, fue dejado en libertad el Dr.

Humberto Escapini h., quien permaneció secuestrado de una organización rebelde, por varias semanas. El 16, un total de 63 muertos desconocidos han sido enterrados, durante la semana, en Santa Ana.

En San Miguel, el gerente de Servicios Aéreos Urgentes, Félix Umaña, fue secuestrado por sujetos que lo sacaron de su oficina. El 17, Seis muertos y dos heridos, al ser ametrallado un camión sobre la carretera a ciudad Barrios. Los rebeldes dañaron 3 torres del tendido eléctrico, entre San Martín y Tonacatepeque. La FA descubre escandaloso tráfico de armas calculado en varios millones de dólares, participando pilotos salvadoreños y mercenarios extranjeros, por esa razón se había intervenido la empresa Urgente de San Miguel, y habían sido capturados el gerente y dos empleados. Informándose que el gerente general Luis Carlos García Montoya se había suicidado en las bartolinas de la P.N.

El día 19, documentos que cayeron en manos de la F.A. durante cateos en la colonia Escalón, entre ellos un libro diario donde acusan recibo de enormes cantidades de dólares procedentes de diferentes partes del mundo, particularmente de Europa; las cantidades mayores de 80,000 y las menores de 40,000 dólares destinadas al FMLN. En menos de 1 año han llegado alrededor de 2 millones de dólares a esa agrupación.

El 20, el uso de bombas incendiarias por extremistas en la zona norte y gran cantidad de tatús en Villa Victoria dificultaron operativos militares. El día 21, se cambió el horario del toque de queda, desde las 10 de la noche a las 5 de la mañana. Se supo de la libertad del coronel Majano y su salida del país. El juez de Santa Tecla reconoció los cuerpos de seis personas incineradas, encontrados en el kilómetro 16, carretera al Puerto de La Libertad.

El día 23, Un total de 13 muertos, entre ellos el alcalde de Corinto, Morazán, fueron encontrados en San Vicente, S.S. y San Miguel. El 24, la profesora Ofelia Castro y su esposo Alfredo Martínez Torres fueron asesinados a balazos en Santa Ana. La hija del Presidente Duarte salió ilesa de un atentado cuando fue embestido el vehículo que manejaba, por otro que la perseguía. El 26, las FPL efectuaron disparos en la Embajada Norteamericana. Siendo este el cuarto ataque a la embajada. El día 26, 10 cadáveres acribillados a balazos reconocen en Antiguo Cuscatlán. 27 mujeres, 77 niños y 3 ancianos familiares de rebeldes internados en el Cerro de Guazapa han sido rescatados y albergados en la alcaldía de Suchitoto. El día 28, Cinco cuerpos incinerados agrupados en un solo lugar fueron reconocidos por el juez Primero de Paz de Chalchuapa. El 31, en San Miguel, siete muertos, entre ellos una mujer con 8 meses de embarazo, fueron reconocidos, lo mismo en Santa Ana 4 cadáveres. Y por último, una bomba destruyó la fachada del edificio de la Torre Roble en el Boulevard Los Héroes.

Abril de 1981. El día 1, la cantidad de muertos reconocidos por las autoridades, las últimas horas, asciende a 12, en cuenta un profesor de educación primaria. Otros 5 cadáveres fueron encontrados en la carretera al Puerto de la Libertad, semi-decapitados y con las manos amarradas. El ministro de Educación Aquilino Duarte, dijo que desde 1980 han muerto 150 maestros víctimas de la violencia. El 2, El administrador Apostólico de S.S. Monseñor Arturo Rivera y Damas dijo en rueda de prensa desde El Vaticano que, las izquierdas estaban listas para el dialogo con el Presidente Duarte. 15 terroristas resultaron muertos al ser desmantelado un campamento de entrenamiento, por cuerpos de seguridad en el cerro El Pepeto en Metapán. Hombres armados produjeron un incendio en la maquinaria de Diario Latino, identificándose como del FMLN.

El 4, En Ataco, aparecen 7 muertos, entre ellos 5 jóvenes que fueron reconocidos antes de ser sepultados. En San Miguel otros dos muertos, Los extremistas destruyen la Alcaldía de Apopa y hubo otro tiroteo cerca de la Embajada Norteamericana. El 5, en Santa Ana preocupa a los padres de familia el incremento de secuestros de jóvenes que son obligados a irse con los rebeldes. En San Miguel y Ciudad Delgado fueron encontrados 14 cadáveres ametrallados. Deane Hinton fue nombrado por el Presidente Reagan como Embajador en El Salvador. El día 7, En

Capítulo XXVIII

la madrugada tras intensos tiroteos, aparecieron 23 muertos en Soyapango, fue incendiada la casa #16 en la misma colonia San Nicolás, quedando 3 cadáveres carbonizados adentro de la casa. El 8, otros 6 cadáveres fueron encontrados en San Ana, en San Miguel reconocen a 7 cadáveres, tres de ellos hermanos.

El día 9, Planos de negocios que serían asaltados, croquis de instalaciones militares, programas de secuestros y asesinatos, informes de los movimientos de empleados de gobierno, papeles relacionados con la compra de armas y municiones fueron decomisados en la colonia San Nicolás, en Soyapango por la PH. El 13, en San Miguel, un total de 8 cadáveres, de los cuales a 5 les fueron encontradas sus cabezas y posteriormente sus cuerpos, fueron reconocidos por autoridades judiciales.

El día 20, hubo conmoción en Suchitoto, San Martín y San José Guayabal por el asesinato de 9 campesinos. El 21, fueron muertos a balazos 5 menores de la misma familia, cuando regresaban de una playa, viajando en un camión. El 22, en enfrentamientos en Los Planes, en Citalá y en Tejutepeque murieron en enfrentamientos 22 rebeldes, exigiendo impuesto de guerra y que los acuerparan en su lucha. El día 24, un pariente muy querido, Ricardo Sol Meza, fue consignado al Juzgado 5º de lo Penal bajo sindicación en la muerte de José Rodolfo Viera, Presidente del ISTA y los norteamericanos Michel Peter Hamer y Mark David Pearlman. Lo enviaron a Mariona —acababan de inaugurar ese Centro Penal—, y fui a visitarlo; recuerdo que a pesar de todo, estaba bien, tenía a su mejor amigo con él, su perro.

En la plaza Alegre, para niños, fue detonada una bomba, causando daños por 80,000 colones. El día 26, el sacerdote de la Orden Maryknoll, Roy Bourgeois, que recién había llegado al país como intérprete del equipo de T.V. de la CBS de Chicago, desapareció cuando salió del Hotel Camino Real a "comprar medicinas". El 28, el Consejo Central de Elecciones (CCE) necesitaba un refuerzo de un millón de colones para realizar las elecciones de Asamblea Constituyente en mayo de 1982. En S.S. en la Colonia San Francisco fueron encontrados 7 cadáveres de personas no identificadas.

En San Miguel las autoridades investigan las circunstancias en que fueron ultimadas 13 personas, cuyos cadáveres fueron diseminados por toda la 10ª. Avenida Norte. El 29, el salvadoreño Gilberto Morán, interprete contratado por el corresponsal George Thurlow periodista del *Daily Democrat News Service*, resultó muerto durante un enfrentamiento por Agua Caliente, Soyapango, también resultó herido el fotógrafo Joaquín Romero. De 4 balazos fue ultimado por las FPL el Dr. Carlos Alberto Hidalgo Cuéllar, Presidente de la Lotería Nacional. El 30, El Subsecretario de Trabajo y Previsión Social Miguel Alejandro Gallegos dijo que unos 19 mil trabajadores y 168 centros de trabajo han sido afectados por la violencia insurgente que vive el país, hasta ahora desde en junio de 1979.

Mayo de 1981. El día 1, en un editorial del *Wall Street Journal*, declara que el caso de El Salvador es un ejemplo más de "la ingenuidad casi invencible de los legisladores norteamericanos que no entienden la forma en que se libra el asalto comunista contra los intereses estadounidenses en el mundo". Ese mismo día Alexander Haig, Secretario de Estado dijo: que había pruebas de que se habían abierto más rutas para incrementar el suministro de armas a E.S. El 3, se dio a conocer que el Dr. Dimas Funes Hartman desapareció cuando se dirigía a las Clínicas Médicas, en la capital. La F.A. denunció que 77 jóvenes fueron becados hacia Nicaragua, algunos de ellos han sido dados por desaparecidos por sus padres. El día 5, el Dr. José Valentín Jaimes fue asesinado por hombres encapuchados; había recibido amenazas.

El embajador Hinton designado para E.S. declaró que los 40 millones de dólares destinados a nuestro país, no son suficientes, en tanto el Presidente Reagan se opone a una enmienda que prohíbe el envío de ayuda militar a E.S. si el presidente no certifica que el gobierno salvadoreño está promoviendo la democracia y respeta los derechos humanos. El 6, la nacionalización bancaria llevada a cabo en marzo de 1980, por la JRG, se ha consolidado ya que la cartera de préstamos muestra un incremento de 11% dijo el Presidente del BCR Lic. Benítez Bonilla. El sacerdote norteamericano Roy Bourgeois, fue sacado hacia los EEUU por la embajada norteamericana, habiendo desaparecido desde el hotel Camino Real, y vincularse a los grupos rebeldes. El día 9, hubo 8 muertos en diferentes lugares del país asesinados a balazos.

El día 13, la Federación de Abogados, a solicitud del CCE de proporcionar una lista de abogados que podrían integrar la comisión Redactora del Ante proyecto de la Ley Electoral, declaró que no encontraban en la actualidad las condiciones necesarias para una contienda electoral, que requiere fundamentalmente un clima de tranquilidad, de confianza y credibilidad. Ese lunes y martes encontraron 15 cadáveres, con balazos. El día 14, La hermana del embajador de ES en Israel, Elvira Guadalupe Campos Guerra, fue secuestrada en el lugar de su trabajo la Unidad Médica del ISSS. El 18, Fueron reconocidos 23 cadáveres en diversas poblaciones durante los últimos días. También fueron robadas del mineral San Sebastián, en Santa Rosa de Lima, 7 mil 300 candelas de dinamita, por rebeldes fuertemente armados.

Una bomba fue detonada en el portón del ministerio de economía. El 22, fue detenida Ana Margarita María Teresa Gasteazoro Escolán, por la Guardia Nacional (GN) bajo cargo de ser responsable de la comisión nacional de propaganda del FMLN-FDR. El FMLN, por medio de un comunicado de la Radio Venceremos, dio a conocer que no tiene en su poder al Sr. Teófilo Simán quien desapareció desde el 8 de mayo pasado. El 23, se encontraron 9 cadáveres; entre ellos el de una mujer joven con 8 meses de embarazo, y reconocidos por las autoridades en San Miguel. El 25, cinco cadáveres fueron encontrados en la periferia de la capital y en Zacatecoluca otros seis. El 30, las autoridades gubernamentales anunciaron que más de 200 mil salvadoreños se hallan ante la sombría perspectiva del hambre, desnutrición y muerte.

Junio de 1981. El día 2 el fin de semana fueron reconocidos 16 muertos. El 3, pusieron 2 bombas en el sótano de la Catedral Metropolitana. El 6, El toque de queda funcionaría de las 11 de la noche a 5 de la mañana. Los cadáveres de 15 personas fueron encontrados en la carretera a Nejapa, 6 aparecieron decapitados. El 9, fuertes combates continúan en el volcán Chichontepec. El día 10, se reportaron ocho muertos, entre ellos cinco decapitados, en la Troncal del Norte. El gobierno de los USA aportará a ES 125 millones de dólares, dijo el embajador Hinton.

El día 12, tres campamentos rebeldes y dos hospitales clandestinos fueron destruidos por las Fuerzas Militares. El 16, 18 muertos fueron reconocidos el fin de semana, todos víctimas de la violencia. Además el secuestro de dos hermanas profesoras en Santa Tecla. El 17, cuatro personas que fueron sacadas violentamente de sus casas aparecieron asesinadas en la vía al Cerro Verde. El 23, trece cadáveres fueron identificados con heridas de bala. Cerca de 250 familias que huyeron de la violencia en el interior del país se encuentran en Cuscatancingo, anunció el alcalde. El 27, el fin de semana se reportaron 15 muertos, de forma violenta; 9 en S.S. y 6 en Santa Ana. El 30, fue decretado el Toque Queda entre las 4 de la tarde a las 5 de la mañana. Ese fin de semana se reconocieron en Santa Ana, los cadáveres de 9 personas que habían sido sacadas de sus casas por desconocidos. El médico santaneco y ex alcalde de Santa Ana, Dr. José Luis Martínez Serrano, fue secuestrado. Luego fue liberado.

Julio de 1981. El 1, se prorrogó hasta el próximo año la Ley Temporal de Estabilización Económica: "es inconveniente el aumento de sueldos, salarios y prestaciones, ya que ello provocaría el cierre de empresas y despidos masivos de trabajadores". El 2, el Dr. Fredy Román fue acribillado a balazos en su clínica por enmascarados. El día 4, Nueve hombres fueron encontrados muertos a balazos en la carretera Troncal del Norte. En San Miguel aparecieron ocho cadáveres y en Santa Ana cuatro. El 9, siete cadáveres aparecieron en diferentes puntos de la capital, entre ellos 3 mujeres por Tonacatepeque. El día 10, aparecieron en Chalatenango, veintiocho cadáveres con apariencia campesina; solamente fue identificado uno. El coronel Benjamín Mejía de 62 años y su esposa Leonor Guzmán de Mejía, murieron abatidos a balazos por varios encapuchados en el Km. 23 de la carretera Panamericana.

El día 15, tres personas fueron sacadas de su casa en Quezaltepeque y luego sus cadáveres resultaron en El Playón. El

18, dijo Thomas Enders, Secretario de Estado Adjunto para Asuntos Interamericanos; que Cuba estaba manipulando y propiciando la violencia en El Salvador, ayudó a los grupos marxistas con adiestramiento militar, armas y propaganda. El 22, un enfrentamiento por el Colegio García Flamenco dejó como saldo un rebelde muerto y lesiones en la Lic. María Elena Amory de Marín quien murió posteriormente. Fueron capturados varios vehículos que contenían víveres, ropa, alimentos, medicinas y utensilios, por Cojutepeque, por efectivos militares, todos ellos destinado a la logística del FMLN.

El día 24, hubo un saldo de veintiún muertos, dos desaparecidos y numerosos heridos dejó como saldo el ataque terrorista en la Hacienda El Guajoyo, en San Nicolás Lempa, de Tecoluca. El día 25, El cierre de más de 171 industrias que han ocasionado la cesantía de sus trabajos a unos 30 mil salvadoreños; así como el retiro de técnicos y sus familias y no menos de 100 mil salvadoreños calificados que han salido del país debido a la crisis económica, política y social que vive El Salvador, dijo el Lic. Roberto Jiménez del Sector Productivo. El 28, tres muertos y numerosos heridos dejó el ataque extremista perpetrado contra el bus que transportaba personal del INJIBOA en San Vicente. El 29, El Escuadrón de la Muerte Maximiliano Hernández Martínez se responsabilizó de la muerte de 10 personas secuestradas en el campo de la Feria en Santa Ana. El 30, Claudio Méndez Mena y sus dos hijos de 16 y 20 años fueron secuestrados de su casa en Armenia y luego asesinados; sus cadáveres aparecieron en un barranco en Nahuizalco. El 31, bombas colocadas por extremistas en locales comerciales de Santa Ana, produjeron pérdidas por casi un cuarto de millón de colones.

En este mes de Agosto, recibí una carta tan linda, que la publiqué en mi primer libro que se llamó. "Manual para la Mujer que Trabaja" y dice:

Tomando como esfera de acción una extensa área de actividades culturales y humanitarias, Lillian Díaz Sol, además de ser una de las mujeres más dinámicas de El Salvador, ha logrado la notable distinción de motivar a otras mujeres a seguir sus pasos.

A través de los seminarios, conferencias y cursos que ha planeado y llevado a cabo exitosamente en pro de la mujer salvadoreña, así como con su ejemplo personal, Lillian ha estimulado entre sus colegas una mejor percepción del importante papel que desempeña la mujer y una mayor confianza en sí misma. "La superación integral" de la mujer siempre ha sido el tema no sólo de la vida personal de Lillian sino también de las docenas de reuniones y talleres que ella ha organizado a fin de despertar la auto-confianza y determinación de participar activamente en todos los campos de la vida social.

El alto nivel de capacidad y la impresionante dedicación personal que Lillian haya emprendido, han contribuido significativamente al renombre que ha ganado como una distinguida representante de su sexo y de su país.

En El Salvador, el nombre de Lillian Díaz Sol es sinónimo de inteligencia, energía y liderazgo.

Con aprecio,

*Carol Doerflein,
Agregada Cultural de la
Embajada de los Estados Unidos de América en El Salvador.*

San Salvador, Agosto de 1981.

Desde 1976, que fui vecina de la Embajada de los Estados Unidos de Norteamérica, mantuvimos unas relaciones, de cordialidad, confianza y amistad increíbles; recuerdo que en esos tiempos yo entraba a esa embajada como a mi casa, especialmente por la sección cultural. Era invitada a cenas, donde me encontré con muchos políticos de la época, como Hugo Barrera; y también era invitada a las casa de otros funcionarios de la embajada, siendo tiempos revueltos, ¡tiempos de guerra!

Agosto de 1981. El 10, Acciones terroristas contra el sistema energético, provocaron apagones en la capital. El día 14, el FMLN se adjudicó el estallido de dos bombas en la PN. El 18, la Dra. Rosa Judith Cisneros, directora ejecutiva de la Asociación Demográfica Salvadoreña, fue asesinada a balazos cuando se dirigía a su trabajo. Muy conocida mía, era una buena doctora y estaba haciendo algo por bajar los índices de población, muy querida por la embajada americana. El 20, Veinte personas incluyendo un soldado, resultaron muertas víctimas de una masacre en la carretera de Jucuarán Usulután; todos se conducían en bus, pasando por unas minas colocadas en la carretera, hicieron explosión, además los rebeldes dispararon sobre los sobrevivientes.

El juez Primero de Paz reconoció 17 cadáveres sobre la carretera que conduce a Sonsonate; las personas que vieron este cuadro decían que era algo horripilante ya que algunos estaban decapitados y diez cabezas de otras personas sin identificar y cuatro cuerpos más sin cabeza. El día 21, otras 17 personas decapitadas, reconoció el Juez Tercero de Paz en Santa Ana; trece de los cuerpos tenían sus cabezas cercenadas y por aparte 4 cabezas sin el resto de sus cuerpos. El día 24, veintitrés cadáveres fueron localizados en diferentes puntos de la carretera Litoral, por el túnel de Comalapa; todos con señales de violencia, lesiones de bala, golpes y contusiones. El 25, en San Miguel fueron asesinadas las hermanas, Teresa y Silvia Fuentes Navarro. El día 28, se produce la Declaración Franco-Mexicana. Y El embajador Hinton declaró que los USA continuarían ayudando al pueblo salvadoreño en su lucha contra la subversión.

Septiembre de 1981. El día 1, la Declaración de México y Francia es un acto "no amigable" hacia ES, afirmó nuestro Subsecretario de Relaciones Exteriores Dr. Alejandro Gómez Vides al entregar notas de protesta oficial a los representantes de esos países. El 7, se calcularon pérdidas por un millón de dólares por la destrucción de varias unidades de trabajo que se hallaban en un campamento en la carretera Panamericana, km.42, al ser atacada por los terroristas. El 8, treinta generadores para proveer de energía eléctrica y agua, ha prestado indefinidamente el gobierno norteamericano a nuestro país para asegurar el abastecimiento al pueblo, particularmente a los centros asistenciales. El 9, una bomba de alto poder explotó en el almacén Asia en edificio Balam Quitzé, de la Colonia Escalón, dañando otros 10 establecimientos comerciales.

El día 11, "Las declaraciones de Monseñor Rivera y Damas constituyen una gravísima desviación teológica y herética, expresó el Rev. Ricardo Fuentes Castellanos; señaló además que el caso de Monseñor Rivera y Damas aparte de su actitud antipatriótica justificando la intervención extranjera de países izquierdistas, su posición teológica es insostenible. **La declaración conjunta de Francia y México en el sentido de reconocerle beligerancia a los grupos subversivos del FDR y FMLN considerándolos como fuerza política representativa. Desde este momento es reconocido el FMLN internacionalmente y sigue su lucha por la vía armada.** Dentro de la actual crisis nacional, no es más que consecuencia lógica de los desvaríos teológico-políticos que desde hace muchos años viene sosteniendo Monseñor Rivera y Damas". El día 17, nueve bombas estallaron en diferentes centros comerciales de la capital.

El día 19, ochenta y cuatro terroristas muertos, la incautación de material bélico, el desmantelamiento de campamentos subversivos, la destrucción de un hospital clandestino y la recuperación de 357 cabezas de ganado, fueron reportados como los puntos principales de las operaciones militares del Ejército en Usulután y Cabañas, informó COPREFA. El 26, por medio de un comunicado el Comandante guerrillero Francisco Mena Sandoval, dice que procederá a la ejecución del doctor Mario Levy Van Severén el martes 29 de septiembre a las 12 horas, fue secuestrado el día 8, para cobrar impuesto de guerra, pero los grupos de izquierda niegan tener secuestrado a Mario. (Mario era un gran amigo de mis tíos Margarita y Mario Pacheco; yo lo conocí desde niña).

Octubre de 1981. El día 3, se movilizaron todas las fuerzas democráticas del país para evitar el diálogo entre el Gobierno y las fuerzas del FMLN/FDR, sugiriendo el Dr. Chico Lima que "Nunca ha visto que cuando se sientan a dialogar demócratas y comunistas, ganen los primeros". El 4, más de 20, mil salvadoreños han muerto en actividades guerrilleras durante los dos últimos años, dijo Latín-Reuter. El 7, una clara amenaza de violencia exteriorizó el dirigente del FDR Dr. Guillermo Manuel

Capítulo XXVIII

Ungo, al manifestar que si la JRG no acepta la propuesta de mediación ofrecida por Nicaragua en la OEA, "seguirá la guerra".

Numerosos establecimientos comerciales en la Plaza 14 de julio, sufrieron grandes pérdidas por el estallido de bombas. El 8, estalla bomba en el despacho del presidente de la Corte Suprema de Justicia, Dr. Leonel Carías Delgado. Otra bomba fue colocada en la Procuraduría General de la República. El 14, dos individuos interceptaron el auto donde se conducía José Oscar Chávez, gerente de la Lotería Nacional y lo mataron. El 15, el FMLN dinamitó el Puente de Oro, sobre el río Lempa en la carretera del Litoral. Levantan el Toque de Queda en todo el país que se mantuvo desde el 12 de enero de 1981; el Estado de Sitio sigue vigente. El 19, Liberan a Teófilo Simán, vicepresidente de la Cruz Roja Salvadoreña, tras cautiverio de 5 meses. El 20, cuatro menores capturados por la PH sindicados de pertenecer a las FARN, dijeron que el sacerdote Roberto Crespín les daba donde esconder las armas en Ciudad Delgado.

El día 22, "Cuando los jesuitas iniciamos los trazos ideológicos principales del BPR, (Bloque Popular Revolucionario) creímos con relativa ingenuidad, que nosotros los sacerdotes, los cristianos, los jesuitas, podríamos seguir comandando con autonomía dichas organizaciones políticas", afirmó el sacerdote guatemalteco Luis Eduardo Pellecer Faena. Pidió perdón y dijo estar arrepentido. Ese mismo día recobró su libertad, mi pariente querido, Ricardo Sol Meza, después de estar detenido en Mariona, 5 meses 22 días, y a quien se procesó por supuesto coautor de la muerte del presidente del ISTA y dos norteamericanos.

El día 23, Pereció acribillado a balazos el coronel Roberto Zaldívar Castellanos, cerca de la iglesia Don Rúa. El 28, Incendiaron los insurgentes, los beneficios de café Acahuapa y Molineros, de San Vicente. También liberaron a Mario Levy Van Severén. El 29, la supuesta presencia de submarinos en el Golfo de Fonseca, denunciaron personas que han visto salir del agua periscopios. El 30, asesinan al Lic. Armando Dawson después de ser secuestrado frente a Plaza Las Américas. Trabajaba como auditor general de bancos y sociedades mercantiles.

Noviembre 1981. Día 1. Seguía ocupadísima con mis clases, y eventos afines a todo este mundo: desfiles de moda con los trajes de baño Jansen, el programa de T.V. "MUJER 2000", presentaciones y charlas, concursos de belleza, etc. Quedaba poco tiempo para el romance, sin embargo, allá a fines del año 81, hubo una persona que conocí en el cumpleaños de una amiga de la farándula, Linda, y me involucré románticamente con él. Estuvimos muy enamorados, me dio increíbles muestras de amor, especialmente en esos momentos tan difíciles, de guerra, donde lo pudiesen haber matado yendo para su casa o viniendo hacia la mía y aquí no ha pasado nada, porque se exponía de una manera casi exagerada, pero como dice la canción: el amor acaba... y se acabó pues. No me van a creer Uds. ¡pero se me ha olvidado por completo su nombre!

El día 3, desconocidos mataron al general Manuel Alemán Manzanares, ex director de la PN. El 10, el comandante del FMLN, identificado como Claudio Rabindranath Armijo, fue capturado en Honduras, dijo que era miembro de la Comandancia del Frente Paracentral Anastasio Aquino. El 11, bombas de alto poder explosivo destruyeron dos cajas de distribución de líneas telefónicas en la Calle 5 de Nov. El 12, tras seis meses y doce días de cautiverio liberaron al Dr. Dimas Funes Hartman, uno de los más reconocidos ortopédicos. El 16, más de 150 insurgentes murieron en el desmantelamiento de un campamento en Cabañas, dijo el coronel Flores Lima.

El día 20, ocho campamentos con por lo menos 300 rebeldes, se preparaban para destruir la Presa 5 de noviembre; fueron copados por el Ejército, dijo el coronel Ochoa Pérez, en Sensuntepeque. El 25, fue dinamitado el puente en el río de Las Cañas. El Dr. René Hernández Valiente resultó herido y uno de los presuntos atacantes perdió la vida, en atentado en la colonia Escalón. El día 30, el coronel Adolfo Arnoldo Majano, ex miembro de la JRG recibió asilo en México, según informa la agencia Associated Press.

Diciembre de 1981. El día 1, siete cadáveres localizados cerca de las Granadillas fueron reconocidos por las autoridades judiciales en Santa Tecla. El 7, El Salvador, surgió como triunfador diplomático al recibir el respaldo de la OEA, en su posición ante la declaración franco-mexicana de apoyo a los grupos armados. El 16, dijo el Secretario General de ARENA, mayor Roberto D'Aubuisson, "que no nos oponemos a la reforma agraria, a lo que nos oponemos es a la reforma política que se ha hecho".

Dos bombas estallaron en Santa Ana, interrumpiendo el suministro de energía eléctrica. El día 20, sin agua y sin electricidad se encontró San Miguel, debido a atentados dinamiteros. El 21, un empleado Jesús Duarte, de 26 años, que pasaba frente a la Catedral Metropolitana, cuando explotó una bomba, víctima de hemorragia profunda, se le tuvo que amputar el brazo derecho, decía el reporte policial. El 23, en San Miguel el Teniente coronel Miguel Ángel Hernández Zaldaña, fue asesinado por el FMLN en su silla de ruedas; era amputado de las dos piernas.

A mediados de este mes de enero 1982, tomé unas vacaciones de 10 días y me fui a Miami con y donde unos amigos muy queridos, ¡haciendo compras y pasándolo de lo mejor! Sobre todo en los lindos restaurants cerca del mar.

Enero de 1982. El día 3, el CCE convocó a elecciones de diputados a la Asamblea Constituyente, para realizarse el 28 de marzo próximo. El día 8, Nuevos miembros del CCE fueron juramentados por la JRG; los tres integrantes son: René Segovia, Ricardo Molina Aguilar y Jorge Bustamante. El 11, fue destruida la imprenta y tipografía Vanguardia, por tres bombas de alto poder, informaron familiares del propietario Luis Villalobos López, quien fue secuestrado; es padre de Joaquín Villalobos comandante del ERP.

El día 12, veintiún insurgentes de las FPL capturó la PN en diferentes lugares siendo consignados a los tribunales. El 13, fue secuestrado Lino Alfredo Medina, director del Centro de cómputo del ministerio de Hacienda. Su esposa Vilma Arriola de Medina acongojada por la suerte de su esposo declaró: "respeto a la vida de mi esposo es lo único que pido, ya que el pecado grave que hemos cometido es ser padres de Ana Sonia Medina Arriola de Villalobos dirigente del ERP". El 15, informaron los titulares del ministerio de Justicia Doctores Mario Solano y Dina Castro de Callejas que la población flotante que ha surgido en el país originada por los actos de violencia y hostigamiento a grandes núcleos habitacionales, asciende a 500 mil personas. El 17, secuestran al doctor Pompilio Vásquez Gil, cancerólogo. El 25, fallece al ex diputado y vice ministro de Trabajo Rafael Rodríguez González, víctima de lesiones que le causaron hombres armados que le esperaban cerca de su casa. Tres torres de energía eléctrica fueron destruidas en San Vicente, por los insurgentes dejando a oscuras toda la Zona Oriental. El 26, fue perpetrado un ataque contra las instalaciones de la Fuerza Área. A inmediaciones de Metrocentro, fue secuestrado el Dr. Manuelito De Paz Villalta, secretario general del sindicato del ISSS.

Esta noticia fue terrible para nosotros, ya que la familia era muy amiga de mi mamá y pasábamos las Navidades y Año Nuevo con ellos, así como la mayoría de los domingos del año, en su casa. Manuelito era un médico que ni le cobraba a la gente pobre; era unos pocos años mayor que yo; nunca encontraron su cuerpo, nadie supo a ciencia cierta qué pasó. Yo quise averiguar pero solo llegué a saber que lo había capturado la GN. Manuel papá murió de un ataque del corazón cuando conducía su auto, poco tiempo después. Su hermano Roberto se mudó a Chicago con toda su familia. Merceditas, su mamá, quedó al cuido de la Teresa, la trabajadora de casa que había llegado ahí desde que tenía 13 años. Luego murió Merceditas y Roberto murió pocos años después. Y así terminó la historia de una familia tan amiga y buena, que no le hacía mal a nadie.

El 29, las autoridades de policía tienen detenido al capitán y licenciado Guillermo Roeder Escobar, sindicado como responsable del secuestro de Guillermo Bustamante, quien fue liberado; Roeder exigía cuatro millones de dólares y medio millón de colones como rescate. Fue señalado como director intelectual de una mafia dedicada a actos de soborno, extorción y otros delitos. Disponía de una fuerza de 400 hombres y que estos actuaron como escuadrones de la muerte; junto a él fueron capturadas otras cinco personas, entre ellas dos mujeres. Una de nombre Valeria Piza amante de Roeder, se dedicaba a organizar grupos de hombres armados para dar protección a empresas nacionales y extranjeras, bajo el nombre de Oficina Interamericana de Seguridad.

Entre sus actividades ilícitas utilizaban, siglas del EM, FPL, ERP, FARN, etc. El 30, un cementerio clandestino en el que aparecieron 6 cadáveres fue encontrado en El Playón. Autoridades judiciales lograron la identificación de 20 muertos en la zona metropolitana de S.S. todos murieron cuando se enfrentaron al ejército y a los cuerpos de seguridad durante la amplia operación de búsqueda y limpieza de insurgentes en San Antonio Abad, Montefresco, 2 de Abril, colonias el Progreso, Toluca y Miramonte.

Febrero de 1982. El 1, posible participación de Roeder Escobar en los secuestros de los hermanos Roberto y Teófilo Simán, investigan las autoridades. El 2, masacre de 150 campesinos realizó el FMLN en Chalatenango, muriendo hombres, mujeres, ancianos y niños denunció el ministerio de Defensa. El 3, La Casa Blanca dejó abierta la posibilidad de que el Presidente Reagan podría ordenar a tropas estadounidenses que entren en combate si fuera necesario para impedir que los guerrilleros izquierdistas derroquen a la Junta Cívico Militar Salvadoreña, dijo Alexander Haig, Secretario de Estado. Estados Unidos posiblemente envíe a ES cazabombarderos livianos tipo A-37, en remplazo de los aviones más antiguos que fueron destruidos por la guerrilla izquierdista.

El día 4, horas de horror vivieron los habitantes de Tonacatepeque, donde alrededor de 1, 500 insurgentes asaltaron la localidad. El 5, El mayor D'Aubuisson dijo en conferencia de prensa: "En nuestro país no hay guerra civil; nuestra patria sufre el ataque de los medios informativos internacionales, sufre una invasión comunista". Siete buses y cuatro autos fueron incendiados en la carretera Panamericana Km.72 cerca de San Vicente por grupos del FMLN.

El día 7, llegaron al país 6 helicópteros enviados por el gobierno de los USA, para servicios de la Fuerza Aérea Salvadoreña. El 9, seis agentes de la Guardia Nacional fueron consignados al Juzgado Primero de lo Penal de Zacatecoluca, sindicados en la muerte de cuatro religiosas norteamericanas. Las autoridades de San Miguel denunciaron el secuestro de dos médicos y una enfermera auxiliar. El 10, en San Miguel, un médico tecnólogo y su esposa enfermera fueron secuestrados. El 14, detención para cinco y libertad para uno decretó el Juez Primero de lo penal de Zacatecoluca, en el caso de violación y asesinato de las religiosas norteamericanas. El 16, veintiocho insurgentes muertos fueron reportados por el COPREFA, al finalizar la Operación Limpieza en Usulután. La residencia de Monseñor Aparicio y Quintanilla Obispo Diocesano de San Vicente, fue allanada por sujetos desconocidos. El día 26, la JRG no negociará de ninguna manera con grupos armados ni generadores de violencia, declaró el presidente Duarte. Dieciséis unidades de transporte colectivo de rutas tradicionales en las colonias, Buenos Aires, Escalón, Santa Rosa, Montserrat, La Chacra y San Miguelito fueron destruidas mediante bombas.

Marzo de 1982. El 1, en Usulután fueron asesinados por extremistas, en hacienda de su propiedad, el coronel Arturo Aparicio Parada y su hijito de 12 años. Resultó lesionado en atentado a la salida de Ilopango el dirigente del partido ARENA Roberto D'Aubuisson, cuando un desconocido le lanzó una granada desde un auto, adjudicándose el hecho el FMLN, diciendo que el objetivo era capturar al Mayor y luego ajusticiarlo. El 4, el comerciante Francisco Batarsé Comandari, fue una las víctimas de los incidentes dejados por los insurgentes en Santa Ana. El 5, fue liberado Nejib Gil Batarsé, gerente de la Fiat en ES, quien había sido secuestrado, pero la familia se negó a dar detalles de cuanto se pagó por el rescate.

El día 11, unos 5,000 mercenarios rusos, cubanos, panameños, mexicanos y nicaragüenses se adiestran en Nicaragua, para intervenir en los grupos que operan en El Salvador confesó a la PN Ligdamis Anaxis Gutiérrez Espinosa. El 13, el reconocimiento de 9 cadáveres, entre ellos, una familia completa en San Miguel. Desgarradoras escenas de dolor y condena hubo en Chalatenango durante el sepelio de 20 civiles y 11 soldados, quienes fueron víctimas de una emboscada por insurgentes en Las Vueltas. También fueron secuestrados los hermanos Félix y Francisco Charlaix, por San Miguelito, sus cadáveres fueron encontrados en Apopa, dos horas después. El día 15, más de 50 cadáveres de guerrilleros, obligaron a enterrar a vecinos de Catumayo, San Vicente. El 16, En Costa Rica, agentes de PN incautaron armamento en más de 2.5 millones de dólares, destinado a la guerrilla salvadoreña, según confesión de los detenidos.

El 17, en Santa Ana, acribillaron a balazos en su casa al médico cirujano Juan Zacarías Garzona. El 18, cuatro corresponsales de la TV holandesa, un mercenario extranjero y un grupo más de insurgentes, fueron encontrados muertos en Chalatenango, después de un enfrentamiento armado, según fuente militar. El 22, fueron dinamitados por rebeldes 18 autobuses del transporte urbano. El 25, se registró un tiroteo y fue atacado el CCE. El día 28, la votación más masiva, más crucial y mayormente amenazada por la violencia de la historia política de ES, tuvo lugar en todo el país, dejando como resultado un rotundo ¡NO! a la violencia, y un SÍ a la paz, según declararon autoridades civiles, militares y observadores y periodistas internacionales y nacionales.

El FMLN realizó ataques en Cuscatancingo, Mejicanos, Apopa, San Antonio Abad, Zacatecoluca y Usulután. El 31, sesenta y cinco municipios de los 262 de todo el país, no acudieron a las urnas electorales por la violencia originada por el terrorismo. En Quezaltepeque fueron encontrados muertos cuatro hombres y cuatro mujeres, que habían desaparecido. En el puente de Las Cañas fueron encontrados los cadáveres de 5 jóvenes tiroteados dijeron las autoridades.

Abril de 1982. Encontraron 12 cadáveres no identificados en Nejapa; ese mismo día falleció el periodista chileno, Carlos Ruz, quien fue herido de bala en Ayutuxtepeque cuando cubría información para Canal 7, Televisión Nacional de Chile (TVN). El día 4, 17 vehículos fueron quemados por el FMLN en el kilómetro

125 de la Ruta Militar San Miguel-Frontera con Honduras. El 5, el diputado electo de Cabañas por ARENA, David Joaquín Quinteros, fue asesinado en el kilómetro 56 en la Carretera Panamericana. El 14, el Estado de Sitio ha sido levantado al no prorrogarse su vigencia.

El día 15 el Juez de Primera Instancia Militar dio libertad al joven José Antonio Morales Carbonell, hijo del miembro de la JRG Dr. José Antonio Morales Erlich, quién había sido recluido en Mariona después de haber participado en acciones subversivas. El 16, el Consejo Central de Elecciones, entregó las credenciales a los nuevos diputados constituyentes de 1982; 24 diputados del PDC, 19 de ARENA, 14 del PCN, 2 de AD y 1 del PPS. Ese mismo día autoridades judiciales de Antiguo Cuscatlán reconocieron 10 cadáveres de personas encontradas en Lomas de San Francisco y Puerta de La Laguna.

El día 22, fue electa la Directiva de la Asamblea Constituyente, participando solo miembros de ARENA, PCN y PPS. Presidente: Mayor Roberto D'Aubuisson (ARENA); Primer Vice Presidente: Hugo Carrillo (PCN) y Segundo Vicepresidente: Dra. María Julia Castillo (PCN). EL 28, las tesis jurídicas no son de fácil discusión, y esta Asamblea Constituyente no es continuista, manifestó en el Pleno el Dr. Ricardo González Camacho de AD, en la sesión en la cual se ratificó la Constitución Política de 1962. El 29, el Dr. Álvaro Magaña fue electo por votación nominal y pública en sesión plenaria de la Asamblea Constituyente como Presidente Provisional de la República; Primer Vicepresidente: Raúl Molina Martínez y Segundo Vicepresidente: Dr. Mauricio Gutiérrez Castro y tercero Pablo Mauricio Alvergue.

Mayo de 1982. Día 1, cuantiosa destrucción de maquinaria y vehículos efectuó el FMLN en el plantel de la compañía Terra-Track en la carretera de Zacatecoluca. El día 2, fueron investidos como presidente provisional de El Salvador el Dr. Álvaro Magaña así como también los tres vicepresidentes. El 3, el Consejo Municipal nombró como alcalde interino de San Salvador a Alejandro Duarte. El 4, en cumplimiento con el artículo 70 de la Constitución Política de 1962, el Presidente Álvaro Magaña causó alta en el ejército para ejercer el cargo de Comandante General de la Fuerza Armada. El 5, un mínimo de 130 terroristas muertos hubo durante la operación Torola, informó COPREFA. El día 6, regresaron al país 957 soldados que recibieron entrenamiento antisubversivo en Carolina del Norte USA. El día 10, un contingente militar que se transportaba cerca de Metapán fue emboscado por terroristas, muriendo 4 civiles, resultando heridos 7 soldados.

El día 11, aparecen 5 cadáveres en la periferia de San Salvador solo 3 identificados. El día 15, 9 cuerpos de personas asesinadas fueron encontrados en San Salvador. El 18, unánimemente se aprobó la ayuda norteamericana por la Comisión de Relaciones Exteriores de la Cámara, consistió en 60 millones de dólares como parte de la asistencia militar. El 19, fue liberado por agentes de la PN, después de media hora de combate con los secuestradores el Dr. Mario René Zimmermann. El 22, informó COPREFA de la muerte de 9 efectivos de la Guardia Nacional y otro herido al ser descarrilado el ferrocarril cerca de Jiquilisco. El 26, en El Playón, Quezaltepeque, fueron localizados los cadáveres de 7 personas, 6 de las cuales eran activistas del PDC. Día 29, fue asesinada por 11 hombres armados en su casa de habitación juntamente con su hijita de 10 años de edad, Evangelina García de López, quien tomaría el cargo de alcaldesa de San Francisco Chinamequita, en sustitución de Teodoro Cruz quién también había sido muerto por desconocidos.

Casi todo el año 1982 y parte del 1983, hasta que el General García renunció, tenía muy buenas relaciones en el Ministerio de Defensa y el Estado Mayor. El Coronel Cañas, *Cañón*, era gran "chero" y creo que cuando había un poco de paz en su oficina me llamaba para que fuera al Ministerio a platicar (su oficina era la antesala de la del General García), ¡y así calmarse lo nervios! Por ahí entraba y salía toda la gente poderosa de ese momento. Además tenía que estar pendiente del teléfono porque por ahí pasaban todas las llamadas... sobre todo las más urgentes. A mí me encantaba ir, porque de solo estar sentada frente al escritorio de *Cañón*, me daba cuenta de todo lo que estaba pasando en el país entero.

Ahí me di cuenta cuando el Chele D'Aubuisson nombró a Gloria Salguero para la diputación, cuando se rebeló Ochoa Pérez, cuando el general García estaba guardando sus cosas para llevárselas a su casa al renunciar y recuerdo que me dijo: "es que ya mis hijos no me quieren, Lillian, así es que mejor me voy". Y recuerdo que me regaló un radio Sony portátil, de onda corta y larga.

Junio de 1982. El día 1, asumió al poder la Corte Suprema de Justicia, el día 4, la deuda externa de nuestro país hasta febrero del presente año asciende a 3 mil millones 837 mil 800 colones dijo el presidente de la Asamblea. El día 7, después de 4 días de suspensión de la energía eléctrica a causa de atentados dinamiteros, fue restablecida en toda la zona oriental del país. El día 9, los rebeldes quemaron 18 unidades de transporte. Más de 600 unidades han sido destruidas en nuestro país por la violencia política desde 1979 señaló la Asociación de Empresarios de Autobuses Salvadoreños. El 10, 135 terroristas muertos, 12 campamentos desmantelados y decomiso de armas de todo tipo son el resultado final de la "operación limpieza" informó el Comandante del Batallón Atlacatl Coronel Domingo Monterrosa.

El día 12, serias dificultades causa a los jueces de paz y a familiares de personas fallecidas que algunas funerarias con pretexto de prestar servicios recogen los cadáveres. El día 15, 10 aviones serán entregados a la Fuerza Aérea Salvadoreña como parte del equipo militar donado a El Salvador por órdenes del Presidente Ronald Reagan, luego del ataque subversivo en Ilopango. El 17, guerrilleros izquierdistas derribaron el helicóptero en que viajaban el subsecretario de defensa Coronel Francisco Adolfo Castillo y el Coronel Salvador Beltrán Luna en San Fernando Morazán. El 22, atentados dinamiteros destruyeron cajas subterráneas distribuidoras de líneas telefónicas por lo que varias zonas de la capital se encontraron dinamitadas.

El día 24, AEAS informó de 21 unidades del transporte colectivo destruidas y serios daños a los servicios de agua potable por San José de la Montaña y otros sectores de la capital, informó ANDA. El 25, cuatro trailers con mercadería y un camión cisterna con gasolina fueron incendiados en la carretera panamericana. El día 27, fueron recuperados los restos del Coronel Salvador Beltrán Luna y el soldado José Óscar Guardado quienes perdieron la vida en Morazán. El día 28 el juez primero de instancia de Suchitoto y 7 pasajeros más que se conducían en un autobús fueron muertos a balazos por rebeldes. El 30, la muerte de 12 soldados y la vivandera de la base militar de Opico, el secuestro de tres elementos de la guarnición y la quema de nueve vehículos de transporte informaron fuentes oficiales de San Vicente. Todos fueron emboscados por terroristas.

Julio de 1982. El día 1, un ataque con explosivos de gran poder contra un camión que transportaba unos 80 policías nacionales afirmó una mujer del FMLN. El día 6; 4,353 asesinatos políticos; 2,591 atentados de destrucción y el desplazamiento de más de 100,000 obreros es parte de la delincuencia del marxismo en nuestro país reveló el Director de la PN, Coronel Carlos Reynaldo López Nuila. El 8, en una venta de gas en Soyapango fue encontrado el más fuerte decomiso de armas en poder del FMLN-FDR. El día 12, 6 personas perecieron carbonizadas a causa de 2 explosiones provocadas por terroristas en el puente "El Delirio" en San Miguel. El 13, un campamento con más de 400 terroristas denunciaron habitantes de Apastepeque San Vicente.

El día 14, el diputado suplente por el PDC Profesor Hugo Trujillo, murió acribillado a balazos en la Escuela Unificada de Nueva Concepción donde estaba impartiendo una clase de inglés a alumnos del tercer ciclo. El mismo 14, terroristas emboscaron un pick up y mataron a 6 soldados que se conducían con combustibles hacia la zona norte. El 15, falleció Nicolás Nasser a consecuencia de disparos que le hicieron terroristas en una emboscada. El 16, número no precisado de guerrilleros del FMLN han sido muertos por el ejército hondureño cuando intentaban penetrar territorio hondureño, perseguidos por el ejército salvadoreño. El día 23, un total de 20,000 desplazados atienden todo el país la Cruz Verde Salvadoreña, informó dicha institución.

Agosto de 1982. El día 9, cuatro patrulleros fueros asesinados a balazos por extremistas en San Vicente. Después de más de un año de permanecer como rehenes de las FPL lograron escapar 16 campesinos entre hombres, mujeres y niños informó la Guardia Nacional. El 10, por lo menos 50 terroristas, 16 soldados y un civil perdieron la vida en acciones de violencia por militantes del FMLN en Ciudad Barrios, Sesori, Zacatecoluca y San Vicente; según informó el Ministerio de Defensa. Día 12, más de 1,000 soldados participaron en uno de los cateos de mayor envergadura que se haya efectuado en 12 colonias de Soyapango, Santa Lucía y Valle Nuevo en Ilopango.

El día 13, el presidente Ronald Reagan, propuso al Senado una ayuda por 128 millones de dólares para la economía de nuestro país y 35 millones más para ayuda militar, informó Francisco Quiñónez, parte de la misión oficial de visita en Washington. El 17, el director de la Policía de Hacienda Coronel Francisco Antonio Morán (Chico Ejote) dijo que se había capturado a 26 profesores que realizaban una reunión en la escuela República Federal de Alemania. Quienes eran dirigentes subversivos de la revolución. El 18, 9 terroristas y 4 soldados murieron durante enfrentamientos de la operación Jaguar informó COPREFA. El 19, el camarógrafo inglés Julián Ross Harrison de la UPITN-Televisión News fue baleado por terroristas que emboscaron su vehículo informó COPREFA. El 25, terroristas fuertemente armados emboscaron una patrulla de la defensa civil matando al juez y a 8 soldados. El 28, por segunda vez fue dinamitado el puente ferroviario sobre el Río Guajoyo, departamento de Santa Ana el cual quedó totalmente destruido.

Septiembre de 1982. El día 12, el artista salvadoreño Mario de Jesús Áreas murió asesinado a balazos por desconocidos quienes lo sacaron de su casa en Mejicanos. El 14, 9 meses sin energía eléctrica y sin agua lleva la población de Tecoluca en San Vicente, por grupos insurgentes que dinamitaron postes del tendido eléctrico. El 17, se capturó, en Honduras, al líder rebelde Alejandro Montenegro; además 5 dirigentes de las agrupaciones subversivas. Ese mismo día el Presidente de la República Álvaro Magaña, reiteró su negativa a negociar con grupos de delincuentes subversivos apoyados por el

FMLN-FDR. El día 27; 400 cabezas de ganado fueron robadas por un grupo de terroristas que llegaron a Jocoro, Morazán; según informó la Fuerza Armada. El 30, el juez quinto de lo penal decretó la libertad del teniente Isidro López Sibrián (Fosforito) involucrado en la muerte del ex presidente del ISTA y dos asesores norteamericanos.

Octubre 1982. El día 6, el sacerdote jesuita Ignacio Ellacuría que fue de la dirigencia de la UCA, fue señalado por un rebelde detenido, como la persona que se mantiene en contacto con el máximo jefe de la subversión en El Salvador, informó el obispo de San Vicente Monseñor Pedro Arnoldo Aparicio y Quintanilla. Día 9, no menos de 30 terroristas murieron durante un enfrentamiento que siguió a una emboscada contra la PN causando 6 bajas. El 12, un segundo atentado contra aviones que fumigan algodonales cerca de Jiquilisco fue denunciado. El día 15, en Aguilares fueron atacados 2 camiones que transportaban efectivos del batallón Jaguar de Sonsonate por unos 50 extremistas.

El día 16, la muerte de 3 terroristas y la incautación de material explosivo en las faldas del volcán de San Salvador informó una fuente militar. Día 19; 98 extremistas muertos dejó como saldo la operación del volcán Chaparrastique informaron fuentes militares del batallón Cuscatlán; en ese mismo día 4 unidades del transporte de bebidas gaseosas y cervezas fueron quemadas en la capital. El 25, la captura de 8 dirigentes de organizaciones vinculadas con el FMLN-FDR dio a conocer la Fuerza Armada. El sacerdote Jesús Delgado denunció el secuestro de unos 15 dirigentes políticos y sindicalistas. El día 29 la Asamblea Constituyente rechazó el diálogo con los rebeldes.

Noviembre de 1982. Día 3; 5 artefactos fueron detonados al medio día en el centro de la capital, destruyendo unidades de transporte. El 10, el gobierno reitera el NO al diálogo. El 11, fuentes militares informaron que un contingente estimado entre 6 y 7 mil efectivos interviene en operaciones de contrainsurgencia en Chalatenango y Morazán. El 15, en la Troncal del Norte murieron 13 soldados en una emboscada tendida por la insurgencia. El 22, los cadáveres decapitados de 6 hombres y una menor, fueron localizados en San Juan Nonualco y 11 rebeldes muertos en diferentes acciones reportó COPREFA. El 28, el derecho de insurrección debe desaparecer de la nueva constitución, opina el decano en derecho Dr. Salvador Nelson García. El 29, el robo a La Policlínica forma parte de un plan subversivo de dotar de medicinas sus campamentos para curar a extremistas combatientes heridos en enfrentamientos dijo la fuente militar.

Diciembre 1982. El día 3, ciento veinte terroristas muertos, entre ellos 5 comandantes extranjeros, así como la recuperación de armas y material bélico, en Anamorós, informó el Coronel Flores Lima, Jefe del Estado Mayor. El 5, un total de 150 personas, hombres, mujeres y niños secuestraron los extremistas en una cancha de fútbol en San Vicente. Las autoridades denunciaron la profanación de templos católicos, usados como cuarteles por la subversión en Chalatenango. El 10, el cura David Rodríguez y el profesor Fabio Jaime dirigieron la ocupación de Santa Clara, informó la Quinta Brigada.

El día 11, el padre Jesús Delgado dijo, después de conocerse que 180 personas fueron asesinadas, que ha sido un periodo violento en el país. Más de 50,000 personas han muerto en el conflicto armado durante los últimos 3 años; además criticó a los guerrilleros izquierdistas de traicionar su llamado al diálogo con el secuestro de unas 200 personas. El día 24, fueron destruidos 4 campamentos de terroristas en la Operación Navideña, en San Vicente. El 29, los hermanos Jesús y Natividad Colindres perecieron a balazos, luego de que hombres armados les sacaran de su casa en Santa Ana. El 30, la presencia de mercenarios cubanos, nicaragüenses y franceses en las filas de la subversión fue revelada a las autoridades, al ser capturados 9 terroristas.

Enero de 1983; el día 7 el Tte. Coronel Sigifredo Ochoa Pérez, comandante del Destacamento Militar No.2 con sede en Sensuntepeque, se declaró en rebeldía rechazando cumplir la Orden General No.1 de la Fuerza Armada que le ordenaba trasladarse a Uruguay, como agregado militar, declarando que: "o se va el General José Guillermo García (ministro de Defensa) o nos vamos nosotros". Esta acción obligó al Alto Mando y todos los jefes del país, a reuniones de emergencia, así como a una visita del embajador de los USA Dr. Deane Hinton al General García. Por la noche se conoció el comunicado No.1 firmado por el Coronel Ochoa Pérez, en el que acusó al General García de haber traicionado la proclama de la Fuerza Armada del 15 de octubre de 1979 al permitir actos de corrupción personal, política y de administración, dentro de la Fuerza Armada y trasladarlo arbitrariamente a Uruguay.

Al final exigió la destitución del General García, que sea el Presidente quien tome las decisiones como Comandante General de la Fuerza Armada, aclarando que lo suyo no es un movimiento político, ni golpe de estado, sino era un movimiento institucional. El día 9, viajó a Sensuntepeque una comisión integrada por el general Carlos Eugenio Vides Casanova, director de Guardia Nacional (GN); Coronel Jaime Ernesto Flores, comandante de la 3a. Brigada de Infantería; Coronel Napoleón Calito, comandante del Batallón Atonal; Coronel Domingo Monterrosa, comandante del Batallón Atlacatl; y Coronel Antonio Méndez, comandante del Batallón Belloso, con intención de buscarle solución al caso de rebeldía del jefe de la guarnición de ese lugar Tte. Coronel Sigifredo Ochoa Pérez; la reunión duró 4 horas. Ochoa Pérez expresó que cuenta ya con la ayuda abierta del Coronel Adolfo Blandón y sus soldados, y de la Fuerza Aérea, para lograr la renuncia del ministro José Guillermo García.

Por su parte el General García rechazó las denuncias de corrupción y dijo contar con el apoyo del Presidente y la Fuerza Armada. Se conoció un documento firmado por los jefes de la FA en que deploraban el acto de rebeldía, reafirmando el principio de obediencia y su lealtad al Presidente de la República y formaron una comisión para buscarle una solución al problema. Era terrible para el pueblo salvadoreño, que en esta situación tan seria, todavía tuviésemos que aguantar una situación semejante. ¡Pero sucedió! También ese mismo día el Coronel Jorge Alberto Jarquín, diputado Constituyente de ARENA, resultó herido en un atentado en su contra sobre la carretera Panamericana, por San Martín.

El día 10, nueve muertos y 15 heridos resultaron al estallar una granada en un baile en San Vicente. El General García declaró que el Tte. Coronel Sigifredo Ochoa Pérez debía cumplir la orden emanada del Alto Mando y que solo el Presidente podía pedirle la renuncia o bien que él mismo decidiera marcharse. El Comandante General de la FA, Dr. Álvaro Magaña. Ordenó el cumplimiento inmediato, sin condiciones, de la Orden General, que ordenaba el traslado de Ochoa Pérez a Uruguay.

El día 12, se conoció que COPREFA había ordenado publicar, a los medios escritos y TV un recuadro que decía: "A nuestros lectores. En cumplimiento de la Ley de Estado de Sitio vigente, se nos ha comunicado que, toda información relacionada con la situación en Sensuntepeque, se publique únicamente la proveniente de la Presidencia de la República, Comandante General de la FA, Ministerio de Defensa y COPREFA." Firmaba *La Dirección*. A las 6 de la mañana quedó resuelto el problema militar en Sensuntepeque declaró el Presidente Álvaro Magaña, sin detallar la solución (aunque el vox populi decía que en la visita de las esposas de los militares acuartelados en Sensuntepeque habían fingido un accidente para que sus esposos saliesen del cuartel y las fueran a rescatar), agregó que en esencia se dará cumplimiento a la orden general, aunque por razones ajenas el contenido de la misma, el coronel Ochoa Pérez no viajará a Uruguay.

El 13, el Tte. Coronel Ochoa Pérez, partió a estudiar al Consejo Interamericano de Defensa, con sede en Washington D.C., se informó. En mayo yo fui a mi viaje anual a ver a mi familia política en Washington y allá me lo encontré al Coronel Ochoa Pérez, y a otro amigo de infancia Roberto Bustamante. Me visitaron al apartamento de mi tía Kay Coleman, y platicamos, dejándome saber, que quería lanzarse a la presidencia de la República, y andaba buscando apoyo entre contactos de las esferas gubernamentales de Washington; y que le habían dicho que primero consiguiera fondos de los salvadoreños adinerados, y si lo lograba, ellos le iban ayudar. (Bueno, ¡eso nunca pasó por lo visto! Como veremos después). La empresa constructora AGROMAN calcula las pérdidas dejadas por la insurgencia en 5 millones de colones, cuando numerosas bombas destruyeron toda la maquinaria y vehículos que estaba construyendo la carretera al nuevo Aeropuerto El Salvador.

El día 15, el senador norteamericano Christopher Dodd, de visita en nuestro país, declaró que el ejército está en capacidad de derrotar a los grupos terroristas, pero si terminaban las disputas internas en el gobierno. El 17, unos 5 mil efectivos militares participaron en la ofensiva militar de 1983 para combatir a los grupos terroristas en el Departamento de Morazán. El 21, el Presidente Reagan anunció que el Gobierno de El Salvador calificó para seguir recibiendo ayuda militar norteamericana al haber registrado progreso significativo en la situación de derechos humanos. Hubo un atentado contra la sede de ARENA, dejando como saldo dos heridos no identificados.

El día 22, fue elevado a plenario la causa que se sigue contra Guillermo Roeder, Mabel Scheidegger Vda. de Vega, Julia Valeria Pisa Soler, Héctor Manuel Solano Rivera, Esteban Rivera Vásquez, Alfredo Antonio Angulo, en el caso de secuestros de hombres de negocios. El 24, los informes oficiales dieron parte de que más de 200 rebeldes han muerto en los fuertes combates en Morazán y en Guazapa han sido destruidos 8 campamentos del FMLN, dando muerte a 40 extremistas. El directivo de ARENA en Santa Ana, Ernesto Velasco fue asesinado por 4 terroristas. El 26 se informó que en la Carretera Troncal del Norte extremistas bien armados, detenían los vehículos, les pedían colaboración y les daban charlas a los ocupantes, informaron las personas que habían sufrido semejante vejación.

El día 27, después de que COPREFA dio a conocer la muerte de 8 extremistas durante el ataque al cuartel de la Primera Brigada de Infantería, atacando simultáneamente las comandancias locales de Mejicanos, Ayutuxtepeque, Cuscatancingo, la PN de la colonia Zacamil y Tonacatepeque, penetrando e incendiando la Comandancia local; el Obispo de San Vicente, Pedro Arnoldo

Aparicio y Quintanilla expresó que: "el diálogo era imposible en el conflicto salvadoreño. No puede haber diálogo entre criminales y la Nación", durante el almuerzo de la Cámara Americana de Comercio.

Febrero de 1983. El día 1, en Berlín y San Agustín se han llevado a cabo encarnizadas luchas contra los extremistas; los soldados y los PN han defendido con heroísmo esas ciudades que estaban tomadas por el FMLN. El 2, los vecinos de Puerto Parada, en Usulután denunciaron el desembarco de aproximadamente 2,000 terroristas provenientes del Golfo de Fonseca.

El día 3, equipos de transmisión de la radio Venceremos, fueron encontrados en un campo de entrenamiento del FMLN en la Guacamaya en Morazán. El sargento norteamericano Jay Thomas Stanley, técnico en comunicaciones resultó herido al ser atacado el helicóptero de la FAS, cerca del puente Cuscatlán. El día 4, expresó ante la comisión del Senado el Secretario de Estado Adjunto para Asuntos Interamericanos de los USA, Thomas Enders, que "si el Gobierno de ES negociaba con los extremistas sería su derrumbe". Y el Presidente de los USA Ronald Reagan, propuso al Congreso elevar hasta niveles record la ayuda a El Salvador.

El día 7, el Coronel Rafael Flores Lima, fue nombrado subsecretario de Defensa, ocupando la vacante dejada por el Coronel Francisco Adolfo Castillo, quien se hallaba en poder del FMLN, desde el 17 de Junio anterior. El 9, la embajadora de los USA en las Naciones Unidas, Jeanne Kirpatrik llegó a nuestro país en visita oficial. El 11, Al despedirse la embajadora Kirpatrik dijo que USA y ES ahondarán esfuerzos a favor de la democracia y el crecimiento económico del pueblo salvadoreño. El 12, sin disparar un solo tiro detectives de Investigaciones Criminales, capturaron a varios sujetos que tenían secuestrada desde el día 4 a mi compañera de colegio Antonia Luisa Jerez de García Prieto, quien había sido plagiada en la colonia Escalón, y llevada a Quezaltepeque. El 13, fue repelido un ataque terrorista en Aguilares, el puente sobre el río Acelhuate y los ingenios La Cabaña y El Trapichón.

El día 14, se mataron cuando el helicóptero en que viajaban tocó los cables de alta tensión al pasar sobre el río Las Cañas, dos subtenientes y 4 acompañantes. COPREFA dio a conocer la lista de combatientes extranjeros en el FMLN que fueron identificados gracias a la documentación capturada en La Guacamaya, Morazán. La lista incluyó a periodistas, médicos y equipo de producción de radio Venceremos y equipo de filmación. El 21, fue perpetrado otro ataque a la antena parabólica de la Estación Terrena Izalco, cuando le dispararon bazucas, causando daño a las instalaciones.

El día 23, Thomas Enders en su discurso en una reunión de la *Legión Estadounidense* dijo "que si los USA no continúan apoyando a ES y demás países de Centroamérica, se verá combatiendo insurrecciones izquierdistas desde el Canal de Panamá hasta México" El 24 se firmó el programa de paz incluido en el "PACTO DE APANECA", habiendo sido aprobado por todos los partidos políticos, siendo el único medio para establecer condiciones necesarias para la paz, ya que el diálogo por sí solo no lo podía lograr. El planteamiento simplista del diálogo propuesto, no alcanzaba los pretendidos propósitos de ser un medio para obtener la paz; y además estaba motivado por fines propagandísticos, y se utilizaba como recurso táctico convirtiéndose en factor negativo respecto a las posibilidades reales de paz". El 28, se instaló la Comisión de Paz COPAZ acordada por los signatarios del Pacto de Apaneca, la cual estuvo integrada por Francisco Quiñónez, Monseñor Marco René Arévalo y el Dr. Guillermo Trabanino.

En este mes hubo un terremoto grado 6, corto; yo me encontraba en una reunión de cumpleaños en la colonia San Francisco. Pronto me despedí y me fui a mi apartamento del Edificio San Francisco, no había energía eléctrica y tenía una gran pérdida de muchos adornos lindos y valiosos que se me habían quebrado en la Sala. A las 7 de la mañana cuando llegó Doris, la empleada, tuvo que recoger todos los vidrios, resultando varias bolsas grandes. Casi nunca oí hablar de este terremoto, como que nunca hubiese ocurrido y nadie lo recuerda; pero yo sí, porque fue horrible donde me encontraba, cuando los perros de todas las residencias de la colonia comenzaron a aullar. En este mismo mes se terminó el *affaire* con la persona cuyo nombre no recuerdo.

Marzo de 1983. Día 2; varios soldados murieron cuando fueron emboscados por insurgentes en la carretera de Santa Ana a Sonsonate; no se conoció el número de muertos y heridos. El 3, se confirmó que los 3 periodistas extranjeros desaparecidos se unieron a los grupos del FMLN para hacer tomas para sus medios de comunicación. El 6, el Papa Juan Pablo llegó en visita de un día al país. Visitó la Catedral Metropolitana, donde se encuentra la tumba de Monseñor Romero, frente a la cual oró por la paz del país. En la misa dijo: "el dialogo que nos pide la Iglesia no es una tregua táctica para fortalecer posiciones en orden a la prosecución de la lucha, sino el esfuerzo sincero de responder con la búsqueda de acuerdos, a la angustia, el dolor, el cansancio, y la fatiga de tantos y tantos que anhelan la paz; buscar el calor de la sonrisa de los niños, lejos del terror y en un clima de convivencia democrática". Y al dirigirse al Clero y religiosas en el Gimnasio del Colegio Champagnat dijo que: "no vale la pena dar la vida por una ideología, por un evangelio mutilado o instrumentalizado, por una posición partidarista".

El Presidente Magaña al dirigirse al Papa dijo: que los salvadoreños podrán expresar su voluntad para escoger su futuro gobernante antes de la Navidad de este año, anunciando así el adelanto de las elecciones presidenciales. El 7, el Presidente Reagan dijo que si ES cae "pienso que Costa Rica, Honduras, Panamá y todos estos seguirán". El norteamericano Charles Clemens, veterano de la guerra de Vietnam, fue identificado como mercenario por la FA. Se dice que fue capturado por las gráficas de los periodistas extranjeros que acababan de estar en Guazapa. El 8, el Presidente Ronald Reagan dijo a líderes del Congreso que está decidido a suministrar entrenamiento al Ejército de ES, posiblemente en territorio norteamericano, y armas para combatir a los rebeldes, pero nunca americanizaremos este conflicto. El 9, Alejandro Montenegro seudónimo de Arquímedes Cañada ex segundo al mando en el ERP, luego de Joaquín Villalobos, denunció en un programa televisado: que todos los actos terroristas que se realizan en ES son ordenados por cubanos y que los cabecillas cuscatlecos han sido relegados a papeles inferiores.

El día 11, el mayor Roberto D'Aubuisson, líder de ARENA declaró que el Frente Democrático Revolucionario FDR, podrá participar en las próximas elecciones, para que las mismas sean abiertas a todos los grupos políticos sin exclusión de ningún sector. El 13, los esfuerzos por evitar el paso de armas hacia ES serán incrementados dijo Thomas Enders de USA. Periódicos costarricenses dijeron que Ana Guadalupe Martínez, del FMLN declaró en Francia que esa organización dispone de $250 millones de dólares para llevar a cabo todo tipo de atentados; dijo, que gran parte de estos fondos, proviene de pagos de rescate por personas secuestradas. El 14, fueron entregados por la FA, al secretario de la Embajada de Suecia en Guatemala, dos periodistas suecos que estuvieron casi un mes con grupos del FMLN. COPREFA informó que la Lic. Marianella García Villa quien era dirigente de la Comisión de Derechos Humanos, murió en un enfrentamiento, actuando al lado del FMLN, con el seudónimo de Comandante Lucía.

El día 19, la FA en campo pagado se refirió al caso de militares sometidos a la jurisdicción de tribunales comunes por distintos hechos, declarando que la ley y colaboración en la investigación de estos sucesos, especialmente el caso de las 4 religiosas norteamericanas, el de los sindicalistas norteamericanos, el del ciudadano Michael D. Kliney, y el de los campesinos muertos en Las Hojas, Sonsonate. El 26, dos periodistas norteamericanos Thomas James Western y Joanne Ambrose Newton, fueron detenidos acusados de colaborar con la Guerrilla, informó la Policía de Hacienda (PH). El día 27, el ex comandante del ERP Alejandro Montenegro declaró en un país del Caribe: "A fuerza de propaganda internacional y amenazando a la población indefensa es que quiere triunfar la subversión en ES". El 28, Autoridades hondureñas informaron de haber desmantelado un campo guerrillero del FMLN, en Nacaome, Honduras.

Abril de 1983. El día 3, El alcalde de ARENA en San Cayetano Istepeque, fue asesinado por las FPL. El 5, considerables daños dejaron los ataques de los insurgentes en San Vicente, en Guadalupe incendiaron los archivos de la Alcaldía Municipal y daños en las líneas telefónicas; lo mismo en Verapaz, saquearon la Unidad de Salud y varios comercios y en San Lorenzo, solo permanecieron unas 4 horas. Las Fuerzas Armadas de Honduras acusaron a Nicaragua de utilizar el territorio hondureño para enviar soldados y armas al FMLN en ES. La PN informó de la captura de locales clandestinos de armas en la Colonia La Providencia y en Santa Tecla, así como de dos sujetos del ERP.

El día 6, fue asesinada en Nicaragua la Comandante Ana María, Mélida Anaya Montes, segunda al mando de las Fuerzas Populares de Liberación FPL. El comandante de la PH Carlos Amaya Molina es asesinado por subversivos en carretera a Suchitoto. Cuantiosas pérdidas dejó el ataque del FMLN donde incendiaron los vagones del tren que traía mercadería a S.S. por el Valle San Juan Jiquilisco. El FMLN y los sandinistas culparon a la CIA de la muerte de Mélida Anaya Montes.

El día 9, más de 15 millones de colones en daños materiales han provocado los grupos insurgentes a FENADESAL. El presidente de la Asamblea Constituyente, Mayor Roberto D'Aubuisson, declaró en protesta pública dirigida al embajador de los USA en nuestro país, que ya es tiempo de que los senadores o funcionarios norteamericanos, sean más prudentes cuando se refieran a funcionarios salvadoreños. La protesta se originó por declaraciones de un funcionario de que se investigaba al Coronel Ramón González Suvillaga. El 16, el Dr. Francisco José Guerrero (Chachi), asesor del presidente Álvaro Magaña, dijo que la crisis militar sobre la renuncia del ministro de Defensa García, se solucionaría pronto. Se dice que el comandante de la Fuerza Aérea, Coronel Juan Rafael Bustillo amenazó con revelarse junto a sus soldados, si García no renunciaba.

Guerrero dijo que la renuncia de García ya se encuentra en el escritorio del Presidente desde el 18 de marzo pasado. El día 18 fue aceptada la renuncia al ministro de Defensa José Guillermo García; negó que su renuncia se deba a un pacto surgido de la insubordinación del Coronel Ochoa Pérez, tres meses atrás. El

General Carlos Vides Casanova, ha sido nombrado nuevo ministro de Defensa, El Ing. José Napoleón Duarte fue electo candidato a Presidente por el PDC. El día 20, El Ministerio del Interior de Nicaragua, informó que 6 miembros de las FPL al mando de Rogelio Bazzaglia, miembro del comando central de las FPL, fueron quienes asesinaron a Mélida Anaya Montes, segunda en mando de esa organización; y que Salvador Cayetano Carpio, primero en mando, se suicidó al enterarse que Bazzaglia asesinó a Anaya Montes. El 22, se conoció un comunicado firmado por *Salvador Guerra*, *Leonel González* y *Miguel Castellanos*, llamando a la unidad de todos los miembros de las FPL, a pesar del asesinato de Mélida Anaya Montes y el suicidio de Cayetano Carpio.

El día 25, En Nicaragua se dijo que los sandinistas ejercieron presión sobre la dirección de las FPL, para que dieran a conocer el suicidio de Cayetano Carpio, algo que ha profundizado las divisiones en esa organización, que en ES ya eran conocidas desde varios meses atrás. Se asegura que las dos muertes de los dos comandantes, se debían a la posición de Anaya Montes, de establecer negociaciones con el gobierno de ES, algo que Carpio rechazaba completamente. El acusado del asesinado de Mélida, se ha negado a involucrar a *Marcial*, aún después de su muerte, y sigue manifestando ser el único autor intelectual del hecho. El 30, intensos tiroteos se escucharon en la capital cuando el FMLN atacó a mejicanos, Cuscatancingo, Ayutuxtepeque, Santa Tecla y Antiguo Cuscatlán.

Vacaciones en Washington

Mayo de 1983. En este mes fui a pasar mi cumpleaños a Washington, quedándome en el apartamento de la tía Kay. La pasaba súper bien, y era un gran descanso, comparando la zozobra en que vivíamos en San Salvador. Era un cambio total, ¡era otro mundo! Esta vez, dos amigas de Kay y mías, eran secretarias sociales del Presidente Reagan; y parte de lo diferente que experimentaba en Washington, era ser invitada por Nancy y Lael para almorzar en la Casa Blanca. Cuando llamó Nancy (una ex monja católica) la primera vez, al apartamento de mi tía para invitarnos a almorzar, me dijo: "se llegan a la *Casa Blanca* a las 12 del medio día", francamente creí que así se llamaba el último restaurant que habían abierto en el área de Washington, pero inmediatamente me dice, "pero entran por la puerta del Old Executive Office Building, sobre la Pensylvania Ave." ¡Ah! Dije, ¡Entonces es realmente a la Casa Blanca que vamos a ir a almorzar!

El miércoles, estábamos a medio día, en el lugar indicado y nos pusieron unas identificaciones colgadas del cuello y ahí vamos para arriba a almorzar a un restaurant, pero que ellos le llaman cafetería, que se encuentra adentro de la Casa Blanca, donde almuerzan todos los funcionarios y muchas veces hasta el Presidente o el Vice; ahí tengo mis fotos almorzando con mis amigas. ¡Para qué les cuento del tour que Nancy me dio antes de almorzar! Y yo tomando fotos, que cuando las ves dices... ¡Hummmm! ¿Y estas fotos como las tomaron? Pues tienes que estar adentro de la Casa Blanca viendo los techos... y las historias que me contó, sobre los zootécnicos que cuidan las ardillas, los doctores que cuidan las rosas del Rose Garden, los que cuidan los árboles de magnolia, todos ad-honorem, pero lo hacen por tener acceso a entrar a la Casa Blanca, lo cual allá, ¡es un gran honor!

Los *jelly beans* del Presidente Reagan, por todos lados, hasta me mostraron un mapa de USA hecho todo con jelly beans, mostrando los diferentes Estados, con diferentes colores de jelly beans, se lo acababan de enviar unos niños escolares al Presidente. Nancy me regaló 3 fotografías del Presidente Reagan realmente lindas! Una montando a caballo, otra con smoking y otra de ejecutivo. Este fue un tour por la Casa Blanca que casi nadie toma, gracias a mis amigas.

Llegué a Washington a tiempo, cuando el Presidente Reagan se presentó en tv pronunciando un discurso como solo él lo podía hacer, "el mejor comunicador del mundo," yo me emocioné tanto por lo que dijo, que le iba a ayudar a El Salvador, y le envié un telegrama, ¡agradeciéndole! ¡Naturalmente tengo uno de enviado y de contestación! ¡Disfruté mucho de estas vacaciones

CAPÍTULO XXVIII

por 4 semanas!... Pero la realidad era otra al llegar de regreso, porque seguía la tragedia en el país.

El día 4, se aprobó en la Asamblea Constituyente, la Ley de Amnistía y Rehabilitación Ciudadana, presentada por la Presidencia de la República. La Ley dio amnistía a favor de civiles nacionales que hubiesen participado como autores o cómplices de delitos políticos o comunes conexos con éstos. Ese mismo día, los informes oficiales indicaron que un grupo de extremistas se quisieron tomar Rosario de Mora, y fueron repelidos por la Defensa Civil, habiendo durado el hostigamiento 6 horas. También incendiaron la gasolinera ESSO de Apopa, habiendo sido los del FMLN los que realizaron el incendio.

El día 6, el sub sargento José Desposorio López García se responsabilizó de la muerte del norteamericano Michael David Kline, ocurrido en octubre anterior. El 9, las autoridades policiales investigaron el cadáver de un supuesto guerrillero, quien apareció junto al vehículo del diputado Mauricio Mazier Andino del PDC con nota de amenaza a muerte, por el Ejército Secreto Anticomunista. El 11, veinte personas que se transportaban en un autobús cerca de Jutiapa, Cabañas fueron ametrallados por extremistas del FMLN, que al darse cuenta que se transportaban 5 guardias nacionales, 7 soldados y el comandante local de Jutiapa, ametrallaron el bus, además a 7 personas civiles. El 12, secuestraron a 7 alumnos del centro educativo de La Labor en San Vicente, entre 14 y 18 años, los miembros del FMLN.

El día 13, El comandante departamental Coronel Rodríguez Murcia dijo que por lo menos 100 extremistas murieron al ser desalojados de Cinquera. El 15, la PH da cuenta de la destrucción de 15 tatús o buzones que utilizaba la subversión en el cerro de Nejapa, guardando 60 quintales de víveres y lote de armas. El 21, la FA denunció el secuestro de escolares de diversos niveles educativos, por parte de rebeldes. El 24, la FA informó de 25 mil refugiados de 4 poblaciones de Morazán que fueron atendidos, informaron sus voceros. El 25, el comandante Albert A. Schaufelberg fue asesinado en la Universidad Centroamericana UCA, en esta capital. El oficial fue muerto adentro de su vehículo, cuando varios sujetos le dispararon destrozándole el cráneo. El 26, las FPL se hicieron cargo del asesinato del Cap. Albert Schaufelberg, diciendo que era una respuesta a la intervención norteamericana en nuestro país. Fue realizado por el comando urbano Clara Elizabeth Ramírez.

Mi huída a San Francisco, California

Regresando de Washington, tenía unas parientes que vivían en San Francisco, Elba Bonilla, Mariquita y Ana Daisy, sus hijas; además de muchas amigas, de manera que decidí irme, por lo menos unos 6 meses, ¡a esa ciudad tan bella! Quería huir de todo este problema de la guerra. Pasé de maravilla, fui a visitar a mi compañera de colegio Lizzie Curlin, al sur de Los Ángeles, pasando por los viñedos de Napa, ¡fue un paseo lindísimo! Vi las calabazas más grandes que me pude imaginar. Tenía amigos que me sacaban a conocer desde el zoológico hasta la calle Castro, y como pasé Halloween allí, me divertí mucho conociendo lugares e infinidad de gente.

En San Francisco me conecté con Dinorah Fermán y su familia; casi siempre nos encontrábamos en una cafetería famosa por el café, pero más que todo, por la clase de gente medio hippy que era la clientela, en la Mission Street. Recuerdo que una vez caminando en San Francisco, nos encontramos con Toño Díaz de la Publicidad Díaz, ¿qué pequeño es el mundo, verdad? También Aníbal López se portó súper bien conmigo, con nuestro mutuo amigo Mongel Lobato, pues siempre me llevaban, ambos, a conocer lugares raros. También visitaba al ingeniero Hugo Guerra y a su esposa Celina. A los hermanos Irene y Eduardo Hernández, que tenía muchos años de no verles; volví a ver a muchos salvadoreños que se habían movido a San Francisco desde hacía años. De manera que por 6 meses me olvidé de todos los hechos terribles que estaban pasando en nuestro país, recargué baterías y para diciembre de 1983, ¡regresé a El Salvador!

Mientras estaba en California, todo esto seguía pasando en El Salvador:

Junio de 1983. El día 1, el Departamento de Estado de USA, afirmó que los guerrilleros salvadoreños ejecutaron la semana pasada a 42 soldados gubernamentales que se rindieron tras la batalla por el puente Quebrada Seca. El 2, en la Embajada de los USA, fueron exhibidas fotos que evidencian la masacre de soldados en Quebrada Seca, por el FMLN. El Congresista Norteamericano G.V. Montgomery, dijo que ya llegaron a USA en busca de refugio medio millón de salvadoreños. El 5, dos antenas parabólicas instaladas en el cerro El Limbo, San Miguel, y que son parte de la estación repetidora y enlace de comunicación para Centro y Sur América El Pacayal, fueron dañadas por el FMLN. Fue nombrado jefe de COPREFA, el Coronel Ricardo Arístides Cienfuegos.

El día 9, partió para los USA el segundo grupo de 170 cadetes, para recibir instrucción militar en Fort Benning. El 10, quedó definida en la nueva Constitución, la segunda ronda electoral en caso de no obtener mayoría absoluta en una elección presidencial. El día 14, 120 boinas verdes norteamericanas arribaron a Puerto Castilla, Honduras. Ellos entrenarán a 2,400 soldados salvadoreños en tácticas guerrilleras. El 15, en campo pagado, la esposa del Coronel Adolfo Castillo e hijos solicitaron su libertad, El coronel Castillo seguía en manos del FMLN. El 17, el presidente Álvaro Magaña, reiteró en la OEA, que su gobierno no tenía nada que negociar con los extremistas.

El día 20, El COPREFA emitió comunicado informando la captura de la comandante Galia, seudónimo de Sonia Aguiñada Carranza del ERP. Galia era quizá la mejor francotiradora del ERP. Se agregó que el Comité Internacional de la Cruz Roja fue informado y la dirigente no fue sometida a ningún tipo de vejamen. Emisión clandestina de radio, informó que el FMLN había determinado iniciar un juicio de guerra contra del Coronel Francisco Castillo, si el gobierno no accedía liberar a todos los militantes detenidos de esa organización. El 27, el Diputado René Barrios Amaya, de ARENA, fue muerto a tiros cerca de su residencia, en los Planes de Renderos, cuando se dirigía a la Asamblea Constituyente. El coronel José Ángel Avendaño, juez de Instrucción Militar del Estado Mayor Conjunto de la FA, hirió a varios sujetos que quisieron secuestrarlo cerca de la Embajada Americana. El 29, cincuenta y cinco miembros del Batallón Arce, viajaron a Honduras para recibir capacitación en guerra contrainsurgente.

Julio de 1983. El día 1, "Negociar para repartir el poder, es lo único que mi Gobierno no puede hacer por la Paz" Dijo el presidente Álvaro Magaña, al informar de la situación nacional a la Asamblea. El 2, dos cadáveres, con señas de estrangulamiento, fueron abandonados en el parqueo de un conocido hotel capitalino, con una nota del Ejército Anticomunista diciendo era la respuesta a la muerte del diputado René Barrios de ARENA. El día 7, el mayor Roberto D'Aubuisson, del partido Arena pidió a los periodistas extranjeros que cuenten "lo que en verdad somos", defendiendo la línea de su partido y aclarando que no son ultra derecha, acompañado de Mauricio Gutiérrez Castro y Armando Calderón Sol. El 8, una delegación de ANEP pudo comprobar que urge atención para unos 75 mil refugiados en Gotera.

El día 13, cinco sujetos armados trataron de plagiar a Armando Calderón Sol, dirigente de ARENA. El 15, intentó fugarse de Mariona el reo Guillermo Antonio Roeder, acusado de secuestros de hombres de negocios. El 21, a un tren de carga le fueron dinamitados 7 vagones frente a la Refinería Azucarera Salvadoreña del Kilómetro 19. El 25, se informó que luego de 17 horas de combates, miembros del FMLN fueron rechazados de Sesori. El 31, fueron expulsados de la base militar Fort Benning, en Georgia, USA, dos sacerdotes y un oficial del ejército de los USA cuando los tres pretendían convencer a militares salvadoreños que cursaban estudios allí, de que pidieran asilo político en los USA; uno de los curas era Roy Bourgeois, de la Orden Maryknoll.

Agosto de 1983. El día 1, el Departamento de Estado anunció que se podrán realizar nuevas reuniones de Richard Stone y miembros del FMLN-FDR. El 2, tres legisladores norteamericanos republicanos, difundieron un informe en Washington que los guerrilleros salvadoreños dieron muerte, hirieron o secuestraron a casi 22 mil personas en 4 años. El 9, un convoy ferroviario fue dinamitado por el Cantón Las Cañas, reportando 3 soldados y un sargento muertos; además de 10 desaparecidos, todos miembros de la seguridad del tren. El 14, Guatemala brindará entrenamiento contrainsurgente a El Salvador, a cambio de armas y municiones informaron ambos países. El 15, la PH informó de la captura del ruso Lev Schwasrz cuando intentaba ingresar al país, se dice es apátrida y no habla mucho español.

Un mil personas se han acogido a la Ley de Amnistía, informó vocero oficial. El 23, Antonio Segura identificado por COPREFA como ex miembro de las FPL participante del ataque en Quebrada Seca, <u>declaró que 42 soldados fueron torturados y luego ejecutados por orden del comandante Douglas</u>, que iguales acciones se realizaron en el cerro Cacahuatique, puente las Guaras y Nueva Granada, Usulután y que todas estas acciones provocaron discusiones en el seno del FMLN. El 26, fue asesinado frente a su residencia el Coronel José Larios Guerra. El 30, el FMLN dejó a oscuras a toda la Zona Oriental luego de dinamitar una torre de energía eléctrica en las proximidades de la presa San Lorenzo, Usulután.

Septiembre de 1983. La PH presentó a Pedro Daniel Alvarado Rivera, "Daniel" Acusado de haber asesinado al asesor norteamericano, Cap. Albert Schaufelberger. El 2, el coronel Adolfo Blandón indicó que por lo menos quince extremistas y cuatro soldados perdieron la vida durante las acciones libradas en los 10 días de la Operación Tenancingo que finalizó. El 6, Se informó que casi 250 mil salvadoreños estaban refugiados en países centroamericanos, según el Dr. Colón Bermúdez, del Alto Comisionado de las UN para los refugiados ACNUR. Cuatro bombas fueron estalladas en diferentes puntos de la capital por el ESA, Ejército Anticomunista Salvadoreño.

El día 7, Regresaron a nuestro país 175 cadetes salvadoreños, procedentes de Fort Benning, Georgia, donde recibieron instrucción contrainsurgente. La sede del PCN, en esta capital fue ametrallada resultando dos personas heridas. El 28, seis presuntos miembros de la FARN fueron capturados. Según la GN, el comandante Camilo, uno de los capturados, confesó que en ES hay miembros de la KGB soviética y que dos mil salvadoreños reciben entrenamiento en la URSS. El 29, miembros de la Comisión de Paz de ES y de la guerrilla se reunieron en Colombia en una segunda ronda de discusiones, pero declinaron discutir detalles de lo conversado. En Bogotá los representantes del FMLN-FDR rechazaron totalmente la oferta de la Comisión de Paz de ES para participar en las elecciones del próximo año.

Octubre de 1983. El día 3, En una reunión secreta realizada en Guatemala, los ministros de Defensa de Guatemala, Honduras y El Salvador, decidieron reactivar el Consejo de Defensa Centroamericano CONDECA. El 15, fue asesinado frente a su residencia en colonia San Antonio el coronel Ricardo Alfonso Menéndez. La Comisión Bipartidista presidida por Henry Kissinger, anunció que planea reunirse con los dirigentes de la guerrilla salvadoreña. El 17, COPREFA dio parte de 102 muertos y 22 heridos del FMLN, al finalizar la Operación Sesori 2.

El día 26, COPREFA anunció que en un reportaje publicado en el New Republic, firmado por Shirley Christian, expone que Tomás Borges, ministro del Interior de Nicaragua, amenazó a Cayetano Carpio con dar a conocer los pormenores del asesinato de la comandante Ana María o Mélida Anaya Montes, en los cuales Carpio aparece como principal responsable, si no se suicidaba. Esto obligó a Carpio a tomar la determinación de auto eliminarse. El 28, dos subtenientes cadetes y 18 soldados fueron muertos en Guazapa en una emboscada tendida por el FMLN. El 30, voceros militares informaron de una emboscada a convoy de camiones que transportaban armas y elementos del FMLN, muriendo 100 subversivos en la acción.

Noviembre de 1983. La brigada anticomunista Maximiliano Hernández Martínez, hizo llegar un comunicado amenazando a los Obispos Rivera y Damas y Rosa Chávez que quedaban debidamente notificados que debían suspender inmediatamente sus perturbadoras homilías. El 23, las colonias La Sultana y Jardines de Guadalupe fueron cateadas casa por casa, por fuerzas combinadas del Ejército y los cuerpos de Seguridad. El 29, los

USA negaron visa de entrada a ese país al dirigente de ARENA mayor Roberto D'Aubuisson.

Diciembre de 1983. El día 7, las autoridades civiles y militares hicieron un llamado a los trabajadores del café, para que no se dejen intimidar por el FMLN para evitar las cortas de café. El día 8, los Batallones Arce y Atonal desalojaron a miembros del FMLN que se habían tomado las fincas cafetaleras de Jucuapa. El FMLN pretendía que los propietarios le pagaran impuestos de guerra. El 9, el cadáver del Fiscal auxiliar de la Universidad de El Salvador, Lic. Enelson Escobar, presentó perforaciones de bala. El 11, una emisora clandestina del FMLN confirmó que Cayetano Carpio, fraguó el asesinato de Mélida Anaya Montes. La radio dijo que Carpio estaba lleno de teorías y utopías, además estaba impulsado por su deseo o ambición de poder, a grado tal que dispuso matar a su más cerca amenaza: Mélida Anaya Montes.

El Vicepresidente de USA, George Bush (padre), visitó nuestro país y declaró que los escuadrones de la muerte deben desaparecer completamente porque son una amenaza para la estabilidad política del gobierno. El 15, por primera vez en la historia del país, una Asamblea Constituyente firma la Constitución Política. Las Plenarias para las discusiones y aprobación del Proyecto de Constitución duró aproximadamente 236 horas, se realizaron 59 jornadas de trabajo constitucional y también ha sido la sesión constituyente más larga de la historia del país. COPREFA expresó en un comunicado que Joaquín Villalobos se ha convertido en el botín más buscado del Movimiento Obrero Revolucionario Salvador Cayetano Carpio, grupo disidente de las FPL, por haber sido, Villalobos, quien pujara por promover el mando supremo de las FPL a Leonel González.

El Consejo de Asuntos Hemisféricos afirmó que el gobierno de los USA tiene un plan de contingencia para intervenir militarmente en El Salvador. El 18, fueron proclamados los candidatos presidenciales el Mayor Roberto D'Aubuisson por Alianza Republicana Nacionalista ARENA; Francisco Quiñónez por el Partido Popular Salvadoreño PPS; y el Coronel y Dr. Roberto Escobar García de PAISA. El 19, el dirigente del FDR,

Dr. Guillermo Ungo, dijo en Panamá que todos los sectores involucrados en el conflicto armado salvadoreño acordaron dialogar sobre la crisis y la búsqueda de una solución al mismo; pero el Presidente Álvaro Magaña, arruinó la posibilidad de iniciar un diálogo, al amenazar arrestar a los dirigentes guerrilleros que salieran de la clandestinidad para negociar.

El Capitán Eduardo Ávila, fue detenido en su residencia en la Colonia Escalón, por orden del Alto Mando de la FA, como sospechoso de haber participado en el asesinato de dos asesores norteamericanos de la Reforma Agraria y del Sr. Rodolfo Viera, en el hotel Sheraton en 1981. Eduardo, mi querido amigo que me decía tía Lillian, en New Orleans, cuando estaba casado, e hijo querido de Anny. El 20, entró en vigencia la nueva Constitución Política. Alejandro Coto envió una carta Pública a los "muchachos de Guazapa" solicitando en nombre de todo el pueblo que ya no derriben postes porque dejan a la ciudad de Suchitoto a oscuras.

El día 22, Recios combates se dieron por la villa de San José Guayabal, entre el ejército y el FMLN. Cinco niños que cuidaban ganado murieron al tropezar con bomba abandonada, en Zacatecoluca. La 3era. Brigada, al mando del Coronel Domingo Monterrosa, después de una operación sorpresa con 16 helicópteros para depositar efectivos, en Morazán a 10 Kilómetros de Honduras, cayeron por sorpresa en la "escuela militar del FMLN". Los combates fueron intensos. El 28, COPREFA informó que por haber traicionado los principios de mando, subordinación y disciplina, el comité Central de las FPL ha condenado a muerte a 7 comandantes del Frente Metropolitano.

Enero de 1984. El día 1, el FMLN destruye nuestro Puente Cuscatlán. Esa madrugada me encontraba con amigos norteamericanos Pete, Nena y las hijas: Frances y Alice, en la Casa de los Marines, disfrutando de la cena del Año Nuevo y de los fuegos artificiales, ¡cuando nos informaron de la destrucción de nuestro Puente! ¡Qué cólera! Uno de nuestros tesoros nacionales había sido destruido. El 6, el niño José David Landaverde Gómez de 6 años, pereció destrozado al tocar una granada en el interior de una casa abandonada en San Miguel. El Frente Anticomunista pidió la inmediata destitución de los Generales Vides y Flores Lima así como del Coronel Blandón, por su absoluta incapacidad, en vista de los últimos atentados, dijo el comunicado. La alcaldesa de Yamabal, María Ovidia Amaya, fue asesinada por terroristas.

El día 6, 200 cortadores de café fueron secuestrados por terroristas cerca de Osicala, Morazán. El 9, alrededor de 11 periodistas y camarógrafos de agencias noticias internacionales, que se hallaban retenidos por las FPL por el Paraíso, Chalatenango, fueron dejados en libertad. El niño Santos Pérez de 10 años falleció por heridas producidas al estallarle una granada con la que jugaba. El 13, el Presidente Reagan anuncia una ayuda al país por 600 millones de dólares. El 20, una bomba accionada a control remoto en la pista aérea de Obrajuelo, San Miguel, fue detonada al paso de una avioneta civil, destruyéndola, matando un pasajero y lesionando sus ocupantes. El 22, los batallones cazadores han sido transformados en batallones de infantería antiterrorista y están siendo debidamente adiestrados para entrar en acción en cualquier momento.

El día 24, el mercenario norteamericano Karol Ichil, integrante del llamado Frente Nororiental del FMLN, fue muerto en combate, informó COPREFA. Desde Nicaragua informaron que la comandante guerrillera Ana Guadalupe Martínez, internada en una clínica local, partió con rumbo desconocido. El 25, la norteamericana Linda Cancel, fue asesinada en un retén, cerca de Jocoro, Morazán, informaron fuentes oficiales. Viajaba a Costa Rica junto a su esposo y dos hijos. El 27, asesinaron al diputado de ARENA, Arnoldo Pohl, en el redondel Miralvalle. Las FPL se adjudicaron el crimen.

Febrero de 1984. El día 3, En Washington, el Presidente Reagan adujo razones estratégicas y morales y propuso la quintuplicación de la ayuda militar para el presionado gobierno de ES. El 14, Guillermo Manuel Ungo declara que el FMLN-FDR no saboteará los comicios, pero en Bogotá Mario Aguiñada Carranza declaró que "a lo mejor se caen algunos puentes o se impide el transporte". El 15, la propuesta del FMLN-FDR hecha por Ungo, Zamora y Guadalupe Martínez en México no merecen ningún crédito y no debe ser tomada en cuenta, declaró el candidato a la presidencia por el PPS, Francisco Quiñónez.

El día 16, el Coronel Domingo Monterrosa, comandante de la Tercera Brigada de Infantería, dirigió a los efectivos que repelieron un ataque de los insurgentes. El 19, dos helicópteros chocaron por San Gerardo, San Miguel, cuando uno de ellos fue impactado por una granada hasta que impactó en la otra nave, cayendo ambas a tierra, muriendo 24 efectivos y 4 oficiales. El 20, el Mayor Roberto D'Aubuisson Arrieta, candidato a la presidencia por ARENA, señaló que el arma de los salvadoreños era el voto. El 21, un tren de carga fue atacado a inmediaciones del Puente Negro, en Tecoluca, San Vicente, informó FENADESAL. El 28, un total de 18 muertos dejó como saldo ataque perpetrado a un convoy ferroviario con 23 vagones y 5 tanques de gasolina, informó COPREFA. El 29, una serie de huelgas en ANDA e ISSS y otras instituciones causaron una gran desestabilización.

Marzo de 1984. El día 3, diez mil salvadoreños se hallaban como refugiados en el lugar conocido como Plan de las Mesas en Nueva Ocotepeque, Honduras, sufriendo grandes penalidades informaron las autoridades de Chalatenango. El 4, la relación existente entre ETA y el ERP han dado a conocer las autoridades españolas. Publicaciones de España afirman que el ETA ha proporcionado pasaportes españoles falsificados y dólares a los insurgentes salvadoreños. Niegan visa para Estados Unidos de Norte América al mayor Roberto D'Aubuisson, aduciendo razones técnicas. El 14, fue asesinado el Dr. Héctor Tulio Flores, diputado por el PCN. El 15, El Coronel Tito Adalberto Rosa, fue asesinado por FMLN.

El día 18, una Cruzada Pro Paz y Trabajo realizaron mujeres organizadas que pidieron asistencia a los comicios para lograr la paz y rechazar la violencia. El 21. el ex embajador Roberto White que mencionó a 6 salvadoreños autoexiliados en Miami, como los hombres detrás de los Escuadrones de la Muerte, después de un sorpresivo enfrentamiento con uno de los acusados en un salón de audiencias del Senado, White fue convocado a declarar ante el Comité de Relaciones Exteriores del Senado, uniéndosele a la mesa el abogado Arturo Muyshondt, uno de los identificados por White como integrante de un grupo que desde la Florida respalda al líder de derecha Roberto D'Aubuisson. Un avión Hércules C-123 contactó una mina colocada en la pista de Obrajuelo, San Miguel, cuando efectuaba aterrizaje con 540 urnas de votación.

El día 25, el pueblo salvadoreño demostró fe y civismo, al asistir masivamente a votar, aunque hubo confusión y desorden que opacaron las elecciones. Un sabotaje extremista causó apagón, además un ataque a Teotepeque de unos 1,500 rebeldes, dieron muerte a unos 20 soldados. El 28, un cadáver encontrado frente a un restaurant de la colonia San Benito, fue identificado como "Jaime" comandante de la RN-FARN según tele comunicado del Ejército Salvadoreño Anticomunista. El 29, el senado de los USA rechazó firmemente una moción del Senador Edward Kennedy para prohibir que las tropas norteamericanas participen directa o indirectamente en combates en El Salvador, Honduras o Nicaragua sin la aprobación del Congreso.

Abril 1984. El día 1, extremistas del FMLN se han dado a la tarea de quitar las cédulas de identidad personal, con el objetivo de perturbar la segunda vuelta de las elecciones, señaladas para el 6 de mayo del presente año. El PRTC asesinó al Dr. Rafael Hasbún, periodista y últimamente representante de ARENA en CCE, de donde ya había renunciado unos meses atrás. El capitán Eduardo Ernesto Ávila, rindió declaración ante el juzgado Quinto de lo Penal, en calidad de testigo en torno al asesinato de dos asesores norteamericanos y el Presidente del ISTA Rodolfo Viera.

Los resultados finales del escrutinio han dado como resultado que el primer lugar lo tuvo el PDC con el 43.41 % de los votos, el segundo ARENA, con el 29.76%, por lo que ambos pasaron a la segunda vuelta. El 2, el Presidente Reagan intensificó esfuerzos para que el Senado aprobara los 62 millones de dólares a que ha quedado reducida la asistencia de emergencia para las fuerzas armadas salvadoreñas. El 6, el Departamento de Estado de los USA, revocó la visa de Guillermo Manuel Ungo, acusándole de

que en visitas anteriores a dicho país, se le involucró en recaudación de fondos para acciones extremistas.
El día 10, convocan para la segunda ronda de la elección de presidente el 6 de mayo. El 13, el piloto aviador Juan Ramón Munés murió abatido a tiros cuando salía de INCAFE, donde laboraba como piloto de helicóptero de la institución. El Presidente Reagan frustrado por el rechazo a su política para Centro América pasó por encima de ambas cámaras y aprobó el envío de armas y elementos médicos al Gobierno de ES, dijeron fuentes oficiales.

El Día 16, el comandante Alfredo Zapata, jefe del servicio de vigilancia de la Embajada estadounidense, murió abatido a balazos por elementos de las FPL, al ser ametrallado el auto en que se conducía junto a su esposa, en el Boulevard Los Héroes y Ave. Sisimiles. Yo lo conocía muy bien porque el edificio donde vivía quedaba frente a la Embajada Americana; siempre lo veía rondando la embajada o en la entrada principal; una de sus hijas iba a PIGMALION, y tuvo que llamarme para comunicarme que no asistiría más, porque las enviaban a los USA. La Zona Oriental se quedó sin energía a causa de la voladura de postes sostenedores de cables del tendido eléctrico. El 22, El gobierno de Honduras denunció que los campamentos de refugiados al oeste de su país de han convertido en "santuarios de guerrilleros izquierdistas salvadoreños". El 26, como 12 mil refugiados salvadoreños debidamente censados están en Costa Rica, declaró el canciller José Carlos Gutiérrez durante su visita a ES. Dos Destructores de la Marina de USA navegaron por el Golfo de Fonseca en ejercicios de vigilancia para ayudar a ES y Honduras a cortar el flujo de armas de Nicaragua para la guerrilla. El Ministerio de Defensa sometió a la Asamblea Legislativa una nueva ley de servicio militar para actualizar el sistema de reclutamiento y procurar lo que un oficial calificó como una distribución más justa del peso de la guerra.

El día 27, el movimiento Unitario Sindical y Gremial de El Salvador, es parte del FMLN-FDR, indica COPREFA, al involucrar a esta entidad con actos de violencia y sabotajes programados para el 1 de mayo. El 30, La Unidad Patriótica

Salvadoreña fue formada por los partidos ARENA, PAISA Y PPS, para presentarse ante la próxima ronda eleccionaria presidencial. El señor Evelio Estrella, norteamericano nacionalizado, le invitaron a salir del país en forma oficial por el Ministerio del Interior, en cumplimiento de la Ley de Migración. En igual forma se consideró el caso de los activistas de IVEPO, pero Nacho Castillo se quedó en el país y, ha de haber tomado la ciudadanía salvadoreña porque tiene su programa de T.V. y emite opiniones sobre El Salvador.

Mayo de 1984. El día 4, cuatro helicópteros ambulancia fueron entregados a la FA salvadoreña por el ejército de los USA. El Washington Post, sostuvo que la CIA utilizó a IVEPO, para canalizar fondos a favor del aspirante presidencial salvadoreño José Napoleón Duarte. Los USA negaron que apoyaran a la DC. El día 6, violencia del FMLN sabotea orden de los comicios efectuados en todo el país. Un helicóptero donde se conducía el embajador Thomas Pickering, acompañado de un senador republicano y otro demócrata y periodistas internacionales fue ametrallado cuando sobrevolaba la Zona Oriental, llegando a San Miguel. El 11, Napoleón Duarte y Rodolfo Castillo fueron proclamados por el CCE ganadores de las elecciones presidenciales de 1984 (aunque muchos sabemos que fue por *default*). Fue dejado en libertad el Coronel Adolfo Castillo, ex subsecretario de Defensa quien se encontraba cautivo del FMLN desde julio de 1982. Duarte declaró que la FA debe comprender su situación constitucional, analizar su apoliticidad. Obediencia y no beligerancia, al definir su posición en la Presidencia de la República. El CCE anuncia que para los próximos comicios proyecta crear el carnet electoral usando el sistema de computadoras. El mayor Roberto D'Aubuisson impugnó los escrutinios de la segunda ronda de elecciones presidenciales, lo que fue rechazado por el CCE.

El día 14, el Coronel y Dr. Fernando Berríos, ex Ministro de Salud Pública, murió acribillado a balazos cuando abordaba su auto frente a la farmacia Belloso, de su propiedad. El PRTC se adjudicó el hecho más tarde. El 18, un atentado contra la vida del embajador Thomas Pickering, que supuestamente se llevaría a cabo el día 20, denunció el mayor Roberto D'Aubuisson. El 23, en Zacatecoluca se llevó a cabo el juicio de los ex guardias acusados de haber asesinado a 4 monjas norteamericanas, de la orden Maryknoll. El 24, fue condenatorio el veredicto del jurado contra los ex guardias acusados de matar a las 4 monjas. Horas después de haber sido conocido el veredicto condenatorio para los asesinos de las monjas, la Cámara de los Representantes aprobó la ayuda por 64 millones de dólares para ES solicitada por el Presidente Reagan. El día 29, unos 4 mil soldados de Honduras y ES iniciaron ejercicios antiguerrilleros cerca de la frontera salvadoreña, que según militares los pusieron cerca de los insurgentes que operaban en la parte norte de Morazán.

NUEVAMENTE VACACIONES A WASHINGTON

¡Era terrible vivir en El Salvador! Era muy dramático, no solamente porque le podía pasar algo a uno... si no por lo que les podía pasar a los amigos o a los familiares. Aunque cada año, había podido tomarme mis vacaciones en los Estados, para ver a mi hija y a mis tías en Washington. En este mes de mayo decidí, también, ir a Washington y quedarme 3 semanas de respiro y con la intensión de regresar e irme, ¡a otro lado! Tal vez, para siempre. Así es que, como lo había hecho cada año, volví a tomar el avión para Washington a ver a Kay y Marie. Carlos Jiménez había también regresado de Costa Rica, después de la tragedia que le había acontecido y estaba tratando de reponerse de semejante pérdida, la de John. Así es que, cuando llegaba siempre a Washington, ya Kay me tenía un programa elaborado, y Carlos me tenía que invitar a mi restaurant chino predilecto, el Peking Palace; pero también me llevó a visitar, por primera vez, un bar gay, para vivir la experiencia, contándome cómo había sido la tragedia y realmente estaba muy triste y todavía llorando mucho a John. También fui a una Feria, en un pueblito de Maryland, de artesanías y manualidades, tan grande y vi cosas tan lindas... que hubiese deseado traer muchos de esos artesanos para que viniesen a El Salvador y enseñar a los salvadoreños a fabricar esas artesanías tan bellas; eran en vidrio, en lana, en cuero, ¡en todo lo que se puede uno imaginar!

Capítulo XXVIII

Mientras permanecía en Washington seguía pasando en El Salvador todo esto:

Junio de 1984. El día 1, una de las primeras tareas del nuevo Presidente, debe ser procurar que la democracia sea una vivencia genuina en todos los aspectos de la vida nacional, dijo en su discurso de entrega del poder presidencial al Ing. José Napoleón Duarte, la Presidenta de la Asamblea Legislativa María Julia Castillo. Este mismo día asumió el cargo de Presidente de la República el Ing. Duarte. El 4, el nuevo Ministro de Obras Públicas, Ing. Ramón Rodríguez informó que los casos de corrupción que se encontrasen serían reportados a la Comisión Nacional de Probidad, para su conocimiento y castigo. El pediatra Eduardo Vides Casanova, hermano del actual Ministro de Defensa general Carlos Eugenio Vides Casanova, fue secuestrado en su clínica particular.

El día 11, COPREFA anunció que se ha producido una nueva purga en las filas de los cabecillas de las organizaciones extremistas, al ser retirado de la cúpula del poder el segundo jefe del ERP Juan Ramón Medrano, alias Baltazar. El 13, el Coronel Herson Calito ha sido nombrado Comandante Departamental de Morazán. El 18, el gerente de INSINCA José Ernesto Quintanilla fue ametrallado cuando se disponía a entrar al templo de Don Rúa. El 19, COPREFA informó que Mercedes del Carmen Letona, una de las 7 comandantes del ERP y directora de la radio clandestina VENCEREMOS, es la persona que con el seudónimo de Luisa, firmó un documento expresando fuertes críticas a la conducción de esa agrupación extremista. El 25, el precandidato demócrata de los USA Jesse Jackson se reunió con el Presidente Duarte. El 27, el mayor Roberto D'Aubuisson fue recibido por el Departamento de Estado, en Washington, como un dirigente político de ES. El día 28, el FMLN ataca la presa del Cerrón Grande y se la toma por espacio de 8 horas, hasta que el ejército logró recuperarla por medio de tropas aerotransportadas. El ataque dejó por lo menos 120 muertos en ambas filas.

Tom

En este mes de julio, recibí una llamada de un señor que se llamaba Tom Johnson, diciéndome que venía de San Francisco y que Hugo Guerra, mi amigo, lo refería, era profesor de periodismo en la Universidad del Estado en San Francisco. Nos reunimos para conocernos; él venía representando a la revista Time de los USA, aproximadamente por 1 año, a cubrir para la revista, la guerra en El Salvador. Tuvimos una magnífica relación, aprendí muchas cosas con él.

Comencé consiguiendo citas para que él pudiese entrevistar personas, para las diferentes historias que le requería la revista. A veces, incluso tenía que estar presente, cuando generalmente no era muy arriesgado para mí. Recuerdo que una vez me invitó para que fuera con todo el staff a la Palma, cuando el llamado del Presidente Duarte a la guerrilla. Yo no estaba dispuesta a ir, ¡para nada! ¡Además de la incomodidad!

Una vez le requirieron una nota sobre la Teología de la Liberación; había llegado de New York otro periodista Harry Kelly y Ricardo Chavarría de México. Hice la cita con el sacerdote más versado en ese tema que era el Padre Ricardo Fuentes Castellanos. Nos dio una cita para las 4 de la tarde, en su casa, que estaba situada atrás del cine Vieitez, al final de una calle que parecía pasaje, en la última casa a la derecha. El día que nos asignó llegamos puntuales y después de unos tantos minutos para las presentaciones; éramos 4, comenzaron con la entrevista.

Como a las 4:55 sonó su teléfono, su empleada de casa lo contestó y llegó a decirle que le requerían en el teléfono, luego regresa y me dice a mí algo apenado: "fíjese que viene el Mayor." No se preocupe le contesté. Bueno, les dije a los periodistas, se terminó la entrevista porque el padre tiene una emergencia. Creyendo que íbamos a tener tiempo de irnos, antes de la llegada inesperada. Pero cuando nos estábamos despidiendo se oyeron unos toques fuertes en la puerta de metal de la casa, el padre abrió y… ahí estaba nada menos que el mayor D'Aubuisson y el general Aguirre. Cuando el Chele me vio, inmediatamente me dijo: "y

Capítulo XXVIII

vos, ¿qué estás haciendo aquí?" Yo le conté, incluso le presenté a mis amigos rápidamente y me dijo: *"Quedáte"*. Les dije a los periodistas que me iba a quedar, ellos asintieron con la cabeza, y jamás, nunca, me preguntaron nada acerca de por qué me quedé, etc. ¡Eso es lo que más me encanta de los gringos!

Claro, al quedarme fui testigo de que el Chele, llegaba a solicitarle con urgencia al padre, que pusiera un recurso de amparo ante la Corte Suprema de Justicia. El padre inmediatamente fue a traer su cédula, le dio el número, firmó el documento y... ahí viene lo chistoso: sacó una botella de vodka y unos vasos y les sirvió a cada uno su trago.

Al tiempo de irnos, me dijo el Chele: "nosotros te vamos a llevar, ¿a dónde te llevamos?" Saliendo a la calle estaba una camioneta dizque blindada y yo creí que en ese vehículo nos íbamos a subir e ir; cual es mi sorpresa que, atrás de la camioneta estaba un carro normal color rojo, que se miraba un poco descuidado; pues en ese carro nos subimos los 3 y el motorista y me llevaron al Edificio San Francisco, atrás siempre la blindada cuidándonos con los **magníficos**. Al llegar a la entrada del edificio, subimos todos al tercer piso, el Chele, Toñito Aguirre el general, y los **magníficos**, ya eran como las 6, o 6 y media de la tarde.

Entramos a mi Sala y, copiando al dedillo la acción del padre Fuentes Castellanos, comencé hacer lo mismo: a servir el vodka a todos. No sé qué pasó; tal vez se sintió en familia con todos nosotros; tal vez estaba contento con todo lo que le había sucedido ese día, el padre había aceptado su petición, no sé, eso sí, ya estaba con sus tragos; pero el Chele aguantaba bastante, todos sabemos que él se mantenía a puro vodka; entonces no sé, pero comenzó a contarnos: todos los presentes oímos, cómo había sido su vida, (cuando estaba pequeñita y vivíamos en el Pasaje Martínez, los D'Aubuisson vivían a la vuelta de la esquina; éramos muy amigos, mi mamá con Quina, mi papá con Roberto papá y yo con Carmencita). Así es que probablemente la nostalgia lo trajo a que comenzara a hablar sobre su familia; nos dijo que para él su hermano Carlos, era todo, y que ojalá no le fuera a pasar nada ya que se tenía que venir de la Unión, donde trabajaba en la camaronera, en bus hasta San Salvador; y por estos tiempos de guerra, era tremendamente arriesgado.

Más con ese apellido D'Aubuisson, que era tan odiado por la guerrilla y que estaba en la cédula que tenía que llevar todo el tiempo para las identificaciones en la carretera. Hubo un momento que nos contó cómo había entrado a la Escuela Militar; que para comprar todo el ajuar de ropa que les piden, las camisetas, los calzoncillos, el traje de gala, etc. tuvo que trabajar en un barco por bastante tiempo, y al final me dice: "vos nos *conocés*, nosotros no somos gente rica, yo quería formar un partido así como era el PCN, social demócrata, para la gente de clase media, pero hoy, los ricos me lo han quitado, me han quitado el partido", y comenzó a llorar, las lágrimas le fluían de los ojos, ya se pueden imaginar cómo me sentía yo, ¡con esta clase de declaración!

Todos en silencio... hubo un momento en que me prestó el baño, y luego como a las 10 de la noche se fueron, yo los fui a acompañar hasta abajo, al portón del edificio, porque me daba miedo dejarlos ir solos. Al llegar abajo, ¡el Chele se da cuenta que no lleva la escuadra!... ¿Se pueden imaginar si los hubiesen atacado en ese momento? No tenía el Chele, arma para defenderse, ¡qué terrible! Entonces me dice: ¡la dejé en el baño! Y salgo yo para arriba a traer el arma, a todo esto, todos ellos afuera esperando para ser atacados, frente a la embajada norteamericana y en esa entrada tan linda y tan peligrosa del edificio San Francisco como un escenario brutal, ¡No! ¡Esto era demasiado!

Continuando con la relación con Tom, nos llevamos de maravilla, él siempre muy educado, amable, pero más que todo considerado y cuidadoso. Había mucho trabajo, pero también había tiempo para divertirse, hasta cierto punto, no nos olvidemos que estábamos en plena guerra. Conocí a su hija Kim, estuvo de vacaciones una vez, en mi casa, mucho tiempo después. Mantenemos una relación amistosa de lejos, siempre nos estamos comunicando cuando se amerita, ya sea por teléfono o por internet; y cuando él viene a sur América, siempre pasa por El Salvador unos días, para ver cómo está todo lo que dejó por estos lugares. Siempre que viene me dice

Capítulo XXVIII

que escoja un lugar de mi país donde nunca he estado y que vamos a ir a conocerlo; no hay muchos, porque conozco casi todos, pero así, fuimos al Trifinio, con el Dr. Hellebook, y otras personas conocedoras del área. A Miramundo en Chalatenango, etc. Una vez fuimos a Panajachel en Guatemala, varios periodistas andaban por allá y me invitaron, ¡a que les acompañara! Recuerdo bien, unas fresas muy grandes con azúcar morena que comíamos, ¡frente al lago!

En el año 2001, Tom y Dorothy (ella es la pareja de Tom, abogada de Yale y antropóloga de Harvard, nada menos) me invitaron a ir a Nuevo México, donde ellos viven jubilados. Volé a Houston y luego a Albuquerque, donde llegaron por tierra a buscarme al aeropuerto. En esta ocasión estaba también Kim, con nosotros. Ellos deseaban que conociera el panorama y tuviese la sensación de atravesar esas montañas tan bellas. Pasé unos 10 días, fue toda una experiencia conocer una ciudad como Santa Fe. Al viajar a esta ciudad he visitado todas las ciudades "diferentes" de los USA: Washington, New York, New Orleans, San Francisco, Las Vegas y Santa Fe. Todas las demás ciudades son típicas estadounidenses, éstas tienen, cada una, ¡algo diferente!

Semanas antes de llegar, ya Tom me había enviado bastante literatura de cómo era y qué me gustaría conocer en Santa Fe y alrededores. Escogí visitar una Reservación indígena, y ahí se encuentra una precisamente, muy importante, Taos Pueblo, construida entre el 1000 y 1450 AD; está considerada la comunidad más antigua y habitada continuamente, en los USA. Siempre tuve la inquietud de conocer una estructura de esta clase. También escogí ver a una famosa *bailaora* gitana con su grupo de bailarines flamenco, que se presentaban por esa fecha; en esos lugares hay bastante del Méjico de ayer, además de lo español. Visitamos una iglesita de los 1600s, donde había una cueva, más bien un hoyo muy grande, de donde se saca una arenilla blancuzca; y me traje mi poquito, porque todo el mundo se lleva un poquito.

Algo que me llamó la atención fue la arquitectura: no hay edificios de más de 4 pisos; hasta el hotel La Fonda, el más grande no es alto. Los colores todos en diferentes tonos de cafés, ¡pero vi las más espectaculares puestas de sol! ¡Y tomábamos las Margaritas más sabrosas del mundo! Las mil y un galerías de arte. A las estatuas labradas a mano en madera, les dicen "bultos", los nombres de casi todas las calles, ¡en un español mal escrito! ¡Que te dan ganas de gritar! Las calles más anchas que he visto y en las aceras mazuchos de plantas de lavanda, todo huele a lavanda en Santa Fe. Los mercados con productos orgánicos, los mercados de pulgas, bueno, yo le llamo a esa ciudad, ¡una de hippies millonarios!

Siempre que he necesitado de su ayuda en proponer gente que venga a ayudarme con una charla internacional, o él mismo, si puede ayudarme, viene. A mí me encanta que Tom venga, porque me viene a arreglar todo en la computadora, me la deja al día, él es experto en lo último en tecnología. Cuando me está arreglando algo y me pide las herramientas y me las han robado, él va a la ferretería y me vuelve a comprar todas las herramientas, ya ha hecho esto como 3 veces. O sea que me deja al día en todo.

Cuando Tom estaba en San Salvador, en tiempos de la guerra, me dejó un sin fin de documentos, tanto del gobierno como del FMLN. Casi todos muy interesantes. Siempre se está muy bien informado con él. Cuando estuve en Panamá, llegó con Dorothy por unos días y paseamos por todos lados para que conocieran, y se encantaron de Panamá, pues nunca habían estado ni habían tenido a nadie que les diera un buen tour por todos los lugares interesantes y bonitos de Panamá. Espero continuar con esta amistad tan sincera por todo el tiempo que nos quede. Siempre me viven invitando a que les visite. Para la presentación de este libro ya están invitados y vendrán.

Julio de 1984. El día 5, surgen noticias de que el FMLN ha adquirido misiles tierra-aire para su arsenal bélico. Duarte declaró que esto demuestra la injerencia de Cuba y Nicaragua, ya que el equipo era caro y sofisticado debiendo provenir de países como Rusia, Vietnam, Cuba y Libia a través de Nicaragua. El 13, la penetración de terroristas paraguayos, pertenecientes al Movimiento Popular Colorado, para reforzar las filas del FMLN de ES, denunció COPREFA. El 19, la comprobada presencia de más de 200 guerrilleros uruguayos en las filas del FMLN, denunció Monseñor Fredy Delgado, en conferencia de prensa en la PH.

El día 21, una traición de Joaquín Villalobos, dirigente del ERP, considera Arquímedes Cañada, alias Alejandro Montenegro, Según él, el paso donde fue capturado solamente era conocido por él y Villalobos. Reveló que la ofensiva de 1981 fue aprobada por la Habana. El 27, la Asamblea designó como nuevos miembros de CCE al Dr. Mario Samayoa, del PDC, presidente; Francisco Merino de ARENA y Dr. Ramiro Méndez Azahar, del PCN. El 30, FENADESAL decidió suspender la circulación de trenes en todo el país en vista de los constantes ataques del FMLN. Triple ataque a 3 haciendas del sector reformado en San Pablo Tacachico, donde extremistas del FMLN dieron muerte al menos 65 efectivos de la Defensa Civil.

Agosto de 1984. El 8, el gobierno de USA hizo pública una colección de fotos aéreas, que demuestran que desde abril de 1983 los soviéticos trataban de hacer llegar pertrechos de guerra y armas a la guerrilla salvadoreña, tanto por vía marítima como terrestre. El jefe del Comando Sur, Pearl Gorman, dijo que sin la ayuda de los USA el gobierno de ES no puede durar mucho y afirmó que una nueva ofensiva se prepara para el próximo mes. Un grupo de 250 efectivos de las Fuerzas Armadas de USA, llegó a Honduras para llevar a cabo acciones de reconocimiento aéreo en territorio salvadoreño, sobre posiciones insurgentes; al mismo tiempo que la Fuerza Armada salvadoreña lanzó una intensa ofensiva militar terrestre.

El día 12, el arzobispo de San Salvador, monseñor Rivera y Damas, formuló un llamado a los sacerdotes incorporados en los grupos del FMLN-FDR, para que arreglen su situación con la Iglesia, durante la homilía dominical. El 16, el ex capitán Francisco Mena Sandoval, era el principal instructor de 3 escuelas de insurgentes que funcionaban en el norte de Morazán, revelaron desertores que se han entregado a las autoridades. El 19, la hija del Alcalde Municipal de Quezaltepeque Marina Estela Galán

Pineda, murió al estallar una bomba colocada en la casa de su padre. El 23, tres jeeps del Ministerio de Trabajo fueron quemados por extremistas en las cercanías del INDES.

Septiembre de 1984. El día 13, el Frente Femenino Salvadoreño expresó su apoyo a la posición de ANEP, según el cual no había nada que negociar con los dirigentes del FMLN-FDR; solo que se acogieran a la amnistía, después de deponer las armas o que se retiraran del país y buscaran acogida en Nicaragua o Cuba. El 19, dentro de un tatú localizado en la Montañita, entre Berlín y San Agustín, Usulután, fue descubierto un arsenal y una planta eléctrica de los insurgentes.

Octubre de 1984. El día 5, en la carretera Panamericana murió el motorista de un camión de verduras al ser ametrallado por los insurgentes, quedando muerta una señora y otro joven que los acompañaban. El 8, el Presidente Duarte formuló sorpresivamente una invitación al dialogo al FMLN en el seno de la Asamblea General de la ONU, en Nueva york, para el 15 de Octubre en la Palma, Chalatenango. El 9, el FMLN comunicó su aceptación a la propuesta del diálogo del Ing. Duarte. Los izquierdistas hablaban de paz porque mentalmente están en guerra. Solamente dirán haberla conseguido si alcanzan el poder por la vía armada, declaró el mayor Roberto D'Aubuisson. El presidente Duarte al negociar con los guerrilleros está jugando con fuego, porque lo hizo sin el aval del pueblo agregó.

El día 10, el Presidente Duarte rechazó la mediación foránea en el diálogo, señalando que era intervención extranjera. El Alto Mando de la FA no acompañará al presidente Duarte a su encuentro con los comandantes del FMLN-FDR; el lunes 15 en La Palma, respondió Duarte a los insurgentes a raíz de que éstos exigen que el Alto Mando lo acompañe. El 12, un nuevo paro al transporte para el 16 de octubre, anunció la emisora clandestina del FMLN, causando preocupación a todos los salvadoreños. El 14, Llegaron en un avión de la FA Panameña, los abogados Guillermo Manuel Ungo, y Rubén Zamora representantes del FMLN-FDR para dialogar en La Palma con el Gobierno de El Salvador.

El día 15, como un paso positivo y de grandes logros, fue calificado el diálogo celebrado en La Palma, entre el Presidente Duarte y los dirigentes del FMLN-FDR, señalándose para una segunda reunión el 15 de noviembre próximo. El 16, expresó el presidente Duarte que jamás violará la Constitución Política para cumplir con las exigencias del FMLN-FDR. Ellos pueden legitimarse como partido político, lo que no se puede es legitimar otra fuerza que sustituya a la Fuerza Armada, como pretenden los grupos insurgentes, afirmó, El 17, expresó el presidente Duarte no haberle dado ningún reconocimiento al FMLN-FDR. El 18, el gobierno hondureño informó que más de 600 salvadoreños, solicitaron refugio en su territorio en los últimos 5 días. Más de 32 mil salvadoreños se han refugiado en ese país desde 1979.

Cuatro norteamericanos contratados por la CIA para que cumplieran una misión de reconocimiento en ES, murieron en SS al estrellarse el avión en que se conducían contra una montaña, en medio de una tormenta, informó el Departamento de Estado en Washington. El 21, amenazaron a muerte a Don Rosalío Hernández Colorado jefe de redacción del periódico La Prensa Gráfica. La FA dio a conocer un plan de bonificaciones para las personas que se hallen en las filas del FMLN y entreguen sus armas y denuncien dónde hay arsenales o donde operan grupos terroristas. El presidente de Colombia Belisario Betancourt se reunió con Mario Aguiñada Carranza, uno de los dirigentes guerrilleros salvadoreños con quien discutió la crisis en ES y las perspectivas de diálogo El día 23, murió el Coronel Domingo Monterrosa Barrios, 8 oficiales, 3 camarógrafos de COPREFA, un sacerdote y su sacristán, al estallar el helicóptero en que se disponían a salir de Joateca, Morazán. El atentado se lo adjudicó el ERP por considerar a Monterrosa el único capaz de ganarles la guerra.

Pero la familia de Monterrosa, a quien conozco muy bien, siempre ha apostado a que fue gente dentro de la Fuerza Armada quien tuvo que ver con el "sabotaje, accidente y muerte de Monterrosa y los otros militares". Monterrosa era el comandante de la Tercera Brigada de Infantería. Murieron también el coronel Herson Calito, mayor Armando Azmitia, mayor Nelson Alejandro

Rivas, Subteniente piloto aviador Mauricio Antonio Duarte Arévalo, Subteniente Oscar Villega Guevara , subteniente cadete Arturo Aparicio Erazo, soldado Manuel Gómez Martínez, el sacerdote Carlos Guillén, sacristán Juan de Dios Andrade y los periodistas de COPREFA, Juan Paulino Rivas, Joaquín Baltazar Reyes y René Mauricio Quintanilla. Derogan la ley de Control de Medios, a petición de los representantes de comunicación social.
El Departamento de Defensa de USA, anunció que planeaba maniobras con la marina salvadoreña, pero negó una afirmación de que tropas de los USA realizarían maniobras en ES. El 31, diputados del PDC se oponen a la idea del Mayor D'Aubuisson, de dar vida como partido político al FDR a través de un decreto legislativo.

Noviembre de 1984. El día 5, descubren cementerio clandestino del FMLN dedicado a comandantes extranjeros. El 7, Ronald Reagan es reelecto Presidente de los USA por otro periodo. El 18, amenazas del FMLN impidió corta del café. Los USA niegan visas a 4 integrantes del Comité de Madres de Desaparecidos. Extremistas atacaron un auto con bomba Claymore y fuego de fusilería, matando a 3 ocupantes, dos de ellos niños. El 23, el FMLN asesinó al teniente Rafael Antonio Navas y su esposa María Magdalena Jiménez. El 24, desertor cubano en USA, denunció que Fidel Castro compraba armas en el mercado negro norteamericano para los insurgentes salvadoreños. Atentaron contra el mayor D'Aubuisson en la colonia San Francisco. El 29, le dieron baja al teniente Rodolfo López Sibrián, por infracciones militares. El 30, se realizó la segunda reunión de diálogo, esta vez en Ayagualo, La Libertad. El presidente Duarte rechazó por inconstitucional la propuesta del FMLN-FDR.

Diciembre de 1984. El día 7, se reestructuraron los cuerpos de seguridad, la Guardia Nacional funcionará como Policía Rural; la Policía de Hacienda cuidará el patrimonio Nacional, protegerá a los funcionarios públicos, se desempeñará como Policía Migratoria y como Policía Fiscal, absorbiendo a la policía de Aduanas, y la Policía Nacional vigilará las áereas urbanas. Asesinaron al Jefe de personal de PAESS Efraín Arístides Figueroa. El 18, el ejército mata a un comandante del ERP.

Enero de 1985. Asesinaron al jefe de personal de la RASA, Sr. Wilfredo López de 47 años quien se conducía hacia el Aeropuerto para viajar hacia lo USA. ANTEL anunció que las pérdidas por la destrucción de equipo ascienden a diez millones de colones. El 4, No se permitirá la portación de armas de ninguna naturaleza en los recintos de la Universidad de El Salvador, comunicó el Departamento de Relaciones Públicas de esa Universidad. El 8, tres desconocidos asesinaron al Alcalde de Santa Elena, señor José Domingo Avilés de 66 años, alcalde por el PCN.

El día 9, voceros militares dijeron que el primer avión C-47 artillado con tres ametralladoras, con capacidad de fuego superior a las armas de infantería, fue puesto en servicio por FA y pronto llegarán al país otras unidades. El 11, el servicio militar obligatorio será efectivo para todos los salvadoreños. Quienes no cumplan serán objeto de severas sanciones, como suspensión de derechos ciudadanos en la obtención de la cédula de identidad Personal, salidas al exterior, ingresos del exterior, suspensión del NIT y otros, afirmó el Jefe del Estado Mayor conjunto Coronel Adolfo Blandón. En vista de las amenazas recibidas por los obispos Rivera y Damas y Gregorio Rosa Chávez, se les está brindando seguridad especial, informó el Coronel Reynaldo López Nuila.

El día 18, fue asesinada la Alcaldesa de San Jorge, Usulután, Graciela Mónico Palma de 25 años, por dos desconocidos, en su despacho. El sacerdote Juan León Montoya declaró: "que los comunistas pidieron dialogar con los países libres como táctica sombría para obtener algo provechoso. El 21, pérdidas cuantiosas de más de 100 mil colones, ocasionó el incendio provocado por extremistas en la Cooperativa Algodonera Salvadoreña en Jiquilisco. El 22, la comandante guerrillera Yaneth Samour Hasbún, alías Filomena, fue capturada junto a otra subversiva Maximina Reyes Villatoro, en San Miguel, por la Guardia Nacional, informó la radio clandestina quien dijo que Filomena era miembro del Comité Central del Ejército Revolucionario del Pueblo ERP.

El día 23, anunció el Presidente Duarte que no hay ninguna decisión sobre un tercer encuentro con el FMLN, acusando a los subversivos que asistieron a Ayagualo de llegar negativamente y que se prestaría a un diálogo táctico. El 24, como maniobra tendenciosa del FMLN, calificó la GN la captura de la comandante Filomena y la subversiva Maximina Reyes, Al mismo tiempo D'Aubuisson declaró sobre los "escuadrones verdes" que están causando terror político contra los humildes correligionarios de ARENA, afirmando el Presidente Duarte que D'Aubuisson está desestabilizando al país, con sus declaraciones.

El día 27, el secretario del Juzgado Cuarto de lo Penal, informó que por haberse agotado las diligencias judiciales y no encontrarse pruebas sobre el sujeto activo en la muerte de Monseñor Arnulfo Romero, fue la razón por la que el tribunal ordenó que se archivara el juicio, aunque no significa que el juicio quede en el olvido. El 29, Seis modernos helicópteros Hughes 500 Mini-Gun, con capacidad de fuego de 6 mil disparos por minuto, vendrán a aumentar la estrategia defensiva del ejército, dijeron voceros militares. El 30, negó categóricamente el profesor Julio César Portillo que ANDES esté colaborando con los grupos extremistas en el agrupamiento de campesinos. El 31, El presidente Duarte contestó a la SIP que le acusaba de coaccionar la labor de El Diario de Hoy, al suspenderle la publicidad del gobierno, Duarte dijo que austeridad del gobierno le habían obligado a ello.

Febrero de 1985. El 2, Un campo minado por órdenes del cura belga Rogelio Poncelle en Joateca, causó la muerte de 4 mujeres y un hombre cuando regresaban de sus tareas cotidianas, informó COPREFA. El 5, Tres aviones Cessna A-37 Dragonfly, recibió la FA y está en espera de 4 C-47; los aviones tienen capacidad de arrojar bombas de 226 kilos, además vienen 4 helicópteros Hughes 500 artillados. El 12, setecientas veinticinco escuelas están cerradas en el país como consecuencia de la violencia, informó el Director de Educación Básica.

El día 15, el presidente de ANEP Juan Vicente Maldonado, dijo que "Contadora seguirá existiendo porque a los cancilleres de los gobiernos involucrados les interesa mantener este frente que en cierto momento puede significar premios de la paz para sus respectivos presidentes," agregando que continuará Contadora fracasando. El día 27, declaró el Canciller Jorge Eduardo Tenorio, desde Buenos Aires, que después de las elecciones del 31 de marzo, se llevaría a cabo la tercera fase del diálogo entre el gobierno y los grupos alzados en armas. China nacionalista ofreció más ayuda militar a ES. El aporte será en guerra psicológica o política o en cualquiera de las especialidades más avanzadas de la tecnología, defensa, seguridad, combatividad, contrainsurgencia u otros, lo expresó el general Blandón.

Marzo de 1985. El día 1, el Departamento de Estado de USA negó visa al líder salvadoreño Roberto D'Aubuisson para viajar a Washington y pronunciar un discurso ente el foro conservador Acción Política Conservadora. El 6, investigaciones y evidencias determinaron que dentro del helicóptero en que viajaba el Coronel Domingo Monterrosa y otros jefes militares, iba una bomba, la cual estalló cuando la nave tomaba altura. Negando que la nave fuese atacada desde tierra. El 7, tres sujetos de las FPL asesinaron al coronel Ricardo Cienfuegos, jefe de COPREFA, en una de las canchas de tenis del Circulo Deportiva Internacional. Dejando una manta sobre el militar con las siglas de las FPL. El 8, el grupo terrorista "Clara Elizabeth Ramírez" de las FPL, se atribuyó el asesinato del coronel Cienfuegos; Tom, otro periodista y yo fuimos a la Vela del Coronel Cienfuegos, ya que era una de las fuentes principales de información.

El día 13, los llamados "Escuadrones de la Muerte" han operado en nuestro país desde 1969, cuando se formaron los grupos terroristas del Partido Comunista, dijo el líder de ARENA Roberto D'Aubuisson, haciendo un análisis de cómo estos se formaron. El 18, el PDC llevaba inscritos en su planilla para las próximas elecciones del 31 de marzo, el 30% de elementos del MNR-UDN; esto es un engaño, pues dichos partidos de corte comunista, no participan en el proceso, aunque estén inscritos legalmente en el CCE, expresó D'Aubuisson, a los editores norteamericanos de la SIP, que visitaban el país.

El día 23, a la edad de 67 años, murió abatido a balazos, en la Colonia Zacamil, el General José Alberto Medrano, ex director de la Guardia Nacional; todo el mundo lamentando su muerte, ya que si él hubiese vivido uno años más, nunca se hubiese desarrollado el fenómeno de las pandillas. El 28, militares de USA adiestraron a policías, para que enfrenten las intensificadas acciones guerrilleras en la capital. La Unidad formará parte de la PH y será estilo SWAT, con equipos y técnicas iguales. El 30, fueron presentados 4 terroristas implicados en los asesinatos del Coronel Cienfuegos, jefe del COPREFA, tres estudiantes universitarios, un diputado, un teniente, un detective y posiblemente en la del General Medrano. Los capturó la PN.

Abril de 1985. El 7, agencias noticiosas y estaciones de radio divulgaron la noticia de que el comandante Joaquín Villalobos había muerto, Parecía haber caído en desgracia y el FMLN estaba pensando en eliminarlo. Estos rumores salieron también antes de que les dieran muerte a Mélida Anaya Montes y a Cayetano Carpio.

El día 22, la dirigente del FMLN Nidia Díaz, que asistiera al primer encuentro de diálogo, en La Palma, Chalatenango, fue capturada por el ejército en el cantón Amatitlán, Arriba, San Vicente, luego de un combate entre rebeldes y militares. Informando COPREFA que la dirigente había salido herida de una pierna y un brazo; siendo Felix Rodríguez un factor determinante de haber ubicado la columna guerrillera que se estaba moviendo de posición; avisando a la FA por medio de luces de bengala la posición exacta, logrando un éxito de captura; habiéndola trasladado después a la Fuerza Aérea y luego por medio de la captura de documentos que llevaba consigo, se dieron cuenta que no era un hombre, sino la guerrillera Nidia Díaz; cuando en una carta personal le escribía una amiga sobre lo bien que se miraba en la fotografía del periódico, que recogía la noticia sobre el diálogo de La Palma, Chalatenango.

Después de algunos años, Félix, guarda detrás de la puerta del sótano de su casa en Miami, donde guarda todos sus trofeos de guerra, siendo uno de los de El Salvador, un brasier negro de Nidia Díaz. Mario Alejandro Aguiñada García de 19 años, hijo de Mario Aguiñada Carranza, dirigente del FMLN-FDR, murió en un combate en Nejapa, informaron voceros de esa agrupación.

Capítulo XXVIII

En los primeros tres meses del presente año, el ejército dio muerte a 239 terroristas del FMLN. Lesionado a 93; otros 213 se han reincorporado a la sociedad y 196 fueron capturados, informó el jefe del Estado Mayor Conjunto General Adolfo Blandón.

El día 28, el dirigente subversivo Napoleón Romero, conocido como Miguel Castellanos, dijo a medios informativos, que se retiró del FMLN, porque estaba harto de la violencia. Dijo haber pertenecido al Comité Central de los rebeldes y desmintió a una emisora clandestina que dijo que había sido capturado. Agregó que no veía ninguna posibilidad de triunfo en el campo militar para el FMLN-FDR. El 30, el Gobierno planteó dos propuestas de diálogo y se esperaba la respuesta de los sectores de izquierda. A la guerrilla le afectó la captura de la comandante Nidia Díaz, así como la deserción del comandante Miguel Castellanos afirmó una fuente del gobierno.

Mi regreso a New Orleans

En este mes de mayo ya tenía 10 años de haber regresado a El Salvador; pero habían sido 10 años de gran trabajo, grandes experiencias, muchos éxitos, ¡pero también habían sido 10 años de angustias y zozobra! Tanta gente, sobre todos mis amigos de la Embajada norteamericana me vivían diciendo: Lilly, ¿y tú porqué sigues viviendo en El Salvador? ¡Esto nunca va a terminar, vete! ¡El Salvador es una cadena interminable de conflictos! Y como dicen: ¡tanto va el agua al cántaro que al fin se rompe! Y realmente, decido moverme a New Orleans. Empaco todo lo que deseaba llevarme, porque me iba del todo. Dejándole, a mi buen amigo, Chepe Hernández, mi apartamento en el edificio San Francisco, donde estaba PIGMALION. Él trasladó su oficina allí misma. Verdaderamente era una situación bastante difícil vivir en El Salvador.

Me trasladé con muebles, adornos, recuerdos... cuando ya todo el menaje estaba empacado me entró una desesperación porque la agencia de transporte que me llevaba toda la carga al aeropuerto, nunca llegaba... y temía que hubiese un terremoto y todo acabara en desastre. Tenía como una premonición de que algo iba suceder ahí. ¡Lo cual efectivamente sucedió! En el terremoto del 86. Recuerdo que en la noche soñaba con que ciertamente había un terremoto y perdía todo… al fin como a los 8 días llegó el transporte y se llevaron todo al aeropuerto y luego rumbo a New Orleans. Iba conmigo una empleada que me ayudaría porque quería poner un pequeño restaurant, ¡y ella cocinaba delicioso!

Ya había pasado un mes, desde que había llegado a New Orleans y unos amigos salvadoreño tenían abandonado un restaurant en Metarie, pero luego la localización del restaurant no era muy accesible, Metarie y los tiempos que se estaban pasando en el sur de los USA eran de una desaceleración económica, lo tomé pero solamente por 3 meses. Aunque estaba de moda abrir restaurants en el área, otra amiga nicaragüense Tula Lacayo, abrió el suyo también. Era un trabajo muy duro, así es que pensé irme a New Orleans donde mis otros amigos judíos que eran dueños de Rascals, —porque quería aprender sobre cocina— y comencé a trabajar ahí; aprendí a preparar las ensaladas y unos sándwiches de película, pues era un concepto nuevo de restaurant, además que compré toda la vestimenta apropiada.

En El Salvador, los acontecimientos se seguían dando así:

Mayo de 1985. El día 2, 261 Alcaldes fueron juramentados y tomaron posesión de sus cargos. Faltó Antonio Hernández, de Las Vueltas, Chalatenango, por haber sido secuestrado por el FLMN. El 8, total apoyo al embargo económico a Nicaragua ordenado por el presidente Reagan ofreció la ANEP. El 9, el alcalde de El Sauce en la Unión, Antolín Núñez Canales de ARENA, fue asesinado a balazos por el FMLN. El presidente Duarte confirmó que los miembros del FMLN habían aceptado tener pláticas privadas previas a un tercer diálogo. El 14, definitivamente quedó ejecutada la sentencia de 30 años de prisión para cada uno de los implicados en la muerte de las 4 religiosas norteamericanas. El 18, terroristas asesinaron al Dr. Rodolfo Araujo Baños, juez militar de Primera Instancia, frente al colegio La Asunción.

El comandante Nacho, asesinó a dos de sus compañeros y luego se suicidó, cuando fueron descubiertos por tropas del Batallón Arce, por Jucuarán. El 21, el Dr. Miguel Ángel Orellana alías Bonifacio y el sacerdote César Valle alías Foncho, combatientes del ERP, fueron capturados por la Primera Brigada de Infantería cerca de Guazapa. Documentos capturados a un rebelde evidenciaron que los insurgentes izquierdistas, recibieron adiestramiento en Vietnam, Bulgaria, Alemania Oriental y la Unión Soviética. El 24, "No voy a compartir el poder con nadie", expresó el presidente Duarte en USA, al ser cuestionado si compartiría el poder con los insurgentes. El 27, tres subversivos murieron en enfrentamiento en Sesori, con tropas del Batallón Arce. El 30, el FMLN-FDR recurrieron a la Asamblea Legislativa, pidiendo la continuación del diálogo en nota enviada por medio de Monseñor Rosa Chávez.

Junio de 1985. En el discurso pronunciado por el Coronel López Nuila, el punto central fue la creación de la Academia de Seguridad Pública, institución que servirá como centro educativo y orientador de las actividades de la seguridad pública. El 5, la participación de subversivos del FMLN en los paros laborales en empresas privadas y estatales, señaló el Dr. Jorge Bustamante, director de ISSS. El 14, total dependencia del FMLN de cubanos y sandinistas, y la ciega obediencia de los pocos cabecillas criollos que quedan, puntualizó el ex dirigente rebelde Miguel Castellanos, como principal fracaso de esa organización.

El día 19, trece personas muertas y un número indeterminado de heridos dejó el ataque a sangre fría contra un grupo de personas que departían en un restaurant de la Zona Rosa. Los terroristas, que vestían uniformes militares, acribillaron a 4 Infantes de Marina de los USA y a varios civiles nacionales y extranjeros. El hecho causó indignación y repudio. El 21, terroristas del PRTC-FMLN emitieron un comunicado haciéndose cargo del operativo de la Zona Rosa en el que fueron asesinadas 13 personas. La Asamblea Legislativa y la ANEP condenaron la masacre de la Zona Rosa, pidiendo mecanismo de control e inteligencia de manera urgente contra la acción subversiva. No diálogo con los extremistas y rompimiento de relaciones diplomáticas con el régimen sandinista comunista, recomendó ISEPES. El 26, la creación de un batallón de reacción inmediata dentro de los cuerpos de seguridad para mejorar los sistemas operacionales, dio a conocer el presidente Duarte, al inaugurar el primer Batallón en la PH.

El Departamento de Estado de los USA rechazó las afirmaciones de los rebeldes salvadoreños aduciendo que el asesinato de 6 norteamericanos: 4 Infantes de Marina y dos empresarios, fue un acto de legítima defensa, "Fue un acto de brutal terrorismo que no puede ser justificado". El 27, el triunfo de El Salvador en su guerra contra el comunismo, depende del éxito, declaró el escritor cubano Armando Valladares que estuvo preso 22 años en Cuba, de la lucha para erradicarlo de Nicaragua. El 28, el proceso de investigación de la matanza de la Zona Rosa, fue trasladado a un tribunal militar, argumentando incompetencia en el caso, el Juzgado Quinto de la Penal. Se abrió el caso del asesinato de los dos norteamericanos y el presidente del ISTA, en el Hotel Sheraton, el 3 de enero de 1981, por dos guardias nacionales. Las pruebas señalan al capitán Eduardo Ávila y al teniente Isidro López Sibrián.

Julio de 1985. Seis helicópteros UH-1H llegaron al país como parte de la ayuda militar. Fue sobreseído de cargos el capitán Eduardo Ávila. Estaba acusado de participar en la muerte de los sindicalistas y asesores estadounidenses de la reforma agraria. El 9, Joaquín Villalobos dijo que en 1987 el gobierno del presidente Reagan podría enviar tropas a ES o "aceptar una victoria guerrillera". Fueron atacados los garitones del Penal La Esperanza, por elementos del FMLN, resultando lesionados 4 vigilantes del penal de Mariona. El 16, el gobierno condenó enérgicamente la amenaza del grupo anticomunista ESA contra 11 elementos de la Universidad de El Salvador. El 17, una emisora rebelde anunció: ha muerto la comandante Arleen responsable político militar del PRTC; analistas militares sospechan de purga dentro del FMLN. El 22, cien mil dólares de recompensa ofreció el Gobierno de los USA por información que se le proporcionara y conduzca al arresto de los sujetos que perpetraron la masacre de la Zona Rosa.

Agosto de 1985. El 1, Monseñor Rosa Chávez, definió la posición de la Iglesia a favor del diálogo para alcanzar la paz. Caspar Weinberger, Secretario de Defensa de los USA dijo que 21 militantes del PRTC fueron muertos y 9, incluyendo jefes, fueron capturados, todos son parte del comando que perpetró la masacre de la Zona Rosa. El 8, el presidente de la Conferencia Episcopal de ES Monseñor Revelo dijo que el único camino hacia la paz es el diálogo; y si fracasa, se producirá la destrucción total de ES. El 11, Nidia Díaz, fue sometida a una exitosa operación, por parte del personal de la Comisión de Ayuda Médica a El Salvador, de los USA. El 14, la Dra. Dina Castro de Callejas, viceministra de Justicia, manifestó preocupación por el continuo robo de niños. El 17, el mayor D'Aubuisson, expresó que los víveres que administra CONARES, son manejados con fines políticos.

El día 22, a pedido de los familiares de los Alcaldes secuestrados por el FMLN, fue suspendida la marcha que se planificaba en San Miguel a favor de los secuestrados. El 24, cinco testigos en el caso del asesinato de Monseñor Romero, declararon en el Juzgado Cuarto de lo penal. El 25, dirigentes del FMLN, anunciaron, a través de la radio clandestina, la suspensión del sabotaje al transporte, luego de sufrir 7 días. El 27, el Presidente Duarte, informó detalladamente la planificación y ejecución de la masacre de la Zona Rosa, dando parte de la captura de tres de los participantes y su remisión a un tribunal militar. El día 30, ante Periodistas nacionales y extranjeros, los 3 acusados del crimen de la Zona Rosa, aceptaron su participación en los hechos.

Septiembre de 1985. El día 2, los comandantes Villalobos y Hándal del FMLN, presentaron en conferencia de prensa en Perquín, a 9 de los 13 alcaldes secuestrados por esa organización. Pidiéndole al gobierno que explique la suerte de 9 comandantes de ese grupo que fueron capturados. El 5, el Movimiento Obrero Demócrata Cristiano, en campo pagado, acusó al Mayor D'Aubuisson de ser cómplice y creador de la farsa de un señor Salazar Collier que dice saber que el asesinato de Monseñor fue planificado y ejecutado por el FMLN; así mismo lo llamaron a exonerarse de diputado y someterse al juicio público. D'Aubuisson contestó que esto no es más que una campaña montana por

IVEPO para desprestigiarlo. El 6, doce helicópteros fueron enviados a ES de parte de los USA; tienen mini cañón con un ritmo de 4,000 descargas por minuto. El día 10 fue secuestrada la hija del presidente Duarte, Inés Duarte Durán, con su acompañante Srta. Ana Cecilia Villeda, y Duarte suspendió gira programada a Europa y los USA.

El día 13, los USA publicaron un informe donde se afirmaba que el ataque al cuartel El Paraíso Chalatenango el 30 de diciembre de 1983, fue planificado en Cuba, saliendo al paso de la acusación que había interpuesto Nicaragua ante la Corte de La Haya. Fueron condenados a 15 años de prisión los 4 asesinos de Mélida Anaya Montes, en Nicaragua. El 14, informes internacionales aseguran que ya hay contactos con los secuestradores de Inés Duarte. Exigen la libertad de Nidia Díaz y 10 comandantes del FMLN.

El día 17, el coronel Reynaldo Gólcher, director de la PH, informó que como resultado de los cateos realizados se desbarató una red de espionaje terrorista en S.S. En dos días fueron secuestrados 7 Alcaldes más. El 24, los secuestradores de Inés Duarte dieron hasta el 26 a las 14 horas, para llegar a un arreglo; exigen la libertad de 34 presos políticos, de los cuales el gobierno solamente acepta tener 22, entre ellos a Nidia Díaz y a Julio Santiago Romero Talavera. El 25, el Ministro de Comunicaciones y vocero del secuestro de la hija del Presidente, aclaró que el Presidente no ha hablado con su hija por radio, que el comando Pedro Pablo Castillo pertenece al FMLN y que no han dado plazo para la liberación. El 29, el Lic. Alfredo Cristiani fue nombrado nuevo presidente del Comité Ejecutivo Nacional de ARENA.

Octubre de 1985. El día 4, el CICR solicitó permiso para desenterrar los cadáveres de dos mujeres sepultadas en enero pasado en Nueva Guadalupe, San Miguel, sospechando que son los cadáveres de Janeth Samour y Maximina Reyes, quienes han sido solicitadas por el FMLN como parte del canje por la hija de Duarte. El 10, fue atacado el CENFA, de la FA en el puerto de La Unión, 40 soldados muertos, 3 oficiales y 9 atacantes. El 22, se informó que se ha llegado a un acuerdo sobre la liberación de los Alcaldes y la hija del Presidente Duarte, secuestrados por el

FMLN; salieron hacia Panamá el Arzobispo Rivera y Damas, el Obispo Rosa Chávez, el jesuita Ignacio Ellacuría y dos funcionarios del gobierno. Piden liberar a 22 presos políticos, salvoconductos para salir del país para unos 100 lisiados de guerra del FMLN.

Por su parte el Dr. Guillermo Ungo aclaró que el FDR como tal y él en lo particular, no habían participado en las negociaciones y que no sabía qué había sucedido. El 24, a las 11.50 fueron liberados del penal de Mariona, los 22 presos políticos miembros del FMLN; a Nidia Díaz quien fue trasladada desde la PN en un carro blindado del Banco Central de Reserva a Mariona, y de ahí fueron trasladados a la CICR a un lugar no establecido... En el aeropuerto de Comalapa esperaban dos aviones panameños en los que viajarían los lisiados del FMLN y en el campo de la escuela militar fueron recibidas Inés Duarte y Ana Cecilia Villeda.

El día 26, diez hombres con uniforme verde olivo, con fusiles M-16 secuestraron al coronel Omar Napoleón Ávalos, Director General de Aeronáutica Civil. Se supo que en el acuerdo firmado en Panamá, mediante el cual se liberó a la hija del presidente Duarte y varios alcaldes, el FMLN se comprometió a no atacar a las familias de funcionarios militares o políticos. El 30, el Presidente Duarte acusó a Nicaragua de estar involucrada en el secuestro de su hija; este país negó los cargos.

Noviembre de 1985. COPREFA informó que el FMLN tuvo, durante el mes de octubre 99 bajas. El 4, la PH informó que el dirigente cuya libertad exigen los huelguistas de Correos es subversivo. El 7, el Jefe del Estado Mayor Conjunto General Blandón, dijo que se capturaron documentos donde consta que las FAL son la que secuestraron al coronel Omar Ávalos. Se decreta un paro en ANTEL, por haber sido detenidos los hermanos Centeno, cuyo padre es dirigente de la Asociación de trabajadores de Telecomunicaciones ASTTEL.

El día 18, Fueron militarizadas totalmente las instalaciones de ANTEL y se reiteró el llamado a reanudar las labores. El 19, la PH brindó una conferencia de prensa donde los hermanos Centeno aceptaron ser miembros de las FAL y haber participado de alguna manera en el secuestro del coronel Ávalos. Agregando que su padre desconocía la militancia de ambos hijos. El 22, el mayor D'Aubuisson refutó categóricamente las acusaciones de haber participado en el asesinato de Monseñor Romero. El 27 Fue liberado el periodista británico Simon Fisher, capturado en Guazapa.

Diciembre de 1985. Varias religiosas norteamericanas se apostaron frente a la embajada de USA, en San Salvador pidiendo suspender el envío de armas a nuestro país. El 10, la Corte suprema de Justicia falló que el Dr. José Francisco Guerrero Munguía debe continuar a partir del 12 del presente mes como Fiscal General de la República. El 13, vocero del Alto Mando dijo que si dirigentes del FMLN-FDR llegan al país para participar en el Foro por la Paz, serán tratados como delincuentes. El 16, CEL informó que atentados dinamiteros del FMLN dejaron, otra vez sin energía eléctrica a buena parte de la capital. El 18, COPREFA desmintió que el FMLN haya causado a la FA 3,019 bajas como informó el comandante Jorge Meléndez, alias Jonás, en radio VENCEREMOS.

Miguel Castellanos denunció que eventos como el pasado Foro por la paz, son desarrollados por el FMLN para reclutar estudiantes universitarios. El 20, seis de los 96 guerrilleros lisiados que salieron del país en el canje por la hija del presidente Duarte y varios Alcaldes, reciben tratamiento en España, afirmaron fuentes de ese país. El día 27, dijo el coronel Mauricio Vargas que las acciones militares en Morazán, siguieron sin detenerse, y que no sabía a qué tregua se refería el FMLN. El 30, El Alto Mando del ejército afirma que esa institución, es ajena a imaginarios golpes de estado que se han venido rumorando.

En El Salvador, seguía la matanza...

Enero de 1986. El 10, el FMLN le negó al Comité Internacional de la Cruz Roja ver al coronel Omar Napoleón Ávalos, a quien ha estado secuestrado desde octubre de 1985. El 16, se paraliza en un 95% el transporte colectivo entre S.S. y el oriente del país. El

Capítulo XXVIII

FMLN destruye un bus con excursionistas en Santa Ana. El 27, ciento dieciocho masas capturados y trece rebeldes muertos, entre ellos el comandante Simón. El 30, En Santa Ana, matan a tiros a la catedrática de la Universidad de El Salvador. Lic. Marta Pérez Cervantes.

Pero también, en este mes de enero, encontrándome todavía en New Orleans, mi amiga Lulu Buras me invitó a trabajar con ella, me entrenaron y llegué a ser la manager de su clínica en Clear View, Metarie. Estuve con ella alrededor de 10 meses. Recuerdo a María Elena Brenes, la nicaragüense, y a Estela Falco, la argentina, me gustaba que Estela me atendiera, porque hacía todo el trabajo muy profesional. Estaba precisamente trabajando en Clear View, el 10 de octubre de 1986, cuando sonó el teléfono y era la suegra de María Elena, que me quería informar sobre el terremoto, que había oído por tv que había sucedido en El Salvador. Llamé varias veces, a mi casa en ese momento, pero no había ninguna comunicación con el país. Mi trabajo en la clínica era bastante administrativo, muy demandante, pero me gustaba.

Febrero de 1986. El día 4, Terroristas del FMLN atravesaron buses y camiones, los quemaron y mataron al conductor de un pick up que transportaba carne desde Zacatecoluca hacia S.S. El 9, fue liberado el industrial Antonio Alberto Ferracuti, secuestrado desde enero pasado. Sus captores fueron arrestados. El 10, diversos sectores repudian la visita del ex presidente Jimmy Carter, al país. Terroristas de la ETA, OLP, franceses y belgas en el cerro de Guazapa, detectó la F.A. en base a documentos. El 14, condenan a los guardias nacionales acusados de asesinar al ex presidente del ISTA Rodolfo Viera y a dos asesores norteamericanos. La F.A. informa de la muerte de uno de los más importantes cabecillas del ERP Camilo. El 23, el retén de la colonia Arce mata a Iván Benjamín Bustillo, hijo del General Juan Rafael Bustillo, comandante de la F.A, por no acatar la orden de detenerse.

Marzo de 1986. El día 4, Duarte propuso un plan de paz de tres puntos: Diálogo, reunión de presidentes centroamericanos y un parlamento. El 6, El gobierno de Alemania Occidental condenó en Bonn, las colectas que grupos de izquierda alemanes realizan para enviar armas a El Salvador. El 7, El acorazado IOWA frente a costas salvadoreñas. Anuncian la llegada de jefes insurgentes para dialogar con el Arzobispo de S.S. El 16, durante 5 días visitaron el país varios congresistas de los USA, que apoyan el Diálogo y a los Contras. El 17, el FMLN prendió fuego a la Dirección General de Estadísticas y Censos. Se proyectó una reunión de presidentes centroamericanos en Esquipulas para el mes de mayo. El 20, se calculan en más de 100 millones de colones los pagos de secuestros hasta el momento. El 23, el secretario de Estado y encargado de asuntos Latinoamericanos Elliot Abrams se entrevistó con Duarte. El 24, revelaciones importantes hace el comandante desertor Miguel Castellanos, alias Napoleón Romero. El 25, se fugaron 400 masas del FMLN.

Abril de 1986. El día 1, la PN captura al industrial Luis Orlando Llovera Ballette y al teniente de baja Rodolfo Isidro López Sibrián, por ser sospechosos de secuestrar a varias personalidades. El 8, se iniciaron en Costa Rica pláticas con ACNUR para ver si se repatrían a los salvadoreños refugiados. El 10, muere el comandante logístico de las FPL Israel. El 11, ocho mil hombres participaron en 4 operaciones de la FA. El 17, a petición del Alto Mando, la Asamblea Legislativa suspendió las garantías a la libre expresión del pensamiento por un mes.

Una ley destinada a detener temporalmente la deportación de salvadoreños que residen ilegalmente en Estados Unidos de Norte América, superó por estrecho margen su primer obstáculo legislativo. El 24, con nombre falso viajaba a Nicaragua, el sacerdote César Valle, dirigente del ERP muerto en combate, informó COPREFA. El 28, el comandante Julio que dirigió el secuestro de la hija del presidente Duarte, murió en combate. El 29, la detención del coronel Joaquín Zacapa y de Antonio Cornejo Arango y un ex detective entre otros, ordenó el Juez Militar de Instrucción, luego de declaraciones de Luis Orlando Llovera Ballette y Rodolfo Sibrián acusados en los casos de varios secuestros de personalidades.

Mayo de 1986. El 1, esta madrugada se estrelló un avión DC-6, al norte de Ciudad Delgado de la FAS que se dirigía a Panamá, muriendo 37 militares, entre ellos los 4 tripulantes. El 11, el Ejército ha dicho que incrementará el patrullaje en todo el país debido a la nueva amenaza de boicot al transporte terrestre por parte del FMLN. El 12, el diputado de ARENA Raúl Peña Flores, dijo que el padre jesuita Martín Baró llegó a San Miguel a desacreditar las acciones de la FA en su lucha contra el comunismo, dándole relevancia a los terroristas.

El 13, La zona norte del país estuvo sin energía debido a la voladura de postes sostenedores de cables de alta tensión, por parte del FMLN. Informaron desde Panamá que Guillermo Manuel Ungo, dirigente del FDR, rechazó declaraciones del presidente Duarte de que existía un plan de parte de la guerrilla para deponer las armas. El 14, la PH informó sobre la captura de Claudina Márquez Zapata, supuesta jefa de propaganda de las FAL, quien utilizaba los seudónimos de Marta y Arlen. El 22, un ataque de hostigamiento contra el puesto militar guatemalteco de Anguiatú realizó el FMLN. El 31, el homicidio es la tercera causa de muerte en el país.

Junio de 1986. El 3, la libertad del coronel Omar Ávalos, pidió el Jefe del Estado Mayor, para otorgar salvoconductos a 24 extremistas ciegos, heridos y amputados por sus propias minas explosivas. De abuso, desacato y profanación innecesaria calificó la toma de la Catedral Metropolitana, Monseñor Arturo Rivera y Damas, luego que el templo fue tomado por grupos pro derechos humanos. El 13, falleció el coronel retirado Nicolás Quijada Lemus, quien fue herido de bala por desconocidos. A más de 33 millones de dólares ascienden los daños causados por el FMLN durante los últimos dos años, informaron fuentes oficiales.

El Presidente Reagan afirmó que Nicaragua ha recibido 1,000 millones de dólares "en el más abrumador armamento comunista". El 18, Contadora nació muerta porque los países que la conforman, no tienen el nivel moral para enseñarnos cómo conseguir la paz dice ISEPES. El 21, durante el ataque perpetrado contra la Tercera Brigada, las señoritas Liliana de Lourdes González Martínez, Marta

Elena Lara, María Regina Rodríguez y Sonia Alcira Orellana Cruz, de alta en la guarnición militar fueron acuchilladas por los extremistas. El 27, "las ofertas de negociación son manipulaciones indignas que el Gobierno hace del anhelo de paz del pueblo salvadoreño", así lo expresó un comunicado de prensa del partido ARENA.

Julio de 1986. El día 7, René Flores comandante del PRTC, fue muerto en combate contra tropas del destacamento de Cojutepeque y su ayudante identificado como Antonio Ayala Cruz fue capturado. Como correo de las FARN está detenida Febe Elizabeth Vásquez, alias Marina. Fue capturada cuando transitaba en las inmediaciones de la Unidad primero de mayo, informó la PH. El 11, fue liberada y entregada a sus familiares por el Presidente Duarte, la dirigente sindical Febe Elizabeth Vásquez. El 21, el Presidente de la República Ing. José Napoleón Duarte ha perdido toda credibilidad, expresó el Dr. Antonio Rodríguez Porth. El 23, un comandante del FMLN, fue muerto en enfrentamiento en Sesori, contra tropas del Batallón Arce, identificado como Candelario Márquez Castro, de seudónimo Salvador.

Agosto de 1986. El día 1, "la identificación democrática de los gobiernos de El Salvador y Honduras debe servir para consolidar la democracia en la región centroamericana; manifestó el presidente de Honduras José Azcona Hoyo, que visitó ES. El Presidente guatemalteco Vinicio Cerezo, anunció que Guatemala está dispuesta a lanzar una "nueva ofensiva" para reactivar el proceso de negociación del Grupo de Contadora, para pacificar el área. El 8, las posiciones radicales del FMLN-FDR, han permitido que las conversaciones de paz no fructifiquen, dijo el diputado, Humberto Posada del PDC. El 9, para el 20 de agosto se podría realizar el encuentro previo rebeldes-gobierno, en la sede diplomática salvadoreña en México.

El día 11, trece elementos de masas fueron rescatados por el Batallón Arce en el cantón Los Jobos, jurisdicción de San Gerardo en San Miguel, informó el coronel Roberto Staben. El 15, el juicio contra los responsables del asesinato de 74 campesinos en Sonsonate, conocido como "Masacre de Las Hojas" ha sido reabierto nuevamente, informó el Fiscal General. El 16, el Dr. Carlos Glover, con motivo del 25 aniversario del Banco Central de Reserva anunció que más de mil setecientos millones de dólares es la fuga de capitales del área centroamericana, entre 1977 y 1984. El 20, en una residencia privada y secreta en la capital mexicana se reunieron representantes del Gobierno y del FMLN-FDR para definir fecha y lugar de la tercera jornada de diálogo. El 22, San Salvador, no será sede de la tercera ronda de diálogo afirmó en México el Coronel y Lic. Reynaldo López Nuila.

Septiembre de 1986. El día 4, un total de 56 enfrentamientos es parte de la segunda fase de la operación "Héroes 23 de octubre" muriendo un total de 9 terroristas, informó el Coronel Mauricio Ernesto Vargas, jefe del DM4 de San Francisco, Gotera. El 8, el Presidente Duarte dijo que asistirá al tercer diálogo el 19 de septiembre en Sesori, lleguen o no lleguen los representantes del FMLN-FDR. El 10, la Asamblea Legislativa aprobó el compromiso de Esquipulas, que es el cumplimiento el Tratado General de Paz suscrito por los gobiernos de El Salvador y Honduras en 1980 en Lima, Perú. El 25, expresó Hugo Carrillo del PCN, "que el diálogo es una alternativa para lograr la paz que debe permanecer vigente, pero también todos los sectores nacionales debemos unificar esfuerzos para llegar a ella". El 26, el agente de la PN Mauricio Antonio Meléndez fue muerto en Soyapango, por elementos extremistas mientras dirigía el tráfico.

Octubre de 1986. El 2, el 5º aniversario de la fundación de ARENA, significa 5 años de lucha democrática, expresó Cristiani, presidente del partido. El 3, no han sido encontradas pruebas fehacientes, para inculpar a los coroneles Elmer Araujo y Jorge Rivera, acusados de malversación de 1.2 millones de dólares de la ayuda norteamericana. Señalando que es una campaña de desprestigio contra la FA. El 4, Julio César Ramos Castro, alias comandante Alejandro, un lugarteniente de Shafick Hándal, fue capturado por la PH y remitido al Tribunal Militar. El 9, la madre del coronel Omar Ávalos, expresó su confianza en el Todopoderoso y en los que tienen a su hijo que se apiadaran de ella y lo devolverán, después de un año de secuestro por el FMLN. El 10, un terremoto sacude la ciudad capital de San Salvador a las 11:50 minutos, dejando centenares de muertos y millonarias pérdidas, declarando el estado de emergencia nacional.

El día 14, un millar de muertos y unos 10 mil heridos y 150 mil damnificados son los primeros datos de los daños humanos dejados por el terremoto. El 21, el impuesto de guerra, es ya una ley sancionada por el Ejecutivo y será aplicada tan pronto sea publicada en el Diario Oficial. El día 22, 5 furgones que transportaban alimentos y medicinas del aeropuerto al local de la Feria Internacional, no llegaron a su destino, se sospecha a grupos subversivos. El 31, "la nacionalidad salvadoreña del jesuita Ignacio Ellacuría puede perderla, de conformidad con nuestras leyes" dijo el Dr. Guevara Lacayo.

Noviembre de 1986. El día 9, el diálogo entre el Gobierno y los terroristas, no conduce a nada positivo para la paz, la experiencia en Ayagualo lo confirma, manifestó el partido ARENA en un comunicado. El 14, fuerte intercambio de acusaciones de entorpecer las negociaciones que promueve el Grupo de Contadora se suscitó entre el canciller de El Salvador Dr. Ricardo Acevedo Peralta y el vicecanciller de Nicaragua, Víctor Tinoco, durante la reunión de la OEA en Guatemala. El 25, Monseñor Gregorio Rosa Chávez recibió ya una propuesta del FMLN para liberar al coronel Omar Napoleón Ávalos, pero declinó dar detalles. El 27, el comandante Quincho, perteneciente a las FARN murió en un enfrentamiento contra las tropas del Ejército en Cacaopera, Morazán

Diciembre de 1986. El 11, la intromisión del sandinismo en El Salvador a través del envío de toneladas de armas, municiones y mercenarios, denunció el general Juan Rafael Bustillo, comandante de la Fuerza Aérea Salvadoreña.

Enero de 1987. El día 5, el país latinoamericano que más ayuda económica y militar recibirá de USA en 1987 será El Salvador, con 319 millones de dólares de ayuda económica y 121 millones de ayuda militar, según declaró el secretario de Estado George

Shultz. El 8, la liberación de cuarenta y ocho presos políticos, entre ellos los hermanos Jaime y José Vladimir Centeno López, exige el FMLN a cambio del coronel Omar Ávalos, el jefe del Estado Mayor coronel Adolfo Blandón, aceptó la propuesta en nombre del Ejército y ya entregó la lista de los presos políticos que serán canjeados a monseñor Arturo Rivera y Damas. "haremos un paro totalmente voluntario, ordenado y pacífico.

Responsabilizaremos al gobierno sobre cualquier desorden en ese día, dijo el presidente de la Cámara de Comercio e Industria de ES, Víctor Steiner. El paro empresarial es en protesta por las medidas económicas del actual gobierno, llamadas popularmente como Paquetazo 2. El 27, la ayuda durante 1987 de parte de los USA a nuestro país, podría ser la más alta de la historia. A la fecha para el año fiscal de 1987, ya han sido aprobados 597.5 millones de dólares.

Febrero de 1987. El día 2, cincuenta y siete dirigentes sindicales y de otras organizaciones fueron puestos en libertad en forma simultánea con el coronel Omar Ávalos que fue liberado por el FMLN tras 15 meses de cautiverio. El 9, el banquero Raúl Barrera, gerente de la sucursal del Banco de Comercio en Ahuachapán, fue muerto, acribillado a balazos por extremistas del FMLN. El 19, inconstitucional es el impuesto para la Defensa de la Soberanía Nacional (impuesto de guerra), anunció la Corte Suprema de Justicia. El recurso de inconstitucional fue presentado por un grupo de abogados, entre ellos, Dr. José Antonio Rodríguez Porth y Dr. Alfonso Rochac.

Desde New Orleans, estábamos en el Mardi Grass de este año, conocí a José Berríos, el nicaragüense, y a su novia, una joven de la sociedad de New Orleans; me comentó que andaba buscando una persona con mis contactos, pues tenían unas compañías de import-export y le estaban haciendo pedidos desde El Salvador. Me gustó la posición, Asistente al Presidente, que era José; las oficinas quedaban en el 19 piso del edificio del Hotel más nuevo y lujoso de New Orleans y el salario era semanal. Éramos solamente él y yo su asistente; así es que acepté, y me pasé a trabajar con ellos, dejando la clínica de belleza de Lulu. El otro socio era el sacerdote católico llamado Tommy, era joven, guapo y riquísimo; él era el socio capitalista, llegaba de vez en cuando. Todo esto sucedió a principios del año 1987.

En El Salvador, la guerra continuaba:

Marzo de 1987. El 9, después de permanecer sesenta y tres días cautivo del FMLN, fue liberado el alcalde de Osicala, señor Salomón Sánchez. El 17, después de siete años de permanecer cerrada la carretera que une a El Paisnal con San Pablo Tacachico, debido a la persistencia terrorista, quedó habilitada nuevamente. El 25, dos oficiales, dos guerrilleros y un empleado de la CIA de los USA, perecieron al precipitarse un helicóptero de la FAS a causa de desperfectos mecánicos, en Nueva Guadalupe, San Miguel, informó COPREFA.

Abril de 1987. El 21, efectivos del Batallón Arce, en operación de rastreo en Morazán identificaron al terrorista y sacerdote de origen belga Rogelio Poncel; desactivaron 40 minas y destruyeron 8 cárceles clandestinas, según informes del batallón mencionado. El 28, un tren de FENADESAL fue saboteado por terroristas del FMLN, por el cantón Primavera, El Tránsito, San Miguel.

EL INTRUSO Y LA JUSTICIA

Este año de 1987, estando en New Orleans celebré mi cumpleaños con mi querida amiga Bertha López, sus hijos Ricardo y Xiomara, y su yerno. A ellos los había conocido en 1986 y nos hicimos muy amigos; a Bertha López la vi por primera vez en la Clínica de Lulu Buras y había llegado de Honduras; vivía en un town house, con su empleada de casa Juanita, su mamá y su hijo Ricardo, un joven guapo, que estudiaba en la Universidad. A ella le encantaba salir a discotecas y a comer a los diferentes restaurants; era viuda, y quería conocer a un hombre bueno, cariñoso y que le acompañara a viajar por todo el mundo, si fuese preciso. Como yo era la que conocía New Orleans, le gustaba salir conmigo; ella conducía su propio automóvil.

Capítulo XXVIII

Un día me anunció que venía su hija Xiomara con su esposo a pasear unos días a New Orleans, así es que una de las noches los llevamos a comer al restaurant del Hotel Ponchatrain, que es muy famoso, como son muchos restaurants en New Orleans. Esa noche íbamos bien enjoyadas, creyendo que como ese lugar era de 5 estrellas, no había peligro ninguno de que nos fueran a robar. Nos sirvieron unos muchachos latinos, y terminamos la velada muy contentos con la comida y el servicio.

Por este tiempo yo estaba trabajando con José, en las International Companies, y mi cumpleaños había sido el 13 de mayo; el 14 era jueves, y abren las tiendas hasta las 10 de la noche, así es que habíamos ido de compras con Bertha y me había llevado de regreso a mi apartamento como a las 10 de la noche. Yo salía para El Salvador el sábado 16, en viaje de negocios de la compañía, así es que andaba comprando algunos regalos para llevar. Al llegar a mi apartamento que era como un town house, en el segundo piso, y al entrar a la derecha estaba la cocina con una ventana hacia fuera, pero no había fácil acceso de la ventana hacia fuera, porque realmente lo que había era un espacio hacia abajo y le rodeaba un barandal para no caer al vacío.

Después de la cocina seguía siempre a la izquierda el pasillo, y estaba el comedor al lado derecho; luego seguía el pasillo y a la derecha estaba el baño de visitas y luego desembocaba a la Sala grande que tenía unas puertas de vidrio corredizas que daban a la piscina del edificio. A la derecha de la Sala había unas gradas que te llevaban al segundo piso, donde tenía 2 dormitorios y 2 baños.

Cuando llegué del Centro Comercial Lakeside, subí directamente a mi dormitorio, generalmente prendía la tele al solo llegar, para escuchar voces o ruido, pues vivía sola. A veces llegaba mi hija Jamina, de Baton Rouge a pasar el fin de semana conmigo, y otras veces se quedaba la novia de un compañero que había entrado a trabajar últimamente; ella era enfermera y trabajaba en el Charity Hospital.

Los jueves en la noche, veía por la tv, *Hawaii Five-O*, que me gustaba mucho; terminé de verlo y me fui a dormir, para ir a trabajar al día siguiente viernes. Todavía no sé qué horas eran, pero probablemente eran las 3 o 4 de la madrugada, cuando siento algo, y me doy vuelta, hacia el lado de la puerta — yo nunca cierro las puertas—; me encontraba acostada viendo hacia el lado izquierdo de la habitación, había una ventana pequeña y alta que daba a un farol de la piscina, que permitía que entrara un poquitito de luz en mi dormitorio. Cuando me doy vuelta, vi un hombre parado en la puerta de mi dormitorio, yo no sabía si estaba soñando o era real porque estaba medio dormida, y le pregunté: "¿y Ud. quién es?... ¿Cómo se llama?" el hombre inmediatamente me respondió que se llamaba Patricio. Y le pregunté nuevamente "¿y cómo hizo para entrar?" Por la puerta, me respondió.

En ese momento los pensamientos vuelan y pensé, ¿dejaría las llaves afuera? Por el momento no se había movido del dintel de la puerta, pero después me dice: deme todas las joyas que tiene. Yo le dije que no tenía nada. La verdad que tenía todo empacado en cajas, porque ese mes, me estaba moviendo para el French Quater. Allí sí ya se me acercó, y yo dormía con 3 pulseras de oro del Perú, en el brazo izquierdo, así es que esas me las arrebató, forzándome y *moreteándome* la muñeca de la mano. Inmediatamente, se me secó la boca, le pedía que me dejara ir a tomar agua al baño, pero no me dejaba. Sudaba mucho, pero muchísimo, ¡yo nunca transpiro! Me llevó al otro dormitorio para ver si no había nadie, aunque yo le dije que ya iba a llegar mi amiga la enfermera. ¡Yo pensaba lo peor! Tenía una repisa de vidrio y en ella muchos perfumes, que todavía no había guardado; y le llamó la atención el bote del perfume de Cartier, que es de metal niquelado con ocre lacado, y me dijo: ¿y esto qué es? Es un perfume — le contesté —, pero ya había dejado sus huellas digitales en el bote.

Me repetía que le entregara las joyas; yo le decía que no tenía, que le entregara todo el dinero, le decía que le podía hacer un cheque para que lo cambiara al día siguiente, pero que no tenía cash. De manera que me dijo que andaba un cuchillo y me tiro a la cama, con intenciones de violarme. En esos momentos así de fuertes, los pensamientos son muy rápidos; así es que pensé luego, luego,

Capítulo XXVIII

llamar al 911, que como nunca lo había llamado, no sabía si ese era el número correcto, o era el 991 pero me apareció como fotografía en la mente **911**; y yo estaba acostada en el lado donde tenía el teléfono en mi mesa de noche, era un modelo *princess*, no me había dado cuenta que al levantarlo encendía una lucecita, lo suficiente para que él viera el rayo de luz e inmediatamente me preguntó: ¿qué es eso? yo le dije que una luz, pero ya había guardado el teléfono debajo de mi almohada y cuando menos sentí ya estaba marcando el 911.

Yo solamente lo marqué, no podía decir nada; pero al marcarlo, inmediatamente contesta la operadora y no cuelga hasta que llega la policía al lugar de los hechos. Cuando él escucho que la operadora decía aló, aló, aló... Me dijo: "¡Muy inteligente!" Se dio vuelta y saltó de la cama, arrancó los cables del teléfono a la vez que me decía: "¡con estos la voy a ahorcar!" y ahí aproveché para salir corriendo para bajo de la escalera, enredándome en el camisón que era largo, en colores morados, y me caí y rodé por las escaleras hacia abajo.

Ya el hombre sabía que solo tenía menos de 3 minutos para correr y salir de la casa porque la policía estaba de camino. De repente siento que algo me salta, cuando yo estaba todavía en el suelo, y que como un conejo se dirige a la puerta y por más que quería salir no podía porque estaba con pasador y con cadena. De manera que en ese momento me doy cuenta que este hombre no entró por la puerta, y comienzo a pensar: ¿por dónde habrá entrado? Pienso si sería por las puertas que daban a la piscina.

Al fin, salió de mi apartamento, y ha de haber corrido por el lado de atrás donde hay, naturalmente, en todos los edificios de apartamentos y casas, un bayou, que es como un canal, para cuando se inunda; por ahí se transporta todo el mundo por lancha. Porque si salía por el frente del edificio, ahí ya estaba por llegar la policía. Como tenía un teléfono, también, en la cocina, ese no dejaba de llamar, hasta que me pude levantar y fui a contestarlo y le dije a la operadora lo que había sucedido. Pero ya estaba ahí la policía tocando... ya se pueden imaginar cómo me encontraba, llamé inmediatamente a mi amiga Bertha y llegó acompañada de Ricardo, yo creo que para entonces ya eran como las 5 de la mañana.

Yo no sé si los policías, al ver muchas fotos mías con grandes personalidades, con los gobernadores de Louisiana, con los Alcaldes de New Orleans, con los artistas más famosos del French Quater, han de haber dicho, esta no es cualquier persona, y me han tratado de una manera espléndida. Me dijeron que solo me vistiera que no me bañara porque me iban a llevar a un hospital para el chequeo de rutina. Yo vivía a una cuadra del Hospital Jefferson, lo que hacía que la policía siempre andaba lista por cualquier cosa, en esa zona. Efectivamente salí del chequeo y luego fui a mi apartamento a bañarme y cambiarme de ropa, Bertha y Ricardo siempre conmigo, y ya había llegado un grupo de detectives. Nos fuimos a desayunar a su casa y jamás volví a ese apartamento. La policía y los detectives se quedaron tomando huellas e investigando toda la escena.

Cuando estábamos desayunando se presentaron los nuevos detectives del caso; ya no son policías: ya son investigadores especializados de la fiscalía, y después de desayunar me llevaron a declarar, grabaron la declaración y tomaron fotografías de mis golpes y moretes, luego me condujeron hacer un retrato hablado. Eran como las 11 de la mañana, mi sorpresa fue ver, dónde tenía la policía su cuartel de investigación, en el mero corazón del French Quater, en una galería de arte abajo y en la parte de arriba está todo lo necesario para hacer un retrato hablado.

Ya me instalaron en una mesa, y quiero contarles que es bien, bien difícil hacer un retrato hablado. Te presentan miles de cabellos peinados de diferente manera, de la parte de arriba de la cabeza, con eso comienzas, miles de diferentes frentes, miles de diferentes cejas, miles de diferentes ojos, miles de diferentes narices, miles de diferentes bocas, miles de diferentes bigotes, porque este hombre tenía bigote. Y así, al fin lo hice, y muy bien, supe después. A la 1 de la tarde, ya andaban todos los radios patrullas de la policía del área de New Orleans, incluso Metarie, con el retrato hablado, alías Patricio, como él me había dicho que se llamaba.

Capítulo XXVIII

Esto pasó el jueves para amanecer viernes. Al no presentarme a la oficina, me contacté con José en la tarde y le informé de lo acontecido. Pero siempre le dije: salgo para El Salvador el sábado. Los detectives se portaron a la altura; yo siempre les estoy muy, muy agradecida. Me dijeron que estábamos siempre en contacto y que cuando regresara de mi viaje, les avisara, inmediatamente que ya estaba en al área. El sábado volé para El Salvador, hacer los negocios de la compañía con el Ministerio de Defensa y de Obras Públicas. Me hospedé en el hotel Camino Real, hice todo lo que llegaba hacer y a los 6 días regresé a New Orleans. Al solo llegar me contacté con el detective asignado, que era Ron Kennedy: realmente eran dos, ellos trabajan en pares. Yo regresé a casa de Bertha, e inmediatamente a las 5 de la tarde ya estaban los detectives conmigo.

Al llegar, me saludaron y nos sentamos en la Sala, el detective Kennedy, me entregó un grupo de fotografías, eran como unas 10, "véalas", me dijo únicamente. Yo no soy tan burra, y comencé a ver si veía a un hombre parecido al que se había introducido a la fuerza a mi apartamento. Los fui eliminando, pero había uno que se parecía, pero estaba bien golpeado del ojo y de la cabeza; al final, le dije al detective, que ese se parecía mucho al hombre, pero que no estaba así de golpeado. Entonces el detective, me dijo: si Ud. cree que ese es, póngalo con su letra y fírmelo al reverso. Efectivamente así lo hice. Cuando había terminado de firmar, me dijo el detective Kennedy que mi identificación era excelente que ese era el hombre, que ya estaba detenido y por eso estaba todo golpeado.

Y comienza a contarme, que 5 cuadras antes de mi edificio de apartamentos, había un edificio, que les llamó al 911 una señora que vivía sola, que ella había salido a las 10 de la mañana y que cuando había regresado no había encontrado muchas cosas, incluso sus electrodomésticos. Cuando llegó la policía vieron que una ventana estaba quebrada y habían quedado unas manchas de sangre. En la declaración, la señora dijo que unos muchachos que vivían en el mismo lote de apartamentos que el de ella, nada más que en los edificios de atrás, habían llegado a su apartamento un día antes del robo, y le ofrecieron unos cuadros para que ella los comprara, pero que ella no los necesitaba; pero los había visto raros y que miraban por todos lados de su apartamento cuando estaban platicando con ella, y que era lo único sospechoso que había.

Se van los detectives al bloque de apartamentos donde viven los 2 jóvenes, y al entrar uno de ellos, tenía vendada la mano porque la tenía herida, y ahí estaban todos los electrodomésticos de la señora. Lo detuvieron, con esa evidencia y, al ver que era la misma zona de mi caso, le tomaron las huellas digitales y las compararon con las que habían quedado en mi perfume Cartier, y eran exactamente las mismas. Lo único que buscaban con las fotografías que me presentaron, era que yo lo identificara, ¡y lo identifiqué! Fueron tan lindos estos detectives, que ellos mismos me llevaron a comprar mi 38 Smith & Wesson.

Porque cosa rara: yo no había tenido miedo, cuando las sicólogas me preguntaron qué era lo peor que sentía, yo les dije que lo que sentía era rabia, cólera, de no haberlo podido matar, que si hubiese tenido una pistola lo hubiese hecho, y ellos me dijeron: "y no hubieses ido a la cárcel porque acá en Luisiana, puedes matar adentro de tu vivienda a un intruso y no vas a la cárcel, ¡mientras que en tu país SÍ!" Aprendí, que si te encuentras en una situación como la mía, no hay tiempo de buscar tu arma en la gaveta o en otro lado, la debes tener, donde la puedas alcanzar sin problema: debajo de tu almohada y ahí mantengo la mía, ¡siempre!

Los detectives me informaron que, este sujeto era mesero en el Hotel Ponchatrain, y que él y su roommate llamado Patricio, un chileno, nos habían servido aquella noche que habíamos llegado a cenar con la hija de Berta, ¿se dan cuenta? Para que tomen nota. Que era drogadicto y para eso quería las joyas, para venderlas y luego comprar droga, cocaína. Que mis 3 pulseras las había vendido, del otro lado del Río Mississippi, pero que no habían podido recuperarlas. Que también era homosexual, que se hacía llamar Alberto y apellido Aníbal... pero ya viene lo peor, que si más me desmayo y me muero, fue cuando me dijeron que era... ¡SALVADOREÑO! ¿Se pueden imaginar? Que la mamá había emigrado de ES, hacía muchos años, a New York, y trabajaba de

Capítulo XXVIII

costurera, y lo había llevado con ella cuando este era un niño y allí había crecido. ¡Qué increíble! Naturalmente su apellido no es Aníbal: él estaba mintiendo a la policía.

El 25 de junio, me llegó una nota de parte de la Fiscalía, donde había levantado cargos formales contra el defendido Alberto Aníbal. Y yo había sido nombraba la víctima en el caso de violación agravada y robo agravado. Me ofrecían asistencia sicológica y que pronto se llevaría a cabo el Gran Jurado, donde tipificarían el delito y donde tenía que testificar; me enviaron un teléfono para llamar cuando quisiera y estar en contacto con la Fiscalía y las sicólogas. El Gran Jurado se llevó a cabo el 30 de junio. La atención era maravillosa: los mismos detectives me recogían en el trabajo y me llevaban al jurado.

Si hay algo que le gusta mucho, tanto a la Fiscalía como a la Policía es que la víctima esté de acuerdo en llevar a juicio, para dar su merecido, al delincuente. Nos presentamos al Gran Jurado y primero llamaron al detective Kennedy, tardó más de una hora, y luego me llamaron a mí. Salí muy rápido, solamente me preguntaron mi nombre y si había ocurrido algo el 15 de mayo. Cuando salí le dije al detective que solo me habían hecho 2 preguntitas. Y él me respondió: ¡Es que yo te hice todo el trabajo!

El Sistema Judicial se va de vacaciones en el verano, así es que en julio y agosto no pasó nada. En septiembre se vuelven abrir las Cortes, de manera que a mediados de este mes ya se le empezó a dar más seguimiento al proceso, hasta que llegó el jurado en el mes de octubre. Siempre me preguntaban las sicólogas que si me daba miedo algo en el momento del jurado; yo les contestaba que me podía dar cólera el ver al hombre frente a mí. Y ellas me decían que cuando lo tuviera frente a mí, que mirara para arriba, al final de la Sala, y que ellas estarían allí para darme fuerza. También *trataban de lavarme el coco*, como se dice, y me decían: *"esa noche él te tuvo bajo su dominio, pero ahora tú lo tienes, recuerda esto."* También me dieron un folleto y toda clase de indicaciones, desde cómo vestirse para el jurado, hasta cómo actuar.

De manera que tuve una buena actuación cuando fui llamada a declarar: contesté bien todas las preguntas. Cuando me dijeron si veía en la Sala al delincuente y que lo señalara, ¡lo señalé al hombre! que vestía hasta saco y corbata y no tenía bigote. ¡Y muéranse! El Estado le había asignado, no 1 sino 2 Defensores, ¿se dan cuenta? Eso no dejó de indignarme, pero así es la ley, y después de testificar que se había metido a la fuerza a mi town house el 15 de mayo en la madrugada, cuando yo estaba dormida, y que me dijo que tenía un cuchillo y que me quiso violar, el Juez paró mi testimonio, porque francamente yo me sentí algo mal, y me llamó a su Chamber; casi nunca un Juez hace esto, solamente en casos muy raros, pedí una aspirina y me la llevaron, luego el Juez llamó al Fiscal y a los dos abogados defensores, hablaron, y al tiempo, me peguntaron si quería continuar con mi declaración, pero está vez fueron los defensores quienes me preguntaron; solamente me hicieron 1 pregunta: que si usaba lentes. En ese tiempo yo no usaba lentes, ¡así es que dije que no! Y ahí terminó toda mi declaración y ya no era necesaria en la Sala. Yo creo que todo eso lo hablaron el Juez con los abogados del acusado y el Fiscal.

¡Pero el fiscal era algo del otro mundo! Era de estatura bajo, pero muy inteligente, preparado y con ganas de mandar al bandido a la cárcel, porque ya tenía un record criminal; y antes de cometer estos últimos delitos, había salido en *parole*, o sea bajo palabra de honor de no cometer otro delito, ¿y vean Uds.? Así es que el Fiscal me dijo, antes que saliera de la Sala, "te mantendré informada por teléfono como sigue el jurado y estoy ansioso porque este infeliz pida el stand, o sea pida declarar, entonces yo mismo lo voy a crucificar, porque él está en libertad condicional, y le van a sumar los años anteriores y los de estos dos delitos."

Los detectives me condujeron a mi casa; ya eran como las 7 de la noche. Como a las 8 me llama Kathleen la jefa sicóloga, esposa del Fiscal, para decirme que el hombre había pedido el stand. Y que el Fiscal estaba contento porque hoy sí lo iban a enviar a donde merecía estar. Al día siguiente me llamó Kathleen, otra vez, para darme la gran noticia que lo habían condenado a 60 años, pues le habían sumado los años que le correspondían de delitos anteriores y los de esta vez. Y lo enviaron a una de las cárceles más horribles de la Tierra, que queda casi en el centro del Estado de Luisiana: ANGOLA; queda en medio de pantanos, culebras y lagartos.

¿Cómo la ven desde ahí? ¿Terrible, verdad? Eso les pasa a los malos, bandidos, asesinos, ladrones, personas que caen en los vicios y después tienen que pagar las consecuencias.

Yo agradecida de cómo trabaja la JUSTICIA en los USA: esa sí es JUSTICIA, Rápida y Cumplida como debe ser. Con esto aprendí, otra lección, la justicia debe ser así, rápida porque déjenme decirles, a uno se le olvida muchas cosas, si pasa mucho tiempo, y entonces el jurado puede ser un jurado con complicaciones y al final no se hace verdadera justicia. Fue una experiencia fea, para mí, pero fue una experiencia enriquecedora al final, ¡aprendí tanto! Y sobre todo como ya pasé por eso, hoy, puedo defender esos derechos a la perfección, ¡porque yo ya sé cómo es el cuento!

A todo esto, en El Salvador, seguía la guerra:

Mayo de 1987. El 19, un informe del Ministerio de Relaciones Exteriores, señala que la Comandancia General del FMLN ordenó, a partir de 1985, la colocación sistemática y generalizada de minas de contacto y trampas *cazabobos*, con lo que incrementó en forma dramática el número de víctimas campesinas, entre hombres, mujeres y niños. El 30, veintitrés personas muertas y ciento veintiséis amputadas de las piernas, han dejado las trampas explosivas colocadas por los terroristas en lo que va del presente año. Así lo dio a conocer ayer el Consejo Salvadoreño de Menores.

Deseo compartirles un poema escrito por una de mis ex alumnas de Pigmalion, Ana Delmy Montoya de Rodríguez. Fue escrito precisamente de mayo de 1987 y refleja muy bien la realidad de aquel momento.

Juanito...

Juanito es un niño de sólo 9 años,
de pies descalzos y ojos huraños,
él vive en un pueblo con sus hermanitos, la
Meche, la Chabe, el Toño y Luisito.

Don Julio, su padre, es un jornalero
que con gran trabajo gana algún dinero
para irla pasando...
su mamá, Tomasa, le ayuda "tortiando"
y así van viviendo,
días mal comiendo
y otros ayunando...

Un día Juanito se fue para el monte,
a coger guayabas o cazar un "chonte",
como cualquier niño, él iba saltando,
corriendo y brincando...
De pronto un ruido, una fuerte explosión,
y el pobre Juanito
voló por los aires, como un pajarito,
herido de muerte
y tal fue su suerte,
que cayó a su lado
herida, maltrecha,
su pierna derecha,
que la bomba maldita le había arrancado.

Juanito hoy medita en el hospital
quién es el culpable de todo su mal,
y en su inocencia,
implora clemencia
para los demás niños de nuestro país.

Y esto que te cuento, con pena y dolor,
ocurrió esta semana, en El Salvador...

Junio de 1987. El día 12, acusaciones al Gobierno hizo el coronel Sigifredo Ochoa Pérez, al informar que pidió la baja del ejército para dedicarse a la política. El 17, la cooperación ciudadana que conduzca a descubrir a los "Escuadrones de la Muerte", pidió la Fuerza Armada, al rechazar enérgicamente a estos grupos, ya sea de izquierda o de derecha. El 26, Diez diputados del PDC, se unieron y realizaron una "rebelión de palacio", causando sorpresa en la oposición. El 30, en hospitales de Cuba, Suecia, Noruega y Alemania Oriental, serán atendidos los 98 lisiados del FMLN que salieron amparados por el Comité Internacional de la Cruz Roja.

Julio de 1987. El día 5, hasta marzo de este año, un 46% de salvadoreños entrevistados por la CID-Gallup, opinaron que el FMLN-FDR pierde la guerra. El 9, paros progresivos y parciales, actividades en las calles, toma de edificios públicos, marchas, concentraciones en el Parque Libertad, demanda de aumentos salariales imposibles de pagar en instituciones públicas y de la empresa privada, fueron señalados, como puntos neurálgicos de estrategia subversiva en estos días; "para lograr levantamientos de masas", dentro del esquema "poder popular y doble cara" para supuestamente llegar a otra gran ofensiva final y conseguir el poder. Este plan, ha nacido el pasado 5 de julio durante reunión de la UNTS en la UCA. Esto se dio a conocer en una sesión de autoridades más el ministro de Defensa General Carlos Eugenio Vides Casanova.

El día 16, seis militares norteamericanos muertos y un sobreviviente, fue el saldo del accidente aéreo de un helicóptero, al sur de Cojutepeque, debido al mal tiempo. El 20, voceros de COPREFA, han dado a conocer que el ejército causó al FMLN 400 bajas durante el tiempo que ha durado la operación "Coronel Domingo Monterrosa Barrios"; la operación cubre todo el país.

Agosto de 1987. El 6, se inició la Cumbre de Presidentes de C.A. donde se analizaron 3 Planes de Paz que presentó Contadora por medio de Oscar Arias y el Presidente Ronald Reagan. El 10, el dirigente del FDR Dr. Guillermo Ungo dijo, que en El Salvador solamente habrá cese de fuego, si el Gobierno y la guerrilla dialogan. El 12, en respuesta al plan de paz firmado en

Guatemala, el FMLN comunicó oficialmente, que está dispuesto a iniciar de inmediato negociaciones con el gobierno para lograr un cese al fuego y suspensión de la ayuda exterior.

El día 17, El Gobierno invitó a todos los partidos políticos legalmente inscritos, con excepción del MNR y el UDN, para formar la Comisión de Reconciliación Nacional, de la que habla el documento firmado en Guatemala. El 19, también se reunieron en S.S. los cancilleres de C.A. para analizar el documento firmado en Guatemala. El 20, la Fuerza Armada dijo estar dispuesta a aceptar el cese al fuego "siempre que el FMLN haga lo mismo" dijo el General Vides Casanova. El 27, se inició una reunión entre representantes de El Salvador, Honduras y el ACNUR, para buscar solución al problema de los refugiados salvadoreños en Honduras. El 28, el FMLN por radio Venceremos propuso una tregua entre el 12 y 17 de septiembre, para entablar diálogo, directo con el Gobierno.

Septiembre de 1987. El día 7, "Así como Duarte lo quiere, es difícil llegar a un cese de fuego" afirmó en Costa Rica, el comandante Schafik Hándal. El 11, llegó al país el nuevo embajador de USA, Sr. Moris Busby. Remplaza al Sr. Phillip Habib. El 21, en Usulután dieron una charla y contestaron preguntas, cuatro ex comandantes del FMLN entre ellos Miguel Castellanos. El 24, COPREFA informó que el Comandante Oswaldo, desertó del ERP, huyendo hacia los USA con buena cantidad de dinero.

Octubre de 1987 El día 4, amparados por el CICR y la Embajada de España, llegaron a ES los delegados del FMLN-FDR que participarán en el diálogo de la Nunciatura, dos más fueron trasladados desde Chalatenango hasta S.S., ese día solo se logró un acuerdo para discutir agenda de 24 puntos para terminar la guerra. Se dio un receso por la noche para continuar el día 5. Fuera de la Nunciatura, lugar de la reunión, permanecieron grupos opuestos de la UNTS y seguidores del Gobierno. El 5, el Presidente Duarte pidió al FMLN que abandonara las armas, a lo que Facundo Guardado le contestó que no, porque son una garantía "ya que los problemas que provocaron la guerra son hoy más agudos que antes".

El día 14, durante su visita a USA Duarte besó la bandera norteamericana, acto que provocó los más variados comentarios. En ese momento yo me encontraba en el apartamento de Don Carlitos Castaneda y Marina; dos salvadoreños que se habían ido a vivir a Metaire, a 4 cuadras de donde yo vivía, y siempre pasaba a cenar con ellos, después del trabajo; antes de cenar veíamos la tv y vamos viendo semejante hecho, el Presidente Duarte se sale del Protocolo y se dirige a la bandera norteamericana y la besa... ¡WOW! Dije yo, ¿qué es esto? Nos quedamos atónitos los 3 después de ver a nuestro Presidente hacer esto... El 19, el vice ministro Roberto Viera, dijo que 4,500 salvadoreños han sido reubicados en sus lugares de origen, todos procedían de Mesa Grande en Honduras.

El día 23, como un fracaso fueron consideradas las once horas de pláticas sobre cese al fuego en Venezuela. La comisión gubernamental planteó al FMLN discutir el cese de fuego, mientras éstos planteaban que era necesario discutir primero la amnistía y democratización. Se suspendieron las pláticas y se acordó reunirse dentro de una semana en México. El 24, el coronel René Emilio Ponce aseguró que a los combatientes del FMLN solo les quedaba irse para Cuba o Nicaragua o morir en una lucha inútil. El 26, fue asesinado el coordinador general de la CDH no gubernamental, Herbert Anaya Sanabria. El 29, El FMLN anuncio el rompimiento del proceso de diálogo con el Gobierno por la muerte de Anaya Sanabria.

Noviembre de 1987. El día 5, a las doce meridiano, dio comienzo en todo el país el cese al fuego por parte de la Fuerza Armada, según orden dada, una hora antes, por el Presidente Duarte. El 6, el comandante Giovanni de las FPL, fue muerto cuando combatía contra tropas del Batallón Bracamonte, por San Pablo Tacachico. El 11, el Ejército denuncio que se habían producido 30 hostigamientos y 38 combates desde la decisión unilateral de cese al fuego. Los partidos ARENA, PCN, PAISA, PPS, PSD, PAR, MERECEN y LIBERACION, se retiraron de la Comisión de

Reconciliación, por no haber una voluntad política por parte del Gobierno de solucionar la crisis del país y dialogar con las fuerzas democráticas; solamente se muestra unilateralidad y busca dialogar con los del FMLN/FDR, manifestó el Lic. Cristiani, miembro de la comisión. El 16, para el 20 de marzo de 1988 se fijaron las elecciones para diputados a la Asamblea Legislativa y consejos municipales anuncio el CCE.

El día 23, el Dr. Guillermo Ungo secretario general del MNR, arribó al país, lo esperaban en el aeropuerto unos 500 simpatizantes. El 24, la orden de detención contra el capitán Álvaro Saravia, implicado por un testigo en la muerte de Monseñor Romero, decretó el juez Cuarto de lo Penal Dr. Ricardo Zamora. El 25, el mayor Roberto D'Aubuisson denuncio en conferencia de prensa en la sede del partido ARENA, al coronel Reynaldo López Nuila como responsable de los Escuadrones de la Muerte y pidió al presidente Duarte que aclarase la muerte del Coronel Domingo Monterrosa, Calito, Azmitia y los demás oficiales que murieron por oponerse al Conflicto de Baja Intensidad. El 30, elementos del FMLN, masacraron 160 reses de raza Pardo Suizo y 12 terneros, destruyeron 1,000 quintales de concentrado, un tractor, un transformador e incendiaron las oficinas principales de la hacienda Montegrande, propiedad de Federico García Prieto. Los costos del ataque a la hacienda Montegrande dejo pérdidas por siete millones de colones.

MI OTRO REGRESO... ¡PARA SIEMPRE!

Bueno, después de haber pasado semejante ¡**SUSTO**! Me sentía bastante mal, nunca pensé que en los Estados Unidos de Norte América me fuese a pasar esto, en todas partes menos allí. Toda la vida me había sentido súper segura en los USA, solamente allí me sentía así. ¡Ese fue el peor de los golpes!

Había llegado esta vez, a New Orleans, mi ciudad abandonada, con intenciones reales de obtener mi ciudadanía, ya había pasado el examen con 99, todo estaba bien; solamente estaba esperando que me llamaran a juramentar, y me pasa esto; así es que decido,

Capítulo XXVIII

en un acto desesperado, porque realmente me sentí sola, sin nadie... y lo normal creo yo, es ir a buscar algo que te de esa confianza perdida, y ¿qué confianza me podía dar El Salvador, si había salido huyendo, por estar en condiciones terribles? pero pensaba que con la familia y los amigos, me podía mejorar.

Quiero confesar que, todo ese pasaje era totalmente espantoso para mí: estuve a punto de morir, realmente con ese hombre, solamente yo sé lo que pasé, y uno se queda con una sensación que realmente no puedo explicar. Pero se te va curando la herida, a medida que vas hablando del asunto, al ir contando lo que te pasó. Hablar, contar lo sucedido, te ayuda como no sabes cómo y cuánto. Entonces me regreso a El Salvador... a seguir aguantando, pero la vida tiene que seguir... ¡Y lo mejor está por llegar! Pasé todo el mes de diciembre en casa de mi hermana Sara y su esposo Rodrigo.

Regreso... cuando todo esto está sucediendo:

Diciembre de 1987. El 14, un total de 609 lesionados por minas en los últimos cinco años, informó la viceministra de Justicia, Dra. Dina Castro de Callejas, de las cuales 187 son menores de edad. El 17, Comandos urbanos asesinaron al teniente de la PH German Morán Rivera y dos efectivos del mismo cuerpo, al ser acribillado a balazos el vehículo en que se conducían sobre la 25 Ave. Norte. El 25, la muerte de 45 trabajadores de ANTEL y daños por 195 millones de colones es el monto en lo que va del conflicto, informó el Coronel y Dr. Mauricio Vides Casanova.

En el mes de enero de 1988, alquilo una casa de esquina, tipo colonial español, en la Sexta-Décima de la Colonia Flor Blanca, a una cuadra del Estadio Flor Blanca. Comienzo nuevamente con PIGMALION a enseñar mis clases, y a seguir la vida. Al poco tiempo me di cuenta que tenía de vecinos a un señor italiano, Sergio Pocceschi y su esposa Celina. Llegaron a ser muy buenos y queridos amigos míos. Mantuvimos muchos años la relación, pasamos muchas aventuras. Sergio cocinaba muy bien, la comida italiana, y Celina era muy, muy creativa: ¡me encantaba por eso! Ellos me ayudaban a todo, comíamos juntos, salíamos juntos, jugábamos juntos, y eran tan serviciales y queridos que me han hecho falta desde que ya, ellos se separaron; Celina se fue a los USA y no he vuelto a ver a Sergio.

Todavía tenía que pasar por otras horribles experiencias unas, ¡y otras espantosas! Mientras tanto El Salvador seguía en estado de guerra:

Enero de 1988. El 4, dieciocho mil quintales de café, maquinaria agrícola y dos camiones, destruyeron los grupos subversivos en el Beneficio Acahuapa, en San Vicente, informó COPREFA. El 5, el asesinato de Herbert Anaya Sanabria, es otro ajusticiamiento del FMLN, como lo hicieron con Mélida Anaya Montes y Roque Dalton García, dijo el ministro de justicia Dr. Julio Samayoa. El gobierno de Duarte, es el único responsable de la libertad de los implicados en el asesinato de los asesores norteamericanos expertos en reforma agraria, hechos ocurridos en el Hotel El Salvador Sheraton y en el que también murió el ex presidente del ISTA José Rodolfo Viera, dijo la diputada Gloria Salguero Gross, el referirse a la Ley de Amnistía aprobada por el PDC.

El día 12, la Fiscalía pidió a la Corte Marcial, revocar el sobreseimiento dictado por el Juez de Primera Instancia Militar, a favor de los implicados en la matanza de la Zona Rosa, hecho ocurrido en junio de 1985. El caso, dijo la Fiscalía, no reúne los requisitos para ser beneficiados con la Ley de Amnistía. El 26, la Corte Marcial confirmó la resolución del Juez Primero de Primera Instancia Militar, relativa a beneficiar con la amnistía a los tres implicados en la Matanza de la Zona Rosa. Se espera que en tres días los reos sean puestos en libertad. El gobierno de los USA calificó como sorprendente y extremadamente decepcionante la liberación de los acusados por la muerte de 4 infantes de Marina y el Departamento de Estado se preparaba para reducir la ayuda financiera al Gobierno de EL Salvador.

Incursionando en política

Ya estamos en el mes de enero de 1988, y me llega una invitación a un cocktail, en el Hotel Camino Real, de parte del PCN. Este partido había sido muy querido porque toda mi familia y mis amigos eran del PCN desde sus inicios. Además yo había servido como Cónsul General de El Salvador en New Orleans, por lo que estaba familiarizada con algunos miembros del Partido. Asistí y me gustó haber compartido con varios amigos y conocidos. Después supe que, la intención de los nuevos directivos del PCN era, conocer de cerca a una mujer, en la que todos los directivos estuviesen de acuerdo para nombrarla en el Consejo Ejecutivo como Secretaria de Asuntos Femeninos, y de esa manera dar cumplimento a los Estatutos del Partido, ya que venía una Asamblea General donde se iba a nombrar un Consejo Ejecutivo completo. Ignoraba que Ciro Cruz Zepeda le había arrebatado la dirección del Partido a mi amigo Hugo Carrillo.

Fue una jugada muy sucia de Ciro, y que el pobre Hugo tuvo que soportar y más, hasta que Hugo siendo de pensamiento social-demócrata, le pidió cacao a ARENA para que lo mandaran al exterior, porque su vida estaba en peligro con los del PCN. Así fue como Hugo llegó a Venezuela como embajador: prácticamente tuvo que salir huyendo de El Salvador, porque sus mismos compañeros de partido lo podían...

Febrero de 1988. El día 14, aunque existía tremendo parecido entre los cadáveres y los jefes terroristas Fermán Cienfuegos y Leonel González, no se pudo asegurar que eran ellos quienes cayeron junto a otros miembros del FLMN en combate en el Cantón el Pepeto, Arcatao, dijo el Alto Mando. El 16, ARENA siempre ha condenado y exigido una investigación exhaustiva de los delitos de secuestro y tráfico de dólares dijo el Dr. José Francisco Guerrero, al referirse a campo pagado por el PDC que insinuaba que el mayor D'Aubuisson, es parte de una pandilla de secuestradores. El 23, al ametrallar un bus de transporte de personal de la fábrica IUSA, fueron asesinadas cuatro trabajadoras. Del ametrallamiento se acusa al FMLN y fue realizado en San Martín.

Marzo de 1988. El 7, el Lic. Alejandro Duarte, negó acusaciones de estar involucrado en el mal manejo de fondos de ayuda internacional a desplazados. El 10, el dirigente de la UNTS,

Humberto Centeno fue detenido y acusado de agredir a policías de Hacienda, en el Ministerio de Trabajo, San Bartolo. El 11, a las 9:35 de la noche estallaron en la Zona Rosa dos auto-bombas. Ese centro de diversión se encontraba repleto de gente como todos los viernes por la noche. El 16, la Asamblea Legislativa investiga la muerte de varios comandantes de la FA, entre ellos el del coronel Domingo Monterrosa, así como lo que el Coronel Ochoa Pérez, ha dado en llamar "el negocio de la guerra".
La Corte de Cuentas de la República, responsabiliza al ex pagador de CONARA Sr. Noé Ramírez Ramos, por el desvanecimiento de 5 millones de colones. Luego se culpa al Presidente de la institución Ciro Cruz Zepeda quien es destituido por la Asamblea Legislativa; luego el Sr. Zepeda pide amparo a la Corte Suprema de Justicia, y también se le es negado. El 18, en Santa Ana el FMLN colocó una bomba en casa del coronel retirado Juan Francisco Tejada López. El 20, se realizaron elecciones para alcaldes y diputados. En S.S., la alcaldía fue ganada por Armando Calderón Sol de la coalición ARENA, PPS, PL y PAISA; estuvieron presente más 250 observadores de 45 países, considerando que la afluencia fue masiva. El 22, Carlos Eduardo Huezo Huezo acusado de ser miembro del PCS, declaró que Salvador Ubau, le dijo antes de desaparecer, que tenía problemas con el partido que lo consideraban un desertor.

El día 23, Sergio Mena Méndez, denunció que siempre que un partido de oposición toma la palabra para protestar algún resultado, la televisión oficial corta la transmisión que hace en vivo, del escrutinio final. El 23, se denunció el aumento de violencia entre miembros del PC y ARENA en el escrutinio final. La FA denunció que el FMLN había iniciado una nueva táctica terrorista mediante "pachas bombas". El 30, la diputada por Santa Ana, Gloria Salguero Gross, denunció que el PDC se preocupaba por conseguirle más diputados al PCN por temor a que sea investigada la corrupción del actual gobierno. Noventa cabezas de ganado fueron muertas a tiros por terroristas en la hacienda Odisea, de propiedad de Don Ulises González, acusó a los escuadrones verdes de la masacre.

Capítulo XXVIII

Abril de 1988. El 3, el mayor Roberto D'Aubuisson declaró que pedirá la nulidad de las elecciones, debido a la existencia de fraude. El 4, fue asesinado el Coronel Roberto Fabio Lorenzana Mendoza. El 15 el Lic. Ricardo Alvarenga declaró que en la Comisión Investigadora de la Corrupción, habrá más diputados de ARENA ya que desean hacer una acción "que limpie de corruptos el país". El Coronel Sigifredo Ochoa Pérez, llamó al pueblo a sublevarse contra la Fuerza Armada y el Gobierno. El 18, Todos los comandantes militares dieron su voto de confianza al Alto Mando y condenaron el llamado a rebelión lanzado por el Coronel Ochoa Pérez.

El día 26, se realizaron diligencias a nivel de Corte Suprema y RR EE, para extraditar al capitán Álvaro Saravia, implicado en la muerte de Monseñor Romero. El Ing. Napoleón Duarte propuso al Dr. Abraham Rodríguez como candidato a la presidencia por el PDC, intentando superar así la división de su partido, provocada por las precandidaturas presidenciales del Lic. Rey Prendes y el Dr. Chávez Mena. El 28, once torres sostenedoras de cables de alta tensión destruyó el FMLN. El 29, Fue electo candidato a la presidencia por el PDC el Lic. Julio Rey Prendes. El Dr. Fidel Chávez Mena declaró que esa elección era viciada.

CELEBRO MI MEDIO PAQUETE

Este mes de mayo cumplí 50 años, y quise celebrar el medio paquete. Pensé que sería diferente hacer una reunión almuerzo en Los Planes de Renderos, en un lugar que me encanta mucho, por la vista y el clima, celebramos con 50 invitados en casa de la familia Kuny Mena, ¡que es espectacular! ¡Sobre todo la vista! Ofrecíamos para todos, al solo llegar, ¡una sangría de maravilla! El buffet estuvo riquísimo y tuvimos a los mariachis que cantaban y cantaban. El cake delicioso, creo que se terminó todo como a las 6 de la tarde, desde las 11 de la mañana. Jamina llegó a mi cumpleaños, e invité a 3 de los que creí amigos del PCN, Julio Moreno, el Chinito Lam y Hernán Contreras. Naturalmente mi mamá, mis hermanas, mis sobrinas, los Buitrago, Carmencita (que la conocí cuando llegó a Pigmalion y a Memo que lo he considerado como el hermano que nunca tuve), los Dávila, y muchos más.

¡PÉRDIDA ROTUNDA DE TODO!

El 14 de mayo, hice un viaje con mi hermana María Elena y su esposo Max Leiva, volamos a Washington. Mi primo Jeff, nos hospedó en el hotel más famoso de Washington, el Willard, cerca de la Casa Blanca; él trabajaba en ese hotel y era el Manager de Relaciones Públicas e Internacionales. Pasamos unos lindos días de primavera en la ciudad más linda y poderosa del mundo y luego me fui, sola, para New Orleans. Tenía que llevarme de regreso todo mi menaje, ya que cuando salí en Diciembre para El Salvador, solamente llevaba, mi ropa de verano y todo el resto de mi casa junto con el apartamento de Jamina (ella se mudaba a Gainesville, Florida) lo dejamos en una bodega.

Y como seguía trabajando con las International Companies, hice un trato con José, de que no me enviara mi pago mensual a El Salvador, ya que por esos tiempos era muy engorroso todo lo de enviar y sacar dinero, sino que cuando regresara en Mayo, a recoger mis cosas, arreglaríamos cuentas. Para mientras era más fácil para él que me pagara la bodega, dejándolo encargado, solamente me tenía que pagar 4 cuotas de $75 cada una, de enero hasta abril, y luego cuando yo llegara, a recoger mis cosas pagaría el mes de mayo y arreglaría cuentas con él.

Me quedé en casa de mi amiga Tula Lacayo, y desde allí hice la llamada de teléfono a la Bodega para avisarles que al día siguiente llegaría por mis cosas para llevarlas a TACA; me dijo la empleada de la Bodega que ya no existían mis cosas, porque José nunca pagó las 4 cuotas de los 4 meses y ¡las habían subastado...! Créanme que sentí que todo me dio vueltas en la cabeza y sentí que perdí la conciencia, estuve a punto de un desmayo, no lo podía creer. Había perdido toda mi casa y la de Jamina.

Bueno llamé a José para reclamarle, y me dijo que ahí nunca había llegado ningún recibo... ¡puras mentiras! Yo había visto la evidencia de que sí habían enviado varias veces los recibos y él se había negado a pagarlos. Con la firma de su secretaria. Así es que el tal José se negó a pagarme $75 al mes por 4 meses, y perdimos absolutamente todo, desde libros hasta regalos de boda, muchos recuerdos sentimentales... TODO. Lo único que me devolvieron fue la cuna de bronce que era de Jamina, ¡una verdadera joya! y para no llevármela hasta ES, ya que ella vive en los USA, la dejé en casa de Tula, creyendo que ahí estaría segura, para que Jamina la recogiera otro día. Cuando ella llegó a recogerla, no apareció, y no está, y no está, pues. Cuando Tula sabía muy, muy bien que la había dejado guardada en el ático porque ella misma me ayudó a subirla; o sea que se la robó de una manera mágica mi amiga Tula Lacayo, o alguien de su casa.

Me regresé a El Salvador, sin nada, y con la intención de no volver a comprar nada costoso y empecé a decorar la casa, pero con accesorios típicos; pero al rato ya vuelve uno de nuevo... no aprendemos, ¿verdad? Yo hice de cuenta que había perdido todo en el terremoto del 86 en el edificio San Francisco. Tenía que tener un mecanismo de defensa.

Mientras tanto, el conflicto seguía así:

Mayo de 1988. El 4, ANEP ofreció todo su apoyo al nuevo alcalde capitalino. Con destino a Cuba viajaron lisiados del FMLN, entre ellos dos mujeres; se desconoció el arreglo entre gobierno y el FMLN para el salvoconducto. El 11, fue asesinado a balazos el juez Primero de Primera Instancia de lo militar, Dr. Jorge Alberto Serano. El FMLN lanzó un ataque contra la Presa 5 de Noviembre; se anunció un racionamiento debido a la sequía del año anterior, la tardanza en iniciar el invierno y el sabotaje del FMLN. El 20, Néstor Ramírez Palacios, diputado electo del departamento de Morazán, por el PCN, renunció a esa entidad política y se pasó a ARENA por unos dólares más, dándole automáticamente la mayoría a este partido que instaló el pleno legislativo, superando así el impasse que había de dos asambleas con 30 diputados.

El día 24, el presidente Duarte debió permanecer 4 horas, ingresando en un hospital privado de SS, por quebrantamiento en su salud. El día 27, por padecer de una "úlcera gástrica el presidente Duarte deberá recibir tratamiento médico en los USA. El 29. El Lic. Alfredo Félix Cristiani fue electo candidato a la presidencia por ARENA. El 31, el coronel Adolfo Majano, ex integrante de la Junta Revolucionaria de Gobierno declaró que rechazaba el accionar violento de los alzados en armas y que deberían demostrar con hechos que sus propuestas de paz son sinceras.

Junio de 1988. El día 1, el Presidente en funciones Lic. Rodolfo Castillo, informó que el presiente Duarte se halla al borde de la muerte ya que padece de cáncer avanzado en el estómago y el hígado. El 3, se informó que el cáncer que padece el presidente Duarte se le ha extendido a los pulmones. El 4, CEL informó haber perdido 225 millones de colones por atentados del FMLN. El 7, se efectúo la primera operación al Ing. Duarte en el Hospital Walter Reed, de Washington D.C. el 60% del estómago le fue removido. El 16, tres diputados de ARENA, 2 del PDC y 1 del PCN integraron la nueva Comisión Investigadora de Corrupción. El Instituto Salvadoreño de Estudios Políticos, Económicos y Sociales ISEPES, afirmó que la situación del país es grave por lo que afirmó que es necesaria la victoria militar sobre la subversión.

El día 20, el coronel Ochoa Pérez, diputado por ARENA, invitó al General Adolfo Blandón a que se quitara el uniforme y fuera a la palestra a hacer política debido a acusaciones que lanzó contra ARENA. El 22, En convención general extraordinaria del PDC, fue electo candidato a la presidencia el Dr. Fidel Chávez Mena. Se dijo que se espera que el Lic. Rey Prendes se incorpore al partido. El 30, el secretario de Estado de los USA George P. Shultz, declaró al llegar a nuestro país, que los USA no permitirán amenazas a la democracia salvadoreña. El general Blandón dijo que habrá ya, sustanciales cambios militares.

Julio de 1988. El 8, el presidente de ISEPES, Lic. Herman Schlageter, afirmó que en el país no se conoce la izquierda democrática, sino solo su expresión violenta. El 11, regresó al país el Presidente Duarte, luego de un tratamiento en el hospital Walter Reed. El 15, el ministro de Cultura y Comunicaciones, Roberto Viera, sugirió que se capturará y entablará acción judicial en contra de Mario Aguiñada Carranza, en caso de que ingresara al país, ya que es responsable de atentados contra el pueblo. Esta comunicación fue la respuesta a especulaciones de que Aguiñada y la Sra. Aronette v. de Zamora regresaran al país para activar el partido UDN. El 18, Varios niños mutilados por minas que recibían tratamiento en los USA regresaron al país. El 24, Diez enmascarados que se identificaron como miembros del FMLN, asaltaron y quemaron el Bolerama Jardín.

INTEGRO EL CONSEJO EJECUTIVO DEL PCN

En el mes de agosto, recibo la visita de mis entonces amigos, el Chinito Lahm y Julio Moreno Niños, para saber si me gustaría formar parte del partido PCN; yo les dejé saber que no era algo que descartaba, ¡pero que iba a pensarlo! Hicimos otra cita para otro día para dejarles saber mi respuesta. La próxima vez llegó su majestad Ciro Cruz Zepeda; ahí fue que lo conocí en persona. Parece que él dio el visto bueno, y me aceptaron en el Consejo Ejecutivo. La reunión del Consejo fue, unos días después, en el Hotel Presidente; en esos tiempos de guerra estaba bastante descuidado.

Me hicieron esperar mucho tiempo afuera del Salón donde todos los del Consejo Ejecutivo estaban reunidos, hasta que al fin, creo que se acordaron de mí y me llamaron; ya entré, los saludé, ¡y todos eran hombres! Después supe que había habido una votación, y que 11 de ellos habían votado a favor mío, solamente 2 no habían querido votar por mí; y vean qué cosas, los que no habían votado por mí eran los que yo consideraba mis amigos, porque eran los más viejos del PCN: Neto Kury y el Dr. Morán Castaneda. Fue así como entré a formar parte del funesto Consejo Ejecutivo del Partido de Conciliación Nacional.

Agosto de 1988. El día 1, salió de nuevo hacia USA el presidente Duarte, para continuar su tratamiento. El 10, fueron entregados a la embajada de su país, 15 españoles capturados en San Vicente. No portaban salvoconductos en áreas restringidas. El 13, regresaron, desde el campamento de Mesa Grande, Honduras,

1,500 compatriotas refugiados. El 16, la PN anunció la captura de otro participante en la masacre de la Zona Rosa. El 25, fue ametrallado sobre la Alameda Juan Pablo II y Boulevard de Los Héroes, un vehículo en el que se conducían dos detectives; ambos fueron muertos. El coronel Adolfo Majano denunció que el atentado, iba dirigido a él. El 26, llegó el nuevo embajador de los USA, Dr. William G. Walker. El 31, el jefe de Operaciones del Estado Mayor conjunto de la FA, coronel Mauricio Vargas, declaró que el ejército era autosuficiente y capaz de detener la agresión marxista-leninista de los terroristas.

Septiembre de 1988. El 13, fue repelido un ataque a la Cuarta Brigada de Infantería, de El Paraíso, Chalatenango. El 23, once trabajadores de CEL fueron asesinados en un ataque efectuado por el FMLN contra el transporte en que se conducían, luego de realizar reparaciones en torres sostenedoras de cables, dinamitadas por el FMLN. El 26, el diputado Ochoa Pérez y Raúl Peña Flores, denunciaron atentados contra varios diputados de su partido ARENA. El 29, nutrido tiroteo fue originado en Antiguo Cuscatlán y los alrededores de Ciudad Merliot. En este mes de septiembre se celebró la Asamblea General del PCN, donde se presentó a los asambleístas la directiva completa del Partido, o sea, el Consejo Ejecutivo; siendo yo la única mujer en el cargo de Secretaria de Asuntos Femeninos.

Octubre de 1988. El día 12, estuvo de visita en el país el relator especial de las Naciones Unidas para los Derechos Humanos en El Salvador, Pastor Ridruejo. El 18, dos coches bombas estallaron en el estacionamiento del restaurant Biggest y otro en el Condominio Altos del Paseo, en la colonia Escalón, resultando 5 heridos y 19 negocios destruidos. Al mismo tiempo hubo detonaciones en diversos puntos de la capital y Santa Tecla. El 27, comandos urbanos perpetraron un ataque contra las oficinas de la AID al lanzarle un cohete desde una distancia de 100 metros, causando daños menores al edificio.

Noviembre de 1988. El 12, el FMLN no saboteará la Asamblea de la OEA que se realizará en el país, anunciaron voceros rebeldes.

Diciembre de 1988. El 8, dos correos de las FPL y de las FARN fueron capturados cuando se dirigían al norte de Chalatenango, informó la GN. El 14, cuarenta minas fueron desactivadas por el DM-5 cerca de Suchitoto, todas estaban colocadas en fincas cafeteras, informó el coronel Juan Armando Rodríguez. El 16, para los teóricos norteamericanos, lo que aquí se vive puede ser un conflicto de baja intensidad; pero para los salvadoreños que lo sufrimos en carne propia, es una lucha de supervivencia para librarnos del comunismo internacional: así se expresó el General Eugenio Vides Casanova. El 26, graves daños a la infraestructura de la Unidad de Salud Barrios, fue causado por un coche-bomba colocado en la mañana. El atentado era dirigido contra el Estado Mayor; dejó 3 muertos y decenas de heridos.

Enero de 1989. El 13, el ex capitán Álvaro Saravia fue puesto en libertad bajo fianza de 10 mil dólares, luego que la Corte Suprema de Justicia de El Salvador no respaldó una solicitud de su extradición por el supuesto delito de conspirar en el asesinato de Monseñor Romero. El 20, hubo un ataque al cuartel general de la PH con coche-bombas y morteros, 2 civiles muertos y 8 heridos fue el saldo.

Febrero de 1989. El 3, el vicepresidente de los USA, Dan Quayle realizó una visita de siete horas a nuestro país. El 16, el ex comandante del FMLN Miguel Castellanos fue asesinado por un comando urbano del FMLN.

Marzo de 1989. El FMLN hizo un llamado para boicotear las próximas elecciones presidenciales. El 15, elementos del FMLN asesinaron al Dr. Francisco Peccorinni Letona, miembro del Comité Pro Rescate de la Universidad Nacional de El Salvador. El padre Peccorinni, como yo le solía decir, era muy amigo, pues era del Grupo que nos reuníamos para componer a El Salvador, tanto es así que me dejó regalado un documento de un Nuevo Enfoque de la Iglesia Católica sobre el Control de la Natalidad; él conocía, muy bien, mi inquietud al respecto, sobre todo en hacer algo sobre la población en El Salvador. El 16, la Asamblea Legislativa, destituyó al presidente de la Corte de Cuentas, Lic.

Ciro Cruz Zepeda; sobre las razones de la destitución, se dio varias versiones.

El día 19, el Lic. Alfredo Cristiani fue elegido Presidente de El Salvador, en una elección caracterizada por la valentía del pueblo salvadoreño para salir a votar bajo intensos ataques del FMLN. Cristiani obtuvo el 53.81 por ciento de los votos, sobre un 39.59 del PDC, 4.21 del PCN, y 3.2 de la convergencia Democrática. Fueron emitidos cerca de un millón de votos. Tres periodistas murieron en la cobertura de las elecciones y uno quedó gravemente herido. El 28, el Dr. Rafael Flores y Flores fue juramentado como presidente de la Corte de Cuentas. El 29, en una sorpresiva decisión, el juez Tercero de lo Penal, Lic. Juan Héctor Larios, dejó en libertad a los acusados de secuestros Luis Orlando Llovera Balette y teniente de baja Rodolfo Isidro López Sibrián.

Abril 1989. El 5, el Lic. Carlos Mendoza, catedrático de la UNSSA y jefe de redacción de la Revista Análisis, resultó herido a causa de una bomba detonada frente a su residencia. Carlos perdió su mano, luego nos representó en un organismo internacional en Suiza. El 14, la residencia del vice presidente electo Francisco Merino, fue destruida en un ataque del FMLN. El 19, insurgentes del FMLN asesinaron al fiscal general de la República Dr. Roberto García Alvarado, mediante una bomba colocada en la capota del auto en que se conducía. ¡Esta tragedia fue terrible! ¡Primera vez que veíamos un asesinato de esa manera! El 27, el Dr. Mauricio Eduardo Colorado fue electo nuevo Fiscal General, en sustitución del asesinado Dr. García Alvarado.

Junio de 1989. El día 1, el Lic. Alfredo Cristiani asumió la presidencia de la República. En su discurso inaugural, de sorprendente tono conciliador y pragmático, propuso un diálogo permanente, reservado y sustancial con el FMLN para llegar al fin definitivo del conflicto. El 9, asesinaron al Dr. José Antonio Rodríguez Porth, nuevo ministro de la Presidencia, habiendo varias versiones al respecto. El 13, el Comercio y la Industria del país cerraron por duelo y rechazo al terrorismo, durante cuatro horas en protesta por el asesinato de Rodríguez Porth. El vicepresidente de los USA, Dan Quayle realizó una visita de 5 horas a ES. El 26, fue acribillado a balazos el coronel Roberto Armando Rivera, director del Cuerpo de Bomberos.

El día 27, el Dr. Mauricio Gutiérrez Castro fue elegido presidente de la Corte Suprema de Justicia. El 30, asesinaron al Lic. Edgar Chacón, ideólogo derechista y presidente del Instituto de Relaciones Internacionales. Un amigo muy querido a quien respetaba mucho, lo mismo a su esposa Helen y su hijita que acababa de nacer. Siempre tuve miedo de que a Edgar lo asesinaran, gracias a Dios, los asesinos esperaron a que Helen diera a luz, y unos días después lo mataron dentro de su vehículo, en la parada de un semáforo, ¡cuando iba a la par de Helen! Habiendo mucha ambigüedad de quienes realmente fueron sus asesinos.

Julio de 1989. El día 13, cuantiosos daños materiales provocaron los insurgentes terroristas del FMLN al detonar un coche-bomba en el sótano de la Torre Democracia. El 22, la imprenta de la Universidad Centroamericana José Simeón Cañas UCA, fue destruida en un atentado dinamitero por grupos supuestamente derechistas.

Agosto de 1989. El 5, inició la Cumbre Presidencial en Tela, Honduras. El 7, la desmovilización de los grupos armados del FMLN y cese de fuego en ES acordó la Cumbre Presidencial en Tela, Honduras, a pedido de Cristiani.

El mes de septiembre es el tiempo que designa el estatuto del PCN para llevar a cabo la Asamblea General. De manera que cuando se realiza la Asamblea yo me presenté con el resto de miembros y nos eligieron para dos años consecutivos. ¡Amén! La gente del PCN, son personas buenas, humildes y trabajadoras.

Septiembre de 1989. El 7, el presidente Cristiani juramentó a la Comisión de Diálogo, constituida por Coronel Juan Antonio Martínez Varela, Dr. Oscar Santamaría, ambos ministros de gobierno; Dr. David Escobar Galindo intelectual independiente,

Dr. Abelardo Torres y Dr. Hernán Contreras. El 13, iniciaron conversaciones de paz entre el FMLN y una delegación del Gobierno de México. El FMLN propuso un cese de fuego a más tardar para el 15 de noviembre; mientras el Gobierno propuso que se estableciera un programa de actividades, con normas y pasos a seguir.

El día 15, se suscribe en la capital mexicana el "Acuerdo México", producto de la primera ronda de negociaciones entre las comisiones del Gobierno y del FMLN. Es el primer compromiso que suscriben formalmente las partes para llegar a un fin negociado de la guerra y reunificación de la sociedad salvadoreña. El 19, la Universidad Centroamericana Dr. José Simeón Cañas UCA otorgó el Doctorado Honoris Causa en Ciencias Políticas al presidente costarricense Dr. Oscar Arias. Asistió como invitado especial el Presidente Cristiani. El 29, el Presiente Cristiani en su gira por Europa, visita al Papa Juan Pablo II.

Octubre de 1989. El 2, el Presidente Cristiani planteó al FMLN el cese de hostilidades en un discurso pronunciado en la ONU. El 5, la Asamblea Legislativa aprobó una Ley Temporal que otorgaba amnistía a 167 lisiados del FMLN, que pudieron salir del país. El 8, cuarenta y seis lisiados del FLMN salieron rumbo a Cuba. El Presidente Cristiani reveló que el gobierno tiene conocimiento de los planes del FMLN de adquirir misiles tierra-aire. El 16, se inició la segunda ronda de diálogo entre el Gobierno y el FMLN en Costa Rica.

El día 17, el FMLN dio a conocer una lista de militares que, según ellos deben pasar a retiro como condición para el cese al fuego. La lista incluye miembros de la *"Tandona"* y a los generales Rafael Humberto Larios, ministro de defensa y Juan Rafael Bustillo, comandante de la FAS. Insurgentes del FMLN asesinaron a Ana Isabel Casanova, hija del coronel Edgardo Casanova Véjar, amigos desde que éramos niños. El 19, daños de consideración dejó un atentado contra la residencia del líder socialista Dr. Rubén Zamora. El 30, fracasó un ataque al Estado Mayor Conjunto de la Fuerza Armada, con bombas lanzadas con catapultas. El saldo es de un muerto y varios heridos, todos civiles. El 31, un atentado dinamitero

Capítulo XXVIII

en el local de FENASTRAS dejó 10 sindicalistas muertos y 27 heridos. Entre los muertos se incluye a la dirigente de la UNTS Febe Elizabeth Velásquez.

¡A LA FIESTA DE LOS CHARROS EN TAPACHULA!

Desde el 2 de noviembre había estado recibiendo llamadas por teléfono de mi tío y primo Gerardo Sol, quien era el Cónsul de El Salvador en Tapachula, México. Él me estaba convenciendo que invitara a Miss Turismo de El Salvador, para una fiesta famosa de los Charros, en esa ciudad. Mi colega Parlange (Cónsul General de México en New Orleans) estaba residiendo en Tapachula; él era como el cacique de esa región, y me había extendido una invitación para que llegara a la Fiesta. Así es que Gerardo me llamaba, hasta cuatro y más veces al día para ver cómo iba mi gestión. Como eran tiempos difíciles, la Miss de ese año no era tan guapa como queríamos; así es que le pregunté a Maricruz Hasbún si quería prestarme a sus hijas, que eran lindas, para llevarlas a Tapachula. Ya le habíamos preguntado a Napo, su esposo y él había dicho que sí, hasta Maricruz iba a ir. Ya Gerardo, por otro lado, había hecho todos los preparativos para hacerles un gran recibimiento, los periódicos, la tv, etc. Y todos los días recibía las llamadas de Gerardo.

Salíamos el viernes, porque la fiesta era el sábado, luego había un almuerzo en Puerto Madero con camarones y champán el día domingo, etc. Y nos regresábamos martes. Ya con todo listo, el jueves me habla Maricruz que ellas ya no pueden ir, porque Napo les ha dicho ¡que viene una ofensiva del FMLN terrible! Y que mejor se quedan en casa. Le hablo a Gerardo y ya se imaginan lo que me dice: ¡Uds. solo en ofensivas viven pensando! ¡bla, bla bla! Yo tenía como secretaria-asistente en PIGMALION, en ese tiempo, a una ex alumna que quiero mucho: a Marielos Portillo, quien es rubia y de ojos azules.

Y me puse a pensar qué terrible si me hubiesen hecho eso a mí cuando era Cónsul, y le pregunté a Marielos, porqué ella no me acompañaba y se hacía pasar como Miss Turismo de El Salvador, para no dejar a Gerardo plantado de esa manera. Yo buscándole una solución a ese problema para no dejar a todos desencantados en Tapachula. Le llamé a Gerardo para decirle que, de todas maneras, íbamos, y él me contestó que ya no me creía, que cuando estuviésemos en Guatemala que le llamara para saber con seguridad que nosotros llegábamos a la fiesta. Ya no me creía y estaba un poco decaído y frustrado.

Eso fue el viernes; en la mañana, ya no nos podíamos ir viernes, así es que decidimos irnos el sábado 10 de Noviembre de 1989, a las 5 de la mañana. Tomamos un busito de esos rápidos a Guatemala; al llegar, llamé a Gerardo para decirle que ya íbamos de camino. No había avión para Tapachula y era un riesgo tremendo ir por carro particular, así es que la única opción era el bus. Doce horas en bus... Al fin llegamos al puente que divide México de Guatemala y ya estaba Gerardo y el Cónsul de Guatemala esperándonos; nos llevó al hotel, nos bañamos, nos arreglamos y nos fueron a buscar para llevarnos a la fiesta. Marielos hizo su papel súper bien, se miraba preciosa, bailaba fenomenalmente, ¡y era la atracción del momento en la fiesta! Terminamos como a las 2 de la madrugada y nos fueron a dejar al hotel para que descansáramos y quedamos de reunirnos para ir al almuerzo en Puerto Madero a las 12 del mediodía.

Al día siguiente domingo, a las 10 de la mañana suena el teléfono y era Gerardo informándonos de lo que estaba pasando en El Salvador; nos levantamos, bañamos y nos vestimos y al momento él y el Cónsul de Guatemala llegaron por nosotros, estaban con unas caras pálidas y una tristeza tremenda. Al fin le dije a Gerardo: ¿Ya ves? y tú, no me creías, ya ves todo lo que está pasando, te lo decía por teléfono, pero tú decías que eran cosas mías... él se disculpó. Fuimos a Puerto Madero y estuvimos muy tristes viendo por la tv todo lo que estaba pasando en El Salvador, por la tv mexicana... y era espantoso, decían que todo estaba destruido. Yo pensando que todo lo había dejado, solamente unas cuantas prendas había llevado... bueno, teníamos una angustia inigualable. El día lunes nos movimos a la casa del Cónsul de Guatemala, a esperar... Le hablé a mi hermana María Elena, que estaba casada con el coronel Max Leiva y era funcionario del gobierno, pensé que ella, tal vez me podía dar un reporte veraz de

Capítulo XXVIII

lo que estaba pasando. Ella me contestó el lunes 12 que todo estaba en control y que nos regresáramos.

En ese momento había llegado, un médico salvadoreño que había ido al Distrito Federal a validar su título para regresar a El Salvador, y había dejado su carro en casa de Gerardo; pero su familia le había dicho que no se regresara, que se quedara en México hasta nuevo aviso. Pero al oír que mi hermana me había dicho que todo estaba bajo control, decidimos regresar los 3 juntos el martes 13 de noviembre.

Nos levantamos temprano, y nos fuimos; el doctor conduciendo y yo adelante en su carro, y Marielos atrás. Nos fuimos por una vía más rápida y salimos por el puente de los Esclavos en Guatemala, después de haber desayunado en un restaurant que encontramos en el camino. En los Esclavos, almorzamos. Pronto llegamos a la frontera, cuando llegamos a las Chinamas, vimos que miles de camiones estaban varados, no querían proseguir hasta San Salvador. Allí nos bajamos y le pusimos al vidrio del carro adelante y atrás, un rótulo de tape que decía "Periodistas", y como el médico era rubio ojos azules y Marielos también, parecían extranjeros, solamente yo parecía salvadoreña, así es que arrancamos y nos fuimos. En la radio del carro veníamos escuchando música normal y linda; al ir abandonando la frontera salvadoreña, hubo un gran cambio y se sentía un ambiente raro, solamente una radio funcionaba que era la radio nacional y solo marchas de guerra se oían.

Cuando pasamos frente a Caballería, un oficial nos hizo señal para que parasemos; lo hicimos y rápido le dijimos que no éramos periodistas, y nos dijo que tuviésemos cuidado porque era un arma de dos filos. Para el ejército ir con ese letrero era peligro, pero para la guerrilla estaba bien. Proseguimos y cuando íbamos subiendo para entrar a Santa Tecla, había llovido y vimos un grupo de hombres con capas negras y nunca supimos si eran soldados o guerrilleros. La primera parada fue en la sexta-décima, en mi casa; y ahí nos agarró el Toque de Queda que era a las 6 en punto; faltaban 5 minutos para las 6 de la tarde. Ya no quedaba tiempo para ir a dejar a Marielos, yo le rogué que se quedara en mi casa, pero ella estaba ansiosa por llegar a la suya, donde había dejado su carro, y la tv; había dicho que esa zona de su casa estaba toda destruida, así es que se fue hasta los Héroes que era donde el Dr. vivía y me contó después, que tomó un taxi y llegó a su casa y todo estaba en perfectas condiciones: la casa y el carro.

Esa noche ya en SS fue de un infierno total, a esa hora 6 de la tarde comenzaba el tiroteo; se oía como que fuese un 31 de diciembre a las 12 de la noche, o peor. ¡Qué terrible! ¡Pensé que hubiese sido mejor quedarnos en México! No me podía dormir, pasé en vela toda la noche y al fin fueron las 6 de la mañana, me levanté y me vestí, me maquillé y oyendo ese tiroteo, los aviones, los helicópteros, escuchando la radio donde transmitían todos los pormenores de lo que estaba ocurriendo. Así pasamos el miércoles. Durante la noche, ya cuando comenzaba a oscurecer empezaba el corazón a latir y la mente a sufrir, ¡que espantoso! Inmediatamente a ponernos la ropa de dormir, porque se cortaba la energía eléctrica y nos quedábamos a oscuras hasta que amanecía. Las noticias al amanecer el jueves eran desastrosas, habían asesinado a los padres jesuitas, una empleada y su hija... Unos decían que había sido el FMLN; otros no se sabía; luego comenzó la gente a susurrar que era la Fuerza Armada... y así se fue haciendo, ¡un lío de un nudo gordiano terrible!

Noviembre de 1989. El 2, el FMLN anunció que se retira del diálogo con el Gobierno en protesta por el atentado en FENASTRAS. El 3, Hubo un atentado dinamitero contra la residencia del coronel Orlando Carranza, comandante del Batallón Belloso. El 8, la comandancia del FMLN anunció en Managua sus planes de intensificación del conflicto. El 11, con ataques simultáneos en los barrios de Zacamil, mejicanos, Ayutuxtepeque, Ciudad Delgado, Soyapango, cerro de San Jacinto, Zacatecoluca, San Miguel y Usulután comenzó la más sangrienta ofensiva del FMLN en 10 años de guerra. Los guerrilleros tomaron como rehenes a todos los habitantes de esos sectores.

El día 12, el Gobierno decretó el Estado de Sitio y el Toque de Queda en todo el territorio nacional. A través de la cadena nacional de radio, varias personas, expresaron su indignación por el "inhumano ataque contra los civiles. El 14, el ejército logró controlar las colonias Santa Marta 1 y 2 del Barrio de San Jacinto. Miles de personas fueron evacuadas, previamente, de esos lugares. El 15, la FA controló los barrios de Ciudad Delgado. El día 16, los padres jesuitas Ignacio Ellacuría, Ignacio Martín Baró, Segundo Montes, Armando López, Juan Ramón Moreno, Joaquín López y López, la señora Elba Ramos y su hija Celina de 15 años, fueron asesinados por desconocidos que ingresaron al interior de sus habitaciones en la Universidad Centroamericana UCA entre 2 y 4 de la madrugada. El gobierno condenó el crimen.

El día 17, el ejército recuperó la Colonia Zacamil luego de cruentos combates. El Secretario General de la OEA anunció una visita a El Salvador para promover conversaciones de paz. El 19, llegó al país Joao Baena Soares, secretario de la OEA. El 21, insurgentes del FMLN atacaron la Colonia Escalón tomándose la Torre VIP del Hotel Sheraton. Baena Soares, hospedado en el edificio principal fue rescatado por comandos aerotransportados. Veinte huéspedes extranjeros y 12 boinas verdes de los USA quedaron atrapados momentáneamente, siendo liberados más tarde, durante una tregua acordada. Los guerrilleros se retiraron del lugar.

El día 25, una avioneta procedente de Nicaragua que transportaba cañones y misiles SAM-7 y Red Eye se estrelló en Usulután. El Gobierno de ES suspendió relaciones con el gobierno sandinista de Nicaragua. El 27, entre muchos extranjeros detenidos por colaborar con la guerrilla, la FAS presentó a la norteamericana Jennifer Jean Casolo, acusada de tener una casa de seguridad del FMLN en la colonia Miralvalle. El 28, elementos del FMLN asesinaron al ex presidente de la Corte Suprema de Justicia, Dr. Francisco José Guerrero, (El Chachi) El 29, la zona norponiente de SS, incluyendo las colonias San Benito, Maquilishuat, Campestre, Lomas Verdes y Escalón y la zona sur fue atacada por el FMLN. Varias casas de familias de ciudadanos extranjeros fueron asaltadas por los insurgentes. Estos fueron liberados al día siguiente durante un alto al fuego gestionado con los terroristas.

Diciembre de 1989. El día 1, fuerzas del FMLN dispararon dos misiles rusos tierra-aire en Zacatecoluca contra aviones de la FAS, fallando ambos. El 6, se contabilizó 446 soldados muertos y 1228 heridos; y 1,902 guerrilleros muertos y 1,109 heridos, informó el Coronel René Emilio Ponce, jefe del Estado Mayor Conjunto del FA. El 9, el gobierno ofreció una recompensa de un millón 625 mil colones a quien de información que permita esclarecer el asesinato de los jesuitas. El 10, se inició la cumbre presidencial en Costa Rica. Cristiani pidió una condena al FMLN. El 12, concluyó la cumbre de presidentes con la Declaración de San Isidro de Coronado, en la que se exige la desmovilización del FMLN. Al mismo tiempo se hace un llamado para que el Secretario General de la ONU interponga sus buenos oficios para llevar de nuevo a las partes negociadoras a la mesa. El 13, fue liberada la norteamericana Jennifer Casolo por presiones de los USA, pero fue expulsada del país. El 14, fue capturado el dirigente guerrillero Carlos Morales Carbonell, hijo del dirigente del PDC, Dr. Antonio Morales Erlich.

Enero de 1990. El día 2, el Presidente Cristiani reveló haber solicitado la mediación del secretario de la ONU, Javier Pérez de Cuéllar, para que este intervenga en el reinicio de las negociaciones con el FMLN. El 7, el Presidente Cristiani confirmó que se investiga la participación de militares en el asesinato de seis sacerdotes jesuitas ocurrido durante la ofensiva guerrillera del noviembre de 1989. El 12, fue asesinado en Guatemala el Dr. Héctor Oquelí Colindres, dirigente del MNR junto a la guatemalteca Lic. Hilda Flores. El 13, el Presidente Cristiani dio a conocer los nombres de 9 militares indiciados en la muerte de los sacerdotes jesuitas, su cocinera y la hija de ésta. Ellos son: Coronel Guillermo Alfredo Benavides, director de la Escuela Militar, Tte. Yusshy René Mendoza, Escuela Militar, Tte. José Ricardo Espinoza, Stte. Gonzalo Guevara Cerritos, un subsargento, un cabo y tres soldados, estos últimos miembros del BIRI Atlacatl. El 16, fueron remitidos a los tribunales los militares acusados del asesinato de los jesuitas. El 19, El juez 4° de lo Penal Dr. Ricardo Zamora, confirmó la detención provisional para 8 militares presos y giró órdenes de captura para un soldado ausente. El 31. El Presidente Cristiani sale en gira de 7 días a los USA.

Febrero de 1990. El día 13 congresistas de los USA encabezados por Joe Moakley visitaron nuestro país para investigar el caso jesuita. El 23, falleció el ex presidente José Napoleón Duarte tras largo padecimiento de cáncer en el aparato digestivo.

Marzo de 1990. El día 6, un artillero muerto y 7 heridos, entre ellos un camarógrafo de TCS Noticias, es el saldo del ametrallamiento de un helicóptero militar en el que viajaba el fiscal General de la Republica Mauricio Colorado, en San Antonio Los Ranchos, Chalatenango. El fiscal resultó ileso. El 29, Concluyó una reunión en México reservada para los participantes de las comisiones negociadoras del Gobierno y del FMLN, en la cual se ponen de acuerdo sobre el texto del Acuerdo de Ginebra.

Abril de 1990. El día 10, quedó sin efecto el Estado de Sitio, tras cinco meses de vigencia, a partir de la "Ofensiva Final" de noviembre de 1989. El 27, fue aprobado la Ley de Importación de Combustible, actividad que pasa al sector privado.

Mayo de 1990. El 16, se inició el diálogo entre el Gobierno y el FMLN en Caracas. El Salvador pagó su mora ante organismos internacionales de $ 160 millones y vuelve a ser sujeto de crédito. El 31, el Dr. Roberto Antonio Mendoza Jerez fue nombrado nuevo Fiscal General de la República en sustitución del controvertido Mauricio Eduardo Colorado.

Junio de 1990. El 5, el coronel Francisco Elena Fuentes, comandante de la primera Brigada entregó el campus universitario al rector de la Universidad de El Salvador, Lic. Luis Argueta Antillón, tras 7 meses de ocupación, desde la Ofensiva Final. El 19, se inició en Oaxtepec, México, la segunda ronda de negociaciones ente el Gobierno y el FMLN que concluyó sin acuerdos. El tema principal fue la desmilitarización de la sociedad y la impunidad de los militares. El 27, fue decretada la detención provisional del Coronel Carlos Camilo Hernández, por el delito de "encubrimiento real" en el caso del asesinato de los jesuitas. El militar es acusado de haber quemado los libros de entradas y salidas de la Escuela Militar de los días 15 y 16 de noviembre pasado. El presidente de la Asamblea Legislativa, Lic. Ricardo Alvarenga Valdivieso, sufrió dos atentados contra su vida en la misma noche, resultando ileso en ambos casos.

El Consejo Ejecutivo aprueba mi diputación

Hacía 10 meses que la Asamblea General del PCN nos había nombrado por dos años, para desempeñar las funciones que los Estatutos le asignaban a cada miembro del Consejo Ejecutivo; en mi caso particular, era el sector femenino el que debía de atender y había comenzado a trabajar en ello, desde prácticamente el año anterior.

Cuando llegué al Consejo Ejecutivo, me di cuenta que cada uno de mis 13 compañeros, tenía un departamento asignado, para trabajarlo, porque se estaban candidateando para ser diputados por ese departamento. No solamente había diputaciones departamentales, sino también se habían inventado una figura que era La Plancha, para los diputados nacionales y luego, los del Parlamento Centroamericano.

A mí no me asignaron nada, ni me preguntaron nunca nada. Tuvimos una reunión del Consejo Ejecutivo con la Departamental; allí estaba Chevito Peitez, y hubo una discusión por las candidaturas. Hasta que el Secretario General, que era Ciro Cruz Zepeda anunció que como no habían fondos en el Partido, iban a vender las candidaturas, al mejor postor; que el Primer Diputado por San Salvador, tenía que dar medio millón de colones, porque era algo difícil que quedara, el Primero de la Plancha un millón, ese era fácil que quedara; y el primero al Parlamento Centroamericano 1 millón de colones, porque era otro fácil. Ciro se apuntó en el primero de la Plancha y el Primero en el Parlamento, él tenía que quedar a como diera lugar. Aunque él era de Cabañas no se lanzó por ese departamento porque no hubiese quedado; él quería algo seguro. ¡Pero tenía que pagar 2 millones según el trato hecho y nunca deshecho!

Capítulo XXVIII

Pasó el tiempo y nadie compró la diputación por San Salvador, por lo tanto cuando yo vi que no pasaba nada; en una próxima reunión de Consejo, les dije a mis compañeros que yo tenía dinero para financiar mi campaña para la diputación por San Salvador. Se quedaron un poco pensativos, también Ciro, porque él era quien decidía; y cuando no vio ninguna oposición me dijo que estaba bien, porque además ya se estaba terminando el tiempo para comenzar la pre-campaña; me imagino que el Chino Lam y Julio Moreno influyeron para que Ciro, me asignara la diputación. Él lo ve como que es un premio el que te da y te tienes que portar bien, porque si no, te lo quita. Algo así como que es dueño de vidas y haciendas.

Quiero comentar, que yo fui la única, de todos los candidatos del Consejo Ejecutivo, que se costeó su campaña, porque Ciro, nunca puso un centavo, ni Moreno Niños, que habían dicho y jurado que lo iban hacer y con esa condición los dejaron ser candidatos a diputados. En otra reunión de Consejo con la Municipal, Chevito Pleitez, se lo sacó en cara a Ciro y hubo una discusión bastante fuerte y penosa; pero Chevo tenía toda la razón: de esta reunión ya no asistió más al partido. Ya no lo volvimos a ver, y con el tiempo supimos que lo habían asesinado; y se rumoraba que alguien íntimo había participado.

Comencé a prepararme para mi campaña. Me dieron unos bonos del PCN para vender y ayudar a financiar la campaña. Mi tío Julio me compró uno de 1,000 colones, mi pariente Ricardo Sol Meza me compró 3 de mil, y así yo, llevando muy bien la contabilidad de los bonos para rendir cuentas al final de la campaña. Quiero aclarar, para los que no saben cómo es este asunto, que el candidato a diputado por un departamento tiene que financiarles la campaña a todos los alcaldes del departamento, porque generalmente la gente vota diputado y alcalde con la misma bandera y esa es la costumbre de financiarlos. Así es que tú no solo financias tu campaña, sino la de todos los alcaldes. A mí me tocó la de 18 alcaldes, menos el de San Salvador, porque el Señor Carlos Alberto Martínez se la financió él; ya que lo habían designado con esa condición y quién sabe qué más.

Ya había gastado en fotografías, en anuncios en los periódicos. Memo Rodríguez me había elaborado unos dos anuncios para la tv, muy bonitos, por lo que siempre le agradecí, y... un día domingo que teníamos un paseo al mar con la gente que me apoyaba, me dice Julio Moreno y el Chinito Lam que no me vaya al paseo porque tienen noticias de que unos compañeros me quieren dar vuelta y que me quede en la sede del partido viendo que pasa...

Como el Consejo Ejecutivo me había electo como candidata, porque en aquel momento no había ningún otro postulante, confabulan dos miembros del Consejo Ejecutivo, argumentando que había que cumplir los estatutos, convocando a una Asamblea Departamental con la intención que fuese otra persona y no yo el candidato a diputado por San Salvador. Así es que los compañeros que estaban fraguando esto, eran el ingeniero Neto Kury, que era el instigador queriendo poner en mi lugar a Mario Sol y el Dr. Alfredo Valladares que le llevaba la corriente a Neto.

Ya empezaron a llegar todos los miembros de las juntas directivas municipales de los municipios de San Salvador, luego arreglaron una mesa y pusieron 3 sillas, la de Neto, la de Valladares y al final la de Mario. Toda mi gente indignada, Benito, Celina, Fernando, todos habían regado la bola de que estos se habían vendido a ARENA. Así es que se oía un murmullo... Comienza la función y Neto habla, y les dice a los directivos municipales, que Mario les va a dar sacos de billetes para sus campañas, yo escuchando en una esquina del salón, con toda mi gente. Al terminar Neto, le solicité la palabra para dirigirme a los directivos en igualdad de condición y me la cedieron, yo les hablé a los directivos con mucho corazón y les dije que ellos tenían derecho a escoger, si querían a Mario, pero que desgraciadamente no había llevado las bolsas de dinero para dárselas, o me escogían mí, que yo les iba dar lo suficiente para sus campañas, pero que ellos decidieran a quién querían.

Pero fíjense que yo fui clarísima, porque les dije a los directivos municipales: Uds. escojan si se quieren ir con los que les van a dar bolsas de dinero, que son los ricos, o se vienen conmigo, con los

CAPÍTULO XXVIII

pobres, ¡pero van a tener suficiente para que cada uno haga su campaña! Pero yo no les voy a dar bolsas de billetes, como este candidato. ¡Escojan!

Los directivos habían designado al directivo de Tonacatepeque para que aceptara la proposición. No sé qué le pasó, pero a la hora de hablar, creo firmemente que el Espíritu Santo le confundió la lengua, y dijo: Todos los directivos aquí presentes aceptamos al Dr. Armando Calderón Sol. Toda la gente gritó y se oyeron rumores, risas y ruidos, esa había sido una gran metida de pata, ya que Armando Calderón Sol era el alcalde de San Salvador, por ARENA, y se acuerdan que Benito y toda mi gente habían regado la bola de que los instigadores se habían vendido a ARENA, ¿verdad? Bueno, efectúan una segunda votación y vuelve a pedir la palabra el mismo directivo de Tonaca y dice: Hemos aceptado todos como candidato a diputado al Dr. Armando Calderón Sol… ¿Se dan cuenta? Se oyeron gritos y toda clase de malas palabras, pero lo peor fue cuando yo escuché con mis propios oídos, que Neto Kury le dijo a Mario Sol "Hacéla mierda, hacéla mierda" y vino Mario y le contestó: "No, porque es mi pariente!" ¡Y ahí terminó este juego sucio! ¡Admiré mucho la caballerosidad de Mario!

Pero fíjense Uds. qué control tiene la cúpula del partido y qué difícil era ser candidato en mi tiempo; con un sistema perverso de residuos que se debería abolir, no hay como votar por la persona, por la cara y seguir todo un proceso democrático, de la manera que hasta pueda haber un sistema de Primarias. Pero este sistema se prestaba a que tú debes ser fiel al que te nombró, porque si no, eres traidora. No debes fidelidad a la gente que te votó; no en el PCN, tú tenías que ser fiel y obedecer a Ciro y punto. El país y la gente no valen nada para la cúpula del partido, y así es actualmente en la mayoría de los partidos. Ellos se van por estos postulados: "El Poder no se delega. En política no hay amistades, solo alianzas circunstanciales y "Un político solo persigue su bien personal". ¿Se dan cuenta?

De manera que, primero debes tener el aval del dueño del circo. Después debes tener cuidado de que no te den vuelta 2 o más compañeros. Luego debes tener cuidado con tus papeles de identificación, para la inscripción de la planilla en el Tribunal Supremo Electoral; porque hacen el truco de que se pierden tus papeles a la hora de la inscripción y si no tienes duplicados no te inscriben y te dejan afuera, poniendo al que ellos quieren, aunque tú te hayas fajado en la campaña; por eso lo dejan hasta última hora. Y por último te enfrentas al verdadero pueblo, al elector se supone; pero por el momento acá en el país es el votante. ¡Esto es un verdadero caos! Nada transparente y que se puede prestar a muchas *malandrinadas*, como es la historia de la clase política en nuestro país.

Ahora bien, quiero decirles que yo estaba segurísima, de alguna manera tenía esa seguridad, no sé cómo ni de dónde, pero sabía que iba a ser diputada, a pesar de TODO... Quizás porque me había visto envuelta en 3 hechos terribles en los últimos años, y si salí bien de ellos, era porque estaba destinada para algo que Dios quería y estaba segura que Dios quería que yo fuera diputada, para algo o por algo y así fue.

Primero, el sujeto ese que se metió a mi casa en New Orleans, ahí pasé un peligro espantoso y un sufrimiento insuperable, ¡y salí al final victoriosa!

Luego, un viaje en avión el domingo10 de mayo, de San Salvador a New Orleans, al aterrizar en el aeropuerto Moisant, nos agarró 3 tornados; si hubiésemos aterrizado nos hubiese arrastrado alguno o los tres, pero al grito de uno de los pilotos: ¡Para arriba! El piloto instintivamente tomó la palanca para arriba, ¡y nos fuimos a aterrizar a Baton Rouge! Y nos salvamos... pero al día siguiente el times Picayune, en primera página anunciaba que un avión de Taca, le anduvo tocando los techos a todas las casas en la ciudad.

Y por último, la pérdida de toda mi casa y de Jamina... tuvimos que haber perdido todo y quedarnos sin nada, ni con los recuerdos. Estas 3 experiencias fueron muy duras para mí y por algo estaba viva, ¿no creen? Pero lo que vale al final, es lo que uno cree fuertemente. Y así fue....al final fui diputada... ¡De la nada!

Capítulo XXVIII

Julio de 1990. El día 8, fue destituido el director general de Migración, coronel Maximiliano Leiva Mojica, y a la vez fue capturado en relación al caso del tráfico ilegal de personas. Este penoso incidente, no fue del todo como lo dijo La Prensa Gráfica tantas veces; hasta que al fin el Coronel Leiva les envió una nota y la fotocopia del documento por el cual lo habían detenido por unas semanas en la Policía, y había sido totalmente por otras razones y no por chinos, sino por el artículo de la ley que dice que cuando tú eres un funcionario y alguien te hace una proposición indebida, tú debes ir inmediatamente a un juzgado y demandarlo por eso; y él no lo hizo y les preguntó a Uds. ¿Quién lo hace en El Salvador? ¡Nadie lo ha hecho nunca!

Esa fue una terrible jugada que se le hizo a un hombre bueno, inteligente, pero no sabía nada de la maldad humana, ¡cuando se están peleando intereses muy grandes! Hasta su madre falleció del inmenso dolor de ver a su hijo preso en la policía, imputado en algo que él no había cometido. ¡Mal paga la mano al que le salva!

El 11, el secretario de Estado para Asuntos Latinoamericanos, Bernard Aronson, visitó nuestro país. El 13 el coronel Maximiliano Leiva es liberado bajo fianza. El 26, el Gobierno y el FMLN llegaron a un acuerdo sobre el tema de Derechos Humanos, de la agenda de Caracas. Dicho acuerdo es conocido como "Acuerdo de San José". Fue el primer acuerdo sustancial que surgió de la negociación.

Agosto de 1990. El día 19, el Gobierno calificó de "retroceso" una propuesta del FMLN que pretendía desmovilizar los ejércitos de ambas partes, endureciéndose las posiciones en las negociaciones de San José, a la par que surgieron acusaciones de tipo personal entre el ex capitán Francisco Mena Sandoval del FMLN y el coronel Mauricio Vargas. El 20, fue atacada la Casa Presidencial por el FMLN; dejó un muerto y 4 personas heridas, todos civiles. El 28, el ministro de economía Ing. Arturo Zablah advirtió que habrá sanciones si hay cierre de gasolineras.

Septiembre de 1990. El día 1, el coronel René Emilio Ponce fue nombrado Ministro de Defensa en sustitución del General Humberto Larios. El 16, el Presidente Cristiani calificó de "chantaje político", la amenaza del FMLN de llevar a cabo otra ofensiva. El 28, en la residencia de un diplomático norteamericano declaró el mayor del ejército de los USA, Erick Buckland, uno de los testigos claves en el caso Jesuitas. Afirmó que el Coronel Armando Avilés habría tratado de intervenir para evitar que el coronel Guillermo Benavides ordenara el Múltiple asesinato.

Octubre de 1990. El día 1, el Presidente Cristiani ofreció el cese de fuego unilateral, que se pondría en práctica en cuanto el FMLN tomara la misma decisión. El ofrecimiento lo hizo en las Naciones Unidas. El 17, elementos del FMLN lanzaron un ataque a las instalaciones de la Fuerza Aérea en Ilopango, dañando varios helicópteros. El 19, el Senado estadounidense aprobó un paquete de asistencia militar por $ 85 millones al país, pero condicionada a cumplir con 5 requisitos, incluyendo la investigación y enjuiciamiento de los asesinos de los sacerdotes jesuitas y sus dos empleadas. El 31, las Naciones Unidas comunicaron que las negociaciones con el FMLN continuarían en secreto. El coronel Armando Avilés, afirmó que el mayor norteamericano Erick Buckland es "un inestable, desequilibrado y mentiroso".

Noviembre de 1990. El 19, el FMLN lanzó otra ofensiva que abarcó SS, Usulután, Chalatenango, San Miguel, La Paz, La Libertad, Cuscatlán y Morazán. En Nueva York, el secretario general de la ONU, Javier Pérez de Cuéllar, apeló al FMLN a no poner en riesgo el proceso de negociaciones. El 23, México y Canadá se sumaron al llamado de los gobiernos de Centroamérica para que el FMLN suspenda su nueva ofensiva. El 27, incrementaron el salario mínimo en el sector agrícola.

EN PLENA CAMPAÑA ELECTORAL

Por este tiempo, recibí una llamada del coronel Manuel Antonio Núñez, hablándome en nombre de la madre del hombre intruso, que se metió a mi casa en New Orleans, diciéndome que si no lo sacaba de la cárcel, él iba a denunciarlo a la prensa; yo le dije que no tenía ninguna potestad de poderlo sacar, puesto que él había ido a jurado y lo habían declarado culpable, pero que el hombre estaba en "parole" y seguía cometiendo crímenes; y que por eso le

Capítulo XXVIII

habían dado todos esos años de cárcel: yo no puedo hacer nada —le dije—, y dígalo a la prensa, ¡yo creo que eso sería lo mejor! Este coronel Núñez me quiso chantajear, ¡pero no pudo! ¡Vean ustedes qué descarado! ¡Hasta donde llega la gente de malas intenciones!

Ya estoy en plena campaña electoral, recorriendo mercados en San Salvador, y los 18 municipios restantes. San Salvador es tan grande que se habían repartido algunos municipios los compañeros que, por tener otros cargos, como el ingeniero Aguilera, le tocaba ver Soyapango; Ilopango; otro compañero, Mejicanos, otro, Rosario de Mora y Panchimalco, ¿saben Uds. qué municipios me designaron a mí? ¿En 1990-91? Apopa, Nejapa, Guazapa, Aguilares, El Paisnal, Tonacatepeque, Ciudad Delgado, ¿se dan cuenta? Los municipios más peligrosos en esos momentos de guerra, los que tenían más guerrilla y donde había más combates. Gracias a Dios nunca nos pasó nada. Es más, teníamos una acogida tan grande, como cuando el cura de Nejapa que simpatizaba con el FMLN, me prestó la iglesia y los micrófonos y parlantes para que me dirigiera a la gente. A nadie se los había prestado. Siempre a dónde íbamos la gente nos trataba con cariño y respeto. Pero no había día donde no visitáramos un municipio, llegamos a los 19 de S.S. Entre la gente que me acompañaba recuerdo a Benito Pineda, Ana Ester Avelar, Gladyz de Huezo, Irma Ventura, Araceli de Cruz, Roberto Cevallos que era candidato a segundo diputado por SS. El Negro Flores, Fernando Leiva, William Pereira, Milton, Darío, Osegueda, David Victoria Alvarado, Miriam López, Tulita Vásquez y un sin fin de gente que nos acompañaba.

Diciembre de 1990. El día 1, el FMLN atacó las presas 5 de noviembre y Cerrón Grande, causando daños en las mismas. El 7, los USA anunciaron el envío de 48.1 millones de dólares en ayuda militar a ES para contrarrestar la escalada de violencia de parte del FMLN. Se elevó a plenario el juicio en el caso de los jesuitas. El 13, fueron repatriados 13 soldados salvadoreños heridos que se refugiaron en Honduras, tras combates en Chalatenango. El 17. El presidente Cristiani se apuntó una importante victoria política al conseguir que la cumbre de presidentes centroamericanos reunidos en Puntarenas, Costa Rica, exija el cese de fuego al FMLN.

En enero, nos toca inscribirnos en el Tribunal Supremo Electoral; ¡eso fue hasta patético! Esperaron hasta el último día, la última hora y el último minuto cuando caminamos por la calle oscura y sin nadie prácticamente solo nosotros, para entregar las planillas. ¡Qué terrible! Y seguíamos con la campaña por todo San Salvador. Entrevistas en la radio y la tv, así como presentaciones y charlas en diferentes foros.

Enero de 1991. El 2, un helicóptero tripulado por tres asesores norteamericanos fue derribado en San Miguel, con fuego de fusilería. Dos de los sobrevivientes fueron asesinados por rebeldes del FMLN; el otro tripulante murió al momento del impacto. El ejército sandinista confesó la venta de misiles tierra-aire a Joaquín Villalobos, del FMLN, procediendo a la captura de 4 oficiales y 11 salvadoreños. El 8, renunciaron dos de los fiscales específicos en el caso Jesuitas, por no estar de acuerdo en la manera que la Fiscalía General de la República manejaba el caso. El 22, regresaron a ES 220 salvadoreños que durante varios años permanecieron refugiados en Ciudad Romero, en la selva atlántica de Panamá. El 29, Estados Unidos entregó tres cazabombarderos UH-1M a la Fuerza Aérea.

Febrero de 1991. El día 1, el ministro de Defensa, Coronel René Emilio Ponce, anunció el traslado de los batallones antiterroristas de los cuerpos de seguridad al ejército, y lo calificó como un primer paso hacia una nueva estructura de cuerpos de seguridad bajo el control civil, que eventualmente tendrá que llegar. El 3, los dos acusados de asesinar a dos militares norteamericanos, confesaron el crimen ante la directora de Tutela Legal del Arzobispado, María Julia Hernández, enviada del Arzobispo a Perquín. El 5, un atentado contra el Coronel Lisandro Zepeda, de alta en el Centro de Rehabilitación Profesional de la FA, dejó como saldo dos guardaespaldas muertos. El coronel Zepeda resultó ileso. El 6, dirigentes del FMLN se reunieron con el presidente de Venezuela, Carlos Andrés Pérez, y le anunciaron su decisión de esperar hasta marzo para seguir con el proceso de negociación. El 13, seis efectivos de la FA murieron ahogados mientras realizaban prácticas de comandos navales en el Lago de Ilopango.

El día 20, Inició en San José, Costa Rica, una nueva ronda de negociaciones entre el Gobierno y la guerrilla. El tema principal fue la pretensión del FMLN de que el gobierno le reconociera la posesión de algunos territorios que decían controlar. El 25, cinco asesores norteamericanos que viajaban en un helicóptero rumbo al oriente del país perecieron, al caer la nave en el Lago de Ilopango. El 28, murió en México, a los 59 años, el Dr. Guillermo Manuel Ungo, candidato a primer diputado por la CD. Se desempeñaba como Vicepresidente de la Internacional Socialista.

EL DÍA DE LAS ELECCIONES, EL MÁS CORRUPTO DE TODOS LOS DÍAS

Se llegó el día de las elecciones, el 10 de marzo, nos levantamos temprano y con toda la gente que me ayudaba, fuimos a que yo, la candidata, votara como a las 11 y media de la mañana, me tocó cerca del Estadio Flor Blanca. Cuando llegué a la urna donde me tocaba depositar el voto, inmediatamente vi que había gente representando al PCN que nunca había visto; inmediatamente llamamos a los observadores de la OEA, para aclarar por qué había gente de otro partido con los chalecos del PCN.

Bueno pues, al instante llegaron unos personeros de ARENA con sus sobreros, diciéndome: "No te preocupes Lilita, ya todo está arreglado con Ciro." No sabía que era, pero ahí estaba la razón. Después supe que Ciro había vendido las credenciales de representación ante la Junta Receptora de Votos, tanto propietarios, como suplentes, representantes de mesas como vigilantes; y que los chalecos los mandaba a confeccionar ARENA porque *dizque* nosotros no teníamos suficiente gente para cuidar nuestros propios votos en las urnas. ¿Qué creen ustedes?

Al final de ese día, comprendí qué el día del año más corrupto en El Salvador, es el día de las elecciones. Ese día se vende todo, desde voluntades y votos, hasta chalecos, pasando por papeletas, observadores, vigilantes, etc. Me quedé casi de cemento cuando me di cuenta todo lo que pasa en un solo día en nuestro país...

Al recuento de votos, había quedado con un poco más de 16,000 votos como primera diputada por el Departamento de San Salvador. Quedó también Rafael Antonio Morán Orellana por Ahuachapán; René Calderón por Sonsonate; José Calles Amaya por Cabañas; Julio Sorto por Morazán; Neto Kury por San Miguel; Rafael Machuca por Usulután. Estos 7 éramos los verdaderos diputados, sobre los votos de nosotros iban sentados los de la Circunscripción Nacional o Plancha: Ciro Zepeda, ¡que no podía faltar! Y Julio Moreno Niños; hasta aquí éramos 9 diputados propietarios y, el que se mete en todo, que iba de suplente de Ciro, Remberto González URGE, que nos podía suplir a cual es quiera de nosotros. Porque desde que se dio el caso del diputado suplente de Cabañas, que mandó a matar al propietario, para quedar él de propietario, ya el suplente no suple al que dice la planilla, sino que puede suplir a cualquiera de los diputados.

Machuca, que ya era segundo periodo diputado y tenía experiencia en estos asuntos, se eligió él mismo, Jefe de Fracción; nosotros los diputados restantes, nunca tuvimos la oportunidad de votar por nuestro jefe de bancada. ¡No!. Y el Ministerio de Defensa, por medio de una llamada telefónica, la cual yo misma recibí, hablando con el General Emilio Ponce, donde nos ordenaba elegir a Ciro, Vicepresidente de la Asamblea Legislativa.

La situación de guerra seguía siempre así:

Marzo de 1991. El día 1, diecisiete soldados y seis subversivos muertos, además 16 soldados heridos y un sedicioso capturado y daños de gran consideración fue el resultado que dejó un ataque a la Presa del Cerrón Grande por elementos del FMLN. El FMLN decretó 5 días de tregua por la muerte del Dr. Guillermo Ungo. El 2, en accidente de tránsito murió el Coronel y Lic. Mauricio Chávez Cáceres, jefe del Comité de Prensa de la FA. El 6, un despacho de AP informó que el FMLN respetará la tregua que anunció para el domingo 10 de marzo, día de las elecciones de alcaldes y diputados. El 10, Se celebraron elecciones de alcaldes y diputados. Participaron los partidos: ARENA, PDC, PCN, CD, UDN, MAC y AD. El Dr. Armando Calderón Sol se proclamó el ganador de la Alcaldía de San Salvador. El 15, comandos urbanos quemaron un camión repartidor de bebidas sobre la 11ª Ave. Norte quedando completamente destruido. El 23, Cómputo final del escrutinio de las elecciones de diputados para las elecciones de diputados para la Asamblea Legislativa fue: ARENA 39 diputados, PDC 26, PCN 9, CD 8, MAC 1, y UDN 1, el Partido AD quedó eliminado por no obtener el porcentaje mínimo que exige el Código Electoral.

Me mudo a Jardines de Guadalupe

Desde que llegué a la casa de la 6ª Décima, quiero contarles que en la noche, tenía otro trabajo, ¡el de vigilante! Pasaban muchas tragedias afuera, a pesar de que la casa era muy linda, estilo colonial, tenía un jardín grande afuera, que rodeaba toda la casa, y quedaba en alto; para llegar a la puerta principal tenías que subir algunas gradas desde la acera. Había dos arbolitos lindos, uno de limón y otro de guayaba.

Yo misma me reía, de ser tan buen vigilante, ya que era la que llamaba a la policía en la noche, o a las ambulancias, cuando pasaban unos accidentes espantosos, exactamente en la esquina de la casa. Ponían bombas casi todos los días en la caja de los teléfonos de la esquina, también las ponían en cualquiera de los postes cercanos de alumbrado eléctrico.

Hubo dos hechos más terribles que otros; uno fue a las 6 de la tarde, en el momento exacto en que pasaba un helicóptero con los soldados muertos del día. A menos de 3 cuadras de mi casa había un lugar de emergencia donde aterrizaban los helicópteros de la Fuerza Armada. Ya cuando pasaban por mi casa iban bastante bajos, porque pronto les tocaba aterrizar. Por lo tanto, el ruido era bastante fuerte.

Yo estaba preparando mi clase de las 6 de la tarde, en el Salón grande con 3 ventanas que daban a la calle; solamente estaban dos alumnas conmigo, el resto estaba en la cafetería de enfrente, listas para atravesarse la calle y llegar a la clase. Esa casa tenía una particularidad, que todos los salones, incluso los dormitorios, excepto el comedor, daban a la calle; y en ese tiempo la calle era lo más inseguro. Cuando el helicóptero pasó mi casa y la calle e iba en el techo de la casa de enfrente, se escuchó una balacera de mil cartuchos por segundo, ¡qué terrible! Inmediatamente mis dos alumnas me gritaron que me tirara al suelo.

Lo hice, pero tan pronto se acabó el ruido, corrí hacia la puerta, baje las gradas y ya estaba en el carro rojo que estaba queriendo doblar en la esquina de mi casa y ahí habían ametrallado al hombre que iba conduciéndolo. Toda la gente que estaba en la parada de buses en la esquina de enfrente, estaba prácticamente en el suelo. Cuando salí a la calle se sentía el olor a pólvora y el humo todavía rodeaba el carro. De repente veo salir de la puerta de atrás del carro a un hombre con un arma larga, y me decía que los llevaran al hospital; yo trataba de parar los carros que pasaban por la calle, pero nadie paraba, pasó un motorizado de la policía y no paró. Hasta que al fin un amigo iba en un pick up azul y le pedí el favor de llevar a los dos hombres al Hospital Militar. A los minutos se presentó la prensa y luego los militares especialistas que inspeccionaban cada suceso de ésta clase. El carro estaba lleno con hoyos en el capó. Los especialistas me preguntaban si se habían subido a mi jardín para apuntar desde ahí, pero yo no había visto a nadie en mi jardín.

Luego supe que el conductor, que era el ex comandante guerrillero Miguel Castellanos, al llegar al Hospital Militar ya había fallecido, y no lo quisieron bajar en el hospital. Mi amigo me contó, después, que no hallaba que hacer con el cadáver en su pick up, hasta que no sé cómo lo fue a dejar a Medicina Legal. El otro hombre era uno de los Guardias Nacionales que lo cuidaba. Él sí pudo tener atención médica en el hospital, porque no se había muerto, solamente tenía, no me acuerdo si 50 o 76 balazos en su cuerpo. Ahí comprobé que al que le toca, le toca, y al que no le toca, no le toca... Comprobé que eso es verdad. Como a los 6 meses llegó a visitarme y a darme las gracias porque dijo que,

Capítulo XXVIII

¡por mí se había salvado! Ese hecho me dejó totalmente devastada, quería dar la clase, pero realmente no podía, ni tampoco las alumnas estaban con los nervios tranquilos para seguir con la clase como si nada.

Había en la esquina sobre la calle frente a mi casa, un salón de belleza, nunca había usado sus servicios, pero una vez como a las 7 de la mañana, que necesitaba llevar mi cabello arreglado, llegué allí a peinarme. Pero esto fue como a los 9 meses o al año del suceso; fue cuando salió la conversación del terrible incidente. Y me contaron las peinadoras que unos hombres con uniformes del tendido eléctrico habían llegado, desde las 4 de la tarde, y se habían subido al poste de mi casa hacer como que estaban componiendo algo y cuando vieron el carro de Castellanos detenerse en la esquina para hacer el alto, ahí mismo lo acribillaron desde arriba y uno que estaba abajo le dio el tiro en la cabeza.

Otro incidente terrible, peor que el anterior para mí, fue el siguiente: Como siempre mantenía reuniones con gente importante en mi casa, estábamos haciendo un nuevo grupo y ya nos habíamos reunido unas 2 veces anteriormente; esta vez, ya íbamos a tener una persona como secretaria para que fuera tomando nota de todo, e iban a llegar 2 nuevas personas, que eran militares.

Recuerdo que ese día en la mañana, cuando estaba arreglando el Salón para la reunión, que siempre era en el Salón de las 3 ventanas hacia la calle, le dije a la empleada: Fíjate que me da miedo este Salón, arreglemos todo en el salón del comedor, que era el único que quedaba adentro. Hicimos eso mismo, ya a las 5 de la tarde estaban, los 2 nuevos invitados, la secretaria y yo, esperando a que llegaran los demás. A las 5 y media se despedía la empleada de casa; ella que me dice hasta mañana, y abre la puerta de hierro, cuando escucha la balacera frente a la entrada de la casa, pero en la calle. Se regresa y entra, de repente oímos unos gritos que decían: ¡Lillian ayudáme! ¡Lillian ayudáme!

Todos se escondieron, y salgo yo a ayudar a Chepe Hernández que estaba tirado arriba de las gradas ya para entrar al porche de la casa. Lo arrastré hasta adentro de la casa en mi oficina, naturalmente que los chorros de sangre eran fuertes y yo les pedí a las 2 mujeres que me llevaran unas toallas, e inmediatamente les dije que había que llevarlo a un hospital. El más cercano era el Zaldívar, así es que se lo llevaron ellos, los amigos, en su carro; el pick up de Chepe quedó mal estacionado en la calle, recogí todos los papeles ensangrentados que llevaba, recogí la pistola de Chepe y tomé un taxi y los seguí al hospital Zaldívar.

Al llegar yo di todos los datos, me entregaron sus pertenencias, como el reloj, cadena y anillo de matrimonio. Llamaron al Dr. para ser operado, una bala le había atravesado la cara, del oído al pómulo, cerca del ojo. Nos quedamos hasta que salió de la operación, y ahí mismo llamé a Evelyn su esposa, para decirle que Chepe había tenido un accidente pero que había salido de la operación y se encontraba bien. Al rato, llegó Evelyn con su hijo mayor Felipe, le entregué las cosas de valor que me habían dado, y me fui con Felipe a recoger el pick up porque se lo podía llevar la grúa de la policía por estar mal estacionado.

Cuando llegamos a mi casa, venía mi cuñado y mi hermana María Elena bien afligidos primero, y luego cuando me tuvieron cerca se enojaron conmigo; habían estado radiando que a mí me habían asesinado. Porque alguien llamó a la Cruz Verde y llegaron a PIGMALION y vieron los montones de sangre y, pues dijeron es Lillian Díaz Sol. Mi cuñado furioso, me decía que mi mamá estaba llorando creyendo que esta vez había sido yo la ametrallada, y por todo eso me gritaba que llamara a mi mamá.

Bueno, me senté en la silla de mi escritorio y la puerta estaba abierta, porque no paraba de llegar la gente, la T.V. todos los amigos llorando creyendo que yo me había ido de este mundo. De repente suena el teléfono y lo contesto yo, y me dice mi amigo Juan Vicente Eguizábal: ¿y por qué estás contestando tú el teléfono? Yo aquí, en el Estado Mayor, ¡te tengo como muerta! Bueno... fue una noche terrible. ¡Tuve que publicar en el

Capítulo XXVIII

periódico una nota dándole las gracias a toda la gente que me había expresado su verdadera amistad y cariño!

La nota decía lo siguiente:

«*¡Qué bello es darse cuenta que se tiene amigos maravillosos, fieles y sinceros!*

Con el lamentable malentendido —creado por falsas informaciones radiofónicas que aseguraban mi muerte— pude confirmar que mis amistades, mis familiares y mis alumnas de Pigmalion han hecho en su corazón un lugar para mí. ¡Gracias, por darme su amor... en vida, hermano en vida!

¡Que Dios les bendiga!

Lillian Díaz Sol»

Así que ya, después de este susto, mis primos Paquito Sol con Irma, llegaban los sábados, después de mi última clase, me llegaban a buscar para llevarme a su casa, que quedaba cerca de la mía pero en la colonia Harrison que era privada y tranquila. Allí pasábamos de película, enfiestados, en plena guerra. Muchas veces llegó Félix Rodríguez a departir con nosotros.

Al pasar el tiempo ya estaba un poco cansada de vivir en esa casa. Porque también a los del PCN, se les ocurría mandarme a poner bombas, llamaban y decían que habían puesto una bomba. Muchas veces, que yo me encontraba fuera y tenía a Tom de huésped, él tomaba la llamada donde avisaban que habían puesto una bomba y Tom llamaba a la Policía, la Policía llegaba, hacía una inspección pero, se iba al Hotel Siesta con mi empleada y me dejaba una nota en la puerta diciéndome, ¡que estaban en el Hotel Siesta por la bomba! ¡Que no entrara y que me fuera al Siesta! Pero yo ya estaba adentro cuando leías las notas... Bueno así eran muchas las hazañas y decidí cambiar de ambiente y buscar por otro lado.

Ya tenía algún tiempo de estar viendo casas para mudarme a otro sitio, ya que en la Sexta-Décima no aguantaba tanta tragedia, además de que se ponía cada vez más peligroso. En este mes de marzo, compré mi casa de Jardines de Guadalupe, después de haber visto algunas por esa zona; me gustaba mucho la zona de la UCA, además que en la misma calle vivía Irma de Sol, ¡y me sentía bien teniéndola a ella y otras vecinas cerca! Comencé la remodelación en el mes de abril, así es que como 6 meses después me pude ya pasar del todo a vivir. Siempre dando clases en PIGMALION los días sábados en el Hotel Siesta.

Aunque la situación seguía así:

Abril de 1991. El día 1, representantes del Gobierno y la guerrilla acordaron sostener una nueva ronda de diálogo, la cual se inició el 4 de abril, en Ciudad de México bajo el auspicio de las NNUU. El 3, Representantes de México, Venezuela, España y Colombia, trasladaron a los comandantes Jorge Meléndez alias Jonás y Raúl Hércules, al aeropuerto de El Salvador, para que abordaran un avión de la ONU para su participación en el diálogo en México. El 4, en completo hermetismo se inició en la Ciudad de México, la nueva etapa de negociación entre los insurgentes del FMLN y el Gobierno de ES, que podría ser definitiva para alcanzar la paz en este país. El resurgimiento del delito del secuestro en El Salvador, denunció, lamentó y condenó la Asociación Nacional de la Empresa Privada ANEP. El 6, se reportaron atentados del FMLN en varios lugares del país simultáneos a las pláticas en México.

El día 8, arribó al país el Jefe del Estado Mayor Conjunto de los USA General Colin Powell. Expresó todo su apoyo a los esfuerzos del Gobierno por lograr la paz. El FMLN ingresó a la ciudad de Quezaltepeque donde se dieron violentos combates. Se reportaron varios civiles heridos. El 10, Fue atacada la Torre Democracia, el Centro de Instrucción de Transmisiones de la Fuerza Armada y la Defensa Civil de San Marcos, por el FMLN. El Presidente de Venezuela Carlos Andrés Pérez llamó al Gobierno y al FMLN a romper el punto muerto en las conversaciones de México. El 11, Murió en Chalatenango el comandante del FMLN de origen nicaragüense, Antonio Cardenal; la emboscada fue tendida por fuerzas especiales del ejército. El 12, Bernard Aronson, de paso por el El Salvador, afirmó que los USA respaldarían y patrocinaran los acuerdos Gobierno-FMLN, que se logren en la negociación.

El día 13, el embajador de ES en México, Dr. Rafael Meza Delgado, dijo que el pueblo salvadoreño debe confiar en la delegación gubernamental ya que esta no incurrirá en forma precipitada a aceptar reformar el Art. 248 de la Constitución. El 16, se reiniciaron las conversaciones, luego de un receso de 72 horas, que sirvió para que la delegación gubernamental, viajara a S.S. para consultas. Un *tepezcuintle*, lanzado contra la Primera Brigada de Infantería, dañó varios vehículos que se mantenían en el taller de esa brigada. El 18, la delegación del FMLN a la negociación con el Gobierno declaró que la dureza en las posiciones de este último es lo que ha entrampado las pláticas, en tanto que el gobierno negaba esta acusación y respondía que era el FMLN el que quería introducir elementos que podrían influir negativamente en la institucionalidad del país. El 20, en caso de firmar un acuerdo entre el Gobierno y el FMLN, la ayuda militar podría ser utilizada para reincorporar a los combatientes a la vida civil, dijeron fuentes del Departamento de Estado de Washington.

El día 21, el Dr. Oscar Santamaría, vocero de la delegación gubernamental al diálogo, dijo que definitivamente la reforma al Artículo 248 de la Constitución no está en discusión en la mesa. Agregó que no se va a concertar ningún acuerdo con el FMLN, que comprenda reforma al 248. El 22, el FMLN aceptó sacar de la mesa de negociación la reforma al Art. 248 de la Constitución Política. El 23, Joaquín Villalobos declaró en México, que la propuesta presentada por los partidos políticos: ARENA, MAC, PDC y PCN consistente en la reforma de 24 artículos de la Constitución y agregar 5 postulados transitorios, es negativa y buscaba crear un marco para consolidar al partido ARENA en las elecciones del 94. El 25, Los partidos políticos ARENA, PDC, PCN y MAC presentaron a la Asamblea Legislativa su proyecto de reforma para su estudio y aprobación. El 26, el General René Emilio Ponce, ministro de Defensa, dijo que FA, está de acuerdo en que los cuerpos de seguridad pasen a una autoridad civil.

El día 28, luego de 25 días de negociación, el Gobierno y el FMLN acordaron reformar 24 artículos de la Constitución sobre Fuerza Armada, Sistema Electoral y Poder Judicial. ¿Es la primera vez en toda la historia salvadoreña, que una Constitución se reforma sin recurrir al Golpe de Estado o a elecciones constituyentes viciadas...? El 29, fueron aprobadas las reformas a la Constitución por la saliente Asamblea Legislativa; para tales reformas se tomó como base el texto del Acuerdo de México y el presentado por los 4 partidos políticos representados en la Asamblea que terminó su periodo de 3 años. Las reformas, para tener validez, fueron ratificadas por la próxima Asamblea, de la cual yo ya era parte, porque había ganado la diputación del Departamento de SS e íbamos a tomar posesión de nuestro cargo el 1 de mayo próximo. El 30, en sesión extraordinaria la Asamblea Legislativa saliente aprobó la reforma al Artículo 208 referente al Tribunal Supremo Electoral; con esto se dejó el artículo tal cual fue negociado entre el Gobierno y el FMLN en México.

Mayo de 1991. El día 1, grandes y fuertes debates se dieron durante la instalación de la nueva Asamblea Legislativa. El PDC no aceptó cargos en la mesa directiva y criticó a Rubén Zamora que fue nombrado vicepresidente de la misma. Algunos diputados dijeron que la actitud de la DC se debía a que el Dr. Fidel Chávez Mena, no logró ser nombrado presidente de la Junta Directiva de la Asamblea. El 3, un ataque del FMLN a la Presa del Cerrón Grande, dejó pérdidas calculadas en 500 mil dólares. El PDC insistió que mientras la Asamblea no cambie a la CSJ, no subirá a las tres sillas vacías que esperan por ellos en la mesa directiva de la Asamblea Legislativa.

El día 7, El FMLN profundizó sus ataques contra las estructuras de la red eléctrica nacional. El 9, el Presidente Alfredo Cristiani, criticó al FMLN por irrespetar los acuerdos de México al mantener sus ataques a la infraestructura nacional. El 10, fueron incrementadas con tres nuevas comisiones las 12 existentes en la Asamblea Legislativa, las nuevas comisiones son las de Ecología, de la Mujer y la Familia, de la que yo fui su primera presidenta, y la de Integración Centroamericana. El 15, se dio un nuevo ataque a la Presa 15 de septiembre, por parte del FMLN.

El día 21, los partidos políticos plantearon al FMLN, en una reunión en Managua, Nicaragua, la suspensión de todo tipo de sabotaje y el respeto a la vida de los alcaldes. El 22, un nuevo ataque del FMLN a la Primera Brigada de Infantería, dejó un saldo de dos señoras civiles muertas y 3 soldados lesionados. El 23, la Asamblea Legislativa condenó el ataque del FMLN a la Primera Brigada, que dejó dos señoras muertas. ARENA, MAC y PCN ampliaron su condena al sabotaje del tendido eléctrico. El 24, en completo hermetismo se inició la ronda de conversaciones de Caracas, Venezuela. El 26, el Obispo Auxiliar Gregorio Rosa Chávez, definió como un claro acto de terrorismo el ataque del FMLN a la Primera Brigada.

El 1 de junio tomamos posesión de nuestro Curul, en el Salón Azul de la Honorable Asamblea Legislativa. El Salón Azul se conformó así: el lado derecho lo llenaba por completo la bancada de ARENA, y el lado izquierdo, comenzaba con la Convergencia, luego el UDN, después el PDC y al final arriba, el MAC el PCN. Por puro *chiripazo*, me tocó el último curul de la línea, que daba al pasillo central. Yo estaba contenta con mi curul porque en caso de temblor o terremoto podía ser la primera en salir afuera.

Junio de 1991. El 1, la persistencia de los sabotajes guerrilleros obligó a continuar con los racionamientos de la energía eléctrica, expresaron voceros de CAESS. La delegación del Gobierno presentó 44 enmiendas al tema de la Fuerza Armada, lo que FMLN consideró un retroceso en las negociaciones en Caracas. El ministro de Defensa General Ponce, acusó al FMLN, de resistirse a una firma del cese de fuego, a lo que se había comprometido en Managua el 30 de mayo.

El día 3, Las delegaciones del Gobierno y del FMLN suspendieron la ronda de conversaciones iniciadas en Caracas el 25 de mayo pasado y acordaron un receso de dos semanas. Las delegaciones buscaron llegar a acuerdos sobre temas de cese al fuego y reformas a la Fuerza Armada, pero lograron pequeños o muy mínimos avances. El 5, El FMLN logró su objetivo de no firmar un cese al fuego en la reunión de Caracas, afirmó el vocero de la Comisión de Diálogo Gubernamental, Dr. Oscar Santamaría. El 12, El Presidente Cristiani recibió el total respaldo del Gobierno de los USA en sus esfuerzos de pacificación, durante visita en Washington al Presidente George Bush padre. "Usted tiene Presidente mi total apoyo y la fuerza total de nuestra administración. Qué Dios Bendiga su trabajo", exclamó Bush, al mismo tiempo desafió a la guerrilla del FMLN a negociar seriamente la paz. "No se confundan, —advirtió—, el apoyo de esta administración al Presidente Cristiani es fuerte". En esa ocasión y contra todo pronóstico, Cristiani no solicitó la reanudación de la ayuda militar congelada, sino que pidió que fuera reorientada hacia la reconstrucción.

El día 16, se dio inicio a una nueva ronda de diálogo entre el Gobierno de ES y miembros del FMLN, en Querétaro, México. El tema principal fue el de una nueva Policía Nacional Civil. El 18, rebeldes del FMLN asesinaron al capitán Carlos Alfredo Avilés, a quien le dieron el tiro de gracia. El 22, terminó otra ronda de diálogo entre el Gobierno y el FMLN, donde acordaron reunirse nuevamente dentro de 2 semanas. Se discutió de cómo sería la nueva policía civil y el proceso para disolver los actuales cuerpos de seguridad, que junto con el cese de fuego forman parte de la agenda concentrada de las discusiones. El 24, categórica condena formuló el arzobispo de SS Monseñor Arturo Rivera y Damas, contra el FMLN por el asesinato de un oficial, los ataques al centro Penal de Mariona y la toma de templos. El 27, El Presiente Cristiani declaró: "actualmente el FMLN tiene más armas que hombres". El 28, los USA entregarán a ES, en el mes de agosto, ayuda de 21 millones de dólares en consecuencia de no lograrse hasta hoy un cese al fuego entre el Gobierno y el FMLN.

Julio de 1991 El 1, Brasil, Canadá, Ecuador, España y Venezuela, proveerán oficiales militares, para vigilar el respeto de los Derechos Humanos en ES, y un eventual cese al fuego entre los rebeldes marxistas y el gobierno, anunció la ONU. El 5, documentos incautados a Camilo Turcios, uno de los principales cabecillas del PRTC, muerto en Río Frío, revelaron que el FMLN planeaba fuertes ataques contra varias ciudades, informó el General Ponce.

El 9, una nueva ronda de diálogo se inició en México entre el Gobierno y el FMLN. El 11, un estudiante de la CITIPOL y tres soldados más, heridos de gravedad, dejó el atentado contra las nuevas instalaciones de la Escuela Militar, en la Finca El Espino. El FMLN colocó un vehículo sobre la calle a Santa Tecla desde el cual lanzaron un tepezcuintle. El 16, El General Ponce expresó en FUSADES: "que quede bien claro que la ayuda militar que se recibe de USA no es para agredir ni aniquilar al FMLN, si no para defender el sistema democrático". El 17, la destrucción del principal reducto de las FAL en el cerro de Guazapa y la muerte de numerosos combatientes y mercenarios extranjeros, se calificó como uno de los principales golpes asestados a los grupos terroristas, según declaraciones del coronel Elena Fuentes. El 18, con la firma de la Declaración de San Salvador, por los presidentes de Centroamérica, concluyó la "X Cumbre", también demandaron el desarme y desmovilización del FMLN, para su incorporación a la vida civil, institucional y política de ES.

El día 19, la participación directa del Secretario General de las Naciones Unidas, Javier Pérez de Cuéllar, en el proceso de paz salvadoreño, para dar un nuevo y definitivo impulso a la negociación, se planteó en la reunión entre el Secretario y el Presidente Cristiani. Secuestraron al dirigente de ARENA Ing. Billy Sol Bang y a Goyo Zelaya. El secuestro del segundo es aceptado por el FMLN; del primero no se sabe nada.

El día 22, el presidente de Cuba Fidel Castro, aseguró que la guerra que se libraba en El Salvador debía terminar. El 25, fue asesinado a balazos el capitán Néstor Ariel Lam Romero, en el Km.23 de la autopista a Comalapa. El 26, La Asamblea Legislativa externó su total respaldo a la Misión de Observadores de las Naciones Unidas ONUSAL, que iniciaron sus labores en el país. Los secuestros de acaudalados y asesinatos de militares ocurridos en los últimos días, son actos encaminados a socavar el proceso de paz, declaró el coronel Mauricio Ernesto Vargas. El 31, llega a ES el Sr. Philippe Texier, director de la división de Derechos Humanos de ONUSAL.

Agosto de 1991. El 1, USA y la Unión Soviética solicitaron al Secretario General de la ONU, que interviniera directamente para solucionar el conflicto salvadoreño. Se informa que el FBI está colaborando en la investigación de Guillermo Sol Bang. El 9, fue atacada la Presa hidroeléctrica del Guajoyo; se reportaron graves daños. El 11, se reunió en México ONUSAL y el FMLN. El 12, dos casas de la residencial Metrópolis Norte, fueron destruidas por bombas colocadas por el FLMN, dando inicio a una nueva modalidad en el sabotaje. El 15, El Presidente Cristiani condicionó la continuación del diálogo a que el FMLN libere al agricultor Gregorio Zelaya.

El día 20, el viceministro de la presidencia Lic. Ernesto Altschul dijo que la huelga sindical de empleados públicos, en protesta por la política de privatización del gobierno, no alcanzó los niveles anunciados por los organizadores. Existe temor por el proceso de pacificación en El Salvador, debido al derrocamiento del presidente soviético Mikhail Gorbachev, por comunistas de línea dura. El 26, la FA denunció que el FMLN asesinó a un soldado herido que era trasladado al Hospital Militar de SS, al cortarle el suero. La Comisión de Legislación de la Asamblea Legislativa, aprobó seis reformas a la Constitución en materia de derechos humanos. El 28, El Secretario general de las Naciones Unidas, Javier Pérez de Cuéllar convocó al Gobierno y al FMLN, para reunirse el próximo 16 y 17 de septiembre en la ONU con él. El 31, el General René Emilio Ponce, declaró en San José, Costa Rica, que la FA debe subordinarse al poder político civil.

Septiembre de 1991. El presidente Cristiani declaró en Chile que pedirá al Secretario General de la ONU que convenza al FMLN para que desista de su incorporación a la FA. El 3, un grupo de profesionales, pidió a la Asamblea Legislativa, reestructurar la Comisión de Diálogo Gubernamental por haber fracasado en sus intentos por la paz. El 5, Rubén Zamora, dijo que el FMLN no está pidiendo fusionar su fuerza con las del Ejército. El 6, Es falso que se piense dar amnistía a los militares involucrados en el caso Jesuitas, dijo enfáticamente, el Presidente Cristiani al regresar de su viaje a Suramérica. El 9, Se realizó la segunda reunión preparatoria a la instalación del Parlamento Centroamericano. El 10, La Asamblea Legislativa inició el proceso de ratificación de los acuerdos de las reformas a la Constitución. Y acá fue donde técnicamente los diputados que conformábamos esta legislatura, nos volvimos diputados constituyentes, al reformar la Constitución para que el FMLN pudiese integrarse a la sociedad y a la política salvadoreña.

El día 13, La causa del entrampamiento en el diálogo es el temor del FMLN de dar un salto en el vacío, dijo el Dr. Álvaro de Soto. El 16, se profundiza el sabotaje al tendido eléctrico por parte del FMLN, al igual que se incrementa el ataque a posiciones del Ejército. Se iniciaron en Nueva York las reuniones de la comisión gubernamental y del Presidente Cristiani con el Secretario General de la ONU y de éste con la comisión del FMLN. El 18, Se dio a conocer una propuesta hecha por el Secretario General de la ONU, Dr. Pérez de Cuéllar para continuar las sesiones de diálogo. El 23, el Presidente Cristiani pronuncia un discurso ante el pleno de la Asamblea General de la ONU, no da datos precisos sobre las conversaciones con el Secretario General y el FMLN, solamente dice que los escollos principales, están salvados.
En realidad, se había resuelto el problema de la pretendida participación del FMLN en la FAS, el cual había sido llamado por la ONU "el nudo gordiano" de la negociación. El 24, sesenta días luego de haberse instalado en nuestro país, ONUSAL, presentará su primer informe al Consejo de Seguridad de las Naciones Unidas. El día 25, La Asamblea Legislativa, ratificó las reformas constitucionales electorales. Se firma en Nueva York el acuerdo político al que se llegó en las pláticas sostenidas entre el Secretario General de la ONU, el FMLN y el Gobierno de El Salvador. Este acuerdo establece la creación de COPAZ y se incluyen puntos sustantivos para el inicio de un proceso de depuración y reducción de la FA así como su doctrina y vigilancia de su cumplimiento y la creación de una policía civil.

El día 26, se instala el juicio contra los militares acusados del asesinato de los sacerdotes jesuitas; el juicio se desarrolló en el edificio de la Corte Suprema de Justicia y el tribunal de conciencia fue protegido por una valla de madera que no permitió que fuesen vistas por nadie, excepto por el juez, los defensores y los acusadores. Los acusados son enjuiciados por 10 crímenes. El 28, fue condenado por el tribunal de conciencia, el Coronel Guillermo Benavides, acusado de la muerte de los seis sacerdotes jesuitas y sus dos empleadas; igualmente el teniente Yushy René Mendoza, fue condenado por la muerte de la hija de la ama de llaves y los otros 7 militares fueron absueltos de todos los cargos. El 30 el Consejo de Seguridad de las ONU aprobó unánimemente el acuerdo firmado por el Gobierno y el FMLN en Nueva York.

Octubre de 1991. El 16, el vocero de la comisión de diálogo gubernamental, Oscar Santamaría, declaró en México que la actual ronda de conversaciones no va a parar hasta llegar a acuerdos definitivos y cese del enfrentamiento armado. Así mismo dijo que dado el grado de avance de progresividad que podía haber en el tema (cese al fuego), podría buscarse alguna fórmula que permita desescalar la guerra. De parte del FMLN Joaquín Villalobos declaró que habían desechado la propuesta inicial de un cese al fuego informal para discutir un cese al fuego definitivo. Se discutieron en México, en mesas de trabajo separadas, los temas sobre cambios en la FA, y sobre el cese el enfrentamiento armado. Se informó que tres puntos de los 14 sometidos a discusión estaban en el refrigerador, que es donde se ubica los temas en los que se ha logrado máxima coincidencia. En Chalatenango murieron 23 combatientes del FMLN y 3 efectivos del ejército en combates.

El día 17, El FMLN en México amenaza con proseguir sus acciones militares en todo el país para presionar al Gobierno hacia un arreglo de cese al fuego informal. El 18, Álvaro de Soto declaró en México que estimaba, en el tema de la territorialidad incluido dentro de la discusión de cese al fuego, que el FMLN no necesitaba mantener su plena capacidad militar porque el cese al fuego es irreversiblemente para finalizar la guerra. Mientras tanto, comandantes de la guerrilla salvadoreña volvieron a insistir en la necesidad de un logro de cese al fuego informal previo al paso de cese de fuego definitivo. El 21, seis guerrilleros fallecen combatiendo contra el ejército en Perquín. El 22, Convergencia Democrática, UDN y PDC se opusieron a la ratificación por la Asamblea Legislativa de las reformas judiciales. Argumentaron que el paquete de cambios no es parte del espíritu de México acordado entre los partidos políticos, el gobierno y el FMLN.

El día 24, Schafik Hándal declaró en México que "tenemos (el Partido Comunista) 61 años de vida y vamos a cumplir 62 el 28 de marzo próximo. En todo este tiempo siempre fuimos comunistas." Agregó que "nosotros si vamos a participar de la vida política como miembros del FMLN." El 28, se instaló en Guatemala el Parlamento Centroamericano PARLACEN, del que resultó elegido presidente el diputado guatemalteco Roberto Carpio Nicolle. Se elevó a plenario la causa centra 3 militares acusados de falso testimonio en el caso del asesinato de los sacerdotes jesuitas. El 31, la Asamblea Legislativa aprobó las reformas judiciales a la Constitución, junto con enmiendas en materia de derechos humanos y elecciones.

Por este tiempo ya estaba acomodada en mi nueva casa remodelada, de Jardines de Guadalupe, y como siempre he vivido sola, me encantaba la tranquilidad de la zona.

Noviembre de 1991. El día 1, el FMLN incendió el casco de la finca El Tigre, en Santiago de María. Mario Aguiñada Carranza, diputado por el UDN, declaró que las reformas constitucionales en materia de FA serán aprobadas hasta lograr un avance sustancial en el proceso de negociación Gobierno-FMLN. Así mismo afirmó que el 30 de ese mes entrarán en vigencia las reformas en derechos humanos, electorales y judiciales. El presidente de ARENA Armando Calderón Sol, señaló a la ONUSAL que al parecer no está realizando las funciones para las que fue creada, al no informar públicamente sobre acciones violatorias de los derechos humanos por parte del FMLN. Se reportó el asalto armado a dos autobuses en el área urbana de SS, además sabotajes guerrilleros contra 128 estructuras del sistema eléctrico y ataques a 3 beneficios azucareros. El 2, cinco líneas primarias de 115 mil voltios y dos de 46 mil voltios estuvieron fuera de servicio luego de sabotajes del FMLN, lo que provocó aumentar el racionamiento del fluido eléctrico de 4 a 7 horas para cada sector.

El Sr. Iqbal Riza, Jefe de ONUSAL, dijo que algunos funcionarios gubernamentales no comprendían el verdadero papel de esa misión en el país, y por eso lanzaban acusaciones infundadas contra la misma. La guerrilla saboteó otras dos líneas de 115 mil volteos, con lo que ahora hay 6 de ellas fuera de servicio, luego que fuera reparada una. Esto produce un déficit del servicio de más del 50% a nivel nacional. La ONU evacuo de zonas de guerra a 8 comandantes del FMLN para que participen en la mesa de negociaciones que busca un cese al fuego en el conflicto salvadoreño. Se trata de los jefes rebeldes Chano Guevara y Ramón Suárez de Guazapa; Facundo Guardado y David, de Chalatenango; Jonás de Morazán; Raúl Hércules de Santa Marta; Carmelo de Usulután, y Miguel Mendoza de San Vicente. Una carta dirigida al FMLN escrita por el representante demócrata Joe Moakley y firmada por otros 81 miembros de la Cámara de Representantes norteamericana, pide al FMLN entregue a las autoridades a los responsables del asesinato de dos militares norteamericanos heridos cuando un helicóptero fue derribado por la guerrilla el 2 de enero del presente año en San Miguel. El 6, en México se están registrando dificultades en la discusión de los temas relacionados con la FA, pero ambas partes, Gobierno y FMLN, manifestaron la intención de no suspender estas reuniones hasta lograr acuerdos concretos. El 7, el Presidente Cristiani dijo, al partir hacia Honduras, que la negociación con el FMLN podría suspenderse si éste persiste en sus acciones violentas. El 8, la ONUSAL dio a conocer al público lo que intituló el Primer informe de labores de ONUSAL al pueblo salvadoreño ante críticas hechas a ese organismo.

El día 10, el Dr. Santamaría, jefe de la delegación gubernamental de diálogo, declaró en México que todo apuntaba hacia la llegada de la paz antes de la Navidad del presente año. Agregó que la misión del Gobierno no regresaría a ES sin haber logrado acuerdos concretos. El FMLN incendia la fábrica henequenera Salvamex, en San Miguel, produciendo pérdidas en 10 millones de colones. El presidente Cristiani nuevamente manifestó que pudiésemos en algún momento levantarnos de la mesa de negociación al poner de contexto la violencia injustificada desatada por el FMLN en los últimos días.

Capítulo XXVIII

El día 12, las negociaciones en México entraron a la segunda semana, en medio de las protestas del Gobierno salvadoreño por los actos violentos de la guerrilla. El FMLN ofreció conferencia de prensa en México, en la que exhorta al gobierno salvadoreño a pactar una tregua de ejecución inmediata. Según Roberto Cañas, vocero de la guerrilla, tal tregua implicaría, entre otros puntos, la suspensión del sabotaje al sistema eléctrico en ES y el cese de los enfrentamientos armados y operaciones ofensivas por ambas partes. Aparte de eso, agregó que es falso que el frente rebelde pretenda lanzar una ofensiva militar, ya que estos momentos los mandos principales del FMLN se encuentran en México.

El día 13, el Dr. Oscar Santamaría, vocero de la delegación gubernamental del diálogo, declaró vía telefónica desde México, que si el FMLN aumenta sus operaciones ofensivas habrá suspensión de la negociación por parte del Gobierno. El 14, el FMLN anunció en México la suspensión, a partir de las cero horas del sábado 16 del corriente, de todas sus acciones ofensivas y de sabotaje en todo el territorio nacional hasta que culmine el periodo de negociación. El 20, hubo reunión de COPAZ en México para concretar la creación de la ley que regirá dicho organismo.

El día 21, el Consejo de Seguridad de la ONU eligió a Boutros Ghali como nuevo Secretario General de las Naciones Unidas, cuyo mandato comenzará el 1 de enero 1992. El gobierno decide suspender a partir de este día, los bombardeos aéreos y el uso de artillería pesada, para fomentar el desaparecimiento de la violencia. El 25, se reinició la negociación entre el gobierno y el FMLN con reuniones realizadas en la población de San Miguel Allende, Guanajuato, México. Hubo un atentado contra miembros de la seguridad del Dr. Rubén Zamora, vicepresidente de la Asamblea Legislativa, dejando un guardaespaldas herido y un atacante muerto.

El día 26, la ONU entregó a las delegaciones del Gobierno y del FMLN un documento que contenía nuevas ideas para buscar superar las diferencias en torno a la creación de una nueva policía civil en ES. El 28, la UPI informó sobre la exigencia, a través de un comunicado, por parte del Frente Anticomunista Salvadoreño de que los organismos internacionales de asistencia humanitaria mencionó específicamente a Médicos sin Fronteras, CICR y UNUSAL, se retiren del país, por considerar que atentan contra la ciudadanía. Este hecho se sumó a las recientes acusaciones de grupos de extrema derecha que señalan al presidente Cristiani como traidor a la patria, por estar negociando el fin de la guerra con el FMLN.

Diciembre de 1991. El día 2, grupos clandestinos amenazan a corresponsales extranjeros y a algunos políticos, incluyendo a norteamericano residente. El 5, el FMLN, a través de su vocero en México Roberto Cañas, manifestaron su intención de participar en la Marcha por la Paz 1991 que se iba a realizar el domingo 8 de los corrientes. Respecto a estas declaraciones, el Presidente de la Asamblea Legislativa Roberto Angulo, manifestó que ningún miembro del FMLN puede ingresar abiertamente a participar en dicha marcha porque aún están en el marco ilegal. El 8, por petición de las UN, las conversaciones Gobierno-FMLN se interrumpieron hasta el miércoles 11, en San Miguel Allende, México, trasladándolas a la sede de la ONU en Nueva York, donde se reiniciarán el lunes 16. El 9, el Presidente Cristiani se reunió en Bogotá con su colega colombiano, César Gaviria y con Carlos Andrés Pérez en Caracas, poniéndoles al corriente sobre las negociaciones entre el Gobierno y el FMLN.

El día 10, una delegación oficial salvadoreña visitó Cuba el campamento 26 de Julio, donde se da a conocer que unos 300 lisiados excombatientes del FMLN reciben tratamiento y retornarán a ES el próximo año. El 12, grandes avances en la última ronda de conversaciones señaló el Dr. Oscar Santamaría, vocero de la delegación gubernamental de diálogo. El tema económico y social se ha recorrido casi en su totalidad, y sobre los temas de reducción de la FA y Policía Nacional Civil sólo faltan unos pequeños puntos que aclarar y se espera que en Nueva York puedan resolverse. El 15, la COPAZ recomendó al Gobierno de la República que se emitiera un decreto por medio del cual se declaró partido político con plenos derechos al FMLN. El 16, se reiniciaron las pláticas de paz entre el Gobierno y el FMLN, en la sede de la ONU en Nueva York.

El día 18, hubo mucha expectativa a nivel nacional e internacional se vivió en torno a la posibilidad de lograr acuerdos de cese al fuego antes del año nuevo, en consonancia con el fin del período como Secretario General del peruano Javier Pérez de Cuéllar. El 19, el Presidente Cristiani dijo que el FMLN ponía en peligro la negociación al continuar con la estrategia de usar campesinos para ocupar tierras. El 20, el Secretario General de la UN y su representante Álvaro de Soto, junto con el experto en asuntos militares de las UN, Murrack Goulding, se reunieron con las delegaciones del Gobierno y del FMLN por separado en Nueva York para empujar lo más posible el proceso de solución pacífica en ES. En Los Ángeles, USA, se publicó que el FMLN pretende afianzar en la negociación las jefaturas en 7 departamentos de ES dentro de la nueva Policía Nacional Civil. Se mencionó Chalatenango, Morazán, San Vicente, Usulután, San Miguel, Cabañas y Cuscatlán.

El día 21, el Presidente Alfredo Cristiani dijo que el si el Secretario General de la ONU solicita su presencia en Nueva York por ser necesaria, él iría a dicha ciudad. El 26, el Secretario General de la ONU, Javier Pérez de Cuéllar, invitó al presidente salvadoreño Cristiani, a incorporarse a las conversaciones de paz que la misión gubernamental sostiene con el FMLN en Nueva York. El 27, el Presidente Cristiani condicionó su viaje a Nueva York al hecho de que el FMLN aceptara desarmarse y desmovilizarse. El 28, el Presidente Cristiani viajó a la sede de la ONU en Nueva York en compañía del Ministro de Defensa René Emilio Ponce.

El día 29, un grupo de funcionarios estadounidenses, encabezado por el Subsecretario de Estado para Asuntos Latinoamericanos, Bernard Aronson, se reunieron con el Secretario General de la ONU y también hablaron con los Presidentes Cristiani de ES; México, Venezuela, Colombia y España. El 31, faltando escasos minutos para finalizar el año 1991, se firma en Nueva York un acuerdo definitivo entre la misión de diálogo del gobierno salvadoreño y los representantes del FMLN, que virtualmente pone fin a la guerra en El Salvador. El documento se conoce como ACTA DE NUEVA YORK y entre otros puntos señala el 16 de enero como fecha para firmar el cese formal del enfrentamiento armado, y el fin definitivo de la guerra.

Enero de 1992. El día 1, el Presidente Cristiani anunció en la sede de la ONU el acuerdo de cese al fuego a partir del 1 de febrero y una nueva reunión a partir del 5 de enero del corriente para definir el cronograma de ejecución de los acuerdos contenidos en el ACTA DE NUEVA YORK. Varios vehículos de prensa fueron destruidos aproximadamente a las cero horas, cuando desconocidos detonaron una bomba en el estacionamiento de los corresponsales extranjeros en el Hotel Camino Real. Se nombró al Dr. Ernesto Arbizú Mata, como Coordinador General de la Policía Nacional civil, en su fase de transición. Este acuerdo está contenido en el ACTA DE NUEVA YORK. El Presidente Alfredo Cristiani regresó al país en la mañana procedente de Nueva York, donde participó en la última ronda de conversaciones de su gobierno con el FMLN y que culminó con la firma del ACTA DE NUEVA YORK.

EL día 2, Poco después de firmarse el ACTA DE NUEVA YORK, el Canciller alemán, Hans Dietrich Genscher, señaló la disponibilidad de asistencia económica a El Salvador por parte de Alemania. Este día asumió formalmente sus funciones como Secretario General de la ONU, el egipcio Boutros Boutros-Ghali, sucediendo al peruano Javier Pérez de Cuéllar. Se mencionaron a los doctores Reynaldo Galindo Pohl y Abraham Rodríguez, así como al señor Eduardito Molina Olivares, como miembros de la comisión ad hoc que se encargará de depurar o evaluar a los elementos de la Fuerza Armada, según el marco que establece el ACTA DE NUEVA YORK.

El día 3, el Consejo de Seguridad de las Naciones Unidas anunció estar listo para ejecutar los acuerdos de cese al fuego en El Salvador, declaró el presidente en ejercicio del organismo, el británico David Hannay. El 6, este día se reanudaron las pláticas de paz en Nueva York, entre las delegaciones del Gobierno y el

FMLN. Se lograron acuerdos de calendarización en puntos tales como reducción del ejército, desmovilización del FMLN y su integración a la vida civil y política del país. Acordando que si para el día 10 no se lograban los acuerdos faltantes, se someterían a lo que estableciere el nuevo Secretario General de la ONU Boutros Ghali. El FMI anuncia la concesión de un crédito puente de $59.3 millones para El Salvador, en apoyo a las reformas económicas y políticas que se estaban ejecutando en el país.

El día 8, el Subsecretario de Estado para Asuntos Latinoamericanos, Bernard Aronson, de los USA, dijo que su país ayudará económicamente a El Salvador en el nuevo periodo de pacificación, pero no en la medida que hubiesen deseado hacerlo debido a los problemas presupuestarios norteamericanos. El 9, el FMLN atacó las instalaciones de la presa del Cerrón Grande, con saldo de 10 muertos y 16 heridos para la guerrilla y hubo dos efectivos del ejército lesionados. La Presidencia de la República Mexicana informó que escogió el Castillo de Chapultepec como el lugar donde se realizarán los actos de firma de cese al fuego en el conflicto salvadoreño.

El día 10, la Asamblea Legislativa, declaramos el día 16 de enero como el "Día de la Paz" en El Salvador. El Presidente Cristiani anunció que en las 15 zonas de concentración del FMLN la autoridad será el contingente de la ONUSAL, reforzado con el de la ONUCA, y no podrán ingresar a esas áreas ni la Policía Nacional ni la Fuerza Armada. El día 12, las conversaciones entre el Gobierno salvadoreño y el FMLN se prolongaron durante el fin de semana en la sede de la ONU, dejando atrás el plazo originalmente establecido (viernes 10) para el logro de acuerdos. Ahora las partes deben lograr acuerdos antes del 14 de enero, de no ser así el Secretario General de la UN zanjará el problema imponiendo su propia fórmula de solución a los temas aún pendientes. El 13, la ONU anunció que enviaría unos mil "cascos azules" a El Salvador para las funciones de supervisión del cese al fuego, según informaron los noticieros.

La firma de los Acuerdos de Paz

Con anterioridad, el 14 de enero, ya había confirmado, a la Junta Directiva de la Asamblea Legislativa, mi deseo de ir a México a la firma de los Acuerdos de Paz, en el Castillo de Chapultepec, después de recibir la invitación que me llegase unos días antes. El gobierno mexicano iba enviar un avión para que los diputados de las diferentes fracciones, que deseáramos ir a la histórica firma de los Acuerdos de Paz, ¡pudiésemos hacerlo! Y envió otro avión para los invitados especiales y el Sr. Presidente, su esposa y su Gabinete de Gobierno.

Así es que el jueves 16 de enero de 1992, me levanté muy temprano, había escogido el único vestido de lanilla que tenía con chaqueta, para resguardarme del frío de México, que durante el mes de enero es bien fresco por no decir helado, para mí, que soy un poco friolenta y tengo que cuidarme la garganta. El traje era un Saint Laurent —el evento lo merecía— pero era gris, y la chaqueta tenía varios tonos de gris y ribete negro, así es con lo único que tenía y le iba muy bien era una boina roja de un material como paja muy fina, ¡y se miraba excelente! Quiero aclarar que cuando fui modelo en Washington, me hacían modelar los 3 colores que me quedan bien por mi colorido, y el color del cabello y ojos, que siempre fueron el negro, el blanco y el rojo. Por eso es que tengo muchas prendas rojas, zapatos, bolsos, sweaters, trajes, etc.

Cuando entré al Salón VIP del Aeropuerto El Salvador, a las 7 de la mañana, sentí que mucha gente susurraba, y me di cuenta que era la tal boina roja, que llevaba, ¿no sé por qué? Tal vez porque mi mentalidad es la combinación de colores correcta, y la de mucha gente es fanática con ellos. Al llegar al Castillo me di cuenta que los del FMLN lucían el blanco y rojo, ¿a lo mejor creyeron que yo simpatizaba con los guerrilleros y por eso había usado esa boina roja preciosa?

Nos reunimos todos los que íbamos en los dos aviones en el aeropuerto El Salvador, o conocido popularmente como Comalapa, y mientras llegaba la hora de abordar el avión, todos

Capítulo XXVIII

estábamos conversando. De repente llegaron las 8 de la mañana y empezamos a abordar el avión.

Fue un vuelo tranquilo, el cielo estaba despejado, sin nubes y llegamos alrededor de las 10 y media de la mañana. Luego abordamos un bus grande especial que nos llevaba con motorizados y todo lo demás, hasta al pie de la loma de Chapultepec; allí nos bajamos y empezamos a abordar unos mini busitos verdes que nos llevarían hasta el Castillo, allá arriba. Francamente esa subida fue espectacular, viendo bosque y vegetación a ambos lados de la calle; entonces recuerdo que el diputado Somoza Alfaro dijo en son de chiste, "¡*Púchica*! ¡Aquí Morales Erlich se hubiera vuelto loco vendiendo parcelas!" ¡Todos los que íbamos en el busito soltamos la carcajada! Y no dejaron de molestarse todos los diputados de la democracia cristiana que iban con nosotros.

Al llegar al Castillo, no sabíamos por cuál de todas las puertas, entrar; de repente vimos una Miriam Mixo y yo, y entramos... ¡pero al instante volvimos a salir como espantos! Pues después de la puerta estaba la mesa donde se encontraban todos los comandantes guerrilleros, y era la primera vez que estábamos frente a ellos y francamente nos dio pánico verlos, después de todo lo que habíamos sufrido con estos casi 20 años de guerra, aunque oficialmente solo habían sido 12 años.

Al fin nos ubicaron en el ala, no en la de los lados, pero la de frente; ahí estaba todo el Cuerpo Diplomático y especialmente los norteamericanos del Departamento de Estado, Aronson y los demás.

Cuando estábamos parados viendo y escuchando todo lo que estaba pasando, lo histórico de ese momento tan duro y a la vez tan glorioso porque la guerra terminaba, los pensamientos me volaban y desde lo más profundo pensaba: Qué tontos, nosotros los salvadoreños; no pudimos arreglar nuestros asuntos entre nosotros, en nuestro país, en nuestra lengua, hemos permitido que otros nos arreglen nuestros problemas, hemos tenido que venir a otro país, con frío, donde todo lo que están hablando es en inglés.... ¿Por qué? ¡Y créanme que se me salían las lágrimas!

Claro está, después de casi 20 años de guerra civil, que costó tantas muertes, tantas lágrimas, tanta sangre, tanta destrucción... la economía, la infraestructura y el tejido social fue terriblemente dañado, el mundo entero y sobre todo las gentes de los países del área centroamericana se regocijaron el 16 de enero de 1992, al ver que se había llegado al final de uno de los conflictos bélicos más complejos de la historia reciente.

Para que se diera este inicio de la paz, los círculos diplomáticos y políticos, jugaron un papel muy importante para que en El Salvador se terminara la violencia. Sobre todo ha sido un logro puntual de las UN, cuando a un minuto de terminar el 31 de diciembre de 1991, gracias a los esfuerzos del Secretario General Pérez de Cuéllar, se firmó aquel acuerdo de cese al fuego, el que todo el pueblo salvadoreño estaba esperando sin respirar siquiera, cuando anunciaron por la radio, porque todo el mundo estaba prendido de los radios y la televisión: Teleprensa, anunció con mucha pasión, que ya faltando 1 minuto para las doce de la noche... se estaba firmando el acuerdo; se dejaron oír los cohetes, aplausos... la euforia llenó a todos los salvadoreños y gritábamos y se oía que todo el mundo, en todos los rincones de El Salvador, estaba como loco de felicidad!

México, con toda su belleza, nos prestó el majestuoso Castillo de Chapultepec, para que los salvadoreños firmáramos el bendito Acuerdo.

Durante el acto, las mesas fueron ubicadas de manera que todos los actores se pudiesen ver. En la mesa superior, donde estaban todos los presidentes que apoyaron el diálogo, ahora, lo estaban garantizando: Carlos Andrés Pérez de Venezuela; Jorge Serrano de Guatemala; César Gaviria de Colombia; Rafael Callejas de Honduras; Alfredo Cristiani de El Salvador; Carlos Salinas de Gortari de México y anfitrión del histórico evento; Felipe González de España; Violeta de Chamorro de Nicaragua; Rafael Ángel Calderón de Costa Rica y Guillermo Endara de Panamá.

Capítulo XXVIII

La otra mesa, colocada en un plano inferior a la anterior de los presidentes, tenía forma de U y en medio de ella un jardín de flores conocidas como pensamientos en amarillo y morado (esos fueron los colores de la firma de la Paz) ubicados a la derecha estaban sentados los titulares de la Comisión de Diálogo del Gobierno CODIAL, Dr. Oscar Santamaría, Dr. Abelardo Torres, Dr. David Escobar Galindo, Dr. Hernán Contreras, coronel Juan Antonio Martínez Varela y general Mauricio Ernesto Vargas.

Al centro, los diplomáticos representantes de las UN, señores Marrack Goulding, subsecretario de Asuntos Especiales en Política; Boutros Boutros-Ghali, Secretario General, y Álvaro de Soto, representante del Secretario en el diálogo.

Al lado izquierdo, sentados en dos filas los comandantes del Frente Farabundo Martí para la Liberación Nacional: Shafik Hándal, Joaquín Villalobos, Francisco Jovel, Eduardo Sancho, Roberto Cañas, Nidia Díaz, Guadalupe Martínez, Salvador Sánchez Cerén, Salvador Samayoa y Dagoberto Gutiérrez.

Bueno pues, la ceremonia comenzó a las 12 del mediodía, ante todo este público invitado, entre los que se encontraban los miembros de la Comisión Ad Hoc que depuraría a la Fuerza Armada; los miembros de la Comisión de la Verdad, el Canciller de Cuba, Isidoro Malmierca, el Secretario de Estado de los USA James Baker; los miembros que integraban COPAZ, Ministros de Estado del Gobierno de El Salvador, directores de medios de comunicación salvadoreños, miembros del Cuerpo Diplomático acreditados en el país; cerca de 500 invitados. Nosotros, los diputados salvadoreños, estábamos junto con miembros del Cuerpo Diplomático y otros funcionarios norteamericanos, en el ala de enfrente a todo el espectáculo, teniendo una vista absoluta de todo lo que estaba pasando.

El acto fue inaugurado por el Secretario General de las Naciones Unidas Boutros Ghali, quien describió la negociación que dirigió su predecesor y ausente, Javier Pérez de Cuéllar. Todo lo hablado durante buena parte del acto fue en inglés. Le llovieron felicitaciones al pobre pueblo salvadoreño quien había puesto los muertos en esta guerra, que ahora, gracias a los esfuerzos de esta gente, terminaba con la firma de estos acuerdos.

El acto culminante al fin llegó, millones de salvadoreños en todas partes del mundo, pendientes de lo que en Chapultepec estaba sucediendo. Por fin el documento de paz, que incluía acuerdos sobre derechos humanos, sistema judicial, Fuerza Armada, problema económico-social, Policía Nacional Civil, cese del enfrentamiento armado, fue firmado por los 6 miembros de la CODIAL, los 5 miembros de la Comandancia General del FMLN, y los otros 5 comandantes que participaron en el proceso de negociación durante 22 meses bajo la mediación de las UN, la cual también firmó en la persona de sus tres representantes en la mesa.

Luego, vinieron los discursos. El primero en hablar fue el Dr. Santamaría, coordinador de la CODIAL, fue parco en hacerlo, luego fue Shafik Hándal, miembro de la Comandancia General del Frente y manifestó que "el FMLN ingresaba a la paz abriendo su mano, que ha sido puño", y que la extendía amistosamente a quienes combatió. "Como corresponde a un desenlace sin vencedores ni vencidos."

Cuando llegó el turno al anfitrión el Presidente Salinas de Gortari dijo que "el triunfo de El Salvador es el triunfo de las armas de la razón sobre las armas de la destrucción, y por eso es un triunfo del mundo". A su turno, Felipe González, Jefe del gobierno español, señaló que "la paz en sí misma, no garantizaba el progreso y desarrollo de un pueblo, pero que sin ella era imposible la democracia y la cooperación internacional".

Felipe González reconoció la actitud de Cristiani a favor de la negociación, a pesar de todos los obstáculos que le impusieron los sectores militares y políticos contrarios a la solución negociada. El Presidente venezolano Carlos Andrés Pérez, destacó la participación de América Latina, España y Estados Unidos en la consecución de la paz.

Capítulo XXVIII

Por último habló el Presidente Cristiani, en un emotivo discurso, reconoció que la "dolorosa y trágica crisis salvadoreña tuvo antiguas y profundas raíces sociales, políticas, económicas y culturales, y que una de las fallas 'más perniciosas' fue la ausencia de un verdadero esquema democrático de vida". "Queremos una democracia sin otras fronteras que las de una legalidad que sea, en sí misma, profundamente democrática" dijo el mandatario, quien pidió el apoyo de los guerrilleros para la construcción de una democracia estable y consistente. Concluyó invocando "Que Dios nos bendiga a todos y que la paz sea con nosotros, ahora y siempre", luego en un acto fuera de todo protocolo y sorprendiendo hasta a los mismos comandantes guerrilleros, bajó hasta la mesa donde estaban los representantes del FMLN y les dio la mano a cada uno de ellos. Su esposa Margarita, luego de recibir un beso del Presidente, se acercó donde los ya ex comandantes del FMLN y también estrechó sus manos.

Al final hubo una declaración conjunta, suscrita por los 9 mandatarios que testificaron la firma de los documentos de paz que inauguraron una nueva etapa de reconciliación nacional y de reconstrucción del país, enmarcada en un esfuerzo profundo de solidaridad internacional, sin paralelo en la región.

Asimismo, se señaló que el proceso salvadoreño "tiene un valor trascendental al anteponer la vía del diálogo y la negociación en la solución de cualquier conflicto que pueda amenazar la seguridad regional".

Además de Salinas de Gortari, Gaviria, González y Pérez, firmaron la declaración los presidentes de Costa Rica, Guatemala, Honduras, Nicaragua y Panamá.

¡Y ahora! ¡A bailar el Santo!

Cuando se terminó este acto solemne... ¡solemne de verdad! Y secándome las lágrimas... nos dirigimos a los busitos verdes que nos llevarían a la Residencia de Los Pinos, la Residencia Presidencial mexicana. Al entrar... te dirigías a ver el mapa enorme, donde buscabas la locación de tu mesa de cuerdo al número que te habían asignado con la credencial para poder entrar a los 2 eventos. Yo creo que había unas 100 mesas de 10 personas cada una. A mi tocó la mesa (que no recuerdo el número), mis compañeros fueron Tomás Calderón y su esposa; del FDR, Salvador Sanabria 4 sindicalistas y yo.

Quiero que sepan que se experimentaba un ambiente raro, único, había alegría, pero había resentimiento. Bueno, era algo difícil de tragar, sentarte a comer con los que hasta hace unos minutos todavía estaban poniendo bombas y matando, ¡era algo terrible! Nos sentíamos como "hechos nada" ¡pero teníamos que poner buena cara!

En ese inmenso Salón donde estábamos todos sentados en diferentes mesas, hay un balcón estilo mejicano, en la pared grande de al lado... de repente apareció Vicente Fernández y su mariachi... y se deja ir con... SE ME ACABÓ LA FUERZA DE LA MANO IZQUIERDA... y todos ellos vestidos de blanco y rojo, los colores que usaron, para esa ocasión, los miembros del FMLN (durante la guerra habían usado el negro y rojo)

Los centros de mesa eran con las mismas flores, los pensamientos en morado y amarillo. El menú era el siguiente: la entrada era una sopa famosa mexicana de flor de ayote y llevaron a cada mesa, una sopera, de pura plata, en la que habían enredado artísticamente unas flores naturales de ayote, que son amarillas. ¡La sopa estaba exquisita! Luego sirvieron un Filete en salsa de morillas y de postre una Tarta de nuez con chabacanos, vino blanco Blanc de Blancs X-A y un Chateau Domecq Tinto, brindaron unas palomitas de la paz confeccionadas con pasta de mazapán, como un recuerdo inolvidable!.

Después de este light lunch, pero servido artísticamente y con mucho protocolo, y en el que nadie hablaba en la mesa, solamente yo, que hablaba con todos. Tanto con los parientes, como con los representante del FDR y más o menos con los líderes sindicales. ¡Pero la verdad es que no le deseo esta situación a nadie! Como a las 4 de la tarde salimos, otra vez rumbo al aeropuerto, en el bus grande, todos los compañeros diputados, Mario Valiente, Miriam

Capítulo XXVIII

Mixco, el Pato Guerrero, Ludovico Samayoa, Gerardo Suvillaga, Juan Duch, Rogelio Salinas, Beto Carranza, Alex Aguirre, Rodolfo Viera, Rodolfo Varela, Ciro Zepeda, Machuca, Somoza Alfaro, Dr. Acevedo Peralta, etc. pero cuando venía en el avión de regreso, sentía una cosa extraña en mi alma... algo que no puedo explicar... ¡eran demasiado sentimientos encontrados!

Llegando a El Salvador como a las 7 de la noche, donde encontramos a todo el pueblo enfiestado en las plazas. Cuando llegué a mi casa le pedí al chofer que se esperara unos minutos porque me iba a llevar a la casa de mi mamá. Me cambié, me puse una camiseta y unos blue jeans y me fui a buscarla. Al llegar entré... y solo pude decirle a mi mamá que venía de México y quise decirle todo lo que había pasado pero no podía... pegaba de gritos y lloraba sin parar. Al rato, sentí que ya me había desahogado y pude contarle los pormenores.

Pero creo que había sido un largo día para mí, solamente dos vuelos en menos de 12 horas, acuérdense que yo le tengo pánico a los aviones y luego, todo lo que habíamos presenciado: visto por primera vez a los guerrilleros que nos habían hecho de cuadritos los últimos 20 años. La humillación de ir a un país extraño a firmar acuerdos, por no ponernos de acuerdo entre nosotros, ¡NO! Eso era mucho para mí, disculpen pero demasiados sentimientos encontrados, ya mi alma, mi corazón y mi cerebro ¡no aguantaban más! No sé si a otros compañeros les pasó algo similar, nunca he sabido. Tal vez por no preguntar. Pero YO estaba devastada. Creo que ésta situación, de tantos sentimientos encontrados, ¡fue la mezcla más espantosa de mi vida!

Dos años después de la firma de los Acuerdos de Paz, había tejido una relación muy buena, de respeto y mutuo interés, con la "Sección Política" de la embajada de España, había comenzado con Juan Carlos Gonzalo y su novia salvadoreña Lily Cerén, que nos conocimos en una reunión de amigos en la Zona Rosa; yo ya terminaba mi periodo en la Asamblea Legislativa en 1994, y a él le pareció interesante conocerme después de escuchar mis comentarios y cuando regresó su jefe, de España, Juan Albero, arreglamos una reunión para conocernos. Él estaba muy interesado y emocionado con todo lo que estaba pasando en El Salvador, y logramos un acercamiento bastante sincero y franco.

Después, a Juan se le terminó su estancia en El Salvador y quedé como se dice ya instalada con el próximo Jefe que venía, en el mes de septiembre, quien era Miguel Pardo. Tuvimos todavía más acercamiento con Miguel, yo fui clave para que él conociera a mucha gente importante del quehacer salvadoreño y nos manteníamos constantemente en contacto; acá nació su segunda hijita Elena, porque pidió hacer un poco más larga su estadía en El Salvador, permaneciendo 5 años. Cuando al fin llegó el momento de marcharse, despidiéndose con un cocktail esplendoroso en su casa e invitando a todo el mundo del quehacer político de El Salvador; a los 3 meses de haber regresado a su España, me escribió una carta, la cual guardo como un tesoro, pues aunque todo eso lo discutíamos casi siempre, no era los mismo tenerlo escrito por él.
Y vean su análisis de El Salvador, aunque probablemente a muchos no les gustará.

«...El Salvador es nuestro nexo común, querida Lillian, y, por supuesto, la forma de entenderlo o de interpretarlo, en eso hemos tenido una gran sintonía. Admiro, ya sabes, la forma en que te duele el corazón de que tu país sea como es, tan paisito, tan poquito país, y no precisamente por su pequeña extensión sino por su poca consistencia.
Tú has analizado muchas veces y desde distintos ángulos esas inconsistencias. Si en estos momentos en los que la distancia cercana me permite un sobrevuelo rápido, me pidieran una aproximación al problema de El Salvador, fundamentalmente diría que el origen de los males cuscatlecos es el disimulo, su idiosincrasia ladina y taimada que hacen de la paradoja y la contradicción un "modus vivendi".

El Salvador como país, si fuera posible generalizar, sería el paradigma de la realidad virtual, hoy tan de moda con la pujanza de la cibernética. Un enclave de múltiples realidades virtuales que consigue subsistir instalando la falsedad como moneda corriente, para uso de tirios y troyanos. Esa en su desgracia y eso explica la esterilidad de una guerra tan cruel (para algunos) y tan larga (afortunadamente para los que hicieron de la situación de guerra una oportunidad de negocio), pero tan innecesaria.

Capítulo XXVIII

¿Lillian, tú crees que ha variado en lo fundamental, en lo estructural, algo en El Salvador después de 12 años de guerra civil? No nos engañemos, ha podido de nuevo la dinámica de las realidades virtuales y, tras los Acuerdos de Paz, en el que ambos bandos se pusieron de acuerdo en aceptar las falsedades de la parte contraria, los actores políticos del evento histórico instalaron una nueva realidad virtual: **la mentira estructural***. Tú entiendes mucho de eso. Las verdades, la dolorosa realidad, se tapan bajo la cobija (¿recuerdas?) y ¿qué vemos? Aparentemente una persona dormida, cuando lo que hay es un muerto hediondo...»*

Yo estimo mucho su análisis sobre El Salvador porque considero que es la pura y real verdad... ¡Aunque no nos guste!

Cuando se fue Miguel, entonces ya quedé instalada con Pedro Gómez de Valenzuela, su esposa Carmen Iglesias, con quien me llevaba de maravilla, ¡a mí me encantaba Carmen! Y Pedro que conmigo se portó tan lindo y me ayudó mucho, aunque no se pudo concretar todo lo que nos habíamos propuesto ayudar a El Salvador. Realmente él sabía mucho sobre el Medio Oriente porque habían servido en Irak, antes de llegar a El Salvador; era la razón por la que tenían unas alfombras maravillosas! Unas semanas antes de comenzar la guerra contra Irak, de repente, casi sorpresivamente me dio la noticia que regresaba con urgencia a España, luego cuando pasó lo de la guerra, inmediatamente até cabos y... ¡por supuesto que lo necesitaban con urgencia...! Gracias a él quien me motivó para que me escribiera este libro; y sobre todo, que lo escribiera yo y nadie más.

Algún tiempo después llegó Joaquín Izquierdo, quien era un coronel bastante discreto; aunque sí conocí a su esposa, y llegaron como invitados a la presentación de mi segundo libro... luego yo tuve que irme fuera del país y sí tenía que comunicarme con él lo hacía y nos reuníamos pero... casi no tuve una relación tan estrecha como con los anteriores.

Antes de regresar de Panamá, ya estaba por acá Antonio Romero; tuvimos algunas reuniones y la relación siguió, pero con la crisis europea tuvieron que cortar las misiones y solamente se quedó una para toda Centroamérica con sede en Honduras.

50. Con el Cónsul de Guate[mala] Nery Valladares (*izq.*) en Intern[acio]nal House de New Orleans.

51. En una entrevista con el P[resi]dente de la Rep. y del Consejo M[uni]cipal de New Orleans Joe DiRo[sa y] los periodistas de la ABC. 52. Si[endo] jurado del concurso de "Mis[s El] Salvador"1978. Entre ellos (*izq[uierda] a derecha*) Ing. Walter Groman, [Mau]ricio Cohen, Julia Marta Ca[stro,] Embajador de Brasil Renato De[Ma]yo (Lillian Díaz Sol), Coronel [José] A. Rivera y Peter Dumas.

53. Graduación en Pigmalion.

odelos de Pigmalion, incluída Jamina.
illie Maldonado y yo en una graduación de
lion
e izquierda a derecha: Dioni, Sonia Orellana
1 Jay, el mejor estilista de New Orleans.
1 una clase de Pigmalion
9. Roberto Meléndez Hoquald

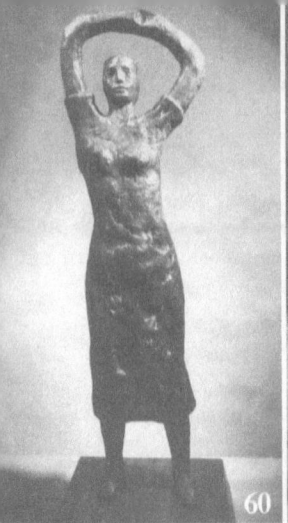

60. Premio "Mujer 2000" esculpida por Maur Jiménez Larios y José Ostorga. 61. El pri programa de "Mujer 2000" 62. Dra. Ana D Mendoza, la primera mujer en ganar el pre "Mujer 2000" 63. Con Wilfredo Rey Hurt Rodríguez en "Mujer 2000". 64. El pri programa para la mujer en El Salvador 1962. 65. Con el realizador Ricardo López Castillo 66. "Lillian" en el Canal 12. El primer talk sh de El Salvador.

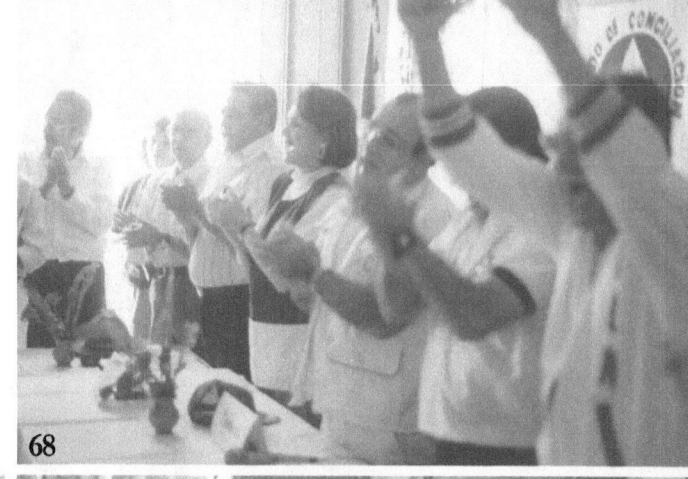

7. Mitin de mi campaña política del PCN en Apopa.
8. Consejo Ejecutivo del PCN.
9. Sembrando un árbol en la Colonia "Las Margaritas" en Soyapango.
10. Una reunión partidaria.

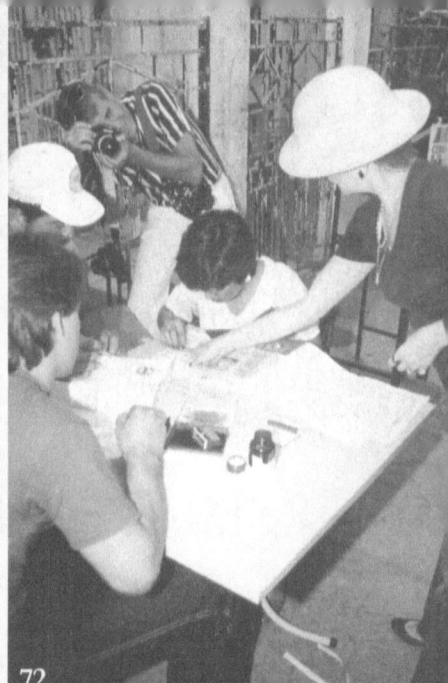

71. y 72. Votando en las elecciones de 1
Las más decisivas del momento.
73. Con una rebelde en el Batallón de Infan
de Reacción Inmediata (BIRI) Arce.
74. ¡Al fin llegamos al mirador del Trifinio!
Tom, los demás se quedaron a medio cami
75. En la avioneta de camino a San Ferna
Morazán a repartir propaganda con An
López.

76. 1989, en Tapachula, México.

77. Mi amigo el "Gordo" Novoa

78. Con mis amigas las secretarias del Presidente Reagan. En Washington.

79. Almorzando en La Casa Blanca con Nancy y Lael, secretarias sociales del Presidente Reagan.

80. En Antigua Guatemala en el "Primer Encuentro de Parlamentarias de Centro América y Panamá" En 1991.

81. Fiesta para los niños en el partido PCN. 82. En el Salón Azul como parlamentaria. 83. En el Parlamento Latinoamericano con los diputados: (*izquierda a derecha*) Guerrero, Guevara Lacayo, Óscar Morales. 84. Celina Lindo y el Presidente de Guatemala Ramiro de León Carpio. 85. Con el Dr. Allan Austin (derecha).

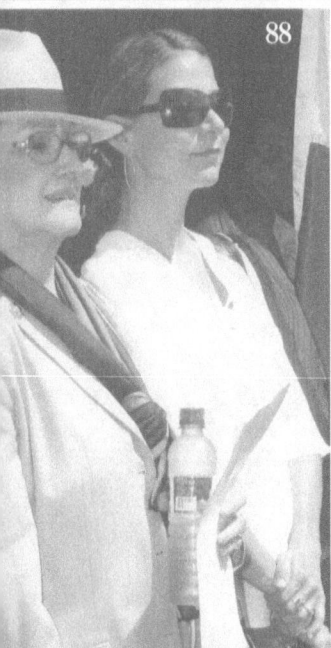

86. Cenando con Felix Rodríguez.
87. En el lago San Pablo con César.
88. En un acto cívico con Tuly Murra Saca.
89. Almuerzo con amigos embajadores de Centroamérica y República Dominicana.
90. Parque Urraca en la Plaza Francisco Morazán con los funcionarios de la Embajada de El Salvador en Panamá.

91. Con mi gran amiga Berta López en su cumpleaños en San Pedro Sula, Honduras.
92. Con Carmen Iglesias, mi amiga española en Santa Ana, en el show de caballos peruanos.
93. En Panamá con Tom y Dorothy. 94. Mi gran amiga Adelita Novoa. 95. Mis amigas de Pa (*izquierda a derecha*) Norita de Ungo, Albalyra de Linares y Mery Méndez, afintriona de la fie navidad. 96. En Panamá mi sobrino Carlitos Hirlemann, hijo de Carlos Hirlemann, mi gran amigo

97. Con Jamina en los 80's. Orlando FL
98. Jamina graduándose del Máster en Negocios Internacionales del Rollins College.
99. En casa (2012)
100. ¡Namaste!

Capítulo XXIX

La Diputación

Ya había logrado quedar electa diputada, pero cuando todavía estaban contando los votos de los diputados que habían quedado por residuo, y esa es otra farsa enorme que tiene el sistema electoral, — francamente es un sistema perverso el de los residuos — me anunció el Coronel Leiva que yo tenía una cita con el Mayor D'Aubuisson, el jueves a las 4 de la tarde, en la Torre VIP del Hotel Sheraton de ese entonces.

No cuestioné nada, lo único que sabía era que yo no había pedido esa cita; pero la curiosidad mató al gato, y el jueves llegué a las 4 de la tarde a la Torre Vip, preguntando... llegué a la como oficina que tenía el Mayor. Fue muy amable; me felicitó por haber obtenido los votos para quedar de diputada, hablamos de muchas cosas, me preguntó en qué comisiones quería servir, ya le dije cuales, me dio muchos tips de que hacer y no hacer, en que elevador subir y en cual no porque se quedaba. Qué ordenanza era más bueno, en fin... yo muy agradecida porque ni mis propios compañeros se habían tomado el trabajo de decirme todo lo que él me dijo y me aconsejó. Permanecí platicando como 1 hora y media, al final nos despedimos y todo terminó.

Como a los dos días, me comentó el Coronel Leiva: "El Chele estaba bien impresionado, ¡porque tú no le pediste nada!" y *fíjate* que yo le contesté: "No conoce a la Lillian, nunca le hubiera pedido nada, ella es bien sana". Aparentemente, era costumbre que todos iban y le pedían y le pedían... pero después te lo cobran, te lo cobran.

Llegó el día jueves 2 de Mayo, día de la instalación de la nueva Asamblea Legislativa 91-94, ya me tocó el curul que me tocó, contenta por ser la primera de la línea, y en caso de un terremoto,

La Diputación

yo podía salir rápido. Pero, al final de mi gestión supe, que hasta el curul me envidiaban mis compañeros... ¿saben por qué? Porque mi curul era el primero que quedaba a la orilla del pasillo, y cuando había Sesiones Solemnes, por ahí pasaban las Altas Autoridades y los VIP's y te podían estrechar la mano o darte un abrazo, etc. ¡eso era TODO!

Ahora bien las oficinas eran un desastre completo. Éramos 7 diputados y teníamos, para los 7 una sola secretaria, con un solo escritorio, un sofá, una mesa de centro y un sillón con un solo teléfono. ¡Eso era patético! Machuca tenía su propio espacio con una oficina grande y la misma secretaria que nosotros 7, y Ciro tenía, en el sector de las Vice presidencias, su enorme oficina con baño y su propia secretaria. En el único teléfono que teníamos, vivía prendido de él y no lo soltaba nunca el diputado Sorto, así que era un clima bastante incómodo.

Como a la semana de esta situación, me entrega un recado, la única secretaria que teníamos, que por favor subiera a la Presidencia, porque Roberto Angulo deseaba hablar conmigo. Efectivamente subí y Roberto, después de saludarme y sentarme frente a él me dijo: Lillian, tengo órdenes del Mayor D'Aubuisson de hacerte sentir bien en esta Asamblea, ¿qué *querés*? Yo aproveché y le dije: Fíjate que estaba pensando qué hacer, pues mis votantes me ha mandado a trabajar, y siento que con una secretaria y un teléfono para 8 diputados más el suplente Remberto González URGE no voy a poder hacer nada. Así es que, ¿crees tú que me pudieses facilitar una secretaria, un teléfono y un archivo?

Yo sospecho que se quedó sorprendido, porque me dijo que inmediatamente me los iba mandar a poner y es más te voy a mandar hacer tu propio cubículo. A la hora ya estaban trabajando los carpinteros haciéndome mi pequeña oficina y me había dicho que yo escogiera, una secretaria, a mi gusto, pero que también la secretaria, les ayudara a los demás compañeros, cuando pudiera. Yo me comprometí que así lo iba hacer. Ahora, ¿se pueden imaginar cuando los otros 6 diputados más Remberto URGE, vieron lo que estaba pasando? ¡Ah! ¡Pronto pensaron que, yo ya me había vendido totalmente a ARENA! Naturalmente no les dije absolutamente nada, hasta ahora que cuento el cuento.

Un día, me mandaron a decir que nos iban a dar un sobre sueldo, que escogiera a una persona de mi confianza, para que cobrara el cheque a nombre de ella; yo ni siquiera me tomé el trabajo de decirles no, solamente que nunca llegó nadie a cobrar, en esa institución, un sobre sueldo a mi nombre. Eso sí, supe de buenas fuentes, que mis 4 compañeros restantes, ¡sí lo hicieron! No supe de Remberto Urge. Pero a él le daba su **comisión** alguien más.

Luego, nos llevaron unos días hacer el curso de inducción, en el Hotel Tesoro Beach, lo cual es una buena táctica porque puedes llegar a conocer a tus compañeros; después de todo, vas a convivir con ellos cosas terribles, por 3 años.

A los 25 días introduje la tercera pieza de correspondencia donde solicitaba a la Honorable Asamblea, la Liberación del Monopolio de Venta y Distribución de los medicamentos. ¡Esto era algo que el pueblo pedía a gritos! Han pasado veinte años después de eso y hasta hace poco hubo un avance en la aprobación de una Ley que tiende a rebajar el costo de las medicinas.

Así, en mi gestión de 3 años, introduje alrededor de más de 63 piezas, todas importantes y variadas. Desempeñé el cargo de relatora en la Comisión de Bienestar Público, desempeñé la secretaría de la Comisión de Cultura y Educación, pertenecí a la Comisión de Relaciones Exteriores e Integración Centroamericana, fui la Primera presidenta de la nueva comisión de la Familia, la Mujer y el Niño y también pertenecí a la Comisión Técnica. Generalmente los diputados escogen 1 comisión y con esa se escapan a morir. ¡Yo con todas esas y no me morí!

Durante esos tres años, escribí varios artículos en el periódico: El Poder de las Argollas, El Chivo Quijote, Al más *Cachimbón* de los Pueblos, El Profesionalismo un Multiplicador de Prestigio. Una sola golondrina no hace verano.

El Primer viaje al exterior fue al Parlamento Latinoamericano, en Caracas, Venezuela, acompañada de los diputados: Dr. Guerrero (Pato), René Flores, (yo era la única mujer) y a mi sugerencia se decidió crear la Comisión de la Familia y la Mujer en el Parlamento. Además nos afianzamos la Presidencia de la Comisión Económica y la Vice presidencia de la Comisión Política del Parlatino.

Luego fuimos a Colombia, con el Parlatino también; hubo muchos temas de interés, el más fuerte debatido fue el que protagonizó la solicitud de apoyo para que los USA, quitara el embargo a Cuba, el cual fue aprobado por 154 votos, 30 se abstuvieron y 28 estuvieron en contra.

El viernes 19 de julio se celebró una Sesión Solemne en Santa Ana. Me acompañó y se sentó en la parte de atrás del Teatro Nacional Félix Rodríguez y mi chofer.

Veníamos saliendo de una administración de la Democracia Cristiana, que desgraciadamente, no había sido muy feliz, se rumoraban y se descubrían casos de corrupción, como el cheque de la vergüenza y salían en los periódicos muchos detalles de ese quinquenio perdido, como le llamaron todos, en cuenta los areneros.

Al estar trabajando algunos meses en la Asamblea Legislativa, me fui dando cuenta poco a poco que no solo los de la Democracia Cristiana eran corruptos, sino que llegaban quejas de muchos y esos muchos eran de todos los diferentes partidos; no solo de la Democracia Cristiana. Ahí fue donde me fui desayunando que esta sociedad estaba podrida. Y me daba cuenta que nadie podía tirar la primera piedra...

El 13 de septiembre fue discutida muy acaloradamente la situación de delincuencia común en el país, desde entonces ya venía este flagelo y, como no se hizo nada... ya tenemos más de 20 años de sufrir esto. En esa oportunidad introduje una pieza de correspondencia pidiendo se llamara al Viceministro de Seguridad Pública a la comisión de Seguridad de la Asamblea, para que informara qué medidas estaba tomando para frenar esta ola delincuencial, que el pueblo ya no aguantaba...

El 28 de septiembre, mi hermana María Elena cumplió años, así es que estábamos en su casa, celebrándole, cuando como a las 9 de la noche recibimos una llamada de la ciudad de San Miguel, donde residía mi papá con su segunda esposa, comunicándonos que él, había tenido un accidente; venía caminando de la 3ª. Brigada a su casa, lo que hacía a menudo por ejercicio, y cuando atravesó la calle, un ciclista lo atropello tirándolo contra el sapo de concreto que dividía la calle; se levantó y prosiguió hasta llegar a su casa, ahí se sentó en el sofá, vieron que estaba ya casi morado de la cabeza lo llevaron inmediatamente al hospital y al día siguiente fue trasladado vía helicóptero, gracias al General Mauricio Vargas quien dio la orden, al Hospital Militar de San Salvador.

Lo fuimos a ver con mis hermanas, el día jueves el doctor me pidió permiso para trepanarle el cráneo y poderle drenar el agua que le estaba causando un gran dolor; el viernes 5 de Octubre falleció. Mi papá había sido un hombre bueno, no le hacía daño a nadie y gracias a Dios no murió de una enfermedad terminal o algo parecido, sino de una caída, y duró 8 días solamente. Lo velamos en la Funeraria de la Fuerza Armada y su esposa se lo llevó a enterrar en el cementerio de San Miguel: allí descansa en paz.

A Gloria Salguero y a mí se nos ocurrió hacer un Foro Feminista, y el viernes 11 de octubre, tuvimos sentadas en los curules de la Asamblea Legislativa, a mujeres de 103 organizaciones feministas, en un encuentro que buscaba analizar la situación de la mujer salvadoreña. Las mujeres no pidieron Protección sino Igualdad de Condiciones.

El 28 de octubre de 1991, tuvo lugar la inauguración del Parlacen, o sea el Parlamento Centroamericano; tuvimos que trasladarnos a la ciudad de Guatemala, para semejante evento, ya que algunos diputados de nuestra fracción, se estrenaban como legisladores centroamericanos.

La Unión Europea, en su anhelo de ayudar a la implementación de la democracia en El Salvador, después de los Acuerdos de Paz, se comprometió con reforzar el Órgano Legislativo, con un buen paquete de dólares.

De acuerdo a las Fracciones legislativas se dividieron así: 25% del monto a ARENA; 25%; al PDC 20%; al PCN 20%; al CDU 5%; al MAC; y 5% al UDN. Al cabo de cierto tiempo, y después de abastecer a las fracciones con los implementos necesarios para desempeñar el trabajo del diputado, como Dios manda, y de los cuales carecíamos, como copiadoras, computadoras, muebles, teléfonos, etc. el responsable de cada fracción debería de rendir cuentas del primer desembolso y luego vendrían otros más.

Solicité, en otra pieza de correspondencia, que las vacaciones por días festivos deberían coincidir entre gobierno y empresa privada, ya que cuando te encuentras en el exterior, necesitas hablar con una dependencia del gobierno y resulta que está cerrada porque tienen vacación, pero la empresa privada está trabajando y esto es un descontrol. Traté que, por medio de un decreto se anulara el que se refería a vacaciones de empleados públicos. Pero la Prensa entendió mal o hubo "mano peluda" como decimos, y dieron a conocer a la ciudadanía que yo les quería quitar sus vacaciones y, ¡era todo lo contrario! Iban a disponer de su propio tiempo cuando lo quisieran y con vacaciones pagadas.

También propuse que las empleadas domésticas deberían tener derecho a Seguro Social, después de 1 año de servicio. Eso, con los objetivos de evitar la escasez de empleadas de casa y, promover la salud, evitando que el país tenga más ciudadanos enfermos.

La AID, también nos ayudó dándonos el dinero para contratar 6 asesores. Me nombraron a mí para que, con el Dr. Allan Austin, Asesor Residente y Coordinador del Grupo de Analistas Legislativos, de parte de la AID a la Comisión Técnica, entre los dos, tuviésemos la responsabilidad de escoger a los 6 asesores. Después de pasar más de una semana, recibiendo a los más de 100 candidatos con su currículo. Creímos nosotros, haber escogido sin favoritismo y amiguismo, a los mejores.

Capítulo XXIX

Pero, ahí viene la "mano peluda" otra vez, solamente dejaron 2 de los que nosotros escogimos; los otros 4 fueron puestos por los partidos políticos, para favorecer a alguna persona que ellos querían favorecer, aunque no tuviesen las cualidades y el profesionalismo necesarios, y los que nosotros habíamos escogido no pertenecían a ningún partido, porque eso era una prioridad, pero... como siempre todo lo echaban a perder por el maldito amiguismo.

El 19 de Febrero de1992, en el Hotel Camino Real estuve presente en el Foro sobre el análisis de los anteproyectos de ley tendientes a resolver la problemática de los medicamentos en el país. Hubo un diputado de cada fracción legislativa. El Dr. Héctor Silva del CDU; Julio Gamero de ARENA; Oscar Morales del PDC y yo del PCN.

El 20 de Febrero de 1992 falleció el mayor Roberto D'Aubuisson; al conocer la triste noticia, inmediatamente me ofrecí para decorar el Salón Azul donde lo íbamos a velar. Llamé al Almacén Pacifico y nos regalaron toda la tela negra para hacer los crespones negros que significan luto, decorando las cortinas, así como la baranda que separaba el sector de los diputados, del público. Yo creo que quedó muy elegante el Salón Azul, a la vez vestido todo de luto, ¡se miraba diferente! Para poder darle el último adiós a un compañero diputado, pero también a un amigo de la infancia. La fracción de ARENA le ofreció un acto simbólico, poniendo una veladora en su curul con flores, cuando pasaron lista y dijeron: Roberto D'Aubuisson, todos se pararon y contestaron, a una sola voz, ¡Presente por la Patria! Golpeando al mismo tiempo la madera del curul, toda la fracción que llenaba el lado derecho del Salón Azul, siendo un gesto muy dramático que erizó a los presentes.

Antes de su fallecimiento, cuando estaba en el hospital, lo quisimos ver con mis amigas de San Miguel, entre ellas las Ávila, Vilma y su hermana Daisy, que lo querían mucho al Chele, pero no nos permitieron verlo. Cuando lo pasaron del hospital a su casa, ellas fueron acompañadas del Teniente Amílcar López Araujo, que yo le llamaba "la mano izquierda del Chele", le llevaron la Virgen de Lourdes y el agua, traída de Francia, pero tampoco las dejaron verlo.

Unos días antes de morir, me contó Amílcar que fue a verlo solo y pudo hablar con él, diciéndole que habían llegado las Ávila y no les habían permitido verlo; y el Chele le había contestado: **"Si yo, ya ni en mi casa mando"**. Creo que el Chele murió con una angustia inmensa de dejar al país como lo dejaba, ¡a unos meses después de la firma de los Acuerdos de Paz! Y aparentemente todo revuelto y pensando tal vez, ¡sin nadie que tenga lo que yo tengo de sobra! Creo sin temor a equivocarme que sufrió mucho de ver cómo dejaba al país, ¡y no podía ya hacer nada! Todo podía ser el Chele; pero tenía una cualidad que todavía no he visto que tenga otro líder acá… veía todo 50 años adelante.

El jueves 14 de Mayo de 1992, pedí a la Asamblea Legislativa, que se ratificara la Pena de Muerte, ya que en la Constitución de 1983 fue abolida; pero en la anterior, a esta legislatura fue aprobada en una debatida reforma constitucional, de manera que solo faltaba ser ratificada por 56 diputados. Y comenzó el largo debate sobre la Pena de Muerte. Pero tanto los opositores, de la época, como otros, negaron su voto. Pasamos casi todo este año debatiendo, ¡pero no se pudo hacer nada!

Fui escogida, junto con Claudia Estela Posada, Samuel Abarca, María Fuentes Romero, Blanca Vilma de Martínez, Dr. Francisco José Barrientos, Marta Alicia Garza, Ruth Elizabeth Villalta, Dra. Virginia del Pilar Minero y Alída Aguilar Cortez, para formar un grupo de apoyo, para un enorme grupo de Mujeres Líderes, que habían hecho su entrenamiento en diferentes ciudades de los USA, y la reunión final fue completada, ellas y nosotros en la ciudad de New Orleans. De manera que, volamos a mi ciudad de New Orleans y estuvimos de visita por 8 días.

Todo esto fue financiado por AID, fue un programa muy interesante; yo pude asistir a la gente de Panchimalco con 2 de esas mujeres verdaderas líderes de El Salvador. Teníamos un programa los domingos de 10 a 5 de la tarde, donde se les enseñaba todo lo relacionado al frijol de soja; se les enseñó hacer carne, leche, queso,

Capítulo XXIX

etc. además se les impartían clases de costura y sastrería, también clases de cosmetología, cómo usar el bambú, etc. Desgraciadamente, la situación delincuencial estaba muy fuerte, pero estuvimos haciéndolo por unos 9 meses. Lamenté mucho no poder hacer más con esas mujeres tan bien entrenadas y tan entregadas por la causa del país.

En agosto se conoció que en la lotificación Madreselva se estaba encontrando un verdadero tesoro arqueológico. La evidencia de la vida del quehacer de los pipiles en el último periodo prehispánico, previa a la llegada de los españoles, y la mejor representación y reflejo del "Señorío de Cuscatlán"; fue lo que representó, los hallazgos encontrados en la urbanización Madreselva, de Antiguo Cuscatlán. Se trató de salvar este fragmento de nuestra historia y llamamos a: desde la Ministra Cecilia de Cano, a la arquitecta Claudia Allwood, hasta al arqueólogo Paul Amaroli y otros, a la Comisión de Cultura. Pero no se pudo hacer mucho.

Un día, salí del elevador e iba caminando por el pasillo largo hacia mi oficina, cuando me llamó el diputado Mario Aguiñada Carranza del UDN y comenzó a decirme que porqué el PCN no había liquidado los fondos de la Comunidad Económica Europea (CCE) que eran alrededor de 300,000 colones; y lo sentí como que se estaba burlando de nosotros en el sentido de que: *¡aja! ¿Cuánto se repartieron?* Esas bromas, para mí eran de mal gusto y le contesté, "Ni sabía", porque era la verdad. Pero sí le dije, que iba averiguar con Machuca porque él era el encargado.

Realmente en la fracción del PCN no había nada, nada nuevo; no habían comprado absolutamente nada. Yo todavía pagaba, cerca de mi casa, por las fotocopias, o muy de vez en cuando las llevaba a la Presidencia para que me hicieran el favor de sacarme las fotocopias que me eran urgentes. Entonces, llamé a una Conferencia de Prensa, donde le invitaba al diputado Machuca, Jefe de Fracción, a que liquidara los fondos donados por la CEE, para la compra de equipo de las oficinas parlamentarias del PCN. Además, en la Conferencia de Prensa indiqué, tal y como me lo había dejado saber el diputado Aguiñada Carranza, que la CEE no daría más fondos al partido, si éste no presentaba la liquidación de este primer desembolso, motivo por el cual, como *pecenista*, tenía derecho a que se me explicara el destino del dinero.

Después de mi Conferencia de Prensa, alguien, no sé quién, compró inmediatamente una pequeña computadora que la manejaba la secretaria. Parece que Machuca no estaba en el país y cuando llegó se encontró con esto. Él llamó a otra Conferencia de Prensa y dijo que sí había comprado tales y tales equipos, pero dijo que no tenía facturas de lo comprado. Luego dijo que los 280,000 colones eran para contratar expertos, en asuntos económicos, legales y políticos. Pero nadie le creyó, porque no se necesitaban esos asesores, si la Asamblea tiene asesores que todos los diputados podíamos solicitar. Bueno, al final no presentó las facturas, ¡y nunca liquidaron y ya no les otorgaron ningún dinero!

Por este hecho comenzaron mis problemas con el PCN. La situación ya era bastante insostenible, ya que los compañeros de la cúpula me veían como traidora. Porque si tú no les cubrís sus fechorías eres traidor. Cuando estábamos los 14 sentados en el Consejo Ejecutivo y veía a cada uno de mis compañeros, yo no confiaba en ninguno; pensé que el Dr. Hernán Contreras era el más potable, hice una cita con él y fui a la Corte de Cuentas, ya que él era el Presidente, para decirle que había pensado renunciar a la Secretaría de Asuntos Femeninos, en la próxima Asamblea General del Partido; pues ya habían pasado los dos años y ahora nos tenían que elegir nuevamente. Él me dijo que también iba a renunciar y que se sentaría a la par mía. Al Dr. Contreras no lo quería la cúpula: se hubiesen querido deshacer de él desde mucho tiempo atrás, pero el sector militar lo mantenía.

Desgraciadamente me equivoqué con él, el Dr. era otro igual que los demás, ¡aunque parecía distinto! Y fue y le dijo a Ciro y resto de los compañeros, así es que cuando convocaron el domingo 6 de Septiembre, a la Asamblea Nacional en el Hotel Presidente, yo llegué temprano, estaba en el hotel a las 8 de la mañana como decía la convocatoria.

Llevé todos los sobrantes de mi campaña, camisetas, llaveros, cachuchas, etc., y las repartí entre la gente que llegó ese domingo.

Capítulo XXIX

Ya eran las 10 y no llegaba el resto del Consejo; al fin llegó Memo Rodríguez y me preguntó si iba a renunciar. "¡No, cómo vas a creer! —le dije—. Cuando yo le dije eso, él llamó a Ciro y le dijo que yo no estaba renunciando e inmediatamente aparecieron todos los demás y comenzó la Asamblea.

Me senté a la par del pódium, como le había mencionado al Dr. Contreras que lo haría, y vi que él se sentó lejos de mí. Yo tenía mi renuncia escrita y la llevaba en mi delantal del PCN, tenía que ser electa primero, para renunciar del cargo. Así es que esperé hasta que nos eligieron, y después de que Ciro nos juramentó a todos, él dijo estar muy contento, porque todo había salido bien, y que quería dirigirle unas palabras a todos los presentes. Cuando terminó, yo le pedí permiso para dirigirme, también, a las bases, y ahí tuve la oportunidad, saqué mi papelito y dije todo lo que tenía que decir y renuncié. Al terminar bajé las 2 gradas de la tarima, y caminé hacia la puerta por el lado de abajo, cuando pasé frente a Memo Rodríguez, él me dijo: ¿Por qué lo hiciste Lillian? Yo no le contesté absolutamente nada, llegué a mi casa y me sentía como que me habían quitado un millón de libras de encima. ¡Recuerdo que me sentía muy feliz!

Ellos fabricaron de esto, un gran pleito. Primero, el problema había sido con Machuca, por no ser transparente, honrado y veraz. No sé de donde salió Ciro atacándome, Segundo, habían muchas cosas que la argolla hacía, que no nos gustaba a ninguno de los 5 diputados. Tercero, nunca tomaban en cuenta a los 5 diputados para las decisiones importantes. Ya a Neto Kury lo habían bajado de la Junta Directiva de la Asamblea, a la llanura, como le llaman al conjunto de diputados que se sientan abajo de la mesa de la Junta Directiva.

Luego el miércoles, Ciro me envía una nota a la Asamblea, donde me dice: "que con gusto me aceptan la renuncia al partido". Yo nunca renuncié al Partido; renuncié a la Secretaría de Asuntos Femeninos del Consejo Ejecutivo. En la Plenaria siguiente hubo un hecho incomodo, cuando me quieren quitar mi curul y quieren que me vaya a otro y sentar a un compañero allí. Agradezco a Gloria Salguero, que en ese momento estaba presidiendo la Plenaria y me llamó por el teléfono del curul y me dijo: "No te vayás a mover de allí", cualquier cosa les dices que lean el artículo #125 que está escrito en la pared, el cual dice: "Los Diputados representan al pueblo entero y no están ligados por ningún mandato imperativo. Son inviolables y no tendrán responsabilidad en tiempo alguno por las opiniones o votos que emitan". Estaba toda la prensa lista para ver qué era lo que iba a suceder; fueron momentos muy fuertes, pero decididamente Gloria, me dio valor cuando vi que me estaba apoyando siendo de ARENA. ¡Hoy quiero darle las gracias públicamente, al recordar este episodio! Nunca pudieron quitarme el curul.

Ese año en el mes de septiembre se llevó a cabo en El Salvador el VII Congreso Mundial sobre Derecho de Familia. Con una de las asesoras de la Asamblea, Lic. Rebeca Gonzales había preparado mi participación como panelista. Quiero contarles que fui la única diputado de 84, que participó con una ponencia, escogiendo el tema "Unión no Matrimonial o Unión de Hecho". Tengo una carta muy linda que me envió el Lic. Dionisio Machuca del BanCo ahora ScotiaBank, donde me felicita por mi ponencia; pero a la vez expresa otros criterios interesantes, por lo que le estuve muy agradecida, expresándoselo en una nota que le escribí.

El 14 de octubre de 1993, a las 10 de la mañana, había concertado una cita con el Sr. Gerson Martínez, porque aparentemente él me podía ayudar, desde el lugar donde se encontraba trabajando, para arreglarle la situación a una salvadoreña que me había solicitado por escrito una ayuda. Esta era la primera vez que yo iba a tener contacto con un guerrillero. Recuerdo que Gerson fue muy gentil, pero al final de la cita comprendimos que no era a él a quien debería de ver, si no a Ana Guadalupe Martínez, dándome el número del teléfono de ella para contactarla y así poder arreglar el problema. Sin embargo, quedé de amiga de Gerson, vi que realmente no comía gente, y continuamos siempre siendo amigos a través del tiempo.

A los 2 días me pude comunicar con Ana Guadalupe Martínez, quedamos de encontrarnos en mi casa, con la mala suerte que salí afuera a la calle, para decirles donde estacionarse, por las seguidoras, con gente de seguridad, que tenían al principio, y el

Capítulo XXIX

viento cerró la puerta; y yo había arreglado de no tener a nadie en mi casa, así es que fue difícil abrir la puerta, pero como a la hora pudimos entrar y conversar; ella llegó acompañada, en esa oportunidad de Mena Sandoval. Nos conocimos, vi que no comían gente y así comencé, sin ninguna malicia, a tener una relación con la gente del FMLN.

Acabábamos de entrar a la Asamblea Legislativa e iba a tener mi primer desengaño: entró una pieza de correspondencia del Dr. Gamero de ARENA, sobre nombrar el día 27 de Octubre día del "No fumador"; la pieza fue acogida tremendamente por casi todo el Pleno; casi todos, a pesar de que fumaban, hablaron y hablaron... luego pasó a la comisión de Bienestar Público, así es como el presidente era el Dr. Héctor Silva, yo era la relatora, estábamos todos con ilusión y queríamos hacer las cosas como Dios manda; por lo que comenzamos con llamar a la Comisión, para que nos ilustraran, a todos los gremios que tenían que ver con el cigarrillo, desde los que siembran la hoja de tabaco, hasta los médicos para ver qué enfermedades podía ocasionar, etc. Al final de algunas semanas obtuvimos un dictamen favorable: no solo declarando el 27 de octubre día de no fumar, sino que también prohibiendo fumar en las escuelas, hospitales y oficinas públicas, por obvias razones, como se hace en los países desarrollados. Todos los diputados de las diferentes fracciones que conformábamos la comisión estábamos felices porque habíamos hecho algo único, por el bien de los fumadores, de los no fumadores y para ahorrarle dinero al Estado, porque en el futuro no iba a ver tanta gente que tratar, ¡por enfermedades relacionadas al cigarrillo!

¡Ni se imaginan qué pasó!... durante la mañana, cuando nos reunimos en la comisión, llegó el Técnico Lic. Alejandro Solano, me llamó a su oficina y me preguntó si iba a votar por la ley del cigarrillo, yo le dije que sí, que estábamos muy contentos, ¡por haber sacado una ley tan buena para el pueblo! Creo que no tuvo valor de decirme más. Después de esta pequeña conversación. De parte de la cúpula del PCN, me sustituyeron por Julio Moreno Niños en esa Comisión, pero solamente para este dictamen.

La Plenaria comenzó a las 5 de la tarde, pasadas. Fue una Plenaria larga… como a las 10 de la noche, vimos que todos los periodistas que habían llegado a cubrir la Sesión Plenaria habían apagado sus cámaras y se habían sentado en las butacas del público. Ya iba a comenzar el debate del cigarrillo, ¡y los de la Comisión no sabíamos qué era lo que nos tenían preparado!

El primero en pedir la palabra fue el Dr. Héctor Silva, diciendo cómo su papá se había muerto por fumar, ocasionándole una enfisema pulmonar; que su hijo también fumaba, que era importante que se aprobara una ley como esta porque era para el bien de la población, etc. El Dr. Zamora ya había descubierto por qué los periodistas habían abandonado sus cámaras y pidió la palabra diciendo que la British Tobacco Co. había llegado a sobornar a los diputados para que votaran en contra de la ley; y que en el público se encontraban los personeros de la Compañía, Koki Zablah y otros, quienes habían dado órdenes a todos los medios de comunicación: televisoras, periódicos y radios, que si se ventilaba algo de lo que estaba pasando esa noche en la Asamblea, les iban a quitar toda la publicidad. Por lo tanto, esa noche hubo un debate como pocos, los diputados de la Convergencia algunos del PDC y yo, la única del PCN, dimos la batalla más feroz por el pueblo salvadoreño y la gente ni se pudo dar cuenta porque se apagó todo el sistema. Este debate duró como 3 horas… al final, mis compañeros, que querían la ley, se dieron cuenta que yo era la única de mi fracción que la apoyaba y, en el debate al final, pedí la palabra y le rogué al Presidente de la Asamblea, que era Roberto Angulo, que permitiera a todos los diputados votar por su conciencia en este dictamen, porque si todos los diputados hubiesen sido libres de votar como ellos quisiesen, se hubiese pasado esta ley; pero se negó (él obedecía también a otros intereses) perdimos por 4 votos… los 4 votos de los diputados de ARENA que estaban en la comisión y el pueblo salvadoreño perdió más, ¡su salud!

Yo estaba llena de muchas emociones, enojo, desengaño, incredulidad, frustración, me parecía tan injusto y se me salieron muchas lágrimas… los periodistas se acercaron, después, a mi curul y me dijeron… "¡algún día el pueblo va a saber lo que pasó aquí esta noche, diputada!" ¡Hasta ahora! La Corte Suprema de los USA ha dicho: "Solo una prensa libre y sin restricciones, puede denunciar, de manera eficaz los engaños del Gobierno".

Nunca me había podido imaginar, que una ley que es consensada en la propia comisión, con los diputados de todas las fracciones, cuando llega al Pleno, no pasa, es enviada al archivo, ¿cómo es posible? Pues acá en la Asamblea Legislativa, todo, todo es posible, según lo poderoso que sea el Caballero Don Dinero.

Por eso dicen: "Se hace la Ley se hace la Trampa" En un salón están haciendo la ley, y al lado, están haciendo la trampa.

¡Gracias a Dios! Mientras estuve en la Asamblea Legislativa, nunca, nadie me pidió a mí, hacer nada contra la ley: ¡ni Ciro Cruz Zepeda!

Como presidenta de la Comisión de la Familia, la Mujer y el Niño, UNICEF, por medio de su Representante en El Salvador, Licenciada Miriam de Figueroa, nos dio un fondo especial para usarlo en fortalecer la comisión; tenía el reto de que se aprobara el Código de Familia. Así es que abrimos una cuenta en el banco, y los cheques eran firmados por el Dr. Héctor Silva y yo; teniendo a la Dra. Enma Castro de Pinzón, como la asesora de la Comisión y quien me ayudaba enormemente. De esa manera también llevamos a cabo un Seminario auspiciado por la UNICEF y la Comisión de la Familia, la Mujer y el Niño, de la Asamblea Legislativa, que se titulaba: "Revisión, Interpretación y Formulación de leyes con perspectiva de género", para mejorar las leyes nacionales; y eran dictadas por una especialista en temas de la familia, la española Clara Murguialday. ¡Quiero decirles que no asistió ningún hombre diputado a este seminario!

También la UNICEF nos financió el Código de Familia que estábamos a punto de aprobar, para que se escribiera en lenguaje de género; pero a la hora de aprobarlo, los diputados hombres y algunas diputadas, las que llamábamos "diputadas con bigote", consideraron que eso era una *bayuncada*, así es que salió como salió.

En noviembre fui invitada por el Comandante de la 4ª. Brigada, Coronel Oscar León Linares, para presidir la mesa de honor, de las celebraciones del 12º.aniversario y homenaje a los Héroes del Paraíso, Chalatenango. Acordémonos que esta Brigada fue atacada 2 veces durante la guerra.

La Comisión de la Familia y UNICEF celebramos un Panel sobre: "La organización de los tribunales de familia y el perfil del juez de familia" Presidida por el Dr. Mauricio Gutiérrez Castro, Lic. Miriam de Figueroa, Lic. Miriam Nowell, magistrada de menores de Guatemala, y otras personalidades. Este panel se dio en el marco de la pronta aprobación del Primer Código de Familia de El Salvador.

En este mes de Noviembre me obligaron mis compañeros del PCN a declararme independiente, cuando recibí la nota de Ciro aceptándome la renuncia del partido, (cuando yo había pedido la renuncia dentro del Consejo Ejecutivo); pero expulsándome, porque no les gustó que haya denunciado las anomalías de los fondos donados por la CEE. Además me "exoneraba de todas las obligaciones y cargos en los que venía representando al partido y la fracción legislativa". Me quitaron la presidencia de la Comisión la Familia, la Mujer y el Niño, y enviaron al diputado René Calderón, ya no como presidente sino como miembro, y para colmo nunca asistía, Perdiendo la Presidencia de esa Comisión. Para entonces, ya Neto Kury no obedecía los lineamientos del PCN, y había otro diputado del PDC, Carlos Abdiel Centi, que también, por falta de democracia en su partido había abandonado las filas. También el Dr. Acevedo Peralta, a quien le querían quitar su curul.

De manera que nos unimos y pedimos al Presidente de la Asamblea, que nos diera, a los independientes, un lugar exclusivo para disponer de nuestras respectivas oficinas. Quiero hacer énfasis en que ellos, especialmente los de las cúpulas, a los independientes los veían con mucho recelo... En ese tiempo era bien difícil ubicarnos en un lugar especial, porque todo el edificio estaba en construcción. Sin embargo nos dieron un gran salón en la primera planta, cerca del estacionamiento, donde los

Independientes teníamos nuestra propia secretaria y estuvimos muy contentos con esas instalaciones, porque teníamos primero que nadie, ¡el acceso a la prensa! No hay mal que por bien no venga dice el dicho. Ninguno de nosotros nos unimos a ningún otro partido político.

El 14 de diciembre tuve una visita muy agradable, vino Kim, la hija de Tom Johnson, una joven linda, dulce, viaja por todo el mundo porque es sobrecargo; y la llevé por todos los lugares maravillosos del país. Con Kim siempre nos hemos llevado de maravilla, le tengo mucho cariño y ella a mí. Después de 15 días la llevé al aeropuerto. Luego le iba a volver a ver cuando visité Santa Fe; estuvimos varios días juntas en esa ciudad tan diferente, ¡y rara a la vez!

En Febrero de 1993, a mi iniciativa, uniéndose a mi petición los diputados Roberto Serrano y Abdiel Centi, el Himno Nacional se acortó para cantarse en actos oficiales y privados, solamente se entonaría el coro y la primera estrofa. Era algo que, también, todo el mundo pedía, especialmente los diplomáticos, cuando se tenía que cantar y repetir la estrofa del coro. Pero el que me había movido a presentar la moción ante el Pleno, fue el caballero Juan Allwood Paredes quien me había escrito una nota prácticamente rogándome ya que decía: "hacerlo más breve y menos operático". Todo el mundo aplaudió la reforma. Además se aprobó en este mismo mes la Ley para proteger el patrimonio cultural.

En vista del auge de la delincuencia, propuse que la policía militar que opera en el ejército contribuyera a la lucha contra la delincuencia, debido a la ausencia de autoridad por la fase transitoria en que vivía el país. Puse en duda la capacidad de la Policía Nacional Civil, sobre todo para que sus miembros pudiesen enfrentar a las pandillas y delincuentes organizados, por la corta edad de los egresados entre 18 y 25 años; y porque solo tenían 4 y 5 meses de adiestramiento. Además, la experiencia de otros países que han finalizado una guerra, es que la Policía Militar entra a operar, antes de que entre la Policía Nacional Civil. O sea era una medida para no quedarnos sin Ley ni Orden durante la transición a la Policía Nacional Civil. Además, había sido como un consejo que nos había ofrecido un miembro del Estado Mayor Conjunto de los USA, en visita que hicieran a 3 países latinoamericanos, en cuenta El Salvador, en noviembre de ese año. Pero hubo oposición, ¡y con el tiempo vimos lo desastroso de no haber hecho algo al respecto, en este momento! Yo sí estaba de acuerdo en la propuesta del norteamericano, sobre todo cuando nos advirtió que la post-guerra es peor que la guerra misma. Y miren si ellos no tienen experiencia en esos asuntos.

¡Quiero decirles que la Policía Nacional Civil nació podrida! ¿Por qué? Porque así lo quiso por lo menos el PCN, probablemente otro partido también, pero anduvieron sacándole el bachillerato, en escuelas que se prestaban para ello, a un montón de antiguos policías, ya conocidos por sus antiguas mañas, que los insertaron en la nueva policía, ¿cómo iba a nacer una nueva e íntegra policía con esos individuos? La nueva policía fue manipulada... eso no fue correcto y estamos pagando por ello. Por la maldita maña de arreglar todo a sus intereses, y por ende, ¡la PNC nació podrida!

En otra pieza de correspondencia propuesta por la Convergencia, apoyé la rebaja de pasajes en los buses, de los únicos que deben ser privilegiados en El Salvador dije, ¡los niños y los ancianos! Pedí a los transportistas hacer función social, con ellos. Pero Uds. saben que no pasó nada, al contrario, subieron la tarifa después.

En este año 1993, se volvió a tocar el tema de la "pena de muerte" promoviendo debates de toda clase por muchos meses. No lográndose, al final la restauración de la pena.

Presenté la moción de declarar "Hijo Meritísimo" al Dr. Narciso Díaz Bazán, la cual fue aprobada por la Comisión de Cultura. Así mismo, en esa Plenaria, se aprobó nombrar a todos los hospitales del Estado, Hospital Nacional, porque hay confusión en la gente en cuanto a saber si el hospital es privado o público.

En el mes de marzo propuse sustanciales reformas al Código Procesal Penal que erradicaran para siempre la impunidad de violadores contra menores de edad y mujeres. Las reformas que presenté fueron para delitos de violación, estupro, rapto y acceso carnal por seducción. Entre las reformas propuestas están las que en los delitos de violación presunta en menores de 12 años, dejen de ser excarcelables; que la confesión de las víctimas sea tomada como prueba para decretar la detención provisional del indiciado y para elevar a plenario el juicio. Propuse que toda persona, institución pública o privada pueda denunciar los hechos de violación. Propuse que la omisión, inercia o desinterés de los jueces y la Fiscalía en estas denuncias, sean sancionados penalmente. Otra reforma es que sean médicos mujeres quienes hagan el examen pericial de las niñas violadas y a menos que la víctima cuando fuere varón manifestare lo contrario.

En abril, recordé a los diputados el decreto 247, que ordena dar trabajo a los discapacitados, como dije en el Pleno: que los miles de discapacitados que tiene El Salvador necesitan una oportunidad de trabajo, el cual muy pocas empresas privadas o instituciones del Estado están dando, pese al decreto que obliga a los empleadores a emplear un trabajador con limitación física, por cada 50 sin limitación. Y pedí que este decreto fuese incorporado al Código de Trabajo, para que sea cumplido mediante la coparticipación de los diferentes sectores que generan trabajo y que el discapacitado tenga un futuro prometedor.

En mayo, a mi iniciativa pedí que se formara una comisión para investigar el robo y tráfico de niños salvadoreños. Fui apoyada por Neto Kury y Centi, luego por Gloria Salguero, Milena Calderón y Miriam Mixco.

En junio, mediante pieza de correspondencia solicité a la Asamblea Legislativa se llamara al Ministro del Interior y a la Comisión de Censura para que ejercieran un mejor control en la programación de televisión. Ya que hay demasiada violencia, pornografía y actitudes que llevan a los hijos a desobedecer a los padres. Así como telenovelas que deberían ser transmitidas después de las 10 de la noche. ¡Pero nada se ha hecho, todavía, al respecto! ¡Poderoso Caballero Don Dinero!

En Julio, pedí a las asociaciones de mujeres se pronunciaran sobre la elección de Lázaro Tadeo Bernal, quien fue electo Procurador

General de la República, cuando existían pruebas de haber sido procesado por vapulear a su esposa y no ayudar económicamente a sus hijos. Y sería el encargado de la protección oficial de las mujeres y los niños. Y pedí que renunciara, diciendo que las fracciones que lo apoyaron, mediante una negociación, cometieron un error histórico, por cuanto no ponderaron su trayectoria personal y política para su virtual nombramiento.

También pedí investigar el aumento en el precio del frijol, ¡valía 7 colones la libra! Mediante la interpelación al ministro de agricultura Antonio Cabrales, para que explique cuántas manzanas de frijol se sembraron en la última cosecha 92-93, con base a créditos de avío; cuántas toneladas se recaudaron; cuántas toneladas se dejaron como reserva para el consumo nacional; cuántas toneladas se vendieron, a qué países y a qué precios. Pero lo que más me preocupa era el vernos en la lamentable situación de que nuestra seguridad nacional se pusiera en peligro, por no tener asegurados los granos básicos para la alimentación de la población. Medidas severas contra los comerciantes inescrupulosos que acaparaban los granos básicos. Pero ARENA nunca permitió interpelar a nadie de ARENA; eso no es democrático, en Washington, siempre está llegando alguien al Senado para ser interrogado: eso es parte de la democracia.

Apoyé el Premio "Cecilia Castro de Lara" ya que ella fue la embajadora de la cultura salvadoreña en el extranjero, dando a conocer las artesanías en Europa, Estados Unidos y Suramérica.

Urgíamos la aprobación del Código de Familia, ya que los casos de adopción ilegales en esos tiempos se hubiesen evitado, si hubiésemos tenido vigente el Código. Por lo tanto pedí modificar la Ley de Adopciones para que sea el Procurador General de la República quien otorgue el beneplácito para una adopción. Se les quitaba a los jueces de Primera Instancia ese privilegio, porque ellos daban el visto bueno para una adopción, y esa práctica se prestaba al tráfico de niños. La Ley de adopción tenía 37 años y tenía muchos vacíos.

Capítulo XXIX

En el mes de agosto, pedí que se declarará la Marcha Gerardo Barrios, patrimonio Nacional, para el 128 aniversario del asesinato de Capitán General Gerardo Barrios, fue apoyada por el Comité Gerardo Barrios y por la Lic. Claudia Allwood de Mata Directora de Concultura. Me escribió una misiva cariñosa pero pública en el Diario de Hoy, José David Calderón, por lo que yo le contesté: Una sola golondrina... no hace verano.

El Código de Familia se pudo haber aprobado el 25 de agosto, pero en vista de la inasistencia de algunos legisladores, a la Comisión de Legislación, lo impidió; por lo que fue aprobada el 17 de septiembre. Con muchos vacíos, sobre todo; y lo critiqué en su momento: solo contempla la familia nuclear.

Y aquí hay algo que nunca entendí en la Asamblea Legislativa, se supone que todas las comisiones tienen el poder de emitir un dictamen el cual pasa luego al pleno, ¿verdad? Así se han aprobado muchísimas leyes, en las comisiones respectivas. Pero que no vaya a ser una ley que "le interese a un grupo poderoso", porque esa ley la aprueba la comisión respectiva y luego... pasa a la Comisión de Legislación y ellos son los que le dan vuelta a todo; lo pasan al Pleno como ellos quieren, más bien, como les dieron la orden que debería; o reciben algunas dádivas como siempre se ha especulado en el medio, y como dicen: "presenten pruebas" y difícilmente un buen ciudadano no puede tener acceso a ese tipo de información, por lo tanto, votan los 43 diputados, que es la mayoría, para que la ley saliera como fue aprobada al final, en el Pleno.

Así han pasado muchas leyes: son leyes que trabajan bien en otros países, pero cuando salen del Salón Azul de la Asamblea Legislativa, ya es otra ley ajustada a los intereses de algunos. Allí es cuando la ley se distorsiona, ¡y es por eso que no da resultado en El Salvador! El Código de Familia fue una de esas leyes que le tenían espanto, sobre todo los hombres; y como de 84 diputados éramos solamente 7 mujeres, de las cuales habían unas que se les decía: "las Mujeres con bigote", porque apoyaban más, las leyes desde el punto de vista de los hombres y no de las mujeres; y aun así, hubo hombres que señalaron discriminación, en el Código.

El Código de Familia tenía muchos, muchos vacíos, pero había que pasarlo; era peor no tener Código. No sé por qué nuestros legisladores son tan miopes; solamente ven hasta su nariz; cuando deberían de legislar para unos 50 años adelante, ¿no creen? Un ejemplo del Código era que solo reconocía a la familia nuclear... cuando ya eran reconocidas, por ejemplo, en la ciudad de Chicago unas 60 diferentes clases de familia, de las cuales ya teníamos nosotros muchas de esas. Toda la vida los ciudadanos salvadoreños tenemos que conformarnos con lo menos peor, o votar, si es el caso de funcionarios de elección popular por el menos malo, ¿por qué Dios mío?

Siempre había deseado ayudar a las personas no videntes, por lo que en una visita personal a Guatemala, había tomado el tiempo de indagarme sobre si los no videntes participaban en las elecciones; así es que me dirigí a la Asamblea guatemalteca y muy amables me atendieron y facilitaron una copia de la ley para que también los no videntes salvadoreños pudiesen votar acá en ES. En Guatemala votan en papeleta impresa en Braille. Introduje la pieza de correspondencia, pero encontré que los diputados de mi legislatura, la gran mayoría, no tenían suficiente sensibilidad social como para dar, a los no videntes salvadoreños, una ley para votar en las elecciones que se aproximaban.

En marzo de 1994, impugné la inscripción de la candidatura de Ciro Cruz Zepeda por medio de la Fiscalía General de la República por "carecer de notoria honradez" cuando desempeñó el cargo de Presidente de la Corte de Cuentas. No debió ser inscrito por el Tribunal Supremo Electoral, debido a que el funcionario aún no tenía el finiquito definitivo de la Corte de Cuentas, al no aclarar un faltante de un millón de colones registrado cuando presidía esa institución, en la administración de la Democracia Cristiana. Entre los documentos que presenté a la Fiscalía General, estaba el decreto 201 de la Asamblea Legislativa emitido en 1989 para destituir a Ciro Cruz Zepeda de la Presidencia de la Corte de Cuentas, por la deuda mencionada.

En ese mismo año, Zepeda apeló ante la Corte Suprema de Justicia, la cual resolvió en su contra, dando lugar a lo actuado por

Capítulo XXIX

la Asamblea Legislativa, en cuyo decreto de destitución especifica que con la deuda en mención se violó el artículo 195 de la Constitución Política y cuatro numerales del mismo. Además Ciro Zepeda, ha fungido como diputado ilegalmente y no podía ser reelecto, por contradecir el artículo 127 de la Constitución Política, que en el numeral dos establece que no podrán ser candidatos a diputados, los que hubiesen administrado o manejado fondos públicos mientras no obtengan el finiquito de sus cuentas. Además en el numeral 5 del mismo artículo, el cual reza que tampoco serán candidatos a diputados "los deudores de la Hacienda Pública o Municipal que estén en mora". Por ese mismo tiempo el diputado del FMLN Jorge Schafik Hándal también solicitó impugnar la candidatura de Ciro Zepeda, pero fue denegada en el Tribunal Supremo Electoral, supuestamente porque la petición la recibió la secretaria y no el Presidente del Tribunal.

Bueno, en pocas palabras amigos y amigas, Ciro Cruz Zepeda, nunca debió haber sido diputado según las leyes de la República, ¡jamás! Y llegó a ser hasta Presidente de la Asamblea Legislativa, por varios periodos, ¡lo cual había sido su sueño cumplido! ¡Solamente él sabe a cambio de qué! ¿Es eso *sinvergüenzada*? ¿O cómo se puede llamar esto? Y todas las fracciones sabían muy bien que él no podía ser diputado... ¿Pero por qué lo seguían aceptando?... ¿Qué es lo que les tiene a todos? ¿O qué poder lo protege? ¿ARENA que estaba en el poder lo protegía? ¡Uds. hagan sus propias conclusiones! Y lo peor es que fue hasta presidente del Parlamento Centroamericano.

El Chele D'Aubuisson, Roberto Angulo, Gloria Salguero, el Dr. Guerrero y otros areneros, en su oportunidad, fueron los que firmaron el acuerdo para destituirlo de la Corte de Cuentas; ellos sabían todo: ¿cómo es posible que después, ellos mismos votaran para elegirlo Presidente de la Asamblea Legislativa? Algo huele mal en Dinamarca... (Para entonces el Chele D'Aubuisson ya había fallecido, por lo cual está excluido de esto último).

Bueno, cuando todo esto estaba pasando, hubo gente del antiguo PCN, la que yo conocía, que trató de rescatarlo de las garras de todos esos infelices... pero como siempre, hubo un traidor, URGE; que se metió al grupo como una serpiente, grabando todo lo que oía en las reuniones y luego, ya a media noche se las llevaba a Ciro, dándose así cuenta de todo lo que, personas como el General Bustillo, el General Blandón, etc. comentaban y debatían. Todos estábamos apoyando a Rafael Antonio Morán Orellana; un muchacho joven, abogado, habla muy bien, de buen porte y que verdaderamente había sido educado con los lineamientos *pecenistas*, ya que su papá era uno, muy reconocido en Ahuachapán. Morán Orellana tenía para entonces el sartén por el mango, como se dice; y ya habían llenado las planillas para las elecciones de 1994, donde iba de diputado por Ahuachapán. Morán Orellana amenazó con salirse de la planilla. Si un candidato se sale de la planilla se caen todas; si Morán Orellana se salía, el PCN no se hubiese podido presentar a las elecciones de 1994.

Ciro, entonces, provoca una reunión privada con Morán Orellana, y le dice que su esposa está en el hospital con los nervios deshechos por tanta cosa que decían de él. Le dijo que ya estaba cansado de todo lo que los periódicos publicaban, que por qué no hacían un trato, que fueran a las elecciones así como estaban las planillas y al solo pasar las elecciones él, Ciro, le entregaría el Partido. Morán Orellana se compadeció de Ciro, le creyó todo lo que le dijo y aceptó el pacto. Fueron a las elecciones. Morán Orellana quedó de diputado por Ahuachapán, legalmente. Pero en venganza, Ciro lo cambió por un transportista barbudo de Santa Ana y Morán Orellana no fue diputado desde entonces. ¡En consecuencia jamás le entregó el partido!

Naturalmente que los periódicos escribían muchas cosas del PCN y de Ciro, fue un desgaste terrible para los dos. Entonces, se reúnen: Machuca, Ciro y Hernán Contreras para vengarse de mí.

Un día de Noviembre, alguien me enseña una revista, que tenía fama de *chambrosa*; después descubrimos que era un instrumento de contra inteligencia de ARENA, se llamaba Gente, ¡y era totalmente amarillista! ¡La usaban para atacar a los enemigos!

Capítulo XXIX

¡Habían hecho el tamal de una manera espectacular! Menos mal que a los que ya saben de estas cosas les dio risa y a los tontos que lo creyeron, pues en realidad, esos pobres, ni se imaginan cómo es el mundo sucio de los políticos; no la Política, sino la gente que maneja la política.

En la portada decía: *Contrabando o Franquicia*. Habían falsificado documentos y habían hecho creer que yo había introducido mercadería por la cantidad de doscientos cincuenta y seis mil quinientos cincuenta y cinco colones con cincuenta y cuatro centavos; mercadería de toda clase, desde electrodomésticos hasta una cantidad exagerada de medias etc. Quiero aclarar que, cuando eras diputado tenías derecho a una franquicia de $16,000 para comprar un automóvil. Yo ya había hecho uso de la franquicia en el mes de Marzo de 1992, así es que no podía tener otra porque la ley solo te asignaba una por período. ¡Y ahora salen con esta *jayanada* en noviembre de 1993!

Yo francamente no sabía qué era todo eso, ni por dónde empezar. Pero sí me acordaba que un funcionario de Aduanas me había llamado, unas semanas antes, y me apersoné a la sección de franquicias, haciéndome saber que había alguien que quería introducir una mercadería a mi nombre y yo le había dicho que anulara esa solicitud, que nadie podía hacer eso en mi nombre, que no dejara que la usaran porque yo no tenía franquicia, ¡y había sido bastante enfática en decirle que no! El funcionario anuló la solicitud y le puso sello de nulo y me dio la copia.

Cuando aparece el artículo en la revista, ¡pues ahí estaba el peine! Eso era lo que estaban tratando de hacer en aquella oportunidad. En esos días, fui a casa de Yuyú Safié a comprar algo, y ella ya había visto la revista, y sabía, porque me conoce, que yo no andaba metida en esas cosas, y que todo eso era una mentira y me dijo: esa mercadería la trajo la Sra. Eunice Romero Tovar y ella vive en Merliot; me dio la dirección, y de ahí nos fuimos con mi hermana a buscar la casa de la señora, para que me facilitara un documento de que había sido ella la que había introducido la mercadería. Para mí esa era una prueba de que yo jamás había introducido ni sabía nada sobre ese asunto.

Buscando la casa, no nos fue difícil encontrarla porque la dirección que me había facilitado Yuyú estaba correcta; así es que toqué el timbre y pedí hablar con la señora: le expliqué el caso y ella me facilitó el documento exacto al que habían reproducido en la revista, nada más que éste portaba su nombre y con sello de cancelado, ¡pagando los impuestos de ingreso!, etc.

Ya con ese documento, hice una cita con el Director de la Revista, el Dr. Waldo Chávez Velazco; me acompañaron 3 abogados: el Dr. Carías Delgado, la Dra. Lourdes de Pineda y el Lic. David Lazo Silva, y nos fuimos... ¡Qué sorpresa! Al llegar, y cuando se dio cuenta que éramos serios en demandarlo, nos dijo lo siguiente: "aquí vino Ciro, Machuca y Contreras; ellos ya traían todo escrito, yo no tuve que hacer nada, y me pidieron que lo publicara: y yo, pues, lo publiqué". Quiero contarles que quien dio los documentos para que fueran alterados, lo cual es un delito, fue Contreras. Machuca, Ciro, y otros escribieron las mentiras, y en eso son expertos porque Machuca trabajó antes de ser diputado, en el S2 del Estado Mayor, y eran todos ellos muy amigos del Dr. Chávez (quien trabajó, por años, en la contrainsurgencia en Casa Presidencial, en los años de cuando el PCN estuvo en el poder).

Le pedimos al Dr. Chávez que nos diera el derecho de respuesta, le solicitamos la misma cantidad de páginas en el próximo número de la revista. Excusándose, que ya la otra edición, la de diciembre ya estaba para imprimirse, pero que en la de enero salía todo. Efectivamente salió, pero otra vez con J porque se podía ver..., pues volvió a sacar la foto de las medias, etc. Pero bueno, lo que a mí me tocó hacer en la Asamblea, fue hacer folders para cada fracción, excepto la del PCN, y les envié copia de la carta que había escrito al Director de la Revista Gente, además copia de la póliza correspondiente a la que habían sacado en la revista, pero la original venía a nombre de: Eunice Romero, con la misma cantidad de doscientos cincuenta y seis mil quinientos cincuenta y cinco, con cincuenta y cuatro centavos en colones.

La factura de todos los artículos que habían sido legalmente introducidos. Carta del Presidente de la Corte de Cuentas donde dice que puedo hacer uso de mi franquicia, que fue cuando fue

Capítulo XXIX

comprado el vehículo; carta autenticada del tramitador, donde manifiesta que se le dio un trámite equivocado a la franquicia, y que él vio el documento donde el funcionario de Aduanas anuló y selló el documento de la franquicia. Lo hice, porque me sentí obligada con mis compañeros de que supiesen la verdad, directamente de mí. Nunca escuché ningún comentario al respecto, aunque no dudo que los hubo, y el que no creyó pues qué lástima, y el que creyó le doy las gracias.

Sí, quisieron desprestigiarme, para algunas personas, que no me conocen, puede ser que lo hayan creído; pero los que sí me conocen bien, saben perfectamente que soy incapaz de violar la ley. Me lo enseñaron de chiquita y lo que se aprende en la niñez, ¡no se olvida y se obedece siempre! En ese sentido, me siento bien conmigo misma y como dije al final de mi carta al Director Chávez: "Este es el precio que tenemos que pagar las personas que entramos a un sector tan hostil como el Político, es el precio que tenemos que pagar las mujeres que osamos, atrevidamente, incursionar en un partido político donde está enquistada la corrupción, y sobre todo, este es el terrible precio que pagamos las mujeres que valientemente denunciamos las verdaderas corrupciones de ellos; porque esas, que son las reales, no se quieren ni se deben investigar nunca.

Esta difamación inmerecida, pero si premeditada y alevosa, ya traspasa los límites de la crítica política constituyéndose en delito. Pero eso, no me va a parar a mí, así como no me pararon las amenazas veladas a muerte, de seguir denunciando a los corruptos y seguir trabajando desde cualquier trinchera para el pueblo salvadoreño, que merece todo lo mejor".

Por estas razones que ustedes van viendo y que yo voy describiendo, es que la mayoría de la gente honrada y capaz de El Salvador, no quiere saber nada de política. Y yo les doy toda la razón, por eso es que siempre invité a toda la gente a no votar por esta clase de gente, a no pertenecer a partidos como este. ¡Pero qué decepción! Siempre hay muchos tontos o juega vivos que, por sus propios intereses, o porque les ofrecen un puesto, en un país donde el trabajo es una *commodity* muy extraña o un privilegio, le venden el alma al diablo y el país sigue en esta debacle.

Lo peor es que este partido PCN, el actual, ya lo habían desechado en 1979, los golpistas de esa época sabían el porqué; pero no sé ni cómo, lo dejaron vivir... y ahí tienen... Luego no alcanzó el 3% para sobrevivir, y en la administración de Tony Saca lo volvieron a dejar vivir, ¿qué es esto, Dios mío? ¡Por la maldita aritmética en la Asamblea Legislativa! No les importa aliarse hasta con el mismo diablo, si eso les va dar la mayoría, aunque tengan que pagar $1 millón o más trimestral, ¡y pasar las leyes que unos cuantos necesitan para hacer sus *marufiadas*! Yo creo firmemente que lo que los salvadoreños necesitamos es un bipartidismo y así tal vez, se termina esta corrupción, ¡pero ojo! Con los corruptos nunca se sabe; puede que tengamos, después de algún tiempo, que volver a pluralismo político, pero eso sí, hay que cambiar el sistema cada vez que sea necesario.

Pero en Octubre de 1993, un día llegué al Pleno, y mi amigo Mario Valiente (que nos conocemos desde niños) me dice muy contento: "Lillian, *fijate* que ya decidimos en ARENA que tú te *pasés* con nosotros". Yo le contesté diplomáticamente que no me gustaría ser diputada y él me respondió que no necesariamente tenía que serlo para pasarme a ARENA; que puedo optar por otro puesto, aún en el exterior. Luego, llega Milena Calderón, y me dice exactamente lo mismo: "*Mirá* ya decidimos en ARENA que te pasés con nosotros". Yo le contesté que no me siento bien de diputada. Como a la hora, suena el teléfono de mi curul y es Roberto Angulo (entonces Presidente de la Asamblea Legislativa), pidiéndome que subiera a su despacho; yo le contesté que en cuanto pudiese iba a subir, porque todavía estábamos aprobando una ley.

A la media hora subí, con mi cartera y en las manos llevaba unas pupusas que nos habían regalado después de aprobar esa ley. Al verme con las pupusas en la mano, inmediatamente le dijo al ordenanza que me trajera un plato. Se sentó en su silla del escritorio, yo enfrente y me dijo: "Mirá Lillian, hemos decidido en ARENA que te pasés con nosotros". Yo le dije: "Fijate que no

Capítulo XXIX

puedo, porque Uds. (ARENA) siempre van a tener de amigo a Ciro, y yo no pudiese estar en un partido que tenga de socio a Ciro". Él me dijo: "¡y a ti qué te importa! Si Tú vas a estar con nosotros." Prosiguió y me dijo: ¿Entonces qué vas hacer? Yo le contesté que seguir con PIGMALION. Y él me dijo: "¿Y esa mierda qué es?" ¡Ah! —Le dije— es una escuela en la que doy clases de Imagen Personal y Etiqueta de Negocios, donde le enseño a las personas a comportarse y a conducirse mejor en la sociedad. Y Roberto me contesta: "Pero sí *podés* estar con nosotros y seguir dando clases, no te lo impediríamos..."; en eso hace su entrada el diputado Guevara Lacayo, quien era su asesor jurídico, muy bueno para él, dicho sea de paso, y mejor dimos por terminada la conversación, sin que pudiese convencerme de pasarme a ARENA.

La argolla de PCN, no encontró cómo sacarme, ya no del partido, ya lo habían logrado, sino cómo sacarme del curul y que renunciara y le dejara mi puesto a un sinvergüenza. Quiero contarles que hubo una cadena interminable de hechos que demostraban cómo ellos querían lograr mi dimisión. Me acosaban constantemente, tipo S2, me llamaban a la casa que habían puesto una bomba; eso pasó muchas veces y tengo testigos internacionales que lo sufrieron junto conmigo. La casa se incendiaba todo los días... Una vez fue peor... hoy los del FMLN me querían matar... Cuando me lo comunicaron por medio de Memo Rodríguez, yo les contesté que eso era raro ya que yo no era importante en el partido. Me contaron después que Memo había dicho, que se había sentido mal de hacerme eso, que él me había dicho entonces, que no solo yo era la amenazada, que también Ciro, Machuca y hasta él, para no hacerme sentir tan mal. Bueno, esos tiempos fueron realmente muy difíciles.

La verdad es que yo creo que Hugo Carrillo puede contar más sobre este tema, ya que a él le hicieron, los del PCN, cosas peores que a mí.

Quiero decirles que al final de mi periodo yo fui la única diputada de 84, que practicó el ejericio de rendir cuentas a sus votantes y a toda la gente, que por alguna razón, se relacionó con mi diputación esos 3 años.

Mi nota decía así:

DANDO PARTE A MIS AMIGOS

Deseo tomarme este momento, para agradecer su apoyo durante estos 3 años, que fui su voz en la Honorable Asamblea Legislativa. En este corto tiempo pude cumplir lo que prometí en mi campaña: "que con honestidad y el mayor espíritu de servicio iba a trabajar, sobre todo por la mujer y los niños". Introduje más de 63 piezas de correspondencia, todas importantes en su dimensión, pero...una sola golondrina no hace verano y, desgraciadamente nunca tuve el apoyo necesario de ningún partido político. Entre las más importantes: Liberación del Monopolio de venta y distribución de medicamentos 25/06/91; Reformas al Código de Menores y revisión completa de la Legislación relativa a los derechos del Niño 16/12/91; Solicitando igualar las vacaciones de los empleados públicos con la de la Empresa Privada 13/01/92; Moción para ratificar la Pena de Muerte14/05/92; Solicitud para que los no videntes puedan ejercer el sufragio 11/08/92; Apoyando reformas a la Constitución sobre administración de Justicia 10/10/93; Petición para que se forme una Comisión Legislativa para que se averigüe el robo y tráfico de niños 13/05/93, Petición al Código de trabajo a fin de que se haga cumplir las disposiciones referentes a la obligación que tienen las empresas privadas, como las entidades estatales de contratar personas con limitaciones físicas por cada 50 trabajadores que tengan a su servicio10/93... etc., etc.

Desempeñé el cargo de Relatora en la Comisión de Bienestar Público, porque desde ahí ejercí la defensa de las personas necesitadas. También como creo firmemente que el desarrollo de los pueblos llega hasta donde llega su cultura, desempeñé la Secretaría en la Comisión de Cultura y Educación. Pertenecí a la Comisión de Relaciones Exteriores e integración Centroamericana por mi experiencia como Cónsul General y mi pensamiento centroamericanista y fui la primera presidenta de la Comisión de la Familia, la Mujer y el Niño, cumpliendo mi ofrecimiento y luchando porque se alcanzara la mayor regulación jurídica en el país. El sueño se vio un poco plasmado con la aprobación del primer Código de Familia. Ha sido una experiencia agridulce, tal vez más agria que dulce. Aprendí mucho.

Capítulo XXIX

Pero, quiero decirle, que lo que aprendí y conocí es lo que ahora me preocupa: Como nación, no podemos seguir con partidos que no tengan capacidad organizativa, donde se carece de las bases fundamentales de la democracia, donde sus dirigentes son egoístas, formando argollas corruptas y corruptoras, y donde priva la sumisión a los grandes intereses para obtener un beneficio personal, y nunca a favor del bien común. La Cátedra política que se percibe, produce cólera, tristeza, indignación y frustración. Es mi experiencia, que estos politiqueros, nunca pensaron en el pueblo, solamente demagógicamente, nunca los vi pensar en Usted, en mí y en la familia salvadoreña. Si hubiese sido así, muchas iniciativas no se hubiesen mandado al archivo.

He visto tantas cosas en estos 3 años que a veces, uno se siente desanimado; pero sí es necesario, renovar las organizaciones políticas, se debe exigir un nuevo perfil del candidato y una nueva manera de seleccionar los candidatos dentro de los partidos. Les ruego que se pronuncien siempre en la forma en que crean conveniente, participando en todas las formas que puedan. Apoyando al honesto y castigando con el voto al corrupto. Debemos sacar de la ignorancia a nuestra gente. Los medios de comunicación están en la obligación de dar a conocer los temas e informar total e imparcialmente. Solamente con un pueblo educado y bien informado podemos alcanzar la Libertad, la Democracia y el Respeto a los Derechos Humanos. Me quiero despedir diciéndole que, me retiro con la satisfacción del deber cumplido, con la fe y el convencimiento absoluto de que lucha de las reivindicaciones sociales ha marcado en el reloj de nuestra historia, su punto de partida.

No se puede ir contra la naturaleza, no nos podemos oponer a la evolución social; aprendamos con Carl Sagan, su magistral llamamiento: "Si alguien está en desacuerdo contigo, por favor... déjalo vivir, pues no encontrarás a nadie igual en cien millones de galaxias".

Hasta luego, y que Dios le bendiga.

Esperando siempre su apoyo en Mujeres Activas Salvadoreñas MAS, en donde he sido electa Presidenta, y de donde seguiremos impulsando los mejores ideales en beneficio de la Familia Salvadoreña.
Lillian Díaz Sol

Diputada Propietaria
Asamblea Legislativa 1991-1994

Se termina el período de la diputación, me fui a continuar con PIGMALION, pues aun cuando estuve trabajando en la Asamblea Legislativa, siempre daba clases los días sábados, nada más que por seguridad, las impartía en el Hotel Siesta.
La diputación me había dejado un sabor agridulce, y lo expresé varias veces en entrevistas que me hicieron, pero si hay algo que aprendí, de todo lo que vi en la Asamblea Legislativa es que, "si queríamos salir adelante, como país, deberíamos de trabajar todos como un equipo con una sola meta: EL SALVADOR.

Cuando las circunstancias en mi diputación me llevaron a conocer a Gerson Martínez, le conté lo sucedido, es más, ya creo que se había dado cuenta, por los periódicos, lo que sucedía, ¡y él se extrañó mucho! No le veía sentido, pero eso mismo me llevó a empezar una relación con los ex comandantes guerrilleros, para probarles a los del PCN que no les había creído nada de todo lo que ellos me mandaban a decir o hacer para aniquilarme, de alguna manera.

De manera que, la amistad con algunos ex guerrilleros de la fracción del ERP y RN y con Gerson, continuaría.

En el mes de julio en la Zona Rosa, conozco a Juan Carlos Gonzalo, que luego me presentaría con Juan y luego con Miguel y luego con Pedro y más después con Joaquín y por último con Antonio, ¡todos de la sección política de la Embajada de España!

Capítulo XXX

EL EJE DEMOCRÁTICO

Después de salir de la diputación, desde el 15 de Noviembre de 1994, me dediqué completamente al EJE DEMOCRÁTICO; a mi iniciativa se formó este movimiento compuesto de un grupo diverso; algunos diputados, otros empresarios, otros políticos, había sindicalistas, intelectuales y militares. Era un proyecto bastante novedoso por la unión de ciudadanos independientes de su posición política, institucional o gremial. Todos estábamos en el afán de cambiar las estructuras obsoletas del país y modernizarlo.

El propósito era establecer un Foro, conjuntamente con los diferentes partidos políticos, siendo una organización pluralista conformada por diversas fuerzas políticas. Llegaban de todas las ideologías, sin importarnos si eran de izquierda o de derecha, porque esos términos eran trasnochados para entonces. Lo que importaba era que todos éramos salvadoreños y que teníamos que sacar al país adelante, porque lo que nos unía era EL SALVADOR.

Queríamos organizar a la Sociedad Civil, formando líderes capaces de ejercerse posteriormente como funcionarios honestos. Queríamos aportar soluciones de interés nacional, fomentar la estabilidad del país, así como la búsqueda e implementación de nuevas formas de ejercicio de la oposición política.

Parte de nuestra agenda nacional era la reactivación económica y el manejo cristalino de la gestión pública. Como contábamos con diputados de varias fracciones políticas, el EJE podría haber sido un apoyo para la Asamblea Legislativa. El EJE, del cual yo era su Presidenta, tenía bastante poder real que un partido político, por los integrantes del movimiento.

Propusimos, dentro de las reformas constitucionales y la administración de justicia, completar las reformas de la Constitución para la depuración del sistema legal del país, y lograr la creación de leyes que garantizaran la honestidad de la administración de justicia, que en ese momento ya era insostenible, ¿y ahora?

Respecto a la corrupción y delincuencia, el movimiento propuso concertar políticas referentes a las áreas de la Policía Nacional Civil, Fisco, Órgano Judicial, que permitieran el combate de los delitos, así como medidas de carácter coercitivo e instrumentos probatorios fidedignos.

La Propuesta del EJE DEMOCRÁTICO tenía como finalidad alcanzar un consenso constructivo entre distintas fuerzas y actores, que conformaban la sociedad salvadoreña, para lograr constituirse como base estable y pluralista dentro del proceso de transición.

Los temas de la Propuesta eran:

- **Reformas Constitucionales y Administración de Justicia.** Completar las reformas constitucionales necesarias para la depuración eficaz del sistema legal del país y lograr la creación de leyes, que garanticen el saneamiento, la imparcialidad y la honestidad de la administración de justicia.
- **Policía Nacional Civil.** Lograr que la Policía Nacional Civil cumpla plenamente con su función, buscándose el desarrollo profesional de la misma, en el marco estricto de la nueva y moderna doctrina de seguridad pública, para alcanzar niveles eficaces de protección ciudadana.
- **Sistema Tributario.** Estructurar un sistema tributario, moderno, eficiente y justo, que permita un control real y satisfactorio de la capacidad contributiva de todos los salvadoreños (personas naturales y jurídicas) en forma equitativa y al mismo tiempo, exhaustivo. Este sistema

debería volverse un instrumento eficaz en contra de las prácticas de la evasión fiscal.
- **Corrupción y Delincuencia.** Concertar políticas referentes a las áreas: Policía Nacional Civil, Fisco y Sistema de Justicia, que permitan combatir eficazmente la corrupción y la delincuencia, aplicando conjuntamente, medidas de carácter coercitivo, instrumentos probatorios fidedignos y logrando la credibilidad de los juicios de toda índole y niveles.
- **Fomento de Métodos Políticos Democráticos.** Alcanzar acuerdos políticos relativos al uso de las libertades democráticas, capaces de desarrollar en el pueblo, la confianza en la democracia real y en sus métodos. Evitar las acciones desestabilizadoras y la represión física o jurídica, logrando la creación de metodologías oportunas para ejercer presión social de carácter eminentemente legal, legítimo y pacífico.
- **Sistema Electoral.** Reformar el Sistema Electoral, en las áreas que lo necesiten, con el fin de garantizar procedimientos electorales fidedignos, confiables y democráticos.
- **Reinserción de los Desmovilizados de ambos bandos.** Consensar programas de mediano y largo plazo, que resuelvan válidamente la problemática de este sector social, para evitar riesgos de desestabilización del país.
- **Normación de la Concertación como Metodología Política.** Lograr la creación de normas, que establezcan la metodología de la CONCERTACIÓN, como instrumento de trabajo para definir las políticas sociales del país.
- **Modelo Económico.** Lograr, a través de la Concertación Nacional, la orientación de las políticas generales del modelo económico, que necesita el país, de cara a la integración regional y a la globalización.
- **Educación.** Participar con propuestas constructivas y viables, a la reestructuración de la educación nacional, en todos sus grados y aspectos, considerando, que el mediocre nivel de la educación en EL Salvador, constituye una de las causas más profundas y no superadas de

nuestro subdesarrollo. Dichas propuestas deberán ser adecuadas a la nueva etapa de paz y de democracia que vivía el país, y al mismo tiempo, deberían lograr convertirse en la base fundamental para la reconstrucción económica.

- **Ecología y Medio Ambiente.** Creación de un marco jurídico y de políticas ecológicas, que sirvan de base para un auténtico desarrollo sostenible.
- **Problemática Poblacional.** Alcanzar acuerdos para impulsar políticas de educación demográfica, que permitan a futuro, de cara al siglo XXI, estabilizar la situación poblacional de nuestro país, para lograr la viabilidad de los programas económicos y de desarrollo. Hemos sido los únicos en tocar este punto tan escabroso y que nadie desea tocar en El Salvador.

Esto era para sentar las bases de la nueva democracia que estábamos implantando en el país. Pero díganme, 20 años después, ¿qué hay de todo esto? Casi nada; en la depuración judicial, ¡nada! En la policía nacional Civil, ¡cada día se destapan más sorpresas! En el Sistema Tributario... ¡Tratan y nada! En la Corrupción y Delincuencia, ¡cada día va peor! ¿En el Fomento de los Métodos Políticos democráticos?... ¡No hay nada! Cada vez empeorando. ¿En el Sistema Electoral? un poquito, pero por los 4 Magistrados *cachimbones* de la Corte Suprema de Justicia; si no, ¡no hubiese nada! ¿De la inserción de los desmovilizados de ambos bandos? Por eso estamos como estamos; se cansaron de pedir sus derechos y nunca les resolvieron... Ahí andan muchos con los pandilleros.

¿En el modelo económico? No han llegado a nada y por eso hemos bajado nuestra productividad y hoy somos casi el último país de Centro América. ¿En Educación? Pusieron la carreta antes de los bueyes... dando uniformes y zapatos, en lugar de escuelas saludables, con agua, ¡y buenos maestros! O sea, construir la infraestructura primero. ¿En la ecología y medio ambiente? Con el nuevo y funesto sistema de la compra del gas... están talando y están cocinando con leña más gentes; me consta porque mi empleada lo hace y así muchas de sus vecinas. Además que ya

Capítulo XXX

teníamos nuestro medio ambiente, hecho nada con la desforestación, contaminación y erosión totalmente maltrechos; realmente El Salvador se va acabando. Y por último con el problema de la Población... pues si no han hecho nada nunca... Seguimos exportando gente al mundo y pronto, me contaron las malas lenguas, pondrán una *pupusería* salvadoreña en la Luna.

Hasta la fecha esta era la única propuesta de país, donde el tema poblacional era tocado y discutido, nunca he visto otro.
Esta propuesta para la Consolidación de la Democracia fue dada a conocer públicamente en diciembre de 1994.

Todo iba muy bien, mucha gente encontró al EJE como su lugar de expresión; pero un día, fuerzas extrañas llegaron a nuestra sede en la Sultana; diciendo que ya éramos muchos y no cabíamos allí, y que deberíamos tener otra infraestructura; llevándonos a otro lugar, donde había otra clase de gente, manipulando el movimiento; y en pocas palabras, nos lo quitaron, como lo quitan todo; en cuenta, recuerden que al chele D'Aubuisson le robaron el partido ARENA. Y mejor dicho, nos quitaron el Eje Democrático otros poderosos, ¡y ahí terminó todo!

Yo creo que siempre sucede así, siempre hay un vivo, que cuando ve algo ya hecho, que ya ha tomado forma, viene y, como tiene plata, se lo lleva... Pero la mística y todo el componente que hay en el grupo inicial... ¡se pierde!

Algunos de los participantes de Eje Democrático fueron: Carlos Roberto Bustamante, Eduardo Sancho, Mauricio Loucel, Roberto Américo Molina, Roberto Serrano, Leonardo Alfredo Mena, Jorge Martínez Menéndez, Héctor Ricardo Silva, Amanda Villatoro, Rafael Peña Marín, Marcelo Cruz Cruz, David Lazo Silva, Óscar Bonilla, German Schageter, Ana Guadalupe Martínez, Mariano Castro Morán, Alejandro Molina Márquez, Beatrice de Carrillo, Juan Ramón Medrano, José Luis Quan, Fidel Recinos, Lidia Ester de Avilés, Carlos A. Leiva, Francisco Mena Sandoval, Luis E. Méndez, Luis Alberto Gil Ponce, Joaquín Villalobos, Gral. Golche, Cnel. Lovo, Moisés Magaña, Roberto E. Cruz, Ramón Díaz Bach, Samuel Abarca, Benito Pineda, Juan José Melara,

Bernardo Amaya, Clelia de Amaya, Marta Molina, Antonio Velásquez, Max Brannon, Rómulo Marroquín, Yanira Cruz, José Vicente Lemus, Fernando Leiva, Walter Adalberto Morán Alvarado, Juan Antonio Alvarado Escobar, entre muchos otros.

Capítulo XXXI

Mujeres Activas Salvadoreñas – MAS

Siempre rodeada de mucha gente que deseaba colaborar y mejorar, de alguna forma, el país, nos reuníamos todos los domingos, en mi casa, donde había toda la infraestructura para manejar reuniones, con más de 20 personas. Unos llegaban porque en realidad querían trabajar, otros pudiesen que llegaran porque no tenían otra cosa mejor que hacer, muchos porque querían que se les tomara en cuenta, otros porque querían aportar algo, así pasamos muchos años.

Hubo denuncias que MUJERES O ESPOSOS pusieron por acoso sexual a las mujeres, sobre todo en la nueva Policía Nacional Civil, otras por maltrato; y así como ONG les fuimos ayudando a las mujeres que nos buscaban. Hicimos proyectos ecológicos en zonas del país que necesitaban que se les ayudara con la pureza del agua. Casi siempre la zona que trabajábamos fue la que me había tocado a mí trabajar cuando fui diputada, o sea la zona norte del Departamento de San Salvador, sobre todo, Apopa, Aguilares y El Paisnal.

Conscientes del problema demográfico, quisimos hacer un proyecto para practicarles la vasectomía a los hombres, ya que ellos son los que pueden embarazar a más mujeres; en cambio la mujer, solo pude quedar embarazada una vez, por lo menos, al año. Siempre creímos que ese era el razonamiento detrás del crecimiento desmesurado de la población salvadoreña.

Tenemos alrededor de 60 años, de estar recibiendo señales, de todas formas, de parte de las diferentes administraciones de los USA, en el sentido que El Salvador, debería controlar su población. Incluso se han gastado millones de dólares en programas de control de la natalidad, planificación familiar o profamilia, en sus diferentes nombres a través de los años. Desde entonces han pasado gobiernos del PRUD, PCN, DC, ARENA y FMLN; desgraciada-mente ninguno ha querido implementar una política seria de población, la cual ha crecido en 60 años descontroladamente.

Con un territorio pequeño y todos los problemas que hemos sufrido en los últimos 60 años, especialmente con la guerra civil, nuestro pueblo se vio en la necesidad de exportarse, ¿hacia dónde? A Canadá, Australia y a USA, principalmente. Ya 60 años antes, las proyecciones de los USA mostraban que a fines de siglo, la sobrepoblación de México y Centro América, especialmente la nuestra, por la rapidez del crecimiento y la pequeñez del territorio, iba a ser motivo de SEGURIDAD NACIONAL, para ellos y, por esa razón, 60 años antes ya nos estaban alertando sobre lo que ha llegado a ser nuestro problema #1.

Alrededor de 3 millones de salvadoreños han emigrado; pero a los ilegales que se fueron, pasando por las veredas e México, con destino a los USA, los están devolviendo del país del norte, y con toda razón: Primero, los USA son un país de inmigrantes legales. Segundo, ellos entraron y se encuentran ilegales. Tercero, los ilegales, toman ventaja de las prestaciones que corresponde a los ciudadanos estadounidenses y Cuarto, esa población no es de ellos, es nuestra. Por otro lado, de igual manera que El Salvador no admite a ciudadanos ilegales de otros países, así otros países, hacen lo mismo y hay que respetar la ley. Es más: los USA tienen un programa de cuotas para inmigrantes legales de cada continente. Actualmente, entró 1 millón de ciudadanos legales a los USA éste último año 2012, ¿se dan cuenta?

Los derechos humanos de estos salvadoreños fueron vulnerados desde que nuestros gobiernos los abandonaron y nuestros conductores incapaces, no quisieron asumir la responsabilidad que conlleva el cargo; el haber controlado la población salvadoreña, la cual, al no encontrar espacio en su propio país, tuvo que ir a buscarlo a uno ajeno.

Este problema de población, que ningún gobierno o

Capítulo XXXI

administración ha tomado en cuenta en sus planes, mucho menos en un Plan de Nación, el cual han rehusado implementar, es el que quieran o no, nos ha traído: el terrible incremento de las maras o pandillas, los robos, asesinatos, extorciones, violaciones, secuestros, prostitución, accidentes de autos, de una población poco educada y muchas veces alcoholizada o drogada. ¡Porque acá también está jugando un gran papel, la droga!

Siempre, hemos andado por ahí lloriqueando, los presidentes han ido a exigir a USA, ¿a exigir qué? Sobre todo cuando el Presidente Armando Calderón Sol fue a exigir a USA a que se quedaran los ilegales es ese país. No me explico cómo un Presidente puede exigir a otro, que haga algo ilegal, ya que los USA son un país de inmigrantes pero legales, y los inmigrantes ilegales están contra la ley. Los culpables de este problema son nuestros mismos gobernantes incapaces de tomar decisiones en beneficio de nuestro país. Nosotros los salvadoreños no tenemos ningún derecho de hacer o ir a deshacer, mucho menos exigir que se viole una ley en los USA.

Desde entonces están regresando cada mes cientos de salvadoreños, "Hermanos lejanos" les denominaron, pues últimamente no son tan lejanos, pues muchos ya están acá de vuelta. ¿Y qué les podemos ofrecer? No hay trabajo, no hay suficiente vivienda, no hay hospitales ni medicinas, sobre todo para los que vienen enfermos, muchos con SIDA, quienes solamente vienen a morirse a su país; no hay suficientes escuelas y universidades para sus hijos. Hay muchos que han tenido problemas raciales, cuando son hijos de padre o madre de la raza negra, y al llegar son discriminados en su propio país.

Por lo tanto nuestra seguridad se ha visto tremendamente amenazada, más de lo que ya ha estado y con todo lo que vemos diariamente en los noticieros y los periódicos. Pero, viendo todo esto, no ha habido nadie, con poder de decisión, que hable de una política seria de población, ¡que el país pide a gritos!

Con todo esto, también, no pudimos implementar este programa de vasectomía en los hombres, porque se opusieron grupos de todos colores, iglesias de todos los credos y muchas veces hasta las asociaciones de mujeres. Por lo tanto estamos como estamos, ¿Por ignorancia? ¿Por creencia? ¿Por tontos?

Llevamos a cabo una jornada de capacitación sobre la ley del menor infractor el 6 y 13 de octubre de 1996, en la Universidad Tecnológica de San Salvador. También el domingo 27 de octubre y el domingo 3 de noviembre de 1996 efectuamos la campaña de educación popular sobre la Ley del Menor Infractor.

Regalamos libros, cuadernos y lápices, que a la vez nos habían donado, para una escuela de Apopa.

También formamos un club de niños que jugaban football, y nuestra asociación, con donaciones de países amigos (especialmente España) les mandó a confeccionar los trajes que eran rojo y amarillo; además donaron los balones. O sea hacíamos nuestra labor social por la gente más desposeída. Les llevábamos piñatas y les hacíamos fiestas a las comunidades del norte del departamento de San Salvador.

Habíamos establecido un contacto con una ONG de Costa Rica, que nos había planteado hacer una alianza con nuestra ONG MAS, para ayudar a todos los excombatientes del conflicto armado, tanto de la guerrilla como de la Fuerza Armada, y entrenarlos en diferentes oficios, para que se pudiesen ganar la vida decentemente ya que lo único que podían hacer era apretar el gatillo y matar. Después de firmados los Acuerdos de Paz, esto era de extrema importancia, ya que toda esta gente quedaría desocuapada y se podían formar grupos de hombres que volvieran al mismo trabajo, cuando no encontraran otra forma de ganarse la vida.

En el mes de Noviembre de 1993, le enviamos una carta al Presidente Cristiani, silicitándole una audiencia. No fue hasta en Febrero que nos la concedió y muy agradecidos porque nos la había concedido, tal vez porque yo todavía era diputada.

Llegamos, a Casa Presidencial, un grupo muy selecto de MAS,

Capítulo XXXI

profesionales, hombres y mujeres, entregándole una carta, donde le pedíamos en comodato por 10 años, un cuartel, específicamente el de El Paraíso, Chalatenango. Explicandole que MAS con la ayuda de la ONG de Costa Rica, la cual iba a desembolsar todo el dinero necesario para llevar a cabo el proyecto de educar a los excombatientes, lo único que el país recipiente de la donación tenía que aportar, era la infraestructura, y ellos corrían con lo demás por su cuenta.

El proyecto consistía en darles clases de aritmética, contabilidad, gramática y valores durante la mañana, en la tarde pasaban a aprender los oficios varios: sastrería, carpintería, albañilería, aprender a conducir un vehículo, etc. Los sábados y domingos, iban a practicar deportes, como futbol, natación y podían tener intramuros con otros grupos. A mí se me ocurrió lo del cuartel de El Paraíso, pues tiene todo: aulas, dormitorios, baños, comedores, cancha de futbol, piscina, etc. y lo pedímos por 10 años en comodato porque la deuda social que teníamos que pagar era bastante grande.

La ONG de Costa Rica había hecho una encuesta, en 1993, donde más o menos los números eran los siguientes: casi medio millón de niños de 12 a 18 años, que tenían papá y mamá; alrededor de otro casi medio millón de niños de 12 a 18 años que solo tenía mamá, eran hogares jefados por una mujer; y otros casi medio millón de niños de 12 a 18 años que no tenían mamá ni papá, y estos últimos eran los de mayor riesgo. Entónces teníamos que comenzar por los niños del grupo de mayor riesgo, de 16 a 18 años, luego los de 14 a 16, y por último los de 12 a 14 años. Le explicamos todo muy bien al Presidente Cristiani, le ofrecímos el oro y los moros, si él nos daba ese permiso para obtener la infraestructura que nos pedían para poder llevar a cabo el proyecto social más audaz y necesario para nuestro país…

¡Y qué decepción cuando nos dijo que NO! Para mí era totalmente inaceptable, algo que yo lo veía como justo y necesario, ¿y que el Presidente nos dijera que no podía? Mi decepción fue tanta que hasta fui un poco malcriada con el Presiente, porque recuerdo haberle dicho: "Mire, Presidente, si hoy no nos da uno, mañana los vamos a quitar todos." Creánme que yo estaba indignada, no sé; pero yo sabía que si esto no se hacía la íbamos a pagar bien caro. ¡Y claro que lo hemos pagado bien caro! ¡Miren nomás las benditas maras!

Se pudiesen haber evitado, pero nadie quiso colaborar y hacer un esfuerzo y pagar esa deuda social; y que no digan que no tratamos... Porque acá tienen un ejemplo de que sí hubo gente que pensó en ayudar y solucionar el problema de tanto excombatiente joven, que deseaba tener un oficio para tener un trabajo, pero las altas autoridades no lo estimaron necesario, o no les convenía o sencillamente no quisieron ayudarles; hoy después de 20 años tenemos un gran problema que no hayamos cómo solucionar.

Así pasamos muchos años haciendo una labor social muy intensa, porque las bases las manteníamos, pero pronto pasamos a otra etapa, ¡con la que pensamos que íbamos a tener mejor suerte!

Cooperando siempre Benito Pineda, Celina Lindo, Sergio, Vicente, Fernando, y otros más.

Así terminó una etapa más, en la lucha por mejorar el país.

Capítulo XXXII

EL PD

¿Qué era el Partido Demócrata?

El Partido Demócrata no establecía distingos religiosos, sociales ni de sectores entre sus correligionarios y simpatizantes. Al partido podían pertenecer, ricos y pobres, civiles, militares y salvadoreños de cualquier credo religioso, sin importar si tuvieron o no participación en la guerra. Lo fundamental para los demócratas, es que todos estuviesen de acuerdo con los principios partidarios y en que la lucha del partido fuese para favorecer fundamentalmente a los salvadoreños más pobres, ya que en la superación de la pobreza y en la existencia de libertad e igualdad de oportunidades descansa el progreso de El Salvador como nación. Los demócratas consideraban que la política es para servir a la sociedad y no para servirse de ella. Eran una fuerza política abierta que consideraba que los hombres y mujeres para gobernar y asumir cargos públicos deben ser los mejores, estén o no dentro del partido.

Los demócratas rechazaban la idea de que ser Gobierno es imponerlo todo y, ser oposición no es estar en contra de todo. Para los demócratas lo más importante de todo son los salvadoreños y todo lo que puede beneficiarlos debe lograrse, no importa si se está en la oposición o en el gobierno. Los demócratas surgieron para fortalecer el equilibrio político nacional. La existencia de opciones viables con capacidad de competir electoralmente es fundamental para alcanzar la alternabilidad en el poder.

EL SALVADOR QUE QUERÍAMOS

Todos los salvadoreños tenemos ideales sobre cómo queremos que sea el país que les dejaremos a nuestros hijos. Los demócratas queríamos un El Salvador donde puedan vivir todos los salvadoreños, donde haya paz, justicia y oportunidades de progreso económico para todos. Los demócratas se regían por 8 ejes progra- máticos fundamentales:

1- Consolidación de la Democracia.
2- Desarrollo Social y erradicación de la pobreza.
3- Revolución Educativa, cualitativa y cuantitativa.
4- Promoción integral de la Mujer y de la Juventud.
5- Educación Demográfica
6- Recuperación y Desarrollo de nuestro Medio Ambiente
7- Consolidación de nuestra Cultura de Trabajo.
8- Integración Centroamericana e Inserción de El Salvador en la Economía Mundial.

Después de aquella primera reunión con Ana Guadalupe y Mena Sandoval, en mi casa, (cuando se cerró la puerta y nos quedamos afuera por un rato), pasaron algunos meses y nos volvimos a encontrar en el EJE DEMOCRÁTICO. A pesar del tiempo transcurrido, yo seguía pensando que no salíamos adelante si no era con el esfuerzo de todos. Yo pensé estar todos en un barco y que todos lo debíamos sacar adelante.

Pero hubo algo que me hizo, quizá pensar diferente de todo el mundo, especialmente de la mayoría de derechas; y que fue cuando incursioné en política, con todo lo que vi, oí y conocí durante mi diputación; y fue, que yo tenía clarísimo que los dos bandos habían hecho y deshecho, durante el conflicto; entonces, ¿no era mejor darle vuelta a la página y seguir adelante?... porque tal vez eso nos podía ayudar a trabajar unidos para consolidar la democracia en El Salvador, ¡lo más pronto posible!

Pero la mayoría de la gente de derecha, pensaba que solo la izquierda había matado, asesinando, secuestrado, destruido, etc. ¡y yo lo tenía claro! Los dos bandos hicieron lo mismo, entonces... Acordémonos que guerra es guerra; por eso es que cuando se declara una guerra hay que pensar las consecuencias terribles que ella nos va a dejar; entonces dije yo: Veamos el futuro, ¡veamos hacia adelante! Pero los salvadoreños y las salvadoreñas estaban

Capítulo XXXII

demasiado ideologizados... la guerra nos había dejado desgarrados y separados como familia, el tejido social había quedado roto, y desgraciadamente no pudimos hacer ese "clic"; fuimos pocos los que logramos, a pesar de todo, hacerlo; y claro, no acoger su ideología, pero aceptar trabajar juntos para sacar al país adelante, porque era necesario en esos momentos.

Hubo algo que me parece desastroso, después de la firma de los acuerdos de Paz: no hubo reconciliación; y no hubo reconciliación porque se ocultó la verdad; la verdadera verdad, y por lo tanto las familias se quedaron polarizadas, la sociedad salvadoreña entera se quedó polarizada, cada día que pasa se polariza más y es por lo que tenemos esta situación tan terrible de la que padecemos hasta el momento.

Cuando conocí a la gente del ERP, pensé que era una buena oportunidad para que ellos hicieran algo diferente, ya que era un grupo bastante inteligente y con pensamiento social demócrata. Tenían problemas con el FMLN, creo que nunca hubo una buena relación por ahí. Nos reuníamos para cambiar impresiones y siempre deseando hacer del "paisito", ¡algo mejor! Siempre me relacioné con Ana Guadalupe, con Eduardo Sancho, y me gustaba mucho la manera de pensar de Marcelo Cruz, andaba con la onda de empoderar a la Ciudadanía o al Ciudadano; no mucho la idea partidaria, sino la sociedad civil. ¡Hoy es el momento de entrarle a esa onda!

Unos meses después, ellos habían estado sumamente ocupados, unos eran diputados, otros trabajando por su cuenta y viendo cómo se integraban nuevamente a la sociedad, después de haber vivido por años en la montaña; lo cual, me di cuenta que no les fue fácil: la inserción para ellos fue bastante difícil.

Llegaron a contarme que se querían desligar del FMLN; que realmente no los aguantaban, que eran muy diferentes a ellos en su manera de pensar y que no podían seguir juntos. Pero naturalmente, les costó sudor, lágrimas y sangre todo el proceso de separación, según me contaron, ¡así es que llegó un día en que por fin lo lograron!

Entonces comenzaron a trabajar en hacer su propio partido político. Créame que a mí me encantaba ver como ellos estaban haciendo su propio instituto político. Había una gran emoción por llevarlo a buen término; tenían mucha pasión por ello, pensaron cada tema, creo yo, ¡cómo se piensa en un bebé que va a nacer! Cuando me preguntaban algo yo aportaba siempre creyendo que era algo de ellos, donde yo solamente era alguien que estaba solo viendo.

En julio de 1995 elaboraron un plan de organización del Partido para diseñar el cuerpo territorial a nivel nacional, el cual contemplaba 6 meses de ejecución: de septiembre del 95 a febrero del 96.

En agosto del 95 de creó la Comisión Ejecutiva de Organización provisional, integrada por 12 miembros, que estarían de enlace en los 14 departamentos.

En septiembre del 95, se programó realizar la Primera Asamblea Nacional, participando 113 líderes delegados de los 14 departamentos, creando las Comisiones Departamentales provisionales que estarían de enlace con la Comisión Ejecutiva de Organización.

En octubre 95, se llevaron a cabo las 14 Asambleas Departamentales con delegados municipales que integraron cada Departamento, con el propósito de elegir las comisiones provisionales que estarían de enlace con la Comisión Departamental.

En noviembre y diciembre del 95 se programaron las Primeras Convenciones Municipales, sobre la base de la aprobación de los Estatutos por parte del Tribunal Supremo Electoral.

En enero del 96, se celebraron las 14 Convenciones Departamenta-les, y en febrero del 96 de celebro la Primera Convención Nacional del Partido Demócrata.

Cuando ya llegó el día del lanzamiento del partido, yo les colaboré

Capítulo XXXII

consiguiendo el hotel, las flores, etc. pero siempre me consideré un *outsider*, pero sí les colaboraba en todo lo que les podía servir.

El lanzamiento era a las 5 de la tarde, y a medio día llegó Marcelo Cruz a mi casa; él vivía a dos cuadras de distancia, y me dijo que yo estaba en la Dirección... yo me quedé de cemento... y mi primea reacción fue ¡NO! ¿Cómo? yo no quiero pertenecer a ningún partido político, pero Marcelo me rogaba y me decía: es que tú eres de derecha y queremos que el partido sea de centro, con derecha e izquierda. No dejaba de gustarme el factor de que este partido tenía un rostro humano, capacidad, honestidad, por lo que tenía un gran reto adelante.

Me dijo que estaban en la Dirección 3 mujeres conmigo, y bueno me convenció; cuando pensé que tal vez se podía hacer algo bueno de ese partido, que tal vez podía, incluso sustituir al radical FMLN, y que un partido de centro, con izquierdas y derechas, era tal vez lo que necesitaba El Salvador, y que ARENA podía tener un buen contrincante con el Partido Demócrata, entonces me dije: hay que atreverse... por la Patria porque si no... ¡Después no nos quejemos!

Total es que sin saber mucho de nada, me atreví a presentarme con ellos en la Mesa de la Dirección, la tarde del lanzamiento. Recuerdo que había mucha gente, eran colas para poder entrar al Salón, me imagino que había despertado alguna clase de interés en muchísima gente, sobre todo la figura de Joaquín Villalobos, y la de muchos de ellos. Pero yo miraba que tenían buenas intenciones para con el país.

Roxana Lemus, la esposa de Joaquín le había trabajado un logo muy lindo, de un sol saliendo del mar, los colores eran amarillo azul y blanco, todo parecía estar bastante bien.

Hasta que llegó el momento de la negociación, que liderados por Joaquín, hizo el PD con ARENA en el Pacto de San Andrés. Creo que Joaquín vio la debilidad de ARENA, en el sentido de no tener nada que presentar al pueblo, en el primer año de la gestión del Presidente Armando Calderón Sol y este Pacto le daba un poco de reconocimiento ante la población e internacionalmente, y al PD le daba la oportunidad, si todo salía bien, de poder introducir las reformas que eran tan necesarias: las que se dejaron de hacer en los Acuerdos de Paz.

Lo que pedía el PD hacer conjuntamente con ARENA, era agilizar de alguna manera la democracia en el país. Desgraciadamente no hubo voluntad política de parte de ARENA y fue un completo fracaso ese Pacto, pero también el país fracasó, porque a los 20 años de ese hecho, tal vez haya algunos temas que se han tocado tímidamente, pero seguimos estancados como democracia.

Recuerdo que en los debates adentro en las bases del PD ese era el punto que más se debatía... ¿Y si ARENA no cumple? ¿Qué? ARENA tenía fama de que no cumplía sus pactos, así es que muchos se oponían a siquiera reunirse para pactar. Pero admiré el trabajo de Joaquín con las bases; venían de todo El Salvador, a las reuniones para convencerlos de firmar el Pacto. Porque esa era otra: todas las bases del partido deberían estar de acuerdo, y probablemente llegaban pensando no estar de acuerdo, pero Joaquín los convencía.

Se trabajó una agenda para desarrollar con las bases, una metodología y actividades para difundir lo que el Pacto significaba, ya que era un hecho político muy importante para darle continuidad al proceso democrático iniciado con los acuerdos de Chapultepec. Varios miembros de la Dirección también no estuvieron de acuerdo, pero al final se unieron; uno de ellos fue Leonel Gómez; él era enfático en decir que ARENA nos iba traicionar; ¿y luego qué?

Por mi amistad con Juan, político de la Embajada de España, hubo una reunión en el restaurant Madeira, para preguntarle a la Dirección y más que todo a Joaquín, si en realidad habría un Pacto con ARENA, ¿y si ARENA no cumplía qué? Joaquín le expuso a Juan los beneficios para el país si había Pacto, pero si había Pacto y ARENA no cumplía, ¡Joaquín creía que ARENA iba a ser la perjudicada!

Capítulo XXXII

Al final todos fuimos al Pacto, que se llevó a cabo el miércoles 31 de Mayo de 1995 a las 10 de la mañana, en el Sitio Arqueológico de San Andrés, con la participación de los tres Órganos del Estado, partidos políticos, Cuerpo Diplomático e Invitados especiales; pero nadie estaba seguro si iba a funcionar, y si el otro socio nos iba a defraudar. Se firmó el controvertido PACTO DE SAN ANDRÉS y ARENA obtuvo su propaganda, como que, a la vista de muchos areneros, les inyectó por lo menos ilusión... aunque a muchos otros, no les gustó para nada la acción. En estas cosas no puedes quedar bien con toda la gente, siempre están los radicales que se oponen a una acción de esta naturaleza.

Los Acuerdos de Chapultepec han permitido realizar las reformas políticas para la democracia en el país, desmantelando, en ese sentido, una base importante cual es la militar, que debe estar supeditada al Poder Civil. Con el Pacto de San Andrés la idea estratégica era pasar a profundizar el área social y económica. Aunque la idea fundamental era la de ir conformando un Pacto de Nación que le diera rumbo al país.

El FMLN consideró que el PD le estaba quitando protagonismo y les dijeron traidores y vendidos. Lo mismo hizo el Dr. Kirio Waldo Salgado y la Democracia Cristiana. Como esta acción del Pacto era muy audaz, sobre todo para ganar el centro político nacional, tenía muchos enemigos. La Convergencia Democrática, el Movimiento de Unidad y el PCN apoyaron el Pacto. Sin embargo al interior de ARENA creo más fisuras. Algunos sectores conservadores acusaron a Calderón Sol de "ingenuo" y dijeron que el gobierno se había "vendido por un plato de lentejas". La Empresa Privada reflejó la misma tendencia.

El punto débil fue el impuesto al valor agregado, el IVA. Los diputados del PD dieron su voto para aprobar el 13% del IVA; osea, del 10 pasamos al 13%; así es que fue un costo político muy fuerte, porque se vio afectada, tanto la base histórica como los sectores populares.

El Banco Mundial hizo relevancia de lo ineficiente que es la captación de este impuesto, el IVA. Los mecanismos de la implementación del Pacto no eran precisos y dependían mucho de la voluntad política del gobierno. La correlación de fuerzas del PD no era la mejor. El manejo que los medios que comunicación hicieron del Pacto fue: IVA A CAMBIO DE PACTO y los partidos le agregaron "más dinero", lo cual generó más confusión en los simpatizantes del PD. Todavía no estaba legalizado el Partido, por lo que algunos hasta dijeron que era parte del Pacto, ¡legalizarlo! El debate de la oposición en esta coyuntura, identificó al PD como un partido de Derechas, implementando el Plan Neoliberal en concordancia a los intereses del Banco Mundial y la burguesía especulativa de ARENA.

Bueno... ¡fue un desastre!

La Agenda inmediata del Pacto de San Andrés:

Se planteaban acciones inmediatas en doce áreas: el fortalecimiento del estado de derecho, el control de las operaciones del gobierno, el gasto público y su financiamiento, la reforma del sector público y las privatizaciones, fortalecimiento de la competencia, política agraria, el control de las organizaciones no gubernamentales (ONG's) la política laboral, seguridad social y pensiones, protección del medio ambiente, compromiso tributario y promoción internacional del país.

Creo yo que si hubiésemos cumplido con algunas de ellas, si no todas, estuviésemos hoy en día, ¡mejor!

Pues así como lo gritó, muchas veces, Leonel, en reuniones de Dirección, así como se lo cuestionó Juan a Joaquín y mucha gente... ¡ARENA no cumplió! Esto dio lugar a que en el PD se decepcionara mucha gente y se fuera, incluso yo; a los meses puse mi renuncia. ARENA siguió igual, riéndose sarcásticamente de haberle hecho una buena jugada a Joaquín Villalobos, pero El Salvador perdió porque todas las reformas, todo lo que se dejó de hacer en los Acuerdos de Paz firmados en Chapultepec, que se planteaba en el Pacto de San Andrés con el PD, no se llevó a cabo.

―――――― Capítulo XXXII ――――――

De manera que vamos tan despacio con implementar la democracia en el país, y no solo despacio, tan mal... porque tenemos una caricatura de democracia, y es peligroso que la población crea que así es la democracia... porque no la respeta ni la quiere... y aunque la Democracia no es perfecta, ¡es el mejor sistema que hay hasta el momento! NO hay otro, ¡mentira!

Un buen día, el 19 de junio de 1996, llevé una nota al PD:

Partido Demócrata
Presente
Atte.: Ana Guadalupe Martínez
      Presidenta

Estimados compañeros y compañeras:

He tenido noticias de que muy pronto se celebrará la Convención Nacional del Partido, por lo que he creído conveniente escribirles esta carta y comunicarles, oficialmente, que he decidido renunciar del partido. Lo hago porque creo que no le voy a poder dedicar todo el tiempo que se necesita, ya que tengo otros compromisos de índole profesional, de trabajo, económicos y, para serles franca, a éstas alturas ya pasó tanto tiempo, que me siento que ya no estoy interesada, como debería, en el proyecto que una vez todos nosotros deseamos construir.

Estén seguros que yo trataré de ser lo más discreta, acerca del tema, no es mi objetivo dañar nada ni a nadie; por lo tanto, también les quiero pedir a ustedes que manejen mi renuncia, si es que preguntasen, con tacto y sin publicidad.

Quiero que sepan que esto, de ninguna manera quiere decir que el cariño y respeto hacia ustedes, en especial a Ana Guadalupe, a Sonia, a Eduardo, a Marcelo y a Juan Ramón, termine, como dice el dicho: "muerto el padrino, se acabó el compadrazgo" ¡No! Al contrario, quiero que ustedes siempre vean en mí, a una persona que se trató de identificar con ustedes, ¡para poder lograr un cambio verdadero en este paisito que tanto queremos!

Les quiero desear a todos y a cada uno de ustedes, todo lo mejor, así como también al Partido Demócrata.

Su amiga de siempre,

Lillian Díaz Sol

Luego la leyeron en la Dirección, me contaron que, estaban agradecidos por la manera de cómo había renunciado del partido, calladamente sin mayor ruido, bueno, esa había sido mi intensión. Luego me di cuenta que se fue deshaciendo poco a poco y terminó de funcionar. Lástima grande porque era un gran esfuerzo, pero así son a veces los errores...
Con lo que quedó del PD, se quedó Jonás o sea Jorge Meléndez, y es lo que se llama el Partido Social Demócrata, que todavía no se ha podido inscribir, por la corrupción del TSE que no agiliza la inscipción de los partidos; pero ya desde ahí los están boicoteando por largo tiempo y por mucha plata hasta que, o desisten, o siguen y dan la pelea, ¡o hay un milagro!

Me quedé de amiga de Marcelo, siempre él, queriendo empoderar a la Sociedad Civil, pero tampoco se ha podido hacer algo con ello. La gente no está educada para fortalecer la sociedad civil. Hay que hacer un inmenso trabajo al respecto, pero es muy necesario hacerlo en el país. Hoy, con los grupos de jóvenes que han salido a defender la Democracia y la Constitución, me acuerdo de Marcelo. Veo, de vez en cuando a Eduardo Sancho; siempre me he preguntado cómo este muchacho pudo haber sido un guerrillero de montaña, francamente no me explico yo, pero él debe tener su explicación personal. Muchas veces me reuní con Leonel Gómez en su casa, con su chucho llamado Chucho, hasta que murió.

También tuve algunas reuniones con Oscar Bonilla, hasta que falleció. Cuando estábamos en lo mejor de reunirnos en Casa Presidencial, con los areneros, ya ultimando detalles, para llevar a cabo el Pacto, yo estaba sentada a la par de Armando Calderón y me preguntó: "¿cómo se llama aquel chelito que está allá?" Porque realmente Oscar había tenido una presencia muy buena en las reuniones. De ahí, al terminar el PD, Oscar fue llamado por el Presidente y le ofrecieron un alto cargo en Seguridad Pública. A Gina Cordón, nunca la volví a ver, a José Luis Quan pocas veces,

Capítulo XXXII

quien por cierto acaba de fallecer. A Rafael Peña Marín no lo volví a ver pero a su hermano Ramiro sí lo he vuelto a ver, siendo que fue compañero de mi primo Pepe Díaz Sol; le tengo mucho aprecio, los dos abogados, trabajaron en Sonsonate. Nunca volví a ver a Mauricio Cruz, a Oscar Ríos, a Jorge Pino, y a Eleuterio Cárcamo, tampoco.

CAPÍTULO XXXIII

¡EL VIAJE A LA ISLA MÁS BELLA QUE HAN VISTO MIS OJOS!

Mi hija Jamina, conoció una marca de productos naturales tanto de uso diario para la higiene, como sustanciadores de la vida y de la salud, llamada Neways; son unos productos completamente naturales, no tienen perfume, colorantes, ni preservantes, son buenísimos, y solamente duran 30 días; pero algo caros y nosotros en El Salvador todavía no tenemos la cultura de los productos saludables, sobre todo si son caros. Pero ella conoció a un alto ejecutivo de Neways que andaba buscando ir a Cuba para ver si en la Isla le hacían unos productos para la piel, ya que allí tienen mucha materia prima, como es la placenta humana. Pero por la Ley Hans-Burton de los USA, los norteamericanos no pueden ir a Cuba para hacer negocios, por lo que decidimos ir nosotros y averiguar si estarían interesados ellos en hacer los productos; además queríamos conocer la Isla.

Pero antes de decidirme, le tuve que hablar a Juan Albero, mi amigo de la embajada de España, que después de servir en El Salvador, su nuevo destino había sido Cuba, para averiguar si él podía llegar por nosotras al Aeropuerto y ayudarnos en algo, si se presentaba el caso. Por todo lo que habíamos oído, a mí me daba un poco de miedo; para mí era importante tener a alguien como Juan, porque me sentía protegida. Cuando estuve en la Asamblea Legislativa, tuve la oportunidad de presentar una pieza de correspondencia donde pedía el retiro de Fidel Castro, por una iniciativa de diputados venezolanos y que se hizo circular en todo el hemisferio, pidiéndole que renunciara a la dictadura de 34 años que mantenía en la Isla, y que permitiera elecciones libres y pluralistas, por lo que tenía razón sobrada de no sentirme cómoda en mi visita. Y es más: fui porque Juan se comprometió conmigo; si no, ¡no voy para nada!

Capítulo XXXIII

Efectivamente, primero nos reunimos con Jamina en México City, porque la Compañía NEWAYS tenía su base en Coyoacán; y de allí íbamos a llevar el producto para que lo conocieran los funcionarios de salud de Cuba.

Yo había comprado las visas en San Salvador y ya llevaba conmigo las dos visas compradas; creo que había pagado $35 por cada una. Cuando llegué a México estuvimos como 8 días en Coyoacán asistiendo a los seminarios y charlas de los diferentes productos, y luego, abordamos un avión de la Mexicana de Aviación para Cuba. Pero no me admitieron las visas que yo llevaba de El Salvador. Tuvimos que volver a comprar otras dos visas en la línea aérea, por más dinero del que había pagado en El Salvador. Como dicen, ya va la mejicanada, ¿verdad?

Antes de mi partida a México, le había comentado a Marcelo Cruz, que se me había presentado la oportunidad de viajar a Cuba, y que al fin la iba a conocer, ya que no había podido conocerla antes de que llegara Fidel; pero había oído hablar de ella, por amigas y amigos que tenía en Washington. Él muy amablemente me dio una carta de presentación para el Sr. Manuel Piñeiro, quien era el Segundo comandante después de Fidel, donde le aclaraba que yo era una persona de derechas, pero tenía una gran sensibilidad social, y estaba colaborando en el PD, etc. etc.

Fue un vuelo muy bonito, ya que fue en el mes de marzo, y al llegar, después de pasar por una migración horrible, donde el que te está viendo el pasaporte y te va a dar la entrada está arriba de ti, y tú lo estás viendo desde abajo en ángulo, nos dieron la orden de pasar. Caminamos un poco y al salir... ahí estaba Juan, cosa que celebramos y muy contentos nos fue a dejar al Hotel. Como nunca habíamos estado por esos lares, no sabíamos nada, nos habían vendido el alojamiento en el Hotel Capri, con una vista linda hacia el mar... nuestra recamara era la 1120 y entramos el 7 de Marzo de 1997. En la travesía del aeropuerto al Hotel, le contamos a Juan la razón de la visita a Cuba. Diciéndole también que portaba una carta para el Sr. Piñeiro. Juan que es un español simpatiquísimo y muy querido, nos dijo que me iba a ofrecer un cocktail en su casa, y que iba a invitar al Sr. Manuel Piñeiro. Esa oportunidad que le estaba proporcionando con mi llegada, de invitar a Piñeiro a su casa a un cocktail, le venía al dedo a Juan, ya que las relaciones entre España y Cuba, hacía unos meses que se habían deteriorado, por el problema de un español en la cárcel. Así es que esta era una magnífica oportunidad de Juan para reanudar sus relaciones, y para nosotras, que lo conociéramos y tal vez él nos podía ayudar a lo de los productos para la salud. Diciéndonos que en la noche nos iba a invitar a un Paladar, así le dicen en Cuba a los restaurantes.

Nos dejó en el hotel y se fue, nosotros subimos a nuestra recamara. Llegando con las maletas íbamos, cuando sonó el teléfono, al contestarlo era la voz de un hombre diciéndome que tenía que regresar al aeropuerto, porque bla, bla… inmediatamente me volví a comunicar con Juan y le conté lo sucedido, diciéndome que no me preocupara que él lo iba a arreglar. Efectivamente, ya no volvieron a molestarme.

Esa noche que salimos Juan, su esposa, Jamina y yo, nos dio un tour por toda la Habana, el Palacio de los Capitanes, la Catedral, ¡que todo eso es una belleza! ¡Cómo se ve que para los españoles Cuba era su consentida! La Isla es realmente como Colón y el Papa Juan Pablo II había dicho, ¡es la isla más bella que han visto tus ojos! Ese paladar al que fuimos esa noche, era quizás uno de los mejores, la comida era riquísima, y me sorprendió que solo hubiera 5 mesas y las vajillas aunque se veían muy antiguas y bellas eran una mezcla de varias vajillas, tanto de copas, de platos como de cubiertos, ¡era una mezcolanza! Diciéndonos, también, Juan, que no se podía llevar a cabo el cocktail en su casa al día siguiente como había sugerido, porque esa noche llegaba el Presidente Fujimori de Perú, para hablar con Fidel, sobre el problema de la toma de la embajada de Japón por Sendero Luminoso; pero que el Sr. Piñeira le había dicho que el día miércoles nos podíamos reunir.

Llegó el día miércoles y Juan llegó por nosotras al hotel. Nos dio buenos consejos, y también nos reímos mucho durante la travesía del hotel a su residencia. Al llegar, entramos y nos presentó a toda la gente que tenía invitada al cocktail, españolas casadas con cubanos y había una española María José casada con el Dr. Danilo Bartulin, chileno, ellos eran compadres de Fidel, y ella era la del negocio de las artesanías en todos los hoteles de Cuba. Diciéndome que no había podido contactarse con nadie de El Salvador para lo de las artesanías; me ofrecí entonces para enviarle una caja de diferentes artesanías para su conocimiento, y luego ella podía contactarse directamente con los productores para comprarles a ellos directamente, según ella lo considerara. A mí nunca me ha gustado el comercio, siempre les digo: a mí me gusta comprar pero no vender.

Al regresar a San Salvador, un día lo dediqué para ir a lugares donde venden artesanías y los señores y señoras me dieron unas muestras. Cuando ya tenía una caja algo grande, las arreglé todas y la mande vía Lacsa a María José, nunca llegó a su destino, en algún lugar se quedó, gasté tiempo y dinero, ¡y por más que quise averiguar no pude hacer nada! Solo en El Salvador sucede eso

Esa tarde, fui presentada con Piñeiro, él muy gentil, después de presentarle con unas bolsas de puro café salvadoreño y los mejores productos de salud de Neways, ¡sobre todo el de los hongos del Tíbet que da una energía increíbles! De repente, después de platicar un poco, y de leer la carta de Marcelo, ¡me extiende una invitación, increíble! Nos invita a Jamina y a mí a visitar el Comité Central, mañana, me dijo, a las 3 de la tarde.

Juan, nos alentó a que no perdiéramos esa oportunidad… si ni muchos cubanos han podido entrar allí y efectivamente, a las 3 de la tarde llegamos al Comité Central; entramos por una puerta de vidrio, solamente esperamos 2 minutos y nos pasaron a una sala, donde a los segundos, apareció un Sr. que era el que atendía El Salvador; su nombre, Elario Iglesias Pérer. Platicamos sobre las elecciones que ya venían en El Salvador, me preguntó que quién creía iba a ganar la Alcaldía de San Salvador, yo le dije que yo creía que el Dr. Héctor Silva, con quien había sido compañera en la Asamblea Legislativa. Me di cuenta que conocía mejor que yo El Salvador, y eso que conozco casi todos los lugares de mi país.

Nos atendieron muy, muy bien; apareció un joven de la raza negra, todo vestido de blanco, como mesero, hasta con guantes blancos... y rodando una mesita, de tiempos de María Kanika, donde llevaba las bebidas para servir, nos sirvió a cada uno un vaso de agua, un vaso de jugo de naranja y una demitasse de café cubano que parece esencia de café. Yo solamente pude tomar el agua y el jugo de naranja, pues café lo tenía prohibido, pero fui reprochada, un poco, por no tomarme el café cubano.

Bueno, pues nos hicieron la invitación de que escogiésemos a donde queríamos visitar, a donde nosotros quisiésemos, nos invitaron al lugar donde tienen a los niños de Chernóbil que estaban curando... en agradecimiento a Rusia, tienen hasta a los padres de esos niños, ahora adultos...

Conocimos al Lic. Tomás Hernández Triana, farmacéutico, quien era el que manejaba todas las farmacias cubanas, SERVIMED, del Grupo Cubanacan. Un muchacho delgado o mejor dicho flaco, que fumaba mucho y Jamina le dijo en un momento, ¿Tomás tiene su curriculum? Sí le contestó, y luego le dice Jamina, ¿Y lo tiene al día? Y le contesta Tomás, bueno, no he puesto todavía, como tres o cuatro doctorados... ¿se dan cuenta? Luego visitamos a su hermano, en otra oficina gubernamental, ¡otro genio!

Un día decidimos visitar los centros de salud que hay en cada manzana, muy bonitos, enfermeras y doctores jóvenes, que asisten a los que viven en las cuadras, alrededor de la manzana. Otro día decidimos visitar la oficina de Turismo y buscábamos a la "compañera Elba" de la Cámara de Comercio de Cuba, y a Miriam Martínez quien era la directora de Relaciones Internacionales, con quienes bromeábamos cuando las llamaba "compañeras", como ellas se llaman.

Cuba es algo digno de ir a visitar, ¡ahora, ya! Antes de que otra cosa suceda... porque es como estar viviendo en 6 décadas... ves desde carros, muebles y casas o edificios, de los años 50s, 60s, hasta computadoras y celulares del año, ¡al mismo tiempo! ¡Es una sensación fuera de órbita, realmente! ¡Creo que, lo que ves y sientes allí, no lo ves ni lo sientes en ningún lugar de la Tierra!

Estando en Cuba y dándome cuenta de algunas cosas, reflexionando, llegué a la conclusión que si los cubanos no hubiesen abandonado a Cuba, el régimen castrista no hubiese durado tanto tiempo. Toda esa gente que es funcionaria, esos jóvenes que son científicos, médicos, ingenieros, deportistas, etc. son hijos de campesinos, ellos nunca hubiesen llegado a ser lo que son, si no fuese por la revolución; ellos jamás van abandonar la revolución, porque ellos son la revolución. Sin la revolución de Fidel, ellos hubiesen seguido siendo mozos, sirvientes o proletarios... Ahora, gracias a la revolución ellos escalaron hasta llegar a ser lo que son. Inmediatamente pensé que, ¡nunca hay que abandonar la Patria! ¡Por ningún motivo!

Juan nos dio un tour por la zona que los españoles estaban restaurando, y lo estaban dejando completamente lindo, mejor de lo que probablemente fue. La bodeguita donde Hemingway llegaba a tomarse sus mojitos, y todas esos lugarcitos de por ahí eran completamente novedosos y preciosos.

Algo que me impresionó de los cubanos fue su falta de NO fanfarronear o querer aparentar... a ellos no les importa que tú te sientes en una silla vieja y destartalada de hace 80 años, todo a su alrededor lo ven natural... cosa que a nosotros, probablemente, nos hubiese apenado mucho, pero ellos lo ven natural, o sea que todavía se ve que no están infectados por el consumismo, ¿y cómo, pues? Si no hay mucho, no hay variedad, ¡no hay competencia! Lo que tienes eso es.

Una noche que llegamos un poco tarde al hotel, al ratito, comenzamos a oír como una fiesta en la calle, me imagino que bailaban; nosotras ya acostadas, solo oíamos las voces de las mujeres y hombres que cantaban. Y yo bastante apenada porque dije, Jamina se va a levantar enojada porque no la dejaron dormir. No sé qué horas eran, pero de repente se terminó la fiesta, se acabó la música y calladamente se fueron. Al día siguiente yo dije, bueno, vamos a ver con qué me sale Jamina... cual es mi gran susto que me dice: Mami, ¿no oyó anoche la serenata? ¡Qué linda la música y la mujer que cantaba que lindo cantaba! Wow, dije yo, ¡una nunca sabe! Claro que le dije que me había encantado oír esa música, era como que Olga Guillot estuviese cantando, era esa voz y esa clase de canciones...

Cuando nos movilizábamos en taxi, que a propósito, son bien caros, me gustaba ir escribiendo en una libreta todo lo que dicen las grandes pancartas, porque como no hay anuncios comerciales, pero sí hay los que dicen:

- *El Triunfo es de los que se sacrifican*. José Martí
- *Por la vida* NO AL BLOQUEO
- *Perseveremos y Venceremos*
- *Quien dice Educar ya dice Querer*
- *Esta noche 200 millones de niños dormirán en la calle, ninguno es cubano.*
- *Nuestra Libertad y Dignidad jamás serán compradas.*
- *Patria por encima de todo.*
- *Cuba, la Tierra de la Salud para Todos.*
- *¡Aquí el socialismo crece, vale, vive y triunfa!*

En 8 días, solamente una vez vimos a una mujer embarazada y nosotras preguntamos al taxista, por qué no habíamos visto más y su respuesta fue: ¡Ya cuando son doctoras o licenciadas no quieren tener muchos hijos!

Ves, dije yo, ¡cómo educación es la solución!

Jamina quería visitar un hogar de niños huérfanos, ella al país que va ha hecho exactamente lo mismo; así ha conocido los de Rusia, los de Romania, etc. Pues en Cuba fuimos a uno, nos encantó haber visitado a esos niños y niñas tan lindas y educaditas. Nos recitaron poemas, las maestras nos enseñaron todas las instalaciones, se veían pobres, no eran fantasiosas pero eran funcionales y eso sí bien ordenadas y limpias. Fuimos a la escuela de ballet, y compramos unas zapatillas de ballet, para la hija de una amiga mía. Visitamos un viejo hotel a la orilla del mar que es el que

Capítulo XXXIII

siempre salía en las películas americanas, estaba intacto como se ve en las películas de gánsters.

Fuimos a un hotel Meliá Coiba, ¡precioso! a la orilla del mar, e invitamos a una cubana que mi pariente Chema Monterey nos había recomendado. La llevamos a almorzar, y quiero decirles, nunca, en ninguna parte, ni siquiera en los barcos he visto un display del buffet más grandioso e increíble que en ese hotel... ¡Era algo que no lo podías creer! ¡Largo y grandísimo: había absolutamente de todo!

Se llegó el día de regresar y tomamos otro avión de Mexicana de Aviación para el DF, nos estuvimos otros cuantos días en Coyoacán, y luego partimos cada una, Jamina a Orlando, Florida donde era su casa y yo a San Salvador.

Hoy nos queda el recuerdo de una visita bonita y diferente.

Capítulo XXXIV

DE REPENTE SUFRO UNA TROMBOSIS

Ya tenía algunos días de sentirme decaída. Mientras estaba en casa de mi hermana Sara y Rodrigo, ellos habían viajado a Miami, en vías de salud. Sobre todo yo no había sentido deseos de salir y me había quedado en casa viendo tv porque realmente no sentía deseos ni de ir a visitar a nadie o comprar nada. Sobre todo sentía un gran dolor en la espalda como que me enterraban, en el pulmón, una estaca gruesa, no era ni delgada ni con filo sino gruesa.

Pero a mí como no me gustan las enfermedades, y siempre he tardado en ir a ver a los médicos, así es que esperé hasta que llegó mi hermana, fui por ellos al aeropuerto y cuando Sara me pregunto qué tal había estado, yo le contesté que bien, solamente que ese dolor de espalda me estaba matando. Me quedé ese día con ella en su casa y al día siguiente me fui a la mía.

El viernes, me llama Sara y me dice que si los puedo acompañar a comprar unas comidas que vendían ya empacadas al vacío; y fui con ellos, subí muchas gradas y cargue bolsas, luego llegamos a casa, cené con ellos y me pidió Sara que me quedara y que al día siguiente sábado me llevaría el motorista a mi casa, porque siendo sábado tenía que impartir las clases de la mañana y de la tarde.

Al día siguiente me levanté temprano, me bañé y me vestí; pero luego, luego, empecé a sentir un dolor inmenso en la pierna izquierda, pero como andaba con un traje de falda larga no había tenido el chance de verme las piernas. Era tal mi queja que en una las tantas carreras de mi hermana, que pasaba por mi dormitorio, me escucho los quejidos y me fue a ver y lo primero que me dijo es *subite* la falda, y cuando vimos la pierna estaba que parecía de elefante; inmediatamente le habló a un doctor que había conocido

Capítulo XXXIV

en casa de unos parientes y él me dijo que me tomara una aspirina inmediatamente y que me fuera al Seguro y él allá llegaría.

En el trayecto al Seguro, pasé a mi casa a traer los papeles y tarjetas y avisar a mi empleada que las clases quedaban suspendidas, y que avisara a las alumnas. Llegué a emergencias del MQ a las 8 de la mañana, y eran las 3 de la tarde y todavía no me habían podido poner un catéter para tomarme una radiografía donde iba a señalar dónde estaba el coágulo y de qué tamaño era. Al fin como a las 4 de la tarde, y después de que prácticamente todos los enfermeros y enfermeras habían tratado de introducirme la aguja, se pudo hacer en la vena de uno de mis pies e hicieron el examen. A las casi 6 de la tarde me llevaron a una sala del hospital, porque el sábado y el domingo queda en manos de practicantes o doctores que no tienen mucha experiencia, y había que esperar hasta el lunes, pero obviamente no podía ir a casa, tenía que quedarme hospitalizada.

Al día siguiente domingo, el doctor amigo llegó como a las 9 de la mañana, y de repente llegó un doctor preguntando por la señora que había llegado con un problema de trombosis y mi amigo le dijo que era yo; el doctor que acaba de llegar era el doctor Luis Cousin, muy conocido y excelente profesional, iba vestido con blue jeans y una camisita de cuadritos a colores porque iba para el mar, pero él iba a ver a otros pacientes que tenía, cuando en emergencias le dijeron de mi caso, así es que fue así como llegó donde yo me encontraba y mi amigo le mostró el cuadro con la radiografía.

Me dijo que me tenía que poner una sombrilla, que era como un colador para que el trombo si se desprendía no se me fuera al corazón o al cerebro y que a ver si había una de mi tamaño en el Seguro y que el procedimiento lo iba poder hacer hasta el lunes. Bueno yo solo decía que sí, ¿qué más podía decir? si yo no sabía nada, ni qué tenía, ni qué era una trombosis.

Cuál fue mi susto que como a las 12 del medio día una enfermera llega y me dice que el doctor me ha pedido y me tiene que preparar para el procedimiento; yo le contesté: "pero él me dijo que era hasta el lunes", pero algo pasó que era una verdadera emergencia. En ese preciso momento venía llegando mi mamá y Sara, mi hermana. Estando en la camilla me llevaron por unos pasillos y elevadores, hasta que fui a dar a una clínica donde el Dr. Cousin me iba a efectuar el procedimiento.

Cuando ya estaba lista, ya me había hecho las dos incisiones: en una iba la sombrilla y en otra me iban a poner un catéter para no estarme molestando tanto con el sangrado; pero a la verdadera hora, parece que no había regla con la que miden el ancho de la vena y el ancho de la sombrilla; y le pidió a la enfermera que le fuera a conseguir una, pero el doctor le dijo: "Señorita vaya y traiga una regla, como quien se quita una brasa", regresó a los minutos y se da cuenta el Dr. que estaba tan desgastada que no podía ver bien los milímetros, así es que le pidió a la enfermera ir nuevamente y le trajera una buena: "pero como quien se quita una brasa otra vez".

Al fin trajo una y me midieron, gracias a Dios que la única sombrilla que había en todo el hospital, era del tamaño que estaba buscando el doctor. Al final me dijo el Dr. Cousin que la sombrilla me la había puesto en una vena cerca del riñón porque era la única vena que quedaba apropiada para poner la sombrilla, pues en 24 horas el coágulo me había recorrido demasiado. O sea había caminado mucho y no había espacio.

Esa noche dormí ahí en un salón con 4 mujeres, pero en un espacio donde me tenían que estar vigilando. Llegó el lunes, y ya como que el hospital se normaliza con todos los doctores y personal de la semana. Inmediatamente me llevaron a la Sala de Cuidados Intermedios, al llegar, el Doctor Guillermo González García me dio todos los cuidados habidos y por haber, quiero agradecerle públicamente la manera tan profesional con que me atendió. Estuve en esa Sala casi 3 meses. Luego me vino la trombosis en la otra pierna, total que veraneé por 3 meses en ese lugar donde vi muchos morirse, el "Código1" lo llamaban por lo menos 3 veces al día.

En esos días se murieron todas las personas que se habían quemado en diciembre del año anterior, en una cohetería. Ya algunas les estaban aplicando la cirugía plástica, pero les fallaban los

CAPÍTULO XXXIV

pulmones del humo que habían inhalado... bueno, ¡mi estadía fue terrible! Ya que la muerte andaba jugando a cada momento por allí. Lo tremendo de todo era que yo estaba prácticamente bien de mi cabeza, me daba cuenta de todo lo que pasaba, no como la mayoría de los pacientes que se encontraban, en Intermedios, que estaban ya a punto de morir, totalmente inconscientes.

Yo gracias a Dios tenía mi celular y me podía comunicar con quien yo quería: mi hija me hablaba todos los días. Hubo un momento en que tuvimos que mandar a pedir una medicina a los Estados Unidos, a Jamina le tocó hacer todas las diligencias, desde comunicarse con Julio Astacio, casado con mi prima Marta, para que le facilitara la receta, hasta recibir la medicina en el aeropuerto de Orlando y llevarla a American Air Lines para que me la trajeran al aeropuerto de Comalapa. Y después mandarla a traer con el motorista al aeropuerto; sin embargo ya llegó tarde, era una medicina tan delicada que me la tenían que aplicar durante el día, cuando están los doctores verdaderos.

Así es que perdimos ese día, y hasta el día siguiente desde las 6 de la mañana me pusieron 1 catéter en cada uno de los pies y comenzaron a introducirme 5 centímetros cada hora. A las 6 de la tarde lo suspendieron porque no había habido la reacción que esperábamos y ya me estaba desangrando toda por todas partes. Mi hermana Sara angustiada, cada vez que veía como me estaba desangrando, pues los brazos, desde el hombro hasta los dedos de las manos, los tenía completamente morados casi negros.

Me habían corrido el rumor que probablemente iba a caminar con bastón y hasta en silla de ruedas, pero un día de mayo llegó el Doctor González y me dijo: levántese y camine... Yo me quedé de cemento, no sabía cómo levantarme y menos caminar, ¡me daba terror! Pero poco a poco lo fui haciendo, llevando puestas unas medias especiales para la circulación y naturalmente zapatos flat... parecía bailarina caminando por el salón... hasta que fui agarrando confianza, ya iba al baño a bañarme y de repente me dieron de alta, justo antes de mi cumpleaños.

Esta fue una gran experiencia, como ustedes se podrán imaginar, había estado en un lugar y por bastante tiempo viendo sufrir, y viendo la muerte tan de cerca, que era patético, pero al final había salido victoriosa, ¡y con una experiencia inimaginable! Y de eso se trata la vida de experiencias... la mejor escuela es la VIDA.

Me encantaban las visitas ya cuando estuve bien, pues en las primeras 6 semanas me sentía tan mal que si alguien votaba en el suelo un alfiler yo lo sentía como un golpe enorme en mi cabeza, no aguantaba los ruidos y casi no comí en las primeras semanas. Salí bien delgada, ¡sintiéndome de perlas!

Un día me hacen el examen de sangre, me lo hacían como tres veces al día, y luego veo que llegan nuevamente para hacérmelo; y les pregunté a las enfermeras qué pasaba y me dijeron que había salido con las plaquetas a 2 y por eso me lo tenían que repetir. Cuando pasó cerca un enfermero, lo llamé y le pregunté: mire, cuando uno tiene las plaquetas a 2, ¿qué quiere decir? Y me contesta: ¡Que ya está cerca de la tumba! Pero yo me sentía bien, y no podía estar cerca de la tumba si me sentía así. De manera que estuve esperando hasta que pude preguntar cómo había salido y me contaron entonces que lo habían confundido por eso había salido a 2, ¡pero yo estaba muy bien!

Mi hermana Sara y mi mamá que llegaban a verme cuando querían, y me llevaban cosas que necesitaba. Nuria Pacheco, mi prima, me llevaba un pureé de papas. ¡Delicioso! Mi tío Mario Pacheco también llegó a visitarme. Cuando Benito Pineda me fue a ver recuerdo sus palabras: No, no te vas a morir, ya verás... ¡Dios te va dejar para hacer cosas grandes! Quiero agradecer a todos los que me fueron a visitar en esos momentos angustiosos, les agradezco tanto su gesto, su tiempo y su cariño.

Y por último, quiero contarles qué fue y porqué me dio la trombosis. Mi ginecóloga que yo quiero mucho, porque me ha visto desde que regresé a El Salvador o probablemente antes, es la Dra. Delfina de Badía, ella siempre me advirtió que nunca me iba a dar hormonas porque no las necesitaba sencillamente y, siempre pasaba con ella para mis exámenes anuales, etc. Todavía sigue siendo mi doctora estrella. ¡La quiero y la respeto mucho!

Capítulo XXXIV

Después de que terminé mi tiempo en la Asamblea Legislativa, comencé a padecer de un dolor en la vejiga, e iba al baño a cada rato, era completamente molesto para mí en reuniones estarme levantando a cada rato. No era infección ni cosa que se parezca. Una vecina amiga, Lourdes de Padilla, al verme padecer tanto y sufrir mucho, me dijo que me iba a llevar donde su ginecólogo; solamente cuando estuve viviendo en Washington D.C., tuve a un doctor Internista o General, que era hombre, a mí me gustan más las ginecólogas mujeres, pero era tan terrible el sufrimiento que lo fui a ver y era un hombre. Lo primero que hizo fue recetarme las hormonas... así pasé casi dos años tomando las hormonas y fue cuando me dio la trombosis. Para mí fueron las hormonas... he leído, he conocido, he visto en la tv que las hormonas te pueden causar la trombosis.

Aunque todos los médicos que se reunieron para tratar mi caso llegaron a la conclusión que la trombosis me vino por herencia y que está en mi familia... un gen... Pero nadie más la ha tenido, solamente mi abuela paterna que se murió de flebitis. Nunca he sabido que alguien de la familia haya sufrido de trombosis, o de las venas o se le coagule la sangre. Así es que, así están las cosas. Yo estoy segura que fueron la cantidad enorme de hormonas que tenía mi cuerpo, lo cual hizo que se formara un trombo tan grande que comienza en el dedo gordo del pié y termina en la cadera, en la vena profunda de la extremidad inferior o sea la pierna izquierda. Además me comenzó como tromboembolismo pulmonar.

Yo siento que nunca he sufrido de una enfermedad común, normal, ¡no! Siempre ha sido algo raro:
- Mastoiditis de 2 años-
- Del Bazo de 5 años-
- El nervio simpático de 13 años-
- La vesícula de 33 años-
- Infección en la tiroides de 34-
- La trombosis de 61años-
- Las cuerdas vocales de 74 años...

Capítulo XXXV

Movimiento Liberal Barrios – MOLIBAR

Como vivía rodeada de mucha gente que estaba con las mismas inquietudes, y como dice el dicho "el niño llorón y la criada que lo pellizca"... bueno pues, comenzamos con una reunión a leer la vida del Capitán General Gerardo Barrios, a todos nos fue fascinando la idea de construir un movimiento alrededor de su pensamiento.

Efectivamente Juan Ángel Reyes, Benito Pineda, Carlos Posada, Celina Lindo, David Alvarado, Coronel Lovo, Roberto Bustamante, y hasta Max Brannon, entre otros muchos... comenzamos a formar el Movimiento Liberal Barrios MOLIBAR.

Formulamos los Fines y Objetivos y le dimos forma a una ONG que se llama: "Liberal Barrios". Estaba de Ministro del Interior, Marito Acosta y nos la aprobó de un día para otro, porque teníamos todos los requisitos en orden.

Los objetivos son: 1-Divulgar el mensaje y sacrificio del Capitán General Gerardo Barrios; 2-Velar porque el mensaje Barrista llegue a todas las personas; y 3-Promover con fuerza la integración centroamericana. Pero para llegar a consumar este Movimiento nos llevó alrededor de dos años de estudiar y reunirnos, planificar y diseñar todo el movimiento.

Hicimos una gran Ceremonia de Proclamación Oficial de la Asociación Liberal Barrios, así como la toma de posesión y juramentación de su Directorio, el día 11 de julio de 2001, de las 7 a las 9 de la noche, en el Salón El Salvador del hotel Radisson Plaza.

Los testigos de Honor fueron: Ministra de Educación, Dra. Evelyn Jacir de Lovo, Secretario General del SICA, Oscar Santamaría; Director de la Escuela Militar Cap. General Gerardo

Barrios, Coronel Luis Mario Aguilar Alfaro; Director Nacional de Concultura, Dr. Manuel Bonilla Alvarado; Presidente de la Asociación Cafetalera de El Salvador, Dr. Roberto Inclán; Presidente de la Asociación de Artesanos La Concordia, Dr. Mario Montesinos. Invitados de Honor El Cuerpo Diplomático.

Además del gran Acto, con un discurso Magistral sobre el Cap. General Gerardo Barrios que dicté como Presienta de la Asociación, pusimos un display de fotografías y artículos de Gerardo Barrios, con fotos de mi abuelo y bisabuela únicos sobrinos de Gerardo Barrios, y la foto de mi abuela, su sobrina nieta, ya que mi abuelo se casó con su sobrina Pepía Sol; también habíamos conseguido una pistola con su nombre grabado en ella; también una cigarrera de plata con su nombre Gerardo Barrios y otros artículos.

Fue realmente algo apoteósico y glorioso, luego se sirvió un cocktail, con la asistencia de cadetes de la Escuela Militar que engalanaron el ambiente, así como muchísimos invitados que realmente creían que nos estábamos constituyendo en partido político.

Directorio del MOLIBAR:

Presidenta:	Lillian Díaz Sol
Vicepresidente:	Gerardo Sol
Secretaria:	Celina de Pocceschi
Prosecretaria:	Claudia Cerritos
Tesorero:	David. F. Alvarado
Protesorera:	Gertrudis Vásquez
Síndicos:	Benito Pineda Scotto
	Lourdes de Padilla
Primer Vocal:	Cnel Héctor Lovo
Segundo Vocal:	Miriam Mixco
Tecer Vocal:	Ricardo Alfaro Sandoval
Cuarto Vocal:	Sebastián Sol
Asesores:	Ing. Gabriel Pons
	Cnel. Lic. e Ing. Roberto Molina
	Lic. José Ángel Reyes

CAPÍTULO XXXVI

SOLIDARIDAD, ORDEN Y LIBERTAD - SOL

Efectivamente, estábamos tan bien organizados que poco a poco nos entró el deseo de constituirnos en partido político y comenzamos manos a la obra. Se formó una directiva a la cual yo no pertenecía, pero sí ayudaba en todo lo que era la organización, así como las reuniones; siempre se hacían en mi oficina, aportando las bebidas y los bocadillos, papel computadora, copiadora, teléfono. El presidente del partido en formación Solidaridad Orden y Libertad (SOL) era David Alvarado, además había toda una Junta Directiva detrás de él.

Esta fue la estrategia diseñada para que no se tuviese contratiempo en el Tribunal Supremo Electoral, ya que Benito había trabajado en el TSE y conocía muy bien, las *intríngulis* dentro de dicha institución. Media vez quedara aprobado el partido, se iba a llamar a una Asamblea Nacional y se iba a instalar otra Junta Directiva. Ya con los verdaderos líderes del partido; porque si en el TSE miraban a los verdaderos líderes estábamos seguros que nunca nos lo iban a aprobar.

Como todo es al revés en nuestro país, el mandato del Tribunal Supremo Electoral es darle a los interesados la lista de los documentos que se necesitan para constituirse en partido político, y al tener todos los documentos en orden, el Tribunal debería inmediatamente aprobar esa organización, y allá, en la siguiente elección, que sea el pueblo quien decida si lo deja que continúe o no. Ese es su mandato. Aprobar los partidos políticos que así lo deseen. Pero, algunos funcionarios, como tienen una mente corrupta quieren ser ellos juez y parte, ellos aprueban con artimañas, los que no quieren. Y eso no debe ser así. Es al contrario: deben dar facilidades para que los que quieran constituirse en partido lo hagan, no debe haber las mil y una

Capítulo XXXVI

trabas que ponen acá. Porque entre más trabas ponen, se presta más a que ellos pidan "mordida" a que los partidos que quieren que los aprueben hagan TODO para lograrlo, y ahí viene la corrupción en cantidades inimaginables. Todo esto me lo contó David Alvarado quien era presidente del partido en formación, que SOL pagó dinero, especialmente al que en aquél tiempo fungía de secretario y recibía la documentación; ya que ellos viven, no del sueldo, si no de la mordida que piden a los agentes de los partidos y así los tienen por años. Pues eso mismo le pasó a SOL: nadie lo dice, porque todos tienen la cola pisada. Pero allí en el Tribunal Supremo Electoral, como en casi todas las dependencias del gobierno, hay una corrupción terrible, precisamente por eso, por tener tanta burocracia, con ella viene la mordida y luego la corrupción.

Se inventaron que el partido había presentado de 80,000 firmas, como 2,000 que, según ellos, eran *chabeleadas*... Eso era hasta denigrante decirlo, cuando se habían presentado tantos miles. Pues pedir esa cantidad de 80,000 ¡era hasta obsceno! Total es que después de tanto trabajo y tanto gasto y tanta mordida no se pudo inscribir; es más exhibieron a David Alvarado en los periódicos, quienes se prestan con la rapidez de un rayo a publicitar esta clase de noticias, y lo querían mandar preso a la cárcel, porque según el Tribunal había hecho fraude con lo de las firmas.

Así es que no tuvimos suerte en formar un partido político por los funcionarios corruptos y las instituciones, ¡que no ayudan a democratizar al país!

Capítulo XXXVII

El apoyo a los demócratas

Ya no hallábamos a quien apoyar; todos nos parecían incapaces y rapaces, así es que un día decidimos apoyar como grupo llamado **"Nueva Conciencia"** a los políticos de la Convergencia Democrática; iba el Dr. Héctor Silva de candidato a la Presidencia; yo le tenía admiración y respeto a Héctor, así es que tratamos de hacer una alianza con ellos para ayudarles a los quehaceres en la campaña y nos sentimos contentos de haber participado con ellos, sin ningún interés, solamente en ayudar a que llegara una persona que nosotros considerábamos apta, responsable, honrada, trabajadora y capaz para que nos condujera como país hacia la democracia, la libertad y los derechos humanos.

Lamentablemente el pueblo no comprendió y ganó alguien más.

Me encontraba con mis clases en PIGMALION y la Procuradora de Derechos Humanos Beatrice de Carrillo, buena amiga, me había considerado para que le asistiera en la Unidad de Eventos y Protocolo de la Procuraduría. A ella le gustaban las cosas bien hechas, y como deben ser protocolariamente y naturalmente siendo la jefa, era exigente!

Gracias a ella llegué a desempeñar por algunos meses ese trabajo tan bonito y aprendí mucho, teniendo buenos recuerdos de esos meses, sobre todo en el aspecto humano; conocí tanta gente que trabajaba allí, tan linda y entregada que siempre los y las recuerdo con mucho cariño. Con algunas de ellas todavía nos comunicamos por internet. Blanca Estela, Heidi Brizuela, Licenciada Caballero y otras personas.

Capítulo XXXVII

Desarrollé y ayudé a planificar y llevar a buen fín, los grandes eventos que Beatrice, solía llevar a cabo por esos tiempos. Además salíamos al interior hacer capacitaciones al personal de las Procuradurías de Derechos Humanos de los otros Departamentos. Le redacté 3 manuales para diferentes sectores del personal, de cómo comportarse, desde imagen personal hasta etiqueta. También solía bajar a recibir a las personalidades que la visitaban y los conducía hasta el salón especial donde ella recibía a los VIPs; ya les teníamos preparado algo de tomar, como agua café o té y les hacía un poquito de conversación mientras ella entraba al salón. Teníamos bien mantenido un protocolo que seguir, para todos los eventos que ella llevaba a cabo, siempre con la misma exigencia característica de ella.

También teníamos la Mesa Permanente sobre La Mujer, por lo menos 1 vez a la semana, donde asistíamos no solamente las mujeres que formaban parte permanente de la Mesa; sino también ofrecíamos seminarios, charlas e invitábamos asesores para que nos ilustraran sobre diversos temas, además teníamos invitadas especiales.

Me encontraba pues, trabajando en la Procu, cuando recibí una llamada de quien era Canciller en ese momento, Panchito Laínez, sobre mi nombramiento en la Embajada de Panamá.

Capítulo XXXVIII

Tony corre para Presidente por ARENA

Tony Saca está casado con una prima, Ana Ligia Mixco Sol, su mamá Ana María Sol de Mixco es prima hermana de mi papá. Asistí a la boda de ellos hace algunos años y desde entonces conocí a Tony; recuerdo que hacían una pareja muy linda: él moreno, pelo negro, ojos oscuros y ella rubia, ojos azules y blanca, ¡era una pareja realmente singular!

Muchas veces en fiestas de familia, nos habíamos encontrado y hasta discutido, como cuando él era Presidente de ASDER... y yo le reclamé que por qué cuando el Presidente de la República hablaba, que en ese entonces era Armando Calderón Sol, nos encadenaban a todos hasta los que estábamos viendo el cable, y que yo creía que eso era antidemocrático: Que el Presidente debería de hablar y el que lo quiera escuchar que lo sintonice y el que no, pues no. ¡Pero no hacerlo compulsivo porque eso era propio de los dictadores! Él naturalmente no estaba de acuerdo conmigo, ¿ven? La mayoría de los salvadoreños no tienen educación democrática, todo lo quieren hacer a la fuerza, esa es nuestra cultura... todavía tenemos residuos del autoritarismo.

Así es que en esa oportunidad tuvimos un zipi-zape, los dos, pero nada que nos pudiese apartar, después de todo, pertenecemos a una familia. Luego de la desdichada muerte de Archie Baldochi, quien era el candidato de ARENA para Presidente 2004-2009, ARENA se vio obligada a escoger a otro candidato con urgencia. Después de ver ciertas encuestas, se dieron cuenta en la dirigencia, o COENA que Tony tenía una muy buena aceptación a nivel popular y nacional y así fue como lo eligieron candidato de ARENA para ese período presidencial 2004-2009.

Capítulo XXXVIII

Este periodo que venía era muy difícil, pues aparentemente el pueblo ya estaba cansado de 3 períodos de ARENA y francamente solo una persona con gran carisma y con cierto matiz de compasión podía ganar, gracias a Dios Tony tenía esas cualidades y ganó.

Aparentemente yo era la única de la familia, que como no pertenecía al partido ARENA, yo solamente he pertenecido al PCN, desde 1968, y luego al PD en 1994, no estaba trabajando para su elección. Así es que mi tío y primo Gerardo Sol, conspiró con un amigo mutuo Niki, de recogerme de la Embajada norteamericana, donde yo había ido a cumplir una cita con un amigo, y llevarme directamente a Atiquizaya, Ahuachapán, donde Tony iba a tener un mitin político y donde toda la familia naturalmente iba a estar presente.

Al principio iba engañada, pero Niki me fue platicando y cuando llegamos a nuestro destino que era Atiquizaya, estuvimos muy contentos y solamente por Tony me puse el chaleco de ARENA diciendo lo siguiente cuando me llamaron al pódium:

Amigos todos...

Los ríos pasan por muchos espacios... antes de llegar al mar... creo, que en estos momentos me considero que he llegado a donde pertenecen mi familia y mis mejores amigos.... Por ello es que me siento contenta de estar acá con Uds. con la gente de ARENA, que es conducida hoy, por un hombre joven... con principios de familia.... de Patria y de Dios.... Y que, estoy segura que con el esfuerzo de todos y la ayuda de Dios... no solo será triunfador en las elecciones del 21 de marzo, sino, que conducirá a nuestro País y a los salvadoreños por senderos de Paz... Libertad... y muy especialmente con un rostro humano y unas manos dispuestas a mitigar el dolor y a prodigar el bien común. ¡Viva Tony!

Después de esto, cuando me llamaba Gerardo para ir a algún lugar del país en caravana, también les acompañaba yo. Así fui a Chalatenango donde mi amiga querida Silvia Aguilar, nos atendió con un almuerzo súper exquisito con camarones y todo lo demás. También fuimos a una hacienda y luego fuimos a un almuerzo a la

Carrera o mejor dicho a lo que fue la Carrera de Juan Wrigth. También les acompañé a Ahuachapán donde me quebré el dedo largo del pie, cuando el policía por poner unas barricadas de hierro me cayó una encima en el pié izquierdo, y me lo quebró y me quedó pando el resto de mi vida. Desde entonces ya los zapatos #7 no me quedan y tengo un problema con los zapatos; un pié es # 7 y el otro es # 7 ½; eso me quedó de recuerdo de la campaña de Tony.

Continuaba trabajando en la Unidad de Protocolo de la Procuradu-ría de los Derechos Humanos, cuando me animaron a que le enviara a Tony un dossier de mi trabajo como Cónsul en New Orleans, ya Tony de Presidente y Panchito Laínez de Canciller. Cada 10 años, como que siento que necesito cambiar de estaca, o como Celina, mi amiga, me decía: solo podes aguantar vivir en El Salvador hasta 10 años seguidos, después necesitas tener un descanso e ir a vivir a otro país, porque te ahoga.

Cuando un inesperado día del mes de Noviembre, me llamó Panchito para decirme que había sido aprobado por la Asamblea Legislativa una posición de Consejero Comercial en la Embajada de El Salvador en Panamá, ya que todos los países con los que tenemos un TLC necesita un Consejero Comercial para implementar más las relaciones comerciales, y que me estaban enviando para allá. Llegó el mes de diciembre, nos reunimos varias veces con Gerardo que estaba de embajador en Nicaragua, pero precisamente en esos meses lo habían cambiado a Panamá, y un día le pregunté que, qué le parecía si yo llegaba por allá por Panamá, a la embajada a trabajar, y él encantado me dijo que muy bien, y realmente creo que lo significó.

Capítulo XXXIX

El Regreso al Servicio Exterior

Llegó el nuevo año 2006, y me tenía que ir a Panamá en febrero. Preparé todo para salir, pero tuve una gripe o algo raro que me dejó sin hablar por unas semanas; tenía un problema con las cuerdas vocales y no podía hablar, así es que no me fui para los carnavales. De todas maneras hay vacaciones y cierran absolutamente todo para esa fecha. Llegué cuando ya podía hablar y habían terminado los carnavales. Total que no iba a llegar a un lugar y a un trabajo nuevo, sobre todo ese, donde se tiene que conocer a tanta gente nueva, sin poder hablar; por lo que esperé unas semanas y salí para Panamá el viernes 17 del mes de marzo de 2006.

De casualidad había conocido, en un evento de la Procuraduría de Derechos Humanos al embajador Edgard Spence. Cuando le volví a ver, le comuniqué que me había nombrado el Presidente Saca, para la embajada de El Salvador en Panamá; él estaba encantado que yo fuera para su país. Su esposa Itza, es una mujer encantadora, muy profesional y política también, trabaja mucho para su partido el PDR fundado por el General Omar Torrijos, y en esta ocasión su hijo, Martín, era el Presidente de Panamá; ellos (Edgar e Itza) muy amablemente me invitaron a cenar para poderme orientar y aconsejar acerca de Panamá y les agradezco un mundo, ¡que me hayan orientado tan bien!

Mi avión de Copa llegó a las 6 de la tarde y el Embajador Sol había enviado a encontrarme en el Aeropuerto, al Lic. Melvin Guerra, quien era Ministro Consejero de la embajada, con instrucciones de llevarme a la residencia del embajador.

Me recibió con vino y una pequeña reunión, donde se encontraba Jorge Dheming, un compañero de tanda del embajador, y su hija

Jeny Dheming. Al día siguiente sábado fuimos a visitar el Cerro Azul un lugar bellísimo donde había un restaurant que al embajador Sol le gustaba mucho; y la comida era muy sabrosa, hecha por un árabe. El día domingo fuimos al Canal y almorzamos en el restaurant viendo pasar los barcos. Conocimos, pasando sobre ellos, los Puentes El Milenio y el de Las Américas. Al día siguiente llegó Cecilia Qvistgaard que es corredora de bienes raíces, para mostrarme apartamentos y escoger el que más me acomodaba para vivir.

¡Y así regresé nuevamente al Servicio Exterior!

Salí con Cecilia a ver algunos apartamentos, pero cuando vi que todos eran entre los 20 y tantos pisos para arriba y para abajo, empecé a tener cierto temor por los terremotos. Al regreso, Jorge me hizo una propuesta... como la residencia del embajador era bien grande, tenía un jardín inmenso, piscina, como 5 dormitorios y sus respectivos baños, y me dio la idea de por qué no me quedaba en la casa del embajador, mientras me adaptaba a la ciudad, al trabajo y a la nueva vida y después con el tiempo podía decidir ir a otro lado.

Efectivamente hablé con el embajador y ya estaba de acuerdo en que me quedara allí, me dio un dormitorio con su baño, eran amplios y tenía dos camas individuales y una mesa de noche entre las dos camas. Mi contribución, como me dijo el embajador Sol, serían $500.00 al mes. Yo encantada de estar un poco arropada por él. Nunca me dio ni llave de la casa, ni llave de mi dormitorio. Pero siempre salíamos e íbamos a todas partes juntos.

El lunes al llegar al lugar donde se encontraban las oficinas de la Embajada y Consulado, el embajador fue muy cordial, me presentó con el personal, hizo una reunión en la Sala de Reuniones, y con mi curriculum en la mano me presentó. Estaba el Ministro Consejero que era el Lic. Melvin Guerra, el Cónsul que era el Lic. Julio Ramos Chorro, la asistente del Consulado una señora que tenía como 22 años de trabajar allí, muy profesional y conocía a todos los salvadoreños residentes en Panamá, la Lic. Cristina Osorio; luego estaba la Secretaria de la Embajada, que había llegado hacía unos

CAPÍTULO XXXIX

pocos años de la Cancillería, la señora Edelmira Pérez, el embajador y yo. Esos éramos todos. Además estaba el motorista que era un buen muchacho, educado, respetuoso, disciplinado y podía hacer de todo y conocía todo el que hacer de la embajada, Roberto, que había llegado refugiado en los años 80s y se había casado con panameña y tenía una hijita y un hijito. También estaba Carmencita, una salvadoreña que hacía la limpieza, muy buena y tenía todo nítido.

Quiero contarles que cuando yo llegué ya no había espacio para mí, donde se encontraban las oficinas de la embajada y consulado. En ese edificio nuevo y moderno, rentaban por metro cuadrado, así es que el espacio era muy reducido tenía todo, pero yo era extra; así es que tuvimos que rediseñar la secretaría y yo pasé a ocupar ese espacio y la secretaría la trasladamos a una esquina del pasillo, pero se miraba bien, no distorsionaba: ¡realmente no se veía mal!

Como no tenía ni escritorio, el día 20 pidieron la cotización y ya como el 24 me lo llevaron y no me cupo en mi espacio; tuve que cambiarlo por el del Ministro Consejero. Todo este tiempo había tenido mi oficina en el Salón de Conferencias, acomodándome en la mesa de conferencias.

El viernes 24 de marzo llegaron a la residencia hacerme una entrevista de canal 21, la cual nunca tuve el gusto de ver. Pero se trataba de hablar de mi país con un poco de propaganda para El Salvador, hablando del turismo y de los platillos típicos, etc.

Así fue pasando el tiempo. El embajador fue muy bondadoso conmigo, como él era soltero, para los asuntos de protocolo en invitaciones con señora, etc él me invitaba a que lo acompañara. Así es que seguimos el trajín que teníamos acá en El Salvador, ¡que íbamos juntos a casi todas partes! Pero a la vez era algo penoso para mí, pues yo conozco de protocolo diplomático, ¡y francamente eso no está bien visto! Que una Consejera socialice con los embajadores y sus esposas, pues toda esa gente es bien celosa de los rangos, y así debe ser, sobre todo los embajadores de Carrera, ellos son todavía más estrictos; pero en Panamá lo aceptaban porque Gerardo era mi tío y mi primo, había un vínculo familiar, no era una funcionaria cualquiera.

De esa manera resultó, que mi círculo era con los embajadores y sus esposas y raramente con los Consejeros y Consejeras de las embaja-das. Pero yo creo haber cumplido con todas las normas de la etique-ta, del vestuario, del comportamiento, etc. así es que jamás me sentí rechazada o mal vista; siempre me aceptaron de una manera espontánea, cordial, amable, hasta cariñosa, con muchos de los embajadores y sus esposas.

Eso sí, mis días de trabajo eran muy largos. ¿Por qué? Porque tenía dos sombreros que lucir: de 8:30 de la mañana hasta las 6 de la tarde trabajaba en la Embajada como Consejera Comercial; almorzaba allí en mi escritorio o en la cocina. Y luego, a las 6 de la tarde, caminaba 4 cuadras hacia mi apartamento a bañarme, vestirme y arreglarme, porque el embajador pasaba por mí a las 6:30 o 7 de la noche, dependiendo de la hora señalada en la invitación, para que le acompañara a celebrar el día nacional de tal país con un cocktail, cena o evento.

Regresaba a mi apartamento, lo más temprano a las 8 de la noche y lo más tarde a las 12 de la noche. Así es que después de algún tiempo realmente me sentía un poco cansada de este trajín tan tremendo, pues todos los días había algo al que no podíamos dejar de asistir. Varias veces hasta 3 eventos o más diarios. Panamá está en un franco desarrollo y están sucediendo muchos eventos a la vez. Muchas veces que el embajador no tenía deseos de ir, por alguna razón, me mandaba a representarlo… así es que siempre tenía dos trabajos; es muy bonito al principio, pero no deja de cansarte, sobre todo mi edad.

Parece que solo yo podía hablar el inglés; así es que en muchas ocasiones, aunque a veces eran asuntos consulares y yo trabajaba para la embajada, solía solventar problemas del consulado, lo cual no dejaba de irritar al Sr. Embajador; pero las asistentes me llamaban a mí cuando veían alguna necesidad de mis servicios con el idioma inglés y yo sentía que no podía negarme.

Capítulo XXXIX

Así sucedió una vez, que llegó una señorita llamada Soledad con su novio Jeff, un norteamericano; ella deseaba obtener su pasaporte salvadoreño porque se iba a casar con el joven y se la iba a llevar a ella, así como a sus dos hijitas, a New Hampshire, USA. Cristina que era quien estaba en la Recepción, me decía que ella no era salvadoreña, ya había llegado otras veces y a pesar de que tenía su carnet de entrada a Panamá cuando tenía 4 años, Soledad tenía un acento como de colombiana y no le querían permitir ni que ella probara ser salvadoreña; lo mismo decía Edelmira, ambas asistentes se empeñaban en que Soledad no era salvadoreña.

Esta vez llegó con el norteamericano y él pidió hablar con alguien que hablara inglés, y así fue como yo fui involucrada en este caso. Me pide Cristina ayuda por teléfono, voy a la Recepción y le pregunté a Soledad si se acuerda adónde nació en El Salvador; le muestro un mapa de El Salvador, y comienzo a preguntarle, ¿has oído de San Miguel?, ¿La Unión?, ella solamente tenía 4 años cuando salió de El Salvador, el papá se regresó al país y no tuvo más contacto con él, y la mamá con el tiempo se perdió y ella nunca supo de donde era, solamente que era salvadoreña porque el carnet de refugiada lo decía.

De repente ella me dijo, recuerdo algo como popa....¡ah! dije, Apopa, algo así! me dijo ella, bueno le pedí su fecha de nacimiento, y los nombres de los papás, le envié un correo a Miriam Mixco que estaba de Directora del RNPN contándole la historia y a la media hora, ¡tenía el certificado de nacimiento de Soledad! ¡Era salvadoreña! Le arreglé para que se fuera a El Salvador con Jeff a sacar su DUI y luego su pasaporte, con la secretaria de Miriam. Tomaron el avión, se fueron, llegaron, sacaron el DUI, el pasaporte, mientras turisteaban en Coatepeque con un taxista que les conseguí en El Salvador, el querido Carlitos, felices regresaron, se casaron y se fueron para USA.

Nunca hubiese tenido paz, si por mi culpa, por no tener un poco de voluntad y espíritu de servicio, esta salvadoreña hubiese perdido la oportunidad, ella con sus dos hijitas de poder vivir en los USA, en una casa construida especialmente para ella, con dormitorios para cada una de sus hijitas, con un Porsche en el garaje solamente para ella, etc. Coartarles la oportunidad a ellas de ser felices... ¡No! ¡Jamás! Nunca hubiese podido hacer eso.

Ese día recibí un ramo de rosas color naranja, ¡tan bellas! Lo más chistoso es que medio recuerdo haberlas visto, pues en ese momento salió el Embajador Sol de su despacho, e inmediatamente me las pidió para enviárselas a la embajadora de Colombia que le había invitado a una cena. De manera que ni las disfruté, pero en realidad así era el ambiente en la embajada. Tambien, no estaban muy contentos de que yo me había "metido" a arreglar un asunto del Consulado, "yo no tenía nada que andar haciendo allí".

Casi siempre las reuniones del GRUCA se llevaban a cabo en la embajada salvadoreña, porque teníamos unas instalaciones bastante presentables, y el embajador era también muy amistoso y ponía a la orden, para los demás embajadores del área centroamericana, República Dominicana y Belice; las instalaciones, además que el servicio de café, pastelitos y comida salvadoreña era de primera, a los embajadores, ¡les encantaba llegar a comer pupusas!

Al poco tiempo los embajadores me habían nombrado secretaria-tesorera de los fondos que se recaudaban mensualmente para las reuniones. Cada embajador tenía que pagar $25 mensuales, con lo que se solían comprar las placas cuando se despedían a los embajadores del GRUCA, de Panamá para otro destino, y se invitaban a almorzar o a cenar para la bienvenida a los nuevos embajadores con sus esposas. Así es que ya tenía otro trabajo extra que desempeñar: el estar contactando a todos los embajadores del GRUCA para las diferentes reuniones o eventos, ¡y lo peor! estarles cobrando la mensualidad, muchos me pagaban hasta adelantado pero hubo otros que se retrasaban hasta 4 meses.

Luego había que hacer el depósito en mi cuenta personal, pues yo era de las pocas personas que tenía cuenta en un banco, lo cual es muy difícil en Panamá. Cuando se tenía que comprar la Placa institucional de despedida, era yo quien la ordenaba. Hacía las reservaciones en los diferentes lugares, para los variados eventos, cenas, despedidas, bienvenidas, reuniones, etc. También me tocaba convocarlos y hacer el programa de las reuniones, así como presentarles cada mes o dos, el reporte de las finanzas.

En cuanto a mis funciones en la Embajada también elaboraba el reporte mensual a la Cancillería, siempre al último día del mes; recibía a la gente que deseaba saber cómo hacer negocios en El Salvador y conectarlos con empresas en El Salvador. Era la encargada de prestar los trajes típicos a las diferentes escuelas, universidades o gremiales que necesitaban de ellos, así como la bandera salvadoreña, y daba educación a los estudiantes que llegaban a pedir información de los platillos típicos, bebidas, lugares, etc. Toda clase de información turística, universitaria, política, social y económica también la ofrecía yo.

Además que en mi computadora encontraba todo el trabajo del día, era el enlace con la Feria Internacional de Panamá. También cuando llegaba el Presidente de la República teníamos que ir a Cancillería para preparar todo el protocolo de la llegada y la regresada del Sr. Presidente. También me encargaba de las celebraciones, el día de Cruz, el día de la Madre, el día 15 de septiembre todos ayudábamos y lo mismo en las fiestas agostinas. Teníamos que, desde visitar la iglesia y al sacerdote que iba a oficiar la Misa, hasta las flores y la comida, organizarnos muy bien junto con Cristina y Edelmira. Para navidad me encagaba de decorar toda la embajada. Costaba que nos llegara la propaganda turística, así es que había que estar pendiente de todo eso, sobre todo cuando llegaba a El Salvador, me daba una vuelta por Turismo para llevarme conmigo alguna caja de propaganda.

Las relaciones publicas también las manejaba, ya tenían mucho tiempo de estar ahí y ni siquiera conocían al gerente de TACA, Ricardo Zárate, así es que fui yo quien abrió ese canal, beneficiándose otros, ¡naturalmente! Lo mismo pasó con Caravana de Asistencia Social de Damas Diplomáticas y Panameñas que es constituida con señoras de la alta sociedad de Panamá y las funcionarias diplomáticas. Me eligieron en la Directiva, y el embajador no me dejaba asistir a las reuniones, que se llevaban a cabo una vez al mes, de 3 a 5 de la tarde, ¡y una que otra vez a la hora del almuerzo! Me ví obligada a enviar una nota comentándoles que renunciaba de la Directiva, porque el Sr. Embajador no me daba el permiso correspondiente para asistir a las horas de trabajo.

De manera que un día llegaron unas señoras de la Directiva de Caravana a rogarle al Embajador que me dejara asistir. Él naturalmente les dijo que sí, pero cuando llegaba la hora de pedir el permiso, me lo negaba. Así es que se quedaron así las cosas. No sé por qué el embajador odiaba que yo asistiera a esas reuniones Cuando llegó el mes de abril, pedí permiso para ir a la graduación de mi hija Jamina, había terminado su máster en Negocios Internacionales en el Rollins College de Orlando, Florida. Este College tiene conexión con la Universidad de Harvard. Siempre cae una buena tormenta eléctrica a la una de la tarde en Panamá, y mi avión de American salía precisamente a la una de la tarde, del martes 25 de abril; ya habíamos abordado el avión, cuando estábamos esperando que pasara la tormenta, de repente un rayo le cayó a un avión de TACA que estaba cerca, y eso mismo, no sé cómo, arruinó el sistema eléctrico de nuestro avión. Así es que el piloto anunció que íbamos a tener un retraso de 3 horas.

Fue algo terrible porque no nos dejaron salir del avión. Y no nos podían servir la comida, porque todo eso era prohibido por las leyes. Un poco antes a mi llegada a la puerta del aeropuerto, había sonreído a una señora que estaba en silla de ruedas, luego me la encontré en la Sala de espera, y entablé una amable conversación con ella. La señora linda y cariñosa, gran pianista panameña era Judy Barsallo, aunque había vivido la mayoría de su vida en Houston, Texas, era casada con un científico de NASA, quien había muerto y ella también había trabajado en NASA donde se habían conocido, y había regresado nuevamente a Panamá, ya viuda; pero sus hijos residían uno en Florida y otra en Texas, y ahora visitaba al hijo en la Florida.

Casualmente quedamos en la misma línea de asientos solamente nos separaba el pasillo, y ahí tuvimos que esperar las 3 horas. Cuando finalmente salimos rumbo a Miami, ella me invitó a un vino y nos

Capítulo XXXIX

fuimos platicando, nos dimos nuestros teléfonos y a mi regreso la llamé y entablé una linda amistad con ella. Ella llegaba a mi apartamento y salíamos a comer o me llevaba a su casa donde tenía un gran piano que solía tocar, me regaló varios cds con su música. Otras veces salíamos a comer afuera a restaurants favoritos de ambas.

Al llegar a Miami, como a las 6 de la tarde, nos separamos yo tomaba otro avión para Orlando y ella se quedaba en Miami donde su hijo la había llegado a encontrar. Llegué a Orlando en el último vuelo que es el del avión grandote de las 10 de la noche. Llegué y no estaba Jamina al salir del monorriel, como solía hacerlo siempre, me dirigí entonces a la aduana a sacar mis maletas y en eso la veo llegar y me cuenta que la línea aérea American, la tenía enterada de todo lo que nos estaba pasando... ella sabía del rayo que había dañado el sistema eléctrico, sabía a la hora que habíamos salido de Panamá, sabía la hora que habíamos llegado a Miami, y sabía a la hora que iba llegar a Orlando y ahí estaba puntual, *how about that?* Buen servicio para los norteamericanos, ¿verdad?

Llegó el día de la graduación, que fue el sábado 29 de abril, celebramos con las amigas de Jamina, que habían llegado de otras ciudades, en un restaurant de moda de Orlando, salimos de compras, salimos a comer a los restaurants exóticos que nos gustan como los hindúes y todos los diferentes orientales; gozamos mucho y se me terminó el tiempo y tomé el avión de regreso a Panamá, el 8 de Mayo, llegando a medio día y ya fui a trabajar a las 3 de la tarde. Al llegar venía el día de la Madre y teníamos que celebrarlo con el personal de la embajada.

Luego hubo tiempo para almuerzos de Damas Diplomáticas, cena en la embajada de Francia, cocktail en el Club Hebreo, reuniones de Caravana al principio, Cocktails por el día de Europa. Apenas en esos días tuve oportunidad de celebrar mi cumpleaños. Tiempo después el Presidente Martín Torrijos nos había invitado a un cocktail; y el sábado 27 de mayo, el embajador paraguayo y su esposa nos habían invitado a un almuerzo típico en su residencia.

No sé ni cómo comenzaron las gritadas en la embajada. Y un buen día recuerdo que había un desparpajo en la oficina del embajador; había, no sé cómo, llegado una nota en que realmente "alguien" (que nunca supe con seguridad quién era) había escrito esa nota hablando del embajador. Esa persona decía algo como que había llegado a las oficinas de la embajada y había prestado el baño; y estando allí, había oído las gritadas del embajador a no sé quién, y bla, bla, bla. El embajador inmediatamente sospechó del Lic. Guerra y de Edelmira. Yo nunca supe quién o quienes habían sido, pero eso dio un mal sabor de ahí en adelante; creo que el embajador Sol nunca perdonó esa acción, aunque déjenme decirles, todo lo que decía era muy cierto, ¡ya hablando en plata!

La situación de los gritos del embajador ya eran insostenibles... yo me sentía bastante apenada porque él era, además de mi jefe, mi pariente; así es que yo tenía que jugar los dos roles con bastante tacto. Los que trabajaban en la embajada me preguntaban a menudo si el Presidente Saca sabía cómo era el embajador, a lo que yo respondía que no, que el Sr. Presidente, sabía que él tocaba la guitarra y el piano y cantaba muy bonito y declamaba, pero que esos gritos no los conocía. Ni yo tampoco, pues realmente desconocía porqué él hacía eso. Me veía en el aprieto de salvar al Presidente, porque ¿qué iban a decir las demás personas?

Seguía nuestro trabajo de representar a El Salvador en Panamá, la Clase de Cocina en la embajada de Italia; Toma de Posesión de las Cámaras de Magistrados, celebración del cumpleaños de la Reina Isabel II en la embajada del Reino Unido. Salí a almorzar con Cecy, ella era una mujer que me encantaba, era educada, y teníamos bastante gustos iguales, salíamos a desayunar a *Pancakes & Waffles*, que a mí me fascinaba, las dos comíamos poco, y cuando me invitaban a presentaciones artísticas de los diferentes países, la invitaba para que me acompañara, desarrollando una gran amistad con ella; conocí a sus hermanas y hermanos, así como sobrinos y sobrina. Teníamos gustos y muchas cosas en común, tal vez porque ambas habíamos vivido en los Estados Unidos de Norteamérica, cuando éramos jóvenes, bellas y delgadas, y ya solamente eso, es una cultura muy diferente a la latina. Cecy fue una gran amiga en mi estadía en Panamá.

Siempre asistíamos a los coktails de despedida de los embajadores, casi cada mes hay alguien que se va y otro que llega en el Cuerpo Diplomático de los diferentes países; y en los países de Latinoamérica que son países católicos, todos son en la Santa Sede, porque el Decano del Cuerpo Diplomático casi siempre es el Nuncio Apostólico.

En Panamá desarrollamos una buena amistad con el Nuncio Giambattista DiQuattro. Todo comenzó una vez que nos había invitado el embajador de Taiwan Ping-Fu Hoer a una cena de Amigos en el restaurant Lung-Fung; yo iba vestida con un pantalón de seda negro y una chaqueta china roja, que el rojo para los chinos es alegría y felicidad, pero para el embajador Sol, no lo era. De manera que cuando íbamos subiendo las gradas el embajador me iba reprochando por haber usado el rojo; él me decía que solo los comunistas lo usaban y bla, bla; cuando me doy cuenta que atrás de nosotros, subiendo iba también, Monseñor DiQuattro, y yo algo apenada, porque había oído todo. Traté de explicarle a él, diciéndole que al embajador no le gustaba el rojo, desde ese momento empezamos la amistad, tanto fue así que al despedirnos esa misma noche, el Nuncio ofrecía un coktail al día siguiente, y el embajador Sol no iba a estar presente porque se marchaba a El Salvador, de manera que cuando el Nuncio se despidió de mí, frente al embajador Sol, me dijo: "La espero mañana y de rojo".

Otra vez, habíamos salido de compras con el embajador Sol, y le había ayudado a escoger unas corbatas. No sé cómo, había admitido que le sugiriera una roja, la cual compró. En otra invitación a la Nunciatura, el embajador usó la corbata roja, la cual le quedaba muy bien, entonces cuando el Nuncio, Su Excelencia Reverendísima lo saludó, inmediatamente se fijó en la corbata roja, y se volteó hacia mí y me dijo: "¡Muy buen trabajo Lillian!"

Monseñor DiQuattro, ¡era mi mejor aliado y cómplice! Panamá

nombró un nuevo embajador en El Salvador, de manera que el embajador Sol le ofreció una cena en el City Club, al nuevo enviado, el Lic. Luis Torres. Escogimos un ambiente como de biblioteca privada, la comida era muy buena y éramos como 20 invitados sentados en una sola mesa. De repente el embajador comienza a molestarme a mí, en el sentido de estar diciendo cosas locas de mí, (él lo hace mucho con sus hermanas y amigas, para él no es nada de mal gusto), pero Monseñor se comenzó a fijar que yo me moría de la pena de lo que estaba diciendo, de manera que salió en mi auxilio. Primero le pidió que parara y no siguiera, pero al no suceder nada, le comenzó a decir que si volvía a decirme algo, ¡que lo iba a excomulgar! Naturalmente todo esto en son de chiste, pero tenía un mensaje subliminal.

Ya tenía casi 9 meses de estar viviendo en la Residencia del Embajador, y un día sentados a la mesa disfrutando de la cena, él, el Chele su asistente y yo, de repente se enojó y casi me tiró a mí una silla, y se fue. ¡Ah! dije al Chele, ¡es hora de irse de esta casa! Y comencé a buscar un apartamento. Pero el apartamento tenía que llenar todas estas necesidades: Lo más cerca a las oficinas de la embajada, porque no quería hacer uso del transporte colectivo de Panamá, pues las trabazones son terribles a cualquier hora del día. El edificio tenía que ser de no más de 4 pisos. Yo podía vivir en cualquiera de ellos. Tenía que tener magnífica seguridad. Tenía que tener la línea blanca, o sea refrigeradora, cocina, etc. Lo anduve buscando en el mes de diciembre y enero, hasta que encontré uno tal y como lo quería. En febrero, mudándome en el mes de marzo.

Caminaba lo suficiente como para hacer ejercicio, y como caminaba temprano, era más que linda la caminada, con 3 cuadras con árboles de sombra, y una cuadra de un sol suave, todavía estaba fresco. Mi apartamento quedaba en un segundo piso y solo había 3 torres de 3 pisos cada una. Con una seguridad más que buena, conserje día y noche y hombre armado en la noche con muchas puertas especiales con llaves. Pero lo mejor de todo solo pagaba 500 dólares por todo el apartamento de dos habitaciones y dos baños, más la de la empleada con baño. Mi landlord era el Sr. Restrepo y su esposa, eran excelentes conmigo, él llegaba por su dinero cash a mi oficina y ahí le pagaba con un recibo que yo misma le hacía. Cuando le anuncié que dejaba Panamá por el hecho de término de la misión, casi lloran porque me perdían como cliente.

Seguíamos en el vaivén diplomático; despedida de los embajadores de Costa Rica y Chile. Conozco a Marilú y a Virna Mora de la Unión Europea, quienes trabajaban con el Sr. José Hopis. Reunión con los ministros de Agricultura, Salud y Medio Ambiente. Visita a la Escuela República de El Salvador, de la que yo era la total encargada. Asistir al Festival de Cine de Israel, teníamos buenas relaciones con el embajador Menashe Bar-On y yo, sobre todo con su esposa Esther, muy linda y cariñosa. Despedida del embajador de Libya en la Santa Sede.

Recibí mi Cueca, el distintivo de Caravana. Recibía visitas de diferentes personas ya sea en busca de oportunidades de negocios o para asistirles en cómo era El Salvador, su cultura y su gente. Reunión en casa del embajador de Ecuador Ernesto Jouvin Vernaza y su esposa Laura, fueron unos vinos y quesos exquisitos. Fuimos a dar el pésame a la embajada de Rusia por muerte de 4 diplomáticos. Celebramos el 4 de julio en la embajada de los USA, ¡increíble! Y habíamos trabajado en el protocolo de la llegada del Presidente Saca, en visita no oficial a Panamá. Además de que el embajador Sol le ofrecía una cena en su residencia al Presidente Saca.

El 10 de Julio de 2006 llega el Presidente Antonio Saca de visita a Panamá. Como no era visita Oficial, y llegó en avión privado, la aterrizada fue en el aeropuerto Viejo Tocumen, no en el Internacional Tocumen. En estos tiempos, en la embajada de El Salvador en Panamá no se observaba ninguna clase de protocolo, pero ni siquiera el RSVP de las invitaciones. Una de las reglas cardinales del <u>protocolo es la observancia del orden de precedencia en todas las funciones donde estén presente tanto los funcionarios del gobierno como sus representantes.</u>

Y quizás el embajador por no enojarse con el Cónsul, o no le importaba o él también no sabía, no le aclaraba que hay rangos protocolarios y hay que obedecerlos. Este debió haber sido el orden de precedencia en la línea de Recibimiento para el Presidente Saca. El embajador Sol y Canciller o Vice-canciller de Panamá, lo llegan a encontrar abajo de las gradas del avión. Camina toda la comitiva, tanto los panameños como los salvadoreños hasta donde estaba la línea de recibimiento: Primero el Ministro Consejero, luego el Consejero Comercial, y por último el Cónsul General. Pero el Sr. Cónsul, como no entendía nada de protocolo, él se ponía primero y luego todos los demás, lo cual no es correcto, para eso está la precedencia, pero esta gente está acostumbrada hacer su agosto a su antojo y francamente se ve muy mal... para los que saben y nos observan. Pero también nombran personas, ¡que no saben nada de nada!

Cuando finalmente el Presidente Saca llegó frente a mí, nos abrazamos, con beso en la mejilla y me dice: "Lillian! no entiendo cómo podés aguantar tanto a Gerardo, te voy a condecorar". Hasta en ese momento me di cuenta que el Presidente Saca sabía del genio y mal carácter del embajador Sol.

Mientras el Presidente y su comitiva tenía una reunión con el Presidente Torrijos, a medio día, me tocó llevar a almorzar al diputado Suvillaga quien había volado hasta Panamá en el avión presidencial y luego él continuaba más al sur, a otro país. Lo llevé a almorzar a un lugar bellísimo, *Amador*, que es el lugar donde llegan todos los yates que pasan por Panamá, ya en Octubre comienzan a llegar, ¡habían unos hasta con helicóptero! Y lo invité a un restaurant italiano llamado *Alberto's*, muy bueno, y le pude sugerir algunos platos exquisitos, para que escogiera lo que le gustaría probar. El diputado quedó encantado y luego lo conduje al aeropuerto para que tomara su avión, que lo llevaría a otro destino.

Cuando ya veníamos solos, el choffer manejando y yo atrás en el lado derecho del automóvil de la embajada, le comenté a Roberto, lo que el Presidente Saca me había dicho... "Y que me iba a condecorar," a lo que inmediatamente me dijo: Dígale, por favor, ¡que a mí también! Y francamente al pobre Roberto le pegaba unas gritadas de puro loco. Ese mismo día, a las 11 de la noche

Capítulo XXXIX

habíamos quedado en reunirnos, el embajador, el Lic. Melvin Guerra y yo en la suite del Presidente Saca. Cuando ya estábamos sentados yo le comenté al Presidente Saca lo que el choffer me había dicho que le dijera, y tanto Tony como Panchito Laínez se mataban de la risa...

Todo parecía un chiste, pero a la hora de las gritadas, yo me tenía que ir a llorar al baño, porque a mí nunca nadie me había gritado, y yo me quedaba completamente callada, porque él era mi jefe y mi tío; yo estaba completamente contra la pared, no podía hacer nada. Generalmente el embajador salía de su oficina y me pegaba la gran gritada y como yo no le decía nada, se encerraba en su oficina y como a los 10 minutos salía como si nada hubiese pasado, y me invitaba a almorzar y yo le seguía el cuento y le decía que sí, y a los pocos minutos nos íbamos a almorzar como si nada hubiese pasado. Era una situación de locura, ¡cualquier persona se hubiese muerto! Las dos asistentes me admiraban: "Doña Lilian y Ud. ¿cómo puede hacer eso?" me decían. Francamente yo pienso que llegué a Panamá a purificarme... porque pasé unos tiempos terribles, terribles, ¡que ni me quiero acordar!

Cuando me preguntaban, los de la oficina, porqué el embajador era así, yo les decía que nunca lo había conocido así, que él no era así antes, que no sabía qué le pasaba. Cuando ya la cosa se puso peor, yo les decía que quizás él estaba enfermo, que algo le pasaba porque no le conocía esa manera de actuar. Se mordía la lengua del coraje que hacía, yo hasta creí que podía quedar *tilinte*, en una de esas ocasiones. Con el tiempo ya no se cuidaba o no le importaba frente a quien hacía el coraje y la gritada, de manera que frente a Benita, una señora panameña, lo hizo, y ella se quedó totalmente anonadada, la primera vez cuando vio como le gritó a Roberto, un día que la llevamos a su casa en el carro de la embajada. Resolvió no llegar a la embajada cuando estaba el embajador, ¡porque no le gustaban los gritos! Frente a los embajadores del GRUCA también me pegaba las grandes gritadas... y eso es terrible, porque uno se siente realmente mal, y tenía que poner la cara sonriente, ¡como que no era nada! Y tratar de que todo fuese normal.

Un día Edelmira, nuestra secretaria me dijo: Mire Doña Lillian Ud. no trate ya de ayudarle al embajador, él no deja que uno le ayude, así es que él, como dice el dicho, ni picha, ni cacha, ¡ni deja batear! Es terrible tener un jefe así. Si alguien pedía hablar conmigo, me lo pasaban a mi oficina y con la puerta abierta yo les atendía, y de pronto, ya estaba el embajador pasando a cada rato y diciéndome con señales que lo cortara, que ya mucho tiempo había estado ahí. La gente miraba el disturbio y me preguntaban que qué pasaba... y yo tenía que hacer como si nada, ¡no! ¡Era horrible! todas esas situaciones, me tenían muy mal. El embajador es una persona complicada, perdía los lentes, los celulares... Ya llegando al aeropuerto se daban cuenta y había que regresar a la casa, ¡para ir a buscarlos! ¡No! ¡Cualquier cosa era mejor que estar ahí! ¡Era completamente una locura!

Yo no podía ni siquiera llamar a Tony para pedirle cambio, porque no quería disturbarlo, tantos problemas que tienen los Presidentes para yo ser otro más, ¡no! No me hallaba en valor. No quería ser un problema más.

A mí en lo personal, nunca me ha gustado trabajar para el gobierno; siempre ese ambiente es asfixiante, mucho chambre, que sale yo no sé ni de dónde, pero la verdad es que ya estaba en Panamá y no podía hacer mucho, tenía que seguir adelante.

Un día, el 31 de Agosto de 2007, se recibe una nota en la embajada donde se informaba que, como parte de la Estrategia Nacional de Exportaciones se reunirían, en El Salvador, todos los Consejeros Comerciales de todas las embajadas de El Salvador, por una semana, a tomar un seminario, donde nos entrenarían como Antenas Comerciales en países donde había TLC. Era un esfuerzo muy grande de parte de Cancillería para llevar a cabo este evento. Tengo copia de la nota que mandó el Vice. Cálix donde especifica que fuese yo quien debiese ir a tomar este seminario, pues soy yo, la Consejera Comercial. Pero el embajador Sol, envía otra nota al Vice Cálix, donde le manifiesta que yo no iré porque tengo otras funciones que hacer... y que va en mi sustitución el Cónsul Julio Ramos. No sé qué pasó, pero la que llegó a El Salvador a tomar el seminario fui yo. Se dan cuenta qué clase de cosas se manejan en el gobierno? ¡Pero son los funcionarios los terribles!

Yo no estoy, ni he estado acostumbrada a toda esta clase de intrigas, serruchadas de piso y porquerías, por lo que siempre evité trabajar para el gobierno. Las dos veces que he trabajado han sido muy malas experiencias y quizás por eso logré tener mi propia empresa, pequeña pero mía.

Seguían pasando los días y seguíamos también con la representación, llegaron de la Revista Mercado y me hicieron una entrevista sobre la Feria Internacional y las exportaciones de El Salvador a Panamá. Fuimos también al lanzamiento oficial de Expocomer de Panama. Asistimos a un cocktail de Argentina donde hubo exhibición de tango. Asistimos a la Feria Nacional de Artesanías en Atlapa. El 14 de agosto llegaron las señoras represen-tantes del Club de Jardinería de El Salvador, me invitaron a que las acompañara y fue realmente bello, todo lo que estas señoras hacen con las flores. Visitamos el Buque Escuela Brasil, nos gustó mucho la visita y el buque.

Celebramos el 6 de agosto con una Misa y convivio, para todos los salvadoreños residentes y los amigos, en cuenta el Nuncio Diquattro. Fuimos a la Cena de Gala del Cuerpo Diplomático e invitamos a Vilma Matté y ella a dos amigas que habían llegado de Miami. Las llevé de compras a Vilma y a Memy de Samour, fuimos al Mall de Albrook que es espectacular, porque reconstruyeron los hangares de una base aérea norteamericana, y de ahí salió el Centro Comercial, ¡naturalmente que es inmenso!

Seguían los eventos: cena con la embajadora de México, era una mujer muy seria y bastante capaz, el embajador la quería mucho y ella era muy amable con nosotros dos. Visita del embajador de Costa Rica, a nuestra embajada. Celebramos la fecha nacional del Brasil, Reunión del GRUCA. Fui a comprar piñatas al Machetazo para los niños de la escuela república de El Salvador, ¡la cual atendía en todas sus necesidades! Celebración del 15 de septiembre, ofrenda floral en el Parque Urraca y cocktail en la noche en el Hotel Miramar. Luego venían, todas las fiestas de

México, desde la Ofrenda Floral en la mañana hasta el famoso "Grito" en la noche con mariachis y tequila. El embajador Sol, tomó vacaciones y se fue a Miami y New York, para todos nosotros era un gran descanso. Llegó Benita a visitarnos, Cecy me invitó a almorzar. Asistí al City Club a un evento muy bonito de Canadá. Cena de despedida del embajador de Nicaragua. En Septiembre, el día 29, le entregaron al embajador Sol la Pathfinder color vino tinto.

También era encargada de acompañar a los funcionarios de alto rango, así como a personajes que llegaban a Panamá, a comprar, a los diferentes sitios. A la ministra de Economía, Yolanda de Gavidia, a Milena Calderón, a Gerson Martínez, etc. Caravana tuvo su cocktail en el Club Unión es el más *fufurufo* de Panamá. Invitaba a Claudia Rojas, de Caravana, a comer al Delie frente a la Embajada. También salía e invitaba a Cecy, a Elsa, quien era dueña de un bonito Salón de Belleza casi frente al edificio de la Embajada.

Fuimos invitados a la Catedral Metropolitana, por Su Excelencia Reverendísima Monseñor Diquattro, cuando Panamá fue electo miembro no permanente al Consejo de Seguridad de Naciones Unidas, fue un evento grandioso y un poco tedioso por el inmenso calor, como vapor, que estaba haciendo y no había aire acondicionado. Pero estaba desde el Presidente de la República Martín Torrijos y su esposa, hasta el último Director, pasando por diputados, magistrados etc. y todo el Cuerpo Diplomático.

Por ese tiempo Monseñor Diquattro me pidió que les impartiera un seminario de etiqueta a toda su staff de la Nunciatura, lo cual hice. La Universidad Tecnológica de Panamá me invitó a impartir una conferencia sobre "Cómo hacer negocios en El Salvador". Asistimos al Hotel Panamá al reporte de los Derechos Humanos en Panamá.

Sin embargo, el Sr. embajador seguía siendo burlista, controlador, celoso, vengativo y déspota; francamente esos son los mejores calificativos con los que lo pudiese describir. Después que pidió que le cambiaran al Ministro Consejero Melvin Guerra, nos envió la Cancillería a un exdiputado arenero Enrique Amaya Rosa, al que más o menos se temía por los antecedentes. Cometió un error muy feo y él mismo ya no se volvió a presentar, después de un viaje a El Salvador. Luego, nos enviaron a una prima de Tony Saca, que era una joven muy buena con su hijito pequeño, recién divorciada, pero en realidad no tenía ninguna experiencia; y allí no era el lugar de aprender nada, sino de saber y hacer. También, al final sufrió de las gritadas del embajador, al igual que los demás.

Examinando bien toda esa actuación tan fea, en muchos aspectos, yo llegué a pensar que el embajador probablemente estaba sufriendo de Alzheimer, porque yo tuve a mi tía Kay con esa enfermedad, y al principio son muy agresivos, por eso, muchas veces tuve que justificar su proceder diciendo que probablemente él estaba enfermo, porque yo jamás lo había conocido de esa manera, ¡y era verdad! Jamás lo había visto actuando como actuaba, y a mí me daba una súper pena, porque después de todo, vuelvo a repetir, era mi pariente.

Una vez, llegó un muchacho joven, menor de edad, con su mamá, pidiendo información sobre las universidades en El Salvador, a mí me tocó atenderlo, no había quien más, siempre era yo la premiada, así es que le facilité toda la información sobre todo de las universidades donde impartían medicina, ya que él quería estudiar medicina en nuestro país, porque no le gustaba lo que había en Panamá, ya que la educación no es muy eficiente.

Al poco tiempo volvió a llegar el joven René Alexander Ballesteros con su mamá; venían desde Veraguas, a unas horas de distancia de la capital. Lo volví a atender, me contó que se había comunicado con la Universidad UNSSA, y que ahí le había gustado todo lo que le habían ofrecido. Pero tenía un problema, tenía que estar en El Salvador en Enero para inscribirse en la U y comenzar el ciclo; y él cumplía la mayoría de edad hasta como en marzo, y en Panamá las leyes son bien estrictas y se cumplen, por lo que él no hallaba qué hacer para poder salir fuera del territorio nacional, pues no tenía permiso del papá.

La historia era bien triste, la mamá quedó embarazada de él y no volvió a ver al papá. Lo había criado, prácticamente, la mamá, los casi 18 años. A ella le costaba ese muchacho, sacarlo adelante, tanto en los estudios como en la parte sentimental y económica, pero la ley dice que debe tener el consentimiento del papá para salir fuera del territorio nacional. Aunque hacía unos meses había conversado con su papá y René había hecho una nota para Migración, y en ese entonces, el papá medio la había firmado. Era todo lo que tenía, aunque con fecha atrasada.

Era tan triste e injusta esta situación que cuando yo ví semejante injusticia, le dije que lo iba a acompañar de parte de la embajada a Migración, para ver si se podía hacer algo. Hice la cita con el Director de Migración de Panamá, el joven y su mamá, llegaron a la embajada y de ahí nos dirigimos a Migración. Como en nuestros países latinos, ¡toda diligencia gubernamental cuesta un mundo! Solo me dejaron entrar a mí y al joven, la mamá se quedó afuera en la calle. Pasamos primero, con una directora, y no se podía hacer nada por no tener el permiso del padre. Pero luego yo le pedí hablar con el Director, pero como no estaba, me pasaron con la Subdirectora, una señora muy capaz.

Después de contarle toda la historia, y de hacerle conciencia de que el muchacho iba a perder esa gran oportunidad de estudiar medicina, y de realmente ver la posibilidad de arreglar el problema, después de un tiempo de zozobra, nos aceptó esa hoja de papel firmada hacía unos meses atrás por el papá, y fue así como se le pudo sacar el pasaporte para poder viajar a El Salvador; pero créanme en ese momento los tres lloramos de la alegría: René, la Subdirectora y yo, y nos sentimos, por lo menos yo, tan feliz de haber logrado, con un poco de esfuerzo y determinación algo que era muy difícil de lograr. El joven, cuando yo regresé a El Salvador, se ha podido comunicar conmigo y ya casi llega a ser un interno en el hospital. Bueno misión cumplida, ¿verdad? Para eso me enviaron a Panamá. Todo esto lo pude hacer sin problemas, cuando el embajador Sol salía fuera de Panamá y yo quedaba de Encargada de Negocios.

Capítulo XXXIX

En el 2007, llegó en Visita Oficial a Panamá, el Presidente Antonio Saca; también llegó Ana Ligia. Para esa visita habíamos programado un Encuentro Cultural entre El Salvador y Panamá, con una exhibición de pinturas de salvadoreños y panameños. Tuvo lugar, del 16 al 23 de agosto, en un espacio nuevo que se denomina Plaza del Sol en el Centro Comercial Multiplaza. De El Salvador expusieron y llegaron el maestro Miguel Polanco y Pedro Ipiña, enviando sus pinturas Otoniel Mejía, Augusto Crespín y Fausto Pérez; de Panamá expusieron los maestros Carlos Arboleda, Eudoro Silvera, Antonio Inbert y Fajardo González.

En un lapso de tiempo que quedó entre una visita del Sr. Presidente Saca con el Presidente Torrijos de 2 a 5 de la tarde, y una cena de gala, la caravana pasó por el centro comercial y tomó lugar la inauguración de la exposición de pinturas por el Presidente Saca asistiendo toda la comitiva, con su protocolo, además de cientos de panameños y salvadoreños que se habían congregado en la Plaza del Sol.

¡Aquí me pasó algo terrible! Yo era la Maestra de Ceremonias, y con anticipación me había aprobado el programa, el jefe de Protocolo Rolando Mixco; todo iba muy bien... de repente el embajador Sol se salía de su puesto y me iba a decir al oído que llamara al Cuerpo Diplomático presente, para que se acercara a saludar al Presidente Saca, lo volvió hacer otra vez, y francamente yo no sabía qué hacer, ahí está MI JEFE diciéndome que haga algo... ¿Y si no lo hago? Y por otro lado está el Jefe de Protocolo que ya aprobó lo que está en el programa y ahí no está lo que el embajador quiere que haga...

Vuelve nuevamente, el embajador se sale de su puesto y llega hasta donde yo estoy de MC y me dice que llame al Cuerpo Diplomático presente... Vengo yo y le hago caso... E inmediatamente el Jefe de Protocolo se *encachinba* y con toda razón, me dice que ya el acto se ha terminado, ¡y punto! ¿Cómo la ven desde ahí? Yo tremenda-mente apenada... y por obedecerle a mi jefe el Sr. embajador.

Al día siguiente, le teníamos preparado un almuerzo, porque el Presidente Saca acompañó al Presidente Torrijos a inaugurar unas obras lejos de Panamá City; tuvieron que viajar en helicóptero porque era cerca de la frontera con Costa Rica; y luego, en la tarde regresaban a El Salvador. Así es que las invitaciones se giraron con una hora demasiado temprano, a las 11 de la mañana, comenzaron a llegar los embajadores con sus esposas. Luego como a la una de la tarde llegó la Primera Dama Ana Ligia, que con su belleza, naturalidad y humildad le encantó mucho a los invitados y por lo menos eso aplacó algo la tensión de tener toda esa gente esperando al Presidente para saludarlo y cambiar algunas impresiones con él. Llegó también la comitiva, en cuenta la Vicepresidenta Ana Vilna de Escobar y un grupo bastante grande de funcionarios importantes. Pero el Presidente no aparecía; ya eran las 2 y media de la tarde, así es que el embajador ordenó que se sirviera la comida, y naturalmente toda la comida se terminó rápido.

Como a las 3 y media pudo llegar el Presidente y, a pesar de la larga esperada, todos estaban felices de conocerle y hablar con él. Pero con la pena de que no había mucha comida para el Presidente, ¡pobrecito! Después de una hora y media, tenían todos que estar preparados para la despedida en el el aeropuerto y allí terminó todo. Cuando son visitas oficiales, todo el tiempo del Presidente invitado es dedicado al Presidente anfitrión; así es que esas dos oportunidades que tuvimos, la de que inaugurara el Encuentro Cultural y el almuerzo al día siguiente, eran como una deferencia del Presidente Torrijos, de permitirnos que en su tiempo, el Presidente Saca pudiese departir con los salvadoreños y amigos, asistiendo a los dos eventos. Naturalmente esto significó más tensión y más trabajo para el Presidente Saca, pero aun así creo yo que disfrutó de su visita a Panamá.

En julio 27 de 2008, visitó oficialmente Panamá, la nueva Canciller Marisol Argueta, hija de un gran amigo, Chevo, que en paz descanse. Ella es una mujer brillante y de mucho éxito, fue condecorada por el canciller panameño y disfrutamos de un almuerzo después, en el Salón de la Cancillería panameña, con muchos invitados.

Capítulo XXXIX

Tuve el gusto de conocer a una verdadera dama, salvadoreña, pero tiene muchos años de vivir en Panamá; me estoy refiriendo a Nora de Ungo, la esposa del Dr. Guillermo Ungo, a quien conocí cuando era *cipote*, lo mismo que a Marina su hermana; pero ya grandes, no tuve la oportunidad de volverlo a ver en persona. Yo siempre le llamo Norita por el cariño que le tengo; desarrollamos una verdadera amistad mientras estuve en esa ciudad tan acogedora. La visitaba los sábados a medio día o los domingos, yo iba a su apartamento donde conocí a muchas señoras de la alta sociedad de Panamá, todas ellas muy lindas, educadas y realmente unas completas DIVAS; me encanta Mary de Méndez, norteamericana, casada con un panameño, dueños de las joyerías más famosas de Panamá. Muchas veces nos invitaba a su apartamento, en el piso 50 y pico, y era como una mansión en las nubes.

Le encantaba cocinar y algunas veces yo era invitada a esas comidas que ella cocinaba para sus amigas, y francamente todo era como salido de una revista gourmet; además que la vajilla era de Limoges; y no cabe duda la presentación tiene mucho que ver, esas comidas eran como estar comiendo en el cielo, en esas vajillas divinas, con una decoración de revista. ¡La manera de ser de ella me encantaba! Luego conocí a Julieta Maduro, otra mujer encantadora, elegante y linda. Me encantaba María Elena Novarro, ella es toda una dama, refinada elegante, pero sobre todo caritativa y muy compasiva. También la poetisa, Albalyra de Linares, otra mujer intelectual que ha escrito varios libros de poesía panameña.

También conocí a la hija de Nora, Ana Elena, casada con un abogado prominente de Panamá y a sus dos hijos, Carlos Enrique y Guillermo Rafael, unos muchachos educados, trabajadores, ¡con unas personalidades muy lindas! Me encantaba visitar a Norita, ella como una magnífica anfitriona que es, siempre me atendía de maravilla, siempre con cositas de comer más que deliciosas, muchas veces elaboradas por su empleada, Vilma. Nora es tauro, así es que nos gusta casi la misma comida y muchos gustos los tenemos iguales; nos encantaba ir al cine a ver las últimas películas, ya que las personas de la tercera edad solamente pagábamos $2 por entrar al cine, ¿se dan cuenta? Recuerdo cuando fuimos a ver AVATAR, que nos encantó, luego la fui a ver otra vez con Cecy. ¡Nora siempre está rodeada de cosas lindas y elegantes! ¡La quiero mucho!

Cuando necesitaba de algún doctor especialista o de alguna persona importante, Nora era la persona a quien preguntar porque ella conocía todo y a todos en Panamá. Las tiendas, las boutiques, los restaurants donde se comía más delicioso... en todo eso me ayudaba; además que era mi único paño de lágrimas y muy buena consejera.

Volví a ver a mis amigas Bertha y Marisol Lombana, mis lindas amigas de New Orleans, las encontré de puro milagro, pues Bertha me vió en el periódico, en una foto de un evento diplomático y luego me llamó a la embajada, ¡y que sorpresa! Inmediatamente quisimos vernos nuevamente y ella me invitó a su apartamento, ya que con el huracán Katrina, había decidido regresar a Panamá, aunque Marisol sigue viviendo en New Orlenas, por su trabajo. ¡Fue una maravilla verlas de nuevo! Varias veces salimos a pasear al Valle y otras tuvimos comidas en su casa, donde la empleada, Dominga, ¡cocinaba unos plátanos de maravilla! o yo las invitaba a comer afuera.

Otra amiga muy querida que tuve que dejar fue Zamira, ella era la Consejera de la embajada de República Dominicana, y nos hicimos muy buenas amigas, todavía tenemos contacto por internet. Su papá un magnífico médico en Panamá y su hermano médico también en Miami. A través de ellos, Zamira me hacía el favor de comprarme el coumadin en Miami, el cual todavía uso, para el resto de mi vida por la trombosis que sufrí en el 99. Zamira es descendiente libanesa, muy linda y sobre todo, ¡muy educada!

También conocí a Francisco Apostolo, quien es salvadoreño casado con Gina, su esposa panameña. Francisco es el Cónsul Honorario de El Salvador para la Zona Libre de Colón. Un muchacho que si lo llamabas para que te ayudara en algo, siempre te tendía la mano; él ahí estaba para todos los eventos, muchas veces me invitaron a su apartamento precioso con vista al océano Pacífico, que recién se habían mudado y lo estaban decorando de una manera moderna y minimalista.

Gina es realmente una mujer encantadora e inteligente; ella era parte de este grupo que yo tenía para que me ayudaran a solventar los problemas que tenía con la escuela República de El Salvador; por ellas y con ellas, le regalamos a la escuela, refrigerador grande y nuevo, computadora, televisión grande, en fin, muchas cosas de las que carecía la escuela, y todas ellas muy generosas compraban todos estos productos para el bien de los niños panameños que iban a la escuela. De vez en cuando ellas me acompañaban a visitar la escuela y era ahí que pedían a Santa Claus toda estas cosas, y ellas con un corazón tan lindo, pues me ayudaban a que se pudiesen solventar todos estos problemas, gracias a Nora, María Elena, Julieta y Gina, hacíamos un paseo para ir a visitar la escuela que queda como a una hora de Panamá City, y en un lugar algo peligroso.

Tuve la oportunidad de conocer a un libanés sunita y su amigo muy cercano un libanés shiíta, que eran tan buenos amigos en Panamá, aunque los dos grupos se estaban matando en Irak, en esos tiempos de guerra.

Lily Noriega, mi amiga del Salón VIP del Aeropuerto, ella era una mujer tan gentil, tan amable y cariñosa, era sobrina del General Noriega, y me contaba que toda la familia sufría con el encarcelamiento del General en los USA y suspiraban porque lo llevaran a Panamá a cumplir su pena, pero… Ella nos daba un tratamiento especial cuando llegábamos al aeropuerto a recibir a algún personaje salvadoreño.

No quiero dejar de mencionar a Pablo de la Hoya; sus padres son cubanos y vivieron en el Salvador. Él era un alto ejecutivo, Vicepresidente de una compañía de seguros en Panamá y él siempre estaba ahí para tendernos la mano cuando necesitábamos de su ayuda económica para los eventos culturales que desarrollábamos en la Embajada.

Ana Torres, otra salvadoreña, que tiene su propia empresa, una imprenta, y ella nos imprimía toda la papelería y las tarjetas de presentación de la embajada.

Otra salvadoreña que siempre me demostró su amistad y fue muy amable, y fina conmigo fue Sonia Schreiber, casada con un alemán, teniendo una familia muy linda; tienen mucho dinero y en el Cerro Azul, ¡mantienen una cabaña divina! Asi como su casa en la ciudad, siempre para las navidades era invitada a su mansión donde se servía una comida gloriosa y esplendorosa. Teniendo la gentileza de invitarme a diferentes eventos de familia a los que asistí complacida.

Mis amigas del Opus Dei, de Rocazul, a quienes impartí algunas charlas para mujeres, sobre todo en el tema del vestuario, la paleta de colores y etiqueta. Hicimos una presentación en la Biblioteca Nacional del Parque Omar y llegaron tantas mujeres que era impresionante, verdaderamente tienen un poder de convocatoria extraordinaria en Panamá. En el Cerro Azul tienen una casa magnífica, como un hotel, ¡mejor! Para todos sus retiros internacionales y nacionales. Se llama Casa Tagua. Allí también les ofrecí ad honorem una charla para todas las mujeres que pudieron asistir. Me encanta la Casa que mantiene el Opus, en la ciudad de Panamá, donde estaba Helen Huerta, una mujer fina, inteligente y educada.

Una amiga que me brindó todo su cariño y sobre todo su confianza, fue Carlotía de Serrano de Lindo, quien era la Cónsul General de Costa Rica en Panamá; ella era una mujer maravillosa, amiga de verdad, dulce, y le encantaba socializar con el grupo compuesto de Zamira, Sandra, quien era Consejera de la embajada de Honduras y yo. Siempre nos estábamos reuniendo en los apartamentos de cada una o fuera en algún restaurant y pasábamos de maravilla. A Carlotía la trasladaron a Costa Rica; le faltaba poco tiempo para jubilarse y todavía tuvimos noticias de ella cuando llegó a San José, pero al poco tiempo supimos que había fallecido, casi no lo creíamos. Tuve la satisfacción de haber asistido a su novenario en la Capilla de San Benito y darle el pésame a sus hijos. Yo quería mucho a Carlotía y lamenté mucho

Capítulo XXXIX

su partida, pues teníamos planes de vernos en San Salvador, pero ya no se pudo... Así es la vida de corta, por eso en Vida Hermano, en Vida...

Mis dos lindas princesas de la embajada de Nicaragua, Juanita y María Amelia, eran dos cipotas, además de preciosas en su propio tipo, eran cariñosas, educadas y francamente amorosas. Hoy, nos comunicamos por internet, ya que ambas se casaron: Juanita con un americano, vive en los USA, y María Amelia con su esposo nicaragüense vive en Nicaragua y ya tuvo su bebé varón, Raulito. El embajador Atenor Alberto Ferrey Pernudi me tenía una estimación especial; él era un hombre inteligente, maduro, muy equilibrado, me caía súper bien y él nunca me abandonaba siempre me invitaba a todos sus partys con las princesas y otros amigos, tanto nicaragüenses como del Cuerpo Diplomático. Siempre estuve muy agradecida con él, por su trato y su confianza, además de que siempre estuvo pendiente de mí y de Juanita así como de María Amelia.

Recuerdo los puercos estofados especialmente al estilo nicaragüense que nos preparaban sus amigos, algo que nunca olvidaré, porque verdaderamente eran una delicia, y porque nunca había visto semejante plato; Zamira, Carlotía y yo nos quedamos asombradas de la ricura que era ese cerdo estofado con arroz condimentado.

Para el 29 de agosto de 2007 planeamos hacer un evento que rindiera tributo y diera a conocer en Panamá a nuestro héroe nacional el Capitán General Gerardo Barrios, y el embajador me permitió que fuera yo quien diera ese discurso de estilo sobre la vida y obra del capitán general. Lo llevamos a cabo en la Cámara de Comercio de Panamá. No llegó tanta gente, pero la que llegó, fue a la que le interesó el tema, y después ya para el cocktail, había gente que todavía quería saber y hacía preguntas sobre nuestro héroe nacional. Pienso que fue un gran acto, cultural y bien elegante.

En el año 2008, como en el mes de septiembre, llegué a mi oficina de la embajada y cuando llegó la hora de almuerzo me fui a comer a la cocina que era donde comíamos cuando nos quedábamos en la Embajada. Allí me percaté que había estado una señora salvadoreña toda la mañana, en el salón de reuniones, y fue por una llamada del Sr. Cónsul a ella, que descubrí su presencia; cuando terminé de almorzar y me fui a mi oficina, la vi muy afanada haciendo una llamada por lo que le pregunté que qué le pasaba.

Ella me contó que iba para Quito, Ecuador, a una visita de 5 días con un grupo de Agentes de Viaje, pero que la noche anterior al llegar al aeropuerto de Tocumen, los agentes de Copa, la línea aérea donde ella viajaba, le habían dicho que no podía abordar el avión porque su pasaporte vencía dentro de 2 meses; según las autoridades ecuatorianas debería vencer dentro de 6 meses, porque si no, la ley de Ecuador le imponía a Copa, una multa de $2,000, si la transportaba. Y todo el grupo había salido la noche anterior para Quito y ella se había tenido que quedar para ver como arreglaba en Panamá con la ayuda del consulado. Y el Cónsul le acababa de llamar para decirle que mejor se fuera de regreso a El Salvador, esa misma noche, porque no podía hacer nada por ella.

Yo tengo la mala costumbre de ponerme en los zapatos de la gente, y dije, *Wow!* Perder el viaje y estar a medio camino, ¡qué terrible! Tal vez le puedo ayudar. Le dije que la embajadora de Ecuador Elsa, era bien amiga mía, que le voy a tratar de ayudar hasta donde yo pueda. Llamé a Elsa por el celular y me dice que están terminando de almorzar en un restaurant, pero que vaya a la embajada y que ellos ya llegarán para ver cómo me pueden ayudar.

Le rogué al choffer de la embajada, Roberto, que nos hiciera el favor de conducirnos a la embajada de Ecuador, ya que el tiempo lo teníamos encima, el vuelo de Panama a Ecuador salía a las 6 de la tarde y ya eran las 2 de la tarde. El Cónsul de Ecuador, Carlitos, era el esposo de Elsa, y él inmediatamente le habló al coronel jefe de migración en el aeropuerto y le contó la historia y le dijo que no había ningún problema, que solamente le diera el nombre de la señora y el número de su pasaporte, ¡y listo!

Capítulo XXXIX

Para entrar a Ecuador no había más problema, pero luego Elsa me llama a su despacho y me dice, ¿conoces tú al Presidente de Copa? Para que le hables y le digas que pueden abordar a la señora salvadoreña sin ningún problema... Pero yo no lo conocía. Ella lo llama por su celular y no estaba en Panamá, pero me pasan al Vicepresidente, yo tampoco lo conocía pero el cargo de Consejera de la embajada me daba la potestad para dirigirme a él, y le dije que necesitaba un gran favor de parte de él, y le conté el cuento y me dijo que con una nota de la embajadora ya quedaba todo arreglado que la llevara al aeropuerto que preguntara por la Lic. Murillo y que estaba todo arreglado.

Les dí todas las gracias posibles a mis dos bellos amigos... y nos vamos a nuestra embajada, porque el embajador ya estaba preguntando por nosotros. En otras palabras, ya estaba *j*... Íbamos que no cabíamos de contentos, y ya eran las 4 de la tarde y le tenía que pedir permiso al embajador para llevar a la señora al aeropuerto, porque si yo no iba, se podía descomponer todo. Durante todo este tiempo la señora se había comunicado conmigo y me había dicho que era doctora del Seguro Social en el área de infecciones o microbiología y que apenas la noche anterior le habían ofrecido una despedida tanto el Director del Seguro como otros doctores conocidos... etc.

Cuando entramos al despacho del embajador Sol, ¡nos ha pegado una gritada grandiosa! Ella se asustó y el embajador la sacó. Cerró la puerta y se puso a gritarme miles de cosas a mí, yo pausadamente le traté de decir quién era ella, pues su presentación dejaba mucho que desear, y ya se fue calmando. Hasta que le dije que la tenía que llevar al aeropuerto porque había que hablar en Copa con la Lic. Murillo quien era la que le iba a llevar a abordar el avión, con órdenes del Vicepresidente de Copa.

Poco a poco se fue calmando hasta que me dijo que la llamara, y le hizo ciertas preguntas como a donde trabajaba y cuando le dijo que era doctora del Seguro Social, y cuando luego le preguntó por un amigo suyo doctor, y ella le dijo que él le había dado la despedida una noche antes, me dio instrucciones para que la llevara en el carro de la embajada y el choffer al aeropuerto. A esa hora el tráfico es tremendo en Panamá y el Corredor hacia el aeropuerto se pone muy pesado, así es como una bala llegamos al aeropuerto como a las 5 de la tarde. Me costó un mundo hablar con la Lic. Murrillo, ¡pero al fin puede ir con ella hasta dejarla en el avión y ya descansé!

De regreso, ya venía sola con Roberto, el choffer, y me venía diciendo de lo agradecida que le había dicho a él, la doctora, que estaba conmigo. Pero no solo eso, lo apenada que estaba conmigo por la regañada que me había pegado el embajador. Pues aunque la puerta estaba cerrada se oía todo afuera, por los gritos tan terribles.

Así es que una vez más había podido ayudar a alguien que, sin conocerla, solamente porque sentía que era una injusticia, después de haber pagado el pasaje y solo porque no se había hecho lo posible, se tenía que regresar, otra vez a El Salvador, ¡no! Eso era terrible para mí.

Así y todo, llegamos al año 2009, hubo elecciones en El Salvador en el mes de marzo, quedó electo como Presidente de la República, el bachiller Mauricio Funes, y como en el mes de julio le anunciaron al embajador Sol el término de su misión en Panamá, él regresó a El Salvador en el mes de agosto.

Nos quedamos teniendo la peña los demás, en cuenta el Sr. Cónsul quien comenzó con algunas artimañas. Según el protocolo, el Consejero Comercial, sigue después del Embajador, no, el Cónsul, pero como había dicho antes, él no sabía nada de protocolo, pensó que él era el que tenía que manejar todo. Y cuando pasaban los viceministros de Relaciones Exteriores por Panamá, él era el único que sabía e iba al aeropuerto a saludar al funcionario. Eso de por sí era fuera del protocolo, porque los funcionarios deben anunciar a la embajada, que van a pasar por el aeropuerto, etc., no decirle directamente a un funcionario, pero como los que llegaban tampoco sabían nada, ¡era un chapandongo!

Capítulo XXXIX

Así fue como yo pedí permiso para llegar a El Salvador a impartir un seminario a las mujeres políticas, auspiciado por ASPARLEXSAL, en el mes de octubre; ese día parece que pasaba el viceministro de Relaciones Exteriores, Juan José García, y yo había tomado el avión de las 6 de la mañana. No sé qué pasó, pero cuando regresé de impartir el seminario, recibí un comunicado de la Cancillería, diciéndome que el automóvil era solamente para ser usado en asuntos de oficina no particulares míos. ¿Y saben qué? El Cónsul había llegado tarde a recoger al Viceministro y le había dicho que era porque yo estaba usando el auto, y yo no estaba en Panamá, iba en el avión para El Salvador, ¿cómo podía estar usando el carro?

Bueno así muchas cosas raras, hasta que yo le dejé saber a una amiga mía, ex diputada del FMLN, Heidy Zometa, y ella como que le dijo al canciller, y así me nombraron directamente Encargada de Negocios ad ínterin. Al cónsul como que se le terminaba su contrato en Diciembre, y todavía hizo unas cuantas *marufiadas* en cuanto a vacaciones y viajes pagados y al fin se fue.
El viceministro Castaneda, pasó varias veces y me decía que a mí no me iban a quitar, pero después de pensarlo un poco decidí aceptar dejar el cargo, aunque no podían despedirme porque estaba por ley de salario, lo mismo le pasó a Tully Murra Saca, ella estaba igual y ella decidió quedarse y yo decidí regresar a El Salvador. Francamente no tenía voluntad de seguir en ese ambiente, aunque el viceministro Castaneda se quedó preguntando por qué yo me había regresado y no me había seguido quedando en la embajada.

La trasladada fue dura, porque no hay mucho transporte por tierra de Panamá a El Salvador. Hubo muchas trabas en las fronteras por ese tiempo, como huelgas, y todas mis pertenencias tenían que venir por tierra, ya que había comprado unos muebles artesanales hechos a mano en la India, y como eran de pura madera del árbol de rosa, son súper pesados y me hubiese salido un montón por aire, y yo volé otra vez por TACA, ¡y al fin llegué! ¡Feliz de estar nuevamente en mi país!

Después de un año......

Mis pensamientos sobre **PANAMÁ**.......
Históricamente........   SUR AMERICANO
Geográficamente......   CENTROAMERICANO
De Corazón............   CARIBEÑO
Por Ocupación........   NORTEAMERICANO
Por vocación..........   MUNDIALISTA

Esta amalgama de sentimientos, nostalgias, dudas, alegrías, resentimientos y realidades hacen del panameño y panameña, una mezcla interesante, nada común y muy especial.

Tienen en Panamá un Protocolo bastante colonial y sureño, además que muchas veces, desean y han deseado pertenecer al Sur. Ven, otras veces con nostalgia, al Sur. Muchas veces quieren ser el Sur, les encantaría ser parte del Sur.

Algunas veces, especialmente a principio de este milenio, como que Panamá se siente Centroamericano a veces; otras, titubea, no se siente seguro de ser centroamericano. Pero la inercia lo acerca a Guatemala, Honduras, El Salvador, Nicaragua y Costa Rica y, como que piensa que es mejor ser cabeza de este ratón, que cola de aquel león.

Pero el corazón manda, y los carnavales, con el deseo de bailar, están presentes en cada panameño y panameña, su música y su ritmo así como el movimiento de sus caderas es puro caribeño, así mismo su lenguaje, un español haragán, comiéndose algunas letras y un poco gritón.

Por su posición geográfica: un istmo, entre un océano Atlántico y un océano Pacífico; el poderío económico mundial decidió construir un fabuloso CANAL para resolver una necesidad del comercio global.

Esa "commodity" hizo que los norteamericanos lo construyeran, lo explotaran por 100 años, según acuerdo, y por lo tanto lo cuidaran y lo custodiaran, alojando una base militar en tierra panameña, por lo que los panameños se sintieron ocupados a la fuerza, en lengua, arquitectura, sistema y poderío.

El Sur, no le ha dejado nada a Panamá, solamente nostalgia. El Sur no considera a Panamá uno de ellos, uno del GRUPO. Las 5 Parcelas centroamericanas sí ven a Panamá, no solamente como parte natural del istmo centroamericano, sino que lo necesitan y lo consideran parte de lo que pudiesen ser los Estados Unidos Federados de Centroamérica.

A Panamá le encanta la música, la bulla, el baile, el merengue, la salsa, la bachata, la rumba, el vallenato, el mambo y el chachachá del Caribe; además que las mismas aguas del Atlántico caribeño bañan costas panameñas, mucha gente caribeña visita Panamá; pareciera como si todos fuesen parte de esta gran fiesta...

Los Estados Unidos de Norte América, el 31 de Diciembre en 1999 cumpliendo lo que firmaran un siglo a... entregaron el Canal de Panamá a sus legítimos dueños, los panameños; no sin antes asegurarse que técnicamente el manejo sería igual o mejor. Aunque siempre mantienen su ojo electrónico sobre el Canal, ¡por cualquier cosa! Y un protectorado asolapado continúa, por el bien del comercio mundial.

Sin embargo, esa magnífica infraestructura, no hablo solamente del Canal, hablo de carreteras, puentes, zonas especiales, bases, tanto aéreas, como navales, edificios, diseños y casas, con arquitectura especial para el trópico, la educación en el cuido del ambiente y protección a las áreas silvestres, etc. etc. ¡ya quisiese cualquier país latinoamericano haberla podido heredar! También se nota que, alguna clase de sistema del "know how americano" también fue heredada, pero no lo suficiente... como para hacer que Panamá funcionara, después de la entrega, como cualquier Estado estadounidense, en lo que se refiere a servicio, atención al cliente y al turista, rapidez, transparencia, ordenamiento vial, educación y tecnología de punta.

De manera que, en la ciudad de Panamá, existe un "shock," cuando uno ve esos edificios tan altos, y cada día van más altos, que parece una ciudad del primer mundo, cosmopolita: New

York, Miami, Tokio... pero cuando llegas abajo, con la vista... todavía Panamá está, en estado provincial...... ¿Qué pasó con el "know how de los norteamericanos? ¿Dónde fallaron? ¿Pudo haber sido el pequeño "apartheid" que hubo en esos tiempos de ocupación? ¿Sería que a los panameños no les interesó el aprendizaje de esas habilidades y estrategias tan importantes para el funcionamiento de una ciudad moderna? ¡Con servicio de Primera!

Cuando sales al interior, como llaman en Panamá, adentrarse a otras provincias, se ve la riqueza y belleza de su medio ambiente... de su fauna y flora, de su cultura, de sus artesanías y de su gente. Tiene vistas espectaculares y un turismo que se encuentra en franco desarrollo, tanto en las bellas costas y playas del Pacífico como en el Atlántico panameño y, también en las montañas, cerros y partes altas, llenas de *bajareque*, humedad, viento y frío.

Muchos panameños, dicen a menudo, no tener identidad propia, no identificándose con nada ni con nadie. Yo creo, que Panamá, es todavía un Pueblo Joven, y anda precisamente en busca de su identidad, y será esa amalgama del conjunto de lo que dijimos al principio: sentimientos, nostalgias, dudas, alegrías, resentimientos y realidades, pero que al final... dentro de un proceso de años, Panamá irá tomando forma y asentando su propia identidad.

Se nota ya... los principios democráticos en que se asienta su Constitución, las leyes y normas jurídicas panameñas, la abolición del Ejército, la Defensoría del Pueblo; la Contraloría General de la República; no solamente las elecciones para elegir a los mandatarios, si no la alternabilidad del Poder, el referéndum y el plebiscito, la Unidad del pueblo panameño; la diversificación de credos religiosos llevándose siempre bien; la mezcla de razas y etnias; pero sobre todo, lo que más me ha impresionado es que la gente panameña, todavía es buena... todavía le teme a Dios y al diablo, por lo que es de felicitar a las autoridades religiosas de todos las religiones que, le han dado una formación profunda, verdadera e integral, a los niños y jóvenes panameños, de manera que la sociedad es lo que es ahora, bastante respetuosa de las diferencias entre los demás, la unidad en la diversidad se practica muy bien; unidad ante cualquier eventualidad, muy fuerte en sus creencias, todavía guardan cierta educación o cortesía, así como alguna clase de disciplina básica y tienen una dosis de compasión por el necesitado, inválido y pobre.

Y a pesar de todo, su población todavía es pequeña; solamente hay unos 3 millones y medio de habitantes y eso es saludable como país, porque todavía se puede planificar esa población, se puede educar y capacitar, el país puede prosperar y se puede desarrollar de una manera más sustentable y sostenible.

Se puede observar que tiene, como todo País Joven en vías de desarrollo, algunos problemas, unos fáciles de solucionar, como es el tráfico... no hay ciudad capital, en el mundo, que no tenga ese problema, pero tiene solución: buena señalización, semáforos, pasos a nivel, vías alternas, monorrieles, subways, etc. y leyes drásticas de tránsito.

Un problema serio, pero que todavía ahora, se puede controlar, es el de la delincuencia y crimen organizado. Pero antes que nada, las autoridades y el pueblo panameño, deben estar conscientes de que SÍ existe, porque no se puede tapar el sol con un dedo... luego, hay que comenzar con unas leyes y acciones apropiadas para combatir las pandillas y el crimen organizado en todas sus dimensiones. Cuidar sus fronteras. Hoy, todavía es tiempo para poder hacer algo; mañana sería demasiado tarde, hablamos por experiencia...

La educación es necesaria e importante en cualquier parte del mundo y en todas las sociedades, pero en Panamá es bastante deficiente, eso está mal. Si no se enfrenta bien este problema, más temprano que tarde, tendrá resultados desastrosos. Porque por más infraestructura espectacular que se tenga, si no se le da al ser humano el derecho a la educación, pero no a solo aprender a leer y escribir, sino también a no robar, a ser responsable más que todo, o sea a una educación integral, esa sociedad no puede ser democrática.

Panamá es el país donde he conocido a un chiíta y un sunita ser grandes y queridos amigos, en un momento donde ambos grupos, se están matando en la guerra de Irak.

Panamá solamente debe nivelar sus diferentes estructuras, así como son de espectaculares sus edificios, así debe ser su educación y tecnología, así debe ser, de saludable, su democracia; con buenas estructuras viales, con buenos proyectos sociales para los menos favorecidos, ¡y una seguridad de lujo!

¡Panamá puede ser un <u>Paraíso Interoceánico</u>!

Todo depende de que su gente y sus conductores sueñen a Panamá como un <u>Paraíso entre el Norte y el Sur, entre el Océano Pacífico y el Océano Atlántico.</u>

¿Qué más quieren los panameños?
Amar a su país
Cuidar a su país
Defender a su país.

Lillian Díaz Sol Consejera Comercial
Embajada de El Salvador en Panamá 2007

Capítulo XL

El reencuentro con César

Me encontraba en mi oficina de la Embajada de El Salvador, en la ciudad de Panamá, un día del mes de marzo de 2007, cuando recibo una llamada de la Embajada de El Salvador en Quito, Ecuador. Al otro lado de la línea se encontraba Coralia Mejía de Morot, a quien no conocía en persona, pero conocía a su hermano Carlitos Mejía Alférez, quien es casado con Loly, una sobrina muy querida de mi mamá.

Despues de saludarnos me contó que el embajador Rafael Alfaro Pineda le había encomendado ubicarme en algún lugar del planeta y comunicarse conmigo. Ella había hecho sus averiguaciones y le habían comentado que yo me encontraba en la embajada de El Salvador en Panamá. Así era que me estaba llamando, porque el embajador Alfaro Pineda se quería poner en contacto conmigo. Aparentemente el embajador Alfaro Pineda había asistido a una cena ofrecida por la Cancillería ecuatoriana, y en la mesa a donde le tocó sentarse, también se encontraba el padre de la Canciller María Fernanda Espinosa, César Espinosa, mi compañero de la American Univesity en 1956.

Cuando César se dio cuenta que su compañero de mesa era el embajador de El Salvador, él le comentó que había conocido a una salvadoreña en la American University de Washington D.C. en 1956; el embajador le había preguntado quién era, y él le había respondido: Lillian Díaz Sol. ¡Ha! sí, le respondió el embajador yo la conozco, fue compañera de mi mamá en la primaria. Y al final de la cena, se había comprometido, el embajador, de ubicarme y de facilitarle mi teléfono a César; y esa era la razón de la llamada de Coralia.

Bueno, hablamos tanto, que sí, le dije, me acuerdo muy bien de César, y de su hermana, así como de sus sobrinitos. Me solicitó mis teléfonos para podérselos proporcionar a César y así podernos comunicar. Pero en toda la plática ella me invitó a ir a Quito y quedarme en su apartamento. Le pregunté cuándo eran las fiestas de Quito y ella me dijo que en Noviembre. Así es que le dije: muy bien si me invitas a quedarme contigo llegó en Noviembre, ¡y ya!

Nos hablamos por teléfono con César, después de 50 años de ninguno saber nada del otro. Fue muy emocionante, ¡pues había pasado tanto tiempo! Pasaron todos esos meses, desde Marzo a Octubre, de repente veo las fechas de las fiestas que comienzan el 10 de Noviembre; compré los boletos y llamé a Coralia para decirle que ya tenía reservación para ir a Quito. Ella estaba en los USA y me dijo que pasaba por Costa Rica, rumbo a Quito, y dio la casualidad que era el mismo día que yo salía de Panamá a Quito haciendo escala en Costa Rica; de manera que las dos íbamos en el mismo avión. Yo tenía magníficas relaciones con el Gerente de TACA en Panamá, Ricardo Zárate, de manera que pude escoger los asientos como yo quería, la misma línea, solamente que separados por el pasillo, así pudimos ir conversando en todo el vuelo.

Se llegó el día, salí en la madrugada de Panamá, llegué a Costa Rica a las 7 de la mañana, esperé y estaba atenta al avión de Los Ángeles que llegaba como a las 10 de la mañana. Acuérdense que yo no conocía a Coralia, así es que cuando llegó el avión y salió toda la gente, yo ví a alguien que pudiese ser ella e inmediatamente ella también me reconoció y nos abrazamos, luego esperamos un poquito para abordar nuestro avión que nos llevaría a Quito, que fueron solamente unas 2 horas, así, es que nos fuimos *chachalaqueando* en todo el trayecto, que yo ni lo sentí, cuando nos dimos cuenta, ¡ya estábamos aterrizando!

Ya Coralia, quien tenía una excelente relación con su jefe el embajador Alfaro Pineda, había arreglado para que le fueran a limpiar el apartamento, hacer las compras del supermercado, y nos llegara a encontrar al aeropuerto el choffer de la embajada, un

Capítulo XL

negrito colombiano. Efectivamente allí se encontraba, nos ayudó con las maletas, pero nos tardamos bastante tiempo en salir del aeropuerto. A todo esto, César nos había llegado a encontrar también, y el pobre estaba esperándonos afuera y nosotros sin salir.

Todo el aeropuerto de Quito, estaba decorado con unas macetas bien grandes de cerámica, y llenas de unas rosas tan, pero tan bellas, que yo hasta las toqué para cerciorarme que fuesen naturales; realmente las rosas de Ecuador son famosas como bellas y los colores son variados y raros.

Al salir, que ya como que éramos las últimas, ahí estaba César: lo conocí porque después de 50 años, todavía tenía los rasgos como la altura, sus ojos, aunque tenía barba y el pelo pues era canoso, pero el mismo César... Inmediatamente el choffer llevó nuestras maletas al apartamento de Coralia, y nosotros nos fuimos a almorzar los tres.

Bueno, ¡César se portó conmigo como nadie! Realmente quiero darle otra vez, las gracias, porque solamente creo que hubo un día que no nos vimos. Él tenía muy planificado a donde llevarme, cada día. Al día siguiente, aunque todavía tenía un poco de molestia en el oído y perdía un poco el balance, por la altura, fuimos a un lago bellísimo, Lago San Pablo, a un pueblito... y nos llevó a una Spa bellísima... creo que es lo más lindo que he visto en mi vida; ahí había un restaurant de película con pavo reales y todo era exquisito, desde la vista, el lugar, el ambiente, el servicio, la comida, ¡y sobre todo la compañía! Bueno, ¡Coralia y yo estábamos encantadas!

Quiero decir que Coralia es una gran anfitriona, ¡se portó conmigo de maravilla! también quiero agradecerle todo su cariño. Yo sé lo que es estar trabajando y todo lo que tienes que hacer día a día y que tengas un invitado en tu casa, es algo molesto, sobre todo que yo pasé 15 días... así es que, a pesar que eran las fiestas, siempre es molesto, ¡yo entiendo perfectamente bien! Lo mismo era para César, y él magnífico no me dejó sola ni un minuto siempre estaba pendiente de mí, a pesar de todas sus ocupaciones, el impartir clases en la Universidad, su familia, a pesar que es viudo, sus hijos y su hija, ¡nada menos que la Canciller en esos tiempos! Su bufete de abogado, o sea uno sabe y lo agradece que es bien problemático tener a un invitado extranjero que atender, ¡a mí me ha tocado muchas veces! ¡Por eso lo agradezco tanto!

Cuando Coralia salía, en la mañana, a trabajar a la embajada, yo todavía me quedaba en su apartamento que ella me había hecho sentir como en mi casa. El embajador nos invitó a almorzar en las oficinas de la embajada solamente a Coralia y a mí, naturalmente solamente era una invitación informal, para que conociera donde y como estaban ubicadas las oficinas. Luego nos ofreció una cena formal en su residencia; invitó naturalmente a César, el papá de la Canciller. Fue una cena muy linda, muy elegante y realmente me admiró de lo bien que estábamos representados por el embajador Alfaro Pineda, ¡a quien felicité por ser tan glorioso anfitrión!

Ya César sabía que me encantan las corridas de toros, ¡y a él ya no se diga! yo creo que me contó cuando éramos compañeros en la Universidad que él quiso ser torero... así es que en el programa había una invitación a ver la corrida de toros más fenomenal; una tarde de toros, ¡es lo mejor que me puede pasar a mí! Y teniendo a César a la par para decirme lo que no conocía, por ejemplo, se presentó un portugués Joao Moura un jovencito rajoneador, iba vestido con un traje estilo Federica del siglo XVIII. Nunca había visto torear o rajonear, se hace desde un caballo, ¡siempre había visto al torero y el toro! También esa tarde, toreó un francés Juan Bautista, quien es un gran matador triunfador de la Feria de Otoño de Madrid. También debutó un sevillano Daniel Luque, con gran carrera de novillero. Los diestros se lucieron con los toros de Domecq por la línea de Torreón y de la divisa de Mirafuente. Fue una tarde taurina muy bella, ¡la disfruté de maravilla! ¡Sábado 1 de diciembre de 2007!

Una noche me invitó César, a cenar a un hotel espectacular y ver Quito de Noche, ¡con todas las iglesias iluminadas! Me sorprendió llevándome en un carruaje de caballos paseando por todo el Casco Antiguo, y sobre todo ver el Palacio de Carondelet iluminado, que es la residencia de los presidentes ecuatorianos,

Capítulo XL

¡algo totalmente de película! Y después de todo el recorrido entramos al restaurant adornado con las rosas de Ecuador, a disfrutar de una cena, ¡y tomarnos fotografías en ese lugar tan bello!

César me ofreció un cocktail en su casa e invitó a muchos amigos y amigas. Antes, en una salida, me había llevado a conocer su casa, así es que esa noche me tenía preparada esa reunión donde me quería presentar a sus amigos más preciados, ¡qué gran honor para mí! Lamenté tener que llegar algo tarde, pues no sé qué nos pasaba que no podíamos salir y luego es largo el camino para llegar a la casa, ¡pero al fin llegamos! aunque creo que los invitados ya estaban un poco aburridos, aunque no fue mi culpa, porque a nosotras, nos tenía que transportar un amigo de Coralia. Pero cuando al fin arribamos la gente muy contenta y me presentaban regalos, ¡y era un alboroto indescriptible y agradable al mismo tiempo!

Tenía que conocer la MITAD del MUNDO, así es que un día nos fuimos para allá, un lugar que realmente lo tienen tan lindo y bien organizado para la cantidad inmensa de turistas que lo visitan. Se le llama también Monumento Ecuatorial por su forma piramidal-cuadrangular con sus 4 monolitos en los ángulos teniendo la orientación geográfica de los cuatro puntos cardinales y se encuentra localizado en la Línea Ecuatorial de latitud cero grados, cero minutos y cero segundos. Esta línea pasa por muchos y diversos países y continentes, pero únicamente hay un país que lleva su nombre la República de Ecuador. Estuve parada en la mera, ¡mera mitad del mundo! ¡Qué súper emoción!

Otro día las nueras de César y sus amigas me llevaron a ver el Casco Antiguo de día, y ver las iglesias, por dentro, con todo el oro, sobre todo la de los padres Jesuitas, La Iglesia de la Compañía de Quito, ¡una iglesia muy espectacular! El crucero de varios metros de ancho ostenta una cúpula alta decorada con pinturas, adornos medallones con figuras de arcángeles y de cardenales jesuitas. El Retablo mayor y el púlpito no los había visto antes en ninguna de las iglesias de otros países. Hay una escultura de San Ignacio de Loyola en el retablo del Crucero, ¡que es una maravilla!

Luego de ese tour espectacular y maravilloso, nos fuimos a almorzar a la Fonda Quiteña "La Leyenda del Padre Almeida", realmente pasamos casi todo un día en esos menesteres, yo encantada de la vida de tener esta oportunidad de conocer una ciudad tan diferente, tan colonial, tan nuestra, con gente de ahí, ¡que vive esa tradición maravillosa!

Hubo otro día que César me llevó a conocer su Club; ahí nos encontramos con uno de sus hijos que vive en la segunda ciudad más grande de Ecuador, el puerto de Guayaquil, llegó con su esposa e hijos y almorzamos todos juntos en el Club y nos tomamos fotos y la pasamos muy bien, además que nos conocimos, bueno ellos conocieron a la amiga salvadoreña de su abuelo, de su suegro y de su papá.

Una noche tuvimos una cena de sushi, con César el hijo mayor, quien es abogado, un muchacho muy simpático y buen profesional, nos divertimos mucho y me encantó compartir con él y César su papá, esa noche tan linda.

Hubo la noche en que la sobrina de César, Minina, se graduaba de economista; esta niña la había conocido en Washington, cuando César estudiaba en la American University y yo también. A la salida de la U nos íbamos caminando unas cuantas cuadras, luego hacíamos un cruce a la derecha y allí se encontraba la casa de la hermana de César casada con Julio quien trabajaba en la OEA, y ya Minina tenía unos 3 años y acababa de nacer Julito. César vivía con ellos mientras asistía a la Universidad. Cuando llegábamos nosotros ya su hermana nos estaba esperando con un té delicioso y bocadillos, pasaba unos minutos, lo más una hora, y luego César me encaminaba a la estación de bus para seguir hacia la Residencia de las monjas del Sagrado Corazón, donde yo vivía en esos tiempos.

Esa noche tuve una gran impresión, cuando la hermana de César me lleva al comedor de su casa y me muestra una pintura que yo

Capítulo XL

le había regalado cuando estudiaba Artes Aplicadas en la Escuela de Arte de Washington; francamente yo no me acordaba para nada, pero cuando la vi inmediatamente la reconocí y... wow! qué impresión. Ella la había conservado por 50 años y la había llevado a todos los lugares donde había residido durante ese tiempo.

Así pasaron tan rápido los días y ya me tenía que regresar. Quito es bastante helado para mí, menos mal que llevaba ropa para clima helado; pero viviendo en Panamá era casi imposible que tuviese tanta ropa de invierno, pero como viajo también para el norte en invierno, no tenía tanto problema. Llueve mucho también en Quito, es un clima bastante diferente al que yo estoy acostumbrada, pero realmente mi estadía en esa ciudad tan bella fue como un sueño; me encantó como había sucedido todo el viaje, el haber reencontrado a César después de 50 años, fue algo inimaginable unos meses antes, ¡pero un sueño hecho realidad! Gracias César por todos tus cariños y atenciones, así como a tus hijos y a María Fernanda, quien me encantó, ¡y le deseo todos sus sueños cumplidos!

Una tarde tomé yo sola el avión que me llevaría de regreso a Panamá, donde me encontraba residiendo y trabajando. Y venía la triste realidad... Toda esa visita había sido realmente como un sueño, haber estado con César, un amigo de tantos años atrás y que parecía que era imposible que nos hubiésemos vuelto a ver, pero sucedió. La ciudad de Quito, una ciudad realmente bella, nunca creí encontrar una ciudad tan bella, conocer tanta gente linda, ¡Coralia una amiga y anfitriona maravillosa! Todavía me contacto con ella por internet, ya que se encuentra en Canadá, lo mismo con César, claro está. Conocer a la familia de César, su hija María Fernanda, y a sus hijos, todos unos profesionales y papás también.

Mi retorno a la realidad fue dura, pero tenía que seguir adelante, ¡y llegar a Panamá!

¡Aunque esta escapada a Quito fue como un oasis en un desierto terrible!

Capítulo XLI

LA AUSENCIA DE UN VERDADERO AMIGO

¿Mi primer novio, se acuerdan? Arnoldo Hirlemann... él casó con Moy Pascual; estuvieron casados muy poco tiempo y pronto se divorciaron y no tuvieron hijos. Luego, Arnoldo casó con Elizabeth Calderón y tuvo 2 hijos, Monique y Eric; al tiempo, lastimosamente también se divorciaron y, por último casó con Marina Zepeda, y fue padre de una niña y luego tuvo un varón: Mauricio Andrés.

La familia Hirleman Pohl, era numerosa, la primera tanda, por decirlo así, era Arnoldo, Roberto y el Chele; la segunda tanda era Ana María, Eduardo, Carlos y Arturo; y la tercera tanda era Jaime, Adelita y Elizabeth. Mis amigos naturalmente eran los de la primera tanda y Ana María, que éramos compañeras de colegio y a ella le encantaba tener amigas mayores, así es que se pasaba al recreo de las grandes donde estaba yo.

Cuando regresé a San Salvador en el año 75, comencé a encontrarme con los familiares y amigos que no había visto en mucho tiempo. No recuerdo exactamente donde nos volvimos a ver con Carlos, y aunque él era de la segunda tanda, pero mutuamente nos tuvimos mucho cariño, un cariño sincero y verdadero y comenzamos una gran amistad... él siempre me decía que allá adentro, ¡él deseaba que Arnoldo se casara conmigo! ¡Yo no le hacía caso! Para mí, eso ya había terminado y nunca pensé en una situación semejante, pero para Carlos eso era una posibilidad que nunca descartó.

Por esta época fue, cuando su familia ya había construido el Hotel Siesta, que aunque era pequeño, en comparación con otros, tenía un excelente servicio. Y todo era debido a Carlos, que él era, como buen anfitrión, exigente con su personal, como debe ser

Capítulo XLI

cuando se ofrece un servicio tan delicado como era el de la hostelería y restaurant. Al principio, cuando se abrió el hotel, también trabajó Ana María, su hermana; y por 20 años también lo hizo Adelita, quien culminó una carrera completa, sobre el teje y el maneje del hotel, hasta que llegó a ser ella misma Administradora General, cuando Carlos se embarcó en otras aventuras empresariales.

Desde los años 80s todas las graduaciones de Pigmalion las hacía en el Hotel Siesta, me daban una gran atención además de buenos precios. En los años noventa, que fui diputada, daba mis clases los días sábados, ahí mismo, o sea que Pigmalion se trasladó al Hotel Siesta. Ya Carlos como que le había tomado más interés a la política y a menudo me invitaba a almorzar con él en el hotel y ahí *chambréabamos* de todo lo que acontecía en nuestro país. Él, naturalmente, siempre republicano y nacionalista.

Carlos era un muchacho, sufrido, habiéndose echado una responsa-bilidad desde muy joven, trabajador y sabía cómo quería las cosas. Si la familia iba a tener un hotel y él era el Administrador tenía que ser el mejor, en servicio o en comida; es decir, era orgulloso, ¡con ese orgullo de dar lo mejor! El porte de Carlos era de un artista de cine, alto y guapo, y conocía todas la buenas maneras y como hacer sentir bien a sus clientes, ¡con servicio de primera!

Recuerdo que había venido de New Orleans, allá por el año 87 cuando trabajaba para International Companies, y Glenda Gaby había llegado de España; era en el mes de mayo y me dijo que Glenda iba a dar un show en el hotel y que me quedara, que no me fuera. Efectivamente me quedé y la familia Hirlemann tenía apartada una gran mesa a la derecha, y al fondo. Cuando yo entré al Salón, casi en la entrada había una mesa pequeña donde ya se encontraba Arnoldo y Marina sentados. Después de saludarlos, me dirigí a la de la familia, cuando ya comenzaron a llegar todos los hermanos. Cuando ya estábamos todos sentados, alguien, dijo algo como que llamaran a Arnoldo a nuestra mesa para que se sentara con todos nosotros. Pero Carlos inmediatamente me preguntó a mí si quería, contestándole que no, e inmediatamente Carlos dijo no, ¡porque la Lillian no quiere! Wow!

Otro día recuerdo que me había invitado a almorzar, pero antes llegaba a su oficina y allí, hablábamos todo lo que no queríamos hablar cuando estábamos en público en el restaurant; generalmente asuntos políticos De repente suena el teléfono y era una llamada de larga distancia de Miami. Hacía unos días había tenido de invitadas a 2 cubanas muy lindas y una de ellas parece que se había quedado prendada de Carlos. Cuando yo me di cuenta que era algo íntimo que estaban hablando inmediatamente hice el gesto de levantarme y salirme de la oficina para que él pudiese hablar como él quisiese con ella; pero inmediatamente interrumpió la llamada y me dijo, ¡no! Quédate, no es nada…

Sus hijos me decían tía Lillian, y francamente Carlos siempre me distinguió y me trató como si hubiese sido su cuñada. Yo le tuve el mismo aprecio y cariño.

Cuando lo nombraron Presidente de Turismo, tenía una staff excelente con quienes ya estábamos comprometidos a llevar a cabo el festival del Maquilishuat, ¡que era una cosa maravillosa! No solo para San Salvador, sino para todo el país. Pero en eso se alargó la guerra civil y con tantas ofensivas era casi imposible llevar a cabo un evento como ese y todos esos planes se truncaron, lo cual fue una gran tristeza.

Pero al terminar la guerra, que nos habían dicho tanto de que el país se iba a recuperar de una manera increíble, que iba a venir mucho turismo, que la recuperación era inmediata y todo lo demás, eso mismo hizo que Carlos, que era otro soñador, empezara a prepararse y llevó a cabo la aventura del mejor restaurant de El Salvador: *Karla's*. Yo comprendo bien porqué hizo todo eso, era lógico, los que sabíamos lo que nos habían dicho, lo hubiésemos hecho así, lo que pasa es que la tortilla se *voltió* y la cosa no fue lo que nos dijeron; y desde entonces nos estamos recuperando, ¡y cada día seguimos peor!

Luego vino todo lo que vino, Carlos y su familia perdió no solo el

Capítulo XLI

restaurant *Karla's*, sino el hotel y todo. No me puedo imaginar cómo Carlos pudo soportar todo lo que soportó, para culminar con la muerte de su hija Karla, eso quizás fue lo peor para él. Luego pues nadie es más fuerte que eso... y él también dejó de existir...

Lamento tanto todo esto; me hacen falta las tertulias con Carlos, porque si algo teníamos en común era nuestro amor a El Salvador; éramos de la generación que todavía tenía muy arraigado nuestro amor a la patria... a El Salvador, antes que a nada.

Pero desde acá saludo la figura, el trabajo, la determinación y los sueños de Carlos Hirlemann Pohl, un gran amigo, ¡un buen salvadoreño!

En Panamá nos vimos con su hijo Carlitos y la tía Lillian lo invitó a su apartamento con sus amigos y pasamos un tiempo delicioso, con vino, quesos y bocadillos.

También, siempre nos habíamos visto con cariño con Adelita, en todos estos años, pero ella siendo de la tercera tanda... pues pareciera que no teníamos nada en común. Pero ahora tenemos una amistad muy linda, siento que Adelita es una magnífica mujer, tiene unos sentimientos tan genuinos, sanos y compasivos, ¡Adelita me encanta y es tauro como yo!

Así es que hemos decidido ser más que amigas... ser como hermanas... ¡lo cual celebro grandemente!

Capítulo XLII

Adelita... mi amiga de toda la vida...

Estuvimos juntas desde el primer grado en el Colegio de las Señoritas Padilla, la Niña Chabelita y la Niña Merceditas... allí me encontré con Adelita Novoa Milla: recuerdo sus largas y gruesas trenzas. Cuando llegué a las vacaciones del tercer grado, fue que me mudé a vivir con mis tíos Mario Pacheco Araujo y Margarita Díaz Sol de Pacheco; y así fue como pasé al Colegio Guadalupano y ya no la volví a ver, porque a ella la enviaron sus papás junto con su hermana mayor, Marta Rhina, a Pensylvania, USA a estudiar el High School.

Cuando llegué a Washington D.C. a estudiar, ella ya vivía en la residencia de las monjas del Sagrado Corazón donde yo llegué también a vivir y, ahí nos volvimos a encontrar, siendo mi *roomate*. Ya Adelita fumaba como chimenea por esos tiempos, salíamos de compras, íbamos al cine, y a todos los paseos que hacíamos en Washington.

Adela se caracterizaba por ser la joven más ingenua que he conocido en toda mi vida, ella era absolutamente buena, sin malicia alguna, sana, tanto que las otras compañeras, como Flora, Martita mi prima, Merceditas y Tula, tomaban ventaja de ella tremendamente.

Después de que ella tomó un curso superior de Secretariado, en una súper escuela de Washington, el Spencer College, y de trabajar un poco para tener experiencia, llegó el momento de regresar a El Salvador, para llevar a cabo la tarea normal de casarse.

Un día recuerdo que estábamos todas platicando y viene Flora y Tula, le dicen a Adela: Ya que te vas para San Salvador, y vas a

Capítulo XLII

casarte, ¡te vamos a recomendar un muchacho súper guapo! Te vas al Campo de Marte y allí lo vas a ver en una convertible roja, se llama Kalisto Kilovatio, y ya verás, te va a gustar tanto que te vas a querer casar con él.

Recuerdo que Adelita apuntaba el nombre para que no se le olvidara. Todas sabíamos que Kalisto Kilovatio era el muñeco imagen de la CAESS, la compañía de alumbrado eléctrico; pero ella no lo sabía, y estaba súper creída que Kalisto era realmente un muchacho de la sociedad salvadoreña, ¿se dan cuenta? ¡Así era Adelita de sana de inocente y de buena!

Siempre nos manteníamos en comunicación, escribiéndonos, de manera que un día me comunica que su novio salvadoreño, ¡se lo había quitado otra amiga! Pasó el tiempo y regresó a Pensylvania y a Boston, siendo en ese viaje, donde conoce a un arquitecto hondureño. Se enamoraron y fijaron la fecha del matrimonio para un diciembre, dentro de dos años. Efectivamente casó con este hondureño cuya familia era banquera en Tegucigalpa. Jamina, mi hija, fue una de sus damitas de honor; llegamos a la boda en Diciembre, creo que el día 14, y se casó en su residencia en "Palo Alto" que quedaba frente al estadio Flor Blanca.

La boda se tuvo que hacer pequeña, solamente con 500 invitados, porque la familia del novio, había tenido una tragedia en el mes de octubre: en un accidente automovilístico en México, había fallecido el padre del novio, así es que prácticamente estaban de duelo.

Se fueron de luna de miel a Europa, con tan mala suerte que ese invierno fue uno de los peores... y las nevadas eran tan terribles que tuvieron que permanecer más tiempo en España, por no poderse trasladar a Francia, debido a las fuertes nevadas.

Ahí le sucedió una de las peores tragedias que le puede suceder a una novia en su luna de miel. Ella se queda en la habitación en la noche, el esposo le dice que va a bajar al bar a tomarse una copa de vino... y llega hasta el otro día con la camisa llena de lápiz labial, ¿cómo la ven desde ahí?

Cuando al fin llegan a París, visitan a una amiga que vivía allá con su esposo y la amiga le comienza a contar las barbaridades que le hacía el marido... De manera que Adela tuvo una luna de miel bastante agria.

Desde que se conocieron hasta que se casaron pasaron como dos años, se habían tardado en casarse porque habían construido su residencia en Tegucigalpa, y habían encargado muebles y piezas lindas de China; total que cuando regresan del viaje de luna de miel, llegan primero a El Salvador. Adelita mamá, que era otra súper amiga mía, le había conseguido dos trabajadoras de casa, ¡excelentes! Menos mal... porque al final, ellas fueron las que la salvaron, a tiempo de vivir en Honduras.

Parece que el arquitecto era algo loco, y se encerraba en la biblioteca y tiraba de balazos, ¡para que Adela creyera que estaba muerto! ¡Que se había suicidado! Y miles de cosas como esas hasta que una vez como que le quería tirar los balazos a ella y así fue como se vinieron huyendo de la casa hasta la carretera y luego para El Salvador, Adela y las dos trabajadoras de casa.

Cuando finalmente llegaron a Palo Alto, el Dr. Novoa, su padre, se moría de la cólera de ver cómo había tratado el hondureño a su hija; de manera que ahí nomás se hizo el divorcio y para que Adela se olvidara un poco de esa tragedia, sus papás la enviaron junto con su hermana menor Ana Julia, al Oriente, Japón y China.

Con el tiempo Adela se fue a trabajar a la embajada de El Salvador en París, Francia; y cuando Adelita mamá, ella sola o acompañada de su hija menor, Ana Julia, la iban a visitar, siempre pasaban por Washington y nos pasaban a ver, a Jamina y a mí; platicábamos toda la noche; en el día comprábamos y luego a los dos días, se marchaban a Francia. Éramos realmente muy amigas, nos queríamos mucho, y disfrutábamos de nuestras visitas.

Adela conoció a su segundo esposo, un inglés llamado Winter Rose; casó con él y tuvo tres hijos, dos varones y una niña. Su esposo era el representante de la British Tobacco Co. en el país donde estaba. Vivieron en Brasil, El Salvador, Argentina y

CAPÍTULO XLII

España, de los que recuerdo. Vivían como diplomáticos realmente, con todas las prebendas de uno. Y asistían mucho a cocktails y eventos diariamente, de manera que Winter comenzó a tomar mucho, hasta llegar, más tarde, a admitir que era alcohólico. Sus hijos crecieron y ya casi no aguantaban la situación en su hogar, de manera que uno de ellos se fue a Australia, y el otro a Egipto. Ámbar, la niña, una linda jovencita, fina y de buenas maneras, vino hacia El Salvador, donde Adela se encontraba cuidando a su mamá, Adelita, que había desarrollado, lastimosamente un Alzheimer, y donde los abogados de ella habían hecho lo que querían con su capital.

Le tocó a Adela venir a cuidar a su mamá, porque alguien le escribió que la había visto, en un evento social, un poco mal arreglada y rara y la llamó a que viniera a ver qué era lo que pasaba. E inmediatamente Adela dejó todo en Londres y llegó a San Salvador encontrándose con que Adelita tenía esa terrible enfermedad, cuidándola ella misma, hasta que dándole de comer, un día, se le olvidó tragar y se ahogó, falleciendo Adelita mamá.

Su hermana, Ana Julia, había fallecido hacía varios años atrás, de un cáncer linfático, dejando a dos hijos, pues también había contraído nupcias con un inglés. Sus hijos viven con su papá en Inglaterra.

Marta Rhina, su hermana mayor, había tenido un divorcio con su esposo y sus hijos, estaban, unos fuera estudiando o trabajando. Además tenía una enfermedad que era si no mal recuerdo algo como esclerosis múltiple y un poco de Alzheimer. De manera que no podía haber alguien más que pudiese atender a Adelita mamá, más que ella.

Tuvo Adela una estadía en El Salvador, terrible; francamente no sé cómo hizo. Tuvo que pelear su patrimonio, que casi había sido arrebatado por el abogado de confianza de su mamá. Ella gracias a Dios consiguió uno, muy bueno y recuperó, por lo menos, las propiedades. Ella era la encargada, como presidenta de la administración de los bienes de las 3 hermanas, ¡y eso era terrible!

Entiendo que los hijos de su hermana Marta Rhina fueron los peores portados con ella: cada vez que tenían junta con ellos, todos los herederos, para repartir los dividendos, Adela me llamaba para que le diera valor, ¡y me decía que era su peor momento!

Ella no estaba acostumbrada a todo lo que sus sobrinos le hacían y le decían... hay realmente un gran malentendido con todo esto, especialmente con estas cosas que eran de dinero... los otros no hacían nada, solamente recibían y no sabían por todo lo que esta pobre alma había pasado en este país tan corrupto, por las oficinas gubernamentales, y la gente tan falta de disciplina, orden y honestidad, de manera que a ella le tocó pelear por todo... y creo que todo eso la llevó a una enfermedad que la consumió.

Por otro lado, su esposo, al principio se iban a divorciar, pero ella iba a chequearse a Londres, después que le descubrían algo en El Salvador, y al llegar veía con tristeza que Winter andaba muy de amigo de una mujer, que había conocido en los alcohólicos anónimos. Eso la ponía muy mal... regresaba a El Salvador, y aquí más problemas con todo, absolutamente con todo: con el frijol, con el maíz, con los trabajadores, con el abogado, con los sobrinos, con la hermana, viéndola morir...y luego con su propia enfermedad.

También por su hija, sufría mucho por ella; aunque nunca lo decía directamente; pero yo soy madre y puedo saber lo que ella sentía, me lo decía preguntándome cosas y pidiéndome que le averiguara otras. Yo con mucho tacto, le decía solamente lo que creía conveniente, para no lastimarla. Pero Adela vivía preocupada por su hija, que había educado tan bien... pero que al final... ella escogió su camino. Eso le causaba una gran angustia, su única hija mujer.

Adela adoraba a sus hijos varones, eran guapos, ¡jóvenes y modernos! Los visitaba a donde estuviesen... Allá iba ella a verlos y vinieron también ellos a visitarla acá. Siempre se estaba acordando y hablando acerca de ellos.

CAPÍTULO XLII

¡Yo realmente la admiraba tanto!... siempre pensé en ella como un conejito blanco en una jungla llena de animales salvajes, de leones, tigres, tarántulas, alacranes, etc. y ella completamente indefensa, sin siquiera pensar que podía ser agredida por uno de ellos, ¡qué increíble!

Me daba tanta lástima... no sabía yo qué hacer, porque también soy demasiado respetuosa de las cosas, sentimientos y acciones de los demás; no me gusta meterme, a menos que me lo pidan con nombre y apellido, pero ella siempre me llamaba para que fuera a verla: o ella venía o por teléfono o por carta, pero siempre estuvimos en contacto.

Cuando me tuve que ir a Panamá, yo sé que ella lo sintió mucho, porque me lo expresaba en las cartas que me escribía... ¿pero qué podía hacer yo? Hoy, lamento muchísimo que no le ayudé más... tal vez ella, sin decírmelo me lo pedía...

Cuando regresé nuevamente, ella se alegró mucho, pero francamente uno cree que todo seguirá igual... nunca se imagina que la vida se pueda terminar en cualquier momento y fue hasta que regresé, que me contó que ya le habían quitado un pulmón, desde hacía tiempos, en Londres, por tanto fumar, Adela fumaba desde jovencita, todavía antes de ser mi *roomate*. ¿Y saben qué? Seguía fumando... yo no lo sabía hasta que me contó y le dije ¿qué?

Al tiempo, en el 2011 comenzó con dolores y se internó en el hospital... parece que ya era demasiado tarde, estaba bastante invadida de cáncer. Winter vino desde Inglaterra. Un día me llamó y me dijo que le llevara un sacerdote... Yo no conozco a uno tan solo que le podía recomendar para que le ayudará a bien morir. De manera que pregunté a alguien que sabía y esperé a que me llamara para llevárselo...

La otra vez que sonó mi teléfono, fue Winter, diciéndome que Adela había fallecido. Yo lloraba y le decía con voz bastante fuerte "*¡por qué no me avisaste antes!*"... Claro yo comprendía que no podía, en esos momentos de angustia, estar avisando a Lillian, tráiganle un sacerdote a Adela...

Fue velada en su residencia, solamente por su familia y pocos amigos. ¡El funeral fue solamente para su esposo e hijos! Ella era muy hermética, algo parecida a mí, pero yo he aprendido a ser un poco más abierta. Acá está la prueba.

En la Misa que le celebraron en la Iglesia Corazón de María, donde asistí, Winter tuvo un gesto muy hermoso conmigo: me regaló una foto de Adelita... Estaba fumando, su manera más natural de estar... La guardo enmarcada en una librera de mi dormitorio, ¡ahí la estoy viendo siempre!

¡Me dolió tanto su muerte! Porque yo esperaba tenerla más tiempo... platicar más... recordar más... le encantaba que le contara de la política de nuestro país... me pedía consejo para todo... Verdaderamente la quería más que a mis hermanas, teníamos tantas cosas en común... Nos entendíamos tan bien...

Yo he escrito esto, sobre ella, porque fue mi mejor amiga, amiga de infancia, y si hubiésemos escarbado más, hubiésemos sido hasta parientes... ¡estoy más que segura!

Quiero que quien lea mi libro, lea de esta mujer, Adelita, tan buena, tan humilde, tan caritativa, tan ingenua, tan sufrida, tan todo... Adelita era guapa, siempre lo fue, con una magnífica educación, pero a la vez, no era ni prepotente ni creída, eso era lo que menos tenía. Porque casi nadie la conoció como yo, ¡que aprendan de la vida con ella, también! Que teniendo tanto... ¡no fue feliz como se lo merecía!

Aquí es cuando uno dice de la vida... ¿Por qué? ¿Por qué tuvo que ser así? No lo entiendo... ¿es el destino?

Hazme Suave el instante

Hazme suave el instante. Mañana, esta noche talvez he de partir. Y será para no volver... Para ya no volver jamás... jamás...

CAPÍTULO XLII

Pasarán milenios y edades y eternidades y yo no volveré. Rodaremos de mundo en mundo por toda la inmensidad de los cielos y no volveremos a encontrarnos. Y aún si nos encontramos aquí mismo, una y otra vez, no sabrás quien soy yo, ni yo te reconoceré.

Porque solo se encuentran los que se compenetran: Los que vencieron la barrera de la separación, los que se adivinaron y se sacrificaron, uno en aras del otro, los miles de egoísmos del ser.

Por eso hazme suave el instante: porque una vez muera; una vez la primera palada de tierra caiga sobre mi féretro, ya nada servirá que me llores y que te lamentes de no haberme endulzado el amargo vivir.

Ahora, que vivo o padezco, todo es hiel o miel para mi alma. Una sonrisa, una palabra, una mirada, un simple gesto cordial es medicina y alivio para mi atribulado corazón. Después ya perdido en las tinieblas del sepulcro, nada me servirá.

Ahora me puedes dar amor. Después solo palabras vanas y lágrimas tardías. Por eso, hazme suave el instante, hazme suave el instante, si es que sientes deseos de endulzarme el amargo vivir.

Alberto Masferrer

Capítulo XLIII

¡ME OPERAN DE LAS CUERDAS VOCALES!

Antes de partir para Panamá había estado varios días sin voz, y años antes había tenido otro cuadro similar. Claro, todo el tiempo que estuve por allá no tuve que impartir clases, de manera que estuve más o menos bien de la voz. Pero cuando regresé a San Salvador, empecé a impartir seminarios, charlas y clases, y con unas horas como de 2 a 8 de la noche; así es que hubo un día en que realmente me dio una gripe terrible a principios del año 2012, dándome toda clase de medicamentos, hasta que llegó el mes de Junio y tenía que ir a limpiarme los oídos donde el otorrino, y cuando él me escuchó la voz, inmediatamente me dijo: ¡esa voz no me gusta! Me examinó y me dio el diagnóstico, operación porque tenía un quiste en la cuerda vocal derecha y una inflamación en la izquierda con otras cosas. Casi estaba arreglada la operación para 5 días después, pero le conté a Jamina y a mi hermana Sara y me dijeron que por qué no consultaba una segunda opinión.

Llamé a mi médico internista el Dr. Gónzalez García y me recomendó al Dr. Ricardo Patiño, quien ya me había visto una vez antes. Fui a su consultorio y me confirmó el quiste en la cuerda vocal derecha, pero me dijo que tenía edema de Reike en la cuerda vocal izquierda y lesiones leucoplásicas en ambas cuerdas, además enfermedad por reflujo laringofaringeo bilateral grado II; para este dignóstico me hizo un exámen cuidadoso y me dio las fotografías de todo lo que tenía.

Me gustó mucho el examen además y más que todo su trato, eso me vendió el paquete, así es que comenzamos por los exámenes, ya que soy un paciente que tomo descoaugulante, porque me coaugulo, y para una operación como esta, que me tenían que dormir toda, era necesario entrar al proceso de quitar la aspirina 3

CAPÍTULO XLIII

semanas antes, 4 días antes el coumadin, a la vez aplicarse 2 días antes las inyecciones en la panza y 5 días después de la operación más inyecciones en la panza, hasta llegar a terminar con todo el proceso, y comenzar de nuevo con los descoagulantes.

Llegó el día de la operación el viernes 14 de septiembre. Caro Jaime quien es mi ex alumna, además que trabajamos juntas en Pigmalion, arregló con su papá para que nos llevara a las 5 y media de la mañana al hospital. Ella se estuvo toda la mañana allí, hasta a medio día que finalmente nos mandó a recoger en su camioneta y choffer, mi hermana Sara y nos llevaron a mi casa. Donde se quedó Caro conmigo por 3 días, ayudándome sobe todo con la comida, pues solo podía comer gelatina y flan y días después, dieta blanda.

Me prepararon las enfermeras desde las 7 de la mañana, lo último que me acuerdo fue haber llegado a la Sala de Operaciones, ya después nada... hasta que yo, creyendo que todavía no me habían operado, empecé a llamar a una enfermera, pero luego, luego, llegó el Dr. Patiño y me dijo que el quiste no era cáncer y que Juan Manuel, mi sobrino me dejaba saludos y que ya me daba de alta. Ahí comprendí que ya había pasado todo.

Pregunté la hora y eran las 10 de la mañana. No sentía, naturalmente nada, porque todavía estaba bajo los efectos de la anestesia, pero me quería ir a mi casa a descansar. A las 12 del medio día me llevaron un yogurt y una comida de bebe de manzana, luego me dieron las medicinas para seguir tomando después de la operación y ya me fui a mi casa. Y a comenzar el proceso post-operatorio. Gracias a Dios todo, todo salió bien, no hablando y guardando un poco de reposo. Hasta que ya me fui estabilizando y empecé a dar clases poco a poco en el mes de Octubre. Gracias a Dios todo salió muy bien.

Mis agradecimientos a los doctores Ricardo Patiño, quien me operó, y todas las alumnas, ex alumnas, amigos, amigas y familiares que estuvieron pendientes de cerca y de lejos de mi operación, ¡Que Dios les bendiga a todos!

Por hoy, solamente, con mucha tristeza y resignación estamos esperando el fallecimiento de mi mamá, que puede ser cualquier día, pues ya llegó a una etapa de no querer comer casi nada.

La edad de ella es de casi 98 años, así es que es de esperar que suceda algo; pero lo increíble de mi mamá es su cabeza, yo le llamo muchas veces por teléfono para preguntarle por nombres de personas, ¡y ella se acuerda de maravilla! Así como teléfonos de amistades o familiares. Francamente es un fenómeno, ¡cómo tiene esa mente de brillante! Siempre me pregunto qué le habrán dado de comer de chiquita. Todos y todas nos quedamos asombrados de la mente y la capacidad que tiene para recordarse de todo.

Hace poco estábamos visitándola, su nieta María Eugenia y sus dos hijos; Sarita, su otra nieta con sus dos hijas, y yo; ella estaba acostada, como dormida y los cipotes estaban molestando al hijo de María Eugenia por su postura y le estaban diciendo que si no se componía se le iba a distorsionar la espalda como al jorobado de Notre Dame, pero ninguno de todos nosotros nos acordábamos del nombre, y ella al ver que ninguno lo sabíamos abrió la boca y fuerte dijo: Nicodemo... ¡Nos quedamos de cemento!

También quiero expresar que me hace mucha falta, y a mis amigas también, Doris, la empleada que tuve desde 1976; y cuando me fui a Panamá se la dejé a mi mamá, pero cuando regresé ya no estaba y no la he podido controlar, ni por teléfono ni por ninguna forma. A veces hasta he creído que ya murió, porque no puede ser que no me haya venido ni siquiera a buscar. Pero pienso en ella bastante, sobre todo cuando yo tengo que hacer las cosas que ella hacía, ¡y cómo me ayudaba! Francamente le tenía mucho cariño a Doris, lamento mucho no poder tenerla o por lo menos saber algo de ella.

Quiero decir al final, que en estos momentos, con mucho entusias-mo y energía, he comenzado a participar en un instituto político nuevo, limpio y serio, donde he encontrado un ambiente que era el que yo hubiese deseado tener si hubiésemos llevado a cabo nuestro propio proyecto SOL. A este instituto político le

Capítulo XLIII

estoy apoyando con mi voluntariado como Secretaria Nacional de los Asuntos de la Mujer, además con mi pequeña participación de dar charlas y ponencias sobre democracia, política, la mujer, la familia y en todo lo que yo pueda servir para el bien del partido; siendo, eventual-mente, la meta: el rescate del país.

Estoy muy emocionada porque he encontrado que puede que El Salvador tenga una salida a la verdadera democracia. Este Partido PSP: Partido Salvadoreño Progresista, me ha devuelto, nuevamente, la esperanza de tan solo pensar que, El Salvador puede llegar a ser lo que toda mi vida pensé y ansié: un país democrático con el respeto a los Derechos Humanos, pero sobre todo Libre, con todo lo que esto representa; pasar por la educación, la moralidad, la propiedad, la individualidad, la unión, pero sobre todo la autodisciplina de todo el pueblo.

Y este partido político como es dirigido por militares en situación de retiro, creo que son los únicos que pudiesen, a estas alturas, devolverle al pueblo salvadoreño el orden y la disciplina que se perdió y que se debe tener para poder llegar a ser un país consistente y productivo. Casi todos los países grandes del mundo, han tenido un conductor militar que les ha implementado reglas básicas en el orden y la disciplina que los pueblos necesitan, ¡para poder llegar a ser un lugar donde valga la pena vivir!

Cada día que pasa, me siento más contenta de poder, con mi pequeño esfuerzo y voluntariado, ayudar a cambiar las cosas que necesitan cambiarse, por medio de educar y capacitar a muchos jóvenes, para que ellos sean los próximos funcionarios, ya con otra mentalidad distinta a la que hasta ahora hemos visto en nuestros burócratas. Por lo que he querido dejar plasmado este sentimiento en mis memorias… para que puedan también Ustedes, darse cuenta, que siempre existe, allá a lo lejos un sentimiento, una ilusión que puede hacerte trabajar hasta cambiar las cosas por el bien de tu país.

Capítulo XLIV

Ultimas Reflexiones

Me consideré, siempre, una niña sin amor de madre o padre. Hubo violencia intrafamiliar en mi hogar, pero no culpo a ninguno de mis padres en particular. ¡Hubo abandono de hogar y divorcio! Fui a vivir a otra casa, a otro hogar, con otra gente, al principio desconocida y extraña, donde me sentía invitada, pero donde todo eso podía terminar, si me portaba mal... pero no sabía qué era verdaderamente portarse mal u ocasionar el enojo de mis tíos. Por lo tanto viví con miedo, mucha disciplina y nada de amor o cariño, sola... triste y sola. Con celos y envidias, a mí alrededor, parientes cercanos tramando cosas contra una niña... ¡cosas TERRIBLES!

Me enviaron a un internado en el Sagrado Corazón, en vacaciones. Ahí pasé las Navidades y Año Nuevo interna y sola. Fui criada con reglas muy duras para una niña tímida. La mentira era castigada con pena de muerte. La honestidad, la puntualidad, la limpieza y la VERDAD eran las virtudes SAGRADAS a seguir... Fui criada donde todo era: NEGRO o BLANCO, no había más matices, los grises no existían. La compasión por la gente humilde la aprendí sola y nunca he sentido que tengo familia... ¡nada! Soy completamente SOLA. Y admito que me ha costado mucho acostumbrarme a compartir con otras personas; he logrado un poco, pero siempre me siento mejor sola, aprendí a ser muy feliz sola, ¡aprendí a suplirme todas mis necesidades yo sola!

Fui muy feliz porque nací Mujer: no lo hubiese querido de otra manera... aunque hay desventajas sí, pero gracias a Dios, ¡no las sufrí como tal vez otras lo han sufrido! Estuve contenta con la familia donde nací, aunque hay algunas cosas que las hubiese cambiado; pero sobre todo fui feliz de haber tenido a mi hija, Jamina María; fue

CAPÍTULO XLIV

un regalo de la vida, a quien quise mucho, lamentando siempre el haber pasado tiempos separadas, por la distancia.

Llegué a la conclusión que las cosas buenas que me enseñaron de pequeña, de las cuales yo tengo muchas como: ser puntual, trabajadora, honesta, ordenada, organizada, recta, amable, responsable, respetuosa, agradecida, leal, humilde, servicial, etc. no fueron las virtudes por las que la sociedad, más tarde, se regía... Y ahí tuve muchas dificultades, ya que los valores de nuestra sociedad cambiaron, y giraron alrededor del dinero y no de valores tan fundamentales como los que enumeré. A mí me enseñaron de una manera y la sociedad exigía otra: ¡NO valores! Y ahí comenzaron los problemas, cuando la gente no le da importancia a las virtudes... es más, muchas veces se van por las que tienen vicios, o son personas inescrupulosas.

No celebro, para nada, haber tenido las dos hermanas que tuve; pues desgraciadamente la relación que tuve con ellas fue rara. Con María Elena fue de muchos malos entendidos, tratando ella siempre, ojalá sin quererlo, o así lo quise entender yo, de ponerme en mal con personas que a mí me estimaban y significaban mucho para mí. Yo no quería creer, pero la verdad siempre sale y hasta mis colegas cónsules en New Orleans, se dieron cuenta y me lo dejaron saber; yo ni siquiera había reparado en ello, pero los cónsules fueron los que al conocerla, en una visita que me hiciera, se dieron cuenta y me lo comunicaron sin tapujos: que ellos habían notado algún tipo de rivalidad o envidia contra mí.

Con Sara fue menos, nos hemos relacionado un poco más que con María Elena, ella es mucho menor que yo, siempre la he querido; siempre he tratado de servirla en lo que he podido o me ha pedido, pero creo que nos llevábamos mejor cuando estaba ella más joven, tenía un carácter muy bonito, a pesar por lo que había pasado, pero luego, probablemente con todas sus experiencias fue cambiando y llegó a tener una manera de ser que yo siempre he pensado que era, como persona humana, mejor antes que ahora; pero esa es ella y así hay que aceptarla y quererla. Me imagino que fue así, por la clase de niñez que tuvimos, no vivimos juntas porque yo escogí quedarme a vivir con mis tíos, y probablemente... ¡algo que nunca entendí!

Pero a pesar de todo... yo les tengo cariño y aprecio, verdaderos. Ahí hay un ejemplo de los valores: Yo consideré siempre que los hermanos son algo indestructible, puesto que son los únicos en la familia, que llevan la mismísima sangre. Tu papá lleva una sangre, tu mamá lleva otra, los hijos de esa pareja son los únicos que llevan la sangre de ellos dos, ni tu esposo o esposa ni tus hijos llevan la sangre de tus hermanos... que es la tuya, esto lo creo firmemente y creo que debe de haber vínculos indestructibles entre hermanos... Pero ellas no pensaron como yo. ¡Pero no se le puede pedir peras al olmo!

Quiero aclarar y decir, que me gustó haber vivido con mi tía Margoth y mi tío Mario Pacheco, a pesar de que dicen que eran estrictos, que mi tía tenía veta de crueldad... yo no tuve ningún vestigio de amargura o rencor, al contrario: me consideré agradecida por haber recibido buenos consejos, buenos ejemplos y soy lo que ellos forjaron, una persona de bien... que traté de ayudar y hacer el bien donde y cuando me llamaron; ¡aunque muchas personas dijeron que era tonta por ayudar! Allí van otra vez los valores...

También me gustó haber nacido donde nací, en EL SALVADOR. Aunque yo quería, deseaba, anhelaba un EL SALVADOR grande, pero no por su territorio, sino por su cultura, su democracia, su desarrollo, su equilibrada población, su laboriosidad, su justicia, etc. y amo tanto a EL SALVADOR que yo hubiese deseado todo lo mejor para mí país; pero cada día, vi con tristeza, que iba de peor en peor, y como dije no por su pequeñez, pero por su poca consistencia. No sé en qué momento nuestra sociedad se dañó, se pudrió... y cómo de ahí, de esa sociedad, salen los médicos, los abogados, los jueces, las enfermeras, los policías, las trabajadoras de casa, los motoristas, los carpinteros, los albañiles, las vendedoras, los periodistas, los funcionarios, los diputados, los magistrados y hasta los Presidentes, etc. etc. la mayoría, salen podridos... Y por eso tenemos el país que tenemos... como dijo el poeta: ¡Pobrecito El Salvador con sus 20,000 kilómetros cuadrados...!

Fui yo la primera crítica de mi país. Lo critiqué porque lo quise. Hubiese deseado que mi país fuera casi perfecto, pero iba en ese camino, cuando estaba joven, pero no sé en dónde, ¿cómo y por

CAPÍTULO XLIV

qué fue que se dañó? Se lo dejo a los historiadores, sociólogos y filósofos que lo hagan. Pero a estas alturas EL SALVADOR me tiene decepcionada... esa ha sido mi frustración más grande. Me iré del Planeta, con el sentimiento de no haber podido dejar a mi país como yo soñé. Creo que traté con los mínimos y singulares recursos que tuve, pero no pude hacer, convencer y apasionar a la gente para lograr ese sueño.

El primer y gran problema de El Salvador, siempre pensé y dije, es su sobre población Pero desgraciadamente nunca nadie, con suficiente poder, quiso tocar el punto seriamente, con una verdadera política de población, por intereses creados, especialmente con las iglesias. Es así que hemos llegado a ser 10 millones de salvadoreños en el año 2000, teniendo cerca de 3 millones, que emigraron hacia otros países, con un territorio tan pequeño y sin recursos naturales, menos estratégicos. Por más que haga un gobierno siempre habrá un déficit grande que no alcanzará las expectativas de una sociedad enferma y mal educada.

Me voy de esta vida, de este plano, contenta de haber vivido los años que viví, como Lillian Díaz Sol, una mujer... feliz.... que no lo disimulaba... siempre andaba sonriente; cuando no sonreía era porque algo grave pasaba. Estoy segura que jamás volveré a este plano, como Lillian Díaz Sol, pero considero que así es la vida en este planeta.

Doy gracias a esta misma vida de haber conocido gente tan linda, tan humana, tan generosa... generalmente fuera de EL SALVADOR; pero también conocí gente mala, desgraciadamente en EL SALVADOR...o salvadoreña que tomaron ventaja de mí, que me perjudicaron en mi integridad, que me engañaron, que me gritaron, que me lastimaron, que me ofendieron, que me calumniaron, que me robaron, pero no por eso les pagué con la misma moneda, sino al contrario... aunque vivimos en una sociedad que no le gusta la verdad.... vivimos en una sociedad virtual.... ni siquiera les gusta oír o ver la verdad, y por eso tuve problemas... a mí me educaron para decir la verdad, las veces que dije o escribí la verdad... lo mal interpretaron, o no les gustó y tuve que pagar por ello. Pero yo creo que lo importante es lo que uno es en realidad: se puede equivocar porque no somos perfectos los seres humanos, pero creo que debemos hacer lo mejor que podamos siempre que la razón, la justicia y la verdad, nos asistan.

Lamento, el que hubo varios hombres que desearon una relación conmigo, más profunda, pero nunca me lo expresaron directamente; y yo no entendí por señas, por lo que no tuve el chance de conocerlos más de lo que los conocí como amigos... Pero he sabido con el tiempo... de muchos de ellos ¡Me parece mentira!

Agradezco al TODO, el que haya conocido en mi vida, a tanta gente importante y poderosa, y que me hayan tomado en cuenta en relación a sus actividades, opiniones y decisiones, sintiendo muchas veces un mínimo porcentaje del poder que ellos ostentaron, y jamás se me fue a la cabeza en ninguna de las situaciones... probando así mi humildad, ¡que es la virtud que más he admirado en esta vida!

Lamento los defectos que tuve, como el creer en la palabra de la gente, yo juzgué de acuerdo a mi condición, ¡y tuve grandes equivocaciones! Siempre fui demasiado confiada... por eso también tuve problemas...

Pensé que toda la gente era buena... y tuve decepciones al ir viendo, durante mi vida, la maldad que hay en el ser humano. Aprendí con el tiempo y los golpes de la vida, a ser paciente... Hoy la gente amiga, que me conoce, me admira la paciencia y la tolerancia. Pero sigo trabajando en la prudencia, definitivamente no he sido prudente, algunas veces y he tenido problemas por ello.

¡Fui terriblemente responsable! Tan es así que solo pude concebir la idea de tener un hijo... Porque sabía que al final a mí me tocaría la responsabilidad de mantenerla, educarla y asistirla en las dificultades de la vida... ¡y siempre estuve ahí para ayudarle!

Tuve la bendición que, por más mala que fuese la situación... siempre la acepté sin refunfuñar... como parte de la vida, jamás

CAPÍTULO XLIV

cuestioné ¿por qué YO? nunca me quejé o me lamenté. La acepté porque la acepté y punto.

Me consideré una "libre pensadora": no fui ni de izquierdas, ni de derechas. Me gusta alguna parte social de la izquierda y me gusta la parte económica de la derecha, en mi tiempo, vimos como los dos extremos de ambos lados, sufrieron sus consecuencias. Yo me considero una demócrata de verdad, porque viví la democracia, en mi hogar, en mi trabajo, en la calle, en la conversación, cuando viví en Washington D.C. desde que llegué de 17 años, ¡y supe captar ese estilo de vida! No es perfecto, pero es el que hasta ahora le ha dado más estabilidad y desarrollo a las sociedades que la han adoptado. Aquí también tuve problemas... porque en El Salvador, casi nadie sabe lo que es la democracia y cómo funciona...

No discriminé a nadie nunca, por su manera de pensar o ideología, color, o preferencia sexual, por lo que tuve problemas... pero sí no me gusta la gente malcriada o de malas maneras, por eso sí no busqué la amistad de gente de esa clase. Nunca me gustó la gente prepotente y burlista... pero también odio la mentira, y aprendí que el mentiroso es ladrón y el ladrón es mentiroso

¡Me encantó la historia, y las biografías, nunca gasté mi tiempo en leer novelas o libros que no sean la realidad de la vida, porque de ellos aprende uno mucho! Mis personajes más admirados fueron: Alejandro El Grande y Napoléon Bonaparte, naturalmente...... ...
Fui una ambientalista definida, traté de no gastar más energía o agua de la que debo. ¡Me encantó todo lo relacionado al ambiente y como buen ser humano, traté de protegerlo! Sobre todo a la fauna y a la flora. Cuando vi que estaban cortando un árbol, sentí definitivamente un gran dolor en mi alma.

Me fascinaron todas las artes... la música me pareció bellísima, mi músico favorito fue Tchaikovski. ¡El baile, la pintura, así como el teatro, tuve fascinación con todas las artes!
Traté de llevar mi vida bajo algunas filosofías o expresiones, en las que creo firmemente como:

ÚLTIMAS REFLEXIONES

"No hagas a otro lo que no te gusta te hagan a ti"
"No hay mal que por bien no venga".
"Vive y deja vivir" (Nunca tuve el tiempo de meterme en la vida de los demás)

"El respeto al derecho ajeno es la Paz…"
¡CADA QUIEN SE LABRA SU ESTACA Y SE SIENTA EN ELLA!

Pero sobre todo creí firmemente en un TODO Superior, así como que, cualquier acción ya sea positiva o negativa está regida por el principio de la Causa y Efecto.

A pesar de todo, me sentí contenta de haber conocido a quienes conocí en esta vida con excepción, tal vez, de alguna persona, pero de esa manera, aprendí de la naturaleza humana y de la vida.

Creí que la educación es la que verdaderamente ayuda a resolver los problemas en la sociedad. Así como también creí, que en el hogar es donde se forma el niño, luego la escuela y la iglesia. Los padres son fundamentales para que el niño obtenga buenos hábitos, buenas maneras y virtudes.

Creerán que fui loca… pero… ¡creí firmemente que existe vida extraterrestre! Desde que fui expuesta, junto con mis compañeras internas del colegio del Sagrado Corazón, a ese encuentro cercano del tercer tipo, sí creo que no estamos solos, ¡que hay vida fuera de la Tierra y que existen otros seres!

Siempre mantuve una actitud positiva, aunque algunas veces fue difícil mantenerla. También fui cuidadosa y ordenada con mi persona y en el trabajo.

Nunca traté de arriesgar mi honestidad, aunque las personas que no me conocieron o no conocieron la veracidad de algunos hechos, siempre dieron por sentado y por cierto, las habladurías de ciertas gentes, que me calumniaron de cosas tan increíbles, que lejos de enojarme me provocaron risa. ¡Allá ellos si las creyeron!

CAPÍTULO XLIV

Me parece que estuve marcada, por el destino, para que me lastimaran y me hicieran daño, en ese sentido ¡Y desde pequeña!

Sé que hice la diferencia en la vida de muchas mujeres... como agente catalizador de cambio... para mejorar

Verdaderamente me siento un ser humano marcado por el sacrificio... esa fue la expresión de mi entera vida... SA CRI FI CIO... y mi tiempo y mis talentos y mis recursos los usé para dedicarlos a mi misión principal: AMAR A MI PAÍS, y hacer una diferencia, por pequeña que fuere, en la vida de otros y otras.
La virtud que más admiré fue la HUMILDAD y el derecho que más quise fue LA LIBERTAD. Lo que más odié fue la HIPOCRESÍA y, por ende nunca pude adular a nadie, por lo que probablemente le caí mal a más de alguna persona Nunca me gustó la adulación... ¡Mucha gente me tachaba de seca!

Me encantaron todas las flores, pero mi favorita fue el Cartucho o la Cala, también los pájaros, siendo mis favoritos el pavo real, la chiltota, el cardenal y el quetzalt; el tigre me fascinó, así como el venado y el conejo. Los perfumes y las fragancias también fueron mis favoritas, ¡así como la joyería!

Descubrí que es el servicio a los demás lo que le dio sentido a mi vida. ¡Y nunca concebí mi vida sin sentir que mi existencia servía para algo importante!

Me voy... me despido de esta vida en este Planeta... como fue toda mi vida AGRI-DULCE... pero me imagino que así es la vida, unas cosas dulces, lindas y buenas y otras que fueron agrias... pero haciendo un balance fueron más los momentos lindos que los malos y salgo con un saldo satisfactorio

Me encantó haberlos conocido a todos, unos y unas que se me adelantaron y otros y otras que todavía continúan en este tren de la vida.

¡DOY GRACIAS A LA VIDA, POR HABERLA TENÍDO TAN LINDA COMO LA TUVE!

¡¡ADIOS PARA NUNCA JAMÁS!!

Agradecimientos especiales

En los capítulos *La guerra civil (antes que el gobierno aceptara que vivíamos en una guerra)* y *La verdadera guerra*, son el resultado de todos mis apuntes personales y recuerdos de esa época; pero mi principal fuente de documentación fue *La Prensa Gráfica*, que durante todos esos años fue el matutino por el que principalmente me mantuve informada. En ese sentido, extiendo un agradecimiento especial para ese medio informativo, sin el cual no hubiera sido posible la existencia de dos capítulos tan importantes en mi libro.

De igual manera quiero agradecer cariñosamente a Caro Jaime por ayudarme en toda la parte del diseño gráfico y a Edwin González, por editar el texto. A Tom, por su ayuda incondicional y dedicación para el feliz término de este trabajo. ¡Todos ustedes formaron un gran equipo!

COLOFÓN

Las palabras y las circunstancias de esta publicación también reflejan un cambio importante en la historia de la comunicación literaria en general y edición de libros en particular. Ese cambio es la aparición de las tecnologías de impresión bajo demanda, que nos permiten producir rápidamente libros en cualquier número, pero a un precio económico. Estas nuevas tecnologías están haciendo posible lograr la impresión de una variedad mucho más amplia de contenido y estilo que nunca fue posible desde el tiempo de pergaminos, manuscritos iluminados o Gutenberg. Este libro está disponible en dos formatos: tradicional en tinta y papel, en epapel (ebook) y en formato PDF, que se puede descargar a un ordenador, tableta digital o incluso un teléfono inteligente. La ventaja del formato PDF es que el texto completo se puede encontrar rápidamente. Nombres, fechas, lugares se encontrarán mucho más rápidamente que con el viejo —y costoso— sistema de creación de un glosario de nombres y páginas. Las tecnologías digitales también juegan un papel importante en la producción del libro. Trabajamos en conjunto nuestro equipo de autor, editor y diseñadora en San Salvador con nuestra oficina en el estado de Nuevo México en los EE.UU.

Este libro fue diseñado por Caro Jaime, Edwin González y Tom Johnson, tanto en San Salvador, El Salvador, como en Nuevo México. Caro Jaime diseñó la portada y preparó todas las fotos tanto en su retoque como disposición. Edwin González editó el manuscrito y también se desempeñó como editor de textos. Tom Johnson, de la IAJ Press, coordinó el proyecto de los Estados Unidos utilizando herramientas digitales Dropbox.com, DropMind.com, Skype.com y Google+ Hangout.

El tamaño de corte es el estándar de 6x9 pulgadas de EEUU. Tamaño de libro comercial basado en una plantilla suministrada por la editora de Impresión Bajo Demanda Lulu.com

El cuerpo del texto es Garamond 12 puntos. El título y subtítulos son el mismo tipo de letra.

COLOPHON

The words and the circumstances of this publication also reflect a major change in the history of literary communications generally and book publishing in particular. That change is the emergence of print-on-demand technologies, which permit us to quickly produce books in any number, but at an economical price. These new technologies are making it possible to bring to print a far wider variety of content and style than was ever possible since the time of scrolls, illuminated manuscripts or Gutenberg.

This book is available in three formats: traditional ink-on-paper, as an ebook and as a PDF file, which can be downloaded to a computer, digital tablet or even a smartphone. The advantage to the PDF format is that the entire text can be quickly searched. Names, dates, locations will be found much more quickly than with the old – and expensive – system of creating a glossary with names and pages. Digital technologies also played a major role in the book's production. They were used to link together our team of author plus editor/copy editor and a designer in San Salvador with our office in the state of New Mexico in the U.S.

This book was designed by Caro Jaime, Edwin González, both in San Salvador, El Salvador, and Tom Johnson. Caro Jaime designed the cover and prepared all the photos. Edwin edited the manuscript and also served as copy editor. Tom Johnson, of the IAJ Press, coordinated the project from the United States using digital tools Dropbox.com, DropMind.com, Skype.com and Google+ Hangout.

The trim size is the standard 6x9 inches U.S. trade book size based on a template supplied by the book's printer, Lulu.com. The body text is Garamond 12pt. The title and sub-titles are the same font.

www.ingramcontent.com/pod-product-compliance
Lightning Source LLC
Chambersburg PA
CBHW021822220426
43663CB00005B/105